Wirtschafts- und Steuerrecht

Herausgegeben von

Prof. Dr. Christian Jahndorf, HLB Schumacher, Universität Münster

Prof. Dr. Marc Desens, Universität Leipzig

Prof. Dr. Rolf Eckhoff, Universität Regensburg

RA u. StB Michael Wendt, VRiBFH a.D., Köln

Band 25

Georg Philipp Siebenlist

Pensionsrückstellungen im Zuge eines europäischen Bilanzsteuerrechts

Nomos

HLB

Die Promotion wurde von der Friedrich-Naumann-Stiftung für die Freiheit mit Mitteln des Bundesministeriums für Bildung und Forschung gefördert.

Die Deutsche Nationalbibliothek verzeichnet diese Publikation in der Deutschen Nationalbibliografie; detaillierte bibliografische Daten sind im Internet über http://dnb.d-nb.de abrufbar.

Zugl.: Ulm, Univ., Diss., 2022

u.d.T.: „Die ertragsteuerliche Behandlung von Pensionsverpflichtungen im System einer harmonisierten Körperschaftsteuer-Bemessungsgrundlage in der Europäischen Union – entwickelt am Beispiel des Richtlinienvorschlags über eine Gemeinsame Körperschaftsteuer-Bemessungsgrundlage“

ISBN 978-3-8487-8962-7 (Print)
ISBN 978-3-7489-3236-9 (ePDF)

Onlineversion
Nomos eLibrary

1. Auflage 2022

Vorwort

Die vorliegende Arbeit wurde im Wintersemester 2021/2022 vom Promotionsausschuss Dr. rer. pol. der Fakultät für Mathematik und Wirtschaftswissenschaften der Universität Ulm als Dissertation angenommen. Sie entstand während meiner Zeit als akademischer Mitarbeiter bzw. Promotionsstudent am Lehrstuhl für Wirtschafts- und Steuerrecht an der Universität Ulm.

Mein besonderer Dank gilt dabei meinem hochverehrten akademischen Lehrer, Herrn Professor Dr. iur. Heribert M. Anzinger. Er weckte durch seine Vorlesungen nicht nur meine Begeisterung für das Steuerrecht, sondern war stets ein Förderer meiner wissenschaftlichen und beruflichen Laufbahn. Ohne ihn wäre die Durchführung des Projekts nicht möglich gewesen. Zudem möchte ich mich bei Herrn Professor Dr. nat. Hans-Joachim Zwiesler für die äußerst rasche Erstellung des Zweitgutachtens sowie bei Herrn Professor Dr. oec. Ralf Wentges für die Leitung der Prüfungskommission bedanken. Die Friedrich-Naumann-Stiftung für die Freiheit hat meine Promotion mit einem großzügigen Stipendium mit Mitteln des Bundesministeriums für Bildung und Forschung gefördert und gewährte mir so die Möglichkeit, in großer Freiheit zu promovieren. Ihr gebührt daher ebenso mein besonderer Dank.

Ein großer Dank gilt zudem meinen ehemaligen Kolleginnen und Kollegen am Institut für Rechnungswesen und Wirtschaftsprüfung sowie am Lehrstuhl für Wirtschafts- und Steuerrecht, Petry Frey, Bärbel Engelhardt, Miriam Haller, Kristina Huber, Christine Naderer, Johanna Nisi, Maximilian Lupberger, Dennis Ramm, Jonas Gebauer, Tassilo Föhr, Valentin Reichelt und Vanessa Eggert für die stets kollegiale Zusammenarbeit. Besonders bedanken möchte ich mich dabei bei meinen fachlichen Weggefährten Herrn Carsten Gröger und Herrn Steffen Hain, auf deren Unterstützung ich mich jederzeit verlassen konnte und die stets ein offenes Ohr hatten. Überdies gilt mein Dank den Herren Christopher Krämer, Paul Mengele und Dr. Stefan Schwibinger sowie Frau Katrin Kloss für das Korrekturlesen meines Manuskripts und die wertvollen Anmerkungen. Abschließend danke ich sowohl den studentischen Mitarbeiterinnen und Mitarbeitern des Lehrstuhls als auch den Angehörigen der Bibliothek der Universität Ulm für ihre tatkräftige Unterstützung.

Mein größter Dank gebührt schließlich meinen Eltern, die mir meine Ausbildung ermöglicht haben und mich zu dem Menschen gemacht haben, der ich heute bin. Ihnen ist diese Arbeit gewidmet. Mein tiefer Dank gilt dabei meiner Mutter, die mich trotz einiger Schicksalsschläge immerwährend ermutigt und stets an mich geglaubt hat. Das werde ich nie vergessen.

Hamburg, März 2022 *Georg Philipp Siebenlist*

Inhaltsübersicht

Inhaltsverzeichnis

Abkürzungsverzeichnis

a.A.	Andere(r) Ansicht, andere(r) Auffassung
aba	Arbeitsgemeinschaft für betriebliche Altersversorgung e.V.
ABl.	Amtsblatt der Europäischen Gemeinschaft
Abs.	Absatz
ADS	Adler/Düring/Schmaltz (Kommentar)
AEUV	Vertrag über die Arbeitsweise der Europäischen Union
a.F.	alte Fassung
AFRAC	Austrian Financial Reporting and Auditing Committee (österreichisches Rechnungslegungskomitee)
AG	Die Aktiengesellschaft (Zeitschrift)
Anm.	Anmerkung
ÅRL	Årsredovisningslag (schwedisches Jahresabschlussgesetz)
Art.	Artikel
ATAD	Anti Tax Avoidance Directive
BaFin	Bundesanstalt für Finanzdienstleistungsaufsicht
BAG	Bundesarbeitsgericht
BAGE	Entscheidungen des Bundesarbeitsgerichts
bAV	Betriebliche Altersversorgung
BB	Betriebs-Berater (Zeitschrift)
BC	Zeitschrift für Bilanzierung, Rechnungswesen und Controlling (Zeitschrift)
BeBiKo	Beck'scher Bilanzkommentar
Begr.	Begründer, Begründerin
BetrAV	Betriebliche Altersversorgung (Zeitschrift)
BetrAVG	Gesetz zur Verbesserung der betrieblichen Altersversorgung
BFH	Bundesfinanzhof
BFL	Bokföringslag (schwedisches Rechnungslegungsgesetz)
BFNAR	Bokföringsnämnden Allmänna råd (Allgemeine Verlautbarung des schwedischen Rechnungslegungsausschusses)
BFuP	Betriebswirtschaftliche Forschung und Praxis (Zeitschrift)
BGBl.	Bundesgesetzblatt
BGH	Bundesgerichtshof

BiRiLiG	Gesetz zur Durchführung der Vierten, Siebten und Achten Richtlinie des Rates der Europäischen Gemeinschaften zur Koordinierung des Gesellschaftsrechts (Bilanzrichtlinien-Gesetz)
BMF	Bundesministerium der Finanzen
BPG	österreichisches Betriebspensionsgesetz
bspw.	beispielsweise
BStBl.	Bundessteuerblatt
BT-Drucks.	Bundestag-Drucksache
Buchst.	Buchstabe
BVerfG	Bundesverfassungsgericht
BVerfGE	Entscheidungen des Bundesverfassungsgerichts
BW	Burgerlijk Wetboek (niederländisches Bürgerliches Gesetzbuch)
bzw.	beziehungsweise
C.I.R./W.I.B.	Code Impôts des Revenues/Wetboek van de Inkombelastingen (belgisches Einkommensteuergesetzbuch)
C(C)CTB	Common (Consolidated) Corporate Tax Base
CTA	Contractual Trust Arrangement(s)
DAV	Deutsche Aktuarvereinigung e.V.
DB	Der Betrieb (Zeitschrift)
dga	directeur-grootaandeelhouder
DStJG	Deutsche Steuerjuristische Gesellschaft e.V.
DStR	Deutsches Steuerrecht (Zeitschrift)
DStZ	Deutsche Steuer-Zeitung (Zeitschrift)
e.V.	eingetragener Verein
EAS	Europäisches Arbeits- und Sozialrecht (Kommentar)
EG	Europäische Gemeinschaft
EGHGB	Einführungsgesetz zum Handelsgesetzbuch
EGV	Vertrag zur Gründung der Europäischen Gemeinschaft
EIOPA	European Insurance and Occupational Pensions Authority
endg.	endgültig
EStG	Einkommensteuergesetz
ET	European Taxation (Zeitschrift)
et al.	et alii
etc.	et cetera
EU	Europäische Union
EuArbR	Europäisches Arbeitsrecht (Kommentar)

EuGH	Europäischer Gerichtshof
EUV	Vertrag über die Europäische Union
EuZA	Europäische Zeitschrift für Arbeitsrecht (Zeitschrift)
EuZW	Europäische Zeitschrift für Wirtschaftsrecht (Zeitschrift)
EWiR	Entscheidungen zum Wirtschaftsrecht
f.	folgende
FB	Finanz-Betrieb (Zeitschrift)
ff.	fortfolgende
Fn.	Fußnote(n)
FR	Finanz-Rundschau (Zeitschrift)
FRC	Financial Reporting Council Limited (Standardisierungsbehörde in Irland und dem Vereinigten Königreich)
FRS	Financial Reporting Standard (Standards des Financial Reporting Council Limited)
FS	Festschrift
gem.	gemäß
GKB	Gemeinsame Körperschaftsteuer-Bemessungsgrundlage
GKB-RLV i.d.F. 2016	Vorschlag für eine Richtlinie des Rates über eine Gemeinsame Körperschaftsteuer-Bemessungsgrundlage in der Fassung vom 25.10.2016
GKKB	Gemeinsame Konsolidierte Körperschaftsteuer-Bemessungsgrundlage
GKKB-RLV i.d.F. 2011	Vorschlag für eine Richtlinie des Rates über eine Gemeinsame Konsolidierte Körperschaftsteuer-Bemessungsgrundlage in der Fassung vom 16.3.2011
GKKB-RLV i.d.F. 2016	Vorschlag für eine Richtlinie des Rates über eine Gemeinsame Konsolidierte Körperschaftsteuer-Bemessungsgrundlage in der Fassung vom 25.10.2016
glA.	gleicher Ansicht
GmbHR	GmbH-Rundschau (Zeitschrift)
GoB	Grundsätze ordnungsmäßiger Buchführung
grds.	grundsätzlich
GS	Gedenkschrift
GuV	Gewinn- und Verlustrechnung
GWR	Gesellschafts- und Wirtschaftsrecht (Zeitschrift)
HdJ	Handbuch des Jahresabschlusses
HdR-E	Handbuch der Rechnungslegung-Einzelabschluss

HGB	Handelsgesetzbuch
HHR	Hermann/Heuer/Raupach EStG KStG Kommentar
Hrsg.	Herausgeber, Herausgeberin
hrsg. v.	herausgegeben von
Hs.	Halbsatz
i.d.F.	in der Fassung
i.d.R.	in der Regel
i.H.v.	in Höhe von
i.S.d.	im Sinne der, im Sinne des
i.S.e.	im Sinne einer, im Sinne eines
i.V.m.	in Verbindung mit
IAS	International Accounting Standards
IASB	International Accounting Standards Board
IAS 19.BC	IASB Basis for Conclusions des IAS 19
IDW	Institut der Wirtschaftsprüfer e.V.
IDW RS HFA	Stellungnahme zur Rechnungsregelung des Hauptfachausschusses des IDW
IFRS	International Financial Reporting Standards
IL	Inkomstskattelag (schwedisches Einkommensteuergesetz)
InsO	Insolvenzordnung
Int.	Internationales
IRZ	Zeitschrift für Internationale Rechnungslegung (Zeitschrift)
ISR	Internationale Steuer-Rundschau (Zeitschrift)
IStR	Internationales Steuerrecht (Zeitschrift)
IVS	Institut der versicherungsmathematischen Sachverständigen der Altersversorgung e.V.
IWB	Internationales Steuer- und Wirtschaftsrecht (Zeitschrift)
Kap.	Kapitel
KoR	Internationale und kapitalmarktorientierte Rechnungslegung (Zeitschrift)
KPMG	KPMG AG Wirtschaftsprüfungsgesellschaft
KSM	Kirchhof/Söhn/Mellinghof Einkommensteuergesetz Kommentar
KSR	Komitet Standardów Rachunkowości (polnischer Ausschuss für Rechnungslegungsstandards)
KV	Kompromissvorschlag
Lfg.	Ergänzungslieferung

LIS	Ley del Impuesto sobre Sociedades (spanisches Körperschaftsteuergesetz)
m.w.N.	mit weiterem Nachweis, mit weiteren Nachweisen
MAB	Maandblad voor accountancy en bedrijfseconomie (Zeitschrift)
MüKoBilR	Münchener Kommentar zum Bilanzrecht
MüKoHGB	Münchener Kommentar zum Handelsgesetzbuch
MüKoVVG	Münchener Kommentar zum Versicherungsvertragsgesetz
MwStR	Mehrwertsteuerrecht (Zeitschrift)
Nr.	Nummer
o.O.	ohne Ort/ohne Ortsangabe
o.V.	ohne Verfasser, ohne Verfasserin
OECD	Organisation für wirtschaftliche Zusammenarbeit und Entwicklung
öEStG	österreichisches Einkommensteuergesetz
öRdW	österreichisches Recht der Wirtschaft (Zeitschrift)
ÖStZ	Österreichische Steuerzeitung (Zeitschrift)
OIC	Organismo Italiano di Contabilità (italienisches Rechnungslegungsorgan)
PEPP	Paneuropäisches Privates Pensionsprodukt
PGC	Plan General de Contabilidad
PiR	Internationale Rechnungslegung (Zeitschrift)
PKG	österreichisches Pensionskassengesetz
PPE	Ustawa o pracowniczych programach emerytalnych (polnisches Gesetz über die betriebliche Altersversorgung)
PPK	Ustawa o pracowniczych planach kapitałowych (polnisches Gesetz über Mitarbeiterbeteiligungsprogramme)
PW	Pensioenwet (niederländisches Pensionsgesetz)
PwC	PricewaterhouseCoopers GmbH Wirtschaftsprüfungsgesellschaft
RabelsZ	Rabels Zeitschrift für ausländisches und internationales Privatrecht (Zeitschrift)
RegE	Regierungsentwurf
RFR	Rådet för finansiell rapportering (schwedischer Rat für Rechnungslegung)
RIW	Recht der internationalen Wirtschaft (Zeitschrift)
RJ	Raad voor de Jaarverslaggeving (niederländischer Rechnungslegungsausschuss)
RK	IASB Rahmenkonzept (Framework)

RL	Richtlinie
Rn.	Randnummer(n)
RWZ	Zeitschrift für Recht und Rechnungswesen (Zeitschrift)
Rz.	Randziffer(n)
S.	Seite(n)
Slg.	Sammlung der Rechtsprechung des Europäischen Gerichtshofes
sog.	sogenannte, sogenannten
StB	Der Steuerberater (Zeitschrift)
StbJB	Steuerberaterjahrbuch
StuB	Unternehmensteuern und Bilanzen (Zeitschrift)
StuW	Steuer und Wirtschaft (Zeitschrift)
SWI	Steuer und Wirtschaft International (Zeitschrift)
TFR	trattamento di fine rapporto
TNI	Tax Notes International (Zeitschrift)
TrL	Tryggandelagen (schwedisches Gesetz zur Sicherung von Pensionszusagen)
TUIR	Testo unico delle imposte sui redditi (italienisches Einkommensteuergesetz)
u.a.	und andere
Ubg	Die Unternehmensbesteuerung (Zeitschrift)
UGB	österreichisches Unternehmensgesetzbuch
Uopdoop	Ustawa o podatku dochodowym od osób prawnych (polnisches Gesetz über die Körperschaftsteuer)
Uor	Ustawaz o rachunkowości (polnisches Gesetz über die Rechnungslegung)
v.	vom, von
VAG	Gesetz über die Beaufsichtigung der Versicherungsunternehmen (Versicherungsaufsichtsgesetz)
Verf.	Verfasser, Verfasserin, Verfasserinnen
Vgl.	Vergleiche
VO	Verordnung
VW	Versicherungswirtschaft (Zeitschrift)
Wet IB 2001	Wet inkomstenbelasting 2001 (niederländisches Einkommensteuergesetz)
Wet VpB 1969	Wet op de Vennootschapsbelasting 1969 (niederländisches Körperschaftsteuergesetz)
WiRo	Handbuch Wirtschaft und Recht in Osteuropa

WPg	Die Wirtschaftsprüfung (Zeitschrift)
WTJ	World Tax Journal (Zeitschrift)
WuB	Wertpapier-Mitteilung (Zeitschrift)
z.B.	zum Beispiel
ZfB	Zeitschrift für Betriebswirtschaft (Zeitschrift)
ZfbF	Schmalenbachs Zeitschrift für betriebswirtschaftliche Forschung (Zeitschrift)
ZGR	Zeitschrift für Unternehmens- und Gesellschaftsrecht (Zeitschrift)
ZHR	Zeitschrift für das gesamte Handelsrecht und Wirtschaftsrecht (Zeitschrift)
ZIP	Zeitschrift für Wirtschaftsrecht (Zeitschrift)

A. Einleitung

I. Problemstellung

Die Europäische Union ist gegenwärtig durch 27 unterschiedliche Steuerrechtsordnungen geprägt, die aufgrund der Zunahme an grenzüberschreitenden Wirtschaftsaktivitäten von Unternehmen vermehrt die Gefahr von Doppelbesteuerung oder Wohlfahrtsverlusten in sich bergen. Um dieser Problematik effektiv zu begegnen, veröffentlichte die Europäische Kommission am 25. Oktober 2016, nach einer ersten Version aus dem Jahre 2011,[1] mit den Richtlinienvorschlägen zu einer Gemeinsamen Körperschaftsteuer-Bemessungsgrundlage und einer Gemeinsamen Konsolidierten Körperschaftsteuer-Bemessungsgrundlage (abgekürzt GKB und GKKB) den bisher jüngsten Vorschlag für eine europaweit harmonisierte steuerliche Gewinnermittlung.[2] Das übergeordnete Ziel des 2001 begonnenen Reformvorhabens ist es, die steuerlichen Hindernisse für den europäischen Binnenmarkt durch einheitliche Regelungen zu beseitigen und somit den transnationalen Wirtschaftsverkehr in der Europäischen Union zu fördern.[3] Vor diesem Hintergrund unterstützen auch die Regierungen der

---

1 Zum Vorschlag aus dem Jahr 2011 siehe Mitteilung der Kommission, Vorschlag für eine Richtlinie des Rates über eine Gemeinsame Konsolidierte Körperschaftsteuer-Bemessungsgrundlage v. 16.3.2011, KOM(2011) 121 endg. (abgekürzt als GKKB-RLV i.d.F. 2011).

2 Das Projekt ist in zwei Einzelschritte zerlegt. Im ersten Schritt soll eine einheitliche Gewinnermittlung erfolgen, während im zweiten Schritt eine Konsolidierung und eine formelhafte Aufteilung des steuerlichen Konzerngewinns erfolgt. Siehe zum Vorschlag der einheitlichen Gewinnermittlung Mitteilung der Kommission, Vorschlag für eine Richtlinie des Rates über eine Gemeinsame Körperschaftsteuer-Bemessungsgrundlage v. 25.10.2016, KOM(2016) 685 endg. (abgekürzt als GKB-RLV i.d.F. 2016). Zum zweiten Schritt siehe Mitteilung der Kommission, Vorschlag für eine Richtlinie des Rates über eine Gemeinsame Konsolidierte Körperschaftsteuer-Bemessungsgrundlage v. 25.10.2016, KOM(2016) 683 endg. (abgekürzt als GKKB-RLV i.d.F. 2016). Wenngleich der Richtlinienvorschlag einer harmonisierten Körperschaftsteuer-Bemessungsgrundlage bis zum 1.1.2019 in Kraft treten sollte, wurden die Richtlinienvorschläge bisher indes noch nicht vom Rat der Europäischen Union verabschiedet.

3 Mitteilung der Kommission, Ein Binnenmarkt ohne steuerliche Hindernisse: Strategie zur Schaffung einer konsolidierten Körperschaftsteuer-Bemessungsgrundlage

Französischen Republik sowie der Bundesrepublik Deutschland den Vorschlag.[4]

Die Notwendigkeit eines einheitlichen europäischen Bilanzsteuerrechts zeigt sich dabei insbesondere an der steuerbilanziellen Erfassung von Pensionsverpflichtungen. So werden Pensionszusagen in den Mitgliedstaaten der EU sehr heterogen gehandhabt.[5] Im Hinblick auf eine einheitliche Steuerrechtsordnung ist es jedoch zwingend erforderlich, dass gleiche bzw. vergleichbare Durchführungsformen auf die gleiche Weise besteuert werden. Eine GKB könnte dieser Divergenz begegnen und folglich eine Lösung für eine harmonisierte, steuerliche Behandlung von Pensionszusagen darstellen.

Der GKB-Richtlinienvorschlag von 2016 ist diesbezüglich allerdings sehr unausgereift und enthält lediglich ein Mitgliedstaatenwahlrecht für die Abzugsfähigkeit von Pensionsrückstellungen. Dieses Wahlrecht ist kritisch zu sehen. So steht es grundsätzlich den Zielen einer einheitlichen Steuerbemessungsgrundlage entgegen.[6] Ferner würde eine inhaltliche Anknüpfung an das nationale Bilanzsteuerrecht bestehende Rechtsprobleme in die GKB übertragen und festschreiben. Gerade steuerrechtliche Regelungen als Eingriffsrecht müssen einem Steuerpflichtigen jedoch ex ante bekannt sein und sollten primär die ökonomische Wirklichkeit abbilden. Die steuerliche Behandlung von Zusagen aus der betrieblichen Altersversorgung muss im Rahmen einer GKB in der Lage sein, diese konzeptionellen Anforderungen zu erfüllen und sollte nicht von nationalen fiskalpolitischen Interessen beeinflusst werden. Folglich wird der vorgeschlagene Regelungsstand dem Anspruch einer harmonisierten Behandlung von Pensionsverpflichtungen nicht gerecht und erfordert eine Weiterentwicklung des Regelungsvorschlags. Vor diesem Hintergrund widmet sich diese Arbeit der ertragsteuerlichen Behandlung von Pensionsverpflichtungen beim Arbeitgeber im System einer harmonisierten Körperschaftsteuer-Bemessungsgrundlage in der EU.

---

für die grenzüberschreitende Unternehmenstätigkeit in der EU v. 23.10.2001, KOM(2001) 582 endg.

4 Gemeinsames Positionspapier Deutschlands und Frankreichs zum GKB - Vorschlag vom 19. Juni 2018, abrufbar unter https://www.bundesfinanzministerium.de/Content/DE/Standardartikel/Themen/Europa/2018-06-20-Meseberg-Anl2.pdf?__blob=publicationFile&v=1 (zuletzt abgerufen am 1.9.2021).

5 Zu einem empirischen Überblick siehe unter anderem *Spengel/Zöllkau*, Common Corporate Tax Base, 2012, S. 53 f.

6 *Evers et al.*, StuW 2015, 359, 367.

II. Zielsetzung

Die zentrale Fragestellung der Untersuchung lautet, wie ein steuerliches Konzept ausgestaltet werden müsste, um die vielfältige ökonomische Wirklichkeit betrieblicher Pensionszusagen einzuordnen und folgerichtig in einer harmonisierten steuerlichen Gewinnermittlung umzusetzen. Dahingehend soll neben einer fundierten Analyse der bestehenden Rahmenbedingungen und Regelungen der GKB ein Vorschlag erarbeitet werden, der im Einklang mit den übergeordneten Zielen des Richtlinienvorschlags steht.

Die Relevanz und Rechtfertigung dieses Ziels leiten sich dabei in erster Linie aus der oben dargestellten Problemstellung ab. Eine kritische Analyse der umrissenen Thematik würde einen maßgeblichen Beitrag zur theoretischen Diskussion der Besteuerung von Pensionsverpflichtungen beim Arbeitgeber im europäischen Steuerrecht darstellen. Zudem ermöglicht eine Analyse, die politische Entscheidungsfindung mit Hilfe der Forschungsergebnisse zu objektivieren. Im Übrigen wird diese Untersuchung in der Hoffnung vorgelegt, die inländische Diskussion über die Abbildung von Pensionsverpflichtungen im nationalen Bilanzsteuerrecht zu beeinflussen und neue Erkenntnisse unabhängig von steuerpolitischen oder historischen Entwicklungen zu liefern. So soll die Analyse das betriebswirtschaftliche Spektrum der Finanzierungs- und Abwicklungswege von betrieblichen Pensionszusagen in ein allgemein gültiges Gesamtbild einbetten und diese an europarechtliche Kriterien für die Umsetzung knüpfen. Ferner sollen die Erkenntnisse einen Beitrag dazu leisten, wie der gesellschaftliche Konsens zur Sicherstellung nachhaltiger Renten durch ein zukunftsfähiges Steuerrecht flankiert werden könnte. Gerade im Hinblick auf die demographische Entwicklung und die korrespondierenden Kürzungen der gesetzlichen Rente könnte die zweite Säule der Altersversorgung zu einem attraktiven und zukunftsfähigen Bestandteil eines europäischen Rentensystems weiter ausgebaut werden.[7]

---

7 Siehe zum Ziel der Sicherstellung der Renten: Mitteilung der Kommission, Weißbuch – Eine Agenda für angemessene, sichere und nachhaltige Pensionen und Renten v. 16.2.2012, KOM(2012) 55 endg.

III. Gang der Untersuchung

Die Thematik der angestrebten Dissertation ist interdisziplinär und bedient sich daher sowohl Methoden der Betriebswirtschaftslehre als auch der Rechtswissenschaft als Bindeglieder der Steuerlehre. Im Folgenden soll die geplante Vorgehensweise dargelegt und überblicksweise beschrieben werden.

Zu Beginn der Arbeit (Kapitel B) werden die Strukturen der betrieblichen Altersvorsorge und deren Gestaltungsformen in Europa dargestellt. Vor dem Hintergrund rechtlicher, sozialer und kultureller Unterschiede gibt es im europäischen Kontext kein einheitliches Verständnis von Pensionszusagen oder möglicher Durchführungsformen. Daher soll für den weiteren Untersuchungsgang eine Taxonomie zur Einordnung von Pensionszusagen entwickelt werden. Anschließend soll neben den Zielen und den Funktionen, die ein Unternehmen mit der Zusage betrieblicher Pensionen verfolgt, der zugrundeliegende Rechtscharakter einer solchen Zusage beleuchtet werden. Auf dieser Grundlage werden sodann die damit zusammenhängenden Belastungswirkungen einer Pensionsverpflichtung aus Sicht des betrieblichen Rechnungswesens aufgezeigt.

Im nächsten Kapitel erfolgt eine Untersuchung der bilanz- sowie bilanzsteuerrechtlichen Behandlung der betrieblichen Altersversorgung in der Europäischen Union. Dafür werden zuerst die in der Europäischen Union geltenden Rechnungslegungskonzepte aufgezeigt. Hieraus könnten erste Konsequenzen für eine einheitliche Behandlung von Pensionsverpflichtungen auf Einzelabschlussebene gezogen werden. In einem zweiten Schritt wird sodann sowohl die bilanz- als auch die bilanzsteuerrechtliche Behandlung der betrieblichen Altersversorgung in Europa anhand ausgewählter Länder dargelegt und analysiert. Dazu werden die jeweiligen handels- und steuerrechtlichen Vorgaben bezüglich der Behandlung von Pensionsverpflichtungen der betrieblichen Altersversorgung herausgearbeitet. Im Ergebnis sollen erste Schlussfolgerungen bezüglich des gegenwärtigen Harmonisierungsgrades aufgezeigt werden.

Im Anschluss an die beiden vorherigen Kapitel wird im dritten Kapitel (Kapitel D) die folgerichtige Behandlung von Pensionsverpflichtungen in der Gewinnermittlungskonzeption der GKB untersucht. Dafür wird zunächst neben einem zeitlichen Überblick über die Entwicklung der GKB insbesondere auf die übergeordneten Ziele, die die EU für ein einheitliches Steuerrecht postulierte, sowie die übergeordneten Prinzipien der Gewinnermittlung eingegangen. Aufbauend auf diesen Erkenntnissen werden in einem nächsten Schritt die Grundzüge der steuerlichen Gewinnermittlung dargestellt und erläutert. Zusätzlich wird die Problematik der autonomen Auslegung eines einheitlichen Gewinnermittlungssystems in Europa analysiert. Hierbei wird insbesondere auch den jüngeren Entwicklungen der Kompromissvorschläge nach 2016 Rechnung getragen.

Anschließend wird die grundsätzliche Abzugsfähigkeit von Pensionszusagen vor dem Hintergrund der allgemeinen Grundsätze der GKB erforscht. So ist zu hinterfragen, ob Aufwendungen für Pensionsverpflichtungen im Rahmen der allgemeinen Grundsätze abzugsfähig sind bzw. unter die allgemeinen Vorschriften zu Rückstellungen subsumiert werden könnten. Ferner ist zu ergründen, wie Zahlungen an externe Einrichtungen der betrieblichen Altersversorgung zu behandeln sind und inwiefern ein mögliches Deckungsvermögen im Rahmen der Richtlinie abzubilden ist.

In einem dritten Schritt des Kapitels D wird die Gewinnermittlungsregelung für Pensionen nach Art. 24 des Richtlinienvorschlags näher beleuchtet. Dazu wird zu Beginn die zeitliche Entwicklung der Regelung skizziert. Zudem wird das Wahlrecht in seiner jetzigen Form evaluiert, um mögliche Gestaltungsoptionen aufzuzeigen und anschließend den Norminhalt zu ergründen. Alsdann wird Art. 24 GKB-RLV i. d. F. 2016 einer kritischen Analyse hinsichtlich der übergeordneten Ziele der GKB unterzogen. Hierbei erfolgt insbesondere eine Untersuchung von Pensionsrückstellungen vor dem Hintergrund des Leistungsfähigkeitsprinzips, um mögliche ökonomische Bedingungen bzw. Kriterien zu identifizieren, unter denen Pensionsrückstellungen (nicht) abzugsfähig sein sollten.

Auf der Grundlage der herausgearbeiteten Prinzipien wird in Kapitel E ein Konzept zur Abbildung und Bewertung von Pensionsverpflichtungen in einer harmonisierten steuerlichen Gewinnermittlung entwickelt. Dafür wird zuvörderst der IAS 19 als möglicher Ausgangspunkt analysiert. Diesbezüglich sollen sowohl die Systematik als auch die einzelnen Vorgaben des IAS 19 vollumfänglich und detailliert aufgearbeitet werden und auf ihre Vereinbarkeit mit den Zielen und den Grundsätzen des Harmonisierungsvorschlags hinterfragt werden. Unter Berücksichtigung der dabei entwickelten Ergebnisse werden in einem nächsten Schritt Vorschläge für eine rechtspolitische Weiterentwicklung einer einheitlichen Gewinnermittlungsregel aufgestellt. Ziel ist es hierbei, den im vorherigen Teil identifizierten Problemen zu begegnen, um eine sachgerechte steuerliche Behandlung und Bewertung von Pensionsverpflichtungen im Rahmen einer GKB zu gewährleisten.

Die Untersuchung schließt mit einer thesenförmigen Zusammenfassung in Kapitel F.

B. Gestaltungsformen und Charakter der betrieblichen Altersversorgung in den Mitgliedstaaten der Europäischen Union

I. Klassifizierung der betrieblichen Altersversorgung

1. Grundlagen und Formen der betrieblichen Altersversorgung

a) Begriffsbestimmung der Pensionsverpflichtung und der betrieblichen Altersversorgung

Der Begriff der Pensionsverpflichtung als Anknüpfungspunkt dieser Untersuchung weist weder im europäischen noch im nationalen Kontext eine einheitliche (Legal-)Definition auf. Zwar wurde der Begriff bspw. in Art. 43 Abs. 7 der Richtlinie 78/660/EWG des Rates der Europäisches Union[8] auf unionsrechtlicher Ebene eingeführt, während im deutschen Handelsgesetzbuch neben Pensionsverpflichtungen zudem das Synonym Altersversorgungsverpflichtungen verwendet wird.[9] Gleichwohl werden diese Begriffe inhaltlich nicht konkretisiert und sind daher unbestimmt. Um den Begriff insofern inhaltlich zu bestimmen, knüpft das deutsche Schrifttum diesbezüglich an den Gegenstand der betrieblichen Altersversorgung an.[10] Im Rahmen dieser Untersuchung sollen folglich unter Pensionsverpflichtungen solche Verpflichtungen verstanden werden, die aus der Zusage einer betrieblichen Altersversorgung resultieren.[11]

---

8 Vierte Richtlinie 78/660/EWG des Rates vom 25. Juli 1978 aufgrund von Artikel 54 Absatz 3 Buchstabe g) des Vertrages über den Jahresabschluß von Gesellschaften bestimmter Rechtsformen, ABl. EG Nr. L 222 v. 14.8.1978, S. 11 (abgekürzt als 4. Richtlinie). In der englischen Fassung wird z.B. von „commitments concerning pensions" gesprochen, während in der französischen Version von „les engagements en matière de pensions" die Rede ist.

9 Siehe IDW RS HFA/2016 30 Rn. 6.

10 *Heger/Weppler*, in HdJ, 54. Lfg. März 2012, III/7 Rn. 5.

11 In Anlehnung an *Kisters-Kölkes*, in Kemper et al., BetrAVG, 9. Aufl. 2021, § 1 Rn. 1 & 18; *Thoms-Meyer*, Grundsätze ordnungsmäßiger Bilanzierung, 1995, S. 6. In diesem Zusammenhang spricht man auch von Pensions- bzw. Versorgungszusagen.

Die betriebliche Altersversorgung[12] umfasst dabei grundsätzlich alle betrieblichen Maßnahmen, die dem Arbeitnehmer im Alter oder infolge anderer, ergänzender biometrischer Ereignisse ein angemessenes Einkommen nach Ausscheiden aus dem Beruf sicherstellen.[13] Demzufolge ordnet sie sich als zweite Säule in ein gesellschaftliches Drei-Säulen-Sicherungssystem ein[14] und leistet einen wesentlichen Beitrag i.S.e. Ergänzungsversorgung, das Gesamtversorgungsniveau in Zeiten sinkendender Renten zu stabilisieren und langfristig zu sichern.[15] Trotz ihrer hohen Verbreitung[16] besteht jedoch aufgrund der sozialen, historischen und rechtlichen Unterschiede der einzelnen, nationalen Rentensysteme noch kein allgemeingültiges, konkretes Verständnis betrieblicher Versorgungssysteme in Europa.[17] Daher existiert auch in der Europäischen Union weder ein umfassendes europäisches Betriebsrentenrecht noch eine einheitliche Begriffsbestimmung zu dem Leistungsumfang der betrieblichen Altersversorgung,[18] sodass eine Zuordnung lediglich anhand der institutionellen Ausgestaltung erfolgen konnte.[19] Insofern war eine Einteilung der unterschiedlichen nationalen

---

12 Die Begriffe betriebliche Altersversorgung, Betriebsrente und betriebliche Versorgungssysteme gelten dabei als deckungsgleich. Siehe *Streißelberger*, Besteuerung der betrieblichen Altersversorgung, 2012, S. 5.

13 Siehe zu einer allgemeinen, international breiten Definition *Ebinger*, Neue Modelle, 2001, S. 110 f. Siehe zu den europarechtlichen Vorgaben sogleich unten Kap. B.I.1.b). Eine Absicherung der Risiken ist dabei nicht zwingend. A.A. *Zimmermann*, Zeitschrift für Controlling 2004, Sonderheft 3, 98, 101.

14 *Streißelberger*, Besteuerung der betrieblichen Altersversorgung, 2012, S. 5. Siehe zum Drei-Säulen-System *Wernsmann*, in Eichenhofer/Rische/Schmähl, Handbuch der gesetzlichen Rentenversicherung, 2012, Kap. 32 Rn. 2; *OECD* (Hrsg.), Maintaining Prosperity, Working Paper AWP 6.1, 1998, S. 133 f.; *Förster*, in Cramer/Förster/Ruland, Handbuch zur Altersversorgung, 1998, S. 201, 202 f.

15 *Meier/Recktenwald*, Betriebswirtschaft der betrieblichen Altersversorgung, 2006, S. 35 f.

16 Die betriebliche Altersversorgung ist in den Ländern der OECD weit verbreitet. Siehe *OECD* (Hrsg.), OECD Pensions Outlook 2016, 2016, S. 18 f.

17 Vgl. *Reiner*, in Oetker/Preis, EAS, 204. Lfg. Februar 2019, B 7300 Rn. 3-6; *Rolfs*, EuZA 2018, 283, 283 f.; ferner schon *OECD* (Hrsg.), Private Pension Systems, Working Paper AWP 2.2, 1998, S. 15 Rn. 26.

18 Vgl. *Rolfs*, in Bloymeyer/Rolfs/Otto, BetrAVG, 7. Aufl. 2018, Einleitung Rn. 114; *Richter*, Altersversorgung in der EU, 2010, S. 37; *Braun*, Betriebliche Alterssicherung, 2010, S. 97; *Böhm*, Die betriebliche Altersversorgung, 2004, S. 1; *Bittner*, Betriebsrentenrecht, 2000, S. 8 f. mit Verweis auf *Steinmeyer*, in FS Kissel, 1994, S. 1165, 1167. Eine europäische Begriffsbestimmung könne demnach allenfalls autonom erfolgen. Ferner auch *Richter*, Altersversorgung in der EU, 2010, S. 4.

19 *Scholz*, Besteuerung der betrieblichen Altersversorgung, 2006, S. 8. Ferner *Bruno-Latocha/Devetzi*, Deutsche Rentenversicherung 2001, 486, 497.

Rentensysteme in das Drei-Säulen-Modell nicht immer zweifelsfrei möglich.[20]

Nichtsdestoweniger haben sich vor dem Hintergrund gemeinschaftsrechtlicher Harmonisierungsbestrebungen und der Rechtsprechung des Europäischen Gerichtshofs, dem EuGH, bestimmte Kriterien herausgebildet, nach denen eine Abgrenzung der betrieblichen Altersversorgung von der staatlichen Vorsorge (Erste Säule) möglich erscheint. Zum einen kann eine Abgrenzung über den sachlichen Anwendungsbereich der Soziale Sicherungssysteme-Koordinierungs-Verordnung Nr. 883/2004[21] erfolgen.[22] So regelt die Verordnung primär die Koordinierung der sozialen Sicherungssysteme im Zusammenhang mit der Arbeitnehmerfreizügigkeit. Sie gilt hingegen nicht für zusätzliche Renten der zweiten bzw. dritten Säule,[23] sodass dementsprechend eine eindeutige (Negativ-)Abgrenzung der staatlichen Rente anhand des sachlichen Anwendungsbereichs der Verordnung gelingt.[24]

Zum anderen kann eine Abgrenzung nach der inhaltlichen Ausgestaltung der Pensionszusage vorgenommen werden. In der sogenannten „Bilka"-Entscheidung resümierte der EuGH,[25] dass die betriebliche Altersversorgung zwar grundsätzlich mittels gesetzlicher Vorgaben ausgestaltet werden könne, in ihrem Kern jedoch privatwirtschaftliche Elemente besitze.[26] Die Versorgungszusage muss daher aus dem Arbeitsverhältnis zwischen

---

20 *Portner*, BB 2012, 351, 354. So erwies sich eine Abgrenzung nach dem Finanzierungsverfahren oder nach der Freiwilligkeit der Zusage als nicht zweckdienlich. Siehe zur Diskussion bspw. *Streißelberger*, Besteuerung der betrieblichen Altersversorgung, 2012, S. 6 f.

21 Verordnung (EG) Nr. 883/2004 des Europäischen Parlaments und des Rates vom 29. April 2004 zur Koordinierung der Systeme der sozialen Sicherheit, ABl. EU Nr. L 166 v. 30.4.2004, S. 1, berichtigt durch ABl. EU Nr. L 200 v. 7.6.2004, S. 1 und ABl. EU 2007 Nr. L 204 v. 4.8.2007, S. 30 (abgekürzt als VO (EG) Nr. 883/2004).

22 Vgl. zu der Vorgängerreglung *Devetzi*, BetrAV 2001, 213, 213.

23 *Langer*, in von der Groeben/Schwarze/Hatje, Europäisches Unionsrecht, 7. Aufl. 2015, AEUV, Art. 48 Rn. 60.

24 Unter Umständen können tarifvertragliche Vereinbarungen durch Erklärungen seitens der Mitgliedstaaten in den Anwendungsbereich der Verordnung aufgenommen werden. Siehe hierzu *Rose/Langer*, in von der Groeben/Schwarze/Hatje, Europäisches Unionsrecht, 7. Aufl. 2015, AEUV, Art. 48 Rn. 29. In diesem Zusammenhang ist allerdings anzumerken, dass ein betriebliches System, welches an die Stelle eines gesetzlichen Systems tritt, der zweiten Säule zuzuordnen ist. Siehe *EuGH* v. 17.5.1990, C-262/88, DB 1990, 1824 Rn. 28.

25 *EuGH* v. 13.5.1986, 170/84, Slg. 1986, 1607.

26 *EuGH* v. 13.5.1986, 170/84, Slg. 1986, 1607 Rn. 18 - 20.

Arbeitnehmer und Arbeitgeber resultieren und dahingehend ein Bestandteil des individuellen Arbeitsvertrages sein.[27] Dieses Kriterium eignet sich sodann zur Unterscheidung zwischen der betrieblichen und der privaten Vorsorge. Eine private Vorsorge vollzieht sich stets ohne die Anknüpfung an ein Beschäftigungsverhältnis.[28]

Dahingehend lässt sich festhalten, dass unbeschadet einer fehlenden europaweiten Definition des Begriffs der betrieblichen Altersversorgung eine funktionelle Zuordnung heterogener nationaler Rentensysteme in der Europäischen Union zur zweiten Säule möglich ist. Diese Abgrenzungskriterien sollen im Rahmen dieser Untersuchung daher als Grundlage dienen, eine Pensionsverpflichtung in den Mitgliedstaaten der Europäischen Union einzugrenzen und zu bestimmen.

b) Europarechtliche Rechtsgrundlagen der betrieblichen Altersversorgung

Aufgrund der unterschiedlichen Traditionen betrieblicher Rentensysteme in den Mitgliedstaaten ist das Recht der betrieblichen Altersversorgung in der Europäischen Union lediglich im Ansatz harmonisiert.[29] Ferner existiert auch keine europarechtliche Koordinierung des Rechts der betrieblichen Altersversorgung, wie sie bspw. für die erste Säule durch die Soziale Sicherungssysteme-Koordinierungs-Verordnung geregelt ist.[30] Vor diesem Hintergrund ist jedoch zunehmend das Arbeits- und Versicherungsrecht Gegenstand sekundärrechtlicher Maßnahmen,[31] die die nationalen Rechts-

---

27 *Borchardt*, IStR 1995, 36, 36; *EuGH* v. 17.5.1990, C-262/88, DB 1990, 1824 Rn. 24. Vgl. ebenfalls Mitteilung der Kommission, Binnenmarkt für die zusätzliche Altersversorgung, Ergebnisse der Konsultation zum Grünbuch "Zusätzliche Altersversorgung im europäischen Binnenmarkt" v. 11.5.1999, KOM(1999) 134 endg., S. 11. Letztlich ist das Merkmal des Beschäftigungsverhältnisses autonom auszulegen. Siehe *Reiner*, in Franzen/Gallner/Oetker, EuArbR, 3. Aufl. 2020, 660 Art. 2 Rn. 1. Vgl. ferner *Devetzi*, BetrAV 2001, 213, 213.

28 Siehe zur Definition von privaten Altersversorgungsprodukten: Art. 2 Nr. 1 der Verordnung (EU) 2019/1238 des Europäischen Parlaments und des Rates vom 20. Juni 2019 über ein Paneuropäisches Privates Pensionsprodukt (PEPP), ABl. EU Nr. L 198 v. 25.7.2019, S. 1 (abgekürzt als PEPP-Verordnung).

29 In Anlehnung an *Rolfs*, EuZA 2018, 283, 283 f.

30 Dazu *Richter*, Altersversorgung in der EU, 2010, S. 37-39.

31 Vgl. *Reiner*, in Oetker/Preis, EAS, 204. Lfg. Februar 2019, B 7300 Rn. 11 f.; *Rolfs*, EuZA 2018, 283, 284.

ordnungen beeinflussen.[32] Im Folgenden sollen daher die maßgeblichen europäischen Rechtsgrundlagen skizziert werden, die das Betriebsrentenrecht der Einzelstaaten prägen, um somit zentrale rechtliche Gemeinsamkeiten zu identifizieren und diese auf resultierende Rechtsfolgen zu untersuchen.

Als die erste maßgebliche Vorgabe des Sekundärrechts ist die Richtlinie 98/49/EG zur Wahrung ergänzender Rentenansprüche[33] zu nennen.[34] Nachdem der Entwurf der Richtlinie ursprünglich den Anspruch hatte, betriebliche Pensionsverpflichtungen unter einen umfassenden, harmonisierten Schutz zu stellen,[35] war sie im Ergebnis jedoch lediglich ein politischer Kompromiss mit überschaubarer Wirkung.[36] So beschränkte sich die Richtlinie letztlich darauf, ausländischen Arbeitnehmern den gleichen Schutz zu garantieren, den ein inländischer Arbeitnehmer in dem Zusatzversorgungssystem genießen würde.[37] Weiterreichende Vorgaben des materiellen Rechts beinhaltete die Richtlinie indes nicht. Nichtsdestominder statuierte die Richtlinie im sachlichen Anwendungsbereich ein erstes, wenngleich in eingeschränktem Maße harmonisiertes Verständnis betrieblicher Rentensysteme. So kann eine betriebliche Altersversorgung gem. Art. 3 Buchst. b) i.V.m. Art. 1 Satz 2 der Richtlinie als ein freiwilliges oder obligatorisches System ausgestaltet sein und entweder auf einem Individual- oder Kollektivvertrag beruhen.[38] Dabei umfasst sie gem. Art. 3

---

32 So grundsätzlich zum Einfluss der europarechtlichen Rechtsentwicklung auf das Betriebsrentenrecht der Mitgliedstaaten *Braun*, Betriebliche Alterssicherung, 2010, S. 97. Zu dem sekundärrechtlichen Einfluss auf das Steuerrecht bei betrieblichen Pensionszusagen siehe ferner schon *Weerepas*, EC Tax Review 2000, 172, 173 f.

33 Richtlinie 98/49/EG des Rates vom 29. Juli 1998 zur Wahrung ergänzender Rentenansprüche von Arbeitnehmern und Selbstständigen, die innerhalb der Europäischen Gemeinschaft zu- und abwandern, ABl. EG L 209 v. 25.7.1998, S. 46.

34 Zur Entwicklung der betrieblichen Altersversorgung als Thema der europäischen Rechtssetzung siehe *Eichenhofer*, in Schlachter/Becker/Igl, Funktionen und rechtliche Ausgestaltung zusätzlicher Alterssicherung, 2005, S. 201, 205 f.

35 Siehe zur Entstehungsgeschichte *Steinmeyer*, EuZW 1999, 645, 648.

36 *Steinmeyer*, in Fuchs, Europäisches Sozialrecht, 7. Aufl. 2018, Teil 8 RL 98/49/EG Rn. 6.

37 *Steinmeyer*, in Hanau/Steinmeyer/Wank, Handbuch des europäischen Sozialrechts, 2002, § 26 Rn. 56; Bericht der Kommission, Die Umsetzung der Richtlinie 98/49/EG vom 29. Juni 1998 zur Wahrung ergänzender Rentenansprüche von Arbeitnehmern und Selbständigen, die innerhalb der Europäischen Gemeinschaft zu- und abwandern, KOM(2006) 22 endg., S. 5.

38 *Richter*, Altersversorgung in der EU, 2010, S. 41.

Buchst. a) nicht nur Altersversorgungsleistungen, sondern, sofern es das System des Mitgliedstaates vorsieht, auch Leistungen der Hinterbliebenen- oder Invaliditätsversorgung. Darüber hinaus werden unter den Begriff der betrieblichen Rentensysteme neben (extern finanzierten) Deckungssystemen auch solche Systeme verstanden, die nach dem Umlageverfahren oder auf Basis von Pensionsrückstellungen organisiert sind.[39] Der Anwendungsbereich der Richtlinie wurde dabei bewusst sehr breit gewählt.[40] Auf diese Weise hat der europäische Gesetzgeber eine pluralistische Ausgestaltung der betrieblichen Altersversorgung auch auf Unionsebene akzeptiert, indem er die heterogenen Systeme der Mitgliedstaaten unter die zweite Säule subsumierte.

Wenngleich die Richtlinie 98/49/EG zur Wahrung ergänzender Rentenansprüche ein erster Schritt war, die grenzüberschreitende Entsendung von Arbeitnehmern mit Blick auf Betriebsrentenansprüche zu erleichtern, konnte sie jedoch bestehende Hindernisse nicht abbauen.[41] Aus diesem Grund wurde, nach einer ersten gescheiterten Version aus dem Jahr 2005,[42] die Mobilitätsrichtlinie RL 2014/50/EU am 16. April 2014[43] vom Rat verabschiedet, um die Mobilität der Arbeitnehmer innerhalb der Union zu erleichtern.[44] Dabei stellt die Mobilitätsrichtlinie eine erste echte, jedoch noch relativ überschaubare arbeitsrechtliche Harmonisierung

---

39 Bericht der Kommission, Die Umsetzung der Richtlinie 98/49/EG vom 29. Juni 1998 zur Wahrung ergänzender Rentenansprüche von Arbeitnehmern und Selbständigen, die innerhalb der Europäischen Gemeinschaft zu- und abwandern, KOM (2006) 22 endg., S. 4; *Böhm*, Die betriebliche Altersversorgung, 2004, S. 123.

40 *Steinmeyer*, EuZW 1999, 645, 648

41 *Kunisch*, Dynamisierung ruhender Anwartschaften, 2018, S. 6. Insbesondere die hohen Unverfallbarkeitsfristen standen im Kontrast zu den Zielen der Freizügigkeit. Siehe *Steinmeyer*, in Hanau/Steinmeyer/Wank, Handbuch des europäischen Sozialrechts, 2002, § 26 Rn. 23.

42 Vorschlag für eine Richtlinie des Europäischen Parlaments und des Rates zur Verbesserung der Portabilität von Zusatzrentenansprüchen, KOM(2005) 507 endg.; siehe zur Portabilitätsrichtlinie als Vorgängerversion *Fuchs*, in Fuchs, Europäisches Sozialrecht, 7. Aufl. 2018, Einführung Rn. 29; *Schwind*, BetrAV 2006, 447.

43 Richtlinie 2014/50/EU des Europäischen Parlaments und des Rates vom 16. April 2014 über Mindestvorschriften zur Erhöhung der Mobilität von Arbeitnehmern zwischen den Mitgliedstaaten durch Verbesserung des Erwerbs und der Wahrung von Zusatzrentenansprüchen, ABl. EU Nr. L 128 v. 30.4.2014, S. 1 (abgekürzt als Mobilitätsrichtlinie).

44 Siehe Erwägungsgrund 5 der Mobilitätsrichtlinie.

auf dem Gebiet der betrieblichen Altersversorgung dar,[45] die nach Art. 2 Abs. 3 RL 2014/50/EU jedoch nicht Leistungen der Invaliditäts- und Hinterbliebenenversorgung erfasst.[46] Gem. Art. 2 Abs. 5 RL 2014/50/EU ist der Anwendungsbereich der Richtlinie ferner nur auf grenzüberschreitende Sachverhalte beschränkt. Es steht den Mitgliedstaaten jedoch explizit offen, die Regelungen auch auf innerstaatliche Sachverhalte auszuweiten.[47] Ungeachtet dieser Vorgabe liegt es nahe, dass die Mitgliedstaaten die materiellen Regelungen auch auf rein nationale Fälle anwenden, da eine Differenzierung rechtspolitisch schlicht impraktikabel wäre und in einigen Mitgliedstaaten bezüglich einer Ungleichbehandlung der rein inländischen und grenzüberschreitenden Sachverhalte verfassungsrechtliche Zweifel bestehen.[48]

Die Mobilitätsrichtlinie selbst regelt im Wesentlichen drei Punkte.[49] So werden gem. Art. 4 RL 2014/50/EU die Bedingungen für den Erwerb von Ansprüchen auf Unionseben neu geregelt. Zum einen sollen mögliche Unverfallbarkeitsfristen höchstens drei Jahre betragen (Art. 4 Abs. 1 Buchst. a) RL 2014/50/EU). Zum anderen darf ein gesetzliches Mindestalter für den Erwerb einer unverfallbaren Rentenanwartschaft 21 Jahre nicht überschreiten (Art. 4 Abs. 1 Buchst. b) RL 2014/50/EU). Darüber hinaus sollen gem. Art. 5 RL 2014/50/EU die unverfallbaren Anwartschaften ausgeschiedener Arbeitnehmer sichergestellt werden, um mit der betrieblichen Altersversorgung den Lebensstandard im Alter zu garantieren.[50] Eine Pflicht, bestehende Anwartschaften aktiver Arbeitnehmer oder die laufenden Rentenleistungen zu dynamisieren, wird hingegen nicht angeordnet.[51]

---

45 *Reiner*, in Franzen/Gallner/Oetker, EuArbR, 3. Aufl. 2020, 660. Art. 1 Rn. 2.

46 *Reiner*, in Franzen/Gallner/Oetker, EuArbR, 3. Aufl. 2020, 660 Art. 2 Rn. 14.

47 Siehe Erwägungsgrund 6 der Mobilitätsrichtlinie.

48 *Reiner*, in Franzen/Gallner/Oetker, EuArbR, 3. Aufl. 2020, 660 Art. 1 Rn. 13; *Kolvenbach/Wilhelm*, BB 2014, 2426, 2426; *Galinat*, BetrAV 2014, 118, 121. So haben bspw. Deutschland und Österreich die Regelungen der Richtlinie auch für rein nationale Sachverhalte umgesetzt. Siehe dazu *Hügelschäffer*, Zeitschrift für Tarifrecht 2014, 403, 406; *Wöss*, Das Recht der Arbeit 2014, 459, 460. Auch in Frankreich ging man schon früh davon aus, dass eine Anwendung der Richtlinie auf lediglich grenzüberschreitende Sachverhalt schwierig werden würde. Siehe *Charpin et al.*, L´encadrement des retraites chapeau, 2014, Annexe IV, S. 13. Vgl. auch Mitteilung der Kommission, Mindestvorschriften zur Erhöhung der Mobilität von Arbeitnehmern durch Verbesserung der Begründung und Wahrung von Zusatzrentenansprüchen 2005/0214 (COD) v. 19.2.2014, KOM(2014) 98 endg., S. 2 f.

49 *Walddörfer/Wilhelm*, DB 2016, 1935, 1935.

50 Siehe Erwägungsgründe 16 und 21 der Mobilitätsrichtlinie.

51 *Reiner*, in Franzen/Gallner/Oetker, EuArbR, 3. Aufl. 2020, 660 Art. 5 Rn. 6.

Abschließend werden in Art. 6 RL 2014/50/EU noch bestimmte Auskunftspflichten statuiert.

Neben diesen ersten arbeitsrechtlichen Regelungen gab es auch auf aufsichtsrechtlicher Ebene EU-weite Harmonisierungsvorgaben bezüglich der betrieblichen Altersversorgung. So ist insbesondere das Versicherungsrecht von großer Bedeutung, da der Abschluss von Versicherungsverträgen zugunsten der Arbeitnehmer in einigen Mitgliedstaaten eine legitime Form der betrieblichen Altersversorgung darstellt.[52] Das europarechtliche Versicherungsrecht unterliegt dabei einem ständigen Wandel, welcher mit der Verabschiedung der sog. Solvency II-Richtlinie[53] seinen bisherigen Höhepunkt fand. Diese Richtlinie fasste eine ganze Reihe von älteren Richtlinien neu und führte im Ergebnis zu einem hohen Grad an Harmonisierung des Versicherungsrechts.[54]

Die Solvency II-Richtlinie ermöglicht es den Arbeitgebern gem. Art. 180 RL 2009/138/EG, dass betriebliche Lebens-, Renten- oder Zusatzversicherungen auch bei Versicherungsunternehmen in einem anderen europäischen Mitgliedstaat abgeschlossen werden dürfen.[55] Dementsprechend sind die Unternehmen in der Lage, die Durchführung ihrer betrieblichen Altersversorgung durch die Bündelung von einheitlichen sowie grenzüberschreitenden Gruppenlebensversicherungsverträgen zu rationalisieren, um somit in den Vorteil von erheblichen Kostenvorteilen zu kommen.[56] In diesem Zusammenhang steht es den Unternehmen offen, unternehmens-

---

52 Vgl. *Richter*, Altersversorgung in der EU, 2010, S. 42.

53 Richtlinie 2009/138/EG des Europäischen Parlaments und des Rates v. 25. 11. 2009 betreffend die Aufnahme und Ausübung der Versicherungs- und Rückversicherungstätigkeit (Solvabilität II) (Neufassung), ABl. EU Nr. L 335 v. 17.12.2009, S. 1 (abgekürzt als Solvency II-Richtlinie).

54 In der Literatur wird daher auch von einer Vollharmonisierung des Versicherungsrechts gesprochen. Siehe *Mönnich*, in Beckmann/Matusche-Beckmann, Versicherungsrechts-Handbuch, 3. Aufl. 2015, § 2 Rn. 88 unter Bezugnahme auf Erwägungsgrund 2 der Richtlinie 2009/138/EG; *Bürkle*, in Kaulbach/Bähr/Pohlmann, VAG, 6. Aufl. 2019, Solvabilität II Rn. 4 f.; *Dreher/Lange*, Versicherungsrecht 2011, 825, 833 f.; *Lüttringhaus*, EuZW 2011, 822, 822 mit Verweis auf Erwägungsgrund 1 der Richtlinie 2009/138/EG. Für einen Überblick über die Rechtsentwicklung siehe *Beckmann/Matusche-Beckmann*, in Dauses/Ludwigs, Handbuch des EU-Wirtschaftsrechts, 38. Lfg. September 2015, E.VI. Versicherungsrecht Rn. 7-24.

55 Zur Vorgängerrichtlinie siehe auch *Richter*, Altersversorgung in der EU, 2010, S. 43 mit Verweis auf *Böhm*, Die betriebliche Altersversorgung, 2004, S. 146.

56 *Richter*, Altersversorgung in der EU, 2010, S. 43.

eigene Versicherungsunternehmen zu gründen.[57] Hierdurch sind europaweit agierende Unternehmen in der Lage, ihre Gruppenlebensversicherungen unternehmens- bzw. konzernindividuell zu organisieren, um höhere Kostensynergien zu erhalten.[58]

Im Rahmen der Solvency II-Richtlinie wurde das Versicherungsaufsichtsrecht im Ergebnis fundamental reformiert. Kernziel des Vorhabens ist es gem. Art. 27 RL 2009/138/EG, einen effektiven Schutz der Versicherungsnehmer zu gewährleisten,[59] indem das Insolvenzrisiko der betreffenden Versicherungsunternehmen auf ein Minimum reduziert werden soll.[60] In diesem Sinne wurden die Anforderungen an die Kapitalausstattung, das Risikomanagementsystem und die Berichtspflichten umfassend erweitert und konkretisiert.[61] Darüber hinaus unterliegen europäische Versicherungsunternehmen nach Art. 1 Abs. 3 der Verordnung (EU) Nr. 1094/2010[62] der ständigen Aufsicht der Europäischen Aufsichtsbehörde für das Versicherungswesen und die betriebliche Altersversorgung, der sog. EIOPA.[63] Infolgedessen genießen Pensionsverpflichtungen, die über ein Lebensversicherungsunternehmen mit Sitz in der Europäischen Union durchgeführt werden, ein eminent hohes Schutzniveau, sodass Ausfälle der Versicherungsleistungen als sehr unwahrscheinlich eingestuft werden können.

---

57 *Rolfs*, in Bloymeyer/Rolfs/Otto, BetrAVG, 7. Aufl. 2018, Teil 2 Einleitung Rn. 141. Vgl. schon *Jürgens*, BetrAV 1991, 12, 13.

58 *Beckmann*, in Dauses/Ludwigs, Handbuch des EU-Wirtschaftsrechts, 38. Lfg. September 2015, E.VI. Versicherungsrecht Rn. 87. Siehe zu weiteren Motiven *Franz*, BB 2011, 3037, 3038 f.

59 *Probst*, in Gründl/Kraft, Solvency II, 3. Aufl. 2019, S. 5; Erwägungsgrund 16 der Solvency II-Richtlinie; *Bürkle*, in Kaulbach/Bähr/Pohlmann, VAG, 6. Aufl. 2019, Einleitung Rn. 21 m.w.N.

60 *Armbrüster*, EuZW 2013, 686, 686.

61 *Sasserath-Alberti*, in MüKoVVG, Band III, 2. Aufl. 2017, 2. Teil 100. Rn. 94. Zu einer Übersicht über die Maßnahmen siehe *Mönnich*, in Beckmann/Matusche-Beckmann, Versicherungsrechts-Handbuch, 3. Aufl. 2015, § 2 Rn. 89-93; *Armbrüster*, EuZW 2013, 686, 686 f.

62 Verordnung (EU) Nr. 1094/2010 des Europäischen Parlaments und des Rates vom 24. November 2010 zur Errichtung einer Europäischen Aufsichtsbehörde (Europäische Aufsichtsbehörde für das Versicherungswesen und die betriebliche Altersversorgung), zur Änderung des Beschlusses Nr. 716/2009/EG und zur Aufhebung des Beschlusses 2009/79/EG der Kommission, ABl. EU 331, Nr. L 331 v. 15.12.2010, S. 48, geändert durch Art. 4 ÄnderungsRL 2014/51/EU v. 16. 4. 2014, ABl. EU Nr. L 153 v. 22.5.2014, S. 1.

63 Zu der Aufgabe und den Zielen der EIOPA siehe *Mönnich*, in Beckmann/Matusche-Beckmann, Versicherungsrechts-Handbuch, 3. Aufl. 2015, § 2 Rn. 97.102.

Mit der Pensionsfondsrichtlinie (EU) 2016/2341[64] trat die bisher jüngste unionsrechtliche Vorgabe bezüglich der betrieblichen Altersversorgung in Kraft und ersetzte die Vorgängerrichtlinie 2003/41/EG. Ihre Notwendigkeit rührte daher, dass, obschon die Solvency II-Richtlinie für Pensionsverpflichtungen, die über ein Lebensversicherungsunternehmen durchgeführt werden, einen hohen Schutzstandard gewährleistete, andere Einrichtungen der betrieblichen Altersversorgung gem. Art. 9 Nr. 2 RL 2009/138/EG nicht unter diese Richtlinie fielen.[65] Daher sollten die existierenden aufsichtsrechtlichen Mindestvorgaben durch eine Neufassung weiterentwickelt werden,[66] um den Schutz der betrieblichen Renten der Versorgungsanwärter und Leistungsempfänger zu erhöhen.[67]

So gelten gem. Art. 2 i. V. m. Art. 6 Nr. 1 RL (EU) 2016/2341 solche Unternehmen als Einrichtungen der betrieblichen Altersversorgung, die ungeachtet ihrer Rechtsform nach dem Kapitaldeckungsverfahren arbeiten und rechtlich unabhängig vom Trägerunternehmen sind, wobei sie sowohl als Firmen- bzw. Konzerneinrichtungen als auch als Wettbewerbseinrichtungen organisiert sein können.[68] Dabei müssen sie zu dem Zweck eingerichtet sein, auf der Grundlage kollektiver oder individueller Vereinbarungen Altersversorgungs-, Invaliditäts- oder Hinterbliebenenleistungen zu erbringen. Einrichtungen, die nach dem Umlageverfahren arbeiten, keinen Rechtsanspruch auf die Leistungen gewähren oder unter die Verordnung (EG) Nr. 883/2004 fallen, werden hingegen nach Art. 2 Nr. 2 der Richtlinie (EU) 2016/2341 von dem Anwendungsbereich deklaratorisch ausgeschlossen. Darüber hinaus werden Arbeitgeber, die Pensionsrückstellungen für ihre Arbeitnehmer bilden, ebenfalls nicht von der Richtlinie erfasst. Ferner sind die Regelungen für Wertpapierdienstleister, Kreditinstitute, Investmentfonds und freilich Versicherungsunternehmen nicht anwendbar, da für diese Institutionen andere, teils strengere Vorgaben maßgeblich sind.[69]

---

64 Richtlinie (EU) 2016/2341 des Europäischen Parlaments und des Rates vom 14. Dezember 2016 über die Tätigkeiten und die Beaufsichtigung von Einrichtungen der betrieblichen Altersversorgung (EbAV), Neufassung, ABl. EU Nr. L 354 v. 23.12.2016, S. 37 (abgekürzt als Pensionsfondsrichtlinie).

65 *Baroch Castellvi*, in Brand/Baroch Castellvi, VAG, 2018, Vor §§ 236 ff. Rn. 5.

66 *Steinmeyer*, in Fuchs, Europäisches Sozialrecht, 7. Aufl. 2018, Teil 10 Rn. 3.

67 Vgl. Erwägungsgrund 2 der Richtlinie (EU) 2016/2341.

68 *Reiner*, in Franzen/Gallner/Oetker, EuArbR, 3. Aufl. 2020, 680 Vorbemerkung Rn. 2 f.

69 *Steinmeyer*, in Fuchs, Europäisches Sozialrecht, 7. Aufl. 2018, Teil 10 Rn. 7.

Im Zuge der Reform der Pensionsfondsrichtlinie wurde eine Reihe inhaltlicher Neuerungen implementiert.[70] So wurden insbesondere die aufsichtsrechtlichen Vorschriften zu Eigenmitteln (Art. 15-18 RL (EU) 2016/2341) und der Vermögensanlage (Art. 19 RL (EU) 2016/2341) weiter harmonisiert sowie die Vorgaben zu einem guten Risikomanagement der betroffenen Institutionen definiert. Des Weiteren sind die Einrichtungen der betrieblichen Altersversorgung gem. Art. 36 ff. der Richtlinie (EU) 2016/2341 verpflichtet, (potentielle) Versorgungsanwärter und Leistungsempfänger etwa über das Anlagerisiko zu informieren. Ferner unterliegen die Einrichtungen der betrieblichen Altersversorgung nach Art. 47 RL (EU) 2016/2341 der Finanzaufsicht der einzelnen Mitgliedstaaten, wobei die EIOPA die Aufsicht gem. Art. 60 Nr. 3 f. RL (EU) 2016/2341 koordiniert und gegebenenfalls anhand von Leitlinien gem. Art. 16 VO (EU) Nr. 1094/2010 harmonisiert.[71]

Die Regelungen in der Pensionsfondsrichtlinie orientieren sich dabei im Wesentlichen an den qualitativen Vorgaben der Solvency II-Richtlinie.[72] Wenngleich in Art. 13 f. der Richtlinie (EU) 2016/2341 die Bildung von versicherungstechnischen Rückstellungen für jede eingegangene finanzielle Verpflichtung und ihre vollständige Bedeckung gefordert wird, erfolgte, trotz ursprünglicher Bestrebungen seitens der EU-Kommission, aufgrund der befürchteten Mehrbelastungen für die Einrichtungen keine komplette Angleichung der quantitativen Regelungen an die Vorgaben der Solvency II-Richtlinie.[73] Insofern verlangt die Richtlinie (EU) 2016/2341 auch keinen versicherungstechnischen Risikoausgleich zwischen den Vorsorgenden, sodass die Leistungen nicht zwingend versicherungsförmig abgedeckt sein müssen.[74] Es lässt sich daher festhalten, dass im Zuge der Pensionsfondsrichtlinie die aufsichtsrechtlichen Bestimmungen für Einrichtungen der betrieblichen Altersversorgung in der EU maßgeblich erweitert wor-

---

70 *Höfer*, in Höfer/de Groot/Küpper, Betriebsrentenrecht, Band I, 22. Lfg. 2018, Kommentierung allgemeiner rechtlicher Teil, Kap. 1 Rn. 44. Siehe zu den geplanten Änderungen im Vorfeld *Gohdes/Schmid*, BB 2014, 1899, 1899-1902.

71 Zur Rolle der EIOPA vgl. ferner *Reiner*, in Franzen/Gallner/Oetker, EuArbR, 3. Aufl. 2020, 680 Vorbemerkung Rn. 16.

72 *Borsjé/van Meerten*, in Pennings/Vonk, European Social Security Law, 2015, S. 385, 394; *Mühlberger*, BetrAV 2014, 334, 336 f.

73 Vgl. Erwägungsgrund 77 der Richtlinie (EU) 2016/2341. Siehe ferner *Reiner*, in Franzen/Gallner/Oetker, EuArbR, 3. Aufl. 2020, 680 Art. 6 Rn. 15.; *Röhle*, BetrAV 2014, 629, 631 f.; *Görgen*, in FS Höfer, 2011, S. 41, 44 f.

74 *Reiner*, in Krömer et al., Arbeitsrecht und Arbeitswelt im europäischen Wandel, 2016, S. 193, 215.

den sind. Hierdurch gewährleisten die Institutionen im Geltungsbereich der Richtlinie (EU) 2016/2341 für Pensionsverpflichtungen einen angemessenen Schutz, der jedoch nicht das gleiche Niveau besitzt wie die Regelungen für europäische Lebensversicherungen.[75]

Daneben hat noch eine Reihe von weiteren EU-Richtlinien die betriebliche Altersversorgung mittelbar beeinflusst.[76] So sind die Mitgliedstaaten der Europäischen Union bspw. nach Art. 8 der Richtlinie 2008/94/EG[77] verpflichtet, die Ansprüche der Versorgungsanwärter im Fall einer Insolvenz sicherzustellen. Die konkrete Implikation dieser Vorgabe war aufgrund der sehr vagen und abstrakten Formulierung jedoch lange nicht präzisiert.[78] Erst im Zuge der höchstrichterlichen Rechtsprechung des EuGH wurden bestimmte Mindestmaßnahmen formuliert, durch welche eine hinreichende Insolvenzsicherung der Pensionszusagen erreicht werden sollte.[79] Demnach dürfen im Fall einer Zahlungsunfähigkeit des Arbeitgebers nicht mehr als 50 % des ursprünglich zugesagten Versorgungsniveaus verloren gehen.[80] Abschließend sind sowohl die Schutzbestimmungen zur Gleichbehandlung der Arbeitnehmer als auch die Schutzbestimmungen bei einem Betriebsübergang zu nennen, die für die Anwärter bzw. Empfänger einer betrieblichen Altersversorgung in der EU Geltung haben können.[81]

Zusammenfassend lässt sich festhalten, dass das Recht der betrieblichen Altersversorgung in Europa eher einem lückenhaften Mosaik als einem wohl strukturierten und schlüssigen Gesamtbild ähnelt. So bleibt die partielle Harmonisierung des Arbeitsrechts auf europäischer Ebene überschau-

---

75 *Borsjé/van Meerten*, in Pennings/Vonk, European Social Security Law, 2015, S. 385, 399.

76 Vgl. beispielhaft *Rolfs*, EuZA 2018, 283, 284 f.

77 Richtlinie 2008/94/EG des europäischen Parlaments und des Rates vom 22. Oktober 2008 über den Schutz der Arbeitnehmer bei Zahlungsunfähigkeit des Arbeitgebers, ABl. EU Nr. L 283 v. 28.10.2008, S. 36 (abgekürzt als Insolvenzrichtlinie).

78 Siehe *Krause*, EuZA 2008, 96, 96-98 in Bezug auf die Vorgängerrichtlinie 80/987/EWG vom 20. Oktober 1980 zur Angleichung der Rechtsvorschriften der Mitgliedstaaten über den Schutz der Arbeitnehmer bei Zahlungsunfähigkeit des Arbeitgebers, ABl. EG Nr. L 283/23 v. 28.10.1980, S. 23.

79 *EuGH* v. 25.4.2013, C-398/11, Neue Zeitschrift für Insolvenz- und Sanierungsrecht 2013, 532; *EuGH* v. 25.1.2007, C-278/05, EuZW 2007, 182.

80 *Forst*, EWiR 2017, 217, 217 f. Die Mitgliedstaaten sind dementsprechend verpflichtet, für den Schutz der Versorgung Sorge zu tragen. Andernfalls müsste der Staat für die entstandene Kürzung haften. Siehe *Krause*, EuZA 2008, 96, 102-104.

81 Siehe zu einer Zusammenfassung der weiteren Regelungen *Rolfs*, EuZA 2018, 283, 286-298.

bar, was eine reibungslose Übertragbarkeit auf die nationalen Rechtsordnungen nicht immer gewährleistet.[82] Dagegen ist jedoch insbesondere das Versicherungsrecht weitestgehend integriert und bietet einen einheitlichen und ausgesprochen hohen Schutz für Versorgungsanwärter und Rentner in der Europäischen Union.

c) Gestaltungsformen

aa) Durchführungsformen

Einem Unternehmen stehen grundsätzlich zwei Varianten für die Durchführung der betrieblichen Altersversorgung zur Verfügung.[83] Einerseits können betriebliche Rentenleistungen unmittelbar (direkt) durch das Unternehmen an den Arbeitnehmer erbracht werden. Man spricht daher aus Arbeitgebersicht auch von Direktzusagen.[84] Andererseits können die Zahlungen ebenfalls mittelbar (indirekt), ergo über einen externen, rechtlich unabhängigen Versorgungsträger erbracht werden. In diesem Zusammenhang wird daher auch von einer internen oder externen Durchführung gesprochen.[85]

Wenngleich diese Unterscheidung auf den ersten Blick eine klare Einordnung suggeriert, ist eine eindeutige Abgrenzung der beiden Durchführungsformen nicht immer widerspruchsfrei gegeben. So wird eine Diffe-

---

82 In Anlehnung an *Rolfs*, EuZA 2018, 283, 303.

83 *Spengel/Zöllkau*, Common Corporate Tax Base, 2012, S. 53; *Spengel/Schmidt*, Betriebliche Altersversorgung, 1997, S. 57 f.; ähnlich auch *Napier*, Accounting and Business Research 2009, 231, 238. Im Rahmen der Richtlinien RL 98/49/EG und RL 2014/50/EU wurde dieser Differenzierung auch auf unionsrechtlicher Ebene akzeptiert. Siehe beispielhaft *Reiner*, in Franzen/Gallner/Oetker, EuArbR, 3. Aufl. 2020, 660 Art. 2 Rn. 2. Vgl. ferner auch die Unterscheidung hinsichtlich von Pensionsrückstellungen im Rahmen des Richtlinienvorschlags über eine harmonisierte Körperschaftsteuer-Bemessungsgrundlage: Rat der Europäischen Union, Vorschlag für eine Richtlinie des Rates über eine Gemeinsame Körperschaftsteuer-Bemessungsgrundlage(GKB) – Explanatory notes on the compromise proposal, Interinstitutionelles Dossier vom 14.10.2013: 2011/0058(CNS), Dokumentnummer 14769/13, S. 18.

84 Dieser Begriff wird bspw. in der deutschen Terminologie verwendet. Vgl. *Ahrend/Förster/Rößler*, Steuerrecht der bAV, Band I, 43. Lfg. Oktober 2019, 1. Teil Rn. 130.

85 Beispielhaft *Scheffler/Kölbl*, IStR 2007, 113, 113; *Fenge et al.*, Alterssicherungssysteme im internationalen Vergleich, 2003, S. 77 f.; *Bittner*, Betriebsrentenrecht, 2000, S. 5.

renzierung der beiden Formen häufig mit der Frage nach der internen und externen Kapitalanlage verknüpft.[86] Diese Verkopplung von Durchführungsform und Finanzierungssystem greift indessen zu kurz. Für eine eindeutige Abgrenzung der beiden Durchführungsformen ist vielmehr zu klären, wer der Träger der Pensionsverpflichtung ist.[87] Demnach liegt eine unmittelbare Durchführung dann vor, wenn der Arbeitnehmer einen Zahlungsanspruch gegenüber dem Arbeitgeber besitzt, sodass dieser bei Fälligkeit der Pensionsverpflichtung die Leistungen an den Arbeitnehmer unmittelbar erbringt.[88] Man spricht diesbezüglich auch von einer unmittelbaren Pensionsverpflichtung. Hingegen zeichnet sich eine mittelbare Durchführung durch eine Dreiecksbeziehung zwischen dem Arbeitgeber, dem Arbeitnehmer und dem zwischengeschalteten Versorgungsträger aus.[89] Demnach besitzt der Arbeitnehmer primär einen Zahlungsanspruch gegenüber dem Versorgungsträger, welcher die Verpflichtung insofern vorrangig leisten muss.[90] Die zugrundeliegende Verpflichtung des Arbeitgebers, die dafür nötigen Beiträge an den Versorgungsträger zu leisten, wird daher auch als mittelbare Pensionsverpflichtung bezeichnet.

In der Europäischen Union sind mittelbare Durchführungsformen in allen Mitgliedstaaten gesetzlich zulässig, wobei gerade Versicherungen i.S.d. Solvency II-Richtlinie und Einrichtungen der betrieblichen Altersversorgung i.S.d. Richtlinie (EU) 2016/2341 als mittelbare Durchführungsformen sekundärrechtlich – verglichen zu unmittelbaren Pensionsverpflichtungen – recht detailliert reguliert sind.[91] Hingegen finden Direktzusagen nur in wenigen Ländern wie beispielsweise Deutschland[92], Österreich[93],

86 In Anlehnung an *Scholz*, Besteuerung der betrieblichen Altersversorgung, 2006, S. 15.

87 *Knigge*, Bilanzierung von Pensionszusagen nach IFRS, 2014, S. 97; *Spengel/Schmidt*, Betriebliche Altersversorgung, 1997, S. 57-59. Vgl. auch *Napier*, Accounting and Business Research 2009, 231, 238.

88 *Zimmermann et al.*, DB 2012, 2469, 2472.

89 *Spengel*, Steuerbelastungsvergleiche, 1995, S. 92. Vgl. auch Erwägungsgrund 32 der RL 2016/2341/EU.

90 Mögliche Besonderheiten wie Schadensersatzansprüche oder die deutsche Subsidiärhaftung nach § 1 Abs. 1 Satz 3 BetrAVG, die sich nachrangig gegenüber dem Arbeitgeber direkt richten, sollen an dieser Stelle noch vernachlässigt werden. Diese hängen von der weiteren Ausgestaltung der Pensionsverpflichtung wie der Zusageart ab. Siehe sogleich Kap. B.I.1.c)cc).

91 Siehe *Reiner*, in Oetker/Preis, EAS, 204. Lfg. Februar 2019, B 7300 Rn. 12 & 217.

92 Vgl. ausführlich Kap. C.II.2.a)aa).

93 Vgl. ausführlich Kap. C.II.2.i)aa).

Luxemburg[94] und Schweden[95] in unterschiedlichem Maße Anwendung. Darüber hinaus existiert in Italien eine eigene Form der Altersabsicherung, der sog. trattamento di fine rapporto, der den unmittelbaren Pensionsverpflichtungen zugerechnet werden kann.[96] Direktzusagen im eigentlichen Sinne spielen in Italien jedoch keine größere Rolle mehr.[97]

In den meisten europäischen Ländern sind unmittelbare Pensionsverpflichtungen dagegen weitestgehend unbekannt oder gesetzlich stark eingeschränkt. So erfuhr diese Durchführungsform beispielsweise in Spanien[98], Frankreich[99] und Belgien[100], obwohl sie ursprünglich auch dort noch Anwendung fand, im Rahmen von Reformen der Pensionssysteme einen radikalen Einschnitt und wurde grundsätzlich unzulässig bzw. auf Ausnahmeregelungen beschränkt. Hierfür wird unter anderem der Schutz

---

94 Vgl. Art. 2 Buchst. k) des Loi du 8 juin 1999 relative aux régimes complémentaires de pension, dem Gesetz vom 8. Juni 1999 über die Zusatzrentensysteme und deren Änderung, Memorial (luxemburgisches Amtsblatt) v. 17.6.1999, A – Nr. 74, So ist ein régime interne de pension ein von dem Unternehmen eingerichtete Zusatzrentensystem für Alter, Invalidität, Tod, (Über-)leben oder Invalidität. Hierfür müssen Rückstellungen in der Bilanz gebildet werden. Siehe *Fenge et al.*, Alterssicherungssysteme im internationalen Vergleich, 2003, S. 99.

95 Vgl. ausführlich Kap. C.II.2.g)aa).

96 So grds. *Fenge et al.*, Alterssicherungssysteme im internationalen Vergleich, 2003, S. 97. Siehe später Kap. C.II.2.c)aa).

97 Vgl. zu den Sonderfällen Kap. C.II.2.c)aa).

98 Im spanischen Recht wurden Direktzusagen im Zuge des Gesetzes 30/1995 vom 8. November 1995 über die Regulierung und Aufsicht der Privatversicherung seit Inkrafttreten des Gesetzes 2002 verboten. So auch *Wellisch et al.*, Besteuerung der Altersversorgung, 2008, S. 525. Siehe sodann auch Kap. C.II.2.d)aa).

99 In Frankreich sind unmittelbare Pensionsverpflichtungen gem. Art. 137-11 Abs. 5 des Code de la sécurité sociale nicht mehr zulässig. Siehe auch ausführlicher Kap. C.II.2.b)aa).

100 In Belgien sind durch einen Königlichen Erlass vom 14. Mai 1985 lediglich noch rechtlich unabhängige Versorgungsträger für die Abwicklung von kollektiv vereinbarten Pensionszusagen zugelassen, sodass im Umkehrschluss eine Direktzusage für kollektive Vereinbarungen ausgeschlossen ist. Siehe *Kvist*, Taxation, 1992, S. 10. Hingegen konnten individuell vereinbarte Pensionszusagen weiterhin unmittelbar durchgeführt werden. Durch Art. 66 i.V.m. Art. 117-120 des Gesetzes vom 22. Juni 2012 wurden unmittelbare Zusagen rückwirkend ab dem 1.1.2012 unzulässig und bestehende Zusagen sollten langfristig gänzlich auf einen externen Versorgungsträger ausgelagert werden. Vgl. *D'Aout/Picavet*, in Jaillot, Le Droit Fiscal en Belgique 2013, 2013, S. 56 f. Zu einem Überblick über die Entwicklung der betrieblichen Altersversorgung in Belgien siehe *Lamon/van Bavel/Blockerye*, Aspects fiscaux de la comptabilité et technique de déclaration fiscale, 2013, Rn. 1192–1194. Siehe zudem Kap. C.II.2.h)aa).

der Arbeitnehmer als Grund genannt.[101] Ferner existieren beispielsweise in Irland de facto lediglich mittelbare Pensionsverpflichtungen, da bestimmte steuerliche Vorteile nur bei mittelbaren Durchführungsformen zur Verfügung stehen.[102]

In Hinblick auf die Durchführungsform spielt es jedoch grundsätzlich keine Rolle, wie die Pensionsverpflichtung gedeckt ist. Diese Unterscheidung wird vielmehr im Zusammenhang mit der Deckungsform getroffen, auf die im Folgenden eingegangen wird.

bb) Deckungsformen

(1) Begriffseinordnung

Für die Finanzierung einer Pensionsverpflichtung stehen einem Unternehmen grundsätzlich zwei Deckungsformen offen, wobei sich das gewählte Verfahren maßgeblich auf die wirtschaftliche Belastung des Unternehmens auswirkt.[103] So differenziert man zwischen (kapital-)gedeckten (funded) und ungedeckten (unfunded) Pensionsverpflichtungen.[104] Allerdings ist eine Unterscheidung dieser beiden Formen nicht eindeutig definiert und daher mitunter fließend.[105] So knüpft beispielsweise die angelsächsische Begriffsauffassung der Deckung hauptsächlich an die Durchführungsform an, sodass „funded" Pensionsverpflichtungen lediglich bei mittelbaren (externen), rechtlich unabhängigen Versorgungsträgern möglich sind.[106] Diesem Verständnis soll hier nicht gefolgt werden. In Hinblick auf die weitere Untersuchung benötigt die Differenzierung daher eine Klarstellung, um im späteren Verlauf der Arbeit mögliche (steuer-)bilanzielle Konsequenzen aus der Wahl der Deckungsstrategie abzuleiten.

---

101 Siehe für Spanien Grund sieben der Begründung des Gesetzes 30/1995 vom 8. November 1995. Für Belgien siehe beispielhaft *van Damme/Somviele*, Oriëntatie 2009, 173, 173.

102 Siehe Kap. C.II.2.j)aa).

103 In Anlehnung an *Meier/Recktenwald*, BB 2007, 708, 708.

104 *Gohdes*, in Neuburger, Betriebliche Pensionszusagen, 1997, S. 192, 193.

105 So wiesen schon *Heubeck/Seeger* auf den inkonsistenten Ansatz der Begriffsverwendung hin. *Heubeck/Seeger*, DB 2004, 993, 994. Siehe auch zu den Begriffen Funding und Outside-Funding *Dernberger*, BetrAV 1997, 311, 311.

106 Vgl. bspw. *McGill et al.*, Private Pensions, 2010, S. 616 f.; *Fédération des Experts Comptables Européens* (Hrsg.), Survey of Pensions, 1995, S. 24. Ferner *Sellhorn*, Pensionsverpflichtungen in der Rechnungslegung, 2007, S. 49 f.

Im Rahmen dieser Untersuchung sollen daher unter einer gedeckten Pensionsverpflichtung alle Pensionsverpflichtungen verstanden werden, die in Form des Kapitaldeckungs- bzw. Anwartschaftsdeckungsverfahrens vorfinanziert werden. Dagegen sollen Pensionsverpflichtungen, die erst bei ihrer Fälligkeit durch Zahlungen aus den laufenden Cashflows des Unternehmens mittels des Umlageverfahrens erbracht werden, als ungedeckt gelten.[107]

(2) Darstellung der Deckungsformen

α) Kapitalgedeckte Pensionsverpflichtungen

Im Zuge der Kapitaldeckung steht einer vollständig gedeckten Pensionsverpflichtung[108] ein ausreichend hoher Deckungsstock gegenüber, um die in Zukunft erwartete Belastung erfüllen zu können.[109] Dabei ist die Möglichkeit der Kapitaldeckung einer Pensionsverpflichtung für ein Unternehmen eben nicht nur auf die mittelbaren Durchführungsformen wie bspw. Versicherungsunternehmen, die unter die Richtlinie 2009/138/EG fallen, oder wie die Einrichtungen der betrieblichen Altersversorgung gem. der Richtlinie (EU) 2016/2341 beschränkt, sondern kann auch bei einer Di-

107 Vgl. zu der Unterscheidung zwischen Kapitaldeckung und Umlageverfahren auch *Europäische Kommission* (Hrsg.), Pension Adequacy Report I, 2018, S. 167; *Blake*, Pension Schemes, 2003, S. 377–380; *Yermo*, OECD Revised Taxonomy for Pensions, 2002, S. 4 f.; bezüglich der Unterscheidung bei unmittelbaren Pensionsverpflichtungen siehe *Blome/Zwiesler*, Versicherungswirtschaft 2003, 95, 98. Ähnlich auch *Orthmann*, Betriebliche Altersversorgung, 2003, S. 35 & 49. Zu den Finanzierungsverfahren im Allgemeinen siehe auch *von der Schulenburg/Lohse*, Versicherungsökonomik, 2014, S. 399 f.; *Farny*, Versicherungsbetriebslehre, 2011, S. 73; *Gesellschaft für Versicherungswissenschaft und -gestaltung*, BB 1997, Beilage Nr. 6, 34.

108 An dieser Stelle sei angemerkt, dass auch einzelne Teilleistungen (z.B. Invalidität) vollständig gedeckt sein können. Für den weiteren Untersuchungsverlauf spielt dieser Umstand indessen nur eine untergeordnete Rolle und soll daher vernachlässigt werden.

109 Siehe *Engbroks/Engbroks*, BetrAV 2011, 514, 525. Die Höhe richtet sich dabei prinzipiell nach dem Bewertungsverfahren sowie den zugrundeliegenden Parametern und hängt gemäß dem Gesetz der großen Zahlen von einer hinreichend großen Mitarbeiterzahl ab. Vgl. beispielhaft *Rößler/Schmandt*, DStR 1997, 1057, 1060.

rektzusage in Form des sog. Asset Fundings erfolgen.[110] Der Begriff des Asset Fundings bezeichnet hierbei die Rückdeckung der unmittelbaren Pensionsverpflichtung mittels Wertpapieren, alternativen Anlagen oder Rückdeckungsversicherungen.[111]

Bei der Rückdeckung einer unmittelbaren Pensionsverpflichtung in Form von Wertpapieren bzw. von weiteren Anlagen können neben Immobilien auch Finanzinstrumente wie Aktien, festverzinsliche Wertpapiere oder alternative Investments wie Hedgefonds in Betracht kommen.[112] Dabei werden die betrieblich generierten Zahlungsmittel in das Deckungsvermögen investiert und zweckgebunden angelegt.[113] Eine zielgenaue, wertmäßige Absicherung der zugrundeliegenden Pensionsverpflichtung kann zudem mittels des sog. Asset-Liability-Managements erfolgen.[114] Ein Merkmal des Asset Fundings ist, dass, anders als bei mittelbaren Durchführungsformen, der Deckungsstock weiterhin der betrieblichen Sphäre des Unternehmens zuzuordnen ist und folglich Betriebsvermögen darstellt.[115] Dahingehend spricht man bei solchen Konstruktionen auch von einem betriebsinternen Pensionsfonds,[116] wobei eine Abgrenzung dieses Deckungsvermögens von dem übrigen Betriebsvermögen im Wesentlichen anhand der Zweckbindung des Vermögens erfolgt.[117]

---

110 Vgl. *Blome/Zwiesler*, Versicherungswirtschaft 2003, 95, 95-97. *Ahrend/Förster/Rößler* sowie *Orthmann* sprechen hierbei von Rückdeckung. Vgl. *Ahrend/Förster/Rößler*, Steuerrecht der bAV, Band I, 36. Lfg. Juli 2016, 2. Teil Rn. 1391; *Orthmann*, Betriebliche Altersversorgung, 2002, S. 70. Siehe ferner *Derbort et al.*, Bilanzierung von Pensionsverpflichtungen, 2016, S. 25 f.

111 *Hauner/Menßen*, in Kleeberg/Schlenger, Handbuch Spezialfonds, 2000, S. 231, 232 f.; ferner *Ahrend/Förster/Rößler*, Steuerrecht der bAV, Band I, 36. Lfg. Juli 2016, 2. Teil Rn. 1391. Teilweise wird bei Rückdeckungsversicherungen auch von Asset Backing gesprochen. Siehe *Blome/Zwiesler*, Versicherungswirtschaft 2003, 95, 97. Dieser Eingrenzung wird in dieser Untersuchung jedoch nicht gefolgt.

112 Siehe für einen Überblick der möglichen Kapitalanlagen *John/Nellshen*, in aba, Kapitalanlage, 3. Aufl. 2018, Rn. 350 f.; vgl. auch *Orthmann*, Betriebliche Altersversorgung, 2003, S. 49-53.

113 *Grabner*, BetrAV 2000, 431, 432 f.

114 In Anlehnung an *Thaut*, Direktzusage und Pensionsfonds, 2007, S. 12. Siehe zu dem Begriff *Thurnes*, in aba, Kapitalanlage, 3. Aufl. 2018, Rn. 5-7; *Beckstette/Reuß*, BetrAV 2006, 138, 140-142; *Blome/Zwiesler*, Versicherungswirtschaft 2005, 1378, 1378.

115 In Anlehnung an *Schäfer/Wojtysiak*, FB 2002, 349, 351.

116 *Schäfer/Wojtysiak*, FB 2002, 349, 351; *Grabner*, BetrAV 2000, 431, 432.

117 *Grabner*, DB 1999, 903, 905.

Eine besondere Ausprägung der Wertpapierrückdeckung stellen dabei Treuhandkonstruktionen dar,[118] die bspw. in Deutschland auch als sog. Contractual Trust Arrangements (abgekürzt als CTA) bezeichnet werden.[119] Bei dieser Variante werden die Vermögensgegenstände des Deckungsstocks auf einen rechtlich unabhängigen Vermögensträger zivilrechtlich übertragen.[120] In ihrer finanziellen Wirkungsweise unterscheiden sie sich allerdings nicht von den vorherig beschriebenen betriebsinternen Pensionsfonds.[121] Ihre Vorteilhaftigkeit liegt vielmehr in den möglichen bilanziellen Konsequenzen und ihrer Insolvenzfestigkeit.[122] Ferner erleichtern sie freilich eine Abgrenzung des Deckungsvermögens von den übrigen Bilanzposten. An dieser Stelle soll jedoch nicht weiter auf diese Konstruktion eingegangen werden.

Darüber hinaus können Pensionsverpflichtungen über Versicherungsleistungen gedeckt werden.[123] Diese können sowohl bei dem oben erwähnten Asset Funding in Form einer Rückdeckungsversicherung oder bei der Auslagerung der Verpflichtung auf ein Versicherungsunternehmen (bzw. vergleichbares Unternehmen) im Rahmen der mittelbaren Durchführungsform Anwendung finden. Hierbei zahlt der Arbeitgeber in der Anwartschaftsphase Prämien an den Versicherer, der diese im Zuge des Anwartschaftsdeckungsverfahrens im Einklang mit den versicherungsrechtlichen Bestimmungen anlegt.[124] Ziel solcher Maßnahmen ist es, durch einen Risikotransfer auf das Versicherungsunternehmen eine erheb-

---

118 So stellt der CTA lediglich eine besondere Form des betriebsinternen Fonds dar. Siehe *Thaut*, Direktzusage und Pensionsfonds, 2007, S. 11 f.; *Schäfer/Wojtysiak*, FB 2002, 349, 355.

119 Zum CTA siehe beispielhaft *Küting/Keßler*, DB 2009, 1717.

120 *Scholz*, Besteuerung der betrieblichen Altersversorgung, 2006, S. 15.

121 *Schäfer/Wojtysiak*, FB 2002, 349, 360. So verbleibt die Verpflichtung zur Leistung der zugesagten Pensionen weiterhin beim Arbeitgeber. Siehe *Scholz*, Besteuerung der betrieblichen Altersversorgung, 2006, S. 15.

122 Siehe zur Motivation eines CTA vor dem Hintergrund der internationalen Rechnungslegung *Klemm*, DStR 2005, 1291, 1291.

123 *Fédération des Experts Comptables Européens* (Hrsg.), Survey of Pensions, 1995, S. 28 f. Auf den Sonderfall, dass sich die Höhe der Pensionsleistungen nach der Rückdeckungsversicherung im Zusammenhang mit einer unmittelbaren Pensionsverpflichtung richtet, soll an der dieser Stelle nicht genauer eingegangen werden. Siehe zu diesem Fall als Sonderfall *Thierer*, Zeitschrift für die gesamte Versicherungswissenschaft 2008, Supplement 1, 135, 139.

124 Siehe zu den Anlagegrundsätzen in Deutschland beispielhaft *Weißenfels*, in Uckermann et al., Das Recht der betrieblichen Altersversorgung, 2014, Kap. 17 Rn. 60-74.

liche Risikoreduktion beim Arbeitgeber zu erwirken.[125] Der Arbeitgeber überträgt bei beiden Formen eben nicht nur das Kapitalanlagerisiko auf das Versicherungsunternehmen, sondern entledigt sich ebenfalls des versicherungstechnischen Risikos.[126] Im Ergebnis handelt es sich bei solchen versicherten Leistungen aufgrund ihres risikominimierten Ansatzes um eine besondere Form gedeckter Pläne.

Der Unterschied beider Verfahren liegt dabei im Wesentlichen in der Verteilung des Bezugsrechts. Während bei einer Rückdeckungsversicherung der Arbeitgeber weiterhin einen Anspruch auf die Leistungen des Versicherers besitzt und somit letztlich auch gegenüber dem Arbeitnehmer verpflichtet ist,[127] besitzt der Arbeitnehmer bei einer auf ihn abgeschlossenen Versicherung ein Bezugsrecht gegenüber dem Versicherer.[128] Die Entscheidung für eines der beiden Verfahren liegt dabei in der individuellen Motivation des Arbeitgebers begründet. So eignen sich Rückdeckungsversicherungen im Zusammenhang mit unmittelbaren Pensionsverpflichtungen insbesondere aufgrund ihrer Flexibilität und Verfügbarkeit.[129]

β) Umlagefinanzierte Pensionsverpflichtungen

Im Gegensatz zu den kapitalgedeckten Pensionsverpflichtungen werden die Pensionsverpflichtungen beim Umlageverfahren nicht oder nur unzureichend vorausfinanziert und gelten daher als ungedeckt. Das Unternehmen exponiert sich daher voll dem Unternehmensrisiko, die Verpflichtung

---

125 Siehe grds. *Farny*, Versicherungsbetriebslehre, 2011, S. 35. Zur Motivation einer Rückdeckungsversicherung *Thierer*, Versicherungswirtschaft 2008, Supplement 1, 135, 136.

126 *Ahrend/Förster/Rößler*, Steuerrecht der bAV, Band I, 43. Lfg. Oktober 2019, 1. Teil Rn. 144; *Poplutz*, Gruppenversicherung in Europa, 2002, S. 162.

127 Vgl. *Schäfferling*, in Neuburger, Betriebliche Pensionszusagen, 1997, S. 137, 137 f.; siehe auch *Höfer*, in Höfer/Veit/Verhuven, Betriebsrentenrecht, Band II, 20. Lfg. August 2019, Kap. 6 Rn. 1. Vgl. zudem die Abbildung bei *Rhiel/Hirsch/Veit*, StuB 2007, 333, 333.

128 *Ahrend/Förster/Rößler*, Steuerrecht der bAV, Band I, 36. Lfg. Juli 2016, 2. Teil Rn. 1391. Die Rückdeckungsversicherung per se gestaltet sich vielmehr als ein betriebswirtschaftliches Instrument, in dem das Unternehmen selbst als Versicherungsnehmer auftritt und daher das komplette Bezugsrecht behält. So schon *Millauer*, Rechtsgrundsätze der Gruppenversicherung, 1966, S. 66 f.

129 *Buttler/Keller*, Betriebliche Altersversorgung, 2021, Rn. 203 f.

bei Fälligkeit auch erfüllen zu können.[130] Hierbei ist zu konstatieren, dass entgegen der häufig vertretenen Ansicht die (handelsrechtliche) Rückstellungsbildung an und für sich, also ohne spezifisches Asset Funding, nicht zu einem kapitalgedeckten System gehört,[131] sondern Bestandteil des Umlageverfahrens ist.[132] Diesem Umstand liegt im Wesentlichen folgende Argumentation zugrunde:

Einerseits erfolgt durch die Rückstellungsbildung ohne explizites Asset Funding allenfalls eine abstrakte, bilanzielle Zuordnung des Betriebsvermögens zu der korrespondierenden passivierten Pensionsschuld.[133] Das Versorgungskapital wäre folglich in den operativen Unternehmensprozess eingebunden,[134] dem eine gewisse Volatilität inhärent ist.[135] Dementsprechend werden die Rentenzahlungen erst in der Periode ihrer Fälligkeit durch die aktive Belegschaft erwirtschaftet.[136] Eine Liquidation des betriebsnotwendigen Vermögens wäre im Fall einer fälligen Verpflichtung jedoch kaum umsetzbar,[137] sodass man im Ergebnis von keiner expliziten

---

130 In Anlehnung an *Thierer*, Rückdeckungsversicherung für Direktzusagen, 2012, S. 13 f.; *Sigloch*, Rechnungslegung, 2011, S. 383; *Förster*, BetrAV 2001, 133, 133.

131 So vertreten durch bspw. *Faßhauer*, Rechnungslegung nach IFRS, 2010, S. 28 f. mit Verweis auf *OECD* (Hrsg.), Private Pensions, 2005, S. 19.

132 Zutreffend *Thaut*, Direktzusage und Pensionsfonds, 2007, S. 10 f.; *Blome/Zwiesler*, Versicherungswirtschaft 2003, 95, 98. So wohl auch *Schwark*, Betriebliche Altersversorgung im Spannungsfeld, 2007, S. 127. Vgl. ebenfalls zu einer Einordnung nach amerikanischen Rechnungslegungsgrundsätzen *Seyfriedt*, Rechnungslegung über betriebsinterne Pensionsfonds, 2003, S. 17. Demnach ähnelt eine Pensionsrückstellung ohne Kapitaldeckung einem Pensionsfonds mit einer Kapitalhöhe von null, bei dem die Pensionsleistungen lediglich einen durchlaufenden Posten darstellen. Siehe ferner auch *Blake*, Pension Schemes, 2003, S. 381.

133 *Blome*, Asset Liability Management, 2004, S. 81. Vgl. ferner *Heubeck/Seeger*, DB 2004, 993, 994. Hierbei ist jedoch anzumerken, dass durch die Rückstellungsbildung reservierten Cashflows auch zur Substitution von Eigen- bzw. Fremdkapital verwendet werden können, sodass eine „operative" Vermögenserweiterung im Sinne einer Bilanzerweiterung nicht zwangsläufig erfolgen muss. Siehe *Schätzlein*, Corporate Finance 2021, 8, 10; *Thaut*, Direktzusage und Pensionsfonds, 2007, S. 11; *Ebinger*, Neue Modelle, 2001, S. 202-204.

134 In Anlehnung an *Keßler*, Pensionsverpflichtungen, 2010, S. 63 f.; *Blome/Zwiesler*, Versicherungswirtschaft 2003, 95, 96 f.

135 *Hauner/Menßen*, in Kleeberg/Schlenger, Handbuch Spezialfonds, 2000, S. 231, 250.

136 *Blome/Zwiesler*, Versicherungswirtschaft 2003, 95, 98. So auch *Orthmann*, Betriebliche Altersversorgung, 2003, S. 70 f.; *Haegert/Schwab*, Die Betriebswirtschaft 1990, 85, 96.

137 In Anlehnung an *Heger/Weppler*, in HdJ, 54. Lfg. März 2012, III/7 Rn. 49.

Vorausfinanzierung in Form einer Kapitaldeckung sprechen kann.[138] Andererseits hängt die finanztechnische Wirkung einer Rückstellungsbildung für Pensionsverpflichtungen maßgeblich von der steuerlichen Abzugsfähigkeit dieser ab, die, wie noch im weiteren Verlauf dieser Untersuchung gezeigt wird, nicht in allen Rechtsräumen der EU gegeben ist.[139] Dementsprechend profitiert ein Unternehmen von einem mit der Rückstellung verbundenen Innenfinanzierungseffekt allenfalls dann, wenn die gewinnmindernden Aufwendungen auch steuerlich abzugsfähig sind.[140] Im Fall einer fehlenden steuerlichen Berücksichtigung der Rückstellung wäre die nötige Ertragsschonung freilich nicht gegeben.

Eine (Pensions-)Rückstellung stellt im Ergebnis lediglich die bilanzielle Konsequenz der Durchführungsform sowie des Finanzierungsverfahrens dar und verfolgt daher primär das Ziel, das Rechtsverhältnis einer Pensionsverpflichtung in der jeweiligen Bilanz bzw. Gewinnrechnung aufgrund determinierter Prämissen abzubilden.[141] Ein eigenes Finanzierungsverfahren stellt sie grundsätzlich nicht dar. Eine Rückstellungsbildung kann daher auch lediglich als hinreichende Bedingung einer Kapitaldeckung bezeichnet werden. Sie ist aber keine äquivalente Bedingung und kann daher ohne die nötige konkrete Investition in Wertpapiere oder Rückdeckungsversicherungen nicht als Bestandteil des Kapitaldeckungsverfahrens eingeordnet werden.[142]

---

138 So spricht *Napier* im Zusammenhang mit Direktzusagen lediglich von einem „notional funding". *Napier*, Accounting and Business Research 2009, 231, 233. Ähnlich wohl auch *Dernberger*, in Frotscher/Geurts, EStG, 218. Lfg. August 2020, § 6a Rn. 6, welcher diese Deckung als „fiktiv, als Merkposten für die Unternehmensrechnung" bezeichnet, obwohl er die Deckung der Pensionsverpflichtung im weiteren Sinne mit dem Innenfinanzierungseffekt verbindet. Vgl. ferner auch *Kiesewetter/Schätzlein*, ZfbF 2019, 313, 320 f.

139 So sind bspw. in Frankreich Direktzusagen zulässig, obgleich für diese handelsrechtlich ein Passivierungswahlrecht und steuerrechtlich ein Passvierungsverbot besteht. Siehe zu einem Überblick über die steuerliche Abzugsfähigkeit von Pensionsrückstellungen in Europa Kap. C.II.3.

140 *Keßler*, Pensionsverpflichtungen, 2010, S. 64. Vgl. auch *Haegert/Schwab*, Die Betriebswirtschaft 1990, 85, 96. Zu einer umfassenderen Diskussion des steuerlichen Innenfinanzierungseffekts siehe unten Kap. D.III.3.b).

141 Vgl. *Schön*, in Schön, Maßgeblichkeit, 2005, S. 1, 39. So ähnlich auch *Dernberger*, in Beratungs-GmbH für Altersversorgung/Deutsches Institut für Betriebswirtschaft, Betriebliche Altersversorgung in Deutschland, 1996, S. 79, 81 f., der in einer Rückstellung in erster Linie einen Buchungsposten erkennt.

142 So weisen z.B. *Buttler/Keller* darauf hin, dass eine Kapitalansammlung neben der Rückstellungsbildung essentiell ist, um die finanziellen Belastungen kontrollier-

(3) Verbreitung der Deckungsformen in der Europäischen Union

In den Mitgliedstaaten der Europäischen Union sind grundsätzlich beide Deckungsformen anzutreffen. Betrachtet man dabei zunächst die unmittelbaren Durchführungsformen in den Mitgliedstaaten, hängt der Deckungsgrad mitunter von den gesetzlichen Vorgaben ab. So existieren bspw. in Deutschland keine expliziten Regelungen zur Kapitaldeckung, sodass es von der individuellen Zielsetzung der Unternehmen abhängt, die Pensionsverpflichtungen für ihre Arbeitnehmer vollständig vorauszufinanzieren. Hingegen schreiben beispielsweise Frankreich[143] und Österreich[144] eine partielle Kapitaldeckung der unmittelbaren Pensionsverpflichtung in Höhe von mindestens 50 % der Pensionsverpflichtung vor.

Hinsichtlich der mittelbaren Durchführungsformen sind Pensionsverpflichtungen in der Europäischen Union überwiegend auf Versicherungsunternehmen als Direktversicherungen oder auf Einrichtungen i.S.d. Pensionsfondsrichtlinie übertragen und sind folglich gewöhnlich im Zuge der Kapitaldeckung finanziert.[145] Hingegen stellen umlagefinanzierte, mittelbare Pensionsverpflichtungen die Ausnahme dar. So sind beispielsweise Pensionsverpflichtungen von Angestellten des öffentlichen Dienstes in Irland oder Deutschland meist unter Einsatz eigener Versorgungskassen umlagefinanziert.[146] Überdies können Pensionsverpflichtungen in Deutschland und Österreich über eine mittelbare Sonderform, die sog. Unterstützungskasse, abgewickelt werden. Aufgrund ertragsteuerlicher Restriktionen sind diese Zusagen mitunter unterdotiert und werden daher im Rahmen des Umlageverfahrens durch den Arbeitgeber finanziert.[147]

---

bar zu halten. *Buttler/Keller*, Betriebliche Altersversorgung, 2021, Rn. 202. Siehe ferner *Wellisch/Schwinger*, in FS Wagner, 2004, S. 245, 246 f.

143 Siehe unten Kap. C.II.2.b)aa).

144 So verlangt § 11 Abs. 1 des österreichischen Betriebspensionsgesetzes, dass sofern für direkte Leistungszusagen Pensionsrückstellungen zu bilden sind, sind diese in dem sich nach den Vorschriften des § 14 Abs. 7 des österreichischen Einkommensteuergesetzes mit Wertpapieren zu decken. Auf diese Wertpapierdeckung können ebenfalls Rückdeckungsversicherungsansprüche gem. § 11 Abs. 1a österreichischen Betriebspensionsgesetzes angerechnet werden. Siehe zu den steuerrechtlichen Vorschriften genauer Kap. C.II.2.i)cc).

145 Vgl. *Streißelberger*, Besteuerung der betrieblichen Altersversorgung, 2012, S. 106-111.

146 Für Irland siehe *Finucane/Buggy*, Irish Pension Law, 2006, Rn. 9-75. Für Deutschland siehe *Heger/Weppler*, DStR 2009, 239, 241.

147 Zu Deutschland vgl. *Heger/Weppler*, in HdJ, 54. Lfg. März 2012, III/7 Rn. 60-62; *aba* (Hrsg.), Stellungnahme zur „Steuerlichen Behandlung von Finanzinstitu-

cc) Zusageart und Art der Finanzierung

Eine Pensionsverpflichtung kann aus internationaler Sicht auf zwei unterschiedliche Zusagearten eingegangen werden.[148] So differenziert man zwischen Leistungszusagen, sog. Defined Benefit (DB) Plänen, und Beitragszusagen, sog. Defined Contribution (DC) Plänen,[149] die hinsichtlich ihrer Ausprägung fundamentale Unterschiede aufweisen.

Bei Beitragszusagen verspricht der Arbeitgeber dem Arbeitnehmer, während der Anwartschaftsphase einen fixen Betrag in einen externen, rechtlich unabhängigen Versorgungsträger zu investieren.[150] Dabei überträgt der Arbeitgeber sowohl das Kapitalanlagerisiko als auch das versicherungstechnische Risiko vollständig auf den Arbeitnehmer, sodass sein Verpflichtungsumfang aus der Pensionszusage als abgegolten gilt.[151] Die Höhe der späteren Rente ist allerdings nicht fest determiniert.[152] Hingegen garantiert der Arbeitgeber bei einer Leistungszusage bei Fälligkeit ein der Höhe nach bestimmtes Rentenniveau.[153] Folglich verbleiben das Finanzierungs- und das versicherungstechnische (Rest-)Risiko grundsätzlich beim Arbeitgeber. Dementsprechend trägt dieser bspw. dafür Sorge, dass während der Anwartschaftsphase ein adäquater Deckungsstock gebildet wird bzw. im

---

ten“, 2007, S. 3. Zu Österreich im Speziellen vgl. *Büttgen/Büttgen*, Erfolgsmodell Unterstützungskasse, 2013, S. 63.

148 *Europäische Kommission* (Hrsg.), Pension Adequacy Report I, 2018, S. 167; *Ahrend/Förster/Rößler*, Steuerrecht der bAV, Band I, 43. Lfg. Oktober 2019, 1. Teil Rn. 180. So auch schon in Bezug auf die EuGH-Rechtsprechung *Borchardt*, IStR 1995, 36, 36, der von Leistungs- und Beitragsprimat spricht. Die Unterscheidung in die Zusageart stellt dabei aus internationaler Sicht die Regel dar, wohingegen eine Einteilung in den Durchführungsweg unüblich ist. Siehe hierzu *Gohdes*, in Neuburger, Betriebliche Pensionszusagen, 1997, S. 192, 192 f.

149 Als Synonyme werden auch die Begriffe beitragsdefinierte oder leistungsdefinierte Zusagen verwendet. Ferner wird auch der Begriff beitragsorientierte (leistungsorientierte) Zusagen gebraucht. Dieser Terminus ist jedoch unpräzise und birgt gewisse Abgrenzungsschwierigkeiten in sich. Siehe *Streißelberger*, Besteuerung der betrieblichen Altersversorgung, 2012, S. 34 Fn. 229.

150 *Friedrich*, BetrAV 2017, 469, 469; *Faßhauer*, Rechnungslegung nach IFRS, 2010, S. 13; *Scholz*, Besteuerung der betrieblichen Altersversorgung, 2006, S. 12. Ferner *Orthmann*, Betriebliche Altersversorgung, 2002, S. 28 f.

151 *Faßhauer*, Rechnungslegung nach IFRS, 2010, S. 13.

152 *Broadbent et al.*, The Shift from Defined Benefit to Defined Contribution Pension Plans, 2006, S. 7.

153 *Milevsky*, Retirement Income, 2006, S. 165; *Bode/Grabner*, DB 1997, 928, 929.

Laufe der Leistungsphase ausreichend Finanzmittel zur Begleichung der Pensionsverpflichtung zur Verfügung stehen.[154]

Neben diesen beiden abstrakten Formen haben sich vielfach Mischformen, sog. hybride Pläne, herausgebildet. Diese Varianten besitzen Eigenschaften beider Zusagearten.[155] So gibt es beispielsweise in Deutschland mit der Beitragszusage mit Mindestleistung im Betriebsrentengesetz eine Möglichkeit, die Merkmale beider Zusagearten aufweist.[156]

In der Europäischen Union sind beide Zusagearten anzutreffen.[157] In den letzten Jahren ist jedoch ein Rückgang von Leistungszusagen bei einem gleichzeitig vermehrten Wechsel hin zu Beitragszusagen festzustellen.[158] Die Organisation für wirtschaftliche Zusammenarbeit und Entwicklung (OECD) nennt hierfür insbesondere das volatilere wirtschaftliche Umfeld und die damit verstärkt auftretenden finanziellen Risiken, denen der Arbeitgeber ausgesetzt ist, als maßgebliche Gründe. Gerade die sinkenden Zinsen risikoloser Anleihen beeinflussen die Renditen kapitalgedeckter, leistungsdefinierter Systeme in erheblichem Maße.[159] Ferner ist der Arbeitgeber aufgrund der demographischen Entwicklung verstärkt den biometrischen Risiken wie einer steigenden Lebenserwartung ausgesetzt, die die Zahlungsbelastung in der Rentenphase dementsprechend ansteigen lassen.

Die Pensionsverpflichtung kann dabei sowohl von dem Arbeitgeber als auch von dem Arbeitnehmer im Zuge einer Entgeltumwandlung finanziert werden. Bei einer Entgeltumwandlung, auch Deferred Compensation genannt, werden die Belastungen ganz oder teilweise vom Arbeitnehmer

---

154 *Scholz*, Besteuerung der betrieblichen Altersversorgung, 2006, S. 12. Der Arbeitgeber kann bisweilen auch von einer günstigeren Entwicklung des Versorgungskapitals profitieren.

155 *Milevsky*, Retirement Income, 2006, S. 165.

156 Siehe *Heiniz*, Direktzusagen, 2018, S. 26.

157 *EIOPA* (Hrsg.), Occupational pensions statistics: Exceldatei, 2021, Summary; *OECD* (Hrsg.), Pensions Outlook, 2016, S. 20-32. Siehe ferner schon *Url*, Altersvorsorgesysteme in Europa, 2015, S. 25-30; *Eichhorst et al.*, Pension Systems in the EU, 2011, S. 32.

158 *Borsjé/van Meerten*, in Pennings/Vonk, European Social Security Law, 2015, S. 385, 399 f.; *de Haan et al.*, Derivatives & Financial Instrument 2013, Special Issue September/October, 4, 4; *Becher*, BetrAV 2004, 116, 117. So hat beispielsweise Deutschland im Rahmen des Betriebsrentenstärkungsgesetzes zum 1.1.2018 mit § 1 Abs. 2 Nr. 2a BetrAVG die reine Beitragszusage als Zusageart eingeführt.

159 *Antolin/Schich/Yermo*, OECD Journal Financial Market 2011, 237, 239.

in Form eines niedrigeren Gehalts getragen.[160] Diesem Verfahren liegt die Motivation des Arbeitgebers zugrunde, die Arbeitnehmer an den Kosten einer betrieblichen Pensionsverpflichtung zu beteiligen und folglich die Bedeutung der betrieblichen Altersversorgung aus betriebswirtschaftlicher Sicht zu stärken.[161] Wenngleich der Arbeitgeber in diesem Fall die Altersversorgungsaufwendungen nicht zusätzlich zu den Lohnkosten zu tragen hätte, greift diese Überlegung aus ökonomischer Sicht jedoch zu kurz. So sind Arbeitnehmer prinzipiell ambivalent zwischen einer privaten oder einer gleichwertigen betrieblichen Vorsorge.[162] Infolgedessen verlangen Arbeitnehmer vor dem Hintergrund einer Entgeltumwandlung einen höheren Lohn, um eine äquivalente Vergütungsstruktur zu erhalten.[163] Diese Sichtweise wird vom Europäischen Gerichtshof geteilt.[164]

Vor diesem Hintergrund trägt der Arbeitgeber zudem auch bei einer arbeitnehmerfinanzierten Pensionsverpflichtung schlussendlich die Verantwortung, die aus der Pensionszusage resultierenden Verpflichtungen aus seinen eigenen Vermögensmitteln zu erfüllen.[165] Während sich seine Verpflichtung bei einem beitragsdefinierten Plan lediglich auf die Zahlung der Beiträge erstreckt, verbleibt das Investitions- und biometrische Risiko bei einem leistungsdefinierten Plan trotz der Finanzierung durch den Arbeitnehmer auch weiterhin beim Arbeitgeber, sodass sich aus ökonomischer Sicht keine Unterschiede zwischen einer arbeitnehmer- oder arbeitgeberfinanzierten Zusage ergeben.

2. Darstellung einer Taxonomie zur Einordnung von Pensionsverpflichtungen

Generell lässt sich festhalten, dass eine Pensionsverpflichtung anhand einer Reihe von unterschiedlichen Faktoren beeinflusst wird und sich

---

160 *Mössner*, in International Fiscal Association, International tax aspects of deferred remunerations, 2000, S. 21, 27 f. Davon abzugrenzen ist hingegen die Altersversorgung, die in Form von Eigenbeiträgen aus erhaltenem Lohn durch den Arbeitnehmer selbst geleistet wird.

161 *Andresen*, in FS Förster, 2001, S. 45, 50.

162 *Scholz*, Besteuerung der betrieblichen Altersversorgung, 2006, S. 14.

163 *Scholz*, Besteuerung der betrieblichen Altersversorgung, 2006, S. 14 mit Verweis auf *Mössner*, in International Fiscal Association, International tax aspects of deferred remunerations, 2000, S. 21, 28 f.

164 *Borchardt*, IStR 1995, 36, 36 f.

165 *Grabner/Bode*, DB 2001, 481, 485.

diese Heterogenität in der Landschaft der betrieblichen Altersversorgung in der Europäischen Union widerspiegelt. So können betriebliche Pensionsverpflichtung grundsätzlich sowohl unmittelbar durch den Arbeitgeber selbst erbracht als auch mittelbar auf einen externen Versorgungsträger ausgelagert werden. Im Rahmen einer unmittelbaren Durchführung steht es einem Arbeitgeber dabei aus betriebswirtschaftlicher Sicht zudem frei, eine Pensionsverpflichtung mittels Asset Fundings im Voraus zu finanzieren oder erst bei Fälligkeit in Form von laufenden Zahlungen aus dem operativen Cashflow zu erbringen. Diese Entscheidung kann jedoch von den rechtlichen Vorgaben der Mitgliedstaaten vorbestimmt sein.[166] Analog dazu steht einem Arbeitgeber auch bei einer mittelbaren Durchführung grundsätzlich die Wahl zwischen einer Kapitaldeckung oder einer Umlagefinanzierung offen.[167]

Führt man die bisherigen Erkenntnisse sachlogisch zusammen, könnte eine Pensionsverpflichtung sowohl bei unmittelbaren als auch bei mittelbaren Durchführungsformen entweder kapitalgedeckt oder mittels des Umlageverfahrens finanziert werden. Dabei zeigt sich vor dem Hintergrund der europarechtlichen Entwicklung, dass für eine mittelbare und kapitalgedeckte Pensionsverpflichtung aus Sicht des Unternehmens insbesondere Einrichtungen i.S.d. Richtlinie (EU) 2016/2341 oder Versicherungsunternehmen gem. der Richtlinie 2009/138/EG in Betracht kommen können, da diese das Kriterium der Kapitaldeckung erfüllen. Hingegen fallen unmittelbare Pensionsverpflichtungen, auch wenn sie explizit durch betriebsinterne Pensionsfonds vorausfinanziert wären, nicht unter die Definition der Pensionsfondsrichtlinie.[168] Die Interdependenzen der Durchführungsformen und der Deckungsformen sind in Abbildung 1 zusammengefasst.

---

166 An dieser Stelle sei von möglichen rechtlichen, nationalen Vorgaben bezüglich der Vorausfinanzierung abstrahiert.

167 Beide Varianten sind unionsrechtlich explizit anerkannt. Siehe *Reiner*, in Franzen/Gallner/Oetker, EuArbR, 3. Aufl. 2020, 660 Art. 2 Rn. 2.

168 *Steinmeyer*, in Fuchs, Europäisches Sozialrecht, 7. Aufl. 2018, Teil 10 Rn. 8; *Begiebing*, Contracutal Trust Agreement (CTA), 2011, S. 16. So umfasst die Pensionsfondsrichtlinie lediglich mittelbare Pensionsverpflichtungen. Siehe auch *Klemm*, DStR 2004, 613, 615. A.A. wohl *Arnot*, Directive 2003/41/EC, 2004, S. 19.

Abbildung 1: Zusammenhang zwischen den Durchführungsformen und den Finanzierungsformen einer betrieblichen Pensionsverpflichtung

Finanzierungsform Durchführungsform	Kapitaldeckung	Umlagefinanzierung
Unmittelbare Pensionsverpflichtung	– z.B. Betriebsinterner Pensionsfonds – z.B. Rückdeckungsversicherung	– Laufende Zahlung bei Fälligkeit aus dem operativen Cashflow
Mittelbare Pensionsverpflichtung	– z.B. Einrichtungen der betrieblichen Altersversorgung i.S.d. Richtlinie (EU) 2016/2341 – z.B. Versicherungsleistungen	– Laufende Zahlung bei Fälligkeit aus dem operativen Cashflow

(eigene Darstellung)

Betrachtet man darüber hinaus die Relationen zwischen der Zusageart und den gewonnenen Erkenntnissen aus der Abbildung 1, lässt sich zunächst festhalten, dass Leistungszusagen in allen vier Kombinationen problemlos möglich sind, da sie weder auf die Durchführungsform noch auf eine Deckungsform beschränkt sind.[169] So ist es vielmehr entscheidend, ob das Unternehmen als Arbeitgeber das finale Haftungsrisiko trägt und folglich auch bei mittelbaren Durchführungsformen für die zugesagte Leistung einsteht. Dagegen ist die Grundvoraussetzung einer Beitragszusage, dass die Beiträge im Zuge der Kapitaldeckung auf einen externen Versorgungsträger ausgelagert worden sind und der Arbeitgeber somit vollkommen von der Verpflichtung befreit ist. Folglich sind Beitragszusagen lediglich im Zusammenhang mit mittelbaren, kapitalgedeckten Pensionsverpflichtungen möglich.[170] Dabei eignen sich gerade die Einrichtungen der betrieblichen Altersversorgung i.S.d. Richtlinie (EU) 2016/2341, Beitragszusagen anzubieten.[171] Daneben kommen naturgemäß ebenfalls Versiche-

---

169 Vgl. zu den möglichen Deckungsformen von Leistungszusagen *Milevsky*, Retirement Income, 2006, S. 165 & 176. Ferner *Zimmermann et al.*, DB 2012, 2469, 2473; *Keßler*, Pensionsverpflichtungen, 2010, S. 67.

170 *Milevsky*, Retirement Income, 2006, S. 165; *Zimmermann et al.*, DB 2012, 2469, 2473.

171 So sind fallen sowohl Beitrags- als auch Leistungszusagen unter den materiellen Anwendungsbereich der RL (EU) 2016/2341. Siehe hierzu *Reiner*, in Franzen/Gallner/Oetker, EuArbR, 2. Aufl. 2018, 680 Vorbemerkung Rn. 3 bzw. Art. 2 Rn. 2.

rungsunternehmen, die unter die Solvency II-Richtlinie fallen, aufgrund ihrer ausgereiften Risikomanagementsysteme für die Durchführung von Beitragszusagen in Betracht.[172] Die Abbildung 2 fasst den Konnex der verschiedenen Gestaltungsformen zusammen.

Abbildung 2: Einordnung der Zusagearten in die Durchführungsformen und Finanzierungsformen einer betrieblichen Pensionsverpflichtung

Finanzierungsform / Durchführungsform	Kapitaldeckung	Umlagefinanzierung
Unmittelbare Pensionsverpflichtung	– Leistungszusagen	– Leistungszusagen
Mittelbare Pensionsverpflichtung	– Leistungszusagen – Beitragszusagen	– Leistungszusagen

(eigene Darstellung)

Zusammenfassend lässt sich konstatieren, dass die unterschiedlichen Gestaltungsformen der betrieblichen Altersversorgung in der Europäischen Union in vielfältiger Weise Anwendung finden. Dabei können die unterschiedlichen Formen schematisch in einer Taxonomie dargestellt werden. Die Beitragszusage lässt sich in diesem Zusammenhang sachlogisch auf mittelbare, kapitalgedeckte Pensionsverpflichtungen eingrenzen. Hingegen können Leistungszusagen nicht ohne weiteres auf eine bestimmte Deckungs- oder Durchführungsform zurückgeführt werden. Es lassen sich dementsprechend anhand einzelner Kategorien auch keine pauschalen Rückschlüsse auf die Ausgestaltung der Gestaltungsformen ziehen, sondern lediglich mögliche Pfadabhängigkeiten aufzeigen. Eine Pensionsverpflichtung ist daher im Einzelfall zu betrachten, um Aussagen über die Durchführungsform, die Risikoposition des Arbeitgebers sowie den

172 Die Solvency II-Richtlinie sieht selbst keine mögliche Differenzierung der Zusageart vor. So wäre bei einer engen Auslegung des Wortes „Versicherung" nach Ansicht von *Reiner* wohl zweifelhaft, ob ein Versicherungsunternehmen Beitragszusagen überhaupt übernehmen dürfte. Siehe *Reiner*, in Oetker/Preis, EAS, 204. Lfg. Februar 2019, B 7300 Rn. 79. Gleichwohl können zumindest in Deutschland sowohl Leistungs- als auch Beitragszusagen über Versicherungen, die unter die Solvency-II-Richtlinie fallen, problemlos angeboten werden. Siehe beispielhaft *Rößler*, DB 2017, 367, 367 f.; *Friedrich*, BetrAV 2017, 469, 469. Zusätzlich lässt sich vor dem Hintergrund der eminent hohen Sicherungsstandards und Kapitalanforderungen festhalten, dass sich aus betriebswirtschaftlicher Sicht selbst eine Leistungszusage aus der Perspektive des Arbeitgebers wie eine Beitragszusage ausgestalten lässt. Vgl. *Hessling*, BetrAV 2006, 605, 605 f.

Deckungsgrad zu treffen und somit mögliche ökonomische Schlussfolgerungen zu ziehen.

II. Rechtscharakter und betriebswirtschaftliche Aspekte von betrieblichen Pensionsverpflichtungen

1. Rechtscharakter

Die betriebliche Altersversorgung erfüllte ursprünglich sowohl national als auch international hauptsächlich eine soziale Funktion. Eine gewährte Pensionszusage zeichnete sich dabei im Kern durch einen patriarchalischen Führsorgegedanken des Arbeitgebers aus.[173] Im Laufe der Zeit hat sich diese Sichtweise jedoch gewandelt. Die betriebliche Altersversorgung wurde zunehmend als personalwirtschaftliches Instrument eingesetzt.[174] Gerade im Wettbewerb um qualifizierte Arbeitnehmer ermöglichte die Zusage einer betrieblichen Rente einen elementaren Vorteil, Fachkräfte zu gewinnen und langfristig an ein Unternehmen zu binden.[175] Im Zuge dieser Entwicklung trat der Fürsorgecharakter daher auch vermehrt in den Hintergrund und wurde durch den Entgeltcharakter abgelöst.[176] Wenngleich der fürsorgerische Aspekt auch weiterhin ein möglicher Beweggrund zur freiwilligen[177] Gewährung einer betrieblichen Altersversorgung sein mag, ist der Entgeltcharakter als Kernaspekt sowohl in der

173 Für Deutschland siehe *Rolfs*, in Blomeyer/Rolfs/Otto, BetrAVG, 7. Aufl. 2018, Teil 2. Einleitung Rn. 26 f. Für die USA siehe beispielhaft *McGill et al.*, Private Pensions, 2010, S. 20; *LoCicero*, in FS Rößler, 2000, S. 125, 126.

174 *Napier*, Accounting and Business Research 2009, 231, 232 f.; für Großbritannien siehe beispielhaft *Kaempfe*, Systemfunktionen, 2004, S. 109 f. Siehe hierzu auch *Blake*, Pension Schemes, 2003, S. 29.

175 *Ahrend/Förster/Rößler*, Steuerrecht der bAV, Band II, 38. Lfg. Mai 2017, 8. Teil Rn. 5; *Meier/Recktenwald*, Betriebswirtschaft der betrieblichen Altersversorgung, 2006, S. 20; *Esser/Sieben*, Betriebliche Altersversorgung, 1997, S. 34 f.

176 *Lösel*, Entgeltumwandlung, 2004, S. 37 f. m.w.N.; ähnlich *Schmitter*, Besteuerungsoptionen, 2001, S. 140-146. Der Entgeltcharakter hat sich ebenso in der Rechtsprechung des BGH und BAG durchgesetzt. Siehe *BAG* v. 5.7.1979, 3 AZR 197/78, BAGE 32, 56; *BAG* v. 18.10.1979, 3 AZR 550/78, BAGE 32, 139; *BGH* v. 13.7.2006, IX ZR 90/05, Neue Juristische Wochenschrift 2006, 3638. In Hinblick auf die USA und UK siehe *Napier*, Accounting and Business Research 2009, 231, 233. Siehe ferner auch *Bode/Grabner*, DB 1986, 2089, 2089.

177 In einem obligatorischen System würde dieser Aspekt freilich keine Bedeutung mehr haben.

betriebswirtschaftlichen Forschung als auch in der Rechtswissenschaft weitestgehend unbestritten.[178] Sodann wurde diese Sichtweise durch die ständige höchstrichterliche europäische Rechtsprechung bestätigt.[179] So subsumierte der EuGH die Leistungen der betrieblichen Altersversorgung unter den Entgeltbegriff des Art. 157 Abs. 2 AEUV (ex-Art. 141 EGV).[180] Dahingehend ist der Entgeltcharakter der betrieblichen Altersversorgung ebenfalls auf europäischer Ebene anerkannt und erfährt dadurch supranationale Gültigkeit.

Die genauen Ausprägungen des Entgeltcharakters hinsichtlich der spezifischen Gegenleistung des Arbeitnehmers für die betriebliche Versorgungszusage waren bisher jedoch umstritten. So wurde zwischen Entgelt für eine abstrakte Gegenleistung des Arbeitnehmers gegenüber dem Arbeitgeber in Form seiner Betriebstreue und der Vergütung für seine tatsächlich erbrachte Arbeitsleistung differenziert. Das Entgelt für die vom Arbeitnehmer erbrachte Betriebsloyalität zeichnet sich dabei insbesondere durch die Bindung an das Unternehmen aus.[181] Diese Bindungswirkung leitet sich indes aus der rechtlichen Flankierung wie bspw. langen Verfallbarkeitsfristen der Pensionsverpflichtung ab, sodass der konditionale Zusammenhang zwischen einer zeitlich definierten Betriebszugehörigkeit und der Gewährung einer Pensionszusage als Hauptbestandteil des Entgeltes anzusehen ist.[182] Demgegenüber ist die Einordnung der Pensionsverpflichtung als Entgelt für die geleistete Arbeitskraft von einer breiteren Begriffsauffassung geprägt. Die betriebliche Altersversorgung stellt laut dieser Auffassung schlicht die konkrete Gegenleistung für die vom Arbeitnehmer erbrachte Arbeitsleistung dar.[183]

Der materielle Inhalt einer Versorgungszusage sowie der Vertragswille der Beteiligten hinsichtlich der spezifisch vereinbarten Gegenleistung ergeben sich grundsätzlich per Auslegung, wobei sie sich im Zweifel an

---

178 *Thaut*, Direktzusage und Pensionsfonds, 2007, S. 8 m.w.N.; *Rolfs*, in Blomeyer/Rolfs/Otto, BetrAVG, 7. Aufl. 2018, Teil 2. Einleitung Rn. 31 m.w.N.

179 *EuGH* v. 10.2.2000, C-50/96, BB 2000, 983 Rn. 27; *EuGH* v. 17.5.1990, C-262/88, Slg. 1990, I-1889 Rn. 46; *EuGH* v. 13.5.1986, 170/84, Slg. 1986, 01607 Rn. 14 & Rn. 22. Hierzu ferner auch *Hellkamp/Rinn*, BetrAV 2008, 442, 442.

180 Artikel 157 AEUV entspricht der damaligen Fassung des Art. 119 EWG-Vertrags. Siehe *Höfer*, in Höfer/de Groot/Küpper, Betriebsrentenrecht, Band I, 24. Lfg. März 2019, Kommentierung allgemeiner rechtlicher Teil, Kap. 2 Rn. 47.

181 *Blomeyer*, in FS Zeuner, 1994, S. 3, 17.

182 Siehe *Rolfs*, in Blomeyer/Rolfs/Otto, BetrAVG, 7. Aufl. 2018, Teil 2. Einleitung Rn. 36; *Wackerbarth*, Entgelt für Betriebstreue, 1996, S. 46-48 & 76 f.

183 So *Steinmeyer*, BB 1992, 1553, 1554; *Steinmeyer*, Betriebliche Altersversorgung, 1991, S. 70.

dem normativen Umfeld der betrieblichen Altersversorgung messen lassen müssen.[184] Diesbezüglich hat sich in der Vergangenheit in der Europäischen Union kein einheitliches Bild ergeben.[185] Darüber hinaus konnten ebenso weder aus den sekundären Rechtsakten der Europäischen Union noch aus der Rechtsprechung des EuGH Schlüsse in Bezug auf das Äquivalent der Pensionszusage gezogen werden.[186] So ließ bspw. der EuGH explizit offen, ob eine Pensionsverpflichtung einen Anreiz für die Betriebstreue des Arbeitnehmers oder für zukünftige Leistungen darstellt.[187] Nichtsdestoweniger könnten sich durch die Vorgaben der Mobilitätsrichtlinie neue Erkenntnisse hinsichtlich der Einteilung der Gegenleistung ergeben.

Wie oben illustriert,[188] ergibt sich durch die Mobilitätsrichtlinie eine Reihe von Neuerungen in den Betriebsrentensystemen der Mitgliedstaaten. So tritt die Unverfallbarkeit der betrieblichen Pensionsverpflichtungen schon nach einer Frist bzw. Wartezeit von drei Jahren ein und darf dabei ein vorgeschriebenes Mindestalter des Arbeitnehmers von 21 Jahren nicht überschreiten. Des Weiteren beinhaltet Art. 4 Abs. 1 Buchstabe c) der Mobilitätsrichtlinie eine Vermögenssicherungsfunktion. So ist das Zusatzrentensystem verpflichtet, dem Arbeitnehmer im Fall einer noch nicht unverfallbaren Anwartschaft bei vorzeitiger Beendigung des Arbeitsverhältnisses die vom Arbeitnehmer oder durch den Arbeitgeber bis dahin einbezahlten Beiträge zu erstatten.[189] Aus dem Sinn und Zweck dieser Vorgaben lässt sich sodann ein eindeutiges, europaweites Rechtsverständnis ableiten.

Die Mobilitätsrichtlinie wird dem Bedürfnis der Arbeitnehmer gerecht, auf einem dynamischen und globalisierten Arbeitsmarkt teilzunehmen sowie individuell und flexibel den Arbeitgeber zu wechseln, ohne signifikante Nachteile hinsichtlich der Höhe der Altersversorgung in Kauf nehmen zu müssen.[190] Infolgedessen bedeutet die verkürzte Wartezeitfrist eine Ab-

---

184 Zutreffend *Wackerbarth*, Entgelt für Betriebstreue, 1996, S. 34 f.

185 Während in Deutschland, bedingt durch die Rechtsprechung, die Honorierung der Betriebstreue in den Vordergrund gerückt worden ist, werden bspw. in Großbritannien oder Irland die Arbeitsleistung als Entgeltbestandteil betrachtet. Siehe hierzu *Braun*, Betriebliche Alterssicherung, 2010, S. 92.

186 *Braun*, Betriebliche Alterssicherung, 2010, S. 102-106.

187 *EuGH* v. 21.10.1999, C-333/97, Slg. 1999, I-7243 Rn. 21.

188 Siehe oben Kap. B.I.1.b).

189 Im Kern sind damit sogenannte Entgeltumwandlungen gemeint. Siehe *Reiner*, in Franzen/Gallner/Oetker, EuArbR, 3. Aufl. 2020, 660 Art. 4 Rn. 7. Jene Zusagen sind sofort unverfallbar.

190 So schützen die verkürzten Unverfallbarkeitsfristen den Arbeitnehmer vor Einbußen der zukünftigen Leistungen. Vgl. *Andrietti*, Occupational Pensions and

kehr von dem Verständnis, dass die Betriebstreue ein essentieller Bestandteil des Entgeltes darstellt.[191] Gerade vor dem Hintergrund einer mobilen europäischen Arbeitswelt kann von einer Bindungswirkung und der damit korrespondierenden Betriebstreue der betrieblichen Altersversorgung nur noch in eingeschränktem Maße gesprochen werden.[192] Der Bindung an ein Unternehmen fällt diesbezüglich allenfalls noch eine Zusatz- bzw. Nebenfunktion zu, die sich in der konkreten Ausgestaltung der Pensionszusage ausdrückt, um beispielsweise durch den Aufbau von Humankapital Vorteile zu generieren. Sie ist allerdings nicht die ausschlaggebende Causa einer Versorgungszusage. Die (deutsche) Sichtweise einer notwendigen Betriebstreue als Gegenleistung für eine betriebliche Versorgungszusage mag in der jeweiligen historischen Gesetzeslage langer Verfallbarkeitsfristen begründet sein. Sie vermag jedoch in Anbetracht der ökonomischen Rahmenbedingungen und der daraus resultierenden jüngeren europäischen Rechtsentwicklungen nicht mehr zu überzeugen.[193] Es lässt sich daher festhalten, dass eine Versorgungszusage eine Gegenleistung für die vom Arbeitnehmer geleistete Arbeitskraft darstellt und im Zuge der Harmonisierung des Arbeitsrechts für eine europäische Jurisdiktion einheitlich gilt.[194]

---

interfirm Job Mobility in the European Union, CERP Working Paper 5/01, 2001, S. 33.

191 In Anlehnung an *Wackerbarth*, Entgelt für Betriebstreue, 1996, S. 76 f., der bei fehlender Verfallbarkeitsklausel von einer Gegenleistung für die gesamte Arbeitsleistung ausgeht.

192 Vgl. *Streißelberger*, Besteuerung der betrieblichen Altersversorgung, 2012, S. 9 f. So schon *Spengel/Schmidt*, Betriebliche Altersversorgung, 1997, S. 45.

193 Inwiefern dieses Ergebnis Einzug in die deutsche Rechtsprechung finden wird, spielt für den weiteren Untersuchungsverlauf keine Rolle und sei an dieser Stelle ausgeklammert. Es sei lediglich angemerkt, dass sich die Rechtsprechung dieser Entwicklung mittelfristig nicht mehr verschließen können wird.

194 GlA. *Reiner*, in Franzen/Gallner/Oetker, EuArbR, 3. Aufl. 2020, 660 Art. 1 Rn. 2. Ferner *Braun*, Betriebliche Alterssicherung, 2010, S. 103 f. mit Verweis auf *Deutscher Anwaltsverein* (Hrsg.), Stellungnahme zum Vorschlag der EU-Kommission vom 20.10.2005 für eine Richtlinie zur Verbesserung der Portabilität von Zusatzrentenansprüchen SN 55/06, 2006, S. 3 in Bezug auf die Portabilitätsrichtlinie. Diese unterscheidet sich neben dem eingeschränkten Anwendungsbereich lediglich in dem Punkt, dass eine Anwartschaft schon nach zwei statt drei Jahren unverfallbar gewesen wäre. An der Gesamtaussage ändert dies jedoch nichts.

2. Implikationen des Rechtscharakters für das betriebliche Rechnungswesen

Der vorherigen Untersuchung folgend, verkörpern betriebliche Pensionsverpflichtungen Entgelt für die geleistete Arbeitskraft des Arbeitnehmers. Dahingehend ordnen sich betriebliche Pensionszusagen als eine Art Barlohnsubstitut bzw. -äquivalent in die Gesamtvergütung ein.[195] Im Kern sind Pensionszusagen daher mit einem klassischen Arbeitsvertrag vergleichbar[196] und lassen sich folglich als sog. „Dauerrechtsverhältnis" zwischen dem Arbeitgeber und dem Arbeitnehmer beschreiben.[197] Aus betriebswirtschaftlicher Sicht sind sie somit im weiteren Sinne den Kosten des Personalbereichs zuzurechnen. Der Arbeitgeber honoriert dahingehend die vom Arbeitnehmer geleistete Arbeitsleistung durch ein Versorgungsversprechen und ist dementsprechend verpflichtet, die Arbeitsleistung wertgleich abzugelten, sodass es sich in diesem Kontext um einen synallagmatischen Vertrag zwischen beiden Vertragsseiten handelt.[198] Diese (Pensions-)Verpflichtung bezieht sich jedoch lediglich auf die schon geleistete Arbeitskraft. Für den Arbeitgeber entsteht infolgedessen im Zeitverlauf ein sukzessiv ansteigender Erfüllungsrückstand.[199] Hingegen ergeben sich prospektiv weder für den Arbeitnehmer noch für den Arbeitgeber weitere Konsequenzen. Hierbei liegt vielmehr ein schwebendes Geschäft vor, das gegenwärtig noch von keiner Partei erfüllt worden ist.[200]

Überträgt man diese elementaren Erkenntnisse auf die möglichen Gestaltungsformen der betrieblichen Altersversorgung, gelten sie unabhängig ihrer spezifischen Ausgestaltung universal weiter. Nichtsdestoweniger variiert das konkrete Ausmaß der Pensionsverpflichtung mitsamt ihren verbundenen ökonomischen Konsequenzen für den Arbeitgeber hinsichtlich der gewählten Gestaltungsform.

Mit Blick auf die Beitragszusage, die nur bei mittelbaren, kapitalgedeckten Durchführungswegen möglich ist, erstreckt sich der Verpflichtungs-

---

195 *Streißelberger*, Besteuerung der betrieblichen Altersversorgung, 2012, S. 11 m.w.N.; *Schwinger*, in FS Stehlen, 1997, S. 163, 166 f. m.w.N.; *Steinmeyer*, BB 1992, 1553, 1554; *Bode/Grabner*, DB 1985, 2404, 2404 f.

196 So schon *Busch*, GoB für Pensionsrückstellungen, 1976, S. 53.

197 *Wysocki*, in IDW, Risiken erkennen, Risiken bewältigen, 1989, S. 103, 105 f.

198 *Keßler*, in Uckermann et al., Das Recht der betrieblichen Altersversorgung, 2014, Kap. 16 Rn. 8.

199 *Thoms-Meyer*, Grundsätze ordnungsmäßiger Bilanzierung, 1995, S. 20; *Herzig/Esser*, DB 1985, 1301, 1303 f.

200 Vgl. im Umkehrschluss *Herzig/Esser*, DB 1985, 1301, 1302.

umfang der Zusage lediglich auf die Beitragszahlungen an die externen Versorgungseinrichtungen und ist schließlich abgegolten.[201] Die durch den Arbeitnehmer erbrachte Arbeitsleistung wird daher folgerichtig für die zurückliegende Periode entlohnt, wobei die Vergütung des Erfüllungsrückstandes der Zahlungshöhe entspricht.[202] Folglich ergeben sich für den Arbeitgeber keine Unterschiede hinsichtlich des klassischen Barlohnes, da die Perioden der erbrachten Arbeitsleistung und der korrespondierenden zahlungswirksamen Entlohnung deckungsgleich sind.

Im Gegensatz dazu wird die Pensionsverpflichtung bei Leistungszusagen, die bei allen Deckungsformen und Durchführungsformen vorkommen können,[203] prinzipiell erst in Form späterer Rentenzahlungen an den Arbeitgeber erfüllt bzw. abgegolten.[204] In diesem Fall divergieren die Periode der erbrachten Arbeitsleistung und der Zeitpunkt der damit verbundenen zahlungswirksamen Vergütung an den Arbeitnehmer. Aus ökonomischer Sicht handelt es sich daher bei Leistungszusagen um eine immanente Kreditvereinbarung zwischen dem Arbeitgeber und dem Arbeitnehmer.[205] Dahingehend erfährt die gestundete Vergütung einen gewissen Zeitwertzuwachs, der sich in einer Verzinsung des Kapitals ausdrückt. Somit liegt der späteren Pension nicht nur die aufgeschobene Arbeitsentlohnung zugrunde, sondern beinhaltet zusätzlich eine Vergütung für die temporäre Stundung der Auszahlung in Form einer Zinszahlung.[206] Dabei liegt die Herausforderung bei Leistungszusagen im Zusammenhang mit dem betrieblichen Rechnungswesen gerade darin, die erbrachte Arbeitsleistung ausgehend von der zugesagten Rentenhöhe der jeweiligen Periode zuzuordnen und in Abhängigkeit eines zu bestimmenden Zeitwerts sachgerecht zu bewerten, um somit das hypothetische, periodenspezifische Entgelt zu bestimmen.

---

201 Siehe Kap. B.I.1.c) cc).

202 *Faßhauer*, Rechnungslegung nach IFRS, 2010, S. 13.

203 Hierzu Kap. B.I.2.

204 In Anlehnung an *Thoms-Meyer*, Grundsätze ordnungsmäßiger Bilanzierung, 1995, S. 20. Von einer rechtlich-äquivalenten Verpflichtungsübernahme bei mittelbaren Durchführungsformen sei an dieser Stelle noch abstrahiert.

205 So schon *Scheffler*, WPg 1993, 461, 469; *Thurmayr*, Vorsichtsprinzip und Pensionsrückstellungen, 1992, S. 68; *Biedendieck*, Pensionsverträge als Finanzierungskontrakt, 1986, S. 33-37; *Ippolito*, American Economic Review 1985, 1031, 1032; *Lazear*, Journal of Political Economy 1979, 1261, 1275.

206 Vgl. *Rößler/Dernberger/Schmandt*, DB 1996, 1785, 1785 f.; ähnlich *Streißelberger*, Besteuerung der betrieblichen Altersversorgung, 2012, S. 29 f. Hierbei ist es nicht von Belang, dass die Pensionszusage unter Umständen noch nicht unverfallbar ist. Siehe *Kessler*, Rückstellung, 1992, S. 515.

Diese noch recht abstrakte Problemstellung konkretisiert sich allerdings vor dem Hintergrund der externen Rechnungslegung. So müssen die jeweiligen Pensionsverpflichtungen aus ökonomischer Sicht sachgerecht in der zugrundeliegenden Normenkonzeption abgebildet werden, um die Realität des Unternehmens, je nach gewähltem Zweck, periodisiert in Zahlen auszudrücken und einheitlich nach Außen darzustellen.[207] Eine erfolgswirksame Berücksichtigung von Leistungszusagen in der Periode der Rentenauszahlung würde den Implikationen der Entgeltfunktion jedoch diametral entgegenlaufen und eine sachgerechte Abbildung in der Gewinnermittlung verhindern.[208] Dementsprechend verlangt eine aus sowohl ökonomischer als auch rechtlicher Sicht adäquate Bilanzierung die prospektive Berücksichtigung solcher Leistungsbeziehungen.[209]

III. Zusammenfassung

Es bleibt festzuhalten, dass unter einer Pensionsverpflichtung solche Verpflichtungen verstanden werden, die aus der Zusage einer betrieblichen Altersversorgung erwachsen. Dabei hat sich im unionsrechtlichen Kontext noch kein gemeinschaftlicher, autonomer Begriff der betrieblichen Altersversorgung und somit einer Pensionsverpflichtung herausgebildet. Eine Bestimmung des sachlichen Anwendungsbereichs der betrieblichen Altersversorgung erfolgt hingegen funktionell mit Rückgriff auf das Drei-Säulen-System der Altersversorgung in den Mitgliedstaaten, um die betriebliche Altersversorgung als zweite Säule sodann von der ersten und der dritten Säule der Alterssicherung abzugrenzen.

Aufgrund weitestgehend verschiedener historischer, sozialer und rechtlicher Entwicklungen in den einzelnen Ländern sind in der Europäischen Union infolgedessen heterogene Systeme der betrieblichen Altersversorgung entstanden. Wenngleich das Betriebsrentenrecht der Mitgliedstaaten zwar durch eine Reihe von unionsrechtlichen Vorgaben beeinflusst wird,

207 Zur Aufgabe des betrieblichen Rechnungswesens siehe allgemein *Baetge/Kirsch/Thiele*, Bilanzen, 2019, S. 1-6.

208 Zutreffend *Napier*, Accounting and Business Research 2009, 231, 233.

209 In Anlehnung an *Schön*, in Schön, Maßgeblichkeit, 2005, S. 1, 62, der für eine adäquate (steuerliche) Gewinnermittlung die Anknüpfung an die Leistungsbeziehungen und nicht an die Zahlungsbeziehungen präferiert. So schon konkret bezüglich der Pensionszusagen als Bargeldsubstitut *Dewhirst*, The Accounting Review 1971, 365, 366.

sind die europäischen Regelungen jedoch noch sehr fragmentiert. Lediglich das Versicherungsrecht weist einen hohen Harmonisierungsgrad auf.

Diese Systeme unterscheiden sich hierbei in Abhängigkeit der Durchführungsform, ihrer Deckungsform und der Art der Zusage. Obschon in der Europäischen Union eine Vielzahl von unterschiedlichen Kombinationen an Versorgungszusagen anzutreffen ist, ist eine Tendenz zu mittelbaren, beitragsdefinierten und somit kapitalgedeckten Gestaltungsformen zu erkennen. Hierbei lassen sich die Abhängigkeiten der unterschiedlichen Gestaltungsformen zwar in einer Taxonomie zusammenfassen und schematisch darstellen, allerdings können bei Leistungszusagen im Gegensatz zu Beitragszusagen keine Rückschlüsse auf die konkrete Ausgestaltung gezogen werden. Daher ist im Einzelfall die spezifische Gestaltungsform der leistungsdefinierten Pensionsverpflichtung zu betrachten, um mögliche ökonomische Konsequenzen zu folgern.

Eine Pensionsverpflichtung besitzt durch die höchstrichterliche Rechtsprechung des EuGH Entgeltcharakter, wobei der genaue Rechtscharakter der Zusage umstritten war. Im Zuge der Mobilitätsrichtlinie hat sich dabei aufgrund der verkürzten Unverfallbarkeitsfristen eine nunmehr geltende, einheitliche juristische Causa der Pensionsverpflichtung auf unionsrechtlicher Ebene etabliert. So stellt eine betriebliche Versorgungszusage eine Gegenleistung des Arbeitgebers für die vom Arbeitnehmer geleistete Arbeitskraft dar. Dabei ähnelt diese konditionale Verknüpfung von Pensionszusage und Arbeitsleistung aus rechtsökonomischer Sicht einem Kreditverhältnis, welches erst im Zeitverlauf durch die Erfüllung des ex ante definierten Verpflichtungsumfangs abgegolten wird.

Vor dem Hintergrund einer Vielzahl von unterschiedlichen Systemen sind vergleichbare und adäquate Bilanzierungsregeln essentiell, um die Zusagen der betrieblichen Altersversorgung in Europa transparent abzubilden.[210] Es ist daher Aufgabe des Bilanzrechts die unterschiedlich ausgestalteten Gestaltungsformen betrieblicher Renten samt ihrem ökonomischen Gehalt im Einklang mit der zugrundeliegenden Zielsetzung sachgerecht in den Bilanzen der europäischen Rechnungslegungskreise wiederzugeben.

---

210 Siehe Grünbuch der Kommission, Angemessene, nachhaltige und sichere europäische Pensions- und Rentensysteme v. 7.7.2010, KOM(2010) 365 endg., S. 13.

C. Untersuchung der (steuer-)bilanziellen Behandlung der betrieblichen Altersversorgung in der Europäischen Union

I. Pensionsverpflichtungen im Regelungsstand eines harmonisierten Handels- und Kapitalmarktbilanzrechts

1. Einführung

Im Gegensatz zu dem Betriebsrentenrecht ist das europäische Bilanzrecht Gegenstand umfangreicher Harmonisierungsmaßnahmen. Es gilt dabei als das „Herzstück"[211] eines harmonisierten Gesellschaftsrechts und leitet sich unmittelbar aus Art. 3 Abs. 3 EUV (ex- Art. 2 EUV) ab.[212] So fordert die Zielsetzung der Europäischen Union die Schaffung eines Binnenmarktes, in dem nach Art. 26 Abs. 2 AEUV ein freier Austausch von Waren, Personen, Dienstleistungen und Kapital gewährleistet ist. Vor diesem Hintergrund wird das Ziel eines einheitlichen Gesellschaftsrechts durch die Niederlassungsfreiheit in Art. 49 AEUV ff. – insbesondere Art. 50 Abs. 2 Buchst. g) AEUV – entsprechend konkretisiert, um die Interessen von Gesellschaftern und betroffener Dritter[213] bei einem grenzüberschreitenden Wettbewerb zu garantieren.[214] Gerade eine divergierende Ausgestaltung nationaler Rechnungslegungspflichten und -vorgaben stellt eine eminente Beeinträchtigung des internationalen Wirtschaftsverkehrs dar und erfordert sodann eine substantielle Angleichung der nationalen Rechtsstandards.[215]

---

211 *Grundmann*, Europäisches Gesellschaftsrecht, 2011, Rn. 495.

212 *Najderek*, Harmonisierung des europäischen Bilanzrechts, 2009, S. 7 f.; *Schön*, ZGR 2000, 706, 706 f.

213 Der Begriff ist nicht exakt definiert. Siehe zum Anwendungsbereich *Forsthoff*, in Grabitz/Hilf/Nettesheim, Das Recht der Europäischen Union, 66. Lfg. Februar 2019, AEUV, Art. 50 Rn. 15. Der Begriff „Dritter" i.S.e. europäischen Bilanzrechts geht indes über den Kreis der Gläubiger hinaus. Siehe *EuGH* v. 4.12.1997, C-97/96, DB 1997, 2598 Rn. 17-20.

214 *Korte*, in Calliess/Ruffert, EUV/AEUV, 5. Aufl. 2016, AEUV, Art. 50 Rn. 21 f.; *Najderek*, Harmonisierung des europäischen Bilanzrechts, 2009, S. 9 f. So schon *Pipkorn*, ZHR 1972, 499, 504.

215 Siehe *Strampelli/Passador*, in Grandinetti, Corporate Tax Base, 2016, S. 3, 3 f. m.w.N.; zur Notwendigkeit der Rechtsangleichung siehe *Großfeld*, Internatio-

Dem europäischen Bilanzrecht kann dabei eine Doppelfunktion attestiert werden.[216] Zum einen sollen den mit der Gesellschaft in Verbindung stehenden Dritten ein adäquater Schutz zugesichert werden. Zum anderen soll die Marktintegration der europäischen Unternehmen in den Binnenmarkt gefördert werden. Um diesen Ansprüchen gerecht zu werden, verfolgt das europäische Bilanzrecht als primäres Ziel eine Vereinheitlichung des „Informationsrechts" zwischen den Abschlüssen der Mitgliedstaaten.[217] Infolgedessen kommt der Informationsfunktion ein Kernzweck des harmonisierten Bilanzrechts zu.[218] Gerade ohne die relevanten und strukturierten Informationen wäre es für einen Dritten nicht möglich, zielorientierte Entscheidungen zu treffen.[219]

Die Harmonisierung der steuerlichen Gewinnermittlung ist indessen nicht Aufgabe des europäischen Bilanzrechts.[220] Gleichwohl mag einzuwenden sein, dass die ertragsteuerliche Behandlung bestimmter Geschäftsvorfälle in den Mitgliedstaaten an die handelsrechtliche Gewinnermittlung anknüpft.[221] Eine vollumfängliche Harmonisierung des Steuerrechts durch

---

nales und Europäisches Unternehmensrecht, 1996, S. 108 f.; *Timmermanns*, RabelsZ 1984, 1, 14.

216 *Schön*, ZGR 2000, 706, 708. Siehe zu den Grundprinzipien europäischer Rechnungslegung auch *Barnecki*, Die IFRS im Deutschen und Europäischen Rechtsraum, 2021, S. 177.

217 *Grundmann*, in FS Lutter, 2000, S. 61, 63.

218 *Habersack/Verse*, Europäisches Gesellschaftsrecht, 2019, § 9 Rn. 1-3; *Grundmann*, Europäisches Gesellschaftsrecht, 2011, Rn. 496; *Beckmann*, Internationalisierung der Rechnungslegung, 2008, S. 9 f. Daneben wird dem europäischen Bilanzrecht, wenngleich von untergeordneter Bedeutung, die Ausschüttungsbemessung als Ziel zugeschrieben. Siehe *Schulze-Osterloh*, in Schruff, Bilanzrecht unter dem Einfluß internationaler Reformzwänge, 1996, S. 121, 124-127. A.A. wohl *Barnecki*, der beide Zwecke als gleichrangig einordnet. Siehe *Barnecki*, Die IFRS im Deutschen und Europäischen Rechtsraum, 2021, S. 177.

219 *Merkt*, Unternehmenspublizität, 2001, S. 109; *van Hulle*, Das Europäische Bilanzrecht, 1994, S. 3 f.

220 *Schlussantrag des Generalanwalts Léger* v. 26.11.1999, C-275/97, Slg. 1999, I-5331 Rn. 55-57.

221 Vgl. *EuGH* v. 23.4.2020, C-640/18, BB 2020, 1710 Rn. 28 mit Verweis auf *EuGH* v. 3.10.2013, C-322/12, NZG 2014, 36 Rn. 28. So auch *Eggert*, Die Gewinnermittlung nach dem Richtlinienvorschlag, 2015, S. 118; *Spengel/Zöllkau*, Common Corporate Tax Base, 2012, S. 19 f. So schon *Kloos*, Transformation, 1993, S. 60 f.; *Joos/Lang*, Journal of Accounting Research 1994, 141, 144 f. Siehe beispielhaft zur Auswirkung des europäischen Bilanzrechts auf das deutsche Steuerbilanzrecht *Anzinger*, in HHR, EStG, 285. Lfg. April 2018, § 5 Rn. 43-46; *Schulze-Osterloh*, ZGR 1995, 170, 177. So ist Rechtsprechung des EuGH auch beispielsweise dann relevant, wenn die steuerlichen Gewinnermittlungsregeln

das europäische Bilanzrecht hat gerade vor dem Hintergrund unterschiedlicher nationaler Sonderregeln jedoch noch nicht stattgefunden.[222]

Ziel der folgenden Analyse ist es, die bilanzielle Behandlung von Pensionsverpflichtungen im Rahmen des europäischen Bilanzrechts zu untersuchen. Hierzu sollen nun in einem ersten Schritt die normativen Quellen des europäischen Bilanzrechts – namentlich die 4. Richtlinie[223] und die EU-Bilanzrichtlinie[224] – sowie die im Zuge der Verordnung (EG) Nr. 1606/2002[225] in das Unionsrecht inkorporierten internationalen Rechnungslegungsstandards auf ihre grundlegenden Prinzipien und Vorgaben bezüglich der Bilanzierung von Pensionsverpflichtungen untersucht werden. Insofern sollen die elementaren Gemeinsamkeiten bzw. wesentlichen Unterschiede in der Bilanzierung von Pensionsverpflichtungen in beiden Konzepten festgestellt und analysiert werden, um anschließend Schlussfolgerungen für eine adäquate sowie unionsweit einheitliche Bilanzierung von Pensionsverpflichtungen treffen zu können.

---

mittelbar auf das europäische Bilanzrecht verwiesen wird. *Kahle*, IRZ 2006, 87, 91. Siehe ausführlich zu einem rechtsvergleichenden Überblick unten Kap. C.II.

222 Siehe zu den unterschiedlichen steuerlichen Regelungen beispielhaft *Oestreicher/Spengel*, ET 2007, 437. Dies ist mit dem europäischen Recht vereinbar. Vgl. *EuGH* v. 15.05.1997, C-250/95, Slg. 1997, I-2471 Rn. 33.

223 Zur Abkürzung siehe oben Kap. B.I.1.a). Neben der 4. Richtlinie spielten noch die Siebente Richtlinie 83/349/EWG des Rates vom 13. Juni 1983 aufgrund von Artikel 54 Absatz 3 Buchstabe g) des Vertrages über den konsolidierten Abschluß, ABl. EG Nr. L 193 v. 18.7.1983, S. 1 und die 2006 außer Kraft gesetzte Achte Richtlinie 84/253/EWG des Rates vom 10. April 1984 aufgrund von Artikel 54 Absatz 3 Buchstabe g) des Vertrages über die Zulassung der mit der Pflichtprüfung der Rechnungslegungsunterlagen beauftragten Personen, ABl. EG Nr. L 126 v. 15.5.1984, S. 20 eine wesentliche Rolle für das europäische Gesellschaftsrecht. Auf die spezifischen Besonderheiten wird im Rahmen dieser Untersuchung jedoch nicht weiter eingegangen.

224 Richtlinie 2013/34/EU des Europäischen Parlaments und des Rates vom 26. Juni 2013 über den Jahresabschluss, den konsolidierten Abschluss und damit verbundene Berichte von Unternehmen bestimmter Rechtsformen und zur Änderung der Richtlinie 2006/43/EG des Europäischen Parlaments und des Rates und zur Aufhebung der Richtlinien 78/660/EWG und 83/349/EWG des Rates, ABl. EU Nr. L 182 v. 29.6.2013, S. 19, zuletzt geändert durch Art. 1 ÄnderungsRL 2014/102/EU vom 7.11.2014, ABl. EU Nr. L 334 v. 21.11.2014, S. 86 (abgekürzt als EU-Bilanzrichtlinie).

225 Verordnung (EG) Nr. 1606/2002 des Europäischen Parlaments und des Rates v. 19.7.2002, ABl. EG L-243 v. 11.9.2002, S. 1, geändert durch Art. 1 Änderungs-VO (EG) 297/2008 vom 11. 3. 2008, ABl. EU Nr. L 97 v. 9.4.2008, S. 62 (abgekürzt als IAS-Verordnung).

2. Regelungen der 4. Richtlinie 78/660/EWG und der EU-Bilanzrichtlinie 2013/34/EU

a) Entwicklung und grundlegende Prinzipien

Die 4. Richtlinie ordnete sich in eine Reihe von Harmonisierungsmaßnahmen im Rahmen eines europäischen Gesellschaftsrechts ein und stellte dahingehend einen ersten Schritt dar, die europäische Rechnungslegung einander anzugleichen.[226] In ihrem Kern besaß die Richtlinie dabei Elemente sowohl der kontinentaleuropäischen als auch der angelsächsischen Bilanztraditionen, obgleich die ursprüngliche Version der Richtlinie noch stark kontinentaleuropäisch geprägte Charaktermerkmale aufwies.[227] Im Zuge des Beitritts von Großbritannien und Irland zur Europäischen Wirtschaftsgemeinschaft 1974 musste jedoch eine Reihe von Vorschriften modifiziert werden, um ein Scheitern des Reformvorhabens zu verhindern.[228] Gerade die verstärkte Fokussierung auf den im kontinentaleuropäischen Rechtsraum verankerten Gläubigerschutz wurde von Vertretern von Großbritannien und Irland mit Skepsis begegnet.[229] Im Ergebnis bedeutete die Richtlinie einen ersten Ansatz, zwei divergierende Bilanztraditionen zu integrieren.[230]

Der konkrete Zweck der Richtlinie bestand darin, ausgehend von der primären Zielsetzung der Vermittlung entscheidungsrelevanter Informationen, die Gleichwertigkeit und die Vergleichbarkeit der finanziellen Angaben und Abschlüsse von Unternehmen der Mitgliedstaaten herzu-

226 Die 4. Richtlinie kann daher auch als „Basisrichtlinie“ der Rechnungslegung bezeichnet werden. Siehe *Grundmann*, Europäisches Gesellschaftsrecht, 2011, Rn. 503. Zu einem historischen Überblick über die Reformvorhaben im europäischen Gesellschaftsrecht siehe *Najderek*, Harmonisierung des europäischen Bilanzrechts, 2009, S. 31 f.; *Schön*, ZGR 2000, 706, 715 f.

227 *Grünwald*, Europäisches Gesellschaftsrecht, 1999, S. 24; *Elmendorff*, WPg 1967, 621, 621 f.

228 *Asche*, Europäisches Bilanzrecht, 2007, S. 83.

229 So *Habersack/Verse*, Europäisches Gesellschaftsrecht, 2019, § 9 Rn. 2 und 10; *Luttermann*, EuZW 1998, 151, 152 f. Zu einem Überblick über die kontinentaleuropäischen und angelsächsischen Rechnungslegungsphilosophien siehe *Havermann*, in FS Moxter, 1994, S. 655, 659-664.

230 *Flower*, European Financial Reporting, 2004, S. 104; *Havermann*, in FS Goerdeler, 1987, S. 173, 196 f.; hierbei wurde auch von einem Beitrag zu einer gemeinsamen europäischen Kultur gesprochen. Siehe *Strampelli/Passador*, in Grandinetti, Corporate Tax Base, 2016, S. 3, 6 f.

stellen.[231] Damit sollten die nationalen Besonderheiten der Rechnungslegung gewahrt bleiben, um den logischen Interdependenzen der schon bestehenden Rechtsordnungen Rechnung zu tragen.[232] Eine vollständige Vereinheitlichung der Rechnungslegung war indes nicht das Ziel der Richtlinie.[233]

Die Richtlinie 78/660/EWG unterlag dabei seit ihrer Veröffentlichung einem ständigen Wandel und wurde mehrmals punktuell angepasst.[234] Um die Komplexität der Finanzberichterstattung zudem weiter zu reduzieren sowie kleine und mittlere Unternehmen zu entlasten, wurde sie 2013 sodann vollständig durch die EU-Bilanzrichtlinie ersetzt.[235] Dabei sollten die unionsweite Vergleichbarkeit der Jahresabschlüsse und die grenzüberschreitende Investitionstätigkeit weiter gefördert werden.[236] Zudem wurde der Zweck, vergleichbare und gleichwertige Informationen anzugeben, durch die Richtlinie bestätigt.[237] Vor diesem Hintergrund sollen im Folgenden die elementaren Rechnungslegungsgrundsätze der EU-Bilanzrichtlinie vorgestellt und eingeordnet werden.

Ausgangsbasis der EU-Bilanzrichtlinie stellt der aus dem britischen Recht entnommene sog. Grundsatz der Bilanzwahrheit in Art. 4 Abs. 3 Satz 1 RL 2013/34/EU dar, nach welchem der Jahresabschluss, der gem. Art. 4 Abs. 1 RL 2013/34/EU als Einheit von Bilanz, Gewinn- und Verlustrechnung sowie Anhang bestimmt ist, ein den tatsächlichen Verhältnissen entsprechendes Bild der Vermögens-, Finanz- und Ertragslage des Unter-

---

231 *Niehues*, WPg 2001, 1209, 1212; *van Hulle*, Europäisches Bilanzrecht, 1994, S. 5; *Kloos*, Transformation, 1993, S. 53; Mitteilung der Kommission, Harmonisierung auf dem Gebiet der Rechnungslegung: Eine neue Strategie im Hinblick auf die internationale Harmonisierung v. 14.11.1995, KOM(95) 508 endg., S. 3.

232 *Beckmann*, Internationalisierung der Rechnungslegung, 2008, S. 17 f. So auch *van Hulle*, Europäisches Bilanzrecht, 1993, S. 2.

233 Mitteilung der Kommission, Harmonisierung auf dem Gebiet der Rechnungslegung: Eine neue Strategie im Hinblick auf die internationale Harmonisierung v. 14.11.1995, KOM(95) 508 endg., S. 3.

234 Zu einem Überblick über die historische Entwicklung siehe *Habersack/Verse*, Europäisches Gesellschaftsrecht, 2019, § 9 Rn. 5-7. Darüber hinaus wurden spezifische Richtlinien für Banken- und Versicherungsbranche erlassen, sodass die Rechnungslegung dieser Segmente von der 4. Richtlinie teilweise losgelöst ist.

235 *Zwirner*, DStR 2014, 439, 439; *Wulf*, DStZ 2014, 635, 636 f. Siehe zum politischen Gesamtkonzept auch Erwägungsgrund 1 der EU-Bilanzrichtlinie.

236 Erwägungsgrund 55 der EU-Bilanzrichtlinie; *Mosel/Peters*, GWR 2014, 97, 97.

237 Siehe Erwägungsgrund 16 der EU-Bilanzrichtlinie. Siehe ferner *Mühlbauer/Müller*, DB 2018, 1482, 1485 f.

nehmens zu vermitteln hat.[238] Hierbei statuiert der Grundsatz die eigentliche, wenngleich abstrakte, Generalnorm der EU-Bilanzrichtlinie, um der inhärenten Informationsfunktion der Richtlinie gerecht zu werden.[239]

In diesem Zusammenhang erfährt der Inhalt der Generalnorm gleichwohl eine weitergehende Materialisierung durch die spezifischen Einzelvorschriften der EU-Bilanzrichtlinie, wobei gem. Art. 4 Abs. 3 Satz 2 RL 2013/34/EU zusätzliche Angaben im Anhang zu machen sind, wenn die Anwendung der Einzelvorschriften nicht ausreicht, um ein den tatsächlichen Verhältnissen entsprechendes Bild der Vermögens-, Finanz- und Ertragslage des Unternehmens zu vermitteln. Des Weiteren ist der Grundsatz der Bilanzwahrheit gem. Art. 4 Abs. 4 Satz 1 RL 2013/34/EU als „overriding principle" konstruiert.[240] Dahingehend wird die bestimmte Einzelvorschrift, falls ihre Anwendung mit der Anforderung nach Art. 4 Abs. 3 unvereinbar ist, nicht angewandt, um sicherzustellen, dass ein den tatsächlichen Verhältnissen entsprechendes Bild der Vermögens-, Finanz- und Ertragslage des Unternehmens vermittelt wird.

Vor diesem Hintergrund ist der Umfang der Generalnorm und das Verhältnis zu den Einzelvorschriften lange Zeit strittig gewesen.[241] Im Zuge der höchstrichterlichen europäischen Rechtsprechung wurde die Beziehung zwischen den Rechnungslegungsgrundsätzen und dem übergeordneten Prinzip der Bilanzwahrheit jedoch eindeutig geklärt. So konstatierte der EuGH, dass der Grundsatz der Bilanzwahrheit zwar das uneingeschränkte Hauptziel der europäischen Rechnungslegung darstelle, sich dieser Grundsatz jedoch möglichst weitgehend an den enthaltenen

---

238 Zum Ursprung des Grundsatzes siehe *van Hulle*, in FS Budde, 1995, S. 313, 313-317. Siehe ferner zum Ursprung im britischen Recht *Streim*, in FS Moxter, 1994, S. 391, 393-395.

239 Der *EuGH* spricht von der „Hauptzielsetzung" der Richtlinie. Siehe *EuGH* v. 27.6.1996, C-234/94, Slg. 1996, I-3145 Rn. 17-22. Siehe ferner *EuGH* v. 14.9.1999, C-275/97, Slg. 1999, I-5331 Rn. 26. So auch *Habersack/Verse*, Europäisches Gesellschaftsrecht, 2019, § 9 Rn. 51.

240 *Habersack/Verse*, Europäisches Gesellschaftsrecht, 2019, § 9 Rn. 49; *Grundmann*, Europäisches Gesellschaftsrecht, 2011, Rn. 515. A.A. schon *Heusinger*, Die 4. gesellschaftsrechtliche EG-Richtlinie, 2001, S. 35 f.

241 So wurde insbesondere die Frage aufgeworfen, inwiefern der Grundsatz der Bilanzwahrheit aus Sicht des Gläubiger- oder des Gesellschafterschutzes auszulegen sei. Ferner war schon im Gesetzgebungsverfahren strittig, ob die Generalklausel ein Abweichen des Bilanzierenden von den Grundsätzen der Richtlinie einräumte. Siehe hierzu *van Hulle*, in FS Budde, 1995, S. 313, 314-317.

allgemeinen Grundsätzen zu orientieren hat.[242] Folglich kommt erst den Rechnungslegungsgrundsätzen eine eminente Bedeutung zu, die Generalnorm zu präzisieren.[243] Bestehen darüber hinaus weitere Anforderungen, adäquate Informationen im Jahresabschluss zu vermitteln, müssen hierfür im Einklang mit Art. 4 Abs. 3 Satz 2 RL 2013/34/EU zusätzliche Angaben im Anhang gemacht werden.[244] Trotz der grundlegenden Bedeutung der allgemeinen Grundsätze lehnte es der EuGH jedoch ab, aus diesen Grundsätzen ein geschlossenes Rechnungslegungssystem abzuleiten.[245] Insofern bestimmen die Grundsätze und Vorgaben der Bilanzrichtlinie lediglich die äußeren Rahmenbedingungen, in denen die Mitgliedstaaten sodann einen breiten Ermessensspielraum besitzen.[246]

Ausgehend von seiner obersten Zielsetzung, entscheidungsrelevante Informationen bereitzustellen, postuliert das harmonisierte Bilanzrecht im Zusammenspiel mit den Rechnungslegungsgrundsätzen daher ein Minimum an Objektivität.[247] Andernfalls wäre seine Informationsfunktion kaum zu erfüllen.[248] Dabei spielt gerade der Periodengewinn eine entscheidende Rolle, objektivierte Informationen zu vermitteln.[249] Dieser Umstand rührt primär daher, dass zwar grundsätzlich nur der Totalgewinn in der Lage wäre, einen tatsächlichen Aufschluss über die finale wirtschaft-

---

242 Zum dem Grundsatz der Bilanzwahrheit in der 4. Richtlinie siehe *EuGH* v. 23.4.2020, C-640/18, BB 2020, 1710 Rn. 34 mit Verweis auf *EuGH* v. 3.10.2013, C-322/12, NZG 2014, 36 Rn. 32. Vgl. auch *Pöschke/Kitzig*, WuB 2020, 473, 476. Dies wurde zudem in der Entscheidung *EuGH* v. 15.6.2017, C-444/16, NZG 2017, 915 Rn. 42 bestätigt. Siehe ferner *Habersack/Verse*, Europäisches Gesellschaftsrecht, 2019, § 9 Rn. 52.

243 Die Ausnahmeregelung dürfte daher an Bedeutung verlieren. So *Verse/Wiersch*, EuZW 2014, 375, 377. Vgl. ferner auch *Haaker*, DB 2019, 382, 383. A.A. wohl *Mühlbauer/Müller*, DB 2018, 1482, 1487.

244 In Anlehnung an *EuGH* v. 3.10.2013, C-322/12, NZG 2014, 36 Rn. 41. Nach *Habersack/Verse*, Europäisches Gesellschaftsrecht, 2019, § 9 Rn. 53 entspricht dies weitestgehend der sog. Abkopplungsthese im deutschen Schrifttum. Siehe zur Abkopplungsthese *Moxter*, in FS Budde, 1995, S. 419, 426-428.

245 *EuGH* v. 15.6.2017, C-444/16, NZG 2017, 915 Rn. 44.

246 Zutreffend *Barnecki*, Die IFRS im Deutschen und Europäischen Rechtsraum, 2021, S. 261; *Hennrichs/Pöschke*, Anm. zu *EuGH* v. 15.6.2917, C-444/16, C-445/16, NZG 2017, 917, 918.

247 Siehe *Beckmann*, Internationalisierung der Rechnungslegung, 2008, S. 41 mit Verweis auf *Heusinger*, Die 4. gesellschaftsrechtliche EG-Richtlinie, 2001, S. 30. So schon *Moxter*, AG 1979, 141, 143. Ähnlich *Claussen*, in FS Goerdeler, 1987, S. 79, 86. Ferner auch *Ballwieser*, in MüKoHGB, 4. Aufl. 2020, § 252 Rn. 86.

248 So schon *Wysocki*, BFuP 1979, 62, 75.

249 *Heusinger*, Die 4. gesellschaftsrechtliche EG-Richtlinie, 2001, S. 32 f.

liche Lage eines Unternehmens zu geben.[250] Diese Fiktion lässt sich jedoch freilich nur in Form einer periodischen Annäherung realisieren,[251] sodass im Ergebnis nur der Periodengewinn als Teil des Jahresabschlusses der Aufgabe gerecht wird, diese Zielsetzung zu erfüllen.[252]

Die Anforderung an eine objektivierte, periodische Gewinnermittlung ist dabei weitestgehend in der EU-Bilanzrichtlinie kodifiziert. Der Jahresabschluss soll gem. Art. 4 Abs. 2 RL 2013/34/EU grundsätzlich klar und übersichtlich aufgestellt werden und den Vorgaben der Richtlinie entsprechen. Hierzu werden die allgemeinen Grundsätze der EU-Bilanzrichtlinie sodann in Art. 6 RL 2013/34/EU kodifiziert. Diese Rechnungslegungsgrundsätze fanden größtenteils schon in der Vorgängerrichtlinie Anwendung und sind kontinentaleuropäischer Prägung.[253] Gem. Art. 6 Abs. 1 Satz 1 RL 2013/34/EU besitzen sie dabei sowohl für den Ansatz als auch für die Bewertung der Bilanzposten Geltung.[254]

Hierbei verlangt Art. 6 Abs. 1 Satz 1 Buchst. a) RL 2013/34/EU zunächst grundlegend, dass bei der Abschlusserstellung die Fortführung des Unternehmens unterstellt wird, sodass ein Ansatz des Bilanzvermögens zu Substanzwerten grundsätzlich nicht in Frage kommt.[255] Darüber hinaus normiert die EU-Bilanzrichtlinie in Art. 6 Abs. 1 Satz 1 Buchst. b) RL 2013/34/EU das Prinzip der Stetigkeit für die Rechnungslegungsmethoden und Bewertungsgrundlagen, wobei gem. Art. 6 Abs. 1 Satz 1 Buchst. e) RL 2013/34/EU der Grundsatz der Bilanzidentität garantiert sein soll. Ziel einer stetigen Bilanzierung ist es, einen vergleichbaren und gleichwertigen Abschluss im Zeitverlauf oder zwischen anderen

---

250 Vgl. *Bertl*, in GS Lechner, 1987, S. 39, 48 f.

251 Zur Unvollkommenheit der Periodisierung *Leffson*, GoB, 1987, S. 189 f.

252 So schon *Walb*, Erfolgsrechnung, 1926, S. 29.

253 *Mathiak*, in KSM, EStG, 30. Lfg. Oktober 1991, § 5 Rn. A 190. A.A. *Beckmann*, Internationalisierung der Rechnungslegung, 2008, S. 45. So sei das Vorsichtsprinzip nicht nur kontinentaleuropäischen Ursprungs, sondern hätte auch explizit im Rahmen des Beitritts von Großbritannien Einzug in das europäische Bilanzrecht gefunden.

254 Siehe *Lutter/Bayer/Schmidt*, Europäisches Unternehmens- und Kapitalmarktrecht, 2018, Rn. 23.26

255 *Heusinger*, Die 4. gesellschaftsrechtliche EG-Richtlinie, 2001, S. 65.

Unternehmen zu garantieren.[256] Andernfalls wäre eine korrekte Ermittlung des periodenübergreifenden Gewinns nicht sichergestellt.[257]

In Hinblick auf den Ansatz und die Bewertung der jeweiligen Posten des Jahresabschlusses ist insbesondere das Vorsichtsprinzip in Art. 6 Abs. 1 Satz 1 Buchst. c) RL 2013/34/EU von fundamentaler Bedeutung.[258] So statuiert Art. 6 Abs. 1 Satz 1 Buchst. c) RL 2013/34/EU, dass nur am Bilanzstichtag realisierte Gewinne ausgewiesen werden dürfen und zusätzlich alle Risiken zu beachten sind, die das laufende oder frühere Geschäftsjahr betreffen. Ferner sind nach Art. 6 Abs. 1 Satz 1 Buchst. c) (iii) RL 2013/34/EU Wertminderungen unabhängig davon zu berücksichtigen, ob in dem Geschäftsjahr ein Gewinn oder ein Verlust erwirtschaftet wird. Aus der Vorgabe, keine realisierten Gewinne auszuweisen, resultiert zudem das Anschaffungs- oder Herstellungskostenprinzip in Art. 6 Abs. 1 Satz 1 Buchst. i) RL 2013/34/EU, für welches die Mitgliedstaaten jedoch sowohl nach Art. 7 oder nach Art. 8 RL 2013/34/EU eine Ausnahme vorsehen können.[259]

Eng mit dem Prinzip der Vorsicht ist wiederum das Prinzip der Periodenabgrenzung in Art. 6 Abs. 1 Satz 1 Buchst. d) RL 2013/34/EU verbunden.[260] So wird der Grundsatz der Bilanzwahrheit durch die Berücksichtigung aller Aufwendungen und Erträge samt den korrespondierenden Risiken und realisierten Gewinnen und Verlusten für eine bestimmte Periode sichergestellt.[261] In diesem Sinne gewährt der Grundsatz der Periodenabgrenzung sodann einen Einblick in die Ertragslage des Unternehmens, in

256 Vgl. ausführlich zum Stetigkeitsprinzip *Wengerofsky*, StuB 2015, 172, 173 f. Ferner *Asche*, Europäisches Bilanzrecht, 2007, S. 129 f. Die Stetigkeit gewährleistet dabei grds. eine doppelte Vergleichbarkeit. Siehe *Müller*, Stetigkeitsprinzip, 1989, S. 6-8.

257 *Merkt*, in Baumbach/Hopt, HGB, 40. Aufl. 2021, § 252 Rn. 6. Der Grundsatz der Vergleichbarkeit lässt sich schon von vornherein aus der Zielsetzung der Rechnungslegung ableiten. Siehe *Kloos*, Transformation, 1993, S. 42.

258 *EuGH* v. 23.4.2020, C-640/18, BB 2020, 1710 Rn. 34 mit Verweis auf *EuGH* v. 3.10.2013, C-322/12, NZG 2014, 36 Rn. 32; *EuGH* v. 27.6.1996, C-234/94, Slg. 1996, I-3145 Rn. 18. Ferner *Grundmann*, Europäisches Gesellschaftsrecht, 2011, Rn. 524.

259 Siehe in Bezug auf die Vorgängerrichtlinie *Grundmann*, Europäisches Gesellschaftsrecht, 2011, Rn. 524.

260 In Anlehnung an *Habersack/Verse*, Europäisches Gesellschaftsrecht, 2019, § 9 Rn. 27 und 48.

261 Vgl. *EuGH* v. 27.6.1996, C-234/94, Slg. 1996, I-3145 Rn. 22.

dem er der notwendigen Periodisierung des Totalgewinns in Teilgewinne folgerichtig Rechnung trägt.[262]

Überdies kodifiziert die Richtlinie in Art. 6 Abs. 1 Satz 1 Buchst. f) RL 2013/34/EU den sog. Grundsatz der Einzelbewertung, der sodann seine weitere Ausprägung im Saldierungsverbot in Art. 6 Abs. 1 Satz 1 Buchst. g) RL 2013/34/EU findet.[263] Abschließend werden in Art. 6 Abs. 1 Satz 1 Buchst. j) RL 2013/34/EU der Grundsatz der Wesentlichkeit und in Art. 6 Abs. 1 Satz 1 Buchst. h) RL 2013/34/EU der Grundsatz der wirtschaftlichen Betrachtungsweise verbindlich geregelt,[264] wobei die Mitgliedstaaten Unternehmen nach Art. 6 Abs. 3 RL 2013/34/EU von der Bilanzierung im Rahmen des Grundsatzes der wirtschaftlichen Betrachtungsweise ausnehmen können.[265]

Es lässt sich festhalten, dass eine Vielzahl von allgemeinen Rechnungslegungsgrundsätzen etabliert ist, die den Ansatz und die Bewertung der Geschäftsvorfälle bestimmen und somit auch den Periodengewinn determinieren. In Hinblick auf die betrieblichen Versorgungszusagen in den Mitgliedstaaten ist es jedoch noch fraglich, ob und wie diese im Rahmen der EU-Bilanzrichtlinie behandelt werden. Im Folgenden soll daher untersucht werden, wie Pensionsverpflichtungen in Bilanz, Gewinn- und Verlustrechnung und Anhang abgebildet werden.

---

262 *Claussen*, in Kölner Kommentar, 2011, § 252 Rn. 57. So dient die Periodenabgrenzung in Teilperioden einem besseren Einblick in die Ertragslage. Siehe hierzu auch Erwägungsgrund 16 der EU-Bilanzrichtlinie. Für die Vermittlung von vergleichbaren und gleichwertigen Informationen sind neben den Grundsätzen der Unternehmensfortführung und des Vorsichtprinzips auch die Konzeption der Periodenabgrenzung maßgeblich. Vgl. zudem *Radde/Wohlgemuth*, in Kirsch, Bilanzrecht, Aktualisierung v. 28.5.2020, § 252 HGB Rn. 62. Der ursprünglichen 4. Richtlinie wurden diesbezüglich ferner schon verstärkt Elemente der dynamischen Bilanzauffassung zugeschrieben. So *Ordelheide/Hartle*, GmbHR 1986, 9, 9; *Kraus*, StuW 1988, 133, 142 f.

263 In Art. 6 Abs. 2 RL 2013/34/EU ist jedoch ein Mitgliedstaatenwahlrecht determiniert. Siehe ferner zur Ausnahme bei Pauschalrückstellungen *Luttermann*, NZG 1999, 1039, 1039 f.

264 Diese Grundsätze gehörten zu den wesentlichen Neuerungen der EU-Bilanzrichtlinie. Siehe *Bayer/Schmidt*, BB 2014, 1219, 1224.

265 Siehe hierzu *Zwirner*, DStR 2014, 439, 441; *Velte*, GmbHR 2013, 1125, 1127. Vgl. zum Wahlrecht in der ergänzten 4. Richtlinie *Niehus*, DB 2002, 1385, 1386.

b) Behandlung von Pensionsverpflichtungen im Rahmen der EU-Bilanzrichtlinie

Die Pensionsverpflichtungen stellen in Form eines Barlohnsubstituts ein aufgeschobenes Entgelt dar, deren Leistungserbringung und Leistungsvergütung in Abhängigkeit ihrer Ausgestaltung zeitlich auseinanderfallen. Es stellt sich daher die Frage, ob eine Pensionsverpflichtung in dem Jahresabschluss i.S.d. EU-Bilanzrichtlinie berücksichtigt bzw. welcher Periode und mit welchem Wert sie zugeordnet werden soll.[266] Der Kern der Überlegung, die Pensionsverpflichtung dem Periodengewinn zuzuordnen, findet sich dabei in dem Grundsatz der Periodenabgrenzung wieder. So erfordert gerade eine periodische Gewinnermittlung eine Zuordnung der Geschäftsvorfälle zu den einzelnen Zeitabschnitten.[267]

Der Art. 6 Abs. 1 Satz 1 Buchst. d) RL 2013/34/EU normiert insofern, dass der Jahresabschluss unabhängig von den betreffenden Zahlungszeitpunkten als Aufwands- und Ertragsrechnung aufzustellen ist,[268] wobei bilanziell eine korrespondiere Abbildung der Geschäftsvorfälle mittelbar als Vermögensgegenstände, Schulden und Rechnungsabgrenzungsposten erfolgen muss.[269] Obgleich der Grundsatz der Periodenabgrenzung in der Richtlinie selbst nicht näher ausgeführt ist,[270] liegt ihm doch ein unionsweit einheitliches Begriffsverständnis zugrunde.[271] Aufwendungen und Erträge müssen sonach gemäß ihrer wirtschaftlichen Verursachung den ein-

---

266 *Grundmann*, Europäisches Gesellschaftsrecht, 2011, Rn. 522.

267 *Claussen*, in Kölner Kommentar, 2011, § 252 Rn. 57; *Glade*, Bilanzrichtliniengesetz, 1986, S. 596 Rn. 35 f.

268 *Störk/Büssow*, in BeBiKo, 12. Aufl. 2020, § 252 Rn. 51; *Coenenberg/Eifler*, GmbHR 1974, 249, 251.

269 *Heyes/Thelen/Elprana*, in Heidel/Schall, HGB, 3. Aufl. 2019, § 252 Rn. 50; *Baetge/Zülch*, in HdJ, 50. Lfg. September 2010, I/2 Rn. 63; *Glade*, Bilanzrichtliniengesetz, 1986, S. 596 Rn. 36.

270 In Anlehnung an *Strobl*, in FS Moxter, 1994, S. 407, 418; *Coenenberg/Eifler*, GmbHR 1974, 249, 251.

271 *Europäische Kommission* (Hrsg.), „Vorsicht und Matching", Generaldirektion XV/7002/95 DE, 1995, Rn. 26. Grds. ist der Grundsatz der Periodenabgrenzung europarechtlich auszulegen. So *Großfeld/Luttermann*, Bilanzrecht, 2005, Rn. 242-245. Seinen Ursprung findet der Grundsatz der Periodenabgrenzung dabei sowohl im angelsächsischen als auch im kontinentaleuropäischen Recht, sodass bei diesem Grundsatz eine hohe Konvergenz des Inhalts festzustellen ist und der Grundsatz i.S.d. Richtlinie zudem problemlos einheitlich ausgelegt werden kann. Siehe zur gleichen Bedeutung beispielhaft *Grundmann*, Europäisches Gesellschaftsrecht, 2011, Rn. 524; *Claussen*, in Kölner Kommentar, 2011, § 252 Rn. 57 f.; *Biener*, AG KGaA GmbH Konzerne, 1979, S. 112. Ferner auch

zelnen Perioden zugeordnet werden.[272] Eine reine, isolierte Anknüpfung an die rechtliche Entstehung ist indes nicht im Sinne des Grundsatzes der Periodenabgrenzung.[273] Dabei erfährt das Prinzip der wirtschaftlichen Verursachung gerade durch das Realisations- und Imparitätsprinzips im Rahmen des Vorsichtsprinzips eine weitergehende Präzisierung.[274]

Betrachtet man dahingehend die Pensionsverpflichtung als aufgeschobene Vergütung eines Arbeitsverhältnisses zwischen Arbeitnehmer und Arbeitgeber, so muss die auf den betrachteten Zeitabschnitt entfallende Arbeitsleistung vor dem Hintergrund ihrer wirtschaftlichen Verursachung sodann folgerichtig als Aufwand in der Periode erfasst und bewertet werden, in der der Arbeitnehmer dem Unternehmen seine Arbeitskraft zur Verfügung stellt und folglich seinen Barlohn gegen eine spätere Betriebsrente substituiert.[275] Eine erfolgswirksame Abbildung, die sich nur an den späteren Rentenzahlungen orientiert, ist gerade nicht mit Art. 6 Abs. 1 Satz 1 Buchst. d) RL 2013/34/EU vereinbar. Im Ergebnis trägt der Grundsatz der Periodenabgrenzung daher Sorge, dass die Anforderungen der

---

Hoffmann/Lüdenbach, Kommentar Bilanzierung, 12. Auf. 2021, § 252 Rn. 206; *Kraus*, StuW 1988, 133, 142 f.

272 *Habersack/Verse*, Europäisches Gesellschaftsrecht, 2019, § 9 Rn. 48; *Europäische Kommission* (Hrsg.), „Vorsicht und Matching", Generaldirektion XV/7002/95 DE, 1995, Rn. 26; *van Hulle/van der Tas*, in Ordelheide/KPMG, Transnational Accounting, 2001, S. 771, 822. Kritischer *Fresl*, Europäisierung des deutschen Bilanzrechts, 2000, S. 262 f.

273 Siehe *Kreipl/Müller*, in Bertram/Kessler/Müller, HGB-Kommentar, 11. Aufl. 2020, § 252 Rn. 130 ff.

274 Vgl. *Busso*, in Grandinetti, Corporate Tax Base, 2016, S. 23, 32; *Schneider*, Bilanztheoretische Probleme, 1980, S. 134 f. So wohl auch *Flower*, European Financial Reporting, 2004, S. 106 f. Ähnlich auch *Mathiak*, in KSM, EStG, 30. Lfg. Oktober 1991, § 5 Rn. A 190, der das Realisationsprinzip unter anderem aus dem europäischen Grundsatz der Periodenabgrenzung ableitet. Vgl. ferner *Tiedchen*, in HHR, EStG, 285. Lfg. April 2018, § 5 Rn. 433; *Kleindiek*, in Staub, Großkommentar HGB, 5. Aufl. 2014, § 252 Rn. 44; *Schulze-Osterloh*, in FS Forster, 1992, S. 653, 666 f.; *Jonas*, DB 1978, 1361, 1364. Kritisch *Strobl*, in FS Moxter, 1994, S. 407, 418, nach der sich kein Komplementärverhältnis zwischen dem Grundsatz der Vorsicht und dem Grundsatz der Periodenabgrenzung aus der Richtlinie ableiten lässt.

275 Siehe zur zeitlichen Zuordnung von Aufwendungen *ADS*, Rechnungslegung und Prüfung, 6. Aufl. 1995, § 252 Rn. 98. Eine Aufwandsverteilung steht ferner im Einklang mit der engeren Sicht der sog. Alimentationsthese, nach welcher die Aufwendungen den durch den Arbeitnehmer erwirtschafteten Erträgen gegenüberstehen. Siehe *Keßler*, Pensionsverpflichtungen, 2010, S. 93; *Moxter*, StuW 1989, 232, 235.

Entgeltfunktion an eine sachgerechte Bilanzierung unter der EU-Bilanzrichtlinie prima facie erfüllt sind.

Die Aufwendungen für die Pensionsverpflichtungen werden dabei zutreffend als Teil des Personalaufwands in der Gewinn- und Verlustrechnung nach Art. 13 Abs. 1 RL 2013/34/EU i.V.m. Anhang III abgebildet.[276] Darauf aufbauend muss im Rahmen der Richtlinie jedoch ein geeigneter Wertansatz für die Höhe der Aufwendungen gefunden werden, die zum einen das auf die Periode entfallende Entgelt und zum anderen die implizite Verzinsung der der Pensionsverpflichtung zugrundeliegenden Kreditvereinbarung, die zumindest den Leistungszusagen inhärent ist,[277] ermittelt. Hinsichtlich der Beitragszusagen ist diese Problematik noch zu vernachlässigen. Der Verpflichtungsumfang ist mit der ex ante definierten Beitragszahlung abgegolten, sodass in der Regel die Höhe der Aufwendung und der Auszahlung kongruent sind. Hingegen lässt sich aus dem Grundsatz der Periodenabgrenzung für Leistungszusagen kein genauer Bewertungsmaßstab ableiten, da dieser, wenngleich er in Art. 6 der EU-Bilanzrichtlinie normiert ist, in erster Linie kein Bewertungskriterium, sondern ein Ansatzkriterium darstellt und daher einer wertmäßigen Konkretisierung bedarf.[278] Auch eine Konkretisierung durch das Vorsichtsprinzip lässt allenfalls Tendenzen erkennen, determiniert jedoch noch keinen Bewertungsmaßstab.[279]

Aufgrund der zeitlichen Latenz der Aufwendungen und der korrespondierenden Auszahlungen bedarf es bei Leistungszusagen grundsätzlich einer Abbildung auf der Passivseite der Bilanz.[280] Die bilanzielle Berücksichtigung der Aufwendungen erfolgt dabei insbesondere durch den Ansatz von Verbindlichkeiten respektive Rückstellungen.[281] Mit Blick auf

---

276 Soziale Aufwendungen, davon für Altersversorgung, stellen eine Unterkategorie der Personalaufwendungen im Anhang III dar. In Anhang IV werden Personalaufwendungen oder gar Aufwendungen für die betriebliche Altersversorgung nicht ausdrücklich genannt.

277 Siehe oben Kap. B.II.2.

278 Zur Periodenabgrenzung als Ansatzkriterium vgl. *Müller*, in FS Goerdeler, 1987, S. 397, 403.

279 In Anlehnung an *ADS*, Rechnungslegung und Prüfung, 6. Aufl. 1995, § 252 Rn. 100.

280 Siehe zur Periodenzuordnung *Störk/Büssow*, in BeBiKo, 12. Aufl. 2020, § 252 Rn. 51.

281 In Anlehnung an *Wysocki*, BetrAV 1988, 237, 238. Dabei sind gerade Rückstellungen aufgrund des Prinzips der Periodenabgrenzung notwendigerweise geboten, um die Aufwendungen der Periode ihrer wirtschaftlichen Verursachung zuzuordnen. Siehe *Hennrichs*, in Ebling, DStJG 24, 2001, S. 301, 319; *Knobbe-*

die bilanzielle Kategorisierung bedarf es infolgedessen einer eindeutigen Differenzierung zwischen Rückstellungen und Verbindlichkeiten. In der EU-Bilanzrichtlinie wird, wie schon in ihrer Vorgängerversion, weder der Begriff der Verbindlichkeit noch der Begriff des Fremdkapitals als übergeordneter Sammelposten definiert.[282] Lediglich Rückstellungen werden in Art. 12 Abs. 12 RL 2013/34/EU präzisiert. So umfassen sie gem. Satz 1 ihrem Wesen nach genau umschriebene Verbindlichkeiten, die am Bilanzstichtag wahrscheinlich oder sicher, aber hinsichtlich ihrer Höhe oder des Zeitpunkts ihres Eintritts unbestimmt sind. Sonach erfordern die Rückstellungen i.S.d. Art. 12 Abs. 12 Satz 1 RL 2013/34/EU wie Verbindlichkeiten eine Verpflichtung gegenüber Dritten,[283] grenzen sich jedoch von den Verbindlichkeiten in Bezug auf ihre Unsicherheit ab.[284] Neben diesen Rückstellungen für ungewisse Verbindlichkeiten dürfen die Mitgliedstaaten zudem nach Art. 12 Abs. 12 Satz 2 RL 2013/34/EU sog. Aufwandsrückstellungen zulassen.[285]

Vor diesem Hintergrund liegt der Schluss nahe, dass (leistungsdefinierte) Pensionsverpflichtungen im Rahmen der EU-Bilanzrichtlinie als Rückstellung grundsätzlich antizipiert werden müssten. Dies lässt sich zum einen explizit aus den Vorgaben zur Bilanzgliederung ableiten.[286] So müssen „Rückstellungen für Pensionen und ähnliche Verpflichtungen" gem. Art. 10 RL 2013/34/EU i.V.m. Anhang III bzw. IV separat ausgewiesen werden. Dahingehend sind Rückstellungen für Pensionsverpflichtungen im Rahmen der EU-Bilanzrichtlinie explizit anerkannt, wobei sich hieraus jedoch keine spezifischen Aussagen zu den unterschiedlichen Gestaltungsformen wie bspw. mittelbaren Durchführungsformen entnehmen lassen. Zum anderen lässt sich eine Ansatzfähigkeit durch Subsumption unter die Tatbestandsvoraussetzungen für Rückstellungen ergründen. So gewährt der Arbeitgeber dem Arbeitnehmer einen Rechtsanspruch auf eine späte-

---

Keuk, Bilanz- und Unternehmenssteuerrecht, 1993, S. 114. Speziell für Pensionsverpflichtungen *Hegler/Weppler*, in HdJ, 54. Lfg. März 2012, III/7 Rn. 25. Ferner zur Notwendigkeit einer ratierlichen Aufwandsansammlung in Form von Rückstellungen *Jäger*, Aufwandsperiodisierung, 1996, S. 163-165.

282 Siehe zur Vorgängerversion *Sahner*, ZfB 1988, Ergänzungsheft 1, 167, 167.

283 *Knobbe-Keuk*, Bilanz- und Unternehmenssteuerrecht, 1993, S. 119; *van Hulle/van der Tas*, in Ordelheide/KPMG, Transnational Accounting, 2001, S. 771, 810; *Sahner*, ZfB 1988, Ergänzungsheft 1, 167, 167.

284 *Biener*, AG KGaA GmbH Konzerne, 1979, S. 71. Ferner *Grundmann*, Europäisches Gesellschaftsrecht, 2011, Rn. 544.

285 *Mosel/Peters*, GWR 2014, 97, 99.

286 So schon hinsichtlich der 4. Richtlinie *Höfer/Lemitz*, BB 1986, 426, 427.

re betriebliche Rente, obschon hierfür das nationale Recht maßgeblich ist,[287] und schuldet ihm folglich die zugesagten Leistungen, sodass eine Verpflichtung gegenüber einem Dritten vorliegt.

Darüber hinaus ist die Abdeckung der biometrischen Risiken mit Unsicherheit behaftet, sodass eine Pensionsverpflichtung der Höhe nach als ungewiss gilt.[288] Die Inanspruchnahme einer Pensionsverpflichtung kann hierbei als wahrscheinlich angesehen werden. Aufgrund der im Zuge der Mobilitätsrichtlinie harmonisierten Unverfallbarkeit einer Pensionszusage kann sich ein Unternehmen, unabhängig der gewählten Durchführungs- oder Finanzierungsform, nur schwerlich von einer Pensionsverpflichtung befreien.[289] Im Ergebnis wären Rückstellungen für Pensionsverpflichtungen zweifelsohne i.S.d. EU-Bilanzrichtlinie anzusetzen.[290] Folglich ist für die Bewertung der periodengerechten Aufwendungen die Vorgabe für die Höhe der Rückstellungen maßgeblich.

Die Bewertung von Rückstellungen richtet sich dabei nach Art. 12 Abs. 12 Satz 3 RL 2013/34/EU. So stellt eine Rückstellung den besten Schätzwert von Aufwendungen dar, die wahrscheinlich eintreten werden, bzw. im Fall einer Verbindlichkeit den Betrag, der zu ihrer Abgeltung erforderlich ist. Der EU-Bilanzrichtlinie mangelt es dahingehend an einer präziseren Definition, was genau unter einem Schätzwert bzw. dem Abgeltungsbetrag zu verstehen ist.[291] Hierbei enthält Art. 12 Abs. 12 RL 2013/34/EU weder zu einem möglichen Abzinsungssatz noch einem Bewertungsverfahren oder der Berücksichtigung zukünftiger Ereignisse weiterführende Angaben.[292] Die Vorgaben der EU-Bilanzrichtlinie sind daher kaum geeignet, eine Rückstellung, geschweige denn eine Rückstel-

---

287 Wie in Kap. B.I.1.b) erläutert, existiert kein europäisches Betriebsrentenrecht, sondern lediglich das Recht der Mitgliedstaaten wurde punktuell harmonisiert.

288 *Orthmann*, Betriebliche Altersversorgung, 2003, S. 66.

289 In Anlehnung an *Petersen*, Rechnungslegung für Pensionsverpflichtungen, 2002, S. 22 f., der eine wahrscheinliche Inanspruchnahme schon bei einer Unverfallbarkeitsfrist von zehn Jahren und einem Mindestalter von 35 Jahren als gegeben ansah.

290 So schon für die 4. Richtlinie, wenngleich ohne nähere Begründung, *Vogel*, Rechnungslegungsvorschriften, 1993, S. 64; *Sahner*, ZfB 1988, Ergänzungsheft 1, 167, 168. Ferner *Hartung*, BB 1992, 1817, 1817.

291 *Mosel/Peters*, GWR 2014, 97, 99. Die Vorgaben nähern sich dabei den Vorschriften der IFRS an. Siehe *Zwirner/Froschhammer*, BC 2012, 264, 265.

292 Siehe zum Vergleich der Vorgaben des IAS 37 *Velte*, Ubg 2015, 1, 3. Ferner *Arbeitskreis Bilanzrecht der Hochschullehrer Rechtswissenschaft*, NZG 2014, 892, 895.

lung für Pensionsverpflichtungen und ergo die korrespondierenden Aufwendungen sachgerecht zu bewerten.

Überdies ergeben sich im Rahmen der EU-Bilanzrichtlinie fundamentale Einschränkungen bezüglich des Bilanzansatzes von Pensionsrückstellungen. So sind die Unternehmen gem. Art. 16 Abs. 1 Buchst. d) Satz 1 RL 2013/34/EU verpflichtet, den Gesamtbetrag etwaiger finanzieller Verpflichtungen, Garantien oder Eventualverbindlichkeiten, die nicht Gegenstand der Bilanz sind, sowie Angaben zur Wesensart und Form jeder gewährten dinglichen Sicherheit im Anhang anzugeben und zu erläutern. Dabei sind laut Satz 2 etwaige Verpflichtungen die Altersversorgung betreffend gesondert zu vermerken.[293] In der Literatur wurde diese zugegebenermaßen missverständliche Konstellation als Passivierungswahlrecht verstanden, sodass die Rückstellungen für Pensionen statt in der Bilanz im Anhang erscheinen könnten.[294] Diese Sichtweise stützt sich zudem auf eine Protokollerklärung des Rates und der Kommission zu der 4. Richtlinie. So führten diese aus,

> „daß die Mitgliedstaaten im Rahmen der Richtlinie vorsehen können, daß der Gesamtbetrag der Pensionsverpflichtungen entweder unbedingt auf der Passivseite der Bilanz ausgewiesen werden muß oder daß die Gesellschaften die Wahl haben, diese Verbindlichkeiten entweder in der Bilanz unter den Passiva oder im Anhang auszuweisen."[295]

Die Protokollerklärung löste dahingehend das Spannungsverhältnis zwischen der grundsätzlichen Passivierungspflicht von Pensionsrückstellungen und dem jetzigen Art. 16 Abs. 1 Buchst. d) Satz 1 RL 2013/34/EU, indem es ein Mitgliedstaatenwahlrecht für den Ansatz von Rückstellungen für Pensionsverpflichtungen statuierte.[296] Es bleibt somit festzuhalten, dass die EU-Bilanzrichtlinie die grundsätzliche Passivierungsfähigkeit von Pen-

---

293 Einen ähnlichen Passus statuierte schon die Vorgängerrichtlinie. Siehe Art. 43 Abs. 1 Nr. 7 der 4. Richtlinie.

294 Siehe zur 4. Richtlinie *Jonas*, EG-Bilanzrichtlinie, 1980, S. 112.

295 Protokollerklärung des Rates und der Kommission zu Art. 43 Abs. 1 Nr. 7 4. Richtlinie, abgedruckt in *Biener/Berneke*, Bilanzrichtliniengesetz, 1986, S. 832.

296 So *Höfer*, in Höfer/Veit/Verhuven, Betriebsrentenrecht, Band II, 6. Lfg. Januar 2010, Kap. 48 Rn. 6; *Schruff*, WPK-Mitteilungen 1997, Sonderheft Juni, 68, 70; *Vogel*, Rechnungslegungsvorschriften, 1993, S. 65; *Jonas*, EG-Bilanzrichtlinie, 1980, S. 112; *Biener*, AG KGaA GmbH Konzerne, 1979, S. 147 f.; *Sahner*, ZfB 1988, Ergänzungsheft 1, 167, 168; *Kloos*, Transformation, 1993, S. 282 f.; *Knobbe-Keuk*, Bilanz- und Unternehmenssteuerrecht, 1993, S. 110 Fn. 294; a.A. *Sultana*, Unterstützungskassen, 2018, S. 184 f., der die Protokollerklärung spätestens durch die Verabschiedung der EU-Bilanzrichtlinie als gegenstandslos betrach-

sionsverpflichtungen anerkennt und als Rückstellungen in der Bilanz abbildet, wobei in Art. 16 Abs. 1 Buchst. d) RL 2013/34/EU ein Mitgliedstaatenwahlrecht zur Zulässigkeit von Pensionsrückstellungen offeriert wird. Hierbei ist es jedoch fraglich, inwiefern die Mitgliedstaaten das Wahlrecht ausgestaltet haben.[297] Ferner beinhalten die Regelungen weder weiterführende Angaben zu der Behandlung der einzelnen Gestaltungsformen noch zu der Ermittlung des Wertansatzes, die die Höhe der Periodenaufwendungen respektive der bilanziellen Schuld konkret beziffern.[298]

Neben den unpräzisen Vorgaben zur Passivierung der Pensionsverpflichtungen fehlt es der Richtlinie ebenfalls an weiteren, ausdrücklichen Vorgaben bezüglich der Behandlung der korrespondierenden Vermögensgegenstände von kapitalgedeckten Pensionsverpflichtungen. So könnten Vermögensgegenstände, die bspw. bei unmittelbaren, kapitalgedeckten Durchführungsformen in einem betriebsinternen Pensionsfonds explizit zur Vorfinanzierung der zukünftigen Lasten vorgehalten werden,[299] im Rahmen der Richtlinie entweder mit den Anschaffungskosten gem. Art. 6 Abs. 1 Satz 1 Buchst. i), zu den Neubewertungsbeträgen nach Art. 7 oder zum beizulegenden Wert nach Art. 8 der EU-Bilanzrichtlinie bewertet werden, sofern die Mitgliedstaaten von dieser Option Gebrauch machen. Sodann könnten die Mitgliedstaaten das Saldierungsverbot in Art. 6 Abs. 1 Satz 1 Buchst. g) in besonderen Fällen gem. Art. 6 Abs. 2 RL 2013/34/EU außer Kraft setzen und somit eine Verrechnung zwischen Aktiv- und Passivposten sowie zwischen Aufwands- und Ertragsposten gestatten oder vorschreiben. So wäre beispielhaft eine Verrechnung zwischen der Pensionsrückstellung und der korrespondierenden separaten Kapitaldeckung unter diesen Umständen möglich, was sich freilich auf das Bilanzbild auswirkt. Eine einheitliche Strategie der Mitgliedstaaten bzw. konkrete normative

---

tet. Vgl. ferner zur ursprünglichen 4. Richtlinie *Hennrichs*, Wahlrechte, 1999, S. 224 f.; *Hartung*, BB 1992, 1817, 1818.

297 Siehe dazu *Weber-Braun*, in Küting/Weber, Handbuch der Rechnungslegung, Band Ia, 4. Aufl. 1995, Kap. I Rn. 8. So stand es den Mitgliedstaaten offen, die Mitgliedstaatenwahlrechte im Zuge der Transformation entweder selbst auszuüben oder in Form eines Unternehmenswahlrechts im nationalen Recht zu kodifizieren und folglich an die Unternehmen weiterzugeben. Nach Ansicht der Europäischen Union dürften die Mitgliedstaaten jedoch kein Passivierungsverbot kodifizieren. Siehe *van Hulle/van der Tas*, in Ordelheide/KPMG, Transnational Accounting, 2001, S. 771, 812.

298 So schon zutreffend zu den Regelungen der 4. Richtlinie *Kloos*, Transformation, 1993, S. 283 f.

299 Vgl. oben Kap. B.I.1.c).

Maßnahmen lassen sich jedoch nicht aus den Vorschriften der EU-Bilanzrichtlinie ableiten.

3. IAS-Verordnung (EG) Nr. 1606/2002

a) Funktion und Umfang der IFRS im Kontext des Unionsrechts

Neben den Harmonisierungsmaßnahmen in Form von Bilanzrichtlinien wurden in der Europäischen Union die International Financial Reporting Standards, abgekürzt als IFRS, durch die Verordnung Nr. 1606/2002 in das europäische Gesellschaftsrecht inkorporiert und sind gem. Art. 4 der Verordnung für die konsolidierten Abschlüsse von kapitalmarktorientierten (Mutter-) Unternehmen verpflichtend anzuwenden.[300] Des Weiteren steht es den Mitgliedstaaten gem. Art. 5 IAS-Verordnung frei, den Unternehmen i.S.d. Art. 4 bzw. sonstigen Gesellschaften, die nicht unter Art. 4 fallen, zu gestatten oder vorzuschreiben, ihren Konzern- oder sogar Einzelabschluss ebenfalls anhand der IFRS aufzustellen.[301] Dieses Wahlrecht wurde dabei in vielfältiger Weise ausgeübt, sodass man den IFRS auf europäischer Ebene eine hohe Bedeutung nicht nur im Konzern-, sondern auch im Einzelabschluss attestieren kann.[302]

Mit der Übernahme der IFRS war nach Art. 1 der IAS-Verordnung die Zielvorstellung verbunden, die vorgelegten Finanzinformationen zu harmonisieren, um einen hohen Grad an Transparenz und Vergleichbarkeit der Abschlüsse und damit eine effiziente Funktionsweise des Kapitalmarkts in der Gemeinschaft und im Binnenmarkt sicherzustellen. Diese Notwendigkeit rührte im Kern daher, dass die Vorgaben der 4. Richtli-

---

300 *Brücks*, in Thiele/von Keitz/Brücks, Int. Bilanzrecht, 46. Lfg. April 2020, Einführung Rn. 15.

301 Das Wahlrecht der sonstigen Gesellschaften ist lediglich deklaratorisch, da den Mitgliedstaaten diese Möglichkeit schon vorher offenstand. Siehe *Grundmann*, Europäisches Gesellschaftsrecht, 2011, Rn. 594. Zu der Wahlrechtsgestaltung im Detail siehe Rn. 611.

302 Siehe zur Ausübung des Wahlrechts in Art. 5 in den Mitgliedstaaten Accounting Regulatory Committee, Overview of the use of options provided in the IAS Regulation (1606/2002) in the EU, 2018, abrufbar unter https://ec.europa.eu/info/sites/info/files/business_economy_euro/company_reporting_and_auditing/documents/ias-regulation-use-of-options-overview_en.pdf (zuletzt abgerufen am 1.9.2021). Zu früheren Entwicklungen *Kuhr*, Grundsätze Europäischer Unternehmensbesteuerung, 2013, S. 55; *Najderek*, Harmonisierung des europäischen Bilanzrechts, 2009, S. 97 f.

nie bzw. der weiterführenden Konzernrichtlinie nicht in der Lage waren, das Informationsbedürfnis eines globalisierten und dynamischen Kapitalmarktes zu erfüllen.[303] Gerade diese Rechnungslegungsrichtlinien waren aufgrund ihrer diversen Wahlrechte und ihrer allenfalls punktuellen Regelungen nicht in der Lage, transparente und vergleichbare Informationen bereitzustellen.[304] Die IFRS verfolgen dahingehend eine Informationsfunktion und zielen, ähnlich wie die EU-Bilanzrichtlinie, auf einen breiten Adressatenkreis ab,[305] wobei jedoch die Investoren im Vordergrund stehen.[306] Insofern sollen die Informationen primär ein entscheidungsrelevantes und periodengerechtes Bild über die Vermögens-, Finanz- und Ertragslage vermitteln.[307]

Die IFRS des privat organisierten International Accounting Standards Board, des IASB,[308] stellen dabei primär keine Rechtsnormen im eigentlichen Sinne dar, sondern sind vielmehr mit Fachregeln vergleichbar, die selbst keine rechtliche Verbindlichkeit entfalten.[309] Die Europäische Kommission entschied sich daher, die IFRS im Rahmen einer Verordnung nach Art. 288 AEUV im Rechtsraum der EU einzuführen, solange der jeweilige Standard der IFRS gem. Art. 3 Abs. 2 der IAS-Verordnung der Grundanforderung der EU-Bilanzrichtlinie, ein den tatsächlichen Verhältnissen entsprechendes Bild der Vermögens-, Finanz- und Ertragslage eines Unternehmens zu vermitteln, entspricht und ferner sowohl eine hohe Informationsqualität erfüllt als auch dem öffentlichen Interesse gerecht wird.[310] Infolgedessen können die übernommenen IFRS auch als eine

303 *Habersack/Verse*, Europäisches Gesellschaftsrecht, 2019, § 9 Rn. 56; *van Hulle*, ZGR 2000, 537, 538.

304 *Asche*, Europäisches Bilanzrecht, 2007, S. 97; Erwägungsgrund 3 der IAS-Verordnung (EG) 1606/2002; Vgl. ferner auch *van Hulle*, in IDW, Neuorientierung der Rechnungslegung, 1995, S. 39, 46.

305 Vgl. zu dem Adressatenkreis der IFRS *Pellens et al.*, Internationale Rechnungslegung, 2021, S. 94 f. Siehe zu einem Vergleich mit dem Adressatenkreis der EU-Bilanzrichtlinie *Asche*, Europäisches Bilanzrecht, 2007, S. 197.

306 *Schulze-Osterloh*, in HdJ, 65. Lfg. September 2016, I/1 Rn. 37.

307 In Anlehnung an *Lüdenbach/Hoffmann/Freiberg*, IFRS-Kommentar, 19. Aufl. 2021, § 1 Rn. 15 f. Die Ertragskraft steht dahingehend im Fokus einer anteilseignerorientierten Rechnungslegung. Siehe *Winnefeld*, Bilanz-Handbuch, 5. Aufl. 2015, Einführung Rn. 62.

308 Siehe zum IASB im Speziellen *Wüstmann/Bischof/Kierzek*, in HdJ, 41. Lfg. Juni 2007, I/3 Rn. 1.

309 *Habersack/Verse*, Europäisches Gesellschaftsrecht, 2019, § 9 Rn. 61.

310 Siehe auch Erwägungsgrund 9 der IAS-Verordnung. Man spricht hierbei auch von Endorsement. Siehe hierzu im Detail *Theile*, in Heuser/Theile, IFRS-Handbuch, 6. Aufl. 2019, Kap. 3 Rn. 5-9.

Konkretisierung der EU-Bilanzrichtlinie betrachtet werden.[311] Als Verordnung genießen die Standards sodann verbindliche sowie, im Gegensatz zu einer Richtlinie, unmittelbare Geltung in jedem Mitgliedstaat. Dahingehend unterliegen sie auch den allgemeinen Regeln über die Rechtsverbindlichkeit und die Interpretation des Unionsrechts und bilden folglich sekundäres Gemeinschaftsrecht.[312]

Das Regelwerk des IASB umfasst dabei neben den Standards zusätzlich noch genehmigte Interpretationen, Anwendungshilfen und das Rahmenkonzept (RK).[313] Während im Zuge der Verordnung (EG) Nr. 1126/2008[314] jedoch lediglich (ausgewählte) Standards und Interpretationen in das Unionsrecht übernommen worden sind, stellt das Rahmenkonzept selbst keinen Bestandteil des Gemeinschaftsrechts dar.[315] Seine Bedeutung für die Anwendung der IFRS ist daher umstritten.[316] Nichtsdestoweniger haben viele zentrale Grundsätze des Rahmenkonzepts Einzug in diverse Standards gefunden,[317] sodass sich eine erschöpfende Diskussion zur Rolle des Rahmenkonzepts für die Auslegung der Regelungen erübrigt. Denn im Zweifel haben gem. IAS 8.7 die Standards als lex specialis Vorrang und sind somit den Feststellungen aus dem Rahmenkonzept übergeordnet.[318]

---

311 *Barnecki*, Die IFRS im Deutschen und Europäischen Rechtsraum, 2021, S. 253. Ferner *Najderek*, Harmonisierung des europäischen Bilanzrechts, 2009, S. 200.

312 *Hennrichs*, in MüKoBilR, Band 1, Grundwerk 2008, Einführung Rn. 48; *Hauck/Prinz*, Der Konzern 2005, 635, 638; *Schön*, BB 2004, 763, 766;

313 *Winnefeld*, Bilanz-Handbuch, 5. Aufl. 2015, Einführung Rn. 203. Ferner ist das Vorwort Bestandteil des IFRS-Normensystems, welchem jedoch keinerlei Bedeutung beizumessen ist.

314 Verordnung (EG) Nr. 1126/2008 der Kommission vom 3. November 2008 zur Übernahme bestimmter internationaler Rechnungslegungsstandards gemäß der Verordnung (EG) Nr. 1606/2002 des Europäischen Parlaments und des Rates, ABl. EU Nr. L 320 v. 29.11.2008, S. 1, zuletzt geändert durch Verordnung (EU) Nr. 2021/25 vom 13.1.2021, ABl. EU Nr. L 11 v. 14.1.2021, S. 93.

315 *Theile*, in Heuser/Theile, IFRS-Handbuch, 6. Aufl. 2019, Kap. 3 Rn. 6; *Buchheim/Knorr/Schmidt*, Internationale und kapitalmarktorientierte Rechnungslegung 2008, 334, 336. Dies ist rechtspolitisch betrachtet kritisch. Siehe *Hennrichs*, ZHR 2006, 498, 513.

316 Zur Sichtweise der EU und die Implikationen für die Verwendung des Rahmenkonzepts *Lüdenbach/Hoffmann/Freiberg*, IFRS-Kommentar, 19. Aufl. 2021, § 1 Rn. 57. Siehe auch *Europäische Kommission* (Hrsg.), Kommentare zu bestimmten Artikeln der Verordnung (EG) Nr. 1606/2002, 2003, 2. Die IAS-Verordnung.

317 *Kleindiek*, in MüKoBilR, Band 1, Grundwerk 2008, Einführung Rn. 86.

318 Zutreffend *Lüdenbach/Hoffmann/Freiberg*, IFRS-Kommentar, 19. Aufl. 2021, § 1 Rn. 58; *Lübbig/Kühnel*, in Beck'sches IFRS-Handbuch, 6. Aufl. 2020, § 2 Rn. 12.

Der Jahresabschluss besteht gem. IAS 1.10 nicht nur aus einer Bilanz, einer Gewinn- und Verlustrechnung und einem Anhang, sondern auch aus einer Kapitalflussrechnung sowie einem Eigenkapitalspiegel. Der Rechnungslegung der IFRS liegen dabei mit dem Grundsatz der Unternehmensfortführung in IAS 1.25 und dem Grundsatz der Periodenabgrenzung in IAS 1.27 zwei elementare Basisannahmen zugrunde, die ganz im Sinne der Informationsfunktion die Vermittlung entscheidungsrelevanter Informationen unterstützen sollen.[319] Darüber hinaus erfordern die Qualitätsgrundsätze neben der Relevanz, der Wesentlichkeit und der glaubwürdigen Darstellung auch die Vergleichbarkeit, die Nachprüfbarkeit, die Zeitnähe und die Verständlichkeit der erteilten Informationen des Abschlusses.[320]

b) Behandlung von Pensionsverpflichtungen im Rahmen der IFRS

Vor dem Hintergrund der Entgeltfunktion einer Pensionsverpflichtung und der Frage, wie diese im Abschluss der IFRS abzubilden ist, rückt analog zur EU-Bilanzrichtlinie der Grundsatz der Periodenabgrenzung in den Mittelpunkt der Untersuchung. So erfordert das Prinzip im Rahmen der IFRS, dass die Aufwendungen und Erträge unabhängig des Zeitpunkts der Zahlungen den Perioden wirtschaftlich und systematisch zugeordnet werden.[321] Die Verteilung der Aufwendungen erfolgt hierbei nach dem sog. Matching-Prinzip, wonach die Aufwendungen zusammen mit den korrespondierenden Erträgen zu erfassen sind.[322] Eine kongruente Zuordnung der aufgeschobenen Vergütung zu der Periode der Wertschöpfung, also der geleisteten Arbeitskraft, und den darin inhärenten Erträgen steht dahingehend im Einklang mit der Konzeption der IFRS und ist daher grundsätzlich geboten.

---

319 *Kleindiek*, in MüKoBilR, Band 1, Grundwerk 2008, Einführung Rn. 90 f.

320 Siehe für einen Überblick *Busso*, in Grandinetti, Corporate Tax Base, 2016, S. 23, 26; *Theile*, in Heuser/Theile, IFRS-Handbuch, 6. Aufl. 2019, Kap. 6 Rn. 6.27. Siehe zu den qualitativen Anforderungen ferner *Baetge/Zülch*, in HDJ, 50. Lfg. 2010, I/2 Rn. 224-249.

321 *Kleindiek*, in MüKoBilR, Band 1, Grundwerk 2008, Einführung Rn. 91. Vgl. zu dem Matching-Prinzip als Ausprägung des Grundsatzes der Periodenabgrenzung ebenfalls *Brinkmann*, Zweckadäquanz, 2006, S. 88 f.

322 *Baetge/Zülch*, in HdJ, 50. Lfg. Juni 2010, I/2 Rn. 218; *Pisoke*, Ungewisse Verbindlichkeiten, 2004, S. 29 f.

Das Postulat nach einer sachgerechten wirtschaftlichen Periodenzuordnung von Aufwendungen und Erträgen wird allerdings durch eine grundlegende Entscheidung des IASB, den sog. Asset-Liability-Approach, eingeschränkt.[323] Demnach dürfen Erträge und Aufwendungen im Jahresabschluss nur insoweit erfasst werden, als sie entweder als Schuld oder als Vermögensgegenstand eingeordnet werden können. Für die Bilanzierung einer Pensionsverpflichtung ist es daher maßgebend, dass diese im Sinne des Rahmenkonzepts als Schuld definiert und die daraus resultierende Vermögensbelastung konsequent auf die einzelnen Perioden verteilt wird. Nach IAS 1.28 werden Posten nach dem Konzept der Periodenabgrenzung dann als Schulden und Aufwendungen erfasst, wenn sie die im Rahmenkonzept für die betreffenden Elemente enthaltenen Definitionen und Erfassungskriterien erfüllen.[324] Folglich ist eine Schuld gem. RK.49 (b) eine aus vergangenen Ereignissen entstehende Verpflichtung des Unternehmens, deren Erfüllung für das Unternehmen erwartungsgemäß mit einem Abfluss von Ressourcen mit wirtschaftlichem Nutzen verbunden ist.[325] Die aus einer rechtsverbindlichen Zusage resultierende Pensionsverpflichtung erfüllt dabei die geforderten Kriterien und ist folglich als Schuld zu passivieren.[326] Darüber hinaus sind die Pensionsverpflichtungen aufgrund ihrer biometrischen Risiken bilanziell als Rückstellungen i.S.d. IAS 37.10 einzuordnen, da sie bezüglich ihrer Fälligkeit bzw. ihrer Höhe ungewiss sind.[327]

Die Bilanzierung von Pensionsverpflichtungen unterliegt jedoch nicht ausschließlich den allgemeinen Bestimmungen des IAS 37,[328] sondern fällt unter die speziellen Vorgaben des IAS 19, der „Leistungen an Arbeitnehmer" regelt.[329] So gelten Pensionsverpflichtungen nach IAS 19.5 (b) als Leistungen nach Beendigung des Arbeitsverhältnisses und stellen den in-

---

323 *Lübbig/Kühnel*, in Beck'sches IFRS-Handbuch, 6. Aufl. 2020, § 2 Rn. 54.

324 *Theile*, in Heuser/Theile, IFRS-Handbuch, 6. Aufl. 2019, Kap. 6 Rn. 6.53; *Busso*, in Grandinetti, Corporate Tax Base, 2016, S. 23, 31 f.

325 Siehe *Kleindiek*, in MüKoBilR, Band 1, Grundwerk 2008, Einführung Rn. 106 f.

326 *Huuk*, Rechnungslegungsvorschriften, 2013, S. 25 f. So entsteht aus der Pensionszusage eine faktische Verpflichtung, die bei Renteneintritt (bzw. Invalidität etc.) zu einem Abfluss von Ressourcen in Form von Rentenzahlungen führt.

327 In Anlehnung an *Baetge/Haenelt*, DB 2006, 2413, 2413.

328 *Lüdenbach/Hoffmann/Freiberg*, IFRS-Kommentar, 19. Aufl. 2021, § 22 Rn. 2 f. Zwischen IAS 19 und IAS 37 besteht ein Komplementärverhältnis.

329 *Scheffler*, in Beck'sches Handbuch der Rechnungslegung, 64. Lfg. Januar 2021, B 233 Rn. 620 f. Der IAS 37 wird dabei prinzipiell nachrangig angewendet, falls der IAS 19 keine speziellen Regelungen enthält. Siehe *Keitz et al.*, in Baetge et al., Rechnungslegung nach IFRS, 44. Lfg. Juni 2021, IAS 37 Rn. 7-9.

haltlichen Schwerpunkt des IAS 19 dar.[330] Daneben umfasst der Standard weitere Leistungen an Arbeitnehmer wie die Abfindungen und Urlaubsansprüche,[331] die z.B. aufgrund einer Vereinbarung, einer betrieblichen Übung oder einer rechtlichen Bestimmung durch das Unternehmen eingegangen werden.[332] Unter den Anwendungsbereich des IAS 19 fallen sowohl nach IAS 19.6 wirtschaftlich abhängige Personen wie Ehepartner oder Kinder als auch nach IAS 19.7 Aufsichtsorgane oder Personen mit Leitungsbefugnis.

Das primäre Ziel des IAS 19 ist es, eine verursachungsgerechte Erfolgsperiodisierung zu ermöglichen, sodass die aus der Pensionszusage resultierende Schuld als Erfüllungsrückstand des aufgeschobenen Entgelts sachgerecht in der Bilanz und der GuV abgebildet wird.[333] Anders als bei der EU-Bilanzrichtlinie existieren in den Vorgaben des IAS 19 auch keine Passivierungswahlrechte, sondern es werden gemäß dem Prinzip der Vollständigkeit nach RK.38 alle Pensionsverpflichtungen im Jahresabschluss erfasst.[334] Hinsichtlich der unterschiedlichen Gestaltungsformen orientiert sich der IAS 19 weder an der rechtlichen Ausgestaltung der Durchführungsformen noch an den möglichen Deckungsformen einer Pensionsverpflichtung.[335] Vielmehr unterscheidet der Standard bei Pensionsverpflichtungen nach der Zusageart, sprich, ob eine Beitrags- oder eine Leistungszusage vorliegt.[336] Die Unterscheidung wird dabei anhand IAS 19.8 vorgenommen. Demnach entrichtet der Arbeitgeber bei einem beitragsdefinierten Plan festgelegte Zahlungen an eine eigenständige Einheit, den sog. Fonds,[337] bei dem er weder rechtlich noch faktisch zur Zah-

---

330 *Wielenberg/Blecher*, in MüKoBilR, Band 1, Grundwerk 2008, IAS 19 Rn. 16.

331 Zur Übersicht *Theile/Behling*, in Heuser/Theile, IFRS-Handbuch, 6. Aufl. 2019, Kap. 27 Rn. 5.

332 *Heger/Weppler*, in HdJ, 54. Lfg. 2012, III/7 Rn. 201.

333 *Mühlberger/Stöckler*, in Thiele/von Keitz/Brücks, Int. Bilanzrecht, 47. Lfg. Juli 2020, IAS 19 Rn. 102; *Höpken/Torner*, in Beck'sches IFRS-Handbuch, 6. Aufl. 2020, § 26 Rn. 9.

334 In Anlehnung an *Winnefeld*, Bilanz-Handbuch, 5. Aufl. 2015, Kap. D. Rn. 1300.

335 *Theile/Behling*, in Heuser/Theile, IFRS-Handbuch, 6. Aufl. 2019, Kap. 27 Rn. 20. In Bezug auf die rechtliche Unterscheidung in Deutschland siehe *Mühlberger/Stöckler*, in Thiele/von Keitz/Brücks, Int. Bilanzrecht, 47. Lfg. Juli 2020, IAS 19 Rn. 143. Vgl. auch *Napier*, Accounting and Business Research 2009, 231, 238 f.

336 *Höfer*, in Höfer/Veit/Verhuven, Betriebsrentenrecht, Band II, 21. Lfg. Juli 2020, Kap. 49 Rn. 14. Siehe zur Zusageart oben Kap. B.I.1.c)cc).

337 Das Wort Fonds, im IAS 19 „funds“, ist dabei nicht einwandfrei definiert. Allerdings kommt es bei der Definition auch weniger auf die Rechtsform oder die eigentliche Bezeichnung an, sondern vielmehr auf den materiellen Gehalt

lung weiterer Beträge verpflichtet ist, auch wenn das Vermögen des Fonds nicht ausreichen sollte. Der Arbeitnehmer trägt in diesem Fall nach IAS 19.28 das komplette Finanzierungs- und versicherungstechnische Risiko, sodass sich für das Unternehmen keine Nachschusspflichten ergeben dürfen.[338] Die Bilanzierung der Beitragszusagen ist hierbei verhältnismäßig einfach.[339] Die Zahlungen an den Fonds betreffen als laufender Pensionsaufwand lediglich die GuV.[340] Nach IAS 19.50 ist hierfür keine Schuld in der Bilanz zu passivieren. Falls der Arbeitgeber seiner Verpflichtung jedoch nicht vollumfänglich nachkommt, die Beiträge ordnungsgemäß an den Fonds zu bezahlen, ist hierfür nach IAS 19.51 (a) eine Verbindlichkeit anzusetzen.[341]

Nach IAS 19.8 werden Leistungszusagen dagegen disjunkt zu der Definition der Beitragszusagen klassifiziert. Dabei trägt bei Leistungszusagen das Unternehmen gem. IAS 19.30 im Ergebnis sämtliche Risiken, die ex post zu einer weiteren Belastung des Unternehmens führen können. Aufgrund der asymmetrischen Risikoverteilung ist für Leistungszusagen dementsprechend gem. IAS 19.56 eine Schuld in Form einer Rückstellung zu passivieren.[342] Abweichend von diesem Grundsatz offeriert der Standard jedoch zwei Ausnahmen. Zum einen besteht bei Zusagen von mehreren Arbeitgebern, die nicht in einem Konzernverhältnis stehen und Vermögenswerte zusammen auslagern, eine gemeinschaftliche Zusage mehrerer Arbeitgeber.[343] Gem. IAS 19.34 (a) steht es in diesem Fall dem Trägerunternehmen frei, seine Pensionsverpflichtung unabhängig der konkreten materiellen Ausgestaltung als beitragsdefinierten Leistungsplan zu bilanzieren, solange keine ausreichenden Informationen zur Verfügung stehen, um den Pensionsplan einwandfrei als leistungsdefinierten Plan zu identifizieren. Zum anderen müssen staatliche Pläne nach IAS 19.43 wie gemeinschaftliche Pläne behandelt werden. Diese zwei Ausnahmeregelungen basieren in ihrer Überlegung auf dem Umstand, dass ohne ausreichende Informationen eine adäquate Abbildung als leistungsdefinierter

---

der rechtlichen Unabhängigkeit. Siehe *Keßler/Baier*, in Uckermann et al., Das Recht der betrieblichen Altersversorgung, 2014, Kap. 16 Rn. 217 Fn. 235.

338 *Wielenberg/Blecher*, in MüKoBilR, Band 1, Grundwerk 2008, IAS 19 Rn. 19.

339 Der Standard spricht in IAS 19.50 von *„straightforward"*.

340 *Mühlberger/Stöckler*, in Thiele/von Keitz/Brücks, Int. Bilanzrecht, 47. Lfg. Juli 2020, IAS 19 Rn. 143.

341 *Heger/Wepler*, in HdJ, 54. Lfg. März 2012, III/7 Rn. 220.

342 *Müller/Gerlach*, in Merkt/Probst/Fink, Rechnungslegung nach HGB und IFRS, 2017, Kap. 5 Rn. 576.

343 In IAS 19.8 wird von *„multi employer plan"* gesprochen.

Plan nicht ohne weiteres möglich ist, um die Chancen und Risiken den einzelnen Unternehmen spezifisch zuzuordnen.[344] Dies ist bspw. der Fall, wenn gemeinschaftliche Pläne pauschal per Umlageverfahren finanziert werden.[345]

Neben der grundsätzlichen Einordnung als Beitrags- oder Leistungszusagen beinhalten die Vorgaben des IAS 19 insbesondere zu der Frage nach einer sachgerechten Bewertung von Leistungszusagen sehr umfassende Vorgaben.[346] So hängt der periodengerechte Aufwand gem. IAS 19.66 neben den versicherungsmathematischen Annahmen wie bspw. dem beizulegenden Diskontierungssatz von der Bewertungsmethode oder der Verteilung der Rentenzahlungen auf die entsprechenden Dienstjahre ab. Hierzu enthält der Standard in den Paragraphen IAS 19.67-IAS. 19.98 sehr detaillierte und umfangreiche Vorgaben zu der Bewertung der Rückstellung für die eingegangene Pensionsverpflichtung. Dabei kommt gerade die Bewertungsmethode, für die explizit die Methode der laufenden Einmalprämien als spezielles Ansammlungsverfahren, die sog. Projected Unit Credit Methode, determiniert ist,[347] der Anforderung des Matching-Prinzips vollumfänglich nach und zielt auf eine wertmäßige akkurate und periodengerechte Allokation der Aufwendungen ab.[348]

Die Vermögensgegenstände dürfen nach IAS 1.32 f. prinzipiell nicht mit den korrespondierenden Schulden saldiert werden, da hierdurch die Information über die Vermögens-, Finanz-, und Ertragslage wesentlich eingeschränkt wird. Allerdings durchbricht der IAS 19 ausdrücklich dieses allgemeine Saldierungsverbot und ermöglicht somit einen Ansatz einer Nettoschuld als Differenz der Verpflichtung der Leistungszusage und des dazugehörigen sog. Planvermögens.[349] Als Planvermögen gelten nach IAS 19.8 Vermögenswerte, die durch einen langfristigen Mitarbeiterfonds gehalten werden oder qualifizierende Versicherungsverträge. Sie müssen hierbei eine Reihe von spezifischen Voraussetzungen erfüllen und sind

---

344 Siehe IAS 19.BC31.

345 *Höpken/Torner*, in Beck'sches IFRS-Handbuch, 6. Aufl. 2020, § 26 Rn. 123.

346 *Höpken/Torner*, in Beck'sches IFRS-Handbuch, 6. Aufl. 2020, § 26 Rn. 10.

347 *Mühlberger/Stöckler*, in Thiele/von Keitz/Brücks, Int. Bilanzrecht, 47. Lfg. Juli 2020, IAS 19 Rn. 224.

348 *Heger/Weppler*, in HdJ, 54. Lfg. März 2012, III/7 Rn. 201; *Huuk*, Rechnungslegungsvorschriften, 2013, S. 26. So schon *Petersen*, Rechnungslegung für Pensionsverpflichtungen, 2002, S. 147, wobei es in den früheren Fassungen noch ein Wahlrecht zwischen zwei möglichen Verfahren gab.

349 *Scheffler*, in Beck'sches Handbuch der Rechnungslegung, 64. Lfg. 2021, B 233 Rn. 649.

überdies nach IAS 19.113 mit dem beizulegenden Zeitwert i.S.d. IFRS 13 zu bewerten.

4. Konsequenzen für eine einheitliche Bilanzierung von Pensionsverpflichtungen in Handels- und Steuerbilanz in der europäischen Union

Das europäische Bilanzrecht umfasst sowohl die EU-Bilanzrichtlinie als auch die internationalen Rechnungslegungsstandards und spielt eine zentrale Rolle im Gesellschaftsrecht der Europäischen Union. Im Rahmen ihrer unionsrechtlichen Zielsetzung, die Interessen der Gesellschafter und der Stakeholder im Binnenmarkt sicherzustellen, akzentuieren beide Normenkreise die Informationsfunktion der Abschlüsse, wobei die IFRS den Investor als zentralen Adressat betrachten. Der EU-Bilanzrichtlinie und den IFRS lassen sich diesbezüglich trotz ihrer unterschiedlichen Entwicklung und Herkunft im Kern eine gemeinsame Zielsetzung zuschreiben. Darüber hinaus haben sich die Vorgaben der Rechnungslegungsrichtlinien auch in ihrer materiellen Ausgestaltung verstärkt dem Inhalt der IFRS angenähert.[350] So übernahm der europäische Gesetzgeber im Zeitverlauf mehrere Bewertungsoptionen der IFRS für Vermögensgegenstände in die 4. Richtlinie, um somit einen Gleichklang beider Konzeptionen herzustellen.[351] Darüber hinaus orientiert sich der Rückstellungsbegriff i.S.d. Richtlinie 2013/34/EU sehr stark an der Konzeption des IAS 37,[352] sodass auch an dieser Stelle eine materielle Konvergenz zwischen beiden Rechnungslegungskreisen attestiert werden kann.

In Bezug auf die Vorgaben zur Bilanzierung von Pensionsverpflichtungen lassen sich bestimmte synoptische Parallelen zwischen den IFRS und der EU-Bilanzrichtlinie ausmachen. So kommt in beiden Normenkreisen dem Prinzip der Periodenabgrenzung eine entscheidende Bedeutung bei der Aufwandsallokation zu.[353] Dahingehend wird der Notwendigkeit, die Pensionsverpflichtungen als Teil des Entgelts systematisch auf den Zeitraum ihrer Leistungserbringung zu verteilen, in beiden normativen

350 So schon *Jensen-Nissen/Lochmann*, StuB 2006, 307, 307 f.

351 *Kleindiek*, Rechnungslegung in der EU, 2005, S. 21. Für einen Überblick über die Entwicklung der 4. Richtlinie *Habersack/Verse*, Europäisches Gesellschaftsrecht, 2019, § 9 Rn. 6; *Kleindiek*, EuR 2006, Beiheft 2, 91, 97 f.

352 *Velte*, Ubg 2015, 1, 3.

353 Vgl. *Busso*, in Grandinetti, Corporate Tax Base, 2016, S. 23, 31 f.

Quellen des europäischen Bilanzrechts Rechnung getragen. Eine Pensionsverpflichtung stellt daher auch sowohl bei den IFRS als auch bei der EU-Bilanzrichtlinie eine grundsätzlich passivierungspflichtige Schuld dar, die aufgrund des inhärenten Risikos konsequenterweise als Rückstellung bilanziert wird. Es lässt sich daher festhalten, dass beide Systeme samt ihrer logischen Grundkonzeption in der Lage sind, eine adäquate bilanzielle Berücksichtigung von Pensionsverpflichtungen zu ermöglichen. Gleichwohl divergiert die konkrete Ausgestaltung der Vorgaben bezüglich der spezifischen Wertermittlung. Demnach sieht die EU-Bilanzrichtlinie keine Regelungen zu der Bewertungsmethode oder zu den zugrundeliegenden Annahmen vor, sondern überlässt es den Mitgliedstaaten, die Bilanzierung von Pensionsrückstellungen innerhalb ihres nationalen Rechnungslegungssystems auszugestalten. Darüber hinaus ist die grundsätzliche Passivierungspflicht von Pensionsrückstellungen in der Europäischen Union nicht gegeben, da die EU-Bilanzrichtlinie ein Mitgliedstaatenwahlrecht offeriert, Pensionsrückstellungen, statt in der Bilanz, im Anhang aufzuführen. Aufgrund dieser Unterschiede ist eine Vergleichbarkeit der Vorgaben der europäischen Mitgliedstaaten auf dem Gebiet der Pensionsverpflichtungen mit erheblichen Schwierigkeiten verbunden.[354] Insbesondere das Wahlrecht führte zu einer erheblichen Verzerrung der Ertragslage und stand daher den Zielen des europäischen Bilanzrechts entgegen.[355] Insgesamt blieb die EU-Bilanzrichtlinie auch nach ihrer Reform 2013 hinter den Erwartungen an eine unionsweite Vergleichbarkeit der Jahresabschlüsse zurück[356] und erschöpft sich, wie schon die Vorgängerrichtlinie, allenfalls in einer „additiven Harmonisierung".[357]

In Hinblick auf eine einheitliche Behandlung von Pensionsverpflichtungen sind daher lediglich die Vorgaben der IFRS geeignet, eine unionsweit vergleichbare Bilanzierungspraxis in der Europäischen Union sicherzustellen. Einerseits kennt der IAS 19 kein grundsätzliches Passivierungswahl-

---

354 In Hinblick auf Pensionsverpflichtungen *Küting/Hayn*, in Küting/Weber, HdR-E, 5. Lfg. November 2003, Kap. 1 Rn. 150; *Kloos*, Transformation, 1993, S. 283 f.

355 In Anlehnung an *Moxter*, in FS Wysocki, 1985, S. 17, 26.

356 Die Unterschiede sind mitunter bis heute nicht beseitigt. Siehe Commission staff working document, Evaluation of Regulation (EC) N°1606/2002 of 19 July 2002 on the application of International Accounting Standards, SWD(2015) 120 endg., S. 54.

357 *Otte*, Zfbf 1990, 505, 507. Zur Kritik an der 4. Richtlinie auch *Gräfer/Demming*, in Gräfer/Demming, Internationale Rechnungslegung, 1994, S. 1, 12 f. Vgl. zu den gegenwärtigen Entwicklungen ferner *Nägel*, in Heymann, Handelsgesetzbuch, Band 3, 3. Aufl. 2020, Einleitung Rn. 121-124.

recht, sodass sich auch keine grundsätzlichen Differenzen bezüglich der Ansatzpflicht zwischen den Regelungen der Mitgliedstaaten ergeben sollten. Andererseits sind die Vorgaben des internationalen Standards durch einen wesentlich höheren Detaillierungsgrad gekennzeichnet als die Regelungen der Richtlinie 2013/34/EU, die weder eine spezifische Bewertungsmethode vorgeben noch Vorgaben zu versicherungsmathematischen Annahmen beinhalten oder die Bewertung des Deckungsvermögens kodifizieren.

Vor diesem Hintergrund stellt sich jedoch die Frage, inwiefern die Vorgaben zur Bilanzierung und Bewertung von Pensionsverpflichtungen im nationalen Recht der Mitgliedstaaten umgesetzt bzw. ausgestaltet sind. So lässt sich zumindest die Hypothese aufstellen, dass der IAS 19, der durch seine Übernahme in das europäische Bilanzrecht als bilanzrichtlinien-konform anzusehen ist,[358] eine rein faktische Bedeutung für das Bilanzrecht i.S.d. EU-Bilanzrichtlinien besitzt und folglich unter Umständen als externe Rechtsquelle Einzug in das nationale Bilanzrecht, abseits einer unmittelbaren Übernahme im Rahmen des Mitgliedstaatenwahlrechts in Art. 5 IAS-Verordnung,[359] gefunden haben könnte.[360] Gerade die materielle Orientierung der EU-Bilanzrichtlinie bezüglich des Verständnisses von Rückstellungen an der Konzeption der IFRS fundiert eine solche Vermu-

358 So grds. *Najderek*, Harmonisierung des europäischen Bilanzrechts, 2009, S. 200. Im Rahmen der Übernahme der IFRS wurden die einzelnen Standards auf ihre Konformität mit der 4. Richtlinie überprüft. Siehe Mitteilung der Kommission, Harmonisierung auf dem Gebiet der Rechnungslegung: Eine neue Strategie im Hinblick auf die internationale Harmonisierung v. 14.11.1995, KOM(95) 508 endg., S. 7. In Bezug auf den IAS 19 *van Keirsbilck*, Anm. zu *Cour d'appel d'Anvers/Hof van Beroep Antwerpen* v. 28.3.2006, Algemeen Fiscaal Tijdschrift 2006, 81, 87–90. Schon vor der Einführung der IAS-Verordnung wurde von einer partiellen Konformität des IAS 19 in der damaligen Fassung mit der 4. Richtlinie ausgegangen. Vgl. *Petersen*, Rechnungslegung für Pensionsverpflichtungen, 2002, S. 171-184; *Fédération des Experts Comptables Européens* (Hrsg.), Comparison of the EC Accounting Directives and IASs, 1999, S. 37-42.

359 Im Rahmen einer unmittelbaren Anwendung der IFRS erlangt der IAS 19 freilich unmittelbare Geltung.

360 *Anzinger*, in HHR, EStG, 285. Lfg. April 2018, § 5 Rn. 46; *Prinz*, in Hey, DStJG 34, 2011, S. 135, 162 f. Siehe ferner *Asche*, Europäisches Bilanzrecht, 2007, S. 187 f., welche den IFRS für die Auslegung der europäischen Bilanzrichtlinien stets unmittelbare Relevanz zuschreibt A.A. *Hennrichs*, StuW 2005, 256, 264, welcher argumentiert, dass die IFRS ebenfalls nicht Einzug in das nationale Bilanzrecht finden dürften, sobald sich ein Mitgliedstaat dazu entschließt, die IFRS nicht auf die Einzelabschlüsse anzuwenden.

tung zusätzlich. Ferner urteilte schon der Europäische Gerichtshof,[361] dass eine bilanzielle Bewertung in Ermangelung von Detailregelungen der bilanzrechtlichen Richtlinie gegebenenfalls eingedenk internationaler Rechnungslegungsstandards nach dem nationalen Recht vorgenommen werden könnte, wobei jedoch die allgemeinen Grundsätze der Richtlinie stets zu beachten sind.[362]

Darauf aufbauend wäre sodann grundsätzlich zu klären, auf welche Weise sich eine mittelbare Anlehnung an den IAS 19 bzw. eine unmittelbare Anwendung der IFRS im Einzelabschluss auf die steuerrechtliche Behandlung von Pensionsverpflichtungen beim Arbeitgeber auswirkt. Obwohl das europäische Bilanzrecht – wie oben beschrieben – keine unmittelbare Geltung für die steuerliche Gewinnermittlung erlangt, vermag es gleichwohl in unterschiedlichem Maße als Ausgangspunkt für die Steuerbilanz dienen.[363]

Auf Grundlage dieser Überlegung sollen im folgenden Abschnitt die maßgeblichen handels- und steuerrechtlichen Regelungen zur Behandlung von Pensionsverpflichtungen anhand ausgewählter Mitgliedstaaten untersucht werden, inwiefern diese ausgestaltet sind und ob der IAS 19 unmittelbar oder mittelbar Einzug in den Einzelabschluss bzw. die steuerliche Gewinnermittlung der Unternehmen findet.

---

361 *EuGH* v. 7.1.2003, C-306/99, BB 2003, 355 Rn. 118.

362 Der Rückgriff auf die IFRS erfolgte dabei in diesem Fall überwiegend aufgrund ihrer praktischen Relevanz. Siehe *Barnecki*, Die IFRS im Deutschen und Europäischen Rechtsraum, 2021, S. 252. Vgl. bezüglich des Urteils weiterführend *Hennrichs*, in Tipke/Lang, Steuerrecht, 24. Aufl. 2020, § 9 Rn. 54; *Theile*, in Heuser/Theile, IFRS-Handbuch, 6. Aufl. 2019, Kap. 5 Rn. 11-14. Überdies orientierte sich der europäische Gerichtshof auch in seinem Urteil *EuGH* v. 23.4.2020, C-640/18, BB 2020, 1710 implizit an den Grundsätzen der internationalen Standards. So *Prinz*, DB 2020, 1424, 1426.

363 Vgl. beispielhaft *Eggert*, Die Gewinnermittlung nach dem Richtlinienvorschlag, 2015, S. 118; *Jacobs/Endres/Spengel*, Internationale Unternehmensbesteuerung, 2016, S. 125-129; *Spengel/Zöllkau*, Common Corporate Tax Base, 2012, S. 19 f.; *Schanz/Schanz*, StuW 2009, 311; *Oestreicher/Spengel*, ET 2007, 437; *Gammie et al.*, Commmon Corporate Tax Base, 2005, S. 23 f.; *Oestreicher/Spengel*, Maßgeblichkeit, 1999, S. 456. Zu der Einteilung der unterschiedlichen Ausprägungen in Fallgruppen *Essers*, in Lang et al., Common Consolidated Corporate Tax Base, 2008, S. 385, 389 f. mit Verweis auf *Wartenburger*, in Schön, Maßgeblichkeit, 2005, S. 697, 700.

II. Rechtsvergleichende Analyse der (steuer-)bilanziellen Behandlung der betrieblichen Altersversorgung in ausgewählten Mitgliedstaaten

1. Rechtfertigung der Länderauswahl und Aufbau des Rechtsvergleichs

Vor dem Hintergrund der Einführung der internationalen Rechnungslegungsstandards mag es kaum verwundern, dass sich die nationalen Rechnungslegungskreise nicht nur in der Europäischen Union verstärkt den IFRS angenähert haben und folglich zu einer besseren Vergleichbarkeit der Jahresabschlüsse geführt haben.[364] Nichtsdestoweniger variiert der Annäherungsgrad je nach Land, Abschlusstyp (Einzel- oder Konzernabschluss) oder gar Branche mitunter erheblich. Mit Blick auf die handels- und steuerrechtliche Behandlung von Pensionsverpflichtungen in Europa gilt es daher den Einfluss des IAS 19 auf die handelsrechtliche Gewinnermittlung zu ergründen sowie ergänzend die materielle Implikation des IAS 19 auf den steuerlichen Gewinn zu analysieren. Sowohl im nationalen als auch im internationalen Schrifttum existiert bisher noch keine vollumfängliche Untersuchung dieser Zusammenhänge.[365] Der folgende

---

364 So vertreten von *Nobes*, Australian Accounting Review 2008, 191, 191.

365 Zwar war der Einfluss der IFRS auf die nationalen Rechnungslegungsgrundsätze in der Europäischen Union Gegenstand einer jüngeren, breit angelegten Untersuchung der grundsätzlichen Annährung der nationalen Rechnungslegung der Mitgliedstaaten an die IFRS, allerdings ohne die weiteren Auswirkungen auf die steuerrechtliche Gewinnermittlung zu analysieren. Zu einem Überblick über die Ergebnisse siehe *André*, Accounting in Europe 2017, 1. Daneben untersuchte bspw. *Schulz*, Harmonisierung, 2012, sowohl die unmittelbare als auch die mittelbare Auswirkung der IFRS auf die handels- und steuerrechtliche Gewinnermittlung in Deutschland, Frankreich, Großbritannien, Schweden und Polen, ohne jedoch die Thematik der Pensionsverpflichtungen die Analyse zu integrieren. Hingegen stellte schon *Glaum* die nationalen Rechnungspraktiken der Bilanzierung von Pensionsverpflichtungen anhand ausgewählter Länder im Vergleich zu dem IAS 19 in der alten Fassung dar, wobei er jedoch nicht auf die spezifischen normativen Rahmenbedingungen oder die steuerrechtlichen Regelungen einging. Vgl. *Glaum*, Accounting and Business Research 2009, 273, 300-304. Ferner stellten unter anderem *Spengel et al.*, The Impact of the CCTB on the Effective Tax Burden of Corporations, working paper Nr. 75, 2019; *Kuhr*, Grundsätze Europäischer Unternehmensbesteuerung, 2013; *Streißelberger*, Besteuerung der betrieblichen Altersversorgung, 2012; *Spengel/Zöllkau*, Common Corporate Tax Base, 2012; *Endres et al.*, Determination, 2007, lediglich die Grundzüge der steuerlichen Abzugsfähigkeit von Pensionsrückstellungen vor. Ferner veröffentlichte die Kommission 2001 auf Basis des sog. Rudingberichts einen Überblick über die steuerliche Behandlung von Pensionsverpflichtungen als Teil der Unternehmensbesteuerung. Siehe Arbeitsdokument der

Rechtsvergleich greift daher diese Forschungslücke konsequent auf. Hierfür werden die spezifischen Vorgaben der handels- und steuerrechtlichen Gewinnermittlung in Deutschland,[366] Frankreich,[367] Italien,[368] Spanien,[369] den Niederlanden,[370] Polen,[371] Schweden,[372] Belgien,[373] Österreich[374] und Irland[375] beleuchtet.

Die Auswahl dieser zehn Mitgliedstaaten lässt sich wie folgt begründen: Zum einen repräsentieren diese zehn Mitgliedstaaten die stärksten Volkswirtschaften in der europäischen Union. So umfassten sie im Jahr 2020 zusammen knapp 85,5% der gesamten europäischen Wirtschaftsleistung (Tabelle 1 auf der folgenden Seite). Aus Investorensicht spielen die Rechnungslegungsnormen dieser Staaten daher eine besondere Rolle für die Funktion des Binnenmarkts, adäquate und vergleichbare Informationen bereitzustellen.

Zum anderen stellen diese Mitgliedstaaten Vertreter verschiedener Rechtskreise dar.[376] So lassen sich mit Deutschland und Österreich Vertreter des deutschen Rechtskreises finden. Daneben stellen Belgien, Frankreich, Italien und Spanien sowie im weiteren Sinne auch die Niederlande Mitglieder des römischen Rechtskreises dar. In Irland findet hingegen das angelsächsisch geprägte Recht (Common Law) Anwendung. Ferner ist die

---

Dienststellen der Kommission, Unternehmensbesteuerung im Binnenmarkt v. 23.10.2001, SEK(2001) 1681. Vgl. auch zu einer Übersicht von 1991 *Höfer*, BetrAV 1991, 147, 149. Insgesamt sind die bisherigen Untersuchungen mitunter sehr oberflächlich bzw. teilweise obsolet und vernachlässigen insbesondere die arbeitsrechtlichen Ausnahmeregelungen der einzelnen Mitgliedstaaten sowie die elementaren Normzusammenhänge. Zudem wird das Zusammenspiel zwischen den arbeitsrechtlich zulässigen bzw. vorgeschriebenen Gestaltungsformen einer betrieblichen Pensionsverpflichtung und den steuerrechtlichen Vorgaben nicht ausreichend genug bzw. undifferenziert gewürdigt.

366 Amtliche deutsche Bezeichnung: Bundesrepublik Deutschland.

367 Amtliche deutsche Bezeichnung: Französische Republik.

368 Amtliche deutsche Bezeichnung: Italienische Republik.

369 Amtliche deutsche Bezeichnung: Königreich Spanien.

370 Amtliche deutsche Bezeichnung: Königreich der Niederlande.

371 Amtliche deutsche Bezeichnung: Republik Polen.

372 Amtliche deutsche Bezeichnung: Königreich Schweden.

373 Amtliche deutsche Bezeichnung: Königreich Belgien.

374 Amtliche deutsche Bezeichnung: Republik Österreich.

375 Amtliche deutsche Bezeichnung: Irland.

376 Zur Einordnung der Rechtskreise siehe grundlegend *Zweigert/Kötz*, Einführung in die Rechtvergleichung, 1996, S. 62-73. Vgl. auch *Hertel*, Notarius International 2009, 157. Folgt man der Unterteilung in sog. „Tax Law Families“, wären ebenfalls verschiedene Unterkategorien abgedeckt. Vgl. hierzu *Thuronyi/Brooks/Kolozs*, Comparative Tax Law, 2016, S. 21 f.

schwedische Rechtsordnung als ein Vertreter des nordischen Rechtskreises charakterisiert. Abschließend lässt sich mit Polen ein ehemaliges kommunistisch regiertes Land des Ostblocks darstellen, welches daher eine recht junge Rechts- und Rechnungslegungstradition besitzt.

Diese Länder stellen somit einen sowohl aus wirtschafts- als auch aus rechtswissenschaftlicher Sicht geeigneten Untersuchungsgegenstand einer rechtsvergleichenden Studie dar. Sie sollen daher exemplarisch für eine paneuropäische Analyse dienen, die Abbildung einer Pensionsverpflichtung in der handels- und steuerrechtlichen Gewinnermittlung auf ihre Annäherung an den IAS 19 zu untersuchen und Aussagen über den jeweiligen Konvergenzgrad zu treffen.

Tabelle 1: Bruttoinlandsprodukt der zehn größten Mitgliedstaaten der Europäischen Union im Jahr 2020

Land		Anteil des Bruttoinlandsprodukts in der EU
1.	Deutschland	25,05 %
2.	Frankreich	17,11 %
3.	Italien	12,40 %
4.	Spanien	8,42 %
5.	Niederlande	6,00 %
6.	Polen	3,93 %
7.	Schweden	3,57 %
8.	Belgien	3,39 %
9.	Österreich	2,83 %
10.	Irland	2,75 %

(Quelle: *Eurostat* (Hrsg.), GDP and main components im Jahr 2020, 2021)

Die rechtsvergleichende Untersuchung gliedert sich dabei wie folgt. Im Rahmen einzelner Länderberichte sollen zunächst die arbeitsrechtlichen Grundlagen der betrieblichen Altersversorgung in den Mitgliedstaaten kurz vorgestellt werden, um die rechtlich zulässigen wirtschaftlichen Gestaltungsformen einer Pensionsverpflichtung zu charakterisieren.[377] Darauf aufbauend wird die Behandlung von Pensionsverpflichtungen im Rahmen der nationalen handelsrechtlichen Gewinnermittlung analysiert. Hierzu soll insbesondere die Umsetzung und Ausgestaltung des Mitglied-

---

377 Zu den möglichen Gestaltungsformen siehe Kap. B.I.2.

staatenwahlrechts der 4. Richtlinie und der späteren EU-Bilanzrichtlinie bezüglich der Bilanzierung der Pensionsverpflichtungen sowie zusätzlich die Rolle der IFRS bzw. des IAS 19 für die handelsrechtliche Gewinnermittlung des Einzelabschlusses in den Mitgliedstaaten untersucht werden. In einem dritten Schritt sollen neben dem grundsätzlichen Zusammenhang zwischen der handels- und der ertragsteuerrechtlichen Gewinnermittlung die möglichen spezifischen steuerlichen Vorgaben bezüglich der Behandlung von Pensionsverpflichtungen in den Mitgliedstaaten dargestellt und ergründet werden.

Die Ergebnisse werden abschließend einer Würdigung unterzogen und zusammengefasst. Sie sollen sodann als Ausgangspunkt dienen, um gemeinsame Anknüpfungspunkte für eine europaweit einheitliche steuerliche Behandlung der Pensionsverpflichtungen identifizieren zu können. Das Verhältnis von Einzel- und Konzernabschluss wird im Rahmen dieser Analyse jedoch nicht näher behandelt.

2. Länderberichte

a) Deutschland

aa) Überblick über die arbeitsrechtlichen Grundzüge der betrieblichen Altersversorgung

Die betriebliche Altersversorgung in Deutschland ist im Rahmen des Gesetzes zur Verbesserung der betrieblichen Altersversorgung (BetrAVG) geregelt. Dabei kann die Durchführung der betrieblichen Altersversorgung gem. § 1 Abs. 1 Satz 2 BetrAVG unmittelbar über den Arbeitgeber oder auch mittelbar über einen externen Versorgungsträger erfolgen.[378] In diesem Zusammenhang können mittelbare Pensionsverpflichtungen gem. § 1b Abs. 2-4 BetrAVG über Unterstützungskassen, Pensionsfonds, Pensionskassen und Direktversicherungen durchgeführt werden.[379] Der Arbeitgeber kann zudem grundsätzlich zwischen einer Leistungs- und einer Bei-

---

378 *Rolfs*, in Blomeyer/Rolfs/Otto, BetrAVG, 7. Aufl. 2018, Teil 3. Kommentierung der arbeitsrechtlichen Vorschriften § 1 Rn. 244.

379 *Höfer*, in Höfer/de Groot/Küpper, Betriebsrentenrecht, Band I, 25. Lfg. Februar 2020, Kommentierung allgemeiner rechtlicher Teil, Kap. 3 Rn. 2.

tragszusage wählen.[380] Mit der beitragsorientierten Leistungszusage i.S.d. § 1 Abs. 2 Nr. 1 BetrAVG und der Beitragszusage mit Mindestleistung nach § 1 Abs. 2 Nr. 2 BetrAVG sind zudem zwei hybride Formen gesetzlich zulässig.[381]

Bei den mittelbaren Durchführungsformen hat der Arbeitgeber gem. § 1 Abs. 1 Satz 3 BetrAVG, der sog. Subsidiärhaftung, für die zugesagte Leistung grundsätzlich einzustehen,[382] wobei eine Inanspruchnahme bei einer reinen Beitragszusage gem. § 1 Abs. 2 Nr. 2a BetrAVG folgerichtig ausscheidet. Darüber hinaus sind bestimmte Leistungen gem. § 7 BetrAVG durch den sog. Pensions-Sicherungs-Verein auch im Fall einer Insolvenz des Arbeitgebers gesondert geschützt.[383] Trotz eines anhaltenden Trends zur Auslagerung von Pensionsverpflichtungen auf mittelbare Versorgungsträger spielen die unmittelbaren Pensionsverpflichtungen in Deutschland weiterhin eine wichtige Rolle.[384]

bb) Die Behandlung von Pensionsverpflichtungen im Rahmen der handelsrechtlichen Gewinnermittlung

Die grundsätzliche Passivierungspflicht einer Pensionsverpflichtung als Rückstellung für ungewisse Verbindlichkeiten i.S.d. § 249 Abs. 1 HGB ist in Deutschland für den Jahresabschluss anerkannt.[385] Im Zuge der Umsetzung der 4. Richtlinie in das nationale Recht[386] übte der deutsche Gesetzgeber jedoch das Mitgliedstaatenwahlrecht zur Passivierung von Pensionsrückstellungen aus, sodass die Rückstellungsbildung durch Art. 28 EGHGB weitestgehend relativiert wurde.[387] Hierbei differenziert der Art. 28

---

380 Vgl. *Höfer*, in Höfer/de Groot/Küpper, Betriebsrentenrecht, Band I, 24. Lfg. März 2019, Kommentierung Gesetzesteil, § 1 Rn. 19 & 33.

381 *Ahrend/Förster/Rößler*, Steuerrecht der bAV, Band I, 43. Lfg. Oktober 2019, 1. Teil Rn. 185 & 195.

382 *Kisters-Kölkes*, in Kemper et al., BetrAVG, 9. Aufl. 2021, § 1 Rn. 266.

383 Vgl. auch *Langohr-Plato*, Betriebliche Altersversorgung, 2016, S. 170.

384 Vgl. zu der Höhe der Deckungsmittel der unmittelbaren Pensionsverpflichtungen 2018 in Deutschland *Klein*, BetrAV 2020, 316, 316 f.

385 *Heger/Weppler*, in HdJ, 54. Lfg. März 2012, III/7 Rn. 29.

386 Gesetz zur Durchführung der Vierten, Siebenten und Achten Richtlinie des Rates der Europäischen Gemeinschaften zur Koordinierung des Gesellschaftsrechts vom 19. Dezember 1985, BGBl. I v. 24.12.1985, S. 2355.

387 *Scheffler*, in Beck'sches Handbuch der Rechnungslegung, 64. Lfg. Januar 2021, B 233 Rn. 159 f. Zur Kritik siehe beispielhaft *Ballwieser*, in MüKoHGB, 4. Aufl. 2020, § 249 Rn. 32.

Abs. 1 EGHGB zwischen einer „Pension auf Grund einer unmittelbaren Zusage“ und einer „mittelbaren Verpflichtung“ und knüpft die korrespondierenden Rechtsfolgen diesbezüglich an die unterschiedlichen Durchführungsformen des BertrAVG an.[388]

Zum einen braucht gem. Art. 28 Abs. 1 Satz 1 EGHGB für eine laufende Pension oder eine Anwartschaft auf eine Pension auf Grund einer unmittelbaren Zusage keine Rückstellung nach § 249 Abs. 1 HGB gebildet zu werden, wenn der Pensionsberechtigte seinen Rechtsanspruch vor dem 1. Januar 1987 erworben hat oder sich ein vor diesem Zeitpunkt erworbener Rechtsanspruch nach dem 31. Dezember 1986 erhöht. Der Gesetzgeber reicht das Mitgliedstaatenwahlrecht dementsprechend an die Unternehmen weiter und räumt ihnen ein Wahlrecht für Pensionsverpflichtungen für sog. Altzusagen ein.[389] Zum anderen steht es dem Unternehmen frei, eine Rückstellung aufgrund einer mittelbaren Pensionsverpflichtung anzusetzen.[390] Hierunter wird in diesem Zusammenhang die Unterdeckung bzw. der Fehlbetrag verstanden,[391] für welches ein Unternehmen im Rahmen der Subsidiärhaftung in bestimmten Fällen einzustehen hat.[392] Im Zuge der Transformation der EU-Bilanzrichtlinie wurde das Wahlrecht zudem unverändert beibehalten.[393]

Soweit die mittelbare Durchführungsform ausreichend dotiert ist und keine Unterdeckung existiert, besteht im deutschen Handelsrecht indessen kein Anlass zur Passivierung einer Rückstellung und die Beitragszahlungen stellen lediglich einen laufenden Aufwand der Periode dar.[394] In Einklang mit dem Mitgliedstaatenwahlrecht in Art. 16 Abs. 1 Buchst. d) Satz 1 RL 2013/34/EU müssen Kapitalgesellschaften gem. Art. 28 Abs. 2 EGHGB bzw. Personenhandelsgesellschaften gem. Art. 48 Abs. 6 EGHGB die in der Bilanz nicht ausgewiesenen Rückstellungen für laufende Pensionen oder Anwartschaften auf Pensionen im Anhang angeben.

---

388 *Cisch*, BB 1987, 300, 301; *Heubeck*, BFuP 1987, 332, 336.

389 *Meyering/Gröne*, in Hachmeister et al., Bilanzrecht, 2. Aufl. 2020, § 249 Rn. 143.

390 *Petersen/Künkele/Zwirner*, in Petersen/Zwirner, Praxiskommentar Bilanzrecht, 4. Aufl. 2020, § 249 Rn. 303 f.

391 Zum Begriff der Unterdeckung *Lucius/Veit*, BB 2010, 235, 238 f.

392 *Ahrend/Förster/Rößler*, Steuerrecht der bAV, Band II, 38. Lfg. Mai 2017, 8. Teil Rn. 117 f.

393 So ergaben sich bezüglich des materiellen Gehalts des Wahlrechts keine Änderungen. Siehe *Höfer*, in Höfer/Veit/Verhuven, Betriebsrentenrecht, Band II, 16. Lfg. August 2016, Kap. 48 Rn. 14.1.

394 *Höfer*, in Küting/Weber, HdR-E, 31. Lfg. Januar 2021, § 249 HGB Rn. 793.

Die IFRS entfalten hingegen für den deutschen Einzelabschluss keine Rechtswirkung, da das Wahlrecht des Art. 5 IAS-Verordnung durch den deutschen Gesetzgeber nicht ausgeübt wurde und sich die IFRS daher gem. § 315a HGB nur auf den Konzernabschluss beschränken.[395] Insofern spielt der IAS 19 für den Einzelabschluss in Deutschland keine unmittelbare Rolle.

Die Bewertung von Rückstellungen für ungewisse Verbindlichkeiten in der deutschen Handelsbilanz richtet sich nach § 253 Abs. 1 Satz 1 2. Hs. HGB und ist folglich in Höhe des nach vernünftiger kaufmännischer Beurteilung notwendigen Erfüllungsbetrages anzusetzen.[396] Dabei dürfen Rückstellungen mit einer Laufzeit von mehr als einem Jahr gem. § 253 Abs. 2 Satz 1 HGB abgezinst werden. Mit Blick auf die Bilanzierung von Pensionsverpflichtungen beinhalten die Regelungen grundsätzlich keine expliziten Vorgaben bezüglich des Bewertungsverfahrens, sodass die Schätzung der Pensionsrückstellung schlicht den allgemeinen Vorgaben des § 253 Abs. 1 Satz 1 2. Hs. HGB entsprechen muss.[397] Lediglich für sog. wertpapiergebundene Zusagen enthält § 253 Abs. 1 Satz 3 HGB mit dem beizulegenden Zeitwert eine konkrete Vorgabe bezüglich des Wertmaßstabs.[398]

Als Bewertungsverfahren sind neben den in Deutschland verbreiteten Gegenwartswert- bzw. Teilwertverfahren auch die Projected Unit Credit Methode des IAS 19 ausdrücklich anerkannt.[399] Hierbei besteht für den Bilanzierenden ein ungeschriebenes Wahlrecht, welches Verfahren im Zuge der Jahresabschlusserstellung Anwendung finden darf.[400] Nichtsdestoweniger werden bei der Ermittlung der Rückstellungshöhe nicht alle Vorgaben des IAS 19 berücksichtigt, da beispielsweise die Abzinsungssätze wesentlich divergieren.[401] So müssen Pensionsverpflichtungen entweder gem. § 253 Abs. 2 Satz 2 HGB mit einem durchschnittlichen Marktzinssatz

---

395 *Eggert*, in Grandinetti, Corporate Tax Base, 2016, S. 115, 120. Lediglich für Offenlegungszwecke kann gem. § 325 i.V.m. § 315e HGB ein befreiender IFRS-Abschluss erstellt werden.

396 *Bertram/Kessler*, in Bertram/Kessler/Müller, HGB-Kommentar, 11. Aufl. 2020, § 253 Rn. 33.

397 *Bertram*, in Bertram/Kessler/Müller, HGB-Kommentar, 11. Aufl. 2020, § 253 Rn. 75.

398 *Grottel/Johannleweling*, in BeBiKo, 12. Aufl. 2020, § 249 Rn. 204.

399 IDW RS HFA/2016 30 Rn. 60.

400 *Grottel/Johannleweling*, in BeBiKo, 12. Aufl. 2020, § 249 Rn. 198.

401 Siehe zum Bewertungsverfahren und den Unterschieden *Gelhausen/Fey/Kämpfer*, Rechnungslegung, 2009, Abschnitt I Rn. 81-84.

aus den vergangenen zehn Geschäftsjahren oder gem. § 253 Abs. 2 Satz 3 HGB mit dem durchschnittlichen Marktzinssatz, der sich bei einer angenommenen Restlaufzeit von 15 Jahren ergibt, abgezinst werden.[402] Hierbei gelten die Vorgaben des § 253 HGB ebenfalls analog für die Berechnung der Pensionsverpflichtung eines mittelbaren Durchführungsweges.[403]

Mit Blick auf die Bewertung der Vermögengegenstände unmittelbarer, kapitalgedeckter Pensionsverpflichtungen ist es zulässig, das Deckungsvermögen gem. § 253 Abs. 1 Satz 4 HGB i.V.m. § 246 Abs. 2 Satz 2 HGB mit dem Zeitwert zu bewerten, solange die Vermögensgegenstände sowohl dem Zugriff der Gläubiger entzogen sind als auch ausschließlich zur Erfüllung der Verpflichtung herangezogen werden können.[404] Als Deckungsvermögen kommt hierbei zudem kein betriebsnotwendiges Vermögen in Betracht.[405] Überdies stellt der § 246 Abs. 2 Satz 2 HGB eine Ausnahme zu dem allgemeinen Saldierungsverbot in § 246 Abs. 1 HGB dar, sodass die Vermögengegenstände i.S.e. verbesserten Einblicks in die Vermögen- Finanz- und Ertragslage mit der korrespondierenden Schuld verrechnet werden können.[406] Dahingehend nähern sich die Vorgaben explizit dem IAS 19 an und verfolgen einen Nettoausweis der Pensionsrückstellung.[407] Der Aufbau einer rechtlich selbstständigen Einrichtung ist für die Qualifikation des Deckungsvermögens zwar möglich, aber, anders als bei den internationalen Vorschriften, nicht zwingend.[408] Daneben ist § 246 Abs. 2 Satz 2 HGB jedoch nicht auf das Deckungsvermögen anwendbar, das auf eine mittelbare Durchführungsform ausgelagert worden ist. Gleichwohl

---

402 So beinhaltet § 253 Abs. 2 HGB ein Wahlrecht bezüglich des Zinssatzes. Siehe *Schülke*, in Merkt/Probst/Fink, Rechnungslegung nach HGB und IFRS, 2017, Kap. 6 Rn. 204. Dabei unterscheidet sich der Zinssatz von den Vorgaben der IFRS und führt zu einer Reduktion der Volatilitätsschwankungen. Siehe *Höfer*, in Höfer/Veit/Verhuven, Betriebsrentenrecht, Band II, 16. Lfg. August 2016, Kap. 48 Rn. 81.4 f.; *Tiedchen*, in MüKoBilR, Band 2, 2013, § 253 Rn. 59.

403 *Grottel/Johannleweling*, in BeBiKo, 12. Aufl. 2020, § 249 Rn. 206.

404 Siehe ausführlich *Noodt*, in Bertram/Kessler/Müller, HGB-Kommentar, 11. Aufl. 2020, § 246 Rn. 103-108.

405 *Rhiel/Veit*, PiR 2009, 167, 168.

406 *Ballwieser*, in MüKoHGB, 4. Aufl. 2020, § 246 Rn. 137 f.

407 *Schrimpf-Görges*, in Heidel/Schall, HGB, 3. Aufl. 2019, § 249 Rn. 87; *Ernst/Seidler*, BB 2009, 766, 766 f. Siehe auch die Begründung des RegE, BT-Drucks. 16/10067, S. 48.

408 *Ahrend/Förster/Rößler*, Steuerrecht der bAV, Band II, 38. Lfg. Mai 2017, 8. Teil Rn. 102. Die Einschaltung des CTA stellt dabei lediglich eine Option dar.

wird auch hierbei das Deckungsvermögen implizit mit dem beizulegenden Zeitwert bestimmt.[409]

Wenngleich sich die Vorgaben des Handelsgesetzbuches bezüglich der Bilanzierung von Pensionsverpflichtungen im Zuge des Gesetzes zur Modernisierung des Bilanzrechts[410] zum Teil deutlich an die IFRS angenähert haben,[411] führt insbesondere das Passivierungswahlrecht bei mittelbaren Pensionsverpflichtungen zu einer erheblichen Abweichung von den Vorgaben des IAS 19.[412] Den deutschen Vorschriften zur Bilanzierung von Pensionsverpflichtungen lässt sich somit lediglich eine partielle Annährung an den IAS 19 attestieren.

cc) Die Behandlung von Pensionsverpflichtungen im Rahmen der steuerrechtlichen Gewinnermittlung

Die Ermittlung des steuerlichen Gewinns buchführungspflichtiger Unternehmen richtet sich in Deutschland nicht nach einem autonomen Steuerbilanzrecht, sondern baut gem. § 5 Abs. 1 Satz 1 2. Hs. EStG auf den handelsrechtlichen Gewinnermittlungsprinzipien, den Grundsätzen ordnungsmäßiger Buchführung, auf. Die Regelungen der EU-Bilanzrichtlinie wirken sich daher unmittelbar und konstitutiv auf die Steuerbilanz aus.[413] Infolgedessen sind Pensionsrückstellungen als Rückstellungen für ungewisse Verbindlichkeiten zweifelsohne in der Steuerbilanz anzusetzen.[414]

Dabei ergeben sich jedoch Besonderheiten aus den spezifischen Regelungen des Einkommensteuergesetzes und der Rechtsprechung des Bun-

409 Für die Bilanzierung einer mittelbaren Pensionsverpflichtung wird das ausgelagerte Vermögen mit dem beizulegenden Zeitwert bewertet. Siehe *Gelhausen/Fey/Kämpfer*, Rechnungslegung, 2009, Abschnitt I Rn. 109-111; *Hagemann/Oecking/Wunsch*, DB 2010, 1021, 1025. Ferner kann indes auch für mittelbare Pensionsverpflichtungen saldierungsfähiges Deckungsvermögen gebildet werden. Siehe IDW RS HFA/2016 30 Rn. 83.

410 Gesetz zur Modernisierung des Bilanzrechts (Bilanzrechtsmodernisierungsgesetz–BilMoG) vom 25. Mai 2009, BGBl. I Nr. 27 v. 28.5.2009, S. 1102.

411 Siehe *Heger/Weppler*, DStR 2009, 239, 239-243; *Rhiel/Veit*, PiR 2009, 167, 168. Von einer punktuellen Annäherung im Zusammenhang mit der Bilanzierung des Planvermögens sprechen auch *Hennrichs/Pöschke*, in Fink/Schultze/Winkeljohann, Bilanzpolitik und Bilanzanalyse, 2010, S. 47, 59. Ferner schon hinsichtlich des Referentenentwurfs *Rhiel/Veit*, DB 2008, 193, 193.

412 Zutreffend *Heger/Weppler*, in HdJ, 54. Lfg. März 2012, III/7 Rn. 30.

413 *Anzinger*, in HHR, EStG, 285. Lfg. April 2018, § 5 Rn. 45.

414 *Hennrichs*, in Tipke/Lang, Steuerrecht, 24. Aufl. 2020, § 9 Rn. 170.

desfinanzhofs. So statuiert der § 6a EStG einerseits als lex specialis eine Ausnahme zu der grundsätzlichen Passivierungspflicht und knüpft die Passivierung einer Pensionsrückstellung an weitere Bedingungen. Diesbezüglich bedarf es bei einer Pensionsverpflichtung nach § 6a Abs. 1 Nr. 1 EStG einer rechtsverbindlichen Zusage, die gem. § 6a Abs. 1 Nr. 2 EStG keine Pensionsleistung in Abhängigkeit von gewinnabhängigen Bezügen vorsehen darf und überdies in Schriftform nach § 6a Abs. 1 Nr. 3 EStG erteilt worden ist. Des Weiteren müssen Pensionsverpflichtungen für die Steuerbilanz mit dem steuerrechtlichen Teilwert bewertet werden, der zwar eine perioden- und verursachungsgerechte Aufwandsverteilung zum Ziel hat,[415] sich jedoch maßgeblich von der Projected Unit Credit Methode unterscheidet.[416] Überdies ist der Kalkulationszinssatz gem. § 6a Abs. 3 Satz 3 EStG mit 6 % fixiert.

Andererseits ist die Bildung von Rückstellungen für mittelbare Pensionsverpflichtungen aufgrund einer Entscheidung des Bundesfinanzhofs vom 3. Februar 1969 nicht zulässig, da im Rahmen der steuerlichen Gewinnermittlung handelsrechtliche Passivierungswahlrechte zu steuerlichen Passivierungsverboten führen.[417] Das Wahlrecht für Altzusagen gilt jedoch in der Steuerbilanz uneingeschränkt weiter und kann indessen von der Handelsbilanz unabhängig ausgeübt werden.[418] Darüber hinaus dürfen gem. § 5 Abs. 1a EStG aufgrund des allgemein geltenden Saldierungsverbots Pensionsrückstellungen nicht mit den korrespondierenden Vermögensgegenständen verrechnet werden.[419] Vor dem Hintergrund dieser Besonderheiten lässt sich konstatieren, dass die steuerrechtlichen Vorgaben

415 *Höfer*, in Höfer/Veit/Verhuven, Betriebsrentenrecht, Band II, 16. Lfg. August 2016, Kap. 2 Rn. 214 f.

416 *Ballwieser*, in MüKoHGB, 4. Aufl. 2020, § 253 Rn. 81. Das Anwartschaftsbarwertverfahren ist steuerlich nur bei der Entgeltumwandlung zulässig. *Ahrend/Förster/Rößler*, Steuerrecht der bAV, Band I, 35. Lfg. Oktober 2015, 2. Teil Rn. 669.

417 *BFH* v. 3.2.1969, GrS 2/68, BStBl. II 1969, 291, 293; bestätigt durch *BFH* v. 31.1.2013, GrS 1/10, BStBl. II 2013, 317, unter II.1.b.cc). Aufgrund dieses Passivierungsverbots für mittelbare Pensionsverpflichtungen spielen diese Durchführungsformen in der Steuerbilanz lediglich eine untergeordnete Rolle. So können die Beiträge an die externen Versorgungsträger im Zuge des Betriebsausgabenabzuges i.S.d. § 4 Abs. 4 EStG Einzug in die steuerliche Gewinnermittlung erhalten, wobei die §§ 4b bis 4e EStG vorrangig anzuwenden sind.

418 *Höfer*, in Höfer/Veit/Verhuven, Betriebsrentenrecht, Band II, 12. Lfg. Mai 2014, Kap. 2 Rn. 20.

419 Vgl. *BFH* v. 25.2.2004, I R 54/02, BStBl. II 2004, 654; *BFH* v. 28.6.2001, IV R 41/00, BStBl. II 2002, 724.

zur Bilanzierung von Pensionsverpflichtung erheblich von den Regelungen des IAS 19 abweichen.

b) Frankreich

aa) Überblick über die arbeitsrechtlichen Grundzüge der betrieblichen Altersversorgung

Die betriebliche Altersversorgung in Frankreich unterteilt sich grundsätzlich in ein obligatorisches und ein freiwilliges System. Bei der obligatorischen Pflichtversicherung handelt es sich im Wesentlichen um zwei Dachverbände, der Association Générale de Institutions de Retraite de Cadres und der Association des Régimes de Retraite Complémentaire, die sich 2019 zu der Föderation AGIRC-ARRCO zusammengeschlossen haben und ihre Leistungen nach dem Umlageverfahren anbieten.[420] Hinsichtlich der freiwilligen betriebliche Altersversorgung hat sich in Frankreich aufgrund der weitreichenden Pflichtversicherung des AGIRC-ARRCO kein Betriebsrentenrecht im eigentlichen Sinne entwickelt,[421] sodass sich die rechtlichen Rahmenbedingungen meist mittelbar durch das Steuerrecht ergeben.[422] Demnach wird in Frankreich aufgrund der steuerrechtlichen Unterscheidung primär zwischen einer Beitragszusage und einer Leistungszusage differenziert.[423] Dafür standen dem Arbeitgeber in der Vergangenheit neben einer unmittelbaren Pensionsverpflichtung ebenfalls mittelbare Pensionsverpflichtungen in Form von Direktversicherungen, Einrichtungen in Form einer Pensionskasse (Institution de prévoyance) i.S.d. Art. L 931-1 des französischen Sozialgesetzbuchs (Code de la sécurité sociale) oder Versicherungsvereine auf Gegenseitigkeit i.S.d. Art. L 111-1 Abs. 1 Code de la mutualité zur Verfügung.[424] Seit 2010 dürfen gem.

---

420 Vgl. *OECD* (Hrsg.), Country profiles – France, 2017, S. 2. Die Fusion wurde wie geplant vollzogen. Vgl. *OECD* (Hrsg.), Pensions at a Glance, 2019, S. 53 f.

421 *Naczyk/Palier*, in Ebbinghaus, The Varieties of Pension Governance, 2011, S. 89, 100; So schon *Dürkop*, Alterssicherung in der EG, 1993, S. 140.

422 *Poplutz*, Gruppenversicherung in Europa, 2002, S. 57.

423 *Kammerer/Roß-Kirsch*, Arbeitsrecht in Frankreich, 2017, S. 313 f.; *Altmeier*, Rückstellungsbilanzierung, 1999, S. 244.

424 *Gronwald*, Reforming Old Age Security Systems, 2012, S. 64; *Wellisch et al.*, Besteuerung der Altersversorgung, 2008, S. 228. Unter die Leistungszusagen fallen auch sog. régimes à prestations définies à gestion interne, bei denen die Barmittel erst bei Fälligkeit das Unternehmen verlassen und die somit den

Art. 137-11 Abs. 5 des Code de la sécurité sociale gleichwohl keine unmittelbaren Pensionsverpflichtungen mehr zugesagt werden, wobei für die bestehenden Altzusagen im Einklang mit Art. 1 der Verordnung Nr. 2015-839[425] zusätzlich eine bestimmte insolvenzfeste Absicherung vorgeschrieben wird.[426] Aufgrund des ohnehin hohen Niveaus der obligatorischen betrieblichen Leistungen finden die freiwilligen Zusatzrenten allerdings insgesamt nur wenig Verbreitung.[427]

Obgleich die obligatorische Zusatzrentenversicherung in Frankreich als betriebliche Altersversorgung bezeichnet wird, erfüllt sie nicht die europäische Definition der betrieblichen Altersversorgung. So hat Frankreich die obligatorische Zusatzrente in den Anwendungsbereich der Verordnung (EG) Nr. 883/2004 überführt, sodass sie per Negativabgrenzung der ersten Säule angehört.[428] Im Folgenden soll daher ausschließlich die fakultative betriebliche Altersversorgung betrachtet werden.

bb) Die Behandlung von Pensionsverpflichtungen im Rahmen der handelsrechtlichen Gewinnermittlung

Der französische Gesetzgeber gab das Mitgliedstaatenwahlrecht für die handelsrechtliche Bilanzierung von Pensionsverpflichtungen anlässlich der Transformation der 4. Richtlinie an die Unternehmen weiter und statuier-

---

unmittelbaren Pensionszusagen entsprechen. So schon grds. *Francis Lefebvre* (Hrsg.), Retraites, 1987, S. 20. Zur Einteilung der Durchführungsformen siehe *Borchard*, Besteuerung der betrieblichen Altersversorgung, 2001, S. 202.

425 Verordnung (Ordonnance) Nr. 2015-839 vom 9. Juli 2015 über die Sicherheit der Rentenzahlungen im Rahmen der in Artikel L. 137-11 des Sozialgesetzbuches genannten Rentensysteme, Journal officiel de la République française (französisches Amtsblatt) 0158 v. 10.7.2015, Text Nr. 19.

426 So müssen Ansprüche aus Leistungszusagen i.S.d. Artikel L. 137-11 des Sozialgesetzbuches, worunter folglich auch unmittelbare Pensionsverpflichtungen fallen, zu mindestens 50 % in Höhe der bilanziellen Rückstellung gesichert sein, wobei bspw. gem. Abs. 2 Nr. 2 der Verordnung (Ordonnance) Nr. 2015-839 eine Einschaltung eines Trusts zum Tragen kommen kann. Hierbei offeriert Abs. 4 eine Ausnahme, nach der die Verpflichtungen lediglich bis zum 1. Januar 2030 sukzessive gedeckt sein müssen. Siehe ferner zu der Reform *Jean-Marie/de Calbiac*, La Semaine juridique – enterprise et affaires 2019, Heft 15, 51, 52.

427 *Kammerer/Roß-Kirsch*, Arbeitsrecht in Frankreich, 2017, S. 314; *Wellisch et al.*, Besteuerung der Altersversorgung, 2008, S. 228.

428 *Kaufmann*, in Kaufmann/Hennion, Steuerung der betrieblichen Altersversorgung in Europa, 2011, S. 21, 22. Zur Definition der betrieblichen Altersversorgung in Europa siehe Kap. B.I.1.a).

te in Art. L 123-13 Abs. 3 Code de Commerce ein Passivierungswahlrecht, sodass die Höhe der Pensionsrückstellung, die im französischen Handelsrecht den Rückstellungen für Verbindlichkeiten und Aufwendungen zugeordnet wird,[429] ganz oder teilweise im Anhang angegeben werden darf.[430] Dahingehend sind Unterdeckungen bei mittelbaren Durchführungsformen ebenfalls von dem Passivierungswahlrecht des Art. L 123-13 Abs. 3 Code de Commerce erfasst.[431] Gleichwohl wird die Bildung von Rückstellungen für eben diese Pensionsverpflichtungen gem. Art. 324-1 bzw. Art. 335-1 Plan Comptable Général[432] als die präferierte Methode betrachtet, da der Ansatz einer Pensionsrückstellung die Vermittlung geeigneter Informationen über das Unternehmen wesentlich fördert.[433] Dabei ist es nach französischem Recht ferner nicht möglich, einen befreienden Einzelabschluss im Sinne der IFRS zu erstellen.[434]

Für die Bewertung von Rückstellungen ist gem. Art. 323-2 Plan Comptable Général grundsätzlich der Betrag anzusetzen, der der bestmöglichen Schätzung des Ressourcenabflusses entspricht, um die Verpflichtung zu erfüllen. In Hinblick auf Pensionsverpflichtungen sehen die Vorgaben des Plan Comptable Général jedoch keine spezifischen Vorgaben vor. Vor diesem Hintergrund hat sich die französische Behörde des Autorite des Normes Comptables[435] in ihrer Stellungnahme (Recommandation)

---

429 Die sog. provision pour risques et charges. Siehe zur bilanztheoretischen Einordnung im französischen Handelsrecht *Altmeier*, Rückstellungsbilanzierung, 1999, S. 249 f.

430 Zu Einführung des Wahlrechts siehe *Brugirard*, Risques 1991, 133, 136 f. Das Wahlrecht war ursprünglich in Art. 9 Abs. 3 Code de Commerce verankert und wurde durch die Verordnung Nr. 2000-912 vom 18. September 2000 über den gesetzgeberischen Teil des Code de Commerce in Art. L 123-13 überführt. Siehe zur Einführung der Richtlinie allgemein *Gélard*, in Ordelheide/KPMG, Transnational Accounting, 2001, S. 1009, 1019 f.

431 Vgl. *Morvan/Dos Santos*, Comptable 21, 2020, Rn. 17885. So schon *Altmeier*, Rückstellungsbilanzierung, 1999, S. 246 f.

432 Zur Rolle des Plan Comptable Général siehe *Schulte*, Systemdenken, 2010, S. 116.

433 *Lebrun*, Revue Française de Comptabilité 2013, Heft 469, 52, 52.

434 *Degos/Ouvrad*, International Journal of Economics and Accounting 2010, 200, 201; *Anzinger*, in HHR, EStG, 285. Lfg. April 2018, § 5 Rn. 193. So wohl auch *Jaune*, in Grandinetti, Corporate Tax Base, 2016, S. 101, 108

435 Im Rahmen der Verordnung Nr. 2009-79 vom 22. Januar 2009 zur Einrichtung der Behörde für Rechnungslegungsstandards i.V.m. dem Erlass (Décret) Nr. 2010-56 vom 15. Januar 2010 über die Behörde für Rechnungslegungsstandards löste der Autorité des Normes Comptables die Vorgängerinstitutionen Comité de Réglementation Comptable und Conseil National de la Comptabili-

Nr. 2013-02 vom 7. November 2013 dahingehend geäußert,[436] für die Bilanzierung von Pensionsverpflichtungen entweder den IAS 19 in seiner gegenwärtigen Fassung oder eine andere Methode anzuwenden, wobei sich diese Alternative an dem IAS 19 in einer älteren Fassung orientiert.[437] So wird als Bewertungsverfahren die Projected Unit Credit Methode explizit empfohlen.[438] Überdies soll das Deckungsvermögen bei Leistungszusagen unabhängig von der Durchführungsform mit dem beizulegenden Zeitwert bewertet werden. Lediglich für Unternehmen mit weniger als 250 Mitarbeitern sieht die Stellungnahme eine Ausnahme vor, sodass diese vereinfachte Verfahren anwenden können.

Wenngleich eine Empfehlung im Gegensatz zu Vorschriften (règlements) im französischen Recht de jure noch keine Rechtsverbindlichkeit besitzt, wirken sich diese faktisch auf die Rechnungslegungsprinzipien aus und konkretisieren jene.[439] Diese Entwicklung ordnet sich dabei in einen Prozess der stetigen Annäherung der französischen Rechnungslegung an die Konzeption der IFRS ein.[440] Die zum Teil starke Anlehnung bestimmter französischer Rechnungslegungsvorschriften an die Vorgaben der IFRS im Zuge rechtsverbindlicher règlements deuten zudem auf eine hohe Akzeptanz der IFRS in Frankreich hin.[441] Eine Anwendung des IAS 19

---

té ab. Siehe hierzu *Nobes/Parker*, Comparative International Accounting, 2016, S. 374. Gem. Art. 1 der Verordnung Nr. 2009-79 gewährleistet der Autorité des Normes Comptables die Koordinierung und Zusammenfassung der theoretischen und methodischen Arbeiten im Bereich der Rechnungslegung in Form von Empfehlungen. Zu den Vorgängerinstitutionen siehe *Osterloh-Konrad*, in Schön, Maßgeblichkeit, 2005, S. 365, 369–372.

436 Vgl. *Morvan*, Code comptable, 2018, S. 161 f.

437 Die zweite Methode übernimmt die Regelungen der Stellungnahme Nr. 2003-R.01, Relative aux règles de comptabilisation et d'évaluation desengagements de retraite et avantages similaires, vom 1. April 2003 des Conseil National de la Comptabilité, welche sich ebenfalls an dem IAS 19 i.d.F. 2001 orientierte. Siehe *Morvan/Dos Santos*, Comptable 21, 2020, Rn. 17735 bzw. 17915; *Lebrun*, Revue Française de Comptabilité 2013, Heft 469, 52, 54. Siehe ferner *Glaum*, Accounting and Business Research 2009, 273, 301.

438 Vgl. *Morvan/Dos Santos*, Comptable 21, 2020, Rn. 17740.

439 So anhand der Vorgängerinstitutionen *Schulte*, Systemdenken, 2010, S. 140-142.

440 *Nobes/Parker*, Comparative International Accounting, 2016, S. 400; *Bocqueraz*, in Previts/Walton/Wolnizer, A Global History of Accounting, 2010, S. 37, 53. Einer vollständigen Annäherung stehen jedoch die steuerlichen Anforderungen an die Rechnungslegung entgegen.

441 Vgl. zu der mittelbaren Einflussnahme *Schulz*, Harmonisierung, 2012, S. 37-39. So rekurrieren bspw. die Vorschriften zur Bilanzierung von Rückstellungen auf die Regelungen des IAS 37. Vgl. hierzu *Kahle/Schulz*, FR 2012, 741, 748. A.A. *Le*

in der Jahresabschlusserstellung erscheint vor dieser Tendenz als logische Konsequenz geboten.

cc) Die Behandlung von Pensionsverpflichtungen im Rahmen der steuerrechtlichen Gewinnermittlung

Der steuerrechtlich zu ermittelnde Gewinn richtet sich in Frankreich nach den Vorschriften des Steuergesetzbuches Code Général des Impôts und seiner Anhänge, den sog. Annexe, wobei die Anhänge nicht förmlich beschlossenes Recht beinhalten.[442] Während der Code Général des Impôts keine weiteren Ausführungen zu dem Zusammenhang zwischen der Handels- und Steuerbilanz beinhaltet, konkretisiert die Vorschrift des Art. 38 quarter Code Général des Impôts in Annexe III, dass die Unternehmen bei der steuerlichen Ermittlung des steuerlichen Gewinns die im Plan Comptable Général niedergelegten Informationen zu beachten haben, solange sie nicht den steuerrechtlichen Vorschriften widersprechen. Dahingehend kann dem französischen Steuerrecht eine enge Verbindung mit dem Handelsrecht attestiert werden, sodass die handelsrechtlichen Regelungen mitunter maßgeblich für die steuerliche Gewinnermittlung sind.[443]

Vor diesem Hintergrund mag es nicht verwundern, dass sich die Annäherung der französischen Rechnungslegung an die IFRS ebenfalls auf die Steuerbilanz ausgewirkt hat. So ist insbesondere die steuerliche Bilanzierung und Bewertung von Rückstellungen durch die konzeptionelle Annäherung an die IFRS geprägt,[444] sodass die Regelungen des IAS 19 zumin-

---

Manh, Accounting in Europe 2017, 94, 100 f., der jedoch nicht die Regelungen für Pensionsverpflichtungen untersucht hat.

442 *Hellio/Crucifix/Cadet*, in Mennel/Förster, Steuern in Europa, 121. Lfg. 2019, Frankreich Rn. 2-4; *Osterloh-Konrad*, in Schön, Maßgeblichkeit, 2005, S. 365, 375.

443 Im Ergebnis *Broer*, Maßgeblichkeit, 2001, S. 134. In Bezug auf Rückstellungen *Kahle/Schulz*, FR 2012, 741, 747; *Oestreicher/Spengel*, Maßgeblichkeit, 1999, S. 376.

444 *Schulz*, Harmonisierung, 2012, S. 385 & 406. Gleichwohl ergeben sich weitere Einschränkungen bzw. Abweichungen, da die steuerliche Rückstellungsbildung restriktiver ausgelegt wird als das handelsbilanzielle Pendant. So schon *Osterloh-Konrad*, in Schön, Maßgeblichkeit, 2005, S. 365, 410. *Altmeier*, Rückstellungsbilanzierung, 1999, S. 209. Zur Diskussion bezüglich der Annäherung an die IFRS für steuerliche Zwecke siehe beispielhaft *Delesalle*, Revue de Droit Fiscal 2004, 739, 739-741. Vgl. auch *Kahle/Schulz*, FR 2012, 741, 743 Fn. 27 m.w.N.

dest systemisch auch die steuerliche Gewinnermittlung beeinflussen könnten. In diesem Fall schränkt jedoch das französische Steuerrecht den Ansatz von Pensionsrückstellungen explizit ein. So verbietet der Art. 39-1-5° S. 2 Code Général des Impôts den Ansatz von Rückstellungen für Pensionen und ähnliche Verpflichtungen im Rahmen der steuerlichen Gewinnermittlung.[445] Folglich sind die Rentenzahlungen erst bei ihrer Fälligkeit erfolgswirksam als Aufwendungen i.S.d. 39-1-1° S. 2 Code Général des Impôts abzuziehen.[446] Hierbei stellt der Art. 39-1-5°S. 2 Code Général des Impôts eine eigens geschaffene Ausnahme zur der ansonsten grundsätzlich zulässigen Rückstellungsbildung der Kategorie provision pour risques et charges des Art. 39-1-5° S. 1 Code Général des Impôts dar.[447]

Das steuerbilanzielle Passivierungsverbot von Pensionsrückstellungen ist dabei fiskalpolitischer Natur. So wurde die Abzugsfähigkeit von Pensionsrückstellungen anfangs noch seitens der Rechtsprechung als zulässig erachtet. Im Zuge des Loi de finances pour 1985 Nr. 84-1208 vom 29. Dezember 1984[448] wurde sodann das Passivierungsverbot kodifiziert, um sowohl in der Anwartschafts- als auch in der Rentenphase eine Rückstellungsbildung auszuschließen.[449] Dagegen vermindern die Beiträge an externe Durchführungsformen während der Anwartschaftsphase gem. 39-1-1° S. 2 Code Général des Impôts stets den steuerlichen Gewinn.[450] Aufgrund des Passivierungsverbots spielten unmittelbare Pensionsverpflichtungen in Frankreich schon vor ihrem arbeitsrechtlichen Verbot keine größere Rolle.[451]

---

445 *Serlooten/Debat*, Droit fiscal des affaires, 2021, Rn. 280.

446 *Loyer* (Hrsg.), Fiscal 21, 2021, Rn. 9895. Die Personalaufwendungen müssen lediglich dem Grundsatz der Angemessenheit genügen. Siehe *Hellio/Crucifix/Cadet*, in Mennel/Förster, Steuern in Europa, 121. Lfg. 2019, Frankreich Rn. 65.

447 In Anlehnung an *Altmeier*, Rückstellungsbilanzierung, 1999, S. 209.

448 Der vollständige Titel lautet: Loi n° 84-1208 du 29 décembre 1984 de finances pour 1985, Journal officiel de la République française (französisches Amtsblatt) v. 30.12.1984, S. 4060.

449 *Borchard*, Besteuerung der betrieblichen Altersversorgung, 2001, S. 203 f. Siehe auch *Francis Lefebvre* (Hrsg.), Retraites, 1987, S. 149.

450 *Wellisch et al.*, Besteuerung der Altersversorgung, 2008, S. 231.

451 So schon *Orth*, Der Einfluß unterschiedlicher Formen, 2000, S. 168; *Altmeier*, Rückstellungsbilanzierung, 1999, S. 250; *Spengel/Schmidt*, Betriebliche Altersversorgung, 1997, S. 139.

c) Italien

aa) Überblick über die arbeitsrechtlichen Grundzüge der betrieblichen Altersversorgung

Die betriebliche Altersversorgung in Italien wurde erst 1993 durch den decreto legislativo Nr. 124 (abgekürzt als decreto legislativo 124/1993)[452] umfassend kodifiziert und wurde mit dem decreto legislativo Nr. 252 von 2005 (abgekürzt als decreto legislativo 252/2005)[453] sodann grundlegend reformiert.[454] Davor waren Einrichtungen der Zusatzversorgung auf lediglich wenige Unternehmen beschränkt und finanzierten sich meist über das Umlageverfahren.[455] Das decreto legislativo 124/1993 wurde zudem durch das Gesetz Nr. 335 von 1995 zur Reform des gesetzlichen und ergänzenden Rentensystems vom 1995, das sog. Riforma del sistema pensionistico obbligatorio e complementare (abgekürzt als Gesetz 335/1995),[456] ergänzt. Seither dürfen neu eingegangene Pensionsverpflichtungen gem. Art. 4 Abs. 1 des decreto legislativo 124/1993 i.V.m. Art. 5 Abs. 1 des Gesetzes 335/1995 nicht mehr direkt durchgeführt werden, sondern müssen über eine mittelbare Durchführungsform angeboten werden.[457]

Die Pensionsverpflichtungen sind dabei gem. Art. 7 Abs. 5 des decreto legislativo 124/1993 i.V.m. Art. 2 Abs. 2 des decreto legislativo 252/2005 nach dem Kapitaldeckungsverfahren zu finanzieren.[458] Ferner kann eine

---

452 Decreto legislativo (Gesetzesdekret) vom 21. April 1993, Nr. 124, Disciplina delle forme pensionistiche complementari, a norma dell'art. 3, comma 1, lettera v), della legge 23 ottobre 1992, n. 421, Gazzetta Ufficiale (Italienisches Amtsblatt) Nr. 97 v. 27.4.1993, Supplemento Ordinario Nr. 40.

453 Decreto legislativo (Gesetzesdekret) vom 5. Dezember 2005, Nr. 252, "Disciplina delle forme pensionistiche complementari", Gazzetta Ufficiale (Italienisches Amtsblatt) Nr. 289 v. 13.12.2005, Supplemento Ordinario Nr. 200.

454 Vgl. *Pavolini et al.*, in Natali/Pavolini/Vanhercke, Occupational Welfare in Europe, 2018, S. 173, 177-179; *Wesselmann*, Betriebliche Altersversorgung in der Republik Italien und der Bundesrepublik Deutschland, 2007, S. 3 & 6-9.

455 *Jessoula*, in Ebbinghaus, The varieties of pension governance, 2011, S. 151, 153 f.; *Tursi*, Rivista italiana di diritto lavoro 2000, 269, 293.

456 Legge (Gesetz) vom 8. August 1995, Nr. 335, Ripubblicazione del testo della legge 8 agosto 1995, n. 335, recante: "Riforma del sistema pensionistico obbligatorio e complementare", Gazzetta Ufficiale (Italienisches Amtsblatt) Nr. 198 v. 25.8.1995, Supplemento Ordinario Nr. 106.

457 Vgl. *Wesselmann*, Betriebliche Altersversorgung in der Republik Italien und der Bundesrepublik Deutschland, 2007, S. 21 & 23 f.

458 Vgl. *Persiani*, La previdenza complementare, 2010, S. 45 und 50 f. Eine Ausnahme besteht nach Art 18 Abs. 7 decreto legislativo 252/2005 für Altzusagen, die

Pensionsverpflichtung gem. Art. 2 sowohl als Beitrags- als auch als Leistungszusage ausgestaltet werden, wobei für abhängige Beschäftigte nach Art. 2 Abs. 2 Buchst. a) des decreto legislativo 252/2005 zwingend die Beitragszusage vorgeschrieben ist.[459] Die Arbeitnehmer tragen folglich das gesamte Risiko.[460] Da diese Restriktion allerdings erst mit dem decreto legislativo 124/1993 normiert wurde, existieren für die Altzusagen, die vor 1993 eingegangen worden sind, noch Leistungszusagen oder hybride Zusagen.[461]

Direktzusagen sind hingegen nur noch für Pensionsverpflichtungen, die vor Inkrafttreten des decreto legislativo 124/1993 bestanden haben, gesetzlich zulässig.[462] So können zu diesem Zeitpunkt bereits existierende Pensionsverpflichtungen noch in sog. fondi pensioni preesistenti interni betriebsintern durchgeführt werden, sofern das Deckungsvermögen vom Betriebsvermögens separat und insolvenzsicher gehalten wird.[463] Gem. Art. 4 Abs. 2 des decreto legislativo 252/2005 müssen diese fondi pensioni preesistenti jedoch mindestens in Form eines zweckgebundenen Sondervermögens i.S.d. Art. 2117 des italienischen Bürgerlichen Gesetzbuches, des sog. codice civile, ausgestaltet sein.[464] Eine unmittelbare Pensionsverpflichtung ohne Kapitaldeckung ist in Italien seit der Einführung des decreto legislativo 124/1993 hingegen sowohl für Neuzusagen als auch für bereits bestehende Pensionsverpflichtungen grundsätzlich nicht mehr zu-

---

weiterhin nach dem Umlageverfahren finanziert werden könnten. Siehe *Persiani*, La previdenza complementare, 2010, S. 58.

459 Zur Vorgängernorm im decreto legislativo 124/1993 siehe *Bessone*, Previdenza complementare, 2000, S. 63 & 156.

460 Vgl. *Casillo*, in Ferraro, La previdenza complementare nella riforma del Welfare, 2000, S. 167, 169 f.

461 Vgl. *Bucciarelli*, I "nuovi" fondi pensione, 2001, S. 71 f.; *Persiani*, Argomenti di diritto del lavoro 1998, 311, 334 & 345.

462 Vgl. *Bellieri dei Belliera/Buonanno/Serluca*, I fondi pensione, 2017, S. 175 f.; *Wesselmann*, Betriebliche Altersversorgung in der Republik Italien und der Bundesrepublik Deutschland, 2007, S. 23 f.

463 *Tursi*, in Bessone/Carinci, La previdenza complementare, 2004, S. 271.

464 Vgl. zur Vorgängernorm im decreto legislativo 124/1993 *Tursi*, Rivista giuridica del lavoro e della previdenza sociale 1998, 461, 463.

lässig,[465] wobei für Kreditinstitute sowie Versicherungsunternehmen Ausnahmen existieren.[466]

Neben den zuvor beschriebenen Formen der betrieblichen Altersversorgung in Italien sieht Art. 2120 des codice civile eine Sonderform der betrieblichen Zusatzleistung in Form des sog. trattamento di fine rapporto (abgekürzt als TFR) vor, den alle Arbeitgeber kraft Gesetzes verbindlich anbieten müssen. Obwohl diese Leistung ursprünglich noch als eine Art Arbeitslosenversicherung konzipiert war,[467] hat sie sich vermehrt zu einem festen Bestandteil einer obligatorischen betrieblichen Altersversorgung „sui generis" entwickelt.[468] Jedoch haben die Arbeitnehmer keinen Anspruch auf eine lebenslange Rente, sondern nur auf eine Einmalzahlung.[469] Eine Kapitaldeckung innerhalb des Unternehmens verlangt das Gesetz indes nicht. Vor diesem Hintergrund ist der TFR durchaus vergleichbar mit einer unmittelbaren (umlagefinanzierten) Pensionsverpflichtung.[470]

In der Vergangenheit unterlag der TFR jedoch wesentlichen Reformen. So sah das Gesetz Nr. 296 vom 27. Dezember 2006 (Finanzgesetz 2007) i.V.m. dem decreto legislativo 252/2005 vor, dass die ab dem 1. Januar

---

465 Vgl. *de Feo*, Rivista giuridica del lavoro e della previdenza sociale de 1999, 367, 373 mit Verweis auf das Urteil des *Tribunale di Ancona* v. 8.5.1998, Nr. 461, Rivista giuridica del lavoro e della previdenza sociale, 367. Zudem *Mantucci*, in Bariatti, Le nuove leggi civili commentate, 1995, decreto legislativo 124/1993 Art. 6; *Tursi*, in Bessone/Carinci, La previdenza complementare, 2004, S. 270 & 272.

466 Gem. Art. 18 Abs. 3 S. 1 des decreto legislativo 124/1993 waren diese nicht verpflichtet, ihre Pensionsverpflichtungen durch ein Sondervermögen zu decken, sodass ungedeckte Pensionsverpflichtungen weiterhin möglich waren. Siehe hierzu *Canavesi*, in Cinelli, La previdenza complementare, 2010, Capitolo XIII S. 591 f. Dies hat sich auch nicht im Zuge des decreto legislativo 252/2005 geändert und wurde durch Art. 3 Abs. 4 i.V.m. Art. 1 Abs. 1 Buchst. b) des decreto ministeriale (Ministerdekret) Nr. 62 vom 10. Mai 2007, Regolamento per l'adeguamento alle disposizioni del decreto legislativo 5 dicembre 2005, n. 252, in materia di forme pensionistiche complementari preesistenti alla data di entrata in vigore della legge. 23 ottobre 1992, n. 421, Gazzetta Ufficiale (Italienisches Amtsblatt) Nr. 112 v. 16.5.2007, beibehalten. So *Canavesi*, in Cinelli, La previdenza complementare, 2010, Capitolo XIII S. 617 f. Ferner wohl auch *Quirici*, La previdenza complementare in Italia, 2016, S. 122.

467 *Bessone*, Previdenza complementare, 2000, S. 16; *Passarelli*, Argomenti di diritto del lavoro 2000, 93, 93.

468 *Cesarotto*, Politica economica 2001, 359, 363.

469 Siehe hierzu *Franco*, in Feldstein/Siebert, Social Security Pensions Reform in Europe, 2002, S. 211, 223.

470 *Fenge et al.*, Alterssicherungssysteme im internationalen Vergleich, 2003, S. 97.

2007 fälligen Beiträge des TFR entweder an einen externen Pensionsfonds oder im Fall eines Unternehmens mit mehr als 50 Mitarbeitern an den staatlichen Sozialversicherungsträger, das sog. Instituto Nazionale della Previdenza Sociale, gezahlt werden müssen, sodass die Verpflichtung final abgegolten ist.[471] Unternehmen mit weniger als 50 Mitarbeitern sind von der Regelung jedoch nicht betroffen und können den TFR weiterhin direkt durchführen. Ferner wurden die Verpflichtungen im Rahmen des TFR, die bereits vor dem 1. Januar 2007 bestanden haben, durch das Gesetz nicht beeinflusst.

bb) Die Behandlung von Pensionsverpflichtungen im Rahmen der handelsrechtlichen Gewinnermittlung

Die 4. Richtlinie wurde in Italien im Rahmen des Gesetzes Nr. 69 von 1990[472] i.V.m. dem decreto legislativo Nr. 127 vom 9. April 1991[473] erst mit Wirkung zum 1.1.1993 in nationales Recht umgesetzt.[474] Der italienische Gesetzgeber schrieb dabei in Art. 2424 codice civile den Ansatz von Pensionsrückstellungen zwingend vor.[475] Zudem wurde für die Verpflichtungen im Zusammenhang mit dem TFR in Art. 2424 codice civile ein eigenes Passivierungsgebot kodifiziert.[476]

Neben der Bilanzierung im Rahmen der Vorgaben des codice civile steht es den Unternehmen in Italien i.S.d. Art. 2 i.V.m. 4 Abs. 4 bis Abs. 6 des decreto legislativo Nr. 38 vom 28. Februar 2005 (abgekürzt als decre-

471 Vgl. hierzu *Quirici*, La previdenza complementare in Italia, 2016, S. 52-55.

472 Legge (Gesetz) vom 26. März 1990, Nr. 69, Delega al Governo per l'attuazione di direttive comunitarie in materia societaria, Gazzetta Ufficiale (Italienisches Amtsblatt) Nr. 79 v. 4.4.1990.

473 Decreto legislativo (Gesetzesdekret) vom 9. April 1991, Nr. 127, Attuazione delle direttive n. 78/660/CEE e n. 83/349/CEE in materia societaria, relative ai conti annuali e consolidati, ai sensi dell'art. 1, comma 1, della legge 26 marzo 1990, n. 69, Gazzetta Ufficiale (Italienisches Amtsblatt) Nr. 90 v. 17.4.1991, Supplemento Ordinario Nr. 27.

474 Zur Umsetzung der Richtlinie in italienisches Recht siehe *Tieghi*, in Tieghi/del Sordo, Il bilancio di esercizio, 2018, S. 15, 23 f.; Zur Entwicklung der italienischen Rechnungslegung siehe ferner ausführlich *de Angelis*, Elementi di diritto contabile, 2019, S. 19-37.

475 Vgl. *Magrini*, Italienisches Gesellschaftsrecht, 2004, S. 139; *Kloos*, Transformation, 1993, S. 295. Diese Passivierungspflicht besteht seither unverändert fort.

476 *Sostero/Santesso*, I principi contabili, 2018, S. 689.

to legislativo 38/2005)[477] offen, ihren Einzelabschluss im Einklang mit den IFRS aufzustellen.[478] Dagegen ist die Anwendung der internationalen Rechnungslegungsstandards auf Einzelabschlussebene nach Art. 4 Abs. 2 bzw. Abs. 3 für bestimmte Einrichtungen wie Banken oder Versicherungsunternehmen sogar verpflichtend. In diesen Fällen wirkt sich der IAS 19 daher unmittelbar auf den handelsbilanziellen Gewinn aus.

Nach Art. 2424-bis codice civile dienen Rückstellungen der Deckung von Schulden bestimmter Art, die sicher oder wahrscheinlich sind, deren Höhe oder Zeitpunkt des Eintritts am Ende des Geschäftsjahres jedoch ungewiss ist.[479] Konkrete Kriterien zur Bilanzierung und Bewertung von Rückstellungen, geschweige denn von Pensionsrückstellungen, lassen sich aus den Vorgaben des codice civile allerdings nicht ableiten.[480] Ferner legt auch Art. 2426 codice civile, der die maßgeblichen Bewertungskriterien des Jahresabschlusses regelt, keine spezifischen Kriterien für die Bewertung von Verbindlichkeiten oder Rückstellungen fest.[481] Sofern es sich um Pensionsverpflichtungen im Rahmen einer mittelbaren Durchführungsform handelt, betreffen die Beiträge die Gewinn- und Verlustrechnung des Unternehmens.[482] Lediglich für die Bewertung einer Verpflichtungen im Zusammenhang mit einem TFR verweist Art. 2424-bis Abs. 3 codice civile auf Art. 2120 codice civile, sodass sich hieraus präzise Bestimmungen bezüglich des Wertansatzes ziehen lassen.[483]

---

477 Decreto legislativo (Gesetzesdekret) vom 28. Februar 2005, Nr. 38, "Esercizio delle opzioni previste dall'articolo 5 del regolamento (CE) n. 1606/2002 in materia di principi contabili internazionali", Gazzetta Ufficiale (Italienisches Amtsblatt) Nr. 66 v. 21.3.2005.

478 *Di Pietra*, Accounting in Europe 2017, 121, 128 f.; *Grandinetti*, Grandinetti, Corporate Tax Base, 2016, S. 125, 133.

479 Im italienischen Bilanzrecht wird zwischen Rückstellungen für Verluste (fondi bzw. accantonamenti per rischi) und Rückstellungen für Schulden (fondi bzw. accantonamenti per oneri) unterschieden. Pensionsrückstellungen fallen unter die Kategorie der Schuldrückstellungen. Siehe hierzu *Magrini*, Italienisches Gesellschaftsrecht, 2004, S. 139.

480 Vgl. *Sottoriva*, La redazione del bilancio, 2018, S. 185 f.; *Balducci*, Il bilancio d'esercizio, 2007, S. 238.

481 Vgl. *de Angelis*, in Cagnasso/de Angelis/Racugue, Il bilancio d'esercizio, 2018, Art. 2426 S. 424 f.

482 So schon *Putzolu*, in Castellano, Riserve e fondi nel bilancio d'esercizio, 1986, S. 230, 231 f.

483 Vgl. hierzu ausführlich *Borghini*, in Franceschi, Bilancio de esercizio, 2017, S. 195, 197; *Savioli*, in Savioli, Il bilancio di esercizio secondo i principi contabili nazionali, 2017, S. 353-355.

Vor diesem Hintergrund wird in Italien zur Auslegung bzw. Konkretisierung der Vorgaben des codice civile auf die Rechnungslegungsgrundsätze des italienischen Rechnungslegungsorgans, des sog. Organismo Italiano di Contabilità (abgekürzt als OIC), zurückgegriffen.[484] Der OIC ist gem. Art. 9-bis des decreto legislativo 38/2005 durch den Gesetzgeber befugt, die nationalen Rechnungslegungsstandards für die Erstellung von Abschlüssen in Übereinstimmung mit den Bestimmungen des codice civile zu erlassen. Wenngleich die Standards des OIC nicht die gleiche Wertigkeit besitzen wie die kodifizierten Vorgaben des codice civile, spielen sie dennoch eine besondere Rolle, die vagen Gesetznormen zu interpretieren und somit die italienische Rechnungslegungspraxis sachgerecht auszugestalten.[485]

In Hinblick auf die Bilanzierung von Rückstellungen ist der Standard Nr. 31 „Fondi per rischi e oneri e Trattamento di fine rapporto“ i.d.F. 2016 als maßgeblicher Rechnungslegungsstandard anzuwenden.[486] Der Standard definiert dabei die Rückstellungen für Pensionen und (pensions-)ähnliche Verpflichtungen in Randnummer 7 als Rückstellungen für die zusätzliche soziale Sicherheit, auf welche die Arbeitnehmer zum Zeitpunkt der Beendigung ihres Arbeitsverhältnisses aufgrund gesetzlicher oder vertraglicher Bestimmungen einen Anspruch haben. Darunter werden neben den Leistungen im Rahmen der Zusatzversorgung im Wesentlichen Rückstellungen für Arbeitsabfindungen oder Treueprämien verstanden.[487] Der TFR stellt jedoch keine Rückstellung für Pensionen bzw. (pensions-)ähnliche Verpflichtungen im eigentlichen Sinne dar.

---

484 So hat der italienische Gesetzgeber dem OIC gem. Art. 12 Abs. 3 des Decreto legislativo (Gesetzesdekret) vom 18. August 2015, Nr. 139/2015, Attuazione della direttiva 2013/34/UE relativa ai bilanci d'esercizio, ai bilanci consolidati e alle relative relazioni di talune tipologie di imprese, recante modifica della direttiva 2006/43/CE e abrogazione delle direttive 78/660/CEE e 83/349/CEE, per la parte relativa alla disciplina del bilancio di esercizio e di quello consolidato per le societa' di capitali e gli altri soggetti individuati dalla legge, Gazzetta Ufficiale (Italienisches Amtsblatt) Nr. 205 v. 4.9.2015 die Aufgabe übertragen, die nationalen Rechnungslegungsstandards zur Umsetzung der neuen Bestimmungen des Bürgerlichen Gesetzbuches zu aktualisieren. Vgl. hierzu *Grandinetti*, Il principio di derivazione nell' IRES, 2016, S. 83 f.

485 *Bartolini*, Il bilancio d'esercizio, 2018, S. 19 f.

486 OIC, Fondi per rischi e oneri e Trattamento di fine rapporto, 2016, abrufbar unter https://www.fondazioneoic.eu/wp-content/uploads/2011/02/2016-12-OIC-31-Fondi-per-rischi-e-oneri-e-TFR.pdf (zuletzt abgerufen am 1.9.2021).

487 Vgl. zur beispielhaften Aufzählung *Savioli*, in Savioli, Il bilancio di esercizio secondo i principi contabili nazionali, 2017, S. 344.

Die Pensionsrückstellungen sind ihrer Höhe nach unbestimmt, da sie sowohl vom Eintritt verschiedener Bedingungen wie des Alters abhängig sind als auch versicherungsmathematische Berechnungen erfordern können, wobei sie zum Bilanzstichtag mit hinreichender Zuverlässigkeit geschätzt werden müssen.[488] Gemäß der Randnummer 41 sind die jährlichen Aufwendungen einer Pensionsrückstellung in jedem Fall so zu bemessen, dass eine schrittweise Anpassung der entsprechenden Rückstellung an die schuldrechtlichen Verpflichtungen, die sich bei der Beendigung des Arbeitsverhältnisses bspw. aufgrund vertraglicher oder gesetzlicher Bestimmungen ergeben, möglich ist. Weitere Ausführungen zur Bilanzierung und Bewertung von Pensionsrückstellungen im eigentlichen Sinne sowie der Behandlung des Deckungsvermögens lassen sich dem Standard jedoch nicht entnehmen.[489]

Dies ist insoweit erstaunlich, da der OIC seine Rechnungslegungsstandards kontinuierlich an die IFRS annähern wollte und sich der IAS 19 für ein kohärentes Regelwerk demnach angeboten hätte.[490] Die Vorgaben des OIC 31, die Rückstellung anhand versicherungsmathematischer Verfahren zu ermitteln, schließt einen Rückgriff auf die Regelungen des IAS 19 zumindest nicht aus, sodass seine partielle Anwendung grundsätzlich in Frage kommen mag.[491] Nichtsdestoweniger erscheint die Notwendigkeit eines detaillierten Bewertungssystems für Pensionsverpflichtungen im eigentlichen Sinne lediglich auf wenige Ausnahmen beschränkt zu sein. Einerseits ist einzuwenden, dass die Bedeutung unmittelbarer Pensionsverpflichtungen bzw. pensionsähnlicher Verpflichtungen im Zusammenhang mit der gesetzlich verpflichtenden Beitragszusage zunehmend in den Hintergrund rückt und daher in der Praxis allenfalls eine untergeordnete Rolle spielt. Andererseits sind die noch verbliebenen betriebsinternen Pensionsfonds größtenteils auf Banken und Versicherungen beschränkt,[492] die gem.

---

488 *Quagli*, Bilancio e principi contabili, 2020, S. 547 f.

489 Vgl. bspw. den synoptischen Vergleich von *PwC* (Hrsg.), Bilancio: uno sguardo al futuro, 2019, S. 35. So auch schon im Vergleich zu dem alten Standard *Balducci*, Il bilancio d'esercizio, 2007, S. 244.

490 Zur Annäherung der Standards des OIC an die IFRS siehe *Tieghi*, in Tieghi/del Sordo, Il bilancio di esercizio, 2018, S. 15, 32; *Di Pietra*, Accounting in Europe 2017, 121, 127.

491 So schon *Caratozzolo*, Bilancio d'esercizio, 2006, S. 320 f. Ferner *Loli/Wilcke*, in Ordelheide/KPMG, Transnational Accounting, 2001, S. 1595, 1639 f. A.A. wohl *Loprevite*, I cosi del personale dipendente e il „trattamento di fine rapporto“, 2008, S. 192 f.

492 Im Jahr 2018 existierten lediglich 81 interne Pensionsfonds, wobei 64 bei Banken und sechs bei Versicherungsunternehmen angesiedelt waren. Vgl. hierzu

Art. 4 des decreto legislativo 38/2005 verbindlich den IAS 19 anwenden müssen. In der weiteren Betrachtung können diese Fälle daher vernachlässigt werden.

Neben den Vorgaben zu Pensionsrückstellungen im eigentlichen Sinne finden sich in dem Standard Nr. 31 zudem weitere Vorgaben zur Bilanzierung des TFR. Der Wertansatz der Rückstellung ist dabei explizit in Art. 2424-bis Abs. 3 codice civile geregelt und ist somit in Übereinstimmung – ohne Berücksichtigung von versicherungsmathematischen Annahmen – mit den Bestimmungen von Art. 2120 codice civile zu ermitteln. Gleichwohl ist der TFR, sofern ein Unternehmen seinen Einzelabschluss entsprechend der internationalen Standards aufstellt, sodann im Einklang mit den spezifischen Regelungen des IAS 19 zu bilanzieren.[493] Im Ergebnis unterschieden sich die Vorgaben der italienischen handelsrechtlichen Rechnungslegungsprinzipien bezüglich der Bilanzierung und Bewertung des TFR elementar von den Regelungen des IAS 19.[494]

cc) Die Behandlung von Pensionsverpflichtungen im Rahmen der steuerrechtlichen Gewinnermittlung

Die steuerliche Gewinnermittlung in Italien baut gem. Art. 83 des italienischen Einkommensteuergesetzes, des sog. Testo unico delle imposte sui redditi (abgekürzt als TUIR),[495] vorbehaltlich eigener steuerrechtlicher Bestimmungen auf dem Gewinn des Einzelabschlusses auf.[496] Die Verknüpfung zwischen dem Einzelabschluss und der steuerrechtlichen Gewinn-

Commissione di vigilanza sui fondi pensione (Hrsg.), Relazione per l'anno 2018, 2019, S. 193.

493 Vgl. auch das Schreiben (Circolare) des Finanzministerium Nr. 51 v. 17.11.2006, Corriere Tributario 2006, 3823, 3824.

494 Zutreffend *Bartolini*, Il bilancio d'esercizio, 2018, S. 220; *Gavana/Guggiola/Marenzi*, Accounting in Europe 2013, 43, 50 & 69; *Acernese*, Corriere Tributario 2009, 3189, 3189 f.; *Allegrini/Ninci*, Amministrazione & Finanza 2008, 6, 12 f.; *Dodero*, Anm. zu Circolare Nr. 51 v. 17.11.2006, Accantonamenti per TFR effettuati da soggetti IAS, Corriere Tributario 2006, 3823, 3828.

495 Testo Unico delle Imposte sui Redditi, Decreto Presidente Repubblica vom 22. Dezember 1986, Nr. 917, Approvazione del testo unico delle imposte sui redditi, Gazzetta Ufficiale (Italienisches Amtsblatt) Nr. 302 v. 31.12.1986, Supplemento Ordinario Nr. 126.

496 Dabei sind die Rechnungslegungsstandards des OIC ebenfalls anzuwenden. Vgl. *Grandinetti*, Il principio di derivazione nell' IRES, 2016, S. 84 mit Verweis auf *Mellis*, Interpretazione nel diritto tributario, 2003, S. 145.

ermittlung zeichnet sich demnach durch eine sehr ausgeprägte Maßgeblichkeit der handelsrechtlichen Rechnungslegungsprinzipien aus, die nicht nur für die nationalen, sondern auch für die internationalen Rechnungslegungsstandards gilt.[497] Sofern ein Unternehmen seinen Jahresabschluss in Übereinstimmung mit den IFRS aufstellt, würde sich der IAS 19 folglich unmittelbar auf den steuerlichen Gewinn auswirken.

Vor diesem Hintergrund durchbricht das italienische Einkommensteuergesetz allerdings den strengen Maßgeblichkeitsgrundsatz und normiert in Art. 105 TUIR eigene, zusätzliche Bestimmungen für die steuerliche Behandlung von Pensionsverpflichtungen. So sind gem. Art. 105 Abs. 1 TUIR die im Rahmen des Art. 2117 codice civile gebildeten Rückstellungen für Abfindungen bzw. für Pensionsverpflichtungen, sofern sie auf Einzelkonten einzelner Mitarbeiter gebildet werden, bis zur Höhe der aufgrund der gesetzlichen und vertraglichen Bestimmungen erworbenen Ansprüche des Mitarbeiters abzugsfähig. Insoweit normiert Art. 105 Abs. 1 TUIR eine notwendige Bedingung für das Bestehens eines betriebsinternen Pensionsfonds, sodass die Bildung einer Rückstellung im Rahmen einer ungedeckten Pensionsverpflichtung in der steuerlichen Gewinnermittlung nicht zulässig ist.[498] Daneben ist es nach Art. 105 Abs. 2 TUIR zulässig, eine Erhöhung einer Rückstellung aufgrund einer Gehaltserhöhung oder einer sonstigen regulatorischen Änderung entweder im gleichen Jahr oder innerhalb von zwei Geschäftsjahren pro rata temporis erfolgswirksam zu erfassen.

Neben den Bestimmungen des italienischen Steuergesetzes werden die Vorgaben zur ertragsteuerlichen Behandlung des TFR ferner durch Art. 2 Abs. 4 des Ministerdekrets, des sog. decreto ministeriale, Nr. 48 vom 1. April 2009 ergänzt.[499] Demzufolge dürfen die Unternehmen, die ihren

---

497 *Anzinger*, in HHR, EStG, 285. Lfg. April 2018, § 5 Rn. 193; *Lobis*, in Mennel/Förster, Steuern in Europa, 116. Lfg. 2018, Italien Rn. 32 & 35.

498 Vgl. *Dan et al.*, Guida Practica Società, Contabilità e Bilancio, 2021, S. 628; *Andreani/Dodero/Ferranti*, Testo Unico Imposte sui Redditi, 2020, Art. 105 III. Rn. 1; *Fantozzi*, Commentario breve alle leggi tributarie, Tomo III, 2010, Art. 105 II. I limiti di deducibilità Rn. 6. Grds. besitzt diese Norm deklaratorischen Charakter, da eine Deckung gem. Art. 4 Abs. 2 des decreto legislativo 252/2005 zwingend vorgeschrieben ist. Lediglich für betriebsinterne Fonds bei Banken und Versicherungen hat Art. 105 Abs. 1 TUIR konstitutiven Charakter. Vgl. ferner auch *Puri*, Destinazione previdenziale e prelievo tributario, 2005, S. 276 f.

499 Decreto ministeriale (Ministerdekret) des Ministers für Wirtschaft und Finanzen vom 1. April 2009, Nr. 48, Regolamento recante (Verordnung mit folgenden Bestimmungen): „Disposizioni di attuazione e di coordinamento delle

steuerpflichtigen Gewinn im Rahmen der internationalen Standards ermitteln, die Rückstellungen für den TFR maximal mit dem Wertansatz i.S.d. Art. 2120 codice civile ansetzen.[500] Sofern der Wertansatz gem. IAS 19 jedoch unterhalb der Rückstellung i.S.d. Art. 2120 codice civile liegt, ist der Ansatz des IAS 19 steuerlich maßgeblich.[501]

Wenngleich ein decreto ministeriale keine unmittelbare verfassungsgemäße Gesetzeskraft besitzt, ist er gleichwohl als Rechtsakt der Verwaltung verbindlich und konkretisiert somit die gesetzlichen Vorgaben.[502] Im Ergebnis wird die Maßgeblichkeit des IAS 19 für die steuerliche Gewinnermittlung im Zusammenhang mit der Bilanzierung des TFR unter Umständen punktuell durchbrochen, sodass den steuerbilanziellen Gewinnermittlungsvorschriften in Abhängigkeit des Sachverhalts entweder eine gänzlich fehlende oder, in den Grenzen des Art. 105 TUIR, eine partielle Konvergenz mit dem IAS 19 zu attestieren ist.

d) Spanien

aa) Überblick über die arbeitsrechtlichen Grundzüge der betrieblichen Altersversorgung

Die betriebliche Altersversorgung in Spanien ist in ihrer jetzigen Form weitestgehend in der aktuellen Fassung des real decreto legislativo 1/2002[503] vom 29. November zur Genehmigung des überarbeiteten Textes

---

norme contenute nei commi 58 e 59 dell'articolo 1 della legge 24 dicembre 2007, n. 244 in materia di determinazione del reddito dei soggetti tenuti alla adozione dei prinicipi contabili internazionali", Gazzetta Ufficiale (Italienisches Amtsblatt) Nr. 111 v. 15.5.2009.

500 Vgl. hierzu *Dan et al.*, Guida Practica Società, Contabilità e Bilancio, 2021, S. 638; *Acernese*, Corriere Tributario 2009, 3189, 3190-3192. Zu einem Vorgängerschreiben (Circolare) des Finanzministeriums vgl. *Dodero*, Corriere Tributario 2006, 3823, 3828.

501 Vgl. ausführlich *Andreani/Dodero/Ferranti*, Testo Unico Imposte sui Redditi, 2020, Art. 105 II. Rn. 5.

502 Zur Bedeutung eines decreto ministeriale siehe beispielhaft *Iaricci*, Istituzioni di diritto pubblico, 2014, S. 300.

503 Real decreto legislativo (Königliches Gesetzesdekret) 1/2002 vom 29. November 2002, por el que se aprueba el texto refundido de la Ley de Regulación de los Planes y Fondos de Pensiones, spanisches Gesetzesblatt Boletín Oficial del Estado Nr. 298 v. 13.12.2002. Siehe hierzu *Fernández de Córdoba*, in Herráiz et al., Fiscalidad de las Operaciones Financieras, 2008, S. 431, 433.

des Gesetzes über die Regulierung von Pensionsplänen und -fonds kodifiziert. Gem. Art. 5 Abs. 1 Buchst. b) des real decreto legislativo 1/2002 muss eine Pensionsverpflichtung dabei zwingend im Zuge des Kapitaldeckungsverfahrens finanziert werden. Als Durchführungsformen kommen hierfür lediglich externe Versorgungsträger wie Direktversicherungen oder sog. Pensionsfonds in Betracht.[504] Unmittelbare Pensionsverpflichtungen sind hingegen seit 1995 nicht mehr erlaubt und mussten – bis auf wenige Ausnahmen wie bspw. bestehende Direktzusagen durch Kreditinstitute – bis Ende 2002 vollständig auf die mittelbaren Durchführungsformen ausgelagert werden.[505]

Nach Art. 1 Abs. 2 des real decreto legislativo 1/2002 steht es einem spanischen Arbeitgeber zudem grundsätzlich frei, eine betriebliche Altersversorgung anzubieten. Soweit ein Arbeitgeber eine betriebliche Altersversorgung eingerichtet hat, ist jeder Arbeitnehmer gem. Art. 5 Abs. 1 Buchst. a) Nr. 1 des real decreto legislativo 1/2002 vorbehaltlich einer Betriebszugehörigkeit von zwei Jahren zur Teilnahme berechtigt. Ungeachtet des Art. 1 Abs. 2 ist ein Arbeitgeber im Fall einer tariflichen Vereinbarung gem. Art. 4 Abs. 1 Buchst. a) des real decreto legislativo 1/2002 sodann sogar verpflichtet, eine betriebliche Altersversorgung für die betroffene Belegschaft einzurichten. Trotz dieser legislativen Bindung spielt die betriebliche Altersversorgung in Spanien jedoch so gut wie keine Rolle und deckt lediglich einen Bruchteil der Beschäftigten ab.[506]

Die Zusagen können nach Art. 4 Abs. 2 des real decreto legislativo 1/2002 sowohl als Leistungs- als auch als Beitragszusagen ausgestaltet sein, wobei ebenfalls eine Mischform gesetzlich statthaft ist.[507] Wenngleich die Prämienhöhe i.S.d. Art. 5 Abs. 3 des real decreto legislativo 1/2002 auf 8000 Euro jährlich beschränkt ist, sind höhere Zahlungen zum Ausgleich von Deckungslücken der externen Versorgungsträger bei Leistungszusagen

---

504 *Wellisch et al.*, Besteuerung der Altersversorgung, 2008, S. 525; *Hernandez*, in Cramer/Förster/Ruland, Handbuch zur Altersversorgung, 1998, S. 1143, 1149.

505 Vgl. Übergangsbestimmung Vier. (Disposición transitoria cuarta. Régimen de los compromisos por pensiones ya asumidos) des real decreto legislativo 1/2002. Siehe ferner *Flórez López*, in Fernández Fernández, Pecunia - Extraordinario 1, 2009, S. 189, 219 f.; *Fenge et al.*, Alterssicherungssysteme im internationalen Vergleich, 2003, S. 117.

506 Vgl. *Europäische Kommission* (Hrsg.), The 2018 Pension Adequacy Report II, 2018, S. 86; ferner schon *Neuhaus*, Auslagerung betrieblicher Pensionszusagen, 2009, S. 66.

507 Vgl. auch *Martínez Poza*, in Natali/Pavolini/Vanhercke, Occupational Welfare in Europe, 2018, S. 193, 201; *Fernández de Córdoba*, in Herráiz et al., Fiscalidad de las Operaciones Financieras, 2008, S. 431, 435-437.

gem. Art. 5 Abs. 3 Buchst. c) des real decreto legislativo 1/2002 jederzeit zulässig.

bb) Die Behandlung von Pensionsverpflichtungen im Rahmen der handelsrechtlichen Gewinnermittlung

Die 4. Richtlinie wurde in Spanien, das erst 1986 der europäischen Gemeinschaft beitrat, durch das Gesetz 19/1989[508] in das handelsrechtliche Rechnungslegungssystem transformiert.[509] Der spanische Gesetzgeber kodifizierte hierbei grundsätzlich eine Passivierungspflicht für Pensionsrückstellungen,[510] wobei für Altzusagen bestimmter Branchen, die vor 1990 bestanden, aufgrund fehlender Bilanzierungspflichten Übergangsregelungen erlassen wurden.[511] Im Zuge der Konvergenz der 4. Richtlinie mit den IFRS wurde die spanische Rechnungslegung mit dem Gesetz 16/2007[512] schließlich maßgeblich reformiert. Dabei wurde neben einzelnen Änderungen des spanischen Handelsgesetzbuches, des Código de Comercio, und des Aktiengesetzes, des sog. Ley de Sociedades de Capital, insbesondere der Plan General de Contabilidad[513] (abgekürzt als PGC) erheblich

---

508 Ley (Gesetz) 19/1989 vom 25. Juli 1989, de reforma parcial y adaptación de la legislación mercantil a las Directivas de la comunidad Económica Europea (CEE) en materia de Sociedades, spanisches Gesetzesblatt Boletín Oficial del Estado Nr. 178 v. 27.7.1989. Siehe hierzu *Kloos*, Transformation, 1993, S. 115 f.

509 Siehe hierzu *Rossmanith/Schwald*, IStR 2006, 248, 248 f.; siehe ausführlich *Selling*, RIW 1989, 965.

510 *Dicken*, Spanisches Bilanzrecht, 2002, S. 47; *Kloos*, Transformation, 1993, S. 295; *Müller*, DB 1990, 1625, 1629.

511 Beschluss (Orden) des Ministers für Wirtschaft und Finanzen vom 1. Juli 1991, spanisches Gesetzesblatt Boletín Oficial del Estado Nr. 164 v. 10.7.1991. Vgl. zudem den Vermerk des Instituts für Rechnungswesen und Rechnungsprüfung (ICAC) über die buchhalterische Behandlung bestimmter Pensionsverpflichtungen (Tratamiento contable de determinados compromisos por pensiones (Nota)), Partida doble 2002, 115, 116. Siehe ferner auch *Sasse*, Rückstellungen in Spanien, 2001, S. 183. Vor der Transformation der 4. Richtlinie wurden für Pensionsverpflichtungen keine Rückstellungen angesetzt. Hierzu *Nave Pineda*, Técnica Contable 1992, 457, 457.

512 Ley (Gesetz) 16/2007 vom 4. Juli 2007, de reforma y adaptación de la legislación mercantil en materia contable para su armonización internacional con base en la normativa de la Unión Europea, spanisches Gesetzesblatt Boletín Oficial del Estado Nr. 160 v. 5.7.2007.

513 Real decreto legislativo (Königliches Gesetzesdekret) 1514/2007 vom 16. November 2007, por el que se aprueba el Plan General de Contabilidad, spanisches

an die Systematik der internationalen Rechnungslegungsstandards angenähert.[514]

Der PGC konkretisiert im System der spanischen Buchführung die allgemeinen Rechnungslegungsgrundsätze und füllt diese dahingehend durch detaillierte Bilanzierungs- und Bewertungsregelungen normativ aus.[515] Er ist gem. seiner Präambel sowohl für Kapitalgesellschaften als auch für Personengesellschaften verbindlich anzuwenden, wobei für kleine und mittlere Unternehmen eine spezifische Version existiert.[516] Vor dem Hintergrund der starken Anlehnung der spanischen Rechnungslegung an die internationalen Standards wird der PGC daher auch als „spanische Version der IFRS“ bezeichnet.[517] Für den Einzelabschluss spielen die IFRS hingegen keine unmittelbare Rolle in Spanien. Diese finden gem. Art. 43bis des Código de Comercio ausschließlich für Konzernabschlüsse unmittelbar Anwendung.[518]

Mit Blick auf die Bilanzierung von Pensionsverpflichtungen lassen sich weder aus den maßgeblichen Buchführungspflichten in Art. 34 bis 41 des Código de Comercio noch aus dem Aktiengesetz, welches gem. Art. 254 Abs. 2 auf die Vorgaben des Código de Comercio verweist, spezifische Direktiven ableiten. Erst im Plan General de Contabilidad finden sich konkrete Vorgaben bezüglich der bilanziellen Behandlung von Pensionsverpflichtungen. So sind Rückstellungen für Pensionen einerseits in dem Unterkonto 140 des PGC weiterhin verpflichtend zu bilden.[519] Andererseits werden in Punkt 16ª des zweiten Teils des PGC zusätzlich zu den

---

Gesetzesblatt Boletín Oficial del Estado Nr. 278 v. 20.11.2007. Gem. Abs. 1 der ersten Schlussbestimmung (Disposición final primera. Habilitación para el desarrollo de la Ley) des Gesetzes 16/2007 ist die spanische Regierung ermächtigt, den Plan General de Contabilidad durch ein königliches Gesetzesdekret zu genehmigen.

514 *Báez Moreno*, in Grandinetti, Corporate Tax Base, 2016, S. 183, 190. Zur Grundlage des PGC i.d.F. 2008 siehe *Omeñaca García*, Guía práctica de adaptación, 2008, S. 28-32.

515 Zur Rolle des PGC im spanischen Handelsrecht siehe *Kaiser*, Steuerliche Gewinnermittlung in Spanien und Deutschland, 2008, S. 71 f.

516 Vgl. auch *Behrenz*, in Behrenz/Jarfe/Frühbeck, Investitions- und Steuerstandort Spanien, 2012, Rn. 83-85.

517 *Calderón Carrero/Báez Moreno*, in Sanfrutos Gambín/Carbajo Vasco, Impuesto sobre Sociedades, Tomo I, 2013, S. 103, 109.

518 *Báez Moreno*, in Grandinetti, Corporate Tax Base, 2016, S. 183, 184. Zur Einführung der IFRS für Konzernabschlüsse in Spanien siehe *Omeñaca García*, Guía práctica de adaptación, 2008, S. 49 f.

519 *Omeñaca García*, Guía práctica de adaptación, 2008, S. 245.

allgemeinen Rückstellungsregelungen in Punkt 15ª eigene Vorgaben hinsichtlich der Bilanzierung von Pensionsverpflichtungen kodifiziert.[520]

In diesem Zusammenhang differenziert der PGC in Punkt 16ª zwischen Leistungs- und Beitragszusagen. Während die Pensionsverpflichtung bei den Beitragszusagen durch die Zahlung erfüllt ist, müssen bei Leistungszusagen die Pensionsrückstellungen als Differenz zwischen dem Barwert der Vergütungsverpflichtungen und dem beizulegenden Zeitwert der den Verpflichtungen zugeordneten Vermögenswerte bilanziert werden. Der Barwert der leistungsdefinierten Verpflichtungen wird dabei mittels einer versicherungsmathematischen Berechnungsmethode unter Verwendung von finanziellen und versicherungsmathematischen Annahmen ermittelt.[521] Als potentielle Vermögenswerte, einschließlich Versicherungspolicen, gelten dabei Vermögenswerte, die nicht dem Unternehmen, sondern einem rechtlich selbständigen Dritten gehören und nur für die Erfüllung der Pensionsverpflichtung zur Verfügung stehen. Diese Vermögensgegenstände dürfen nicht an das Unternehmen zurückgegeben werden, außer die verbleibenden Vermögenswerte reichen zur Erfüllung aller Verpflichtungen aus.

Während die Unterscheidung zwischen Beitrags- und Leistungszusagen noch deckungsgleich mit den Vorgaben des IAS 19 ist, bleiben gerade die Normen hinsichtlich der Bewertung der Verpflichtung in erheblichem Umfang hinter dem Detaillierungsgrad des internationalen Standards zurück.[522] So lässt sich aus den Vorgaben bspw. keine eindeutige Bewertungsmethode ableiten. Nichtsdestoweniger ähnelt die Systematik des Punktes 16ª des PGC dabei offenkundig dem IAS 19. Angesichts der starken Annährung der spanischen Rechnungslegung an die Systematik des Standards erscheint es daher nur konsequent, dass zur Schließung der Regelungslücke auf die Vorgaben des IAS 19 rekurriert wird, um ein in sich kohärentes und geschlossenes Bewertungssystem zu erhalten.[523]

---

520 Zum Verhältnis zwischen Pensionsrückstellungen und den anderen Rückstellungen siehe *Omeñaca García*, Contabilidad General, 2017, S. 411-415.

521 Vgl. *García Castellví*, in García Castellví/Gonzáles Navarro/Astorga Sánchez, Contabilidad financiera, 2011, S. 141, 183.

522 *Instituto De Contabilidad Y Auditoría De Cuentas* (Hrsg.), Plan general de contabilidad, 2008, S. LI – LIV.

523 *Abad Navarro*, in Zamora Ramírez, Análisis práctico y guía de implantación del nuevo PGC, 2008, S. 266, 267. Vgl. zudem beispielhaft *Francis Lefebvre* (Hrsg.), Momento Práctico Contable, 2021, Rn. 4238-4260 & 4305. Ferner wurde auch schon vor Einführung des PGC 2007 auf die internationalen

Der Verwendung der internationalen Standards bei Auslegungsfragen wird sodann durch eine Stellungnahme des spanischen Standardsetters, des sog. Instituto de Contabilidad y Auditoría, welcher gem. Abs. 3 der ersten Schlussbestimmung (Disposición final primera) des Gesetzes 16/2007 rechtsverbindliche Standards für die Entwicklung des allgemeinen Rechnungslegungsplans in Bezug auf die Bewertung und Erstellung des Jahresabschlusses erlässt,[524] partiell fundiert.[525] Demnach ist ein Rückgriff auf die IFRS mangels expliziter gesetzlicher Vorgaben zulässig, soweit diese im Einklang mit dem PGC und den spanischen Rechnungslegungsprinzipien stehen, obschon den IFRS bei der Anwendung grundsätzlich kein Vorrang einzuräumen ist.[526] Eine eigene Stellungnahme zu Pensionsverpflichtungen des Instituto de Contabilidad y Auditoría steht zudem noch aus.[527] Es lässt sich daher hervorheben, dass der IAS 19 im Ergebnis mittelbar einen gewissen Einfluss auf die Bilanzierung von Pensionsverpflichtungen im Rahmen der Jahresabschlusserstellung in Spanien besitzt.[528]

cc) Die Behandlung von Pensionsverpflichtungen im Rahmen der steuerrechtlichen Gewinnermittlung

Das spanische Körperschaftsteuergesetz (Ley del Impuesto sobre Sociedades, abgekürzt als LIS) wurde zuletzt 2014 mit dem Gesetz 27/2014[529] maßgeblich reformiert und ersetzte das vorherige Gesetz 43/1995[530] von

---

Rechnungslegungsstandards zurückgegriffen. Siehe *Martinez/Zorio*, in Alexander/Archer, European Accounting Guide, 2003, S. 16.03, 16.34

524 Vgl. zum Instituto de Contabilidad y Auditoría auch *Mora*, Accounting in Europe 2017, 199, 200 f.

525 Consulta 1 des Boletín del Instituto de Contabilidad y Auditoria de Cuentas 74 v. Juni 2008.

526 Vgl. *Mora*, Accounting in Europe 2017, 199, 203.

527 Siehe bis 2017 *Constans*, Plan General de Contabilidad, 2017, S. 115. Seither hat sich keine Änderung ergeben.

528 Zum faktischen Einfluss der IFRS auch *Botella García-Lastra*, La armonización de la base imponible, 2017, S. 66 mit Verweis auf die Untersuchung von *Calderón Carrero/Báez Moreno*, in Sanfrutos Gambín/Carbajo Vasco, Impuesto sobre Sociedades, Tomo I, 2013, S. 103.

529 Ley (Gesetz) 27/2014 vom 27. November 2014, del impuesto sobre sociedades, spanisches Gesetzesblatt Boletín Oficial del Estado Nr. 288 v. 28.11.2014.

530 Ley (Gesetz) 43/1995 vom 27. Dezember 1995, del impuesto sobre sociedades, spanisches Gesetzesblatt Boletín Oficial del Estado Nr. 310 v. 28.12.1995.

1995.[531] Die Ermittlung des steuerlichen Gewinns eines Unternehmens baut dabei gem. Art. 10 Abs. 3 LIS auf den Rechnungslegungsvorschriften des Código de Comercio und insbesondere des PGC auf.[532] Durch den Verweis in Art. 28 Abs. 1 des spanischen Einkommensteuergesetzes[533] gelten die Regelungen des Körperschaftsteuergesetzes vorbehaltlich eigener Einschränkungen sodann ebenfalls für Personengesellschaften.[534]

Vor diesem Hintergrund knüpft die steuerliche Gewinnermittlung maßgeblich an die Vorschriften der handelsrechtlichen Rechnungslegung an und nimmt dementsprechend den Gewinn der Handelsbilanz als Ausgangspunkt,[535] der sodann in Folge eigener steuerlicher Vorschriften in Art. 11-22 LIS modifiziert wird.[536] Dabei lässt sich der steuerlichen Gewinnermittlung in Spanien mit Blick auf die enge Verknüpfung mit den handelsrechtlichen Rechnungslegungsprinzipien – trotz der fehlenden unmittelbaren Anwendung der IFRS für den Einzelabschluss – grundsätzlich einen Einfluss der internationalen Rechnungslegungsstandards attestieren,[537] sodass sich die Systematik des IAS 19 ebenfalls auf den steuerlichen Gewinn ausgewirkt haben könnte.

Nichtsdestotrotz kodifizierte der spanische Gesetzgeber mit Art. 14 LIS ein eigenes Passivierungsverbot für Pensionen oder ähnliche Verpflichtungen. So sind einerseits gem. Art. 14 Abs. 1 LIS Aufwendungen für Rückstellungen für Pensionsverpflichtungen und Unterdeckungen interner Fonds i.S.d. königlichen Gesetzesdekrets 1/2002 vom 29. November nicht abzugsfähig. Andererseits sieht Art. 14 Abs. 2 LIS ein generelles Abzugsverbot für langfristige Personalvergütungen durch Beitrags- oder Leis-

---

531 *Hellwege*, in Mennel/Förster, Steuern in Europa, 121. Lfg. 2019, Spanien Rn. 37.

532 *Báez Moreno*, in Grandinetti, Corporate Tax Base, 2016, S. 183, 184.

533 Ley (Gesetz) 35/2006 vom 28. November, del Impuesto sobre la Renta de las Personas Físicas y de modificación parcial de las leyes de los Impuestos sobre Sociedades, sobre la Renta de no Residentes y sobre el Patrimonio, spanisches Gesetzesblatt Boletín Oficial del Estado Nr. 285 v. 29.11.2006.

534 So schon bezüglich des alten Rechtsstands *Kaiser*, Steuerliche Gewinnermittlung in Spanien und Deutschland, 2008, S. 68.

535 Vgl. *Francis Lefebvre* (Hrsg.), Momento Práctico Fiscal, 2021, Rn. 3352; *Borrás Amblar/Navarro Alcázar*, Impuesto sobre Sociedades, 10. Aufl. 2021, S. 110 & 112-116.

536 *Anzinger*, in HHR, EStG, 285. Lfg. April 2018, § 5 Rn. 193. Zum Rechtsstand vor 2015 siehe *Frühbeck Olmedo*, in Behrenz/Jarfe/Frühbeck, Investitions- und Steuerstandort Spanien, 2012, Rn. 11 f.

537 Siehe *Calderón Carrero/Báez Moreno*, in Sanfrutos Gambín/Carbajo Vasco, Impuesto sobre Sociedades, Tomo I, 2013, S. 103, 109.

tungszusagen vor, sofern es sich nicht um Beiträge an Pensionspläne oder betriebliche Sozialpläne handelt.

Das Rückstellungsverbot in Art. 14 Abs. 1 LIS ist hierbei deklaratorischer Natur und statuiert im Zusammenhang mit dem grundsätzlichen Verbot unmittelbarer Pensionsverpflichtungen das korrespondierende steuerliche Abzugsverbot.[538] In diesem Sinne werden jedoch auch die Ausnahmen für Kreditinstitute oder Versicherungsunternehmen von dem steuerlichen Abzugsverbot konstitutiv erfasst.[539] Hingegen knüpft Art. 14 Abs. 2 LIS an die handelsrechtlich maßgebliche Unterscheidung des Art. 16 PGC,[540] sodass Rückstellungen für die Unterdotierungen externer Versorgungsträger im Rahmen von Leistungszusagen demgemäß steuerlich nicht zulässig sind.[541] Lediglich die regelmäßigen Beiträge bzw. die außerordentlichen Zahlungen an die externen Fonds aufgrund einer Unterdeckung vermindern den steuerlichen Gewinn.[542] Es gilt als Ergebnis festzuhalten, dass das spanische Bilanzsteuerrecht die Maßgeblichkeit des handelsrechtlichen Jahresabschlusses gänzlich durchbricht und die Abzugsfähigkeit im Zusammenhang mit Pensionsverpflichtungen an die effektiven Zahlungsströme und weniger die Abbildung der Rechtsverhältnisse knüpft. Die Regelungen des IAS 19 spielen daher ebenfalls keine Rolle in der steuerlichen Gewinnermittlung.

e) Niederlande

aa) Überblick über die arbeitsrechtlichen Grundzüge der betrieblichen Altersversorgung

Das Recht der betrieblichen Altersversorgung in den Niederlanden ist weitestgehend in dem Gesetz vom 7. Dezember 2006 über die Pensionsregelung,[543] dem sogenannten Pensioenwet (abgekürzt als PW), kodifiziert,

---

538 Vgl. *Borrás Amblar/Navarro Alcázar*, Impuesto sobre Sociedades, 10. Aufl. 2021, S. 351 f.; *Rodriguez Relea*, Fiscalidad Práctica, 2018, S. 320, der dieser Norm keine praktische Relevanz attestiert.

539 *Omeñaca García*, PGC 2017, S. 101.

540 *Rodriguez Relea*, Fiscalidad Práctica, 2018, S. 318 f.

541 *Gutiérrez Viguera*, El nuevo Impuesto, 2015, S. 98 f.

542 *Francis Lefebvre* (Hrsg.), Momento Práctico Fiscal, 2021, Rn. 3794; *Gutiérrez Viguera*, El nuevo Impuesto, 2015, S. 99.

543 Gesetz vom 7. Dezember 2006, Pensioenwet, Staatsblad (niederländisches Amtsblatt) v. 7.12.2006, Nr. 706.

welches das Pensioen- en Spaarfondsenwet von 1952 ablöste.[544] Das Pensioenwet legt dabei lediglich die Rahmenbedingungen fest, die Arbeitgeber und Arbeitnehmer i.S.d. Gesetzes bei der Aushandlung von Renten und bei der Verwaltung von Renten einzuhalten haben.[545] So ist der Arbeitgeber verpflichtet, die Pensionsverpflichtung nach Art. 23 PW mittelbar durchzuführen und auf einen sog. Pensionsfonds oder ein Versicherungsunternehmen zu übertragen, wobei jedoch auch eine firmeneigene Pensionseinrichtung möglich ist.[546] Gem. Art. 127 PW müssen die Pensionsverpflichtungen zudem zwingend kapitalgedeckt sein.

Die Teilnahme an einer betrieblichen Altersversorgung ist gesetzlich nicht vorgeschrieben. Nichtsdestoweniger können die Sozialpartner einer bestimmten Branche gem. Art. 2 Abs. 1 des Gesetzes über die obligatorische Teilnahme an einem industriellen Pensionsfonds von 2000, des sog. Wet verpflichte deelneming in een bedrijfstakpensioenfonds 2000,[547] beantragen, dass die Teilnahme an einer branchenweiten Pensionskasse für eine oder mehrere bestimmte Personengruppen, die in der betreffenden Branche beschäftigt sind, verpflichtend wird. Daher erfährt die betriebliche Altersversorgung in den Niederlanden über die Tarifbindung einen quasi-obligatorischen Charakter und umfasst ungefähr 90 % aller Arbeitnehmer.[548] Die überwiegende Mehrheit der Pensionsverpflichtungen ist dabei als Leistungszusage ausgestaltet, wobei Beitragszusagen jedoch vermehrt an Bedeutung gewinnen.[549]

Nicht unter das Pensioenwet fallen hingegen sog. directeur-grootaandeelhouder (abgekürzt als dga).[550] Unter dga werden gem. Art. 1 PW solche natürlichen Personen verstanden, die persönlich entweder unmittelbar

544 Wet (Gesetz) vom 15. Mai 1952, Pensioen- en Spaarfondsenwet, Staatsblad (niederländisches Amtsblatt) v.15.5.1952, Nr. 275. Siehe hierzu auch *Bunicich*, BetrAV 1993, 72, 74 f.

545 Kamerstukken (Parlamentsdrucksache) II 2005/06, 30413, Nr. 3, S. 3.

546 *Dommerholt*, in Dommerholt/Wirschell, Pensioenrecht, 7. Aufl. 2019, Art. 23 Rn. 1. Siehe ferner Kamerstukken (Parlamentsdrucksache) II 2005/06, 30413, Nr. 3, S. 12 f.

547 Wet (Gesetz) vom 21. Dezember 2000, Wet verplichte deelneming in een bedrijfstakpensioenfonds 2000, Staatsblad (niederländisches Amtsblatt) v. 28.12.2000, Nr. 628.

548 Vgl. *Keune/Payton*, in Natali/Pavolini/Vanhercke, Occupational Welfare in Europe, 2018, S. 31, 34 f.

549 *Bovenberg/Nijman*, New Dutch pension contracts and lessons for other countries, 2017, S. 5.

550 Kamerstukken (Parlamentsdrucksache) II 2005/06, 30 413, Nr. 3, S. 20 f.

oder mittelbar 10 % oder mehr der Anteile eines Unternehmens halten.[551] Für diese Personengruppen können daher abweichende Vereinbarungen getroffen werden, sodass eine unmittelbare Pensionsverpflichtung, eine sog. pensioen in eigeen beheer, arbeitsrechtlich zulässig ist.[552] Hierbei ist jedoch zu beachten, dass sich der Inhalt und die Umsetzung der unmittelbaren Pensionsverpflichtung aufgrund der fehlenden Anwendbarkeit des PW fast ausschließlich durch die Steuergesetzgebung bestimmen.[553]

bb) Die Behandlung von Pensionsverpflichtungen im Rahmen der handelsrechtlichen Gewinnermittlung

Der niederländische Gesetzgeber setzte die 4. Richtlinie 1993 in nationales Recht um, indem er die entsprechenden Vorgaben in das 2. Buch, Teil 9, des Bürgerlichen Gesetzbuches, des sog. Burgerlijk Wetboek (abgekürzt als BW), aufnahm.[554] Dabei kodifizierte er in Art. 2:374 BW eine grundsätzliche Passivierungspflicht für Pensionsrückstellungen,[555] welche bis heute unverändert fortbesteht. Gemäß Art. 2:374 Abs. 4 BW ist die Rückstellung für Pensionsverpflichtungen in der Bilanz ebenfalls gesondert auszuweisen. In der ursprünglichen Fassung des Art. 2:374 BW waren Rückstellungen nur dann zulässig, wenn ihre Höhe in angemessener Weise geschätzt werden konnte.[556] Im Zuge des Gesetzes zur Umsetzung der IAS-Verordnung, IAS 39-Richtlinie und Modernisierungsrichtlinie, des sog. Wet uitvoering IAS-verordening, IAS 39-richtlijn en moderniseringsrichtlijn,[557] wurde dieser Zusatz jedoch ersatzlos gestrichen, wobei der

---

551 *van Heest*, in Dommerholt/Wirschell, Pensioenrecht, 7. Aufl. 2019, Art. 1 Rn. 18 & Art. 2 Rn. 1.

552 Siehe *Dieleman*, Fiscale versus vennootschappelijke waardering van pensioenverplichtingen, 2012, S. 27 f. Diese Ausnahme wurde ursprünglich mit sozialpolitischen Überlegungen begründet. Siehe *van Diggelen*, Weekblad voor fiscaal recht 1959, 57, 59.

553 *Bollen-Vandenboorn/Dieleman*, in Bollen-Vandenboorn, Pensioen en de belangrijkste toekomstvoorzieningen, 2018, S. 255, 258; *Dieleman*, MAB 2013, 325, 326.

554 *Beckman*, Die neuen niederländischen Gesetzesvorschriften zur Rechnungslegung, 1985, S. 11. Zu den gesetzlichen Grundlagen der Rechnungslegung siehe auch *Brouwer/Hoogendoorn*, Accounting in Europe 2017, 137, 137 f.

555 *Kloos*, Transformation, 1993, S. 295.

556 *Beckman*, Die neuen niederländischen Gesetzesvorschriften zur Rechnungslegung, 1985, S. 46.

557 Der vollständige niederländische Titel lautet: Wijziging van boek 2 van het Burgerlijk Wetboek ter uitvoering van Verordening (EG) Nr. 1606/2002 van het

Gesetzgeber sich hinsichtlich der Bilanzierung von Rückstellungen explizit an den Regelungen des IAS 37 orientieren wollte.[558]

Aus dem Gesetz lassen sich jedoch keine weiteren Vorgaben bezüglich der Bilanzierung von Pensionsverpflichtungen entnehmen. Lediglich Art. 2:362 Abs. 1 BW bestimmt, dass eine Rückstellung nach solchen Standards ermittelt wird, die von der Gesellschaft als akzeptabel angesehen werden. Daneben steht es den niederländischen Kapitalgesellschaften nach Art. 2:362 Abs. 8 BW frei, ihren Jahresabschluss in Übereinstimmung mit den vom IASB veröffentlichten und von der Europäischen Kommission genehmigten Standards aufzustellen. Folglich hat ein niederländisches Unternehmen, sofern es sich bei einer Ausübung des Wahlrechts für einen befreienden Einzelabschluss im Sinne der IFRS entscheidet, für die Bilanzierung und Bewertung von Pensionsverpflichtungen den IAS 19 rechtsverbindlich anzuwenden.

Unter den als akzeptabel angesehenen Standards i.S.d. Art. 2:362 Abs. 1 BW werden dabei die Rechnungslegungsstandards des Raad voor de Jaarverslaggeving (abgekürzt als RJ) verstanden.[559] Obgleich die Anwendbarkeit der Standards des RJ nicht explizit rechtsverbindlich im BW normiert ist,[560] entfalten sie eine hohe Wirksamkeit auf die Bilanzierungspraxis

---

Europees Parlement en de Raad van 19 juli 2002 betreffende de toepassing van internationale standaarden voor jaarrekeningen (Pb EG L 243), van Richtlijn nr. 2001/65/EG van het Europees Parlement en de Raad van 27 september 2001 tot wijziging van de Richtlijnen 78/660/EEG, 83/349/EEG en 86/635/EEG met betrekking tot de waarderingsregels voor de jaarrekening en de geconsolideerde jaarrekening van bepaalde vennootschapsvormen evenals van banken en andere financiële instellingen (Pb EG L 283), en van Richtlijn 2003/51/EG van het Europees Parlement en de Raad van 18 juni 2003 tot wijziging van de Richtlijnen 78/660/EEG, 83/349/EEG, 86/635/EEG en 91/674/EEG van de Raad betreffende de jaarrekening en de geconsolideerde jaarrekening van bepaalde vennootschapsvormen, banken en andere financiële instellingen, en verzekeringsondernemingen (Pb EG L 178), Staatsblad (niederländisches Amtsblatt) v. 16.7.2005, Nr. 377.

558 Kamerstukken (Parlamentsdrucksache) II 2003/04, 29 737, Nr. 3, S. 12 & 18; Kamerstukken (Parlamentsdrucksache) II 2003/04, 29 737, Nr. 7, S. 10.

559 Vgl. *Beckman*, in van Ginneken et al., Commentaar Ondernemingsrecht, 2018, Art. 2:362 C.1; *Brouwer/Hoogendoorn*, Accounting in Europe 2017, 137, 138. Zu dem Aufbau des Raad voor de Jaarverslaggeving siehe *Hijink et al.*, in Hijink et al., Jaarrekeningenrecht, 2020, S. 11, 33 f.

560 Vgl. *Camfferman*, in Previts/Walton/Wolnizer, A Global History of Accounting, 2010, S. 107, 127; *van der Zanden*, Jurisprudentie Onderneming & Recht 2004, 52, 52; *Beckman*, in Hoogendoorn/Klaassen/Krens, Externe verslaggeving in theorie en praktijk, 2004, S. 252, 280; *Klassen*, in Ordelheide/KPMG, Transnational Accounting, 2001, S. 1909, 1922.

und konkretisieren die vagen gesetzlichen Bestimmungen des BW.[561] So wurde den Standards des RJ in mehreren richterlichen Entscheidungen der für die Rechnungslegung zuständigen Ondernemingskamer eine hohe Bedeutung zur Auslegung der gesetzlichen Bestimmungen beigemessen, wobei ein Unternehmen in begründeten Fällen von den Standards abweichen kann.[562] Diese Ansicht wurde zudem durch die höchstrichterliche Rechtsprechung des Hooge Raad bestätigt,[563] sodass man den Standards des RJ durchaus einen quasi-obligatorischen Charakter attestieren kann.[564] In diesem Zusammenhang ist daher für die Bewertung von Pensionsverpflichtungen der RJ 271 als maßgeblicher Rechnungslegungsstandard anzuwenden.[565]

Der Standard umfasst in seinem Anwendungsbereich gem. RJ 271.304 sowohl Arbeitnehmer, die unter das PW fallen, als auch dga, sodass sich die Bilanzierung der unmittelbaren Pensionsverpflichtungen ebenfalls anhand des RJ 271 bestimmt. Der Standard räumt dem Unternehmen gem. RJ 271.101 die Möglichkeit ein, entweder nach den eigenen determinierten Regelungen des Raad voor de Jaarverslaggeving zu bilanzieren oder explizit die Vorgaben des IAS 19 anzuwenden, ohne hierfür von dem Wahlrecht in Art. 2:362 Abs. 8 BW Gebrauch machen zu müssen.[566] Dies stellt im System der Jahresabschlusserstellung in den Niederlanden durchaus einen Sonderfall dar.[567] Sofern sich ein Unternehmen für die eigenen Vorgaben des Standardsetters entscheidet, unterscheidet der RJ 271 nicht zwischen einer Beitrags- oder Leistungszusage.[568] So sehen die Vorgaben des Standards grundsätzlich vor, dass die an die externen Versorgungsträ-

---

561 *Brouwer/Hoogendoorn*, Accounting in Europe 2017, 137, 138 f. Siehe ferner *Hoogendoorn*, in Alexander/Archer, European Accounting Guide, 2003, S. 11.02, 11.05.

562 Siehe *Brouwer/Hoogendoorn*, Accounting in Europe 2017, 137, 139 mit Verweis auf *Ondernemingskamer* v. 6.1.2005, Nr. 153/2004; *Ondernemingskamer* v. 4.7.2004, Nr. 908/2001; *Ondernemingskamer* v. 20.11.2003, Nr. 990/2002, 43. Siehe zum Urteil vom November 2003 auch ausführlich *Schoonderbeek*, MAB 2004, 420.

563 *Hoge Raad* v. 10.2.2006, Nr. C04/305HR, Ondernemingsrecht 2006, 108 unter Punkt 5.5. Hierzu *Reimers*, MAB 2006, 470, 473.

564 Vgl. auch *Hijink et al.*, in Hijink et al., Jaarrekeningenrecht, 2020, S. 11, 35, die den RJ Gesetzescharakter attestieren.

565 *Dieleman*, in Hijink et al., Jaarrekeningenrecht, 2020, S. 741, 744.

566 Daneben sind sogar ebenfalls die Regelungen des US-GAAP zulässig.

567 Der Verweis auf den IAS 19 ist der einzige explizite Verweis in den Standards des RJ auf die IFRS. So *Brouwer/Hoogendoorn*, Accounting in Europe 2017, 137, 145.

568 Vgl. *Oosenbrug*, Pensioen Magazine 2009, 14, 19.

ger gezahlten Prämien gem. RJ 271.306 lediglich als Aufwendungen in der GuV erfasst werden.[569] Eine Rückstellung ist nach RJ 271.307 allenfalls dann notwendig, wenn über die zu zahlende Prämie hinaus weitere Verpflichtungen existieren. Diese Verpflichtungen können sich beispielsweise aus der Pensionsvereinbarung, der Pensionskasse oder aus berechtigten Erwartungen der Mitarbeiter ergeben.

Dabei differenziert der Standard zwischen der Verpflichtung des Arbeitgebers gegenüber dem Arbeitnehmer und der Verpflichtung des Arbeitgebers gegenüber der externen Versorgungseinrichtung, um den Besonderheiten des niederländischen PW Rechnung zu tragen.[570] Falls sich bei dem externen Versorgungsträger Unterdeckungen ergeben, ist eine Rückstellung für die zugrundeliegende Nachschussverpflichtung gegenüber dem Versorgungsträger gem. RJ 271.311-313 zu bilanzieren.[571] Hingegen richten sich die Rückstellungen für Verpflichtungen gegenüber den Mitarbeitern nach RJ 271.314. Dies können bspw. Ansprüche der Mitarbeiter auf eine höhere Betriebsrente im Zusammenhang mit einer nachträglichen Gehaltserhöhung darstellen, von welcher sich der Arbeitgeber bspw. durch eine Zahlung an den externen Versorgungsträger befreien kann.[572]

Die Höhe der Pensionsrückstellungen bemisst sich sodann auf Grundlage des RJ 271.315-318b. Während der Standard in diesem Zusammenhang bezüglich der mittelbaren Pensionsverpflichtungen auf den allgemeinen Bewertungsmaßstab der bestmöglichen Schätzung i.S.d. RJ 252.301-305 verweist,[573] sind unmittelbare Pensionsverpflichtungen gem. RJ 271.318a nach einer in den Niederlanden allgemein anerkannten versicherungsmathematischen Bewertungsmethode zu bewerten. Der Standard macht

569 *Dieleman*, in Hijink et al., Jaarrekeningenrecht, 2020, S. 741, 747 f.

570 *ter Hoeven*, MAB 2011, 621, 623 f. Ursprünglich wurden im Rahmen des RJ 271 noch zwischen Beitrags- und Leistungszusagen unterschieden. Vgl. *Dieleman*, Fiscale versus vennootschappelijke waardering van pensioenverpflichtingen, 2012, S. 164 f. Der Standard wurde 2010 allerdings dahingehend geändert, da die binäre Einteilung beider Optionen das niederländische System der betrieblichen Altersversorgung nicht angemessen widerspiegeln würde. Siehe ausführlich zu der Kritik an der Vorgängerversion *ter Hoeven/Laning*, MAB 2010, 649; *Laning*, MAB 2006, 286. Zur Kritik an der Änderung siehe *Oosenbrug*, Pensioen Magazine 2009, 14, 19.

571 *Dieleman*, Fiscale versus vennootschappelijke waardering van pensioenverpflichtingen, 2012, S. 167.

572 Vgl. *den Bakker/Pronk/Visser* (Hrsg.), Handboek Jaareekening, 2021, S. 608 f. Für erwartete Gehaltssteigerungen sieht die Richtlinie dabei ein Wahlrecht vor. Siehe *Dieleman*, in Hijink et al., Jaarrekeningenrecht, 2020, S. 741, 746.

573 Vgl. *Dieleman*, in Hijink et al., Jaarrekeningenrecht, 2020, S. 741, 745.

gleichwohl keine Angaben, was unter einer solchen Methode zu verstehen ist. In diesem Zusammenhang wird die Projected Unit Credit Methode als Bewertungsverfahren grundsätzlich akzeptiert.[574] Darüber hinaus lässt sich aus dem Standard bezüglich der Bilanzierung und Bewertung des Deckungsvermögens im Zusammenhang mit unmittelbaren Pensionsverpflichtungen kein Vorgehen entnehmen, obgleich Art. 2:384 Abs. 1 i.V.m. Abs. 7 BW bzw. RJ 290 die grundsätzliche Möglichkeit offeriert, Finanzinstrumente mit dem Zeitwert zu bewerten.[575]

Abgesehen von den Fällen, in denen der IAS 19 unmittelbar entweder gem. Art. 2:362 Abs. 8 BW oder nach RJ 271.1 bei der Bilanzierung von Pensionsverpflichtungen Anwendung findet, lässt sich den Vorgaben des RJ 271 lediglich eine partielle Konvergenz mit den Regelungen der internationalen Rechnungslegungsstandards attestieren. Gerade die Trennung zwischen einer Verpflichtung gegenüber dem Mitarbeiter und einer Verpflichtung gegenüber dem externen Versorgungsträger stellt eine Besonderheit dar und bedeutet eine Abkehr von den Grundzügen des IAS 19.[576] Dies ist insoweit beachtlich, da sich die älteren Vorgaben des RJ vor 2010 noch stärker an dem IAS 19 orientiert haben.[577]

cc) Die Behandlung von Pensionsverpflichtungen im Rahmen der steuerrechtlichen Gewinnermittlung

Der steuerliche Gewinn wird in den Niederlanden sowohl für juristische Personen als auch für natürliche Unternehmer auf Grundlage des Art. 3.25 des Wet inkomstenbelasting 2001 (abgekürzt als Wet IB 2001)[578] i.V.m. Art. 8 Abs. 1 des Wet op de Vennootschapsbelasting 1969 (abgekürzt als

---

574 *ter Hoeven*, MAB 2011, 621, 624.

575 Eine betriebsinterne Vorausfinanzierung einer unmittelbaren Pensionsverpflichtung scheint in den Niederlanden grds. keine Rolle zu spielen. So wohl *Dieleman*, Maandblad belasting beschouwingen 2013, 11, 15.

576 Zutreffend *Dieleman*, Fiscaal Ondernemingsrecht 2010, 148, 152; *Oosenbrug*, Pensioen Magazine 2009, 14, 19. Siehe ferner zu einem synoptischen Vergleich zwischen dem IAS 19 und dem RJ 271 *den Bakker/Pronk/Visser* (Hrsg.), Handboek Jaareekening, 2021, S. 603.

577 So entsprachen die Bestimmungen des RJ 271 a.F. fast vollständig den Bestimmungen des damaligen IAS 19. Siehe *Dieleman*, Fiscale versus vennootschappelijke waardering van pensioenverpflichtingen, 2012, S. 164.

578 Wet (Gesetz) vom 11. Mai 2000, Wet inkomstenbelasting 2001, Staatsblad (niederländisches Amtsblatt) v. 30.5.2000, Nr. 215.

Wet VpB 1969)[579] in Einklang mit dem guten Kaufmannsbrauch, dem sog. goed koopmansgebruik, ermittelt.[580] Unter diesem Begriff wird dabei ein spezifischer steuerrechtlicher Begriff verstanden,[581] welchem primär die periodengerechte Gewinnermittlung zugrunde liegt.[582] Gemäß der Rechtsprechung des Hooge Raad wird darunter ein betriebswirtschaftlich fundiertes System verstanden, das nur angewendet werden kann, sofern es nicht gegen die steuerrechtlichen Vorschriften verstößt.[583] Der Begriff ist dabei vom Gesetzgeber bewusst offen gehalten, sodass das steuerliche Gewinnermittlungssystem im Zuge der Rechtsprechung des Hooge Raad dynamisch an gesellschaftliche Entwicklungen angepasst werden kann.[584] Im Ergebnis bestimmt sich der materielle Gehalt des guten Kaufmannsbrauchs weitestgehend anhand der Entscheidungen des Hoge Raad und ist in diesem Zusammenhang autonom ohne Rückgriff auf die IFRS oder die niederländischen Rechnungslegungsregeln auszulegen.[585]

Vor diesem Hintergrund sind Rückstellungen in Übereinstimmung mit der Rechtsprechung des Hoge Raad grundsätzlich zulässig,[586] sodass auch Rückstellungen für sowohl unmittelbare Pensionsverpflichtungen als auch für Unterdeckungen aus mittelbaren Pensionsverpflichtungen mit dem Grundsatz des guten Kaufmannsbrauchs vereinbar sind.[587] Die Bewertung

---

579 Wet (Gesetz) vom 8. Oktober 1969, Wet op de Vennootschapsbelasting 1969, Staatsblad (niederländisches Amtsblatt) v. 30.10.1969, 445, das die Körperschaftsteuerverordnung von 1942 durch eine neue gesetzliche Regelung ersetzt.

580 *Kampschöer*, in Heithuis, Compendium venootschapbelasting, 2019, S. 47, 54; *Essers*, in Grandinetti, Corporate Tax Base, 2016, S. 151, 151.

581 *van Raad*, in Lang, DStJG 17, 1994, S. 5, 24; ferner *Spierts/van Helvoirt*, in Mennel/Förster, Steuern in Europa, 116. Lfg. 2018, Niederlande Rn. 85.

582 Vgl. *Lubbers*, Goed koopmansgebruik, 2005, S. 393 f.

583 *Hoge Raad* v. 8.5.1957, Nr. 12 931, Beslissingen in Belastingzaken 1957, Heft 208. Siehe hierzu ferner *Kampschöer*, in Heithuis, Compendium venootschapbelasting, 2019, S. 47, 63 f.

584 Vgl. Kamerstukken (Parlamentsdrucksache) II 1973/74 13 004, Nr. 3, S. 3; Kamerstukken (Parlamentsdrucksache) II 1948-1949, 1 251, Nr. 3, S. 7. Siehe ferner *Essers*, StuW 2005, 331, 333.

585 Siehe zum Inhalt des goed koopmansgebruik *Essers*, in Grandinetti, Corporate Tax Base, 2016, S. 151, 151-155. So schon *Broer*, Maßgeblichkeit, 2001, S. 150, der den goed koopmansgebruik als Fall- und Richterrecht bezeichnet.

586 *Hoge Raad* v. 26.8.1998, Nr. 33 417, Beslissingen in Belastingzaken 1998, Heft 409.

587 Für unmittelbare Pensionsverpflichtungen siehe *Dieleman*, Fiscale versus vennootschappelijke waardering van pensioenverpflichtingen, 2012, S. 233. Für mittelbare Pensionsverpflichtungen siehe *Starink*, Weekblad voor fiscaal recht 2010, 444, 445 f.; *Leurs*, Weekblad voor fiscaal recht 2005, 471, 474-476. Differenzierter *Dieleman*, MAB 2013, 6, 11.

der Pensionsverpflichtung richtet sich dabei nach Art. 3.26 bis 3.29 des Wet IB 2001, welches gem. Art. 8 Abs. 1 Wet VpB 1969 ebenfalls für die Körperschaftsteuer Maßgeblichkeit erlangt. Während Art. 3.28 i.V.m. Art. 3.26 f. Wet IB 2001 im Wesentlichen die Berücksichtigung von Lohn- und Gehaltssteigerungen bei der Bewertung von Pensionsrückstellungen regelt, konkretisiert Art. 3.29 Wet IB zusätzliche Anforderungen an die Bewertung von Pensionsverpflichtungen. Demnach sind Pensionen nach allgemein anerkannten versicherungsmathematischen Grundsätzen unter Berücksichtigung eines Abzinsungssatzes von mindestens 4 % zu bewerten.

Die Bewertungsmethode i.S.d. Art. 3.29 Wet IB ließ das Gesetz indes lange offen und wurde erst durch die Einführung des Art. 8 Abs. 6 Wet VpB 1969 i.d.F. 2004 und die Rechtsprechung des Hooge Raad spezifiziert.[588] Gemäß der Rechtsprechung des Hooge Raad erfüllen grundsätzlich nur die sog. koopsommethode sowie die sog. premie-/koopsommethode sowohl die Anforderung an den guten Kaufmannsbrauch als auch die Prämisse einer versicherungsmathematischen Methode.[589] Wenngleich der Hooge Raad eine Pensionsrückstellung als zulässig erachtet, ergibt sich aus der Rechtsprechung keine grundsätzliche Pflicht zur Passivierung einer Pensionsverpflichtung. So ist es nach der Entscheidung vom 29. Januar 1969 ebenfalls zulässig, dass die Leistungen einer (unmittelbaren) Pensionsverpflichtung erst bei Auszahlung als Aufwand erfasst werden und eine Rückstellung demnach nicht gebildet werden muss.[590]

Während die sog. premie-/koopsommethode noch grundsätzlich mit der Projected Unit Credit Methode vereinbar ist,[591] weichen die sonstigen Bestimmungen doch mitunter erheblich von den Vorgaben des IAS 19 ab.[592] So wird bspw. der Abzinsungssatz ausdrücklich mit mindestens 4 %

---

588 Vgl. *Dieleman*, Fiscale versus vennootschappelijke waardering van pensioenverpflichtingen, 2012, S. 239 f. Dies war unter anderem in der unklaren Gesetzesentwicklung begründet. Siehe *Bartel*, Nederlands Tijdschrift voor Fiscaal Recht 2012, Heft 1068, 1, 2.

589 *Dieleman*, MAB 2013, 325, 329; *Dieleman*, Fiscale versus vennootschappelijke waardering van pensioenverpflichtingen, 2012, S. 241. Siehe auch *Hoge Raad* v. 28.9.2001, Nr. 36 206, Beslissingen in Belastingzaken 2002, Heft 54.

590 *Hoge Raad* v. 29.1.1969, Nr. 16 053, Beslissingen in Belastingzaken 1969, Heft 80. Zur Kritik daran *Stevens*, Pensioen in de winstsfeer, 2010, S. 100 f.; *Lubbers*, Goed koopmansgebruik, 2005, S. 202 f.

591 Vgl. hierzu *Dieleman*, Fiscale versus vennootschappelijke waardering van pensioenverpflichtingen, 2012, S. 259, welcher die premie-/koopsommethode mit den Regelungen IFRS als konform ansieht.

592 Im Ergebnis *Dieleman*, MAB 2013, 6, 12 f.; ferner *Dieleman*, Fiscaal Ondernemingsrecht 2010, 148, 153 f.

fixiert. Ferner fehlt es wie schon den handelsrechtlichen Vorgaben an der Unterscheidung zwischen Beitrags- und Leistungszusagen sowie expliziten Bestimmungen zur Bilanzierung und Bewertung von Deckungsvermögen. Daher ist zu konstatieren, dass sich die steuerrechtlichen Bewertungsvorgaben allenfalls punktuell an die Vorgaben der IFRS annähern.

In diesem Zusammenhang hat der Ansatz von Rückstellungen für unmittelbare Pensionsverpflichtungen durch den niederländischen Gesetzgeber zudem jüngst einen wesentlichen Einschnitt erfahren. Im Rahmen des Gesetzes über die schrittweise Abschaffung der selbstverwalteten Renten und anderer steuerlicher Rentenmaßnahmen, des sog. Wet uitfasering pensioen in eigen beheer en overige fiscale pensioenmaatregelen,[593] ist es seit dem 1. April 2017 nicht mehr möglich, für Pensionsverpflichtungen eine steuerlich aufwandswirksame Rückstellung zu bilden bzw. diese zu erhöhen, sodass der Ansatz folglich auf den Past Service beschränkt ist.[594] Die im vorherigen Absatz vorgestellten Bewertungsregelungen gelten für diesen nach Art. 34e Abs. 1 Wet VpB 1969 indes uneingeschränkt weiter, sofern der schon erdiente Anspruch nicht ausgelagert worden ist. Die Möglichkeit, eine zivilrechtlich zulässige unmittelbare Pensionsverpflichtung einzugehen, wird durch das Gesetz hingegen nicht restringiert.[595] Insofern ist es weiterhin denkbar, die Pensionsleistungen zum Zeitpunkt der Auszahlung gewinnwirksam geltend zu machen. Obschon die bereits gebildeten Pensionsrückstellungen in der steuerlichen Gewinnermittlung mitunter beibehalten werden könnten, vollzieht sich durch die Einführung eines Passivierungsverbots eine elementare Abkehr von den Bilanzierungsprinzipien der IFRS, da dem Grundsatz der Periodenabgrenzung mit Blick auf die Bilanzierung von Pensionsverpflichtungen zukünftig nicht mehr Rechnung getragen wird. Im Ergebnis ist den steuerrechtlichen Re-

593 Wet (Gesetz) vom 8. März 2017, Wet uitfasering pensioen in eigen beheer en overige fiscale pensioenmaatregelen, Staatsblad (niederländisches Amtsblatt) v. 27.3.2017, Nr. 115.

594 Vgl. Kamerstukken (Parlamentsdrucksache) II 2016/17, 34 555, Nr. 3, S. 6-9. Im Rahmen des Gesetzes können bereits bestehende Pensionsverpflichtungen entweder ausgelagert werden oder in eine sog. oudedagsverplichting, eine Altersversorgungsverpflichtung, umgewandelt werden, welche nach Renteneintritt innerhalb von 20 Jahren erfüllt werden muss.

595 In Anlehnung an *van den Dool*, MAB 2017, 194, 195. Neben der fehlenden erfolgswirksamen Rückstellungsbildung fallen die unmittelbaren Pensionsverpflichtungen eines Unternehmens zudem nicht mehr unter Art. 19a des Wet op de Loonbelasting 1964, sodass die Pensionsansprüche aufgrund der sog. omkeerregel (Umkehrregel) nach Art. 11 i.V.m. des Art. 19 des Wet op de Loonbelasting 1964 noch in der Anwartschaftsphase besteuert werden.

gelungen in den Niederlanden eine deutliche Abkehr von dem materiellen Gehalt des IAS 19 zu attestieren, sodass man von einer gänzlich fehlenden Annäherung an den Standard sprechen kann.

f) Polen

aa) Überblick über die arbeitsrechtlichen Grundzüge der betrieblichen Altersversorgung

Die betriebliche Altersversorgung in Polen war während der kommunistischen Diktatur schlicht nicht existent. Dies war insbesondere dem breiten staatlichen Sozialleistungsspektrum und der damit verbundenen fehlenden Notwendigkeit betrieblicher Zusatzleistungen geschuldet.[596] Erst nach dem Fall des Eisernen Vorhangs wurde mit dem Gesetz über die betriebliche Altersversorgung, dem sog. Ustawa o pracowniczych programach emerytalnych (abgekürzt als PPE),[597] von 1997 ein erstes Regelwerk zur Schaffung eines betrieblichen Altersversorgungssystems etabliert. Durch eine Reform im Jahr 2004[598] wurde die ältere Fassung sodann neu gestaltet und besteht seitdem in dieser Form.[599] Gem. Art. 6 Abs. 1 PPE können die Pensionsverpflichtungen dabei mittelbar bspw. über einen Pensionsfonds, eine Gruppenlebensversicherung bei einem Versicherungsunternehmen oder einer ausländischen Versorgungseinrichtung durchgeführt werden.[600] Trotz der gesetzlichen Flankierung spielt die betriebliche Altersversorgung in Polen jedoch auch in der Gegenwart weiterhin nur eine untergeordnete Rolle.[601]

---

596 *Czarzasty*, in Natali/Pavolini/Vanhercke, Occupational Welfare in Europe, 2018, S. 215, 219 f.

597 Ustawa o pracowniczych programach emerytalnych (Gesetz über die betriebliche Altersversorgung) vom 22. August 1997, Dziennik Ustaw (polnisches Gesetzesblatt) von 1997, Nr. 60, Position 932, S. 4450.

598 Ustawa o pracowniczych programach emerytalnych (Gesetz über die betriebliche Altersversorgung) vom 20. April 2004, Dziennik Ustaw (polnisches Gesetzesblatt) 2004, Nr. 116, Position. 1207, S. 8198.

599 *Petelczyc*, Ubezpieczenia Społeczne. Teoria i praktyka 2017, 74, 76. Zum einen wurden Kritikpunkte an der vorherigen Fassung reformiert, zum anderen wurden europarechtliche Vorgaben eingearbeitet.

600 Vgl. ferner *Wellisch et al.*, Besteuerung der Altersversorgung, 2008, S. 424 f.

601 So waren im Jahr 2014 nur 2,4 % aller erwerbstätigen Personen Mitglied einer betrieblichen Altersversorgung. Siehe *Petelczyc*, Ubezpieczenia Społeczne - Teoria i praktyka 2017, 74, 77 f.

Die Pensionsverpflichtung wird dabei nach Art. 24 Abs. 1 PPE vom Arbeitgeber finanziert und die Beitragshöhe ermittelt sich nach den Vorgaben in Art. 24 Abs. 2 & Abs. 3 PPE, wobei sie 7 % des Bruttolohns nicht überschreiten darf. Die Verpflichtung des Arbeitsgebers im Rahmen des PPE ist in diesem Zusammenhang als eine (reine) Beitragszusage ausgestaltet.[602] Seit dem 1. Januar 2019 wird das PPE zudem durch das Gesetz über Arbeitnehmer-Kapitalpläne, das sog. Ustawa o pracowniczych planach kapitałowych (abgekürzt als PPK),[603] ergänzt. Gem. Art. 7 Abs. 1 PPK i.V.m. dem dritten Kapitel des PPK ist der Arbeitgeber seither verpflichtet, Kapitalpläne für seine Mitarbeiter bei einem externen Versorgungsträger einzurichten, sofern die Arbeitnehmer die Teilnahme an dem Programm gem. Art. 16 PPK nicht schriftlich widerrufen. Diese Kapitalanlage soll den Arbeitnehmern im Einklang mit Art. 3 PPK sodann nach Vollendung des 60. Lebensjahrs ausgezahlt werden. Als Versorgungsträger kommen dabei nach Art. 2 Nr. 11 PPK unter anderem Versicherungsunternehmen oder Pensionsfonds in Frage. Wie schon bei dem Gesetz über die betriebliche Altersversorgung von 2004 ist die Verpflichtung des Arbeitgebers auf die Höhe der Beitragszahlung beschränkt, die nach Art. 25 Abs. 1 PPK mindestens 1,5 % des Bruttogehalts beträgt.[604]

Das betriebliche Altersversorgungssystem in Polen zeichnet sich folglich durch eine beitragsdefinierte und damit mittelbare sowie kapitalgedeckte Durchführung aus. Überdies kann davon ausgegangen werden, dass die Bedeutung der kapitalgedeckten betrieblichen Altersversorgung in Polen durch die Einführung des Gesetzes über Arbeitnehmer-Kapitalpläne zunehmen wird.[605] Ein Verbot von unmittelbaren Pensionsverpflichtungen lässt sich aus den gesetzlichen Vorgaben indessen nicht explizit ableiten.[606]

---

602 *Szczepański*, in Szczepański/Brzęczek, Occupational Pension Schemes, 2013, S. 9, 40 Fn. 19.

603 Ustawa o pracowniczych planach kapitałowych (Gesetz über Arbeitnehmer-Kapitalpläne) vom 4. Oktober 2018, Dziennik Ustaw (polnisches Gesetzesblatt) 2018, Position 2215, S. 1.

604 Ferner kann er freiwillig gem. Art. 26 Abs. 2 des PPK 2,5 % des Bruttolohns abführen.

605 *Chłoń-Domińczak*, New occupational pension savings scheme in Poland, 2019, S. 2.

606 Vgl. auch *Endres et al.*, Determination, 2007, S. 79.

bb) Die Behandlung von Pensionsverpflichtungen im Rahmen der handelsrechtlichen Gewinnermittlung

In Polen wurde die 4. Richtlinie 1991 in Form einer vorläufigen Verordnung nach der Abschaffung der zentralistischen Planwirtschaft im Ansatz umgesetzt, um der Notwendigkeit einer auf marktwirtschaftlichen Grundsätzen basierenden handelsrechtlichen Gewinnermittlung gerecht zu werden.[607] Durch das Gesetz über die Rechnungslegung, das sog. Ustawaz o rachunkowości (Uor),[608] trat zum 1. Januar 1995 das bis heute grundsätzlich geltende Bilanzrecht in Kraft.[609] Es überführte dabei die bestehenden Vorgaben der europäischen Rechnungslegung vollumfänglich in polnisches Recht – obwohl Polen erst 2004 der Europäischen Union beitrat – und orientierte sich bei der materiellen Ausgestaltung schon damals an den Grundsätzen der internationalen Standards, sofern diese nicht im Gegensatz zum EU-Recht standen.[610] Im Zuge der Reformen der europäischen Rechnungslegung näherte sich das polnische Bilanzrecht weiter den IFRS an und steht maßgeblich unter deren Einfluss.[611] Eine vollständige Annäherung geschah jedoch nicht.[612] Nichtsdestoweniger kann der Einzelabschluss in Polen gem. Art. 45 Abs. 1a bis Art. 1b Uor für Unternehmen, die Wertpapiere an einem gelisteten Markt emittieren oder dies beabsichtigen bzw. die als Mutterunternehmen einen Konzernabschluss aufstellen, auch freiwillig im Einklang mit den IFRS aufgestellt werden.[613]

Im polnischen Bilanzrecht sind Rückstellungen für Pensionsverpflichtungen und ähnliche Leistungen nach Art. 3 Abs. 31 i.V.m. Anlage Nr. 1

---

607 Siehe *Küting/Dürr/Boecker*, IStR 2005, 247, 249 f.; *Jaruga/Schroeder*, in Alexander/Archer, European Accounting Guide, 2003, S. 25.01, 25.02-25.04.

608 Ustawaz o rachunkowości (Gesetz über die Rechnungslegung) vom 29. September 1994, Dziennik Ustaw (polnisches Gesetzesblatt) 1994, Nr. 121, Position 591, S. 2125.

609 Zu den Transformationsakten der Bilanzrichtlinie siehe *Luttermann/Wiese-Ptak*, Osteuropa-Recht 2015, 461, 461; *Andrzejweski/Grabiński*, Zeszyty Naukowe 2008, 159, 162 f.

610 *Dobija/Klimczak*, The International Journal of Accounting 2010, 356, 360; *Jungmann/Tacakiewicz*, in Kudert, Investieren in Polen, 2007, S. 687, 696; *Leśko*, Baltic Journal of Management 2007, 55, 59

611 Zum Stand nach der EU-Bilanzrichtlinie *Luttermann/Wiese-Ptak*, RIW 2014, 556, 561. Ferner *Eberhartinger/Wilczynska-Stöckl*, Rechnungslegung in Polen, 2009, S. 30; *Kamping/Becker*, RIW 2004, 513, 519.

612 *Nobes/Parker*, Comparative International Accounting, 2016, S. 366 mit Verweis auf *Krzywada/Schroeder*, Accounting in Europe 2007, 79.

613 Vgl. hierzu *Helin*, Sprawozdania Finansowe według MSSF, 2006, S. 22-24.

des Uor anzusetzen und nach ihrer Fälligkeit zu gliedern, wobei sich die Höhe einer Rückstellung gem. Art. 28 Abs. Nr. 9 des Uor nach einem angemessenen und zuverlässig geschätzten Wert bemisst.[614] Konkretere Vorgaben bezüglich der Bilanzierung von Pensionsverpflichtungen kennt das polnische Gesetz über die Rechnungslegung indes nicht.[615]

Vor diesem Hintergrund sieht das Bilanzrecht in Polen eine Besonderheit vor. So können die Unternehmen gem. Art. 10 Abs. 3 S. 1 Uor im Rahmen der Jahresabschlusserstellung auf die Rechnungslegungsstandards, die krajowe standardy rachunkowości, des dem polnischen Finanzminister nach Art. 81 Abs. 2 Nr. 9 des Uor unterstellten Komitet Standardów Rachunkowości (KSR) zurückzugreifen, die ihrerseits maßgeblich an den internationalen Standards orientiert sind.[616] In Ermangelung eines geeigneten polnischen Standards können die Unternehmen gem. Art. 10 Abs. 3 S. 2 Uor allerdings auch die IFRS kraft Gesetzes subsidiär anwenden.

Die Bilanzierung und Bewertung von Pensionsverpflichtungen ist dabei im KSR-Standard Nr. 6 "Rückstellungen, abgegrenzte Aufwendungen, Eventualverbindlichkeiten"[617] geregelt und richtet sich nach den Bestimmungen des IAS 37 sowie des IAS 19.[618] Wenngleich der Standard in diesem Zusammenhang materiell hauptsächlich auf Abfindungen und Jubiläumszuwendungen und weniger auf Pensionsverpflichtungen im eigentlichen Sinne abzielt,[619] ist dem IAS 19 vor dem Hintergrund der historischen Entwicklung und der gesetzlichen Ausgestaltung zweifelsohne ein wesentlicher Einfluss auf den handelsrechtlichen Einzelabschluss in Polen zu attestieren.

---

614 *Eberhartinger/Wilczynska-Stöckl*, Rechnungslegung in Polen, 2009, S. 74.

615 *Klimczak/Krasodomska*, Accounting in Europe 2017, 158, 162.

616 *Jaruga/Kabalski*, in Previts/Walton/Wolnizer, A Global History of Accounting, 2010, S. 139, 156.

617 KSR Nr. 6, Beschluss Nr. 3/2014 des Komitet Standardów Rachunkowości vom 4. März 2014, Dziennik Ustaw Ministra Finansów (Amtsblatt des Finanzministeriums) v. 21.3.2014, Position 12.

618 *Schulz*, Harmonisierung, 2012, S. 51 Fn. 469. Bevor der KSR Nr. 6 in Kraft trat fand der IAS unmittelbar Anwendung. Siehe *Eberhartinger/Wilczynska-Stöckl*, Rechnungslegung in Polen, 2009, S. 74; *Buk*, Studia Ekonomiczne 2005, Heft 33, 31, 33.

619 Siehe KSR Nr. 6, Punkt 3.14 bzw. Beispiel 8. An dieser Stelle sei zudem angemerkt, dass der Standard Abfindungen und Jubiläumszuwendungen entgegen den Vorgaben des IAS 19 nicht als Rückstellung, sondern als eine Art passiver Rechnungsabgrenzungsposten i.S.d. Art. 39 Abs. 2 Uor behandelt. Diese werden jedoch ebenfalls unter den Rückstellungen ausgewiesen. Siehe zu den passiven Rechnungsabgrenzungsposten in der polnischen Rechnungslegung *Jungmann/Tacakiewicz*, in Kudert, Investieren in Polen, 2007, S. 687, 767.

cc) Die Behandlung von Pensionsverpflichtungen im Rahmen der steuerrechtlichen Gewinnermittlung

Der steuerliche Gewinn für Unternehmen in Polen wird im Rahmen des Gesetzes über die Körperschaftsteuer, abgekürzt als Uopdoop,[620] gem. Art. 7 Abs. 2 als der jährliche Überschuss der Summe der Einnahmen über die Kosten des Erwerbs (Betriebsausgaben) zahlungsstromorientiert bemessen,[621] wobei die Einkünfteermittlung stellenweise durch ein steuerlich determiniertes Realisationsprinzip durchbrochen wird.[622] Eine Maßgeblichkeit des handelsrechtlichen Gewinns existiert dagegen nicht.[623] Folglich werden der handels- und der steuerrechtliche Abschluss isoliert voneinander erstellt.[624] Lediglich die im Rahmen der Jahresabschlusserstellung geführten Handelsbücher finden als Grundlage der Dokumentation des Geschäftsverkehrs Einzug in die steuerliche Gewinnermittlung.[625]

Aufgrund der Maßgabe, die steuerliche Gewinnermittlung anhand der Einnahmenüberschussrechnung auszugestalten, werden Rückstellungen gem. Art. 16 Abs. 1 Nr. 27 Uopdoop nicht als Betriebsausgabe zugelassen.[626] Eine zeitlich antizipierte Aufwandserfassung spielt bei der steuerlichen Gewinnermittlung folglich keine Rolle. Hingegen sind die Zahlungen der Prämien an die externen Versorgungseinrichtungen zum Zeitpunkt ihrer Zahlung nach Art. 15 i.V.m. Art. 15 Abs. 4e Uopdoop abzugsfähig.[627] Im Ergebnis kann dem IAS 19 für die steuerliche Gewinnermittlung in Polen offenkundig keine Bedeutung beigemessen werden.[628]

---

620 Ustawa o podatku dochodowym od osób prawnych (Gesetz über die Körperschaftsteuer) vom 15. Februar 1992, Dziennik Ustaw (polnisches Gesetzesblatt) 1992, Nr. 21, Position 86, S. 368.

621 *Jungmann*, in WIRO, 104. Lfg. Juni 2012, Polen, Kap. D.XI. Rn. 32. Zur Definition des Einkommens siehe *Burzec/Smoleń*, Introduction to Polish Tax Law, 2018, S. 74-76; *Weigel*, IStR 2003, 87, 87.

622 *Kudert/Jazromy*, Praxis Internationale Steuerberatung 2011, 68, 68; *Ellebrecht*, Rechtsformneutrale Besteuerung, 2010, S. 318.

623 *Alberts/Brzoza*, in Mennel/Förster, Steuern in Europa, 113. Lfg. 2017, Polen Rn. 91; *Wollgarten*, Besonderheiten der Ertragsbesteuerung, 2011, S. 23 f. So schon *Weigel*, IStR 2003, 87, 87.

624 Siehe auch *Kußmaul et al.*, GmbHR 2012, 948, 949 f.

625 *Jungmann/Tacakiewicz*, in Kudert, Investieren in Polen, 2007, S. 687, 700.

626 Vgl. auch *Wollgarten*, Besonderheiten der Ertragsbesteuerung, 2011, S. 220 f.

627 *Spengel/Zöllkau*, Common Corporate Tax Base, 2012, S. 54. Zur Definition der Betriebsausgabe *Jungmann*, in WIRO, 104. Lfg. Juni 2012, Polen, Kap. D.XI. Rn. 57 f.

628 Zu den Rückstellungen allgemein *Schulz*, Harmonisierung, 2012, S. 388. Vor diesem Hintergrund lässt sich ebenfalls konstatieren, dass eine Pensionsver-

g) Schweden

aa) Überblick über die arbeitsrechtlichen Grundzüge der betrieblichen Altersversorgung

Obwohl die betriebliche Altersversorgung in Schweden gesetzlich nicht vorgeschrieben ist,[629] deckt das schwedische Betriebsrentensystem aufgrund einer ausgeprägten Tarifbindung ungefähr 90 % aller Arbeitnehmer ab.[630] Ein kohärentes Betriebsrentenrecht existiert in Schweden dabei nicht.[631] Die entsprechenden Regelungen finden sich vielmehr in unterschiedlichen Einzelgesetzen wie beispielsweise dem Gesetz zur Sicherung von Pensionszusagen, dem sog. Tryggandelagen (abgekürzt als TrL).[632] In diesem Zusammenhang spielt zudem die Ausgestaltung der Tarifverträge eine eminente Rolle, sodass der Inhalt der Pensionsverpflichtung maßgeblich vom abgeschlossenem Tarifvertrag abhängt.[633] So waren in der Vergangenheit sowohl mittelbare als auch unmittelbare Pensionsverpflichtungen in Schweden im Fall einer sog. ITP-Tarifvereinbarung möglich,[634] wobei die Direktzusagen in diesem Fall durch eine Kreditversicherung, dem Försäkringsbolaget Pensionsgaranti, garantiert sein mussten.[635] Bei dem Försäkringsbolaget Pensionsgaranti handelt es sich dabei trotz anderslautender Bezeichnungen nicht um eine Rückdeckungsversicherung in

---

pflichtung, deren Aufwandserfassung erheblich vom korrespondierenden Zahlungszeitpunkt abweicht, aufgrund des pauschalen Rückstellungsverbots gänzlich unattraktiv ist. Dies würde neben der expliziten Förderung der Beitragszusagen zusätzlich ihre hohe faktische Verbreitung in Polen erklären.

629 *Hagen/Elinder*, Den komplexa tjänstepensionen, 2018, S. 19 f.

630 *Jansson et al.*, in Natali/Pavolini/Vanhercke, Occupational Welfare in Europe, 2018, S. 55, 60; *Url*, Altersvorsorgesysteme in Europa, 2015, S. 16.

631 *Johansson*, Tjänstepensionen möter EU-rätten, 2018, S. 147 mit Verweis auf den Vorschlag der Regierung 2004/05:165 v. 19.5.2005, Nya regler för tjänstepensionsinstitut, S. 79, abrufbar unter https://data.riksdagen.se/fil/CD8359BC-B67B-48FA-B343-092C5D5E88D0 (zuletzt abgerufen am 1.9.2021).

632 Gesetz zur Sicherung von Pensionszusagen usw., Svensk författningssamling (Schwedische Gesetzessammlung) Nr. 1967:531 v. 9.6.1967.

633 Für einen Überblick über die unterschiedlichen Angebote siehe beispielhaft *Jansson et al.*, in Natali/Pavolini/Vanhercke, Occupational Welfare in Europe, 2018, S. 55, 61-63.

634 *Fenge et al.*, Alterssicherungssysteme im internationalen Vergleich, 2003, S. 111 f. Zur Abgrenzung von unmittelbaren Pensionsverpflichtungen in Schweden siehe *Palm*, Skattenyt 2004, 619, 622.

635 Siehe zur den unmittelbaren Pensionsverpflichtungen im Rahmen der Tarifvereinbarung *Johansson*, Tjänstepensionen möter EU-rätten, 2018, S. 152 f.

Form eines Asset Fundings,[636] sondern um eine dem deutschen Pensions-Versicherungsverein auf Gegenseitigkeit vergleichbare Institution.[637]

Im Zuge einer Neuverhandlung des ITP-Plans sind seit 2007 für Neuzusagen jedoch ausschließlich mittelbare, versicherungsförmige Gestaltungsformen möglich.[638] In Schweden nimmt die Bedeutung von Beitragszusagen zudem stetig zu.[639] Sofern der Pensionsverpflichtung jedoch eine Leistungszusage zugrunde liegt, können sich unter Umständen Nachschussverpflichtungen des Arbeitgebers ergeben.[640]

Im Fall einer fehlenden tariflichen Vereinbarung steht es einem Arbeitnehmer in Schweden zudem grundsätzlich frei, eine individuelle Pensionsverpflichtung zu vereinbaren,[641] sodass unmittelbare Pensionsverpflichtungen auch weiterhin problemlos durch den Arbeitgeber zugesagt werden können.[642] Eine Direktzusage kann dabei auch mittels einer Rückdeckungsversicherung gedeckt werden.[643]

bb) Die Behandlung von Pensionsverpflichtungen im Rahmen der handelsrechtlichen Gewinnermittlung

Die 4. Richtlinie wurde in Schweden erst mit dem Beitritt zur Europäischen Gemeinschaft 1995 durch das Jahresabschlussgesetz, das sog. Årsredovisningslag[644] (abgekürzt als ÅRL) in schwedisches Recht umgesetzt

---

636 A.A. *Streißelberger*, Besteuerung der betrieblichen Altersversorgung, 2012, S. 92.

637 Zur Abgrenzung der Kreditversicherung FPG von einer Rückdeckungsversicherung, einer sog. kapitalförsäkring, siehe *Palm*, Balans 2001, 36, 37 f.

638 *Wellisch et al.*, Besteuerung der Altersversorgung, 2008, S. 458.

639 *Lindquist/Wadensjö*, in Ebbinghaus, The varieties of pension governance, 2011, S. 240, 245.

640 Vgl. *Brattström*, Makars pensionsrättigheter, 2004, S. 58 f. und 206 f.

641 *Jansson et al.*, in Natali/Pavolini/Vanhercke, Occupational Welfare in Europe, 2018, S. 55, 60 mit Verweis auf *Statens offentliga utredningar* (Hrsg.), Tjänstepension – tryggandelagen och skattereglerna, 2015, S. 97. Ferner *Köhler*, in Schlachter/Becker/Igl, Funktionen und rechtliche Ausgestaltung zusätzlicher Alterssicherung, 2005, S. 85, 86.

642 Zu unmittelbaren Pensionsverpflichtungen siehe *Lindgren*, Pension i anställing, 2012, S. 46; *Kihlström*, Pensionering direkt i företag, 1997, S. 14. Dabei werden jedoch lediglich Pensionsverpflichtungen, die nicht den Anforderungen des Einkommensteuergesetzes entsprechen, als sog. direktpension bezeichnet. Siehe *Brattström*, Makars pensionsrättigheter, 2004, S. 181.

643 Vgl. beispielhaft *Drefeldt/Törning*, Årsredovisning enligt K2, 2020, S. 332 f.

644 Årsredovisningslag, Svensk författningssamling (Schwedische Gesetzessammlung) Nr. 1995:1554 v. 14.12.1995.

und bildet seither die legislative Grundlage des schwedischen Handelsbilanzrechts.[645] Diese Bestimmungen werden zudem durch das Rechnungslegungsgesetz, das sog. Bokföringslag[646] (abgekürzt als BFL), ergänzt, welches jedoch lediglich Vorschriften zur laufenden Buchhaltung enthält und bezüglich der Jahresabschlusserstellung gem. 6 kap. 2 § und 4 § des BFL auf das ÅRL verweist.[647] Im Rahmen der Umsetzung des europäischen Bilanzrechts entschied sich der schwedische Gesetzgeber den Ansatz für Rückstellungen gem. 3 kap. 9 § ÅRL ausnahmslos vorzuschreiben.[648] Folglich sind Rückstellungen für Pensionen und ähnliche Verpflichtungen obligatorisch zu bilanzieren.[649] Nach schwedischem Recht ist es indes nicht möglich, einen befreienden IFRS-Einzelabschluss zu erstellen,[650] sodass der IAS 19 keine unmittelbare Wirkung auf den handelsrechtlichen Gewinn entfaltet.

Elementare Vorgaben für die Bewertung von Rückstellungen finden sich seit der Umsetzung der EU-Bilanzrichtlinie in 4 kap. 15 a § ÅRL. Im Einklang mit Art. 12 Abs. 12 Satz 3 RL 2013/34/EU entspricht die Höhe der Rückstellung dabei der bestmöglichen Schätzung des Betrags, der zur Erfüllung der Verpflichtung erforderlich ist. Spezifischere Direktiven bezüglich der Bewertung von Rückstellungen, insbesondere von Pensionsrückstellungen, lassen sich aus dem ÅRL jedoch nicht ableiten.[651] Voraussetzung ist nur, dass die Bilanzierung der Pensionsrückstellungen der sog. god redovisningssed, zu Deutsch gute Rechnungslegungssitte, i.S.d. 4 kap. 2 § BFL bzw. 2 kap. 2 § ÅRL entspricht.

---

645 Das ÅRL umfasst daher auch die Änderungen der EU-Bilanzrichtlinie, welche durch das Gesetz zur Änderung des Jahresabschlussgesetzes (1995: 1554), Svensk författningssamling (Schwedische Gesetzessammlung) Nr. 2015:813 v. 26.11.2015, geändert wurde. Vgl. *Marton*, Accounting in Europe 2017, 207, 208 f. Zur Transformation der 4. Richtlinie siehe *Nilsson*, Redovisningens normer och normbildare, 2014, S. 55 f.; *Heurlin/Peterssohn*, in Alexander/Archer, European Accounting Guide, 2003, S. 17.03, 17.05; *Blake et al.*, The International Journal of Accounting 1999, 421, 422 f.

646 Bokföringslag, Svensk författningssamling (Schwedische Gesetzessammlung) Nr. 1999:1078 v. 2.12.1999.

647 Siehe *Kellgren/Bjuvberg*, Redovisning och beskattning, 2014, S. 33 & 36.

648 So schon *Rundfelt*, in Ordelheide/KPMG, Transnational Accounting, 2001, S. 2345, 2393. A.A. wohl *Wagner*, Rückstellungen in der Handels- und Steuerbilanz, 2003, S. 267.

649 *Heurlin/Peterssohn*, in Alexander/Archer, European Accounting Guide, 2003, S. 17.03, 17.23.

650 *Marton*, Accounting in Europe 2017, 207, 208.

651 So schon zum alten Rechtsstand *Schulz*, Harmonisierung, 2012, S. 388 f.

Der Begriff des god redovisningssed ist dabei gesetzlich nicht definiert und gilt daher als unbestimmt.[652] Vor diesem Hintergrund wird in Schweden auf das Konzept der sog. komplettierenden Normsetzung (kompletterande normgivning) zurückgegriffen.[653] So wird die Auslegung und Konkretisierung des god redovisningssed und somit die Bestimmung klarer materiellerer Vorgaben gem. 8 kap. 1 § BFL dem schwedischen Standardsetter, dem sog. Bokföringsnämnden,[654] übertragen. Hierzu veröffentlicht das Bokföringsnämnden in Abhängigkeit der Unternehmensgröße verschiedene Verlautbarungen, sog. Allmänna råd, welche die spezifischen Vorgaben bezüglich der Jahres- und Konzernabschlusserstellung enthalten.

Man unterscheidet hierbei zwischen K-1, K-2, K-3 und K-4 Unternehmen, wobei K-1 die Kategorie der kleinsten Unternehmen darstellt.[655] Die Komplexität der Verlautbarungen nimmt sodann mit steigender Unternehmensgröße zu. In diesem Zusammenhang spielen jedoch Unternehmen, die nach schwedischem Recht verpflichtend oder wahlweise einen IFRS-Konzernabschluss aufstellen, eine besondere Rolle. So verweist der Bokföringsnämnden für diese Unternehmen ausdrücklich auf den Standard 2 des privatwirtschaftlich organisierten Rådet för finansiell rapportering (abgekürzt als RFR).[656] Die Verlautbarungen des Rådet för finansiell rapportering und des Bokföringsnämnden besitzen, obschon eine explizite Verankerung im Gesetz fehlt, eine hohe Akzeptanz und konkretisieren den Begriff des god redovisningssed.[657] Durch den Generalverweis sind sie den gesetzlichen Vorgaben zudem faktisch gleichgestellt, sofern sie nicht durch die Rechtsprechung widerlegt werden.[658] Im Ergebnis gestaltet sich

---

652 *Schulz*, Harmonisierung, 2012, S. 57 m.w.N. Vgl. ferner *Jönsson/Marton*, in Flower, The Regulation of Financial Reporting, 1994, S. 181, 197-199.

653 Vgl. *Kellgren/Bjuvberg*, Redovisning och beskattning, 2014, S. 40-44.

654 Der Bokföringsnämnden ist eine staatliche Verwaltungsbehörde und in der Verordnung mit Anweisungen für den Bokföringsnämnden, Svensk författningssamling (Schwedische Gesetzessammlung) Nr. 2007:783 v. 1.11.2017, geregelt. Sie ist dabei dem Finanzministerium unterstellt. Zur historischen Entwicklung und Bedeutung des Bokföringsnämnden siehe ferner *Artsberg*, in Previts/Walton/Wolnizer, A Global History of Accounting, 2010, S. 191, 201.

655 *Drefeldt/Törning*, Årsredovisning enligt K2, 2020, S. 14 f.; *Schulz*, Harmonisierung, 2012, S. 55.

656 Der Bokföringsnämnden verweist für die K-4 Unternehmen durch seinen Allmänna råd BFNAR 2012:3 auf den Standard RFR 2 des Rådet för finansiell rapportering. Im Folgenden wird der Standard als RFR 2 abgekürzt.

657 *Kellgren/Bjuvberg*, Redovisning och beskattning, 2014, S. 42 f. Ferner *Norberg*, Skattenytt 2009, 127, 133.

658 Vgl. *Blake et al.*, European Business Review 1997, 85, 87 f.

die schwedische Rechnungslegung als recht komplex.[659] Im Folgenden werden die einzelnen Verlautbarungen hinsichtlich ihrer Vorgaben für die handelsrechtliche Bilanzierung von Pensionsverpflichtungen kurz vorgestellt.

Der Standard RFR 2, welcher bei börsennotierten Unternehmen und ihren Tochterunternehmen Anwendung findet, basiert in seiner Konzeption auf den internationalen Standards und formuliert lediglich punktuell Abweichungen, sofern die internationalen Standards gegen geltendes schwedisches Bilanzrecht verstoßen.[660] Der IAS 19 ist daher grundsätzlich anzuwenden. Im Rahmen der Behandlung von Pensionsverpflichtungen offeriert der RFR 2 für Leistungszusagen jedoch die Möglichkeit, von den Vorgaben des IAS 19 der Einfachheit halber abzuweichen und durchbricht somit den inneren Verweis auf die internationalen Normen.[661] So können mittelbare Pensionsverpflichtungen, die über ein Versicherungsunternehmen durchgeführt werden, unabhängig von ihrer materiellen Ausgestaltung als Beitragszusage bilanziert werden. Überdies müssen unmittelbare Pensionsverpflichtungen, die unter den Anwendungsbereich des TrL fallen, gem. den Bestimmungen dieses Gesetzes und nicht nach den Vorgaben des IAS 19 ermittelt werden. Ferner erlaubt der Standard zwar grundsätzlich eine Saldierung unmittelbarer, kapitalgedeckter Pensionsverpflichtungen, allerdings darf im Fall einer Überdeckung kein Aktivposten ausgewiesen werden. Neben den börsennotierten Unternehmen verweist auch die für K-3 Unternehmen maßgebliche Verlautbarung BFNAR 2012:1 in Kapitel 28 Punkt 28.14 bezüglich der Bilanzierung und Bewertung von Leistungszusagen auf den IAS 19,[662] wobei ebenfalls Vereinfachungsregelungen existieren.[663]

Im Gegensatz dazu finden sich in den Verlautbarungen BFNAR 2016:10 für K-2 Unternehmen keine vergleichbaren Verweise auf den IAS 19. Die Vorgaben bezüglich der Bilanzierung von Pensionsverpflichtungen sind in

659 Ebenso *Marton*, Accounting in Europe 2017, 207, 209.

660 Vgl. zur Konzeption des RFR 2 *Schulz*, Harmonisierung, 2012, S. 60 f.

661 Siehe zu den Vorgaben bezüglich Pensionsverpflichtungen Rådet för finansiell rapportering, RFR 2, 2021, S. 19 f., abrufbar unter http://www.radetforfinansiellrapportering.se/userfiles/archive/254/rfr2_arsupdatering_2021.pdf (zuletzt abgerufen am 1.9.2021).

662 *Marton*, Accounting in Europe 2017, 207, 212.

663 Es handelt sich hierbei um ein Wahlrecht. Siehe Leitfaden des Bokföringsnämnden, Årsredovisning och koncernredovisning (K3), 2020, S. 238 f., abrufbar unter https://www.bfn.se/wp-content/uploads/vl12-1-k3-kons.pdf (zuletzt abgerufen am 1.9.2021)

diesem Kontext ausgesprochen vage und richten sich nach der Wertermittlung des TrL.[664] Für K-1 Unternehmen müssen laut den Verlautbarungen BFNAR 2006:1 sowie BFNAR 2010:1 grundsätzlich keine Rückstellungen gebildet werden, da Unternehmen dieser Größe lediglich einen vereinfachten Jahresabschluss nach 6 kap. BFL aufstellen müssen. Im Ergebnis lässt sich dem IAS 19 ein erheblicher mittelbarer Einfluss auf die Bilanzierung von Pensionsverpflichtungen im Rahmen der Jahresabschlusserstellung von börsennotierten sowie größeren Unternehmen in Schweden attestieren.

cc) Die Behandlung von Pensionsverpflichtungen im Rahmen der steuerrechtlichen Gewinnermittlung

Die steuerliche Gewinnermittlung der Unternehmen in Schweden ist im Rahmen des Einkommensteuergesetzes, des sog. Inkomstskattelag (abgekürzt als IL),[665] geregelt, welches sowohl für juristische als auch natürliche Personen gilt.[666] Das System der Gewinnermittlung fußt dabei auf einer engen Verknüpfung von Handels- und Steuerbilanz.[667] So müssen die Aufwendungen und Erträge gem. 14 kap. 2 § IL im Sinne des god redovisningssed erfasst werden, soweit gesetzlich nichts anderes bestimmt ist, wobei gem. 14 kap. 4 § IL explizit auf den handelsrechtlichen Jahresabschluss zu rekurrieren ist.[668] Im Rahmen dieses Verweises finden somit die handelsrechtlichen Grundsätze und Vorschriften unmittelbar Einzug in die Steuerbilanz.[669] Hierdurch sind folglich sowohl die Vorgaben des ÅRL und des BFL als auch die Verlautbarungen des Bokföringsnämnden bzw. des Rådet för finansiell rapportering maßgeblich für die steuerliche

664 Vgl. Leitfaden des Bokföringsnämnden, Årsredovisning i mindre företag (K2), 2020, S. 234-236, abrufbar unter https://www.bfn.se/wp-content/uploads/vl16-10-k2ar-kons.pdf (zuletzt abgerufen am 1.9.2021)

665 Einkommensteuergesetz vom 16.12.1999, Svensk författningssamling (Schwedische Gesetzessammlung) Nr. 1999:1229 v. 16.12.1999.

666 *Kristoffersson*, in Mennel/Förster, Steuern in Europa, 119. Lfg. 2019, Schweden Rn. 9. Das Einkommensteuergesetz umfasst zudem die Körperschaftsteuer.

667 Vgl. *Avi-Yonah/Sartori/Marian*, Global perspectives, 2011, S. 83; *Kirsch/Olson*, Skattenytt 2008, 746, 748 f. Zur historischen Einordnung siehe *Artsberg*, in Previts/Walton/Wolnizer, A Global History of Accounting, 2010, S. 191, 194 f.

668 *Kellgren/Bjuvberg*, Redovisning och beskattning, 2014, S. 108-112; *Alhager/Alhager*, Sambandet mellan redovisning och beskattning, 2004, S. 13 & 20.

669 So schon *Artsberg*, European Accounting Review 1996, Supplement, 795.

Gewinnermittlung,[670] sodass sich folglich auch der IAS 19 durch den Standard RFR 2 bzw. die Verlautbarung BFNAR 2012:1 auf den steuerlichen Gewinn auswirken könnte.

Dieser Zusammenhang wird jedoch durch den steuerlichen Vorbehalt in 14 kap. 5 § i.V.m. 2 § IL durchbrochen. Demnach sind die spezifischen Vorschriften des Inkomstskattelag den handelsrechtlichen Vorschriften als lex specialis vorzuziehen.[671] In Bezug auf die Bilanzierung von Pensionsverpflichtungen sieht dabei 58 kap. IL Ausnahmen dem Grunde nach vor.[672] So darf beispielsweise eine betriebliche Rente gem. 58 kap. 10 § IL erst nach Vollendung des 55. Lebensjahrs ausgezahlt werden.

Überdies unterliegen die Pensionsrückstellungen im schwedischen Bilanzsteuerrecht ebenfalls spezifischen, sowohl qualitativen als auch quantitativen, Beschränkungen in 28 kap. IL.[673] Zum einen verlangt das schwedische Einkommensteuergesetz nach 28 kap. 3 § IL, dass die Pensionsverpflichtungen abgesichert werden.[674] Diesbezüglich steht es einem Arbeitgeber nach Möglichkeit frei, die Pensionsverpflichtung auf eine Pensionskasse i.S.d. TrL auszulagern, eine Direktversicherung abzuschließen oder im Fall einer Direktzusage diese durch den Abschluss einer Bürgschaft oder einer Kreditversicherung wie dem Försäkringsbolaget Pensionsgaranti zu garantieren. Sofern eine Direktzusage nicht im Rahmen des 28 kap. 3 § IL gesichert ist, sind die Rentenleistungen erst bei Auszahlung als Betriebsausgabe abzugsfähig.[675]

Zum anderen knüpft das schwedische Einkommensteuergesetz in 28 kap. 4 § IL bezüglich der Bewertung der Pensionsrückstellungen an das TrL an, sodass der gem. 3 § TrL ermittelte Wert für die steuerliche Gewinnermittlung zugrunde zu legen ist.[676] Zudem dürfen die Zuführungen

---

670 *Kristoffersson*, in Mennel/Förster, Steuern in Europa, 119. Lfg. 2019, Schweden Rn. 73.

671 *Schulz*, Harmonisierung, 2012, S. 64; *Alhager/Alhager*, Sambandet mellan redovisning och beskattning, 2004, S. 20.

672 *Schmid*, in Påhlson, Yearbook for Nordic Tax Research, 2007, S. 163, 165 f.

673 *Schmid*, in Påhlson, Yearbook for Nordic Tax Research, 2007, S. 163, 165-167. Siehe auch *Schwarz*, Altersvorsorgebesteuerung in Deutschland, USA und Europa, 2004, S. 149.

674 *Kellgren/Bjuvberg*, Redovisning och beskattning, 2014, S. 127.

675 Vgl. Hinweise der schwedischen Steuerbehörde Skatteverket, Avdrag för pension som betalas ut, 2021, abrufbar unter https://www4.skatteverket.se/rattsligvagledning/edition/2021.4/338988.html (zuletzt abgerufen am 1.9.2021).

676 Siehe zur Bewertung der Pensionsrückstellungen die Hinweise der schwedischen Steuerbehörde Skatteverket, Avsättning i balansräkningen, 2021, abrufbar unter https://www4.skatteverket.se/rattsligvagledning/edition/2021.9/3390

zu einer Pensionsrückstellungen nach 28 kap. 5 § IL lediglich 35 % des Gehalts betragen, wobei der Betrag auf das zehnfache der Preisbemessungsgrenze i.S.d. 2 kap. 6 und 7 §§ des Sozialversicherungsgesetz[677] begrenzt ist.

Wenngleich Pensionsrückstellungen in Schweden auch in der Steuerbilanz zum Abzug gebracht werden können, weicht der steuerliche Wertansatz doch erheblich von den Vorgaben des IAS 19 ab,[678] sodass von einer fehlenden Annährung der steuerbilanziellen Gewinnermittlungsvorschriften an den IAS 19 auszugehen ist.[679] Ferner reicht die Bedeutung der Normen zur Sicherung der Pensionsverpflichtungen über das Steuerrecht hinaus, um die Ansprüche des Arbeitnehmers im Fall einer Insolvenz des Arbeitgebers zu schützen.[680] Den Vorschriften kann somit schließlich eine sozialpolitische Funktion zugeschrieben werden, da der schwedische Gesetzgeber die Vertragsfreiheit nicht arbeitsrechtlich unmittelbar beschränkt, sondern erst im Zuge der Steuergesetzgebung mittelbar beeinflusst.

h) Belgien

aa) Überblick über die arbeitsrechtlichen Grundzüge der betrieblichen Altersversorgung

Das System der betrieblichen Altersversorgung in Belgien unterlag in den vergangenen Jahrzehnten einem steten legislativen Wandel. So war es vor dem 1. Januar 1986 ausnahmslos zulässig, Arbeitnehmern unmittelbare Pensionsverpflichtungen zuzusagen.[681] Im Zuge einer Reform der

04.html (zuletzt abgerufen am 1.9.2021). Der Wert ist auf Basis versicherungsmathematischer Annahmen zu ermitteln, die Vorschriften der schwedischen Finanzaufsichtsbehörde FFFS 2007:24 und FFFS 2007:31 festgelegt werden.

677 Socialförsäkringsbalken (2010:110), Svensk författningssamling (Schwedische Gesetzessammlung) Nr. 2010:110 v. 4.3.2010. Im Jahr 2020 betrug die Grenze 47.300 schwedische Kronen.

678 So schon *Bjuvberg*, Svensk skattetidning 2004, 316, 320 f. Ferner auch *Knuttson/Norberg/Thorell*, Redovisningsfrågor i skattepraxis, 2012, S. 279, die von einer „Abkopplung“ der steuerlichen Regelungen von den handelsrechtlichen Vorgaben sprechen.

679 Die Vorschriften zu Rückstellungen konvergieren hingegen sehr stark mit den Vorgaben der IFRS. Siehe *Schulz*, Harmonisierung, 2012, S. 409.

680 *Brattström*, Makars pensionsrättigheter, 2004, S. 178 f.

681 *Kvist*, Taxation, 1992, S. 10.

kollektiv vereinbarten betrieblichen Renten wurden gem. Art. 7 des Königlichen Erlasses vom 14. Mai 1985[682] nur noch rechtlich unabhängige Versorgungsträger wie Pensionsfonds oder Versicherungen als Durchführungsform dieser Renten zugelassen. Einzelzusagen konnten indessen weiterhin als Direktzusagen durchgeführt werden.[683] Die Restriktionen der unmittelbaren Pensionsverpflichtungen wurden sodann durch das Gesetz über die zusätzliche Altersversorgung und die Steuerregelung für Zusatzrenten und bestimmte zusätzliche Sozialleistungen vom 28. April 2003[684] und schließlich durch das Programmgesetz vom 22. Juni 2012[685] auf alle Einzelzusagen erweitert, sodass Neuzusagen seitdem nur noch über einen externen Versorgungsträger durchgeführt werden können.[686]

Der ursprüngliche Gesetzesentwurf des Programmgesetzes vom 22. Juni 2012 sah hierbei noch eine obligatorische Auslagerung aller bestehender unmittelbarer Pensionsverpflichtungen vor.[687] Da dies jedoch für belgische Unternehmen einen erheblichen Liquiditätsabfluss bedeutet hätte, konnte der Past Service einer zugesagten betrieblichen Altersversorgung mit dem Wertansatz beibehalten werden, der zum 1. Januar 2012 bestand.[688] Der Future Service hingegen ist seither zwingend auszulagern. Die Gestaltungsformen belgischer Betriebsrenten haben sich somit aufgrund der arbeitsrechtlichen Gesetzgebung in erheblichem Maße hin zu mittelbaren, kapitalgedeckten Pensionsverpflichtungen entwickelt, bei denen bestehende unmittelbare Pensionsverpflichtungen erheblich an Bedeutung verloren haben und weiter verlieren werden. Die mittelbaren Pensionsverpflichtungen können hierbei gemäß dem belgischen Recht sowohl als Leistungszusagen als auch als Beitragszusagen ausgestaltet werden, wobei der Arbeitgeber jedoch auch bei Beitragszusagen für den An-

---

682 Arrêté royal portant/Koninklijk besluit (Königlicher Erlass) vom 14. Mai 1985, Belgisches Staatsblatt v. 7.6.1985, S. 8674.

683 *Lamon/van Bavel/Blockerye*, Aspects fiscaux de la comptabilité et technique de déclaration fiscal, 2013, Rn. 1192.

684 Loi relative aux pensions complémentaires et au régime fiscal de celles-ci et de certains avantages complémentaires en matière de sécurité sociale/Wet betreffende de aanvullende pensioenen en het belastingstelsel van die pensioenen en van sommige aanvullende voordelen inzake sociale zekerheid vom 28. April 2003, Belgisches Staatsblatt v. 15.3.2003, S. 26407.

685 Loi-programme/Programmawet v. 22. Juni 2012, Belgisches Staatsblatt v. 28.6.2012, S. 35784.

686 *Darte/Noël*, Maîtriser L'I.Soc, 2021, S. 166 & 168 f.

687 *van Eesbeeck/Vereycken*, Fiscologue 2012, Heft 1300, 1, 1.

688 *Devoet*, Pensions complémentaires professionelles, 2020, Rn. 382; *D'Aout/Picavet*, in Jaillot, Le Droit Fiscal en Belgique 2013, 2013, S. 56 f.

spruch des Arbeitnehmers auf eine Mindestgarantie der Beiträge gem. § 24 des Gesetzes über die Zusatzrenten und die Besteuerung dieser Renten und bestimmter sozialer Zusatzleistungen vom 28. April 2003 einzustehen hat.[689] Es handelt sich in diesem Fall folglich um eine hybride Beitragszusage.

bb) Die Behandlung von Pensionsverpflichtungen im Rahmen der handelsrechtlichen Gewinnermittlung

Bei der Umsetzung der 4. Richtlinie kodifizierte der belgische Gesetzgeber eine grundsätzliche Passivierungspflicht für Pensionsrückstellungen, wobei er jedoch parallel zur arbeitsrechtlichen Entwicklung ein Wahlrecht für die vor dem 1.1.1986 zugesagten Pensionsverpflichtungen determinierte.[690] Diese Besonderheit wurde jedoch durch Art. 220 Nr. 1 des König-

---

689 *van Damme/de Somviele*, Oriëntatie 2009, 173, 176 f. Ferner garantiert der Arbeitgeber mitunter bei bestimmten Beitragszusagen gem. Art. 4-4 des Arrêté royal portant/Koninklijk besluit (Königlicher Erlass) vom 14. November, Belgisches Staatsblatt v. 14.11.2003, S. 55266 (geändert durch den Arrêté royal portant/Koninklijk besluit (Königlicher Erlass) vom 12. Januar 2007, Belgisches Staatsblatt v. 20.2.2007, S. 08208) eine bestimmte Rendite. Zu der Mindestverzinsung siehe *Ghailani/Peña-Casas*, in Natali/Pavolini/Vanhercke, Occupational Welfare in Europe, 2018, S. 125, 133. Der Arbeitgeber ist demnach zu Nachschussleistungen verpflichtet. Siehe *Beckers*, Actuarial Mathematics, 2017, S. 120; *van den Eeckhaut*, ET 2005, 243, 244 f.

690 Siehe *Kloos*, Transformation, 1993, S. 295; *Jorissen/van Oostveldt*, in Ordelheide/KPMG, Transnational Accounting, 2001, S. 375, 466. Der Artikel 45 des Arrêté royal portant/Koninklijk besluit (Königlicher Erlass) vom 8. Oktober 1976, Belgisches Staatsblatt v. 19.10.1976, S. 13460 sah in seinem früheren Wortlaut vor, dass Verpflichtungen, die sich für die Gesellschaft aus für ihre Arbeitnehmer oder Geschäftsführern vorgesehenen Zusatzrentensystemen ergeben, bis zu dem Zeitpunkt und unter den Bedingungen, die durch einen späteren Erlass festzulegen sind, nicht durch Rückstellungen abzudecken sind. Durch den Arrêté royal portant/Koninklijk besluit (Königlicher Erlass) vom 6. November 1987, Belgisches Staatsblatt v. 24.11.1987, S. 17312 wurde dieser Artikel durch eine neue Bestimmung ersetzt, um die Rechnungslegungsvorschriften mit den Bestimmungen des Königlichen Erlasses vom 14. Mai 1985, Belgisches Staatsblatt v. 7.6.1985, S. 8674, für private Pensionseinrichtungen in Einklang zu bringen und beschränkte sich dahingehend auf den Begriff „Mitarbeiter“. Siehe dazu Commission des Normes Comptables/Commissie voor Boekhoukundige Normen, Stellungnahme 107/12 v. 24.11.1987, Pensionsrückstellungen. Zu den Rechnungslegungsvorschriften im Zuge der Umsetzung der 4. Richtlinie *Scholtissek*, RIW 1993, 582, 583.

lichen Erlasses vom 30. Januar 2001 wieder aufgehoben,[691] sodass Pensionsrückstellungen in Bezug auf Alters- und Hinterbliebenenrenten, Vorruhestandsregelungen und andere ähnliche Pensionspläne bzw. Renten gem. Art. 54 dieses Erlasses ausnahmslos gebildet werden mussten. Zudem wurde sowohl im Zuge der Transformation der EU-Bilanzrichtlinie[692] als auch bei der Reform des Gesellschaftsrechts im Jahr 2019[693] an der Passivierungspflicht für Pensionsrückstellungen weiter festgehalten.

Für die handelsrechtliche Bewertung von Pensionsverpflichtungen ist gem. Art. 3:28 des Königlichen Erlasses vom 29. April 2019 grundsätzlich der Betrag zu ermitteln, der die bestmögliche Schätzung darstellt, der zur Erfüllung dieser Verpflichtung am Bilanzstichtag erforderlich ist. Das Unternehmen bestimmt dabei gem. Art. 3:31 i.V.m. Art. 3:6 Art. 3:29 des Königlichen Erlasses vom 29. April 2019 die Methode für die Bewertung der Verpflichtung selbst.[694] Gleichwohl müssen die gewählten Methoden gem. Art. 3:29 des Königlichen Erlasses vom 29. April 2019 den Grundsätzen der Bilanzwahrheit und der Vorsicht genügen. Eigene explizite Bewertungsregeln oder –verfahren lassen sich aus den Vorgaben im Ergebnis nicht ableiten.[695]

---

691 Arrêté royal portant/Koninklijk besluit (Königlicher Erlass) vom 30. Januar 2001, Belgisches Staatsblatt v. 6.2.2001, S. 3008. Siehe zur Reform des Gesellschaftsrechts *Szafran*, Tjidschrift Voor Belgisch Handelsrecht/Revue de Droit Commercial Belge 2006, 379, 396.

692 Der Arrêté royal portant/Koninklijk besluit (Königlicher Erlass) vom 18. Dezember 2015, Belgisches Staatsblatt v. 30.12.2015, S. 80368, bezüglich der Umsetzung der EU-Bilanzrichtlinie ersetzte die Regelungen des Königlichen Erlasses vom 30. Januar 2001. Siehe hierzu *Jorissen*, Accounting in Europe 2017, 29, 30.

693 Das belgische Gesellschaftsrecht wurde durch das Unternehmens- und Vereinsgesetzbuch, dem Code des sociétés et des associations/Wetboek van vennootschappen en verenigingen vom 23. März 2019, Belgisches Staatsblatt v. 4.4.2019, S. 33239, und den Königlichen Erlass zur Umsetzung des Unternehmens- und Vereinsgesetzbuches, dem sog. arrêté royal portant exécution du Code des sociétés et des associations/Koninklijk besluit tot uitvoering van het Wetboek van vennootschappen en verenigingen vom 29. April 2019, Belgisches Staatsblatt v. 30.4.2019, S. 42246, grundlegend reformiert.

694 Vgl. *de Lembre/Mannekens/van de Velde*, Handboek Boekhouden–Belgisch boekhoudrecht, 2019, S. 416 f. Siehe zur Definition von Rückstellungen vor dem Königlichen Erlass vom 30.1.2001 *Jorissen/van Oostveldt*, in Ordelheide/KPMG, Transnational Accounting, 2001, S. 375, 442.

695 Siehe *Jorissen*, Accounting in Europe 2017, 29, 35-37. Zu den Vorgängerregelungen *Longerstaey*, in Dendauw et al., Le nouveau droit comptable belge, 2016, S. 260, 271; *Jorissen*, in Alexander/Archer, European Accounting Guide, 2003, S. 3.04, 3.32.

In diesem Zusammenhang hat sich die belgische Kommission für Rechnungslegungsstandards (Commission des Normes Comptables/Commissie voor Boekhoukundige Normen) in zwei Stellungnahmen, sog. avis bzw. adviezen, bezüglich der Bewertung von Pensionsrückstellung geäußert.[696] So muss zum einen sowohl das Sterberisiko als auch der Zinsfaktor zwingend berücksichtigt werden. Zum anderen steht es den Unternehmen frei, ein Anwartschaftsbarwertfahren ähnlich der Projected Unit Credit Methode anzuwenden. Eine neuere Stellungnahme der Kommission steht indes noch aus.[697] Da die Stellungnahmen und Empfehlungen der belgischen Kommission für Rechnungslegungsstandards gem. Art. III.93 Abs. 1 Nr. 2 des belgischen Handelsgesetzbuches, dem Code de droit économique/Wetboek van economisch recht, keinen rechtsverbindlichen Charakter besitzen,[698] können die Unternehmen von diesen Empfehlungen auch abweichen.

Die Notwendigkeit zur Bildung einer Pensionsrückstellung besteht im belgischen Recht jedoch im Wesentlichen nur bei den verbliebenen unmittelbaren Pensionsverpflichtungen und bei den Unterdeckungen der externen Versorgungsträger.[699] Solange die mittelbaren Pensionsverpflichtungen voll ausfinanziert sind, betreffen die Prämienzahlungen lediglich die Gewinn- und Verlustrechnung belgischer Unternehmen.[700] Vor diesem

---

696 Commission des Normes Comptables/Commissie voor Boekhoukundige Normen, Stellungnahme 107/9 v. 1.12.1988, Bestimmung des Betrags einer Rückstellung für Pensionen oder Vorruhestandsleistungen, nach der das Sterberisiko einkalkuliert werden muss. Vgl. *de Lembre/Boelens/Salens*, Jaarrekeningszakboekje 2020, S. 231 f. Siehe ferner zur Bewertungsmethode *Lamon/van Bavel/Blockerye*, Aspects fiscaux de la comptabilité et technique de déclaration fiscal, 2013, Rn. 1196 Fn. 1582 mit Verweis auf eine unveröffentlichte Stellungnahme v. 26.2.1992.

697 Siehe Commission des Normes Comptables/Commissie voor Boekhoukundige Normen, Stellungnahme 2018/25 v. 12.9.2018, Rückstellungen unter Rn. 68, wonach die bilanzielle Behandlung von Verpflichtungen aus einer außergesetzlichen Pensionszusage Gegenstand eines späteren Gutachtens sein wird. Dies wurde bisher noch nicht veröffentlicht. Zur Notwendigkeit der Erfassung einer Rückstellung für Pensionsverpflichtungen *Rasmont/Renard*, in Thiry, Les pensions complémentaires en pratique, 2020, S. 325, 361 f.

698 Siehe zur Rechtsverbindlichkeit des Commission des Normes Comptables/Commissie voor Boekhoukundige Normen *Jorissen/Stabel*, in Previts/Walton/Wolnizer, A Global History of Accounting, 2010, S. 1, 22; *Flower*, European Financial Reporting, 2004, S. 80.

699 *Jorissen/van Oostveldt*, in Ordelheide/KPMG, Transnational Accounting, 2001, S. 375, 446.

700 *de Lembre/Boelens/Salens*, Jaarrekeningszakboekje, 2020, S. 231.

Hintergrund ging man davon aus, dass ausgelagerte und vollständig kapitalgedeckte Pensionsverpflichtungen generell zu keinem Ausweis in der Bilanz führen.[701]

Aufgrund der gegenwärtig andauernden Niedrigzinsphase konnten die Versicherungsunternehmen jedoch mitunter das Garantieversprechen des Arbeitgebers gem. § 24 des Gesetzes über die Zusatzrenten und die Besteuerung dieser Renten und bestimmter sozialer Zusatzleistungen vom 28. April 2003 nicht mehr gänzlich abdecken.[702] Diesbezüglich hat sich die belgische Kommission für Rechnungslegungsstandards in einer Stellungnahme dahingehend geäußert, dass das Risiko des Garantieversprechens und einer möglichen Unterdeckung identifiziert und bewertet werden muss.[703] Es bleibt daher festzuhalten, dass trotz der Entwicklung zu mittelbaren, kapitalgedeckten Pensionsverpflichtungen in Belgien der Ansatz von Pensionsrückstellungen weiterhin eine Rolle spielt. Hierbei fehlt es dem belgischen Bilanzrecht jedoch an konkreten Vorgaben hinsichtlich der Bewertung dieser Verpflichtungen.

Der belgische Gesetzgeber hat sich zudem ausdrücklich gegen eine Übernahme der IFRS für die Einzelabschlusserstellung entschieden, sodass die internationalen Standards nur bei den Konzernabschlüssen Anwendung finden.[704] Die strikte Ablehnung wird im Wesentlichen auf die enge Verknüpfung zwischen der Handels- und Steuerbilanz in Belgien zurückgeführt, die eine Anlehnung an die IFRS verhindert.[705] Zudem wirken sich die fiskalischen Regelungen umgekehrt auf die handelsrechtliche Bi-

701 So beispielhaft *Jorissen*, in Alexander/Archer, European Accounting Guide, 2003, S. 3.04, 3.32.

702 *Financial Services and Markets Authority* (Hrsg.), Disclosures relating to Belgian "defined contribution" plans with return guaranteed by law, 2015, S. 4.

703 Siehe Commission des Normes Comptables/Commissie voor Boekhoukundige Normen, Stellungnahme 2018/15 v. 20.6.2018, Bilanzierung unter anderem der Leistungsgarantie für Arbeitgeberbeiträge im Rahmen einer zusätzlichen Pensionszusage unter III.B. Die Bewertung dieser Verpflichtung soll Gegenstand einer späteren Stellungnahme oder eines Berichts der Kommission werden. Siehe zur Notwendigkeit der Rückstellungsbildung im belgischen Recht *de Ridder*, Tax, Audit & Accountancy 2015, 4, 10.

704 *Traversa/Peeters*, in Grandinetti, Corporate Tax Base, 2016, S. 67, 71. Siehe zur Pflicht der Anwendung der IFRS im belgischen Gesellschaftsrecht zudem *Szafran*, Tjidschrift voor Belgisch Handelsrecht/Revue de Droit Commercial Belge 2006, 379, 392-394.

705 *Wyckaert*, in FS (Frans) Vanistendael, 2007, S. 567, 571 f. Ferner wurde die Kapitalerhaltung und der Aufwand für kleine und mittlere Unternehmen als Gründe gegen eine Einführung der IFRS für den Einzelabschluss genannt. *Delvaux et al.*, Nouveau droit comptable belge, 2003, S. 40-42.

lanzierung aus, was eine ökonomisch sachgerechte, kapitalmarktorientierte Bewertung erschwert.[706]

Nichtdestotrotz existiert auch in Belgien eine zumindest punktuelle Konvergenz mit den internationalen Standards, sofern es möglich und sinnvoll erscheint, bestimmte Konzepte des IFRS-Systems für die belgische Rechnungslegung zu übernehmen.[707] In Ermangelung expliziter Vorgaben zur Bilanzierung von Pensionsverpflichtungen im belgischen Handelsrecht wird es daher in der Praxis als zulässig erachtet, den IAS 19 als adäquates Regelwerk anzuwenden.[708] Folglich kann man dem IAS 19 einen zumindest mittelbaren, punktuellen Einfluss auf die belgische Rechnungslegung attestieren.

cc) Die Behandlung von Pensionsverpflichtungen im Rahmen der steuerrechtlichen Gewinnermittlung

Die steuerrechtliche Gewinnermittlung in Belgien knüpft seit der Umsetzung der 4. Richtlinie an den handelsrechtlichen Einzelabschluss an,[709] sodass Pensionsrückstellungen grundsätzlich auch steuerlich geltend gemacht werden könnten.[710] Das belgische Einkommensteuerrecht sieht diesbezüglich jedoch bestimmte Voraussetzungen für die Abzugsfähigkeit einer Rückstellung für steuerliche Zwecke vor.[711] So erfordert Art. 48 Code Impôts des Revenues/Wetboek van de Inkombelastingen (C.I.R./W.I.B.) i.V.m. Art. 194 C.I.R./W.I.B., dass die Rückstellungen aus einer vertraglichen oder gesetzlichen Verpflichtung resultieren und zudem in

---

706 *Jorissen/Stabel*, in Previts/Walton/Wolnizer, A Global History of Accounting, 2010, S. 1, 25.

707 *de Lembre/van Cauwenberge*, Handboek Boekhouden – IFRS, 2017, S. 10.

708 *de Lembre/van Cauwenberge*, Handboek Boekhouden – IFRS, 2017, S. 423 f.; *PwC* (Hrsg.), Similarities and differences, 2016, S. 4-3 f.; *Lamon/van Bavel/Blockerye*, Aspects fiscaux de la comptabilité et technique de déclaration fiscal, 2013, Rn. 1196.

709 *Traversa/Peeters*, in Grandinetti, Corporate Tax Base, 2016, S. 67, 68 f.; *Sigloch*, BFuP 2000, 157, 165. Zur Entwicklung der Beziehung im Zuge der Richtlinieneinführung *Jorissen/Maes*, European Accounting Review 1996, Supplement, 915, 918-920.

710 In Anlehnung an *Paquet*, in Mennel/Förster, Steuern in Europa, 120. Lfg. 2019, Belgien Rn. 102.

711 Vgl. *Paquet*, in Mennel/Förster, Steuern in Europa, 120. Lfg. 2019, Belgien Rn. 104 f. Ferner *Service Public Fédéral Finances* (Hrsg.), Mémento Fiscal Nr. 31, 2019, S. 96.

Übereinstimmung mit den Bedingungen der Art. 24 bis 27 C.I.R./W.I.B. als wahrscheinlich gelten.[712] Darüber hinaus müssen die Rückstellungen gem. Art. 24 Nr. 1 i.V.m. Art. 25 C.I.R./W.I.B. betrieblich veranlasst sein und das zugrundeliegende Ereignis muss sich auf das betreffende Geschäftsjahr beziehen. Die Gesellschaft muss dabei gem. Art. 27 C.I.R./ W.I.B. die Aufrechterhaltung der Wahrscheinlichkeit des Verlustes oder der Kosten am Ende jedes Geschäftsjahres begründen.

Sofern eine Pensionsverpflichtung diese Kriterien erfüllt, ist diese Rückstellung im Rahmen der steuerlichen Gewinnermittlung anzusetzen.[713] In diesem Zusammenhang wird eine Pensionsrückstellung steuerlich als zulässig erachtet, soweit sie durch versicherungsmathematische Berechnungen hinreichend objektiviert ist.[714] Dahingehend wird die Anwendung des IAS 19 im belgischen Schrifttum im Zuge fehlender Vorgaben des Handels- bzw. Steuerrechts auch für steuerliche Zwecke als adäquates Bilanzierungssystem akzeptiert.[715] Es bleibt somit festzuhalten, dass, wenngleich die IFRS konzeptionell zwar keine größere Rolle in Belgien spielen dürfen, die Vorgaben des IAS 19 jedoch aufgrund fehlender kodifizierter Bestimmungen in der Lage sind, sich mittelbar auch auf die steuerliche Gewinnermittlung auszuwirken.

---

712 Vgl. zu den Voraussetzungen der gesetzlichen oder vertraglichen Verpflichtung das Schreiben der belgischen Finanzbehörde SPF Finances/FOD Financië v. 26.10.2018, Circulaire, 2018/C/118 relative aux provisions pour risques et charges exonérées à l'ISoc. Siehe zu dem seit 2018 gültigen Art. 194 C.I.R./W.I.B. ferner *Dewael*, in Jaillot, Le Droit Fiscal en Belgique 2019, 2019, S. 258 f.; *van Dyck*, Fiscoloog 2017, Heft 1540, 2, 6.

713 Vgl. zu den Voraussetzungen im Rahmen von Pensionsverpflichtungen *Darte/ Noël*, Maîtriser L'I.Soc, 2021, S. 166-168. Hierbei wurde die Berücksichtigung zukünftiger Kostensteigerungen durch die Rechtsprechung ausgeschlossen. Zur berechtigten Kritik siehe *van Keirsbilck*, Anm. zu *Cour d'appel d'Anvers/Hof van Beroep Antwerpen* v. 28.3.2006, Algemeen Fiscaal Tijdschrift 2006, 81, 83–86.

714 *Lamon/van Bavel/Blockerye*, Aspects fiscaux de la comptabilité et technique de déclaration fiscal, 2013, Rn. 1196; *Vandendijk*, in Defoort, Vennootschap en belastingen, 69. Lfg. Januar 2005, Deel V, Voorzieningen van pensioenen en soortgelijke verplichtingen Rn. 850 & 855 in Bezug auf Unterdeckungen.

715 *Lamon/van Bavel/Blockerye*, Aspects fiscaux de la comptabilité et technique de déclaration fiscal, 2013, Rn. 1196-1198; *van Keirsbilck*, Anm. zu *Cour d'appel d'Anvers/Hof van Beroep Antwerpen* v. 28.3.2006, Algemeen Fiscaal Tijdschrift 2006, 81, 87-90. Nach Ansicht der Rechtsprechung, Berufungsgericht Antwerpen *Cour d'appel d'Anvers/Hof van Beroep Antwerpen* v. 28.3.2006, Algemeen Fiscaal Tijdschrift 2006, 80 sowie der dort vertretenen Meinung der Verwaltung war eine Anwendung der internationalen Rechnungslegungsstandards hingegen unzulässig. Siehe ferner auch *Salens/Taghon*, Aangifte vennootschapsbelasting 2007, 2007, S. 255.

i) Österreich

aa) Überblick über die arbeitsrechtlichen Grundzüge der betrieblichen Altersversorgung

Die betriebliche Altersversorgung in Österreich kann im Rahmen des Betriebspensionsgesetzes (BPG) entweder unmittelbar als sog. direkte Leistungszusage nach § 2 Nr. 2 BPG oder mittelbar über eine Pensionskasse (§ 2 Nr. 1 Satz 1 1. Hs. BPG), eine betriebliche Kollektivversicherung (§ 2 Nr. 1 Satz 2 BPG), eine ausländische Einrichtung, die unter die Richtlinie (EU) 2016/2341 fällt (§ 2 Nr. 1 Satz 1 2. Hs. BPG), oder eine individuelle Direktversicherung (§ 2 Nr. 3 BPG) durchgeführt werden. In § 15 BPG wird zudem zusätzlich noch die Durchführungsform der Unterstützungskasse genannt,[716] welche in Österreich jedoch nur eine geringe Bedeutung besitzt.[717] Dem Arbeitgeber steht es dabei im Rahmen der mittelbaren Pensionsverpflichtung frei, diese gem. § 3 Abs. 1 Nr. 2 BPG i.V.m § 2 Abs. 1 des Pensionskassengesetzes (PKG)[718] als Leistungs- oder als Beitragszusage auszugestalten.[719]

Während sich die unmittelbare Pensionsverpflichtung in der Vergangenheit vor allem bei kleinen und mittleren Unternehmen noch hoher Beliebtheit erfreute,[720] ist vor allem seit der Einführung des Pensionskassengesetzes 1990 ein steter Wandel hin zu mittelbaren, kapitalgedeckten Durchführungsformen zu beobachten.[721] In diesem Zusammenhang nahm auch die Bedeutung von Beitragszusagen immer weiter zu.[722] Sofern das Unternehmen eine mittelbare Pensionsverpflichtung als Leistungszusage mittels einer Pensionskasse zugesagt hat, trifft es im Fall einer ne-

---

716 Der Begriff der Unterstützungskasse ist im österreichischen Recht nicht ausdrücklich definiert. Siehe zu einer Definition im Schrifttum *Büttgen/Büttgen*, Erfolgsmodell Unterstützungskasse, 2013, S. 51-54.

717 So schon *Kaether*, in Cramer/Förster/Ruland, Handbuch zur Altersversorgung, 1998, S. 1173, 1177.

718 Bundesgesetz vom 17. Mai 1990 über die Errichtung, Verwaltung und Beaufsichtigung von Pensionskassen (Pensionskassengesetz – PKG), Bundesgesetzesblatt Österreich Nr. 281/1990.

719 Siehe hierzu *Petric*, Betriebspension, 2016, S. 7.

720 *Janda*, BetrAV 1998, 296, 297.

721 Vgl. *Url*, Rolle von Lebensversicherungen in der betrieblichen Altersversorgung, 2012, S. 34. Hierbei stellen doch weiterhin knapp 40 % der Höhe der Pensionsansprüche in Österreich Direktzusagen dar. Siehe *Eder et al.*, in Österreichische Nationalbank, Statistiken – Daten & Analysen Q1/20, 2020, S. 49, 51.

722 *Blank et al.*, Alterssicherung in Deutschland und Österreich, 2016, S. 37.

gativen Kapitalmarktentwicklung eine Nachschussverpflichtung i.S.d. § 5 Nr. 3 PKG zur Schließung der bestehenden Deckungslücke.[723]

bb) Die Behandlung von Pensionsverpflichtungen im Rahmen der handelsrechtlichen Gewinnermittlung

Da Österreich erst zum 1. Januar 1995 der Vorgängerinstitution der Europäischen Union beitrat, wurden die Vorgaben der europäischen Rechnungslegung zunächst teilweise durch das Rechnungslegungsgesetz[724] 1990 und später schließlich durch das EU-Gesellschaftsrechtsänderungsgesetz[725] zum 1. Juli 1996 vollumfänglich in nationales Recht umgesetzt.[726] Der österreichische Gesetzgeber kodifizierte dabei das Mitgliedstaatenwahlrecht für die Bilanzierung von Pensionsverpflichtungen bei der Transformation der 4. Richtlinie gem. Art. I Nr. 2 Buchst. c) des EU-Gesellschaftsrechtsänderungsgesetzes als Passivierungspflicht.[727] Diese Pflicht

---

723 Zur Definition der Nachschussverpflichtung *Petric*, Betriebspension, 2016, S. 8 f.; *Schrammel*, Zeitschrift für Arbeits- und Sozialrecht 2006, 52, 53 f.; zu den Ursachen siehe beispielhaft *Fritz-Schmied*, in Urnik/Pfeil, Betriebliche Altersversorgung in der Krise, 2013, S. 79, 89 f.

724 Bundesgesetz vom 28. Juli 1990, mit dem das Handelsgesetzbuch, das Aktiengesetz 1965, das Gesetz über Gesellschaften mit beschränkter Haftung, das Kapitalberichtigungsgesetz, die Ausgleichsordnung, das Kreditwesengesetz, das Versicherungsaufsichtsgesetz und das Arbeitsverfassungsgesetz geändert wurde (Rechnungslegungsgesetz –RLG), österreichisches Bundesgesetzesblatt Nr. 475/1990.

725 Bundesgesetz über Änderungen des Handelsgesetzbuchs, des Aktiengesetzes, des Gesetzes über Gesellschaften mit beschränkter Haftung, des EWIV-Ausführungsgesetzes, des Firmenbuchgesetzes, des Gerichtskommissärsgesetzes, der Jurisdiktionsnorm, des Genossenschaftsverschmelzungsgesetzes, des Gerichtsgebührengesetzes, des Bankwesengesetzes, des Sparkassengesetzes, des Versicherungsaufsichtsgesetzes und der Rechtsanwaltsordnung zur EU-bedingten Anpassung des Handels- und Gesellschaftsrechts sowie über die Spaltung von Kapitalgesellschaften und über die Umwandlung von Handelsgesellschaften (EU-Gesellschaftsrechtsänderungsgesetz – EU-GesRÄG), österreichisches Bundesgesetzesblatt Nr. 304/1996.

726 Zur zeitlichen Umsetzung der unionsrechtlichen Rechnungslegung in österreichisches Handelsrecht *Egger*, in Bertl/Fröhlich/Mandl, Handbuch Rechnungslegung, Band I, 2018, I. Entwicklungsgeschichte Rn. 3.

727 Siehe zur Umsetzung des EU-Gesellschaftsrechtsänderungsgesetzes *Reich-Rohrwig*, EU-Gesellschaftsrechtsänderungsgesetz, 1996, S. 99-101. Ein Passivierungswahlrecht liegt gem. § 198 Abs. 8 Nr. 3 Satz 2 UGB lediglich bei unwesentlichen Beträgen vor.

besteht in § 198 Abs. 8 Nr. 4 Buchst. b) des Unternehmensgesetzbuches (UGB) bis heute unverändert fort.[728] Eine Anwendung der IFRS bei der Erstellung des Einzelabschlusses ist im österreichischen Recht ferner nicht zulässig.[729]

Eine Rückstellung ist nach § 211 Abs. 1 Satz 2 UGB mit dem Erfüllungsbetrag anzusetzen, der bestmöglich zu schätzen ist, wobei Rückstellungen für Pensionen gem. § 211 Abs. 1 Satz 3 mit dem sich nach versicherungsmathematischen Grundsätzen ergebenden Betrag zu bewerten sind. Spezifischere Vorgaben wie bspw. ein konkretes Bewertungsverfahren lassen sich den gesetzlichen Regelungen indes nicht entnehmen.[730] Lediglich §§ 211 Abs. 2 Satz 2 i.V.m. Satz 1 UGB sieht vor, dass Rückstellungen für Pensionen mit einem durchschnittlichen Marktzinssatz abgezinst werden können, der sich bei einer angenommenen Restlaufzeit von 15 Jahren ergibt, soweit dagegen im Einzelfall keine erheblichen Bedenken bestehen. Ferner beinhaltet das Unternehmensgesetzbuch keine weiteren Bestimmungen zu der Durchführungsform, der Zusageart oder einem möglichen Deckungsstock.

Vor diesem Hintergrund hat sich das österreichische Rechnungslegungskomitee, das sog. Austrian Financial Reporting and Auditing Committee (AFRAC), im Juni 2015 zum ersten Mal in einer Stellungnahme zu der Bilanzierung und Bewertung von Pensionsverpflichtungen geäußert, wobei die jüngste Überarbeitung sodann im Dezember 2020 veröffentlicht wurde.[731] Obgleich zwei österreichische Bundesministerien dem Komitee

---

728 *Eberhartinger/Weinhandl*, in Bertl/Fröhlich/Mandl, Handbuch Rechnungslegung, Band I, 2018, § 198 Abs. 8 UGB Rn. 1; *Egger/Samer/Bertl*, Jahresabschluss UGB, 2018, S. 374. Die Bilanzrichtlinie wurde in Österreich durch das Bundesgesetz, mit dem das Unternehmensgesetzbuch, das Aktiengesetz, das GmbH-Gesetz, das Genossenschaftsgesetz, das Genossenschaftsrevisionsgesetz 1997, das SE-Gesetz, das Vereinsgesetz und das Einkommensteuergesetz 1988 geändert wurden (Rechnungslegungs-Änderungsgesetz 2014 - RÄG 2014), österreichisches Bundesgesetzesblatt I Nr. 22/2015, umgesetzt. Zur Passivierung von Rückstellungen nach dem RÄG 2014 siehe *Bitzyk/Steckel*, Der Jahresabschluss, 2015, S. 63-65.

729 Österreich hat von Art. 4 der EU-Verordnung Nr. 1606/2002 keinen Gebrauch gemacht. Siehe *Egger/Samer/Bertl*, Jahresabschluss UGB, 2018, S. 7-9; *Wagenhofer*, Internationale Rechnungslegungsstandards, 2015, S. 115.

730 *Konezny*, in Hirschler, Bilanzrecht, Band 1, 2. Aufl. 2019, § 211 UBG Rn. 54; *Rohatschek*, Sonderfragen der Bilanzierung, 2019, S. 106; *Egger/Samer/Bertl*, Jahresabschluss UGB, 2018, S. 413; *Atak/Reiter*, in Bertl/Fröhlich/Mandl, Handbuch Rechnungslegung, Band I, 2018, § 211 Rn. 71.

731 AFRAC, Stellungnahme 27 - Rückstellungen für Pensions-, Abfertigungs-, Jubiläumsgeld- und vergleichbare langfristig fällige Verpflichtungen nach den Vor-

angehören, besitzen die Stellungnahmen keine Rechtsverbindlichkeit.[732] Vielmehr stellen sie Expertenmeinungen dar, denen jedoch ein erheblicher praktischer Einfluss zukommt. Somit hat sich die Sichtweise des AFRAC bezüglich Pensionsverpflichtungen auch im österreichischen Schrifttum durchgesetzt.[733]

Nach der jüngsten Stellungnahme werden sowohl das Anwartschaftsbarwertverfahren als auch das Teilwertverfahren als zulässig erachtet.[734] Darüber hinaus sehen die Empfehlungen des AFRAC eine Saldierung der Pensionsrückstellungen und einer korrespondierenden Rückdeckungsversicherung vor, sodass folglich trotz des Saldierungsverbots in § 196 Abs. 2 UGB lediglich die Nettoverpflichtung angesetzt werden kann.[735] Hinsichtlich der Bewertung der Rückstellung aufgrund einer Unterdeckung eines externen Versorgungsträgers erlaubt die Stellungnahme hingegen zwei Methoden.[736] So könnte die Rückstellung entweder mit dem Barwert der erwarteten künftigen Nachschusszahlungen oder als Differenzbetrag zwischen der Gesamtpensionsverpflichtung und dem Wert der vom selbständigen Rechtsträger zur Deckung dieser Verpflichtung gehaltenen Vermögenswerte ermittelt werden. Darüber hinaus ist im Rahmen der Bewertung entweder der Durchschnittskurs oder der Stichtagskurs bei der Abzinsung zugrunde zu legen, wobei der Zinssatz dem Marktzinssatz für Anleihen höchster Bonitätseinstufung entsprechen muss.[737]

Die Stellungnahme des AFRAC lehnt sich dabei nicht nur systematisch, sondern auch verbal an die Vorgaben des IAS 19 an. So orientiert sich

---

schriften des Unternehmensgesetzbuches, 2020 (abgekürzt als AFRAC, Stellungnahme 27 - Rückstellungen für Pensionsverpflichtungen, 2020). Die Vorgängerfassungen werden abgekürzt als AFRAC, Stellungnahme 27 - Rückstellungen für Pensionsverpflichtungen, Jahr.

732 *Wagenhofer*, Bilanzierung und Bilanzanalyse, 2019, S. 17.

733 So verweist das österreichische Schrifttum verstärkt auf die spezifischen Vorgaben. So bspw. *Konezny*, in Hirschler, Bilanzrecht, Band 1, 2. Aufl. 2019, § 211 UBG Rn. 54 & 56; *Rohatschek*, Sonderfragen der Bilanzierung, 2019, S. 106 f.

734 AFRAC, Stellungnahme - Rückstellungen für Pensionsverpflichtungen, 2020, Rz. 39. Das Gegenwartsverfahren war vor der Einführung des RÄG ebenfalls zulässig. Siehe *Frick*, Bilanzierung nach dem Unternehmensgesetz, 2007, S. 297.

735 AFRAC, Stellungnahme - Rückstellungen für Pensionsverpflichtungen, 2020, Rz. 48 f. Siehe zu der Behandlung von Rückdeckungsversicherungen *Egger/Samer/Bertl*, Jahresabschluss UGB, 2018, S. 413-415. Zu betriebsinternen Pensionsfonds macht die Stellungnahme jedoch keine Angaben.

736 AFRAC, Stellungnahme - Rückstellungen für Pensionsverpflichtungen, 2020, Rz. 49a f.

737 AFRAC, Stellungnahme - Rückstellungen für Pensionsverpflichtungen, 2020, Rz. 41 f.

bspw. die Definition einer Pension in der Stellungnahme an den Bestimmungen des Standards.[738] Ferner knüpft die Bestimmung der Gesamtpensionsverpflichtung sinngemäß an der Definition einer leistungsdefinierten Verpflichtung an.[739] Nichtsdestominder beinhaltet die Stellungnahme auch wesentliche Unterschiede zu den Regelungen des IAS 19. Während die Ermittlung einer Unterdeckung eines externen Versorgungsträgers in Form des Differenzbetrags der Nettoverpflichtung des IAS 19 entsprechen würde,[740] führt die Bewertung auf Grundlage des Barwerts der erwarteten Nachschusszahlungen zu einer fundamentalen Abkehr von der Systematik des Standards. Dieses Bewertungswahlrecht wurde dabei erst in der jüngsten Überarbeitung der Stellungnahme aufgenommen.[741] Davor folgte die Stellungnahme des AFRAC i.d.F. 2019 noch implizit der materiellen Unterscheidung zwischen Beitrags- und Leistungszusagen i.S.d. IAS 19.[742]

Trotz dieser Neuerungen lässt sich konstatieren, dass sich die Empfehlungen des AFRAC partiell den Vorschriften des IAS 19 angenähert haben.[743] Hierbei können insbesondere Unternehmen, die einen Konzernabschluss im Rahmen der IFRS erstellen müssen, von der Übernahme der Wertansätze in den Einzelabschluss profitieren.[744] Für Unternehmen, die keinen Konzernabschluss nach den IFRS aufstellen, könnte hingegen die Anwendung des Teilwertverfahrens vorteilhaft sein.[745] In diesen Fall könnte man, beispielsweise aufgrund der Bestimmung des Abzinsungssatzes, gleichwohl zumindest noch von einer punktuellen Annährung sprechen.

---

738 Vgl. AFRAC, Stellungnahme - Rückstellungen für Pensionsverpflichtungen, 2020, Erläuterungen zu Rz. (4) bis (7).

739 AFRAC, Stellungnahme - Rückstellungen für Pensionsverpflichtungen, 2020, Erläuterungen zu Rz. (22).

740 Vgl. AFRAC, Stellungnahme - Rückstellungen für Pensionsverpflichtungen, 2020, Erläuterungen zu Rz. (49a).

741 In der Stellungnahme i.d.F. 2019 war nur der Ansatz der Nettoverpflichtung zugelassen AFRAC, Stellungnahme - Rückstellungen für Pensionsverpflichtungen, 2019, Rz. 49.

742 Siehe AFRAC, Stellungnahme - Rückstellungen für Pensionsverpflichtungen, 2019, Erläuterungen zu Rz. (14) bis (16).

743 Für einen synoptischen Vergleich der verbliebenen, wesentlichen Unterschiede siehe auch *Fischl*, IFRS versus UGB, 2020, S. 183 f.

744 Vgl. *Rohatschek*, Sonderfragen der Bilanzierung, 2019, S. 107; *Atak/Reiter*, in Bertl/Fröhlich/Mandl, Handbuch Rechnungslegung, Band I, 2018, § 211 Rn. 82.

745 AFRAC, Stellungnahme - Rückstellungen für Pensionsverpflichtungen, 2020, Erläuterungen zu Rz. (39).

cc) Die Behandlung von Pensionsverpflichtungen im Rahmen der steuerrechtlichen Gewinnermittlung

Die steuerrechtliche Gewinnermittlung für buchführungspflichtige Unternehmen baut in Österreich gem. § 5 Abs. 1 Satz 1 des österreichischen Einkommensteuergesetztes (kurz: öEStG) maßgeblich auf den unternehmensrechtlichen Grundsätzen ordnungsmäßiger Buchführung auf, sofern die steuerrechtlichen Vorschriften keine abweichenden Regelungen treffen. Unter den unternehmensrechtlichen Grundsätzen ordnungsmäßiger Buchführung werden in diesem Zusammenhang nach herrschender Meinung sämtliche handelsrechtliche Vorschriften verstanden.[746] Das österreichische Bilanzsteuerrecht erkennt dabei den Ansatz von Pensionsrückstellungen gem. § 9 Abs. 1 Nr. 2 öEStG explizit an.[747] Wenngleich sich der Wortlaut des § 9 Abs. 1 Nr. 2 öEStG als ein Passivierungswahlrecht für die Bilanzierung von Pensionsrückstellungen auffassen lassen könnte,[748] hat der Ansatz einer Pensionsrückstellungen gem. § 5 Abs. 1 öEStG i.V.m. der Passivierungspflicht in §§ 198 Abs. 1 & Abs. 8 UGB zwingend zu erfolgen.[749]

Das österreichische Einkommensteuergesetz enthält zudem mit § 14 öEStG besondere Vorschriften für die Bewertung von Pensionsrückstellungen. Infolgedessen dürfen diese gem. § 14 Abs. 6 öEStG lediglich für unmittelbare Pensionsverpflichtungen im Sinne des BPG angesetzt werden,[750] die auf einer schriftlichen, rechtsverbindlichen und unwiderruflichen Zusage basieren.[751] Die Höhe der Pensionsrückstellung ist dabei nach § 14 Abs. 6 Satz 2 Nr. 1 öEStG ebenfalls im Einklang mit den anerkannten Regeln der Versicherungsmathematik zu bewerten. Im Gegensatz zu dem handelsrechtlichen Bewertungsansatz ist allerdings ein fixer Rechnungszinssatz i.H.v. 6 % zugrunde zu legen. Überdies ist ausschließlich das Gegenwartsverfahren als Bewertungsmethode zulässig.[752] Die zugesagte

---

746 *Wala*, Die Zukunft des Maßgeblichkeitsprinzips, 1998, S. 30 m.w.N.

747 *Richter*, in Schön, Maßgeblichkeit, 2005, S. 443, 482 f.

748 Dies hatte historische Gründe. Siehe hierzu *Achatz et al.*, in Bertl/Fröhlich/Mandl, Handbuch Rechnungslegung, Band I, 2018, II. Rechnungslegung und Bilanzsteuerrecht Rn. 24.

749 *Doralt*, in Doralt et al., öEStG, 12. Lfg. September 2008, § 14 Rn. 40.

750 Vgl. hierzu auch *Drs*, öRdW 2009, 764, 766 f.

751 Siehe *Winkler*, in Wiesner et al., öEStG, 16. Lfg. September 2013, § 14 Rn. 33.

752 *Doralt*, in Doralt et al., öEStG, 12. Lfg. September 2008, § 14 Rn. 52; *Kußmaul/Kihm*, in FS Weber, 1999, S. 123, 140.

Pension darf ferner 80 % des letzten laufenden Aktivbezugs nicht übersteigen.

Neben den spezifischen Bewertungsrestriktionen koppelt das österreichische Bilanzsteuerrecht die Bildung von Pensionsrückstellungen an ein in § 14 Abs. 7 öEStG kodifiziertes Deckungserfordernis.[753] So müssen die in der Bilanz ausgewiesenen Pensionsrückstellungen gem. § 14 Abs. 7 Nr. 1 S. 1 öEStG mit mindestens 50 % des Nennbetrags der zulässigen Wertpapiere i.S.d. § 14 Abs. 7 Nr. 4 öEStG, z.B. Schuldverschreibungen oder Anteilscheine an europäischen Immobilienfonds,[754] am Ende des Jahres gedeckt sein.[755] Nach § 14 Abs. 7 Nr. 1 S. 2 öEStG können hierbei auf das Deckungserfordernis Ansprüche aus Rückdeckungsversicherungen in Höhe des versicherungsmathematischen Deckungskapitals ausdrücklich angerechnet werden.[756] Sowohl die Wertpapiere als auch die Rückdeckungsversicherungen müssen explizit zum Zwecke der Besicherung der Pensionsanwartschaften gehalten werden, da sie andernfalls nach § 14 Abs. 7 Nr. 1 S. 5 öEStG das Kriterium des Deckungserfordernisses nicht erfüllen. Sofern die Wertpapierdeckung auch nur temporär die erforderten 50 % unterschreitet, ist der Gewinn gem. § 14 Abs. 7 Nr. 2 öEStG um 30 % der Unterdeckung zu erhöhen. Die Fortführung der Rückstellung wird durch die Gewinnerhöhung nicht berührt. Dahingehend übernimmt das Betriebspensionsgesetz mit § 11 BPG die steuerlichen Vorgaben einer zumindest teilweisen Kapitaldeckung unmittelbarer Pensionsverpflichtungen,[757] die folglich auch arbeitsrechtlich Geltung erlangen und sich dadurch unmittelbar auf den handelsrechtlichen Einzelabschluss auswirken sowie Einzug in die Bilanz finden.

Im Gegensatz zu Direktzusagen werden mittelbare Pensionsverpflichtungen nicht vom Wortlaut des § 14 Abs. 7 öEStG erfasst und fallen steuerlich unter die allgemeinen Bilanzierungsvoraussetzungen des § 9 öEStG.[758]

---

753 *Achatz et al.*, in Bertl/Fröhlich/Mandl, Handbuch Rechnungslegung, Band I, 2018, II. Rechnungslegung und Bilanzsteuerrecht Rn. 28. Das Deckungserfordernis in seiner jetzigen Form besteht seit 2016.

754 Vgl. zu den deckungsfähigen Wertpapieren *Kanduth-Kristen*, in Kanduth-Kristen et al., Jakom öEStG, 14. Aufl. 2021, § 14 Rn. 63.

755 Zur Ermittlung der Unterdotierung siehe *Winkler*, in Wiesner et al., öEStG, 16. Lfg. September 2013, § 14 Rn. 42 f.

756 *Kanduth-Kristen*, in Kanduth-Kristen et al., Jakom öEStG, 14. Aufl. 2021, § 14 Rn. 64.

757 Vgl. zu dem Zusammenhang auch *Granzer*, Arbeits- und SozialrechtsKartei 2006, 442, 442 f.

758 *Unabhängiger Finanzsenat* v. 13.8.2013, RV/4231-W/09, FINDOK 66581; *Unabhängiger Finanzsenat* v. 8.10.2008, RV/1475-W/07, FINDOK 37216.

Eine Unterdeckung externer Versorgungsträger und die daraus resultierende Nachschussverpflichtung müssen somit als eine Rückstellung für sonstige ungewisse Verbindlichkeiten zwingend angesetzt werden.[759] Die strengen Anforderungen zur Wertpapierdeckung gelten folglich nicht. Zudem sind die Rückstellungen für solche Deckungslücken gem. § 9 Abs. 5 öEStG mit einem Zinssatz i.H.v. 3,5 % abzuzinsen, sofern die Laufzeit der Rückstellung am Bilanzstichtag mehr als zwölf Monate beträgt.

Im Ergebnis lässt sich festhalten, dass die Vorgaben zur Bilanzierung und Bewertung von Pensionsverpflichtungen im österreichischen Bilanzsteuerrecht einen sehr hohen Detailierungsgrad aufweisen. Gleichwohl weichen die steuerlichen Statuten erheblich von der handelsrechtlichen Behandlung ab und divergieren dementsprechend deutlich von den Bestimmungen des IAS 19. Dies zeigt sich insbesondere am Beispiel der Behandlung der Unterdeckungen von mittelbaren Pensionsverpflichtungen in der Steuerbilanz.

j) Irland

aa) Überblick über die arbeitsrechtlichen Grundzüge der betrieblichen Altersversorgung

Das System der betrieblichen Altersversorgung in Irland zeichnet sich weniger durch die Wahl einzelner Gestaltungsformen aus, wie sie beispielsweise im deutschen Betriebsrentengesetz zu finden ist, sondern bestimmt sich grundsätzlich anhand einer Reihe von fiskalpolitisch geprägten Voraussetzungen i.S.d. Section 772 des Taxes Consolidation Act 1997[760] i.V.m. Section 2 des Pension Act 1990[761], die die betriebliche Altersversorgung eng mit steuerlichen Privilegien verknüpfen. Lediglich die Möglichkeit, zwischen einer Beitrags- oder Leistungszusage zu entscheiden, ist im Rahmen des Pension Act 1990 kodifiziert.[762] Der überwiegende Teil der Pensionsverpflichtungen in Irland wird dabei über sog. Trust-Lösungen[763]

759 Zur Passivierungspflicht der Nachschussverpflichtung *Marschner/Kanduth-Kristen*, in Kanduth-Kristen et al., Jakom öEStG, 14. Aufl. 2021, § 124 Rn. 6.

760 Taxes Consolidation Act 1997 v. 30.11.997, Act Nr. 39/1997 i.d.F. Finance Act 2020 v. 19.12.2020, Act Nr. 26/2020.

761 Pension Act 1990 v. 24.7.1990, Act Nr. 25/1990.

762 *Finucane/Buggy*, Irish Pension Law, 2006, Rn. 2-03.

763 Zur Definition eines Trusts im irischen Unternehmensrecht im Allgemeinen siehe *Keane*, Equity and the Law of Trusts in Ireland, 2017, Rn. 6.01 f.

abgewickelt, da lediglich eine mittelbare Durchführungsform die Zulassungskriterien des Section 772 des Taxes Consolidation Act 1997 erfüllt und insofern mit den steuerlichen Vorteilen für Arbeitnehmer und Arbeitgeber verbunden ist.[764] Die irischen Pension Trusts unterliegen in diesem Zusammenhang als Einrichtungen der betrieblichen Altersversorgung den Bestimmungen der Pensionsfondsrichtlinie und arbeiten folglich mit dem Kapitaldeckungsverfahren.[765]

Unmittelbare Pensionsverpflichtungen hingegen finden in Irland so gut wie keine Anwendung. Dies ist primär der Tatsache geschuldet, dass eine Direktzusage nicht die Definition der betrieblichen Altersversorgung gem. Section 772 des irischen Taxes Consolidation Act 1997 erfüllt und daher von der steuerlichen Förderung ausgeschlossen ist.[766] Gleichwohl können auch Rentenzahlungen abseits der steuerlichen Anerkennung unmittelbar geleistet werden, da diese Durchführungsform de jure nicht verboten ist bzw. ein Arbeitgeber bspw. bei Aberkennung der steuerlichen Förderung die Leistungen unmittelbar erbringen müsste.[767]

bb) Die Behandlung von Pensionsverpflichtungen im Rahmen der handelsrechtlichen Gewinnermittlung

Im Zuge der Transformation der 4. Richtlinie in irisches Recht durch den Companies (Amendment) Act 1986[768] übernahm der irische Gesetzgeber das Mitgliedstaatenwahlrecht für Pensionsrückstellungen und gestaltete es sodann in Form eines Unternehmenswahlrechts aus.[769] Ferner versäumte es der irische Gesetzgeber, konkrete Vorgaben bezüglich der Bewertung von Pensionsverpflichtungen zu normieren, sondern er verlangte lediglich

---

764 *Kenny/Smith*, in Murphy/Regan, Employment Law, 2017, Kap. 15 Rn. 15.34. Ferner sind Direktversicherungen möglich. Siehe *Wellisch et al.*, Besteuerung der Altersversorgung, 2008, S. 267.

765 Vgl. *Finucane/Buggy*, Irish Pension Law, 2006, Rn. 10-59.

766 Vgl. *Finucane/Buggy*, Irish Pension Law, 2006, Rn. 5-06–5-08 & 6-07. Vgl. ferner wohl auch *Kenny/Smith*, in Murphy/Regan, Employment Law, 2017, Kap. 15 Rn. 15.34 f.

767 Siehe *Finucane/Buggy*, Irish Pension Law, 2006, Rn. 6-91. Ferner auch *Endres et al.*, Determination, 2007, S. 79.

768 Companies (Amendment) Act 1986 v. 12.7.1986, Act Nr. 25/1985.

769 *Kloos*, Transformation, 1993, S. 296. A.A. wohl *Wagner*, Rückstellungen in der Handels- und Steuerbilanz, 2003, S. 163. Zur Umsetzung der 4. Richtlinie in irisches Recht siehe allgemein *Scholtissek*, RIW 1987, 437.

spezifische Anhangangaben.[770] Mit der Umsetzung der EU-Bilanzrichtlinie durch den Companies (Accounting) Act 2017[771] wurde an dem Wahlrecht in Section 58 in Schedule 1 im Kern weiter festgehalten.

Neben den Vorgaben des Handelsrechts spielen die IFRS eine besondere Rolle für die irische Rechnungslegung. So steht es einem Unternehmen gem. Section 290 Abs. 3 Companies Act 2014[772] i.d.F. des Companies (Accounting) Act 2017 ausdrücklich frei,[773] seinen Einzelabschluss entweder in Einklang mit den Companies Act entity financial statements gem. Section 291 oder gem. Section 292 Companies Act 2014 i.d.F. des Companies (Accounting) Act 2017 nach den IFRS zu erstellen.[774] Dieses Wahlrecht kann zudem unabhängig von der Unternehmensgröße oder der Branche ausgeübt werden. Nach Section 290 Abs. 5 des Companies Act 2014 i.d.F. Companies (Accounting) Act 2017 sind nur Unternehmen ohne Gewinnerzielungsabsicht von der Möglichkeit zur Anwendung der IFRS ausgenommen.

Bei einer Ausübung des Wahlrechts für einen befreienden IFRS-Einzelabschluss ist für die Bilanzierung von Pensionsverpflichtungen folglich rechtsverbindlich der IAS 19 anzuwenden. Entscheidet sich ein Unternehmen für eine Jahresabschlusserstellung im Einklang mit dem irischen Handelsrecht, erfordert Section 291 Abs. 3 Companies Act 2014 i.d.F. des Companies (Accounting) Act 2017, dass ein Unternehmen neben den allgemeinen Grundsätzen die anzuwendenden Rechnungslegungsstandards und weitere Vorgaben des Companies Act 2014 einzuhalten hat. Die anzuwendenden Rechnungslegungsstandards bestehen dabei gem. Section 275 Abs. 1 Companies Act 2014 sowohl aus den eigentlichen Verlautbarungen als auch aus den dazugehörigen Interpretationen einer nicht benannten Institution, die gem. Section 943 Abs. 1 Buchst. h) Companies Act 2014 im Rahmen einer Anordnung des Wirtschaftsministers zu bestimmen ist. Dahingehend hat der irische Wirtschaftsminister per Rechtsverordnung

---

770 So musste ein Unternehmen bspw. nach Art. 36 Abs. 4 i.V.m. Art. 36 Abs. 5 Buchst. b) bzw. Buchst. c) des Companies (Amendment) Act 1986 Angaben veröffentlichen, ob die Pensionszusage unmittelbar durchgeführt wird und auf Grundlage welcher Methode die Verpflichtung berechnet wurde. Siehe hierzu *Fédération des Experts Comptables Européens* (Hrsg.), Analysis of European Accounting and Disclosure Practices, 1992, S. 169 f.

771 Companies (Accounting) Act 2017 v. 17.5.2017, Act Nr. 9/2017.

772 Companies Act 2014 v. 23.12.2014, Act Nr. 38/2014.

773 So wurde der Companies Act 2014 durch den Companies (Accounting) Act 2017 ergänzt.

774 Vgl. auch *Kirwan/Pierce*, Accounting in Europe 2017, 113, 114 f.

Nr. 84 von 2018 die Rechnungslegungsstandards der britischen Financial Reporting Council Limited, des sog. FRC, als Standards i.S.d. Section 291 Abs. 3 Companies Act 2014 rechtsverbindlich bestimmt.[775]

In Hinblick auf die Bilanzierung ist daher seit September 2015 neben dem Financial Reporting Standard (FRS) 101 und dem FRS 105 auch der FRS 102 als maßgeblicher Rechnungslegungsstandard anzuwenden. Dabei liegt den britischen Rechnungslegungsstandards des FRC in ihrer langfristigen Zielsetzung eine systematische Konvergenz mit den IFRS zugrunde.[776] Dies lässt sich gerade anhand der Vorgaben zur Bilanzierung von Pensionsverpflichtungen exemplarisch aufzeigen. So unterscheidet der FRS 102 Section 28.10 zwischen Beitrags- und Leistungszusagen. Zudem werden Leistungszusagen beispielsweise als die Differenz zwischen der Verpflichtungshöhe, die mittels der Projected Unit Credit Methode gem. FRS 102 Section 28.15A i.V.m. Section 28.18 ermittelt wird, und dem Zeitwert des Deckungsvermögens angesetzt. Somit ist zu konstatieren, dass die Vorgaben bezüglich von Pensionsverpflichtungen im FRS 102 eine hohe Übereinstimmung mit den Regelungen des IAS 19 aufweisen.[777] Es lässt sich folglich festhalten, dass der IAS 19 sowohl unmittelbar als auch mittelbar einen erheblichen Einfluss auf die Bilanzierung von Pensionsverpflichtungen im Rahmen der Jahresabschlusserstellung in Irland besitzt.

---

775 Companies Act 2014 (Accounting Standards) (Prescribed Body) Regulations 2018 gem. der Rechtsverordnung (Statuory Instruments) Nr. 84 2018, abrufbar unter http://www.irishstatutebook.ie/eli/2018/si/84/made/en/pdf (zuletzt abgerufen am 1.9.2021). Siehe auch *Conroy*, Companies Act 2014, 2018, S. 421. Davor wurden die Standards des Financial Reporting Council Limited durch die Certified Public Accountants Ireland als konform betrachtet, wovon jedoch keine Rechtsverbindlichkeit ausging. Siehe *Kirwan/Pierce*, Accounting in Europe 2017, 113, 116.

776 Vgl. *Kirk/McNamee*, A Practical Guide to UK and Irish GAAP, 2020, S. x & xvi-xviii. Ferner schon im deutschen Schrifttum in Bezug auf das Vereinigte Königreich *Schulz*, Harmonisierung, 2012, S. 74 f.

777 *Collis/Jarvis/Skerratt*, Accounting in Europe 2017, 235, 243. Ferner sind bspw. die Vorgaben zur Bilanzierung von Rückstellungen zwischen den IFRS in Form des IAS 37 und den Regelungen des FRS 102 deckungsgleich. *D'Arcy*, An Introduction to Financial Accounting, 2015, S. 640. Zu einer Einordnung der Vorgaben des Vorgängerstandards FRS 12 vgl. *Schulz*, Harmonisierung, 2012, S. 391.

cc) Die Behandlung von Pensionsverpflichtungen im Rahmen der steuerrechtlichen Gewinnermittlung

Hinsichtlich der steuerlichen Gewinnermittlung baut das irische Steuerrecht gem. Section 76A Abs. 1 Taxes Consolidation Act 1997 i.d.F. Finance Act 2005 auf den allgemeinen Grundsätzen der Rechnungslegung auf, sofern der steuerliche Gesetzeszweck keine Änderungen erfordert.[778] Unter den allgemeinen Grundsätzen der Rechnungslegung werden dabei nach Section 4 Abs. 1 entweder die Grundsätze der IFRS oder der irischen GAAP verstanden. Infolgedessen dienen entweder die IFRS oder die Regelungen des FRS 102 als Grundlage der steuerlichen Gewinnermittlung, sodass primär die Systematik des IAS 19 maßgeblich für die Steuerbilanz eines irischen Unternehmens wäre.[779]

Nichtsdestoweniger sieht Section 774 Abs. 6 Buchst. b) i.V.m. Section 775 Abs. 1 Taxes Consolidation Act bezüglich der Behandlung von Pensionsverpflichtungen eine spezifische Ausnahme vor und durchbricht damit die Vorgaben der handelsrechtlichen Grundsätze der Rechnungslegung. So dürfen im Rahmen der steuerlichen Gewinnermittlung nur bezahlte Beiträge an einen gem. Section 774 zugelassenen Versorgungsträger abgezogen werden. Dies bedeutet folglich, dass Rückstellungen als Form einer antizipativen Aufwandserfassung, auch bei einer Unterdeckung des externen Trusts, steuerlich nicht zulässig sind.[780] Ferner beschränkt diese Vorschrift eine überhöhte Zuwendung an den Trust, da nur eine ex ante determinierte Summe zugeführt werden darf.[781] Im Ergebnis besitzt der IAS 19 für die steuerliche Behandlung einer Pensionsverpflichtung in Irland keine Bedeutung.[782]

---

778 Vgl. *Revenue Commissioners* (Hrsg.), Tax and Duty Manual Part 04-05-03a, 2020, S. 21 f. Zur historischen Einordnung des Verhältnisses zwischen Handels- und Steuerbilanz in Irland siehe *Pierce*, European Accounting 1996, Supplement, 951.

779 So sind die Regelungen des Einzelabschlusses maßgeblich für die steuerliche Gewinnermittlung. So auch *Jacobs/Endres/Spengel*, Internationale Unternehmensbesteuerung, 2016, S. 127; *Spengel/Zöllkau*, Common Corporate Tax Base, 2012, S. 19 f. A.A. wohl *Schanz/Schanz*, StuW 2009, 311, 318.

780 *Maguire*, Taxation of Companies, 2021, Rn. 3.202.5.

781 *Maguire*, Taxation of Companies, 2021, Rn. 3.202.5.

782 Für sonstige Vergütungsformen ist der IAS 19 jedoch unter Umständen anwendbar. Siehe bspw. *Revenue Commissioners* (Hrsg.), Tax and Duty Manual Part 04-05-06, 2020, S. 6.

3. Würdigung der Ergebnisse

Generell lässt sich bestätigen, dass in den hier betrachteten Mitgliedstaaten der Europäischen Union ein sehr heterogenes Bild der betrieblichen Altersversorgung existiert und die unterschiedlichen Gestaltungsformen in vielfacher Form Anwendung finden. Gleichwohl werden unmittelbare Pensionsverpflichtungen auf arbeitsrechtlicher Ebene in einem Großteil der untersuchten Mitgliedstaaten auf bestimmte Ausnahmen bzw. Sonderfälle beschränkt. Daneben sind bei den mittelbaren Durchführungsformen in einem signifikanten Anteil der betrachteten Länder neben den Beitragszusagen auch weiterhin Leistungszusagen zulässig, für deren Unterdeckung der Arbeitgeber final einzustehen hat. Im Ergebnis lassen sich in den Mitgliedstaaten aus wirtschaftlicher Sicht vergleichbare leistungsdefinierte Gestaltungsformen identifizieren, die sich dementsprechend als Risiko auf die Bilanz auswirken können.

Betrachtet man vor diesem Hintergrund die handelsbilanzielle Abbildung solcher Gestaltungsformen, lässt sich festhalten, dass die analysierten europäischen Staaten das Mitgliedstaatenwahlrecht für Pensionsrückstellungen der EU-Bilanzrichtlinie mehrheitlich als Passivierungspflicht kodifiziert haben. Lediglich in Irland, Deutschland und Frankreich ergeben sich diesbezüglich Einschränkungen. So haben sowohl Irland als auch Frankreich ein Unternehmenswahlrecht statuiert, die Pensionsverpflichtungen teilweise oder vollständig im Anhang anzugeben. Ferner schränkt Deutschland die Passivierungspflicht für unmittelbare Verpflichtungen, die vor 1987 begründet worden sind, und für mittelbare Pensionsverpflichtungen ein.

Darüber hinaus ist es in Italien, den Niederlanden, Polen und Irland unter Umständen obligatorisch, die internationalen Rechnungslegungsstandards auch auf Ebene des Einzelabschlusses unmittelbar anzuwenden, sodass betriebliche Pensionsverpflichtungen in diesen Fällen im Einklang mit dem IAS 19 bilanziert werden.

Doch auch abseits einer unmittelbaren Anwendung der IFRS für die handelsbilanzielle Gewinnermittlung zeigt sich, dass die analysierten Mitgliedstaaten die Lücke der fehlenden Bewertungsvorgaben der EU-Bilanzrichtlinie mehrheitlich anhand eines mittelbaren Rückgriffs auf die in das Unionsrecht inkorporierten internationalen Rechnungslegungsstandards bzw. den IAS 19 ausgestalten. Dabei variiert der Konvergenzgrad von einer vollständigen Annäherung an die Systematik des IAS 19, wie sie bspw. in Frankreich, Irland, Polen und Schweden vorzufinden ist, bis hin zu einer partiellen bzw. allenfalls punktuellen Übernahme einzelner Aspekte des

IAS 19 wie der Projected Unit Credit Methode als Bewertungsverfahren oder der Saldierung des Deckungsvermögens. Davon ausgenommen determiniert bspw. das italienische Handelsrecht für den dominierenden trattamento di fine rapporto als Sonderform der betrieblichen Altersversorgung eigene Bewertungsvorgaben, die sich nicht an dem IAS 19 orientieren. Ferner fehlt es bei den schwedischen Rechnungslegungsvorschriften für sog. K-1 und K-2 Unternehmen an einer Anlehnung an die Systematik des IAS 19.

Diese Resultate stützen folglich die Hypothese, dass die spezifischen Vorgaben des IAS 19 neben einer unmittelbaren Übernahme bereits eine faktische Bedeutung für das Bilanzrecht der Mitgliedstaaten besitzen und als externe Rechtsquelle Einzug in das nationale Bilanzrecht dieser Länder gefunden haben.

Im Gegensatz dazu divergieren die steuerrechtlichen Vorgaben der analysierten Mitgliedstaaten erheblich von der Konzeption des IAS 19, sodass ihnen mehrheitlich eine fehlende Annäherung an diesen attestiert werden kann. Lediglich in Italien sind die Bestimmungen des IAS 19 für die steuerliche Gewinnermittlung partiell maßgeblich, sofern die Höhe der Rückstellung unterhalb des Wertansatzes des Art. 2120 codice civile liegt. Daneben finden in Belgien einzelne Aspekte der kapitalmarktrechtlichen Bewertung auch in der steuerlichen Gewinnermittlung partiell Anwendung.

Dieses Ergebnis ist insofern erstaunlich, da, mit Ausnahme von Polen, die steuerliche Gewinnermittlung der analysierten Länder, obschon mit graduellen Abstufungen, maßgeblich an die handelsrechtlichen Vorgaben anknüpft. Dabei lassen sich im Wesentlichen zwei unterschiedliche Vorgehensweisen identifizieren. So schließt ein Teil der untersuchten Länder wie bspw. Spanien oder Frankreich den Ansatz von Pensionsrückstellungen pauschal aus, sodass eine aufwandswirksame Berücksichtigung der Pensionsverpflichtungen erst bei der Auszahlung der Leistungen erfolgt. Demgegenüber kodifiziert der andere Teil der Länder eigene steuerrechtliche Regelungen wie bspw. bestimmte Bewertungsverfahren oder fixe Abzinsungssätze, die sich elementar von der Systematik des IAS 19 unterscheiden. An dieser Stelle sind beispielhaft Deutschland und Österreich zu nennen.

Als Ergebnis der Untersuchung lässt sich daher festhalten, dass die Thematik der Pensionsverpflichtungen im Kontext der steuerlichen Gewinnermittlung durchaus eine Sonderrolle einnimmt und den prinzipiellen Zusammenhang zwischen handelsrechtlichen und steuerrechtlichen Bilanzierungsgrundsätzen durchbricht. Diese gewonnenen Ergebnisse sind in Tabelle 2 verdichtet dargestellt.

Tabelle 2: Annäherungsgrade der handels- und steuerrechtlichen Gewinnermittlung an den IAS 19 in ausgewählten Mitgliedstaaten der EU

Annäherungsgrad	Handelsrechtliche Gewinnermittlung	Steuerrechtliche Gewinnermittlung
Vollständige Annäherung an den IAS 19 bzw. Übernahme des IAS 19	FR, IT, IR, NL, PL, SW	kein Land
Partielle bzw. punktuelle Annäherung an den IAS 19	AT, BE, DE, ES, NL, SW	BE, IT
Fehlende Annäherung an den IAS 19	IT, SW	AT, DE, ES, FR, IR, IT, NL, PL, SW

(eigene Darstellung)

Die Mehrfachnennung der Mitgliedsländer Italien, den Niederlanden und Schweden im Zusammenhang mit der handelsrechtlichen Gewinnermittlung rührt daher, dass in diesen Staaten sowohl nationale, eigene Rechnungslegungsnormen als auch eine komplette Übernahme des IAS 19 in das nationale Rechnungslegungssystem parallel Anwendung finden. Diese Übernahme ist dabei entweder unmittelbarer oder mittelbarer Natur. So verweisen beispielsweise die nationalen Rechnungslegungsstandards in den Niederlanden und in Schweden auf den IAS 19, während die IFRS in Italien bzw. den Niederlanden unmittelbar geltendes Recht darstellen können. Gleichwohl führen beide Herangehensweisen materiell zu dem gleichen Ergebnis. Hinsichtlich der steuerlichen Gewinnermittlung ist die Mehrfachnennung von Italien indessen auf den Sonderfall der Fallunterscheidung bei der Bewertung des TFR zurückzuführen.

Vor diesem Hintergrund ist daher zu konstatieren, dass die unterschiedlich ausgestalteten Pensionsverpflichtungen in den Mitgliedstaaten im Zuge der Annäherung der nationalen Bilanzierungsgrundsätze an die Systematik des internationalen Rechnungslegungskreises und der konsequenten Orientierung an den Vorgaben des IAS 19 handelsrechtlich grundsätzlich in vergleichbarer Art und Weise abgebildet werden. Nichtsdestominder trifft dieser Schluss nicht auf die steuerliche Gewinnermittlung zu. Gerade das pauschale Verbot von Pensionsrückstellungen in einem Teil der Länder resultiert in letzter Konsequenz in einem fundamentalen Auseinanderfallen der steuerrechtlichen Behandlung der Pensionsverpflichtungen in der EU. So werden Pensionsverpflichtungen mit vergleichbarem wirtschaftlichen Gehalt ertragsteuerlich diametral behandelt. Im Ergebnis lassen sich keine gemeinsamen Anknüpfungspunkte zwischen den hier analysierten Mitgliedstaaten identifizieren.

Eruiert man mögliche Gründe für diese spezifischen steuerrechtlichen Restriktionen, kommen unterschiedliche Faktoren in Betracht. Einerseits ergänzen bzw. ersetzen die spezifischen steuerrechtlichen Regelungen die nationalen arbeitsrechtlichen Vorgaben und erfüllen demnach eine sozialpolitische Funktion. So verknüpft bspw. der irische Gesetzgeber die Durchführung einer mittelbaren Pensionsverpflichtung mit steuerlichen Vorteilen für den Arbeitgeber und schließt im Umkehrschluss die Abzugsfähigkeit unmittelbarer Pensionsverpflichtungen gänzlich aus.[783] Daneben verbindet z.B. der schwedische Gesetzgeber die steuerrechtlichen Regelungen mit einer obligatorischen Insolvenzsicherung der Ansprüche der Arbeitnehmer.[784] Andererseits verfolgen die Gesetzgeber bei der Kodifikation restriktiver steuerlicher Vorgaben mitunter fiskalpolitische Ziele, die insbesondere bei einem pauschalen Abzugsverbot von Pensionsrückstellungen am stärksten zum Vorschein kommen.[785]

Gerade vor diesem Hintergrund erscheint eine europaweite Harmonisierung des Ertragsteuerrechts mit erheblichen Schwierigkeiten verbunden zu sein. So bergen die unterschiedlichen Zielsetzungen der nationalen steuerrechtlichen Regelungen einen gewissen Interessenskonflikt, den es im Fall eines unionsweiten harmonisierten Steuerrechts zu lösen gilt. Obschon zwar gerade die Systematik des IAS 19 aufgrund der hohen Verbreitung des Standards und seiner Akzeptanz grundsätzlich als Ausgangsbasis eines solchen Normenwerks dienen könnte, sind die Regelungen des nationalen

783 Vgl. Kap. C.II.2.j)aa) & Kap. C.II.2.j)cc).

784 Siehe Kap. C.II.2.g)cc) bzw. *Brattström*, Makars pensionsrättigheter, 2004, S. 178 f.

785 So ist bspw. der fixe Abzinsungssatz in Deutschland rein fiskalpolitischer Natur. Siehe hierzu *Dommermuth*, in HHR, EStG, 282. Lfg. Februar 2018, § 6a Rn. 120 f. mit Verweis auf BT-Drucks. III/1811, S. 6 f. Siehe ferner auch BT-Drucks. 9/795, S. 65 f. Hinsichtlich der Motivation des steuerlichen Passivierungsverbots in Frankreich siehe *Borchard*, Besteuerung der betrieblichen Altersversorgung, 2001, S. 204. Ferner verbindet der niederländische Gesetzgeber mit dem Passivierungsverbot von Pensionsrückstellung im weiteren Sinne sowohl fiskal- als auch wirtschaftspolitische Motive. Vgl. Kamerstukken (Parlamentsdrucksache) II 2016/17, 34 555, Nr. 3, S. 2-6. Interessanterweise wurde von Teilen der Unternehmen selbst das Abschaffen der steuerlichen Privilegien der unmittelbaren Pensionsverpflichtungen gefordert, da insbesondere im Zuge der Niedrigzinsphase der Wertansatz des handelsrechtlichen Jahresabschlusses die Rentabilität der Unternehmen stark eingeschränkt hat. Siehe hierzu *Schuurmann*, Pensioen in de loonsfeer, 2019, S. 310 f.

Steuerrechts der Mitgliedstaaten in ihrer Gesamtheit nicht bzw. kaum geeignet, diese Zielsetzung zu erfüllen.[786]

III. Zusammenfassung

Das europäische Bilanzrecht dient der Schaffung eines einheitlichen Binnenmarktes in der Europäischen Union. Zu dieser Aufgabe wurden sowohl die 4. Richtlinie bzw. die spätere EU-Bilanzrichtlinie als auch die EU-Verordnung Nr. 1606/2002 eingeführt. Während die gesellschaftsrechtlichen Richtlinien die bestehenden nationalen Rechnungslegungsordnungen aneinander annähern und die Vergleichbarkeit der Abschlüsse fördern sollten, wurden durch die EU-Verordnung Nr. 1606/2002 die internationalen Rechnungslegungsstandards als einheitliches Regelwerk in europäisches Recht inkorporiert. Es ist jedoch nicht Aufgabe des europäischen Bilanzrechts, ein harmonisiertes Steuerrecht zu etablieren.

Eine Pensionsverpflichtung stellt dabei sowohl unter der EU-Bilanzrichtlinie als auch unter den IFRS aufgrund des Grundsatzes der Periodenabgrenzung einen Aufwand in der korrespondierenden Periode dar, der infolge der zeitlichen Latenz der Auszahlung bei Leistungszusagen und der inhärenten Unsicherheit bilanziell als Rückstellung abzubilden ist. Aus der EU-Bilanzrichtlinie lassen sich indessen keine konkreten Vorgaben bezüglich der Bilanzierung und Bewertung der Pensionsrückstellung oder der Behandlung des Deckungsvermögens ableiten. Die grundsätzliche Passivierungspflicht wird zudem sogar durch ein Mitgliedstaatenwahlrecht relativiert, sodass die Höhe der Pensionsrückstellung unter Umständen auch im Anhang ausgewiesen werden kann. Im Gegensatz dazu beinhaltet der entsprechende Standard IAS 19 neben einer uneingeschränkten Passivierungspflicht von Pensionsverpflichtungen auch sehr detaillierte Vorgaben wie ein spezifisches Bewertungsverfahren, die Angabe der versicherungsmathematischen Parameter oder die Behandlung des Deckungsvermögens.

Vor dem Hintergrund einer kontinuierlichen Annäherung der gesellschaftsrechtlichen Richtlinien an die Konzeption der IFRS orientiert sich der Rückstellungsbegriff der EU-Bilanzrichtlinie an dem Verständnis der internationalen Rechnungslegung. Im Rahmen der Untersuchung der Bilanzierungsregelungen von Pensionsrückstellungen in den handelsrechtlichen Gewinnermittlungssystemen der zehn wirtschaftsstärksten Mitglied-

786 So schon *Kuhr*, Grundsätze Europäischer Unternehmensbesteuerung, 2013, S. 250 f.

staaten der EU konnte gezeigt werden, dass diese Länder auch abseits einer unmittelbaren Anwendung des IAS 19 in unterschiedlicher Ausprägung auf dessen Systematik zurückgreifen. Trotz einer mitunter engen Anknüpfung der steuerlichen Regelungen an die handelsrechtlichen Gewinnermittlungsvorschriften in den hier betrachteten Mitgliedstaaten divergieren die steuerlichen Vorschriften jedoch größtenteils erheblich von den Vorgaben des IAS 19. Der Abzug einer Pensionsrückstellung wird in einigen Mitgliedstaaten sogar gänzlich negiert. Im Ergebnis werden Pensionsverpflichtungen mit einem vergleichbaren wirtschaftlichen Gehalt in den Mitgliedstaaten steuerlich unterschiedlich behandelt, sodass sich auf Ebene der steuerrechtlichen Gewinnermittlungssysteme keine gemeinsamen Anknüpfungspunkte für eine europaweit einheitliche Besteuerung finden lassen.

Dieser Umstand ist unter anderem auf unterschiedliche Zielsetzungen in den Mitgliedstaaten zurückzuführen. So lassen sich zum einen fiskalpolitische Motive identifizieren. Zum anderen dient das Steuerrecht als erweitertes arbeitsrechtliches Instrument, indem es fehlende sozial- bzw. arbeitsrechtliche Regelungen ersetzt oder ergänzt. Diese Kollision unterschiedlicher nationaler Zielsetzungen birgt einen gewissen Interessenskonflikt. Die Konsequenzen, die sich hieraus für ein harmonisiertes, unionsweites Ertragsteuerrecht ergeben, werden mit Blick auf den Vorschlag der EU für eine Gemeinsame Körperschaftsteuer-Bemessungsgrundlage weiter zu diskutieren sein.[787]

787 Dazu im Einzelnen Kap. D.III.

D. Die Behandlung von Pensionsverpflichtungen im Rahmen der Gewinnermittlungskonzeption einer Gemeinsamen Körperschaftsteuer-Bemessungsgrundlage

I. Grundlagen des Richtlinienvorschlags der Gemeinsamen Körperschaftsteuer-Bemessungsgrundlage

1. Überblick über die Rechtsgrundlage und die Entwicklung der Gemeinsamen Körperschaftsteuer-Bemessungsgrundlage

Der Vorschlag der Europäischen Kommission für eine Richtlinie über eine Gemeinsame Körperschaftsteuer-Bemessungsgrundlage vom 25. Oktober 2016 stellt die bis heute jüngste Reformidee einer harmonisierten ertragsteuerlichen Bemessungsgrundlage auf europäischer Ebene dar. Die Notwendigkeit des Vorschlags rührte im Kern daher, dass die nationalen steuerlichen Restriktionen der einzelnen Mitgliedstaaten zum einen den grenzübergreifenden Handel und wirtschaftlichen Austausch erheblich erschweren.[788] Zum anderen resultiert aus der Kollision der unterschiedlichen Systeme der Mitgliedstaaten nach Auffassung der Kommission eine zunehmende Problematik der Steuervermeidung durch Gewinnverlagerungen multinational agierender Konzerne.[789] Diese Gründe nahm die Kommission sodann 2015 zum Anlass, die GKB im Rahmen eines Aktionsplan für eine faire und effiziente Unternehmensbesteuerung in der EU auf die Agenda zu setzen,[790] um somit Investitionen und nachhaltiges Wachstum in einem fairen und stärker integrierten Binnenmarkt zu fördern.[791]

788 Vgl. zu einer Übersicht der steuerliche Hindernisse *Förster/Krauß*, IStR 2011, 607, 607.

789 *Europäische Kommission*, Corporate Income Taxation in the European Union, SWD(2015) 121 endg., S. 3 f.; vgl. zu der Problematik der Gewinnverlagerung im europäischen Kontext *Pîrvu*, Corporate Income Tax Harmonization in the European Union, 2012, S. 15-20.

790 Vgl. Mitteilung der Kommission, Eine faire und effiziente Unternehmensbesteuerung in der Europäischen Union v. 17.6.2015, KOM(2015) 302 endg.; zu dem Aktionsplan siehe ausführlich *Krauß*, IStR 2016, 59.

791 Mitteilung der Kommission, Eine faire und effiziente Unternehmensbesteuerung in der Europäischen Union v. 17.6.2015, KOM(2015) 302 endg., S. 2.

Das Vorhaben über eine Vereinheitlichung der steuerlichen Gewinnermittlung auf Unionsebene lässt sich dabei als Teil des europäischen Steuerrechts klassifizieren.[792] Eine Harmonisierung der steuerlichen Gewinnermittlung im Rahmen der direkten Steuern fällt in diesem Zusammenhang jedoch grundsätzlich nicht in den ausdrücklichen Zuständigkeitsbereich der Europäischen Union, da es dieser an der expliziten Gesetzgebungskompetenz hierfür fehlt.[793] So besitzt die Union gem. Art. 113 AEUV lediglich für indirekte Steuern die ausdrückliche Gesetzgebungskompetenz. Ferner schließt Art. 114 Abs. 2 AEUV die direkten Steuern von der Rechtsangleichung durch die Union weitestgehend aus.[794]

Vor diesem Hintergrund ergänzt Art. 115 AEUV die Bestimmungen der Art. 113, 114 AEUV und offeriert eine Rechtsangleichung auf dem Gebiet der direkten Steuern in Form einer Richtlinie,[795] sofern sich die Rechtsvorschriften der Mitgliedstaaten unmittelbar auf die Errichtung oder das Funktionieren des Binnenmarkts auswirken und einen wesentlichen negativen Einfluss auf den wirtschaftlichen Austausch in der Union besitzen.[796] Dazu ist jedoch die Einstimmigkeit der Mitgliedstaaten erforderlich.[797] Ein harmonisiertes, paneuropäisches Bilanzsteuerrecht würde dabei die

---

792 Zum Begriff des europäischen Steuerrechts vgl. *Englisch*, in Tipke/Lang, Steuerrecht, 24. Aufl. 2020, § 4 Rn. 1; *Musil*, in Musil/Weber-Grellet, Europäisches Steuerrecht, 2019, Einführung Rn. 13; *Kube*, in Lang, DStJG 41, 2018, S. 69, 70; *Schaumburg*, in Schaumburg, Internationales Steuerrecht, 4. Aufl. 2017, Kap. 3 Rn. 45.

793 *Schaumburg*, in Schaumburg/Englisch, Europäisches Steuerrecht, 2. Aufl. 2020, Kap. 1 Rn. 18; *Weber-Grellet*, Europäisches Steuerrecht, 2016, § 17 Rn. 5; *Cordewener*, Europäische Grundfreiheiten, 2002, S. 4 f. Ferner *Kokott*, Das Steuerrecht der Europäischen Union, 2018, § 7 Rn. 1.

794 *Weber-Grellet*, in Musil/Weber-Grellet, Europäisches Steuerrecht, 2019, Art. 114 AEUV Rn. 22.

795 Vgl. hierzu beispielsweise *Borchardt*, Rechtliche Grundlagen, 2020, § 7 Rn. 828; *Khan*, in Geiger/Khan/Kotzur, EUV/AEUV, 6. Aufl. 2017, AEUV, Art. 115 Rn. 2; *Fischer*, in Lenz/Borchardt, EU-Verträge, 6. Aufl. 2012, AEUV, Art. 115 Rn. 3. Vgl. auch *Thörmer*, DStR 2020, 527, 527 f.; *Anzinger*, in Reimer/Kube, Heidelberger Beiträge zum Finanz- und Steuerrecht, Band 6, 2017, S. 123, 136-138.

796 *Weber-Grellet*, in Musil/Weber-Grellet, Europäisches Steuerrecht, 2019, Art. 115 AEUV Rn. 7; *Herrnfeld*, in Schwarze, EU-Kommentar, 4. Aufl. 2019, AEUV, Art. 115 Rn. 5; *Tetje*, in Grabitz/Hilf/Nettesheim, Das Recht der Europäischen Union, 65. Lfg. August 2018, AEUV, Art. 115 Rn. 21-24; *Bizioli/Sacchetto*, in Avi-Yonah/Lang, Comparative Fiscal Federalism, 2016, S. 11, 15. Zum Begriff der unmittelbaren Auswirkung siehe ferner *Schröder*, in Streinz, EUV/AEUV, 3. Aufl. 2018, AEUV, Art. 115 Rn. 8-12.

797 *Korte*, in Calliess/Ruffert, EUV/AEUV, 5. Aufl. 2016, AEUV, Art. 115 Rn. 10. Zur Notwendigkeit des Einstimmigkeitskriteriums *Hey*, Harmonisierung der

nachteiligen Auswirkungen unterschiedlicher Steuersysteme auf den Binnenmarkt sowie das Risiko eines schädlichen Steuerwettbewerbs entsprechend mindern, sodass eine einheitliche Gewinnermittlung zweifelsohne auf Art. 115 AEUV gestützt werden kann.[798]

Die Kommission fußt den Richtlinienvorschlag daher folgerichtig auf Art. 115 AEUV und begründet diesen Vorstoß damit, dass die mit dem Steuerwettbewerb verbundenen Verzerrungen im europäischen Binnenmarkt im Rahmen des Subsidiaritätsprinzips gem. Art. 5 Abs. 3 EUV besser beseitigt werden können als durch nationale Einzelmaßnahmen der Mitgliedstaaten.[799] Wenngleich die Befugnisse der Kommission durch mehrere nationale Parlamente in Zweifel gezogen worden sind,[800] erfährt das Vorgehen der Europäischen Kommission im Schrifttum weitestgehend Zustimmung und ist mit dem Subsidiaritätsprinzip grundsätzlich vereinbar.[801] Ferner können die Maßnahmen der Kommission als verhältnismäßig i.S.d. Art. 5 Abs. 4 AEUV eingestuft werden.[802]

Unternehmensbesteuerung, 1997, S. 85. Das Einstimmigkeitserfordernis wird diesbezüglich stark kritisiert. Siehe *Marquardsen*, ifst-Schrift 534, 2020, S. 16-19.

798 Zutreffend *Fehling*, in Schaumburg/Englisch, Europäisches Steuerrecht, 2. Aufl. 2020, Kap. 18 Rn. 23; *Zajicek*, Körperschaftsteuersysteme in der Europäischen Union, 2017, S. 101 f. Vgl. zu der Nachteilhaftigkeit von Steuerwettbewerb für den Binnenmarkt ferner *Hey*, in Lang, DStJG 41, 2018, S. 9, 38 f.

799 Siehe zur Begründung im GKB-RLV i.d.F. 2016, S. 5 f.

800 Vgl. bspw. *van de Streek*, in Weber/van de Streek, EU CCCTB, 2018, S. 1, 6-8; *Finley*, TNI 2017, 157. Siehe zum jüngeren Richtlinienvorschlag auch die Stellungnahme des schwedischen Parlaments in Rat der Europäischen Union, Proposal for a Council Decision on the system of Own Resources of the European Union [8357/18 - COM(2018) 325 final] & Proposal for a Council Regulation laying down implementing measures for the system of Own Resources of the European Union [8359/18 - COM(2018) 327 final] – Reasoned opinion on the application of the Principles of Subsidiarity and Proportionality v. 25.6.2018, Dokumentnummer 10475/18. Zum Vorgängerentwurf siehe ferner *Eggert*, Die Gewinnermittlung nach dem Richtlinienvorschlag, 2015, S. 11-14.

801 *Fehling*, in Schaumburg/Englisch, Europäisches Steuerrecht, 2. Aufl. 2020, Kap. 18 Rn. 23; *Arendt*, Neuauflage der Vorschläge, 2020, S. 128. So schon im Ergebnis *Eggert*, Die Gewinnermittlung nach dem Richtlinienvorschlag, 2015, S. 14.

802 Siehe *Arendt*, Neuauflage der Vorschläge, 2020, S. 128; *Eggert*, Die Gewinnermittlung nach dem Richtlinienvorschlag, 2015, S. 16. Eine Trennung des ursprünglichen Vorschlags in einen Vorschlag zur GKB und zur GKKB ändert an diesem Ergebnis nichts. Mit Blick auf die Verhältnismäßigkeit kritischer *Anzinger*, in Reimer/Kube, Heidelberger Beiträge zum Finanz- und Steuerrecht, Band 6, 2017, S. 123, 148 f.

Der Richtlinienvorschlag von 2016 knüpft hierbei selbst an eine Reihe älterer Reformideen an.[803] So wurden die Notwendigkeit einer Harmonisierung der Körperschaftsteuersysteme und deren Konsequenz schon im Rahmen des sog. Neumark-Berichts 1962 analysiert,[804] auf dessen Grundlage die Kommission 1975 einen Entwurf der Richtlinie zur Schaffung eines einheitlichen Körperschaftsteuersystems präsentierte.[805] Das Vorhaben konnte sich jedoch im Europäischen Rat politisch nicht durchsetzen und wurde schließlich 1990 zurückgezogen.[806]

Obwohl das erste Vorhaben gescheitert ist, verfolgte die Kommission das Ziel einer Harmonisierung der direkten Steuern weiter und gab alsdann mehrere Untersuchungen für Reformempfehlungen in Auftrag, woraus mit dem sog. Bolkenstein-Bericht von 2001 die bis dahin umfassendste Analyse der steuerlichen Restriktionen für Unternehmen in der EU hervorging.[807] Auf dessen Grundlage veröffentlichte die Kommission sodann ein Strategiepapier, in dem langfristig die Einführung einer einheitlichen Körperschaftsteuer-Bemessungsgrundlage auf europäischer Ebene adressiert wurde.[808] Nach zehnjähriger Beratungs- und Entwicklungsphase wurde schließlich der Vorschlag für eine Richtlinie des Rates über eine GKKB formuliert und im März 2011 veröffentlicht.[809] Die Regelungen des Vorschlags wurden dabei primär als gemeinsamer Nenner der beste-

803 Für einen umfassenden Überblick über die Pläne zur Entwicklung der Harmonisierung der Körperschaftsteuer auf Unionsebene siehe *Gammie*, in Panayi/Haslehner/Traversa, European Union Taxation Law, 2020, S. 270, 280-293; *Zajicek*, Körperschaftsteuersysteme in der Europäischen Union, 2017, S. 111-129; *Garbarino*, EC Tax Review 2016, 277, 277 f.

804 Zum Neumark-Bericht vgl. ferner *Vascega/van Thiel*, ET 2011, 374, 374 f.

805 Vorschlag einer Richtlinie des Rates zur Harmonisierung der Körperschaftsteuersysteme und der Regelungen der Quellensteuer auf Dividenden v. 1.8.1975, KOM(75) 392 endg.; vgl. zu dem Vorschlag ausführlich *Kuiper*, ET 1988, 319.

806 Vgl. *Fehling*, in Schaumburg/Englisch, Europäisches Steuerrecht, 2. Aufl. 2020, Kap. 18 Rn. 3 f.

807 Siehe zu den einzelnen Berichten *Fehling*, in Schaumburg/Englisch, Europäisches Steuerrecht, 2. Aufl. 2020, Kap. 18 Rn. 3-8; *Aujean*, in Lang et al., Common Consolidated Corporate Tax Base, 2008, S. 13, 17-30.

808 Mitteilung der Kommission, Ein Binnenmarkt ohne steuerliche Hindernisse: Strategie zur Schaffung einer konsolidierten Körperschaftsteuer-Bemessungsgrundlage für die grenzüberschreitende Unternehmenstätigkeit in der EU v. 23.10.2001, KOM(2001) 582 endg.; siehe hierzu ausführlich *Schön*, ET 2002, 276.

809 *Eggert*, Die Gewinnermittlung nach dem Richtlinienvorschlag, 2015, S. 1; *Vascega/van Thiel*, ET 2011, 374, 375.

henden Steuerrechtsordnungen der Mitgliedstaaten konzipiert und stellten insofern das Ergebnis einer „Best-Practice"-Lösung dar.[810]

Neben den Vorgaben für eine gemeinsame Bemessungsgrundlage der einzelnen Unternehmen umfasste der Richtlinienvorschlag von 2011 ferner ein Konzept zur Konsolidierung und formelhaften Aufteilung der steuerlichen Konzerngewinne.[811] Dieser dreistufige Ansatz stellte sich jedoch als zu ehrgeizig heraus und war politisch schwer umsetzbar,[812] sodass man sich mit Blick auf die weitere Vorgehensweise lediglich auf die erste Stufe, die Harmonisierung der steuerlichen Regelungen, fokussierte.[813] Der Richtlinienentwurf unterlag in diesem Prozess einer Reihe von Änderungsvorschlägen verschiedener Ratspräsidentschaften, um die Richtlinie durch diese Kompromissvorschläge weiterzuentwickeln.[814] Obgleich solche Vorschläge freilich keine Rechtsverbindlichkeit besitzen und nicht die Meinung sämtlicher Mitgliedstaaten widerspiegeln, lässt sich aus diesen eine Tendenz zum Stand der Diskussion ableiten.[815] Trotzdem konnte im Europäischen Rat weiterhin keine Mehrheit für den Entwurf von 2011 gefunden werden.

Der Vorschlag von 2016 stellt somit das Resultat eines andauernden Entwicklungsprozesses dar und basiert im Wesentlichen auf den Erfahrun-

---

810 Siehe *Herzig*, DB 2012, 1, 2. Vgl. zur Arbeitsweise der Arbeitsgruppen *Peeters*, EC Tax Review 2012, 225, 225 f.; *Marx*, DStZ 2011, 547, 549; *Aujean*, in Lang et al., Common Consolidated Corporate Tax Base, 2008, S. 13, 32-34; ferner schon *Czakert*, IStR 2006, 561, 562 f.

811 Siehe *Endres/Spengel*, International Company Taxation, 2015, S. 373 f.; *Spengel/Zöllkau*, Common Corporate Tax Base, 2012, S. 5; *Röder*, WTJ 2012, 126, 126; *Kahle/Schulz*, StuB 2017, 296, 296. Nach der Zerlegung des Gewinns besteuern die Mitgliedstaaten den entsprechenden Anteil mit ihrem nationalen Steuersatz. Siehe *Evers et al.*, StuW 2015, 359, 360.

812 Vgl. *Mock*, ET 2019, 209, 209; *Herzig*, DB 2012, 1, 3; *von Brocke/Rottenmoser*, IWB 2011, 620, 623-625; *Rödder*, Ubg 2011, 473, 489; *Prinz*, StuB 2011, 461, 461. Vgl. auch *Lamotte*, ET 2011, 271, 278.

813 *Pistone/Szudoczky*, in Lang et al., European Tax Law on Direct Taxation, 2018, S. 35, 43; *Evers et al.*, StuW 2015, 359, 360.

814 Vgl. *Eggert*, Die Gewinnermittlung nach dem Richtlinienvorschlag, 2015, S. 1. So wurden neben den Ratspräsidentschaften von Dänemark, Irland, Litauen, Griechenland auch von der Ratspräsidentschaft Italiens Änderungsvorschläge eingebracht. Zum Vorschlag der italienischen Ratspräsidentschaft siehe Rat der Europäischen Union, Proposal for a Council Directive on a Common Consolidated Corporate Tax Base (CCCTB), Interinstitutionelles Dossier vom 19.11.2014: 2011/0058(CNS), Dokumentnummer 15756/14.

815 *Fehling*, in Schaumburg/Englisch, Europäisches Steuerrecht, 2. Aufl. 2020, Kap. 18 Rn. 17.

gen der schwierigen politischen Entscheidungsfindung im Rahmen des Vorschlags von 2011. Die Kommission reagierte darauf, indem sie die Elemente der Bemessungsgrundlage sowie der Konsolidierung separierte und in zwei Richtlinienvorschlägen veröffentlichte.[816] Nichtsdestoweniger bauen beide Entwürfe grundsätzlich auf der Vorgängerversion von 2011 auf.[817]

Trotz dieser grundlegenden Revision des ersten Vorschlags konnte bislang noch keiner der zwei Richtlinienvorschläge im Rat verabschiedet werden, obwohl der Entwurf zur GKB gem. Art. 70 des GKB-RLV i.d.F. 2016 schon am 1.1.2019 in Kraft getreten sein sollte. Eine Umsetzung in naher Zukunft ist daher zum jetzigen Stand noch nicht absehbar.[818] Ungeachtet dessen verfolgt die Europäische Kommissionen das Projekt der G(K)KB in der Legislaturperiode von 2019-2024 weiter und setzte sich die Umsetzung des Reformvorhabens als Ziel ihrer politischen Leitlinien,[819] sodass hiervon für die Zukunft weitere Impulse zu erwarten sind. So wäre es vorstellbar, dass bei Fehlen einer uniformen Zustimmung aller 27 Mitgliedstaaten lediglich ein Teil der Mitgliedstaaten das Projekt im Rahmen einer verstärkten Zusammenarbeit nach Art. 20 EUV i.V.m. Art. 326–334 AEUV multilateral umsetzt.[820] Darüber hinaus wurden seit Veröffentlichung des Richtlinienvorschlags von 2016 durch die Ratspräsi-

---

816 *Wilhelm*, GKKB, 2019, S. 99; *Benz/Böhmer*, DB 2016, 2800, 2800; ferner *Mock*, ET 2019, 209, 209. Dies wurde im Schrifttum begrüßt. So bspw. *Prinz*, in FS Crezelius, 2018, S. 351, 369. Ferner wurde eine Aufspaltung schon vor dem Hintergrund des ersten Vorschlags von 2011 intensiv gefordert. So neben vielen *Spengel et al.*, DB 2013, Beilage Nr. 2 zu Heft 8, 1, 2; *Röder*, WTJ 2012, 125, 137-141; *Herzig*, FR 2012, 761, 762; *Herzig*, DB 2012, 1, 3. Ferner schon vor der Veröffentlichung des Vorschlags von 2011 *Mayr*, SWI 2008, 288, 289. Kritisch gegenüber der Aufteilung der Vorschläge *Bhogal/Swanson*, TNI 2016, 1093, 1095.

817 Vgl. *Spengel/Stutzenberger*, IStR 2018, 37, 39. So gab es im Wesentlichen Neuerungen in den Bereichen Verlustausgleich, Förderung der Forschung und Entwicklung und Eigenkapitalverzinsung. Siehe hierzu *Fehling*, in Schaumburg/Englisch, Europäisches Steuerrecht, 2. Aufl. 2020, Kap. 18 Rn. 20.

818 Ebenso *Prinz*, in FS Crezelius, 2018, S. 351, 369.

819 Vgl. zu den politischen Leitlinien der EU-Kommission die Bewerbungsrede vor dem EU-Parlament am 17.7.2019 von *von der Leyen*, A Union that strives for more: My Agenda for Europe, 2019, S. 12.

820 Siehe hierzu *Hey*, in Lang, DStJG 41, 2018, S. 9, 49-51. So schon *Krauß*, IStR 2016, 59, 65; *Vascega/van Thiel*, ET 2011, 374, 381; *Kahle/Dahlke/Schulz*, Ubg 2011, 491, 491; *Kußmaul/Niehren/Pfeifer*, StuW 2010, 177, 181. Zur Problematik der politischen Kompromissfindung *Zajicek*, Körperschaftsteuersysteme in der Europäischen Union, 2017, S. 180 f.

dentschaften Österreichs,[821] Rumäniens[822] und Finnlands[823] weitere, rechtlich unverbindliche Kompromisstexte zum Sachstand der GKB erarbeitet und im Register des Rates veröffentlicht.[824]

2. Übergeordnete Prinzipien einer europäischen Unternehmensbesteuerung

a) Systemtragende Prinzipien eines harmonisierten Ertragsteuerrechts

Die Reformidee eines harmonisierten Körperschaftsteuersystems in allen Mitgliedstaaten der Europäischen Union zielt neben der Stärkung der EU als Unternehmensstandort und dem Abbau immanenter wirtschaftlicher Hemmnisse insbesondere auf die Reduktion unerwünschter Gestaltungsspielräume der Unternehmen, um somit die Steuerminimierung zu erschweren.[825] Ferner beabsichtigte man auch, die Rechtssicherheit der

---

821 Rat der Europäischen Union, Vorschlag für eine Richtlinie des Rates über eine Gemeinsame Körperschaftsteuer-Bemessungsgrundlage(GKB)–Sachstand, Interinstitutionelles Dossier vom 5.12.2018: 2016/0337(CNS), Dokumentnummer 13024/18.

822 Rat der Europäischen Union, Vorschlag für eine Richtlinie des Rates über eine Gemeinsame Körperschaftsteuer-Bemessungsgrundlage(GKB)–Sachstand, Interinstitutionelles Dossier vom 6.6.2019: 2016/0337(CNS), Dokumentnummer 9676/19.

823 Rat der Europäischen Union, Vorschlag für eine Richtlinie des Rates über eine Gemeinsame Körperschaftsteuer-Bemessungsgrundlage(GKB)–Sachstand, Interinstitutionelles Dossier vom 27.11.2019: 2016/0337(CNS), Dokumentnummer 14291/19.

824 Ferner wurde durch die bulgarische Ratspräsidentschaft ein erster vorläufiger Kompromissvorschlag formuliert, in welchem anhand verschiedener Szenarien die Alternativen zur Weiterentwicklung der GKB aufgezeigt wurden. Siehe hierzu Rat der Europäischen Union, Vorschlag für eine Richtlinie des Rates über eine Gemeinsame Körperschaftsteuer-Bemessungsgrundlage (GKB)–Sachstand, Interinstitutionelles Dossier vom 20.4.2018: 2016/0337(CNS), Dokumentnummer 8155/18. Zu der Entwicklung der Kompromissvorschläge vgl. Rat der Europäischen Union, Bericht des Rates (Wirtschaft und Finanzen) an den Europäischen Rat zu Steuerfragen – Billigung, Dokumentnummer 14349/19, S. 5 f. Zu den Vorschlägen der bulgarischen Ratspräsidentschaft siehe auch *Lamer*, TNI 2018, 402, 402 f.

825 *Fehling*, in Schaumburg/Englisch, Europäisches Steuerrecht, 2. Aufl. 2020, Kap. 18 Rn. 26. Dies ist im Wesentlichen deckungsgleich mit der Zielsetzung des ursprünglichen Vorschlags.

Besteuerung als sog. Tax Certainity weiter zu fördern.[826] Trotz dieser pluralistischen Zielsetzung darf man jedoch nicht verkennen, dass der Richtlinienvorschlag über eine harmonisierte Körperschaftsteuer-Bemessungsgrundlage letztlich als Hauptzweck die Erzielung von Steuereinnahmen in den Mitgliedstaaten verfolgt, um somit die Deckung der Ausgaben der Staaten sicherstellen.[827] Folglich bedarf es eines in sich geschlossenen, allgemein akzeptierten Systems, des sog. inneren Systems einer Rechtsordnung,[828] welches die Belastung des Steuerpflichtigen als Eingriffsrecht anhand sachgerechter Grundsätze im engeren Sinne konkretisiert.[829] Ohne solche Prinzipien kann es kein konsequentes und willkürfreies Steuerrecht geben.[830] Schließlich müssen diese Prinzipien des Steuersystems folgerichtig angewendet werden, um mögliche Lücken oder Widersprüche im System zu vermeiden.[831] Andernfalls wäre ein einheitliches und logisches Gesamtsystem schlicht nicht gegeben.[832]

Diese Prinzipien lassen sich dabei zunächst in sog. Fundamental- und Subprinzipien einordnen,[833] die jedoch nicht nur zusammenwirken oder sich gegenseitig ergänzen, sondern die sich im Zweifel auch widersprechen können.[834] Die Fundamentalprinzipien stellen dabei die Grundpfeiler eines Steuersystems dar. Ihre Aufgabe ist es, die Zielvorgaben und struktu-

---

826 Vgl. *Lamer*, TNI 2017, 210, 210.

827 In Bezug auf die Reformidee der GKB vgl. *Mock*, ET 2019, 209, 210 mit Verweis auf Arbeitsgruppe GKKB, Allgemeine Besteuerungsgrundsätze, CCCTB/WP/001/Rev1/doc/de v. 10.12.2004, Rn. 6; *Freedman/Macdonald*, in Lang et al., Common Consolidated Corporate Tax Base, 2008, S. 219, 226. So grds. *Endres/Spengel*, International Company Taxation, 2015, S. 5 f.

828 Grundlegend *Tipke*, Steuerrechtsordnung – Band I, 2000, S. 67-88.

829 So wird das innere System von Prinzipien getragen. Vgl. *Hey*, in Tipke/Lang, Steuerrecht, 24. Aufl. 2020, § 3 Rn. 11. Prinzipien im Allgemeinen garantieren dabei lediglich eine formale Gerechtigkeit, während sachgerechte Prinzipien schließlich auch für materielle Gerechtigkeit sorgen. Siehe *Tipke*, Steuerrechtsordnung – Band I, 2000, S. 256-259. So auch *Walzer*, Steuergerechtigkeit, 1987, S. 44 & 57, der diese Prinzipien als ethnisch akzeptable Entscheidungskriterien bezeichnet. Siehe zu den Prinzipien im Steuerrecht ferner ausführlich *Mössner*, in FS Lang, 2010, S. 83, 83-99. Zur Notwendigkeit von Prinzipien vgl. auch *Birk*, in FS Schaumburg, 2009, S. 3, 18 f.

830 *Tipke*, StuW 2007, 201, 204. Vgl. ausführlich *Tipke*, Steuerrechtsordnung – Band I, 2000, S. 256-259.

831 *Mösbauer*, DStR 1975, 677, 680.

832 Vgl. *Tipke*, DStZ 1975, 406, 406 f.

833 *Eggert*, Die Gewinnermittlung nach dem Richtlinienvorschlag, 2015, S. 41.

834 *Freedman/Macdonald*, in Lang et al., Common Consolidated Corporate Tax Base, 2008, S. 219, 221. Grundlegend *Canaris*, Systemdenken, 1983, S. 112-116.

rellen Merkmale der Steuerregelungen zu bestimmen.[835] Aus diesen Fundamentalprinzipien lassen sich sodann die Subprinzipien ableiten. Ihnen wiederum obliegt es, die Fundamentalprinzipien zu konkretisieren.[836] Ein Verstoß gegen die Subprinzipien kann zudem dann gerechtfertigt sein, wenn dieser im Einklang mit einem Fundamentalprinzip steht.[837]

Diese Prinzipien sind dabei nicht zwangsläufig rein rechtswissenschaftlicher Natur, sondern basieren ebenfalls auf wirtschaftswissenschaftlichen Vorstellungen eines optimalen Steuersystems.[838] Ein „gutes" Steuersystem könne allenfalls interdisziplinär erzielt werden.[839] Vor diesem Hintergrund wurde schon in der Entwicklungsphase der harmonisierten Körperschaftsteuer-Bemessungsgrundlage eine Reihe von Fundamentalprinzipien postuliert,[840] an denen sich das harmonisierte Unternehmensteuerrecht in der Europäischen Union orientieren sollte.[841] Wenngleich die Europäische Kommission der Diskussion der Fundamentalprinzipien bei der Entwicklung des Richtlinienvorschlags verhältnismäßig wenig Raum einräumte,[842] liefern sie mitunter erste Anhaltspunkte für mögliche Anforderungen an eine G(K)KB.[843] So muss ein einheitliches Steuersystem nicht nur gerecht

835 *Freedman/Macdonald*, in Lang et al., Common Consolidated Corporate Tax Base, 2008, S. 219, 221.

836 *Kestler*, Finanzierung junger Unternehmen, 2011, S. 32.

837 *Tipke*, Steuerrechtsordnung – Band I, 2000, S. 258 f.

838 Siehe m.w.N. zu den grundlegenden Arbeiten der nationalökonomischen Steuerlehre *Hey*, in Tipke/Lang, Steuerrecht, 24. Aufl. 2020, § 1 Rn. 17.

839 *Hey*, in Tipke/Lang, Steuerrecht, 24. Aufl. 2020, § 7 Rn. 1.

840 Vgl. zu den Prinzipien Arbeitsgruppe GKKB, Allgemeine Besteuerungsgrundsätze, CCCTB/WP/001/Rev1/doc/de v. 10.12.2004, Rn. 10-21; Arbeitsdokument der Dienststellen der Kommission, Unternehmensbesteuerung im Binnenmarkt v. 23.10.2001, SEK(2001) 1681, S. 23-25. In der Literatur wird diesen Prinzipien eine verstärkt ökonomische Färbung attestiert. So *Mock*, ET 2019, 209, 210. Ferner auch *Braunagel*, GKKB in der EU, 2008, S. 5.

841 Die Diskussion der Prinzipienorientierung ist freilich nicht nur auf das deutsche Schrifttum beschränkt. Vgl. *Fülbier*, StuW 2006, 228, 234; *Bielen*, in Lang, Tax Compliance Costs, 2008, S. 469, 484-489; *Nobes*, A Conceptual Framework for the Taxable Income of Businesses, and How to Apply it under IFRS, 2004, S. 37-41.

842 Dies wurde stark kritisiert. Vgl. für einen Überblick *Schulz*, Harmonisierung, 2012, S. 103 f. Zur Würdigung dieser Kritik siehe unten Kap. D.I.2.f).

843 So wiesen schon *Freedman/Macdonald* auf die Rolle der Fundamentalprinzipien bezüglich der Analyse der Regelungsvorschläge der GK(K)B hin. Siehe *Freedman/Macdonald*, in Lang et al., Common Consolidated Corporate Tax Base, 2008, S. 219, 224 f.

und neutral, sondern auch einfach, transparent sowie bestimmt sein.[844] Gerade die Forderung nach „Einheitlichkeit“ und „Vereinfachung“ waren dabei die „Leitprinzipien“ der Entwicklungsphase.[845] Darüber hinaus sollen die Regelungen konsistent und kohärent sein. Ferner sind die Effektivität, Flexibilität und Durchsetzbarkeit des Steuersystems weitere Fundamentalprinzipien.

Die beiden Richtlinienvorschläge von 2016 dienen dementsprechend in erster Linie dem Fiskalzweck, wenngleich unter der Nebenbedingung, dass das System einer europaweit einheitlichen Ermittlung der steuerlichen Bemessungsgrundlage anhand der postulierten Prinzipien sachgerecht ausgestaltet werden soll und diesen nicht zuwiderlaufen darf.[846] Dabei müssen diese Maximen freilich auch den EU-rechtlichen Maßstäben genügen, um als ein allgemein akzeptiertes System gelten zu können.[847]

Im Folgenden sollen daher die zugrundeliegenden Fundamentalprinzipien dargestellt und auf ihre europarechtlichen Grundlagen und Implikationen hin untersucht werden. In diesem Kontext wird insbesondere auf die Kriterien eines europaweit geltenden Systems eingegangen, um den spezifischen Anforderungen einer einheitlichen Besteuerung in allen Mitgliedstaaten Rechnung zu tragen. So dürfen nationale Partikularinteressen oder Wertungen dieser Prinzipien keine Rolle spielen. Stattdessen bedarf es grundsätzlich eines supranationalen, paneuropäischen Blicks auf diese Grundsätze.[848]

---

844 Zur Rolle der Fundamentalprinzipien im Rahmen der Besteuerung siehe auch resümierend *Fuest*, in Jachmann, DStJG 37, 2014, S. 65, 81.

845 Mitteilung der Kommission, Umsetzung des Programms der Gemeinschaft für mehr Wachstum und Beschäftigung und eine Steigerung der Wettbewerbsfähigkeit von EU-Unternehmen v. 2.5.2007, KOM(2007) 223 endg., S. 7.

846 So wies bspw. schon *Mayr* darauf hin, dass gerade zwischen Vereinfachung und Sachgerechtigkeit der GK(K)B eine Relation gefunden werden muss. Siehe *Mayr*, in Schön/Schreiber/Spengel, A CCCTB for Europe, 2008, S. 85, 86. Ferner wies schon die Arbeitsgruppe selbst auf das Spannungsverhältnis von Neutralität und Vereinfachung hin. Siehe Arbeitsgruppe GKKB, Bisherige Fortschritte und künftige Pläne, CCCTB\WP\020\doc\de v. 15.11.2005, Rn. 15.

847 *Gutmann/Raingeard de la Blétière*, EC Tax Review 2017, 233, 234; *Rautenstrauch*, FR 2009, 114, 116; *Hey*, in Lang et al., Common Consolidated Corporate Tax Base, 2008, S. 93, 97 f. Ferner hat schon die Arbeitsgruppe darauf hingewiesen, dass die GK(K)B den Grundfreiheiten, den Beihilferegeln, dem Nicht-Diskriminierungsprinzip sowie der Rechtsprechung des EuGH entsprechen muss. Siehe Arbeitsgruppe GKKB, Allgemeine Besteuerungsgrundsätze, CCCTB/WP/001/Rev1/doc/de v. 10.12.2004, Rn. 33.

848 Anschaulich lässt sich dies an dem Prinzip der Besteuerung nach der Leistungsfähigkeit zeigen. Vgl. sogleich Kap. D.I.2.b).

b) Gerechtigkeit der Besteuerung (Besteuerung nach der Leistungsfähigkeit)

aa) Der Gleichheitssatz im Unionsrecht als bereichsspezifischer Gerechtigkeitsmaßstab des Steuerrechts

Der Grundsatz der gerechten Besteuerung als Voraussetzung einer gerechten Lastenverteilung des Finanzierungsbedarfs eines Staates auf seine Steuerpflichtigen besitzt in den europäischen Mitgliedstaaten einen hohen Stellenwert und genießt zudem vielfach Verfassungskraft.[849] Insbesondere das Prinzip der Besteuerung nach der Leistungsfähigkeit verwirklicht die Gleichbehandlung des Steuerpflichtigen und gilt in diesem Zusammenhang nicht nur national, sondern auch international als ein tradiertes Fundamentalprinzip der Steuergerechtigkeit.[850] Daher ist es ebenfalls von zentraler Bedeutung für ein harmonisiertes, europäisches Steuersystem.[851] Diesem Prinzip folgend müssen Steuerpflichtige mit der gleichen wirtschaftlichen Leistungsfähigkeit auch gleich behandelt werden (sog. horizontale Steuergerechtigkeit), während Steuerpflichtige mit ungleichen wirtschaftlichen Verhältnissen unterschiedlich besteuert werden (sog. vertikale Steuergerechtigkeit).[852]

Wenngleich der Grundsatz einer gerechten Besteuerung nach der Leistungsfähigkeit im engeren Sinne gegenwärtig überwiegend in den Verfas-

---

849 So ist bspw. mit der Forderung nach einer Besteuerung der „capacida económica“ in Art. 31 Abs. 1 der spanischen Verfassung das Leistungsfähigkeitsprinzip in Spanien explizit verankert. Daneben fordert bspw. Art. 53 Abs. 1 der italienischen Verfassung, dass jedermann verpflichtet ist, im Verhältnis zu seiner Steuerkraft, der capacità contributiva, zu den öffentlichen Ausgaben beizutragen. Vgl. zu weiteren Beispielen *Ohlendorf*, Grundrechte als Maßstab des Steuerrechts, 2015, S. 103-109. *Tipke*, Steuerrechtsordnung – Band I, 2000, S. 488-492.

850 Vgl. *Lang/Englisch*, in Amatucci, International Tax Law, 2012, S. 251, 256; *Avi-Yonah/Sartori/Marian*, Global perspectives, 2011, S. 15; *Bardini*, Intertax 2010, 2, 2; *Schön*, WTJ 2009, 67, 72; *Hey*, Harmonisierung der Unternehmensbesteuerung, 1997, S. 114 m.w.N.; vgl. auch zur Entwicklung des Leistungsfähigkeitsprinzips in Deutschland *Kube*, Verfassungsrechtliche Grenzen kumulierter Steuerlasten, 2020, S. 8.

851 Zutreffend mit Blick auf die GK(K)B *Kokott*, Das Steuerrecht der Europäischen Union, 2018, § 3 Rn. 75; *Oestreicher/Spengel*, ET 2007, 437, 438. So auch allgemein *Kemmeren*, in Haslehner/Kofler/Rust, EU Tax Law and Policy, 2017, S. 3, 11.

852 Arbeitsgruppe GKKB, Allgemeine Besteuerungsgrundsätze, CCCTB/WP/001/Rev1/doc/de v. 10.12.2004, Rn. 10 f.; *Müller*, Körperschaftsteuersysteme, 2001, S. 9.

sungen bzw. Rechtsordnungen der Mitgliedstaaten verankert ist, bedarf es dennoch freilich einer europarechtlichen Grundlage,[853] um das Leistungsfähigkeitsprinzip unabhängig der nationalen Auslegungen in Fragen des harmonisierten Steuerrechts auszugestalten und zu beurteilen.[854] So stellte schon der EuGH in ständiger Rechtsprechung fest, dass einzelne nationale Verfassungsbestimmungen nicht als Kontrollmaßstab der sekundären Rechtsquellen der Europäischen Union dienen können.[855] In diesem Zusammenhang bietet das Primärrecht der Union mit dem allgemeinen Gleichheitsgrundsatz in Art. 20 der Charta der Grundrechte der Europäischen Union, der sog. Grundrechtecharta, i.V.m. Art. 6 Abs. 1 EUV eine äquivalente Grundlage, um das Leistungsfähigkeitsprinzip innerhalb einer harmonisierten Körperschaftsteuer-Bemessungsgrundlage unionsrechtlich ableiten zu können.[856] Überdies gewinnt ein europäisches Leistungsfähigkeitsprinzip auch als allgemeiner Rechtsgrundsatz zusätzlich im Rahmen des Art. 6 Abs. 3 EUV primärrechtliche Geltung,[857] sodass das Leistungsfähigkeitsprinzip freilich einen unionsweiten Rechtsstandard darstellt.[858]

Der Gleichheitssatz des Art. 20 der Grundrechtecharta fordert dabei, dass alle Personen vor dem Gesetz gleich zu behandeln sind. Der Anwendungsbereich dieser recht prägnanten Formel erstreckt sich dabei nicht

---

853 So schon zur grundsätzlichen Forderung eines harmonisierten „European ability-to-pay principle“ *Bardini*, Intertax 2010, 2, 20.

854 Zur Notwendigkeit der einheitlichen Auslegung in steuerrechtlichen Fragen *Kokott/Dobratz*, in Schön/Heber, Grundfragen des europäischen Steuerrechts, 2015, S. 25, 26.

855 Siehe *EuGH* v. 8.9.2010, C-409/06, Slg. 2010, I-8015 Rn. 61; *EuGH* v. 22.6.2010, C-188/10 u.a., Slg. 2010, I-5665 Rn. 54; *EuGH* v. 8.10.1986, 234/85, Slg. 1986, 2897 Rn. 7; *EuGH* v. 13.12.1979, 44/79, Slg. 1979, 3727 Rn. 14; *EuGH* v. 17.12.1970, 11/70, Slg. 1970, 1125 Rn. 3.

856 *Valta/Gerbracht*, StuW 2019, 118, 123; *Kokott*, Das Steuerrecht der Europäischen Union, 2018, § 3 Rn. 50; *Zirkl*, Die Neutralität, 2015, S. 40. Vgl. ebenfalls *Ohlendorf*, Grundrechte als Maßstab des Steuerrechts, 2015, S. 214 f. Die Grundrechtecharta ist dabei durch den Vertrag von Lissabon zum 1.12.2009 in Verbindung mit Art. 6 Abs. 1 EUV als Primärrecht der Union in Kraft getreten. Siehe ausführlich *Schaumburg*, in Schaumburg/Englisch, Europäisches Steuerrecht, 2. Aufl. 2020, Kap. 3 Rn. 4. Schon davor leitete der EuGH einen (grenzüberschreitenden) Gleichbehandlungsgrundsatz aus dem Diskriminierungsverbot ab. Siehe zu der historischen Entwicklung des Gleichheitsgrundsatzes *Wahle*, Der allgemeine Gleichheitsgrundsatz, 2002, S. 36-38. Dabei wurde dem Leistungsfähigkeitsprinzip und den Grundfreiheiten ebenfalls Parallelen attestiert. So *Schaumburg/Schaumburg*, StuW 2005, 306, 316.

857 Vgl. *Kokott*, Das Steuerrecht der Europäischen Union, 2018, § 3 Rn. 52.

858 Zum Nachweis *Ohlendorf*, Grundrechte als Maßstab des Steuerrechts, 2015, S. 239-241.Vgl. auch *Moschetti*, in FS Lang, 2010, S. 1079, 1097.

nur auf natürliche Personen, sondern umfasst ebenfalls die juristischen Personen des Privatrechts, sodass auch Kapitalgesellschaften unter den Schutz dieses Grundrechts fallen.[859] Darüber hinaus findet Art. 20 der Grundrechtecharta im Gegensatz zu den europarechtlichen Grundfreiheiten nicht nur auf grenzüberschreitende Sachverhalte Anwendung, sondern auch auf sämtliche Binnenmarktsachverhalte.[860] Zudem wäre der sachliche Anwendungsbereich des Art. 20 der Grundrechtecharta im Fall der harmonisierten Körperschaftsteuer-Bemessungsgrundlage eröffnet, da es sich bei dem Richtlinienvorschlag um sekundäres Unionsrecht handeln würde.[861] Dabei gilt die Grundrechtecharta nach Art. 51 sowohl für die Europäische Union samt aller Organe und Einrichtungen als auch für deren Mitgliedstaaten.[862]

Vor diesem Hintergrund forderte der EuGH in seiner ständigen Rechtsprechung zum Gleichheitssatz, „dass vergleichbare Sachverhalte nicht unterschiedlich und unterschiedliche Sachverhalte nicht gleichbehandelt werden dürfen, es sei denn, dass eine solche Behandlung objektiv gerechtfertigt ist".[863] Als Vergleichsmaßstab zieht der Gerichthof in diesem Zusammenhang regelmäßig Ziele und Zwecke der Gemeinschaftsmaßnahme, die die fragliche Unterscheidung einführt, sowie die Grundsätze und Ziele des spezifischen Regelungsbereich der Maßnahme heran.[864] Im Rahmen des weitestgehend harmonisierten Mehrwertsteuerrechts rekurriert der EuGH dabei verstärkt auf das Neutralitätsprinzip als bereichsspezifischen Sachgerechtigkeitsmaßstab und erkannte in diesem Zusammenhang im Grundsatz der steuerlichen Neutralität zusätzlich eine besondere Aus-

859 *Rossi*, in Calliess/Ruffert, EUV/AEUV, 5. Aufl. 2016, Charta der Grundrechte der EU, Art. 20 Rn. 4 f.

860 Siehe *Lehner*, IStR 2016, 265, 266; *Ohlendorf*, Grundrechte als Maßstab des Steuerrechts, 2015, S. 215.

861 Vgl. *Streinz*, in Streinz, EUV/AEUV, 3. Aufl. 2018, Charta der Grundrechte der EU, Art. 20 Rn. 14; *Lehner*, IStR 2016, 265, 271 f. Zur materiellen Anwendbarkeit der Grundrechte im Allgemeinen *Latzel*, EuZW 2015, 658, 661.

862 Siehe *Kofler*, in Lang, DStJG 41, 2018, S. 125, 142; *Teetzmann*, EuR 2016, 90, 90.

863 Siehe unter anderem *EuGH* v. 7.3.2017, C-390/15, EuZW 2017, 435 Rn. 41; *EuGH* v. 26.11.2013, C-50/12 P, Neue Zeitschrift für Kartellrecht 2014, 138 Rn. 62. Vgl. zudem *Englisch*, in Schaumburg/Englisch, Europäisches Steuerrecht, 2. Aufl. 2020, Kap. 12 Rn. 19 mit weiteren Rechtsprechungsnachweisen.

864 *Englisch*, in Schaumburg/Englisch, Europäisches Steuerrecht, 2. Aufl. 2020, Kap. 12 Rn. 19. Siehe zur Rechtsprechung *EuGH* v. 16.12.2008, C-127/07, EuZW 2009, 263 Rn. 26 m.w.N.

prägung des Gleichheitsgrundsatzes auf dem Gebiet des Abgabewesens.[865] Gleichzeitig räumt er dem Leistungsfähigkeitsprinzip trotz dessen grundsätzlicher Bedeutung in seinen Urteilen bisher kaum unmittelbare bzw. allenfalls punktuelle Bedeutung in Bezug auf grenzüberschreitende Sachverhalte ein.[866] Überdies revidierte der EuGH den Neutralitätsgrundsatz sogar, da „der Grundsatz der Gleichbehandlung auf dem Gebiet der Steuern nicht mit dem Grundsatz der steuerlichen Neutralität deckungsgleich" sei.[867] Obschon diese Kongruenz zumindest im Schrifttum nach herrschender Meinung allgemeingültig vertreten wird,[868] lässt sich eine

---

865 *EuGH* v. 19.12.2012, C-549/11, DB 2013, 99 Rn. 33; *EuGH* v. 9.6.2011, C-285/10, DB 2011, 1618 Rn. 29. Die Rechtsprechung bezog sich dabei insbesondere auf das Mehrwertsteuerrecht. Siehe für einen Überblick *Englisch*, in Schaumburg/Englisch, Europäisches Steuerrecht, 2. Aufl. 2020, Kap. 12 Rn. 21. Auf dem Gebiet der direkten Steuern gab es bisher noch keine Rechtsprechung. *Hey*, StuW 2017, 248, 255. Gleichwohl wird die Zielvorstellung der Neutralität als Ausdruck eines primärrechtlichen Gleichheitssatzes auch auf dem Gebiet der direkten Steuern verfolgt. Siehe zur sog. Mutter-Tochter-Richtlinie *Kokott*, Das Steuerrecht der Europäischen Union, 2018, § 3 Rn. 26. Hierbei ist jedoch zu beachten, dass das Neutralitätsprinzip nicht nur aus dem Gleichheitssatz abgeleitet werden kann, sondern unter Umständen unmittelbar im Sekundärrecht der direkten Steuern angelegt sein mag. Siehe zu den verschiedenen Ausprägungen des Neutralitätsprinzips *Kokott*, Das Steuerrecht der Europäischen Union, 2018, § 3 Rn. 22-26. A.A. *Engler*, Steuerverfassungsrecht im Mehrebenensystem, 2014, S. 267 f., welche im Neutralitätsprinzip lediglich eine sekundärrechtliche Ausprägung erkennen möchte.

866 Lediglich im Urteil *EuGH* v. 12.6.2018, C-650/16, BB 2018, 1697 Rn. 39 f. bezog sich der EuGH auf die Leistungsfähigkeit einer Kapitalgesellschaft und ließ demgemäß eine grenzüberschreitende Verlustverrechnung im Rahmen der Niederlassungsfreiheit zu. Siehe hierzu *Bizioli/Reimer*, in Panayi/Haslehner/Traversa, European Union Taxation Law, 2020, S. 51, 71 f.; *Heckerodt*, IWB 2018, 521, 525-527; *Valta/Gerbracht*, StuW 2019, 118, 126. In älteren Entscheidungen spielte der Begriff der Leistungsfähigkeit von Unternehmen keine ausdrückliche Rolle. *Eggert*, Die Gewinnermittlung nach dem Richtlinienvorschlag, 2015, S. 21 f. Siehe auch *Vanistendael*, EC Tac Review 2014, 121, 122; *Bauer*, Das Prinzip der Besteuerung nach der Leistungsfähigkeit, 2011, S. 166; *Bardini*, Intertax 2010, 2, 18 & 20. Ferner wurde das Prinzip der Leistungsfähigkeit durch die Rechtsprechung noch nicht aus Art. 20 der Grundrechtecharta abgeleitet. Siehe hierzu *Kokott*, Das Steuerrecht der Europäischen Union, 2018, § 3 Rn. 53; *Stöber*, in Schön/Sternberg, Zukunftsfragen des deutschen Steuerrechts III, 2017, S. 121, 152. Ferner *Lehner*, IStR 2016, 265, 270.

867 Siehe *EuGH* v. 14.6.2017, C-38/16, MwStR 2017, 663 Rn. 24; *EuGH* v. 25.4.2013, C-480/10, DB 2013, 1647 Rn. 18 m.w.N.

868 Vgl. *Hey*, in Tipke/Lang, Steuerrecht, 24. Aufl. 2020, § 3 Rn. 42; *Hey*, in FS Herzig, 2010, S. 7, 11 m.w.N.; *Treisch*, Europataugliche Ausgestaltung der Unternehmensbesteuerung, 2004, S. 62 f.; *Herzig/Watrin*, StuW 2000, 378, 380. So wohl

vollständige Übereinstimmung von Gleichheit und Neutralität der Besteuerung noch nicht aus den jeweiligen Entscheidungen des EuGH ableiten.[869]

Im Ergebnis bleibt die Rechtsprechung des EuGH abseits der Entscheidungen zum Neutralitätsprinzip weitestgehend konturenlos und erscheint dogmatisch kaum ausgereift,[870] sodass sich bisweilen auch nur wenige konkrete Schlüsse aus dem Gleichheitsgrundsatz bezüglich eines Leistungsfähigkeitsprinzips ziehen lassen.

Nichtsdestoweniger könnte die höchstrichterliche europäische Rechtsprechung zum Neutralitätsprinzip zumindest erste Anhaltspunkte einer europarechtlichen Konzeption des Leistungsfähigkeitsprinzips auf dem Gebiet der direkten Besteuerung liefern.[871] So eignet sich bspw. das betriebswirtschaftlich geprägte Postulat der Besteuerungsneutralität, um aus ökonomischer Perspektive passende Vergleichspaare zu identifizieren und somit die Rechtsprechung bei einer Gleichheitssatzuntersuchung zu unterstützen.[872] Gerade eine Besteuerung der wirtschaftlichen Leistungsfähigkeit setzt eine wirtschaftliche Betrachtungsweise voraus.[873] Infolgedessen müssten sich die konkreten Vorgaben einer harmonisierten Unternehmensbesteuerung auch an dem Grundsatz der (Besteuerungs-)Neutralität messen lassen.

Es bleibt daher festzuhalten, dass sich der EuGH in seiner Rechtsprechung noch nicht mit dem Leistungsfähigkeitsprinzip im engeren Sinne befasst hat. Auf dem Gebiet der Unternehmensbesteuerung wäre der Forderung nach einer leistungsgerechten Besteuerung durch eine Besteuerung

---

auch *Braunagel*, GKKB in der EU, 2008, S. 83 A.A. bspw. *Schneider*, Steuerlast und Steuerwirkung, 2002, S. 261 f.

869 *Kokott*, Das Steuerrecht der Europäischen Union, 2018, § 3 Rn. 21 m.w.N. So geht der Neutralitätssatz teilweise über den Gleichheitssatz hinaus.

870 Vgl. zu der Untersuchung des Prüfungsschemas und der Prüfungsintensität des EuGH in steuerrechtlichen Fragen. *Kokott/Dobratz*, in Schön/Heber, Grundfragen des europäischen Steuerrechts, 2015, S. 25, 33-35. Siehe auch *Englisch*, in Schaumburg/Englisch, Europäisches Steuerrecht, 2. Aufl. 2020, Kap. 12 Rn. 22 f.; *Englisch*, in Schön/Beck, Zukunftsfragen des deutschen Steuerrechts, 2009, S. 39, 40.

871 A.A. *Valta/Gerbracht*, StuW 2019, 118, 124 f., welcher im Neutralitätsprinzip lediglich eine mehrwertsteuerspezifische Ausprägung erkennen mag.

872 Zum Potenzial ökonomischer Analysen für die EuGH-Rechtsprechung *Kraft*, FR 2017, 405, 407 f.

873 Ebenso *Tipke*, StuW 2007, 201, 207.

des vollständigen Nettoeinkommens grundsätzlich Genüge getan.[874] Allerdings sollte das Postulat einer leistungsgerechten Besteuerung indessen schon im Rahmen des Entwicklungsprozesses des Richtlinienentwurfs einer GKB durch den Unionsgesetzgeber zwingend beachtet werden.[875] Gleichwohl könnte der Gleichheitsgrundsatz erst durch das formulierte Bezugs- bzw. Referenzsystem bei Inkrafttreten der Richtlinie sein volles Potenzial entfalten.[876]

bb) Weitere Implikationen des Leistungsfähigkeitsprinzips für die steuerliche Gewinnermittlung

Offen bleibt jedoch, welche Methode grundsätzlich für die Bestimmung des (Netto-)Einkommens eines Unternehmens als Ausdruck seiner Leistungsfähigkeit in Frage käme.[877] So wäre als Bemessungsgrundlage zum Beispiel neben einer im Rahmen der Reinvermögenszugangstheorie ausgestalteten periodisierten Ertragsrechnung ebenfalls die Ermittlung des jähr-

---

874 So führt laut Eggert eine konsequente Anwendung des Gleichheitssatzes zu einer Besteuerung des Nettoeinkommens und somit zu einer leistungsgerechten Besteuerung. Siehe *Eggert*, Die Gewinnermittlung nach dem Richtlinienvorschlag, 2015, S. 23. Vgl. ferner *Bardini*, Intertax 2010, 2, 4, die die Begriffe des objektiven Nettoprinzips und der steuerlichen Gleichheit als Ausdruck einer Besteuerung des Nettoeinkommens der Unternehmen als terminologisch deckungsgleich bezeichnet.

875 Bezüglich des Reformprojekts der G(K)KB *Kokott*, Das Steuerrecht der Europäischen Union, 2018, § 3 Rn. 75 mit Verweis auf *Englisch*, in Brokelind, Principles of Law, 2014, S. 439, 461; *Hamannt/Halverscheid*, in FS Haarmann, 2015, S. 589, 608 f.; *Andersson*, in Schön/Schreiber/Spengel, A CCCTB for Europe, 2008, S. 94, 96.

876 Durch die Einführung der G(K)KB-Richtlinie(n) als Referenzsystem könnte dem europäischen Leistungsfähigkeitsprinzip sodann die nötige Substanz auf dem Gebiet der direkten Besteuerung verliehen werden. Siehe *Valta/Gerbracht*, StuW 2019, 118, 128; *Anzinger*, in Reimer/Kube, Heidelberger Beiträge zum Finanz- und Steuerrecht, Band 6, 2017, S. 123, 178; *Eggert*, Die Gewinnermittlung nach dem Richtlinienvorschlag, 2015, S. 22 f. So grds. hinsichtlich eines notwendigen Referenzsystems *Lehner*, IStR 2016, 265, 270.

877 *Oestreicher/Spengel*, ET 2007, 437, 438; *Nobes*, A Conceptual Framework for the Taxable Income of Businesses, and How to Apply it under IFRS, 2004, S. 37. So weisen *Freedman/Macdonald* darauf hin, dass Einkommen per se eine Abstraktion bestimmter Regeln darstellt. Siehe *Freedman/Macdonald*, in Lang et al., Common Consolidated Corporate Tax Base, 2008, S. 219, 235 Grds. wird dem Leistungsfähigkeitsprinzip eine gewisse Ungenauigkeit attestiert. So *Gassner/Lang*, ÖStZ 2000, 643, 643 f.

lichen Einkommens auf Basis der Zahlungsströme oder eine Mischform denkbar.[878] Wenngleich sich eine Gewinnermittlung auf Basis des Reinvermögenszugangs in Abwägung der Vor- und Nachteile besser für die Ermittlung des Nettoeinkommens eignet, da sie weniger manipulationsanfällig ist und ferner die wirtschaftliche Natur der Geschäftsvorfälle präziser abbildet als eine Cash-Flow-Besteuerung,[879] lässt sich der Vorrang eines Systems aus dem Gleichheitssatz oder dem Leistungsfähigkeitsprinzip im engeren Sinne nicht ableiten.[880] Lediglich die Prämisse der Zahlungsfähigkeit wäre bei der Ausgestaltung eines leistungsgerechten Besteuerungssystems zwingend zu beachten, da eine Steuer bei Fälligkeit auch beglichen werden muss.[881] Die Besteuerung des Reinvermögenszuwachses wird daher der Forderung nach einer leistungsgerechten Besteuerung nicht gerecht.[882]

Eng verbunden mit der Wahl der Methode zur Bestimmung der Bemessungsgrundlage steht zudem die Frage nach der zeitlichen Zuordnung der Besteuerung i.S.d. Periodizitätsprinzips. Hierbei ist zunächst zu kon-

878 Vgl. *Endres/Spengel*, International Company Taxation, 2015, S. 37 & 39; *Eggert*, Die Gewinnermittlung nach dem Richtlinienvorschlag, 2015, S. .43 f.; diese Punkte unterscheiden sich im Wesentlichem im Zeitpunkt der Besteuerung bestimmter Geschäftsvorfälle.

879 Zutreffend *Schön*, in Schön, Maßgeblichkeit, 2005, S. 1, 62.

880 Während zwar bspw. *Hey*, in Tipke/Lang, Steuerrecht, 24. Aufl. 2020, § 7 Rn. 30; *Siegel*, FR 2011, 781, 783 und ferner auch *Eggert*, Die Gewinnermittlung nach dem Richtlinienvorschlag, 2015, S. 46 eine leistungsgerechte Besteuerung ausschließlich bei dem Reinvermögenszugang annehmen, sprechen sich bspw. *Weber-Grellet*, DStR 1998, 1343, 1348 sowie *Kanzler*, FR 1998, 233, 247 für eine zahlungsstromorientierte Erfassung des Nettoeinkommens als Ausdruck der tatsächlichen Leistungsfähigkeit aus.

881 *Hey*, in Tipke/Lang, Steuerrecht, 24. Aufl. 2020, § 3 Rn. 64; *Velte/Haaker*, StuW 2012, 56, 68 m.w.N.; Arbeitsgruppe GKKB, Allgemeine Besteuerungsgrundsätze, CCCTB/WP/001/Rev1/doc/de v. 10.12.2004, Rn. 10. Zu den Anforderungen an das Leistungsfähigkeitsprinzip in den europäischen Verfassungstraditionen *Ohlendorf*, Grundrechte als Maßstab des Steuerrechts, 2015, S. 242 f. Vgl. ebenfalls *Essers*, tijdschrfit fiscaal ondernemingsrecht 2017, Heft 150, 59, 61; *Essers/Russo*, in Essers et al., The Influence of IAS/IFRS on the CCCTB, 2009, S. 29, 43. Siehe ferner auch zu den Bedenken der Wettbewerbsverzerrung im Zuge der Besteuerung unrealisierter Gewinne Arbeitsgruppe GKKB, Überblick über die wichtigsten in der zweiten Sitzung der Untergruppe „Steuerbares Einkommen“ aufgetretenen Fragen, CCCTB\WP\028\doc\de v. 1.3.2006, Rn. 6 f.; vgl. ebenfalls grundlegend zu dem Verhältnis von Gleichheit und Leistungsfähigkeit hinsichtlich der Steuerbelastung *Bizioli/Reimer*, in Panayi/Haslehner/Traversa, European Union Taxation Law, 2020, S. 51, 59.

882 Zutreffend *Schneider*, Steuerbilanzen, 1978, S. 59 f.

statieren, dass sich die Forderung nach einer Besteuerung des gesamten Lebenseinkommens grundsätzlich nicht aus dem Leistungsfähigkeitsprinzip ableiten lässt.[883] Gleichwohl greift auch eine strikte Abschnittsbesteuerung zu kurz und verletzt das objektive Nettoprinzip als Ausdruck der Leistungsfähigkeit eines Unternehmens,[884] sodass ein leistungsgerechtes Besteuerungssystem stets auch eine intertemporale Belastungsgleichheit erfordert.[885] Hierfür steht dem europäischen Gesetzgeber allerdings ein breiter Gestaltungsspielraum zur Verfügung, die intertemporale Belastungsgleichheit im Rahmen des gewählten Systems folgerichtig umzusetzen.[886] So ließen sich beispielsweise im Zusammenhang mit einer periodisierten Ertragsrechnung sowohl die Bildung einer Rückstellung als auch die Möglichkeit zur Anwendung eines zahlungsstromorientierten Barrealisationsprinzips samt Gewährung eines sofortigen Verlustausgleichs bzw. Verlustrücktrags problemlos mit dem Leistungsfähigkeitsprinzip vereinbaren.[887] Maßgebend ist dabei allerdings, dass die getroffene Entscheidung des Gesetzgebers die Zahlungsfähigkeit des Steuerpflichtigen nicht gefährdet oder ferner die leistungsgerechte Besteuerung des Steuerpflichtigen nicht durch einen ungerechtfertigten Vorteil verzerrt.[888]

Darüber hinaus erfordert eine gerechte Besteuerung auf europäischer Ebene zusätzlich sowohl das Gebot der Rechtssetzungsgleichheit als auch das Gebot der Rechtsanwendungsgleichheit.[889] So setzt beispielsweise

---

883 Vgl. im Ergebnis *Ismer*, in Hey, DStJG 34, 2011, S. 91, 106. A.A. m.w.N. *Hey*, in Tipke/Lang, Steuerrecht, 24. Aufl. 2020, § 8 Rn. 44.

884 *Röder*, Das System der Verlustverrechnung, 2010, S. 244.

885 Zutreffend *Bardini*, Intertax 2010, 2, 11. So grundsätzlich auch *Wendt*, in von Groll, DStJG 28, 2005, S. 41, 47 & 53 f.

886 In Anlehnung an *Röder*, Das System der Verlustverrechnung, 2010, S. 245.

887 *Siegel*, FR 2011, 781, 783. Siehe ferner auch *Dahlke*, Harmonisierung der Konzernbesteuerung, 2011, S. 169 f.; zu den Implikationen des Barrealisationsprinzips auf die Verlusterfassung vgl. *Schulz*, Harmonisierung, 2012, S. 152 f. Ein Anspruch des Steuerpflichtigen auf einen Verlustrücktrag ließe sich diesbezüglich gleichwohl nicht aus dem Leistungsfähigkeitsprinzip ableiten. Siehe *Thiemann*, Verluste im Steuerrecht, 2020, S. 316.

888 In Anlehnung an *Eggert*, Die Gewinnermittlung nach dem Richtlinienvorschlag, 2015, S. 43.

889 Diese Forderungen leiten sich unmittelbar aus Art. 20 der Grundrechtecharta ab. Siehe *Streinz*, in Streinz, EUV/AEUV, 3. Aufl. 2018, Charta der Grundrechte der EU, Art. 20 Rn. 7; *Rossi*, in Calliess/Ruffert, EUV/AEUV, 5. Aufl. 2016, Charta der Grundrechte der EU, Art. 20 Rn. 7. Zum Gebot der Rechtsanwendungsgleichheit vgl. auch *Englisch*, in Schaumburg/Englisch, Europäisches Steuerrecht, 2. Aufl. 2020, Kap. 12 Rn. 26 mit Verweis auf *EuGH* v. 17.7.2008, C-132/06, Slg. 2008, I-5457 Rn. 39; *EuGH* v. 10.4.2008, C-309/06, Slg. 2008,

die Belastungsgleichheit harmonisierter steuerrechtlicher Regelungen eine unionsweit gleiche Umsetzung durch die Mitgliedstaaten voraus.[890] Hierzu bedarf es freilich einer Systematik, die möglichst frei von impliziten Wahlrechten und Ermessensspielräumen ist, welche eine objektive und gerechte Besteuerung gefährden bzw. die Erfassung der Leistungsfähigkeit des Steuerpflichtigen verzerren könnten.[891]

Im Ergebnis bleibt festzuhalten, dass es grundsätzlich weitere ökonomische Kriterien erfordert, das Leistungsfähigkeitsprinzip auf europäischer Ebene adäquat zu interpretieren und auszugestalten.[892] Dem EuGH obliegt es sodann, über mögliche (un-)gerechtfertigte Ungleichbehandlungen oder die uneinheitliche Rechtsanwendung dieses Besteuerungssystems zu entscheiden, um eine gerechte Besteuerung in der Union zu gewährleisten.[893] Im Folgenden soll der angesprochene Grundsatz der Neutralität der Besteuerung als weiteres Fundamentalprinzip des Richtlinienvorschlags einer harmonisierten Körperschaftsteuer-Bemessungsgrundlage vorgestellt werden.

c) Neutralität der Besteuerung

Der Grundsatz der Neutralität der Besteuerung als systemtragendes Prinzip einer harmonisierten Körperschaftsteuer-Bemessungsgrundlage zielt im Kern auf die Vermeidung von Marktverzerrungen aufgrund steuerlicher Fehlanreize ab.[894] Damit soll der Gefahr von Wohlfahrtsverlusten, sog. excess burdens, durch eine ökonomisch optimale Ressourcenallokati-

---

I-2283 Rn. 50. Siehe auch *Tridimas*, The General Principles of EU Law, 2006, S. 76 f.

890 Zur Notwendigkeit der einheitlichen Rechtsanwendung im Rahmen der GKKB *Oestreicher/Spengel*, ET 2007, 437, 438.

891 *Eggert* spricht in diesem Zusammenhang von Gestaltungsresistenz. Siehe *Eggert*, Die Gewinnermittlung nach dem Richtlinienvorschlag, 2015, S. 62 f.

892 Grds. *Schreiber*, in Droege/Seilert, Eigenständigkeit des Steuerrechts, 2019, S. 213, 216; *Herzig*, IFRS und steuerliche Gewinnermittlung, 2004, S. 21. So eignet sich das Grundrecht kaum als Quelle für sachgerechte Besteuerungsprinzipien, gleichwohl garantiert es die folgerichtige Umsetzung. Siehe *Osterloh*, in FS Selmer, 2004, S. 875, 876.

893 So auch *Eggert*, Die Gewinnermittlung nach dem Richtlinienvorschlag, 2015, S. 23.

894 *Schwinger*, Steuersysteme, 1992, S. 9.

on im Sinne der neoklassischen Wohlfahrtstheorie begegnet werden.[895] In der betriebswirtschaftlichen Steuerlehre wird darunter das Postulat einer entscheidungsneutralen Besteuerung verstanden.[896] So soll das Ergebnis einer betrieblichen Entscheidung weniger von steuerlichen Effekten, sondern in Abhängigkeit eines Vergleichs der Vorsteuer-Renditen von Alternativanlagen getroffen werden.[897] Gerade vor dem Hintergrund eines europäischen Binnenmarkts lässt sich dies mit der Notwendigkeit der Wettbewerbsneutralität gleichsetzen.[898] Im Grundsatz soll die Neutralität der Besteuerung die fiskalischen Störungen im europäischen Wettbewerb vermeiden.[899] Ferner führt eine entscheidungsneutrale Besteuerung auf einzelwirtschaftlicher Ebene zu einer Reduktion der Steuerplanungskosten,[900] womit im weiteren Sinne auch eine Reduktion der betriebswirtschaftlichen Risikoabwägung einhergeht.[901]

Das Prinzip der Steuerneutralität liegt dabei jedoch nicht nur dem theoretischen Postulat eines optimalen Marktes zugrunde, sondern lässt sich zudem unmittelbar aus den vertraglich determinierten Zielen der Europäischen Union hinsichtlich eines freien Wettbewerbs (Art. 119 Abs. 1 AEUV) und eines effizienten Einsatzes von Ressourcen (Art. 120 AEUV)

---

895 Vgl. *Schulz*, Harmonisierung, 2012, S. 105 f. Dies entspricht der finanzwissenschaftlichen Theorie nach Allokationseffizienz. Siehe hierzu *Fuest*, in Kahle et al., Kernfragen der Unternehmensbesteuerung, 2017, S. 29, 29 f.

896 Siehe hierzu *Homburg*, Allgemeine Steuerlehre, 2015, S. 240-242; Vgl. m.w.N. *Treisch*, Europataugliche Ausgestaltung der Unternehmensbesteuerung, 2004, S. 44. Es ist indes zu betonen, dass die einzelwirtschaftlichen Forderungen nach einer entscheidungsneutralen Besteuerung und das Postulat der Allokationseffizienz nicht notwendigerweise deckungsgleich sind, sich in ihrer Zielerreichung nichtsdestoweniger beeinflussen. So resultiert eine allokationseffiziente Besteuerung aus einer entscheidungsneutralen Besteuerung. Siehe *Wissel*, Einkünfteerzielungsabsicht und Einkommensbegriff, 1997, S. 40.

897 *Schneider*, Investition, Finanzierung und Besteuerung, 1992, S. 193.

898 *Meichssner*, Die Besteuerung der Kapitalgesellschaftsgewinne, 1982, S. 74-79. Grundlegend schon *Neumark*, Grundsätze gerechter und ökonomisch rationaler Steuerpolitik, 1970, S. 266. Siehe ferner *Herzig/Watrin*, StuW 2000, 378, 379. Der Begriff der Wettbewerbsneutralität der Besteuerung ist im Detail unbestimmt. Siehe zu den unterschiedlichen Ausprägungen *Maiterth*, Wettbewerbsneutralität der Besteuerung, 2001, S. 77-85.

899 Vgl. grds. *Maiterth*, Wettbewerbsneutralität der Besteuerung, 2001, S. 103; *Neumark*, Grundsätze gerechter und ökonomisch rationaler Steuerpolitik, 1970, S. 263. A.A. bspw. *Klein*, StuW 1990, 390, 395, der die Wettbewerbsneutralität mit einer kompletten Harmonisierung der Steuersysteme und des Gesetzesvollzugs gleichsetzt.

900 Vgl. *Wagner*, BFuP 2005, 528, 531.

901 In Anlehnung an *Kahle*, Internationale Rechnungslegung, 2002, S. 189.

ableiten.[902] Dementsprechend stellt das Prinzip der Steuerneutralität aus unionsrechtlicher Sicht das zentrale ökonomische Leitbild der Harmonisierung der Unternehmensbesteuerung dar.[903]

Vor diesem Hintergrund setzt das Prinzip der neutralen Besteuerung von Unternehmen eine unverzerrte Allokationsentscheidungen innerhalb und zwischen Unternehmen voraus.[904] Dies wird auch als intersektorale Neutralität bezeichnet. Das Postulat der entscheidungsneutralen Besteuerung untergliedert sich dabei im Wesentlichen in die Investitions-, Finanzierungs- und Rechtsformneutralität.[905]

Die Investitionsneutralität verlangt dabei, dass die Rangfolge alternativer Investitionen durch die Steuer unverändert bleibt und somit die Steuer die absolute bzw. relative Vorteilhaftigkeit der Investition nicht verzerrt.[906] Eine Steuer sollte dementsprechend an die zugrundeliegenden objektivierbaren und realwirtschaftlichen Größen anknüpfen und diese im gleichen Maße proportional belasten.[907] Sofern sich also der Kapitalwert proportional mit der Besteuerung der unterschiedlichen Investitionen verändert, ist die Investitionsneutralität gewahrt.[908]

Die Finanzierungsneutralität als Gegenstück zur Investitionsneutralität beschreibt die Anforderung, dass eine Steuer die Entscheidung über die Kapital- bzw. Finanzierungsstruktur eines Unternehmens nicht verzerren darf.[909] Folglich darf sich eine Steuerbelastung des Unternehmens nicht auf dessen Eigen-, Fremd- oder Selbstfinanzierung auswirken und eine der Formen privilegieren.[910] Im weiteren Sinne verlangt die Finanzierungsneu-

902 *Kemmeren*, in Haslehner/Kofler/Rust, EU Tax Law and Policy, 2017, S. 3, 6 f.; *Jacobs/Endres/Spengel*, Internationale Unternehmensbesteuerung, 2016, S. 223 mit Verweis auf *Lehner*, in Pelka, DStJG 23, 2000, S. 263, 284 f.; *Spengel*, in Schön/Schreiber/Spengel, A CCCTB for Europe, 2008, S. 1, 23.

903 Vgl. *Braunagel*, GKKB in der EU, 2008, S. 81; *Schön*, ZHR 2007, 409, 415; *Spengel/Wendt*, StuW 2007, 297, 298.

904 Vgl. *Schneider*, Steuerlast und Steuerwirkung, 2002, S. 97 f.

905 Siehe beispielhaft *Spengel/Wendt*, StuW 2007, 297, 298; *Braunagel*, GKKB in der EU, 2008, S. 7. Vgl. zu diesen drei Varianten siehe auch *Homburg*, Allgemeine Steuerlehre, 2015, S. 242-267.

906 *Schneider*, Investition, Finanzierung und Besteuerung, 1992, S. 205.

907 *Schreiber*, Besteuerung der Unternehmen, 2017, S. 690-697.

908 *Hackmann*, Zeitschrift für Wirtschafts- und Sozialwissenschaften 1989, 49, 55.

909 *Haase/Lüdemann*, DStR 2000, 747, 748.

910 *Schreiber/Ruf*, BB 2007, 1099, 1102; *Schneider*, Investition, Finanzierung und Besteuerung, 1992, S. 204; *Hey*, Harmonisierung der Unternehmensbesteuerung, 1997, S. 128 m.w.N. des internationalen Schrifttums. Dies wird auch als Syntheseprinzip bezeichnet. Vgl. *Reif*, Reform der Besteuerung des Einkommens, 2005, S. 133 f.

tralität zudem das Korrespondenzprinzip, nach welchem Einkommensminderungen beim Schuldner korrespondierend und zeitnah beim Gläubiger zu erfassen sind, um insofern entscheidungsrelevante Verzerrungen zu vermeiden.[911]

Unter dem Begriff der Rechtsformneutralität wird dabei im Wesentlichen die steuerliche Gleichbehandlung unterschiedlicher Rechtsformen im Fall gleicher wirtschaftlicher Sachverhalte verstanden.[912] Folglich sollen Personen- und Kapitalgesellschaften bei der gleichen wirtschaftlichen Aktivität der gleichen steuerlichen Endbelastung unterworfen sein, sodass steuerliche Überlegungen im besten Fall keine Rolle bei der Rechtsformwahl spielen.[913] Darüber hinaus erstreckt sich die Rechtsformneutralität auf die Gestaltung der rechtlichen Struktur des Konzerns.[914] So sollten Konzerne als Einheit von Mutter- und Tochterunternehmen nicht anders behandelt werden als ein einzelnes Unternehmen mit einer unselbstständigen Betriebsstätte.[915]

Die Rechtsformneutralität stand dabei schon mehrfach im Fokus der Rechtsprechung des EuGH, wobei ihr bisher keine eindeutige Dogmatik zu entnehmen bzw. ein allgemeingültiges europarechtliches Gebot der Rechtsformneutralität ungeklärt ist.[916] Aber auch aus wirtschaftswissenschaftlicher Sicht ist die Notwendigkeit einer Rechtsformneutralität indes strittig.[917] So wurde ihr lediglich eine untergeordnete Bedeutung gegenüber der Finanzierungs- und Investitionsneutralität eingeräumt.[918] Inwiefern diese Kritik allerdings berechtigt ist, soll an dieser Stelle nicht weiter betrachtet werden. Mit Blick auf die Harmonisierung der direkten Besteuerung von Unternehmen kann der Forderung nach Rechtsformneutralität gleichwohl eine besondere Bedeutung attestiert werden und wird daher

911 *Homburg*, Allgemeine Steuerlehre, 2015, S. 254.

912 In Anlehnung an *Schreiber*, Besteuerung der Unternehmen, 2017, S. 371.

913 *Musil/Leibohm*, FR 2008, 807, 810.

914 Vgl. *Stier*, Der Einfluss des EuGH auf die ökonomische Effizienz, 2020, S. 12 f.; *Schön*, ZHR 2007, 409, 415.

915 Vgl. *Braunagel*, GKKB in der EU, 2008, S. 7 f.

916 *Englisch*, in Tipke/Lang, Steuerrecht, 24. Aufl. 2020, § 4 Rn. 91; *Kirchhof*, StuW 2002, 3, 11 f.

917 Vgl. bspw. ausführlich bei *Schmiel*, BFuP 2006, 246. Siehe zudem *Wagner*, StuW 2006, 101, 109.

918 In Anlehnung an *Kiesewetter*, Zinsbereinigte Einkommen- und Körperschaftsteuer, 1999, S. 19.

auch als die „zentrale Anforderung“ der Harmonisierung bezeichnet.[919] Für die Reformvorschläge der G(K)KB bedeutet dies zum einen, dass sich der Anwendungsbereich des einheitlichen Steuersystems auf alle Rechtsformen erstrecken sollte.[920] Zum anderen sollen Einheitsunternehmen mit ausländischen Betriebsstätten mit Konzernen samt ihren ausländischen Tochterunternehmen steuerlich gleichgestellt werden, um das Prinzip der Rechtsformneutralität zu erfüllen.

In Bezug auf die Harmonisierung der steuerlichen Bemessungsgrundlage der Mitgliedstaaten wäre es aus wohlfahrtstheoretischer Sicht folglich optimal, wenn eine G(K)KB entscheidungsneutral ausgestaltet wäre. Ferner könnte eine vollständige Steuerneutralität die Ansprüche des Europarechts hinreichend erfüllen. Nichtsdestoweniger erscheint eine vollständige Steuerneutralität kaum erreichbar zu sein. So basiert das Neutralitätsprinzip einerseits auf der neoklassischen Überlegung des vollkommenen Marktes, der realiter schlicht nicht existiert.[921] Sieht man folglich von der Existenz eines vollkommenen Marktes ab, würde ferner per se jede Steuer die unternehmerische Entscheidung partiell beeinflussen.[922] Es kann somit im Zweifel sogar geboten sein, das Neutralitätsprinzip bewusst zu durchbrechen und im Fall entstandener Marktineffizienzen mittels einer Steuer einzugreifen.[923] Unter Umständen mag es jedoch schwierig erscheinen, eine Marktineffizienz von einem anders motivierten Eingriff in den Markt zu unterscheiden.[924]

Andererseits ist es unter Umständen gar nicht wünschenswert, eine harmonisierte Gewinnermittlung ausschließlich an den Maßstäben der Allokationseffizienz auszurichten. Jenseits der Fälle, in denen eine Abweichung von dem Neutralitätsprinzip im Sinne der Leistungsfähigkeit sogar unmittelbar geboten sein kann, steht es dem Gesetzgeber frei anhand des Steuerrechts weitere Ziele zu verfolgen. Steuerpolitik ist stets auch Sozial-

---

919 *Hey*, Harmonisierung der Unternehmensbesteuerung, 1997, S. 128. Vgl. ferner auch zur Forderung nach Rechtsformneutralität in einem harmonisierten Steuersystem *Malzahn*, Rechtsformneutralität, 2015, S. 170 f.

920 So ähnlich schon *Betten*, ET 1992, 7, 7 f.

921 *Avi-Yonah/Sartori/Marian*, Global perspectives, 2011, S. 13; *Schmiel*, Gewinnermittlung, 2007, S. 5 f.; *Schneider*, Steuerlast und Steuerwirkung, 2002, S. 102.

922 *Schreiber*, in Droege/Seilert, Eigenständigkeit des Steuerrechts, 2019, S. 213, 221. So schon *Lang*, StuW 1990, 107, 115; *Schneider*, StuW 1989, 328, 330.

923 *Eggert*, Die Gewinnermittlung nach dem Richtlinienvorschlag, 2015, S. 61; Arbeitsgruppe GKKB, Allgemeine Besteuerungsgrundsätze, CCCTB/WP/001/Rev1/doc/de v. 10.12.2004, Rn. 13.

924 Arbeitsgruppe GKKB, Allgemeine Besteuerungsgrundsätze, CCCTB/WP/001/Rev1/doc/de v. 10.12.2004, Rn. 13.

und Wirtschaftspolitik.[925] Sofern eine solche Regelungen geeignet und schließlich gerechtfertigt ist, könnte der Gesetzgeber durchaus lenkungspolitisch eingreifen.[926]

Nichtsdestoweniger lässt sich festhalten, dass das Postulat der Neutralität der Besteuerung neben dem Prinzip der Steuergerechtigkeit zweifelsohne das Fundament eines harmonisierten Steuersystems sein sollte.[927] Im Ergebnis lässt sich dies in der Formel zusammenfassen: Ausgestaltung eines gerechten Steuersystems unter der Bedingung, die Verzerrungen unternehmerischer Entscheidungen zu minimieren. Gleichwohl muss ein solches System auch umsetzbar und praktikabel sein,[928] um sowohl den Fiskalzweck des Steuersystems zu erfüllen als auch den Steuerpflichtigen nicht in unangemessener Weise zu überfordern. Im Folgenden sollen daher die Fundamentalprinzipien der Einfachheit, Transparenz und Bestimmtheit näher beleuchtet werden.

d) Einfachheit, Transparenz und Bestimmtheit

Wenngleich ein gerechtes und entscheidungsneutrales Steuersystem die Leitlinie einer harmonisierten Körperschaftsteuer-Bemessungsgrundlage sein sollte, hängt deren Erreichung maßgeblich von der Komplexität der Regelungen ab.[929] So setzt ein entscheidungsneutrales und gerechtes Steuersystem letztlich auch ein einfaches und zugleich transparentes Regelwerk

---

925 Das Steuerrecht als Teilmenge der Wirtschaftspolitik *Hey*, in Sieke, DStJG 39, 2016, S. 11, 12. Zur sozialpolitischen Implikation des Steuerrechts vgl. ausführlich *Wagschal*, in Obinger/Schmidt, Handbuch Sozialpolitik, 2019, S. 807. Vgl. ferner zur Abgrenzung zwischen beiden Teilgebieten *Hey*, in Sieke, DStJG 39, 2016, S. 11, 25 f.

926 Zur Zulässigkeit von Sozial- oder Lenkungszwecken Vgl. *Ohlendorf*, Grundrechte als Maßstab des Steuerrechts in der Europäischen Union, 2015, S. 257-262.

927 Zutreffend *Kemmeren*, in Haslehner/Kofler/Rust, EU Tax Law and Policy, 2017, S. 3, 7 f.; *Eggert*, Die Gewinnermittlung nach dem Richtlinienvorschlag, 2015, S. 61. So schon *Hey*, Harmonisierung der Unternehmensbesteuerung, 1997, S. 133.

928 *Braunagel*, GKKB in der EU, 2008, S. 19; *Hey*, Harmonisierung der Unternehmensbesteuerung, 1997, S. 133. Ferner schon *Hennrichs*, in Ebling, DStJG 24, 2001, S. 301, 313.

929 *Avi-Yonah/Sartori/Marian*, Global perspectives, 2011, S. 15 f. In Bezug auf das Prinzip der gerechten Besteuerung *Endres et al.*, Determination, 2007, S. 12. Hinsichtlich der Entscheidungsneutralität *Spengel/Wendt*, StuW 2007, 297, 298.

voraus.[930] Andernfalls würden einem Steuerpflichtigen im Zuge der überbordenden Komplexität der steuerlichen Anforderungen überproportional hohe Befolgungskosten in Form von Planung und Deklaration entstehen, die in Folge einen ineffizienten Einsatz von Ressourcen darstellen würden.[931] Sofern dieser Aufwand nur von einem Teil der Steuerpflichtigen zu stemmen wäre, stünde zusätzlich die Steuergerechtigkeit in Gefahr.[932] Von einer geringen Komplexität würden ferner nicht nur die Steuerpflichtigen profitieren. Auch die Mitgliedstaaten samt ihren Finanzverwaltungen sollten an einem einfachen System interessiert sein, um den Aufwand der Steuererhebung im Verhältnis zum Ertrag der Steuer nach Möglichkeit gering zu halten.[933]

Nichtsdestoweniger sind solchen Forderungen nach einer Vereinfachung des materiellen Rechts enge Grenzen gesetzt. Eine zu starke Vereinfachung, bspw. mittels Pauschalisierungen oder Typisierungen, würde einen Widerspruch zu dem genannten Prinzip der individuellen Steuergerechtigkeit darstellen.[934] Obschon der Grundsatz der Einfachheit primär an den europäischen Gesetzgeber als Verfasser einer GKB adressiert ist, hängt deren Ausgestaltung gleichwohl von der Umsetzung der Richtlinien in das nationale Recht der Mitgliedstaaten und den Praktiken der jeweiligen Finanzverwaltungen ab. Denn gem. Art. 115 AEUV wären die Richtlinien der G(K)KB ebenfalls in Form von Verwaltungsvorschriften der Mitgliedstaaten umzusetzen.[935] Der EuGH ist sich dabei des Risikos einer divergierenden Rechtssetzung durchaus bewusst und prüfte solche Regelungen kritisch auf ihre Verhältnismäßigkeit.[936] Hierbei fehlte es der höchstrichterlichen Rechtsprechung jedoch bisher an einer klaren und vollständigen Dogmatik zur Abwägung der Verwaltungspraktikabilität

930 *Braunagel*, GKKB in der EU, 2008, S. 21. Ferner *Oestreicher*, WPg 2007, 572, 577.

931 Vgl. *Wagner*, StuW 2005, 93, 94 f. Grundlegend *Kaplow*, National Tax Journal 1996, 135, 140.

932 *Walz*, Empfiehlt sich eine rechtsformunabhängige Besteuerung der Unternehmen?, 1980, S. 41.

933 Vgl. *Hey*, Harmonisierung der Unternehmensbesteuerung, 1997, S. 113 f.

934 So *Dahlke*, Harmonisierung der Konzernbesteuerung, 2011, S. 58.

935 Der Begriff der Verwaltungsvorschriften ist hierbei weit auszulegen. Siehe *Schröder*, in Streinz, EUV/AEUV, 3. Aufl. 2018, AEUV, Art. 115 Rn. 5.

936 Siehe *Englisch*, in Schaumburg/Englisch, Europäisches Steuerrecht, 2. Aufl. 2020, Kap. 12 Rn. 16; *Oreschnik*, Verhältnismäßigkeit und Kontrolldichte, 2019, S. 366-370. Ferner auch *Ohlendorf*, Grundrechte als Maßstab des Steuerrechts in der Europäischen Union, 2015, S. 264.

und dem Grundsatz der gerechten Besteuerung.[937] Im Ergebnis bedarf es daher einer individuellen Abwägung, ob die spezifische Maßnahme noch im Rahmen einer akzeptablen Vereinfachung bleibt und den Grundsatz der gerechten Besteuerung nicht unverhältnismäßig verletzt.

Aus den Forderungen nach einem einfachen und transparenten Steuersystem leitet sich zudem das Prinzip der Bestimmtheit ab.[938] Hierdurch wird dem Wunsch von Unternehmen nach einer grundsätzlichen Planungssicherheit bezüglich der Steuerbelastung Rechnung getragen.[939] So führen unklare Bestimmungen zu erhöhter Unsicherheit in der Steuerpraxis, welche im Zweifel in eine suboptimale Ressourcenallokation münden.[940] Das Prinzip der Bestimmtheit ist zudem als allgemeiner Rechtsgrundsatz des Unionsrechts fest verankert und besitzt gerade auf dem Gebiet des Fiskalrechts besondere Bedeutung.[941] Demnach müssen sowohl die Rechtsakte des sekundären Europarechts als auch die transformierten Regelungen der Mitgliedstaaten im Sinne der Rechtssicherheit klar, bestimmt und vorhersehbar sein,[942] um nicht als ungültig erklärt zu werden.[943]

Mit Blick auf den Richtlinienvorschlag lässt sich sodann festhalten, dass ein einfaches und bestimmtes Steuersystem nicht nur ein Desideratum der betriebswirtschaftlichen Steuerlehre darstellt, sondern sich vielmehr auch in Form von europäischen Rechtsgrundsätzen wiederfindet. Vereinfachungen komplexer Sachverhalte im Rahmen der GKB sind daher möglich bzw. sogar wünschenswert, dürfen jedoch mit Blick auf die individuelle Leistungsgerechtigkeit ein angemessenes Maß nicht überschreiten. Ferner sollten Begriffe und Normen der GKB möglichst bestimmt formuliert und

937 Vgl. gerade *Englisch*, in Schaumburg/Englisch, Europäisches Steuerrecht, 2. Aufl. 2020, Kap. 12 Rn. 12. So grds. zur Kontrolldichte *Oreschnik*, Verhältnismäßigkeit und Kontrolldichte, 2019, S. 289-291.

938 Arbeitsgruppe GKKB, Allgemeine Besteuerungsgrundsätze, CCCTB/WP/001/Rev1/doc/de v. 10.12.2004, Rn. 17.

939 *Jebens*, BB 1995, 1057, 1057

940 Vgl. ausführlich *Hey*, Steuerplanungssicherheit als Rechtsproblem, 2002, S. 9-17. Ferner *Waldhoff*, in Pezzer, DStJG 27, 2004, S. 129, 130 f.; *Herzig*, BB 2000, 1863, 1865.

941 *Englisch*, in Schaumburg/Englisch, Europäisches Steuerrecht, 2. Aufl. 2020, Kap. 12 Rn. 30.

942 Vgl. zur Rechtssicherheit im Rahmen der richtlinienkonformen Auslegung des nationalen Rechts *Heuermann*, StuW 2018, 123, 126.

943 Vgl. *Mayer*, in Grabitz/Hilf/Nettesheim, Das Recht der Europäischen Union, 41. Lfg. Juli 2010, EUV, Nach Art. 6 EUV Grundrechtsschutz und rechtstaatliche Grundsätze Rn. 394.

definiert werden, um eine kongruente Auslegung unionsweit zu gewährleisten.

e) Weitere Fundamentalprinzipien

Neben den dargestellten Prinzipien orientiert sich der Reformvorschlag der GKB an weiteren Grundsätzen. So soll ein Steuersystem einheitlich und kohärent ausgestaltet sein, sodass wirtschaftliche Entscheidungen über die Ausgestaltung von Transaktionen nicht nur auf Basis steuerlicher Erwägungen getroffen werden.[944] Ein Steuersystem soll demnach gestaltungsresistent sein, um einer künstlichen Steuervermeidungsstrategie weitestgehend vorzubeugen.[945] Insofern besitzt diese Forderung eine große Übereinstimmung mit dem Prinzip der gerechten Besteuerung.

Im Kern handelt es dabei um das Gebot der Folgerichtigkeit, welches nicht nur im europäischen Gleichheitsgrundsatzes angelegt ist, sondern auch Einzug in die Rechtsprechung des EuGH gefunden hat.[946] Demnach muss die nationale Vorschrift in der Lage sein, die europarechtliche Vorgabe in systematischer und kohärenter Weise umzusetzen.[947] Ohne ein in sich geschlossenes System bestünden andernfalls Anreize, unternehmerische Entscheidungen nur aufgrund steuerlicher Lücken zu treffen und somit die Prinzipien der Steuerneutralität und -gerechtigkeit zu unterminieren.[948] Die Maxime der Einheitlichkeit und Kohärenz kann folglich zu dem Grundsatz der gerechten Besteuerung hinzugezählt werden, ohne als eigenständiges Fundamentalprinzip zu fungieren.

Des Weiteren soll eine harmonisierte Bemessungsgrundlage die Ergiebigkeit, Flexibilität und Durchsetzbarkeit des Steuersystems garantieren.[949] Während sich der Grundsatz der Ergiebigkeit grundsätzlich aus dem Fiskalzweck selbst ergibt, lassen sich die Forderungen nach einem flexiblen und durchsetzbaren Steuersystem aus den Prinzipien der Neutralität und

---

944 Arbeitsgruppe GKKB, Allgemeine Besteuerungsgrundsätze, CCCTB/WP/001/Rev1/doc/de v. 10.12.2004, Rn. 18.

945 *Mock*, European Harmonization of National Tax Accounting Rules, 2019, S. 30.

946 *Kokott*, Das Steuerrecht der Europäischen Union, 2018, § 3 Rn. 12 und 46 f.

947 Mit den Nachweisen zur Rechtsprechung *Englisch*, in Tipke/Lang, Steuerrecht, 24. Aufl. 2020, § 4 Rn. 94.

948 In Anlehnung an *Vogel*, StuW 1980, 206, 207 f.

949 Arbeitsgruppe GKKB, Allgemeine Besteuerungsgrundsätze, CCCTB/WP/001/Rev1/doc/de v. 10.12.2004, Rn. 16, 19 und 20.

der Gerechtigkeit ableiten.[950] So soll die GKB im Wesentlichen in der Lage sein, Einnahmen für die Mitgliedstaaten zu generieren. Hierzu bedarf es schließlich einer effektiven Durchsetzung der Regelungen, um die harmonisierten Gewinnermittlungsvorschriften vor dem Hintergrund fehlender Rechtsprechung ausnahmslos anzuwenden. Überdies sollen sich die Regelungen der GKB flexibel an neue Entwicklungen anpassen können, ohne die Rechtssicherheit der Unternehmen zu gefährden. Im Grunde betreffen diese Prinzipien jedoch primär das Gesetzgebungsverfahren sowie die Exekutive der Finanzverwaltung. Zur Analyse bzw. Evaluation der materiellen Regelungen der GKB eignen sie sich indessen wohl weniger. Für die nachfolgenden Untersuchungen spielen sie daher lediglich eine untergeordnete Rolle.

f) Zwischenfazit

Der Richtlinienvorschlag über eine Gemeinsame Körperschaftsteuer-Bemessungsgrundlage orientierte sich in seiner Entwicklungsphase an einer Reihe von Fundamentalprinzipien, die größtenteils geeignet sind, ein sachgerechtes Steuersystem auszugestalten. Entgegen der ersten Einschätzung der Europäischen Kommission kommt insbesondere dem Prinzip der Besteuerung nach der Leistungsfähigkeit als Ausdruck des Gleichheitsgrundsatzes eine herausragende Bedeutung zu, welches durch die Grundsätze der Neutralität sowie der Einfachheit und Transparenz konkretisiert wird.[951] Dabei liegt diesen Prinzipien nicht nur ein primärrechtlich fundierter Grundwertekanon zugrunde, sondern sie werden auch durch die höchstrichterliche Rechtsprechung des EuGH (stetig) ergänzt.

---

950 *Mock*, European Harmonization of National Tax Accounting Rules, 2019, S. 31 f.

951 Ebenso *Mock*, European Harmonization of National Tax Accounting Rules, 2019, S. 28, der jedoch den Grundsatz der Neutralität als ungeeignet ansieht. Die Europäische Kommission legte hingegen ursprünglich besonderen Wert auf das Prinzip der Einfachheit. Siehe Mitteilung der Kommission, Umsetzung des Lissabon-Programms der Gemeinschaft: Bisherige Fortschritte und weitere Schritte zu einer gemeinsamen konsolidierten Körperschaftsteuer-Bemessungsgrundlage (GKKB) v. 5.4.2006, KOM(2006) 157 endg., S. 16.

Trotz dieser Wertzusammenhänge wurde der Entwicklung der GKB im Schrifttum eine „unzureichende Prinzipiendiskussion“ vorgeworfen.[952] Stattdessen hätte es einer umfassenderen Auseinandersetzung mit einem Grundsatzkonzept samt Zielhierarchie bedurft, um eine geeignete gemeinsame Auslegungsbasis zu gewährleisten.[953] Wenngleich diese Kritik primär auf die allgemeinen Prinzipien der steuerlichen Gewinnermittlung abzielt,[954] welche an späterer Stelle noch beleuchtet werden,[955] scheint diese aufgeworfene Kritik auf den ersten Blick auch hinsichtlich der systemtragenden Grundsätze durchaus berechtigt zu sein. Weder den Arbeitsunterlagen der Entwicklungsphase noch den Richtlinienvorschlägen von 2011 oder 2016 lässt sich eine Zielhierarchie der Fundamentalprinzipien entnehmen. Die Europäische Kommission sah dabei sogar bewusst von einer Kodifikation der Fundamental- und Subprinzipien ab, um flexibel auf die unterschiedlichen Anforderungen an das Gewinnermittlungssystem reagieren zu können.[956] Mit Blick auf die Bedeutung der übergeordneten Grundsätze kann man dies durchaus als ein methodisches Defizit der Entwicklungsphase bezeichnen.[957]

Nichtsdestominder ist dieser Kritik in ihrer Schärfe nicht zu folgen. Zum einen würden übergeordnete, kodifizierte Prinzipien innerhalb des Systems der GKB zwar als eine Verständnis- bzw. Auslegungshilfe auf sekundärrechtlicher Ebene fungieren, doch könnte ihnen wohl kaum ein grund- bzw. primärrechtlich verbriefter Wert zugesprochen werden. Sie müssten sich vielmehr anhand der europarechtlich fundierten Rechtsgrundsätze und ihrer Wertzusammenhänge durch die supranationale Rechtsprechung beurteilen lassen. Vor diesem Hintergrund ist es daher

952 So *Schulz*, Harmonisierung, 2012, S. 103 f. Siehe ebenso *Herzig*, StuW 2006, 156, 160 f.; *Andersson*, Comments on document CCCTB/WP\001 – General Tax Principles, 2005, S. 1 f.

953 Vgl. *Marx*, DStZ 2011, 546, 549. So schon *Marx*, StuB 2007, 879, 885.

954 Siehe *Schulz*, Harmonisierung, 2012, S. 103 f., der zwischen der Kritik an den fehlenden Fundamentalprinzipien und den allgemeinen Grundsätzen nicht differenziert

955 Siehe unten Kap. D.I.3.c)bb).

956 Mitteilung der Kommission, Umsetzung des Lissabon-Programms der Gemeinschaft: Bisherige Fortschritte und weitere Schritte zu einer gemeinsamen konsolidierten Körperschaftsteuer-Bemessungsgrundlage (GKKB) v. 5.4.2006, KOM(2006) 157 endg., S. 15. Ferner wurde darauf hingewiesen, dass es in keinem Mitgliedstaat der Europäischen Union eine explizite Kodifikation von Besteuerungsprinzipien gibt.

957 In Anlehnung an *Schulz*, Harmonisierung, 2012, S. 104, der diese Vorgehensweise als defizitär bezeichnet.

fraglich, inwiefern einer umfassenden Diskussion übergeordneter Prinzipien innerhalb des Gewinnermittlungssystems zwangsläufig der Vorzug gegenüber einer „separaten“ Generierung von einzelnen Gewinnermittlungsregelungen gegeben werden sollte. Der Gewinn stellt als mathematisches Ergebnis bestimmter Normen schließlich kein Naturgesetz dar, sondern besteht in erster Linie aus einer Konvention von Regelungen, die die Ziele und Entscheidungen des Gesetzgebers widerspiegelt.[958] Hierbei hängt der Wert eines Gewinnermittlungssystems stets von seiner Fähigkeit ab, ein kohärentes Steuersystem zu gewährleisten und schlussendlich auch im Einklang mit den höherrangigen, primärrechtlichen Prinzipien zu stehen. Aus den europarechtlich fundierten Rechtsgrundsätzen würden sich indessen selbst keine konkreten Normen ableiten lassen,[959] gleichwohl müssen diese mit den europäischen Grundrechten vereinbar sein.[960] Insofern lassen sich allerdings bestimmte „Leitlinien“ eines steuerlichen Gewinnermittlungssystems identifizieren,[961] an denen sich die weitere Untersuchung orientieren wird.

Zum anderen stünde eine fehlende Diskussion bzw. die fehlende Normierung übergeordneter Grundsätze in dem Richtlinienvorschlag der impliziten Berücksichtigung der systemtragenden Prinzipien in der Zielvorstellung des Unionsgesetzgebers selbst nicht zwangsläufig entgegen. So könnte sich zum Beispiel der Rahmengrundsatz der Besteuerung nach der Leistungsfähigkeit neben seiner grundrechtlichen Manifestierung in Art. 20 der Grundrechtecharta zusätzlich als Ziel- bzw. Wertvorstellung in der sekundärrechtlichen Ausgestaltung der konkreten Gewinnermittlungs-

---

958 Vgl. *Freedman/Macdonald*, in Lang et al., Common Consolidated Corporate Tax Base, 2008, S. 219, 235 & 237. Siehe auch *Eggert*, Die Gewinnermittlung nach dem Richtlinienvorschlag, 2015, S. 41.

959 In Anlehnung an *Lenz*, Grundsätze steuerlicher Gewinnermittlung, 2008, S. 37; *Oestreicher*, WPg 2007, 572, 577; *Wagner*, BB 2002, 1885, 1888; *Schreiber*, in FS Fischer, 1999, S. 897, 900. In Bezug auf das Neutralitätsprinzip auch *Spengel*, DB 2006, 681, 681; *Kahle*, Internationale Rechnungslegung, 2002, S. 195. Ferner *Wagner*, BFuP 2005, 528, 535. Vgl. auch *Dahlke*, Harmonisierung der Konzernbesteuerung, 2011, S. 142-144.

960 In Anlehnung an *Alexy*, Theorie der juristischen Argumentation, 1991, S. 21 f. Vgl. auch in Bezug auf die Rechtsgrundsätze der deutschen Verfassung *Weber-Grellet*, StuW 1999, 311, 315.

961 Vgl. zu den „Leitlinien“ der GKKB *Dahlke*, Harmonisierung der Konzernbesteuerung, 2011, S. 60 f.; *Spengel/Wendt*, StuW 2007, 297, 298 f.; vgl. auch zu den Besteuerungsprinzipien als Leitlinien *Hennrichs*, in Ebling, DStJG 24, 2001, S. 301, 314. Vgl. ferner auch *Titz*, Das Bilanzsteuerrecht in Gegenwart und Zukunft, 2013, S. 59.

regelungen materialisiert haben und wäre sodann gleichwohl im Rahmen der Auslegung der Richtlinie und ihrer spezifischen Normen zu berücksichtigen.[962]

Mit Blick auf die noch nicht vollständig entwickelte Dogmatik des EuGH auf dem Gebiet der europäischen Grundrechte besteht allerdings die Gefahr einer inkonsistenten Weiterentwicklung des Rechts durch die Rechtsprechung mit der Folge einer erheblichen Rechtsunsicherheit.[963] Dem EuGH käme schließlich als höchste Instanz die Aufgabe zu, Rechtsstreitigkeiten im Zusammenhang mit der GKB anhand seiner aufgestellten Grundsätze zu evaluieren und konsequent fallbezogene Entscheidungen zu treffen.[964] Wenngleich die systemtragenden Grundsätze eben als Leitlinien der Besteuerung fungieren würden, wäre freilich nur ein in sich geschlossenes und systematisches Gewinnermittlungssystem in der Lage, die Volatilität der paneuropäischen Rechtsprechung signifikant zu mindern und somit Rechtssicherheit für sowohl die Unternehmen als auch die Fisken der Mitgliedstaaten zu garantieren. Die Vorgaben der GKB sind folglich ebenfalls auf ihre Regelungsdichte und Geschlossenheit zu untersuchen.

---

962 In Anlehnung an *Tipke*, Steuerrechtsordnung – Band III, 2012, S. 1620 f. So könnte das Leistungsfähigkeitsprinzip bspw. schon im Rahmen der teleologischen Auslegung mittelbar Anwendung finden. Siehe auch beispielsweise zu den sekundärrechtlichen Ausprägungen des Neutralitätsgrundsatzes auf dem Gebiet der direkten Steuern *Kokott*, Das Steuerrecht der Europäischen Union, 2018, § 3 Rn. 26. Auf die Auslegung des Richtlinienvorschlags bzw. einer europäischen Gewinnermittlung wird an späterer Stelle sodann gesondert eingegangen. Siehe unten Kap. D.I.3.d)aa).

963 Die Entwicklung eines europäischen Leistungsfähigkeitsprinzips fordernd *Valta/Gerbracht*, StuW 2019, 118, 129. Vgl. zu der Problematik auch *Szudoczky*, in Panayi/Haslehner/Traversa, European Union Taxation Law, 2020, S. 93, 117. Dieser Umstand liegt insbesondere der fehlenden Konsistenz der Anwendung der Dogmatik des Primär- und des Sekundärrechts und einer noch fehlenden Hierarchie zwischen beiden Ebenen geschuldet.

964 So hängt der Grad der Rechtsprechung des EuGH zu den EU-Grundrechten im direkten Steuerrecht schließlich vom Stand der Integration ab, welcher sich freilich mit zunehmender Harmonisierung wie der Einführung einer G(K)KB noch fortentwickeln wird. Siehe *Engler*, Steuerverfassungsrecht im Mehrebenensystem, 2014, S. 292 f. Davor wären indes schon die Finanzgerichte in 27 Mitgliedstaaten aufgefordert, in erste Instanz möglichst einheitliche Entscheidungen zu treffen, was ebenfalls mit erheblichen Schwierigkeiten verbunden wäre. Vgl. *Russo*, in Weber, CCCTB – Selected Issues, 2012, S. 67, 70.

3. Grundzüge der steuerlichen Gewinnermittlung des Richtlinienvorschlags in der Fassung von 2016

a) Anwendungsbereich und wesentliche Strukturelemente

Der Richtlinienvorschlag für eine harmonisierte Körperschaftsteuer-Bemessungsgrundlage unterteilt sich grundlegend in zwölf Kapitel mit insgesamt 72 Artikeln, in denen nach Art. 1 GKB-RLV i.d.F. 2016 grundsätzlich alle Bestimmungen zur Ermittlung und Berechnung einer harmonisierten Bemessungsgrundlage geregelt werden sollen, sofern nichts anderes bestimmt ist. Im ersten Kapitel werden zuvörderst neben dem persönlichen sowie räumlichen Anwendungsbereich wesentliche Begriffe der Richtlinie definiert. Während der räumliche Anwendungsbereich schlicht den Raum der Europäischen Union umfasst, ist der persönliche Anwendungsbereich nach Art. 2 Abs. 1 GKB-RLV i.d.F. 2016 im Wesentlichen auf die Mutter- und Tochterunternehmen bestimmter Rechtsformen eines konsolidierungspflichtigen Konzerns mit einem Gesamtumsatz von mindestens 750 Mio. Euro beschränkt, wobei gem. Art. 4 Nr. 10 alle Unternehmen einzubeziehen sind, die ihren Konzernabschluss auf Grundlage der IFRS oder des nationalen Handelsrechts aufstellen. Allerdings bestehen für Reedereien oder kleine Unternehmensgruppen Ausnahmen.[965]

In Art. 4 GKB-RLV i.d.F. 2016 werden die wesentlichen Begriffsbestimmungen des Vorschlags aufgeführt. Diese zeichnen sich durch den Versuch aus, ein Mindestmaß an notwendigen Begriffen zu definieren, ohne das angestrebte Ziel eines möglichst einfachen und überschaubaren Systems zu verfehlen.[966] Gleichwohl werden nicht alle in dem Vorschlag verwendeten Begriffe exakt definiert, sodass sich unter Umständen terminologische Lücken bzw. divergierende Interpretationen ergeben.[967] Obgleich sich die Kommission in Art. 4 GKB-RLV i.d.F. 2016 das Recht vorbehält, durch delegierte Rechtsakte gem. Art. 66 GKB-RLV i.d.F. 2016 weitere Bestimmungen festzulegen, birgt dies weiterhin erhebliche Rechtsunsicherheiten.[968]

---

965 Vgl. zum Geltungsbereich der GKB ausführlich *Krauß*, IStR 2017, 479, 480; *Scheffler/Köstler*, ifst-Schrift 518, 2017, S. 25-28; *Eiling*, IWB 2017, 49, 51.

966 *Fehling*, in Schaumburg/Englisch, Europäisches Steuerrecht, 2. Aufl. 2020, Kap. 18 Rn. 30.

967 So schon bezüglich des Vorschlags i.d.F. 2011 *Eggert*, Die Gewinnermittlung nach dem Richtlinienvorschlag, 2015, S. 100 f.; *Herzig*, IStR 2011, 662, 663.

968 Siehe zur Problematik der Auslegung unten Kap. D.I.3.d).

Im Anschluss werden in Kapitel II die wesentlichen Grundsätze zur Berechnung der Bemessungsgrundlage bestimmt. Aufbauend auf der Kodifikation allgemeiner Prinzipien in Art. 6 GKB-RLV i.d.F. 2016, nach denen sich die Gewinnermittlung grundsätzlich richtet, werden die Bestandteile der Bemessungsgrundlage definiert. So ermittelt sich der steuerliche Gewinn i.S.d. Richtlinienentwurfs nach Art. 7 GKB-RLV i.d.F. 2016 als Differenz der Erträge abzüglich der steuerfreien Erträge, abzugsfähiger Aufwendungen und sonstiger abzugsfähiger Posten, wobei die Termini der Steuerfreiheit und der Abzugsfähigkeit in Ergänzung zu einer allgemeinen Definition der Erträge gem. Art. 4 Nr. 5 GKB-RLV i.d.F. 2016 und Aufwendungen nach Art. 4 Nr. 6 GKB-RLV i.d.F. 2016 in den folgenden Artikeln gesondert erläutert werden.[969] Im Vergleich zu der Vorgängerrichtlinie von 2011 ist hierbei insbesondere das Instrument der abzugsfähigen, fiktiven Eigenkapitalverzinsung gem. Art. 11 GKB-RLV i.d.F. 2016 als wesentliche Neuerung hervorzuheben.[970] Ferner wurde in Art. 13 spiegelbildlich zur Richtlinie (EU) 2016/1164[971] eine Zinsschranke eingeführt.[972] Mit Blick auf die steuerpflichtigen Erträge und abzugsfähigen Aufwendungen werden in Kapitel III und IV sodann die Regelungen bezüglich des maßgeblichen Zeitpunkts und der Bewertung determiniert. In diesem Zusammenhang nimmt das vierte Kapitel eine Sonderrolle ein, da es die Abschreibung und Behandlung von Wirtschaftsgütern des Anlagevermögens anhand spezifischer Regeln konkretisiert und somit die allgemeinen Vorgaben des vorherigen Kapitels durchbricht.

Der Richtlinienvorschlag der GKB sieht darüber hinaus in Kapitel V sowohl eine intertemporale (Art. 41 GKB-RLV i.d.F. 2016) als auch eine gänzlich neuartige, grenzüberschreitende Verlustverrechnung in Art. 42

---

969 Siehe zu den steuerfreien Erträgen und nicht abzugsfähigen Aufwendungen *Krauß*, IStR 2017, 479, 481 f.

970 Vgl. zu diesen Neuerungen im GKB-RLV ausführlich *Rose*, StuW 2017, 217. Siehe zudem *Jakob/Fehling*, ISR 2017, 290, 292-295; *Benz/Böhmer*, DB 2016, 2800, 2801.

971 Richtlinie (EU) 2016/1164 des Rates vom 12. Juli 2016 mit Vorschriften zur Bekämpfung von Steuervermeidungspraktiken mit unmittelbaren Auswirkungen auf das Funktionieren des Binnenmarkts, ABl. EU 2009 Nr. L 193 v. 19.7.2016, S. 1 (abgekürzt als ATAD I-Richtlinie).

972 Siehe ausführlich *Fehling*, in Schaumburg/Englisch, Europäisches Steuerrecht, 2. Aufl. 2020, Kap. 18 Rn. 42. In dem Vorschlag von 2011 war die Zinsschranke indes noch Bestandteil der Anti-Missbrauchsregelung in Art. 81 GKKB-RL i.d.F. 2011. Siehe hierzu *de Groot*, Intertax 2013, 571, 573-577 m.w.N.; zu der Forderung nach einer Zinsschranke siehe ferner *Pistone*, in Lang et al., Corporate Income Taxation in Europe, 2008, S. 847, 859-862.

GKB-RLV i.d.F. 2016 vor.[973] Gerade der grenzüberschreitende Verlustausgleich würde den Unternehmen einen erheblichen Gestaltungsspielraum offerieren und sollte insofern die Attraktivität der GKB erheblich steigern.[974] Ein Verlustrücktrag ist gemäß dem Vorschlag von 2016 allerdings nicht möglich.[975]

Die Vorgaben der ersten fünf Kapitel befassen sich dabei im Wesentlichen mit der Ermittlung der Höhe der Bemessungsgrundlage sowie deren terminologischen Konzeption.[976] Daneben ergänzen die anschließenden Kapitel weitere, spezifischere Aspekte des Richtlinienentwurfs. So werden beispielweise neben umfangreichen Übergangsbestimmungen Vorgaben bezüglich der Verrechnungspreise, der Quellensteueranrechnung oder der transparenten Unternehmen bestimmt.[977] Von besonderer Bedeutung sind in diesem Kontext jedoch die Missbrauchsverhinderungsvorschriften in Kapitel IX. So enthält Art. 58 GKB-RLV i.d.F. 2016 eine allgemeine Missbrauchsregel, die fast vollständig mit dem Pendant in Art. 6 der ATAD I-Richtlinie übereinstimmt. Auch die weiteren Artikel des zehnten Kapitels ähneln stark den Vorschriften der ATAD I-Richtlinie.[978]

Abschließend finden sich in Kapitel XI und XII noch weitere Verwaltungs- und Schlussbestimmungen. Hierbei ist die Möglichkeit der delegierten Rechtsakte im Rahmen des Art. 66 GKB-RLV i.d.F. 2016 hervorzuheben. Die Norm räumt der Europäischen Kommission das Recht ein, spezifische Rechtsakte i.S.d. Art. 290 Abs. 1 AEUV erlassen zu können, um somit abseits des langwierigen Gesetzgebungsprozesses flexibel einheitliche Bestimmungen bezüglich steuerlicher Themen der GKB bestimmen zu können.[979] Die Befugnis ist jedoch lediglich auf wenige Aspekte begrenzt.

---

973 Siehe ausführlich *da Silva*, in Weber/van de Streek, EU CCCTB, 2018, S. 77.

974 *Jakob/Fehling*, ISR 2017, 290, 295 f. Zur Kritik *Cobham et al.*, Assessing the impact of the CCCTB, 2017, S. 21. Ferner hat sich auch das Europäische Parlament kritisch gezeigt. Siehe Europäisches Parlament v. 15.3.2018, P8_TA-PROV (2018) 0088.

975 *Fehling*, in Schaumburg/Englisch, Europäisches Steuerrecht, 2. Aufl. 2020, Kap. 18 Rn. 60 Fn. 6.

976 So haben bspw. schon *Scheffler/Köstler* den Verlustabzug zur Gewinnermittlung im weiteren Sinne gezählt. Vgl. *Scheffler/Köstler*, Vorteile einer GKB / GUB außerhalb der Gewinnermittlung, Discussion Paper Nr. 14-046, 2014, S. 4 f.

977 Vgl. *Fehling*, in Schaumburg/Englisch, Europäisches Steuerrecht, 2. Aufl. 2020, Kap. 18 Rn. 63-65. Zur steuerlichen Behandlung von Personengesellschaften im Rahmen eines harmonisierten Steuerrechts grds. *Eggert*, ISR 2013, 304.

978 *Benz/Böhmer*, DB 2016, 2800, 2802.

979 Vgl. zu den delegierten Rechtsakten *Nettesheim*, in Grabitz/Hilf/Nettesheim, Das Recht der Europäischen Union, 47. Lfg. April 2012, AEUV, Art. 290

b) Konzept der steuerlichen Gewinnermittlung des Richtlinienvorschlags

aa) Steuerliche Gewinnermittlung auf Basis einer Gewinn- und Verlustrechnung

Die Steuerbemessungsgrundlage wird gem. Art. 7 GKB-RLV i.d.F. 2016 primär „in der Form einer Art Einnahmenüberschussrechnung“ ermittelt.[980] Eine Steuerbilanz verlangt der Vorschlag selbst nicht.[981] Es handelt sich jedoch nicht um eine Zahlungsstromrechnung im eigentlichen Sinne,[982] sondern die Erträge und Aufwendungen zeichnen sich gem. Art. 4 Nr. 5 und Nr. 6 GKB-RLV i.d.F. 2016 durch eine erfolgswirksame Veränderungen des Nettoeigenkapitals aus und sind somit sowohl monetärer als auch nichtmonetärer Natur. Infolgedessen basiert die Gewinnermittlung materiell auf der Periodisierung der Ein- und Auszahlungen und stellt demnach auf den Reinvermögenszugang als Maßstab der Leistungsfähigkeit ab.[983] Eine Cash-Flow-Besteuerung wurde hingegen in der Entwicklungsphase aufgrund der Manipulationsanfälligkeit einer solchen Zahlungsstromrechnung schon frühzeitig durch die Arbeitsgruppe verworfen.[984] Die Höhe der steuerlichen Bemessungsgrundlage leitet sich schließlich aus dem Ergebnis einer Gewinn- und Verlustrechnung und nicht aus der Differenz eines Betriebsvermögensvergleichs ab.[985]

Rn. 11 f.; *Bradley*, in Barnard/Peers, European Union Law, 2020, S. 101, 133-135. Andernfalls würde jede Änderung die Einstimmigkeit im Rat verlangen.

980 *Lenz/Rautenstrauch*, DB 2011, 726, 726.

981 *Benz/Böhmer*, DB 2016, 2800, 2801. So schon zum Vorgängerentwurf *Vermeulen/Blaauw*, ET 2012, 533, 533; *Prinz*, StuB 2011, 461, 462; *Herzig/Kuhr*, StuW 2011, 305, 306.

982 *Velte/Mock*, StuW 2017, 126, 128; *Benz/Böhmer*, DB 2016, 2800, 2801. So schon zum Vorgängerentwurf *Prinz*, StuB 2011, 461, 462. Siehe auch Arbeitsgruppe GKKB, GKKB: mögliche Elemente der technischen Ausgestaltung, CCCTB/WP057\doc\de v. 26.7.2007, Rn. 31.

983 Siehe *Schulz*, Harmonisierung, 2012, S. 419. Vgl. ferner *Scheffler/Krebs*, DStR 2011, Beihefter zu Heft 22, 13, 15.

984 Siehe Arbeitsgruppe GKKB, Allgemeine Besteuerungsgrundsätze, CCCTB/WP/001/Rev1/doc/de v. 10.12.2004, Rn. 23.

985 *Prinz*, StuB 2019, 1, 7; *Evers et al.*, StuW 2015, 359, 362; *Herzig*, DB 2012, 1, 2; *Frey/Speidel*, StB 2011, 430, 432.

Der Entscheidung für einen GuV-orientierten Ansatz[986] lag im Wesentlichen das Interesse an einer möglichst einfachen Besteuerung zugrunde.[987] Trotz dieser Vorgehensweise ergeben sich materiell jedoch keine Unterschiede zu einer Gewinnermittlung auf Grundlage eines Betriebsvermögensvergleichs.[988] Vielmehr bedarf es für eine vollständige Erfassung aller erfolgswirksamen Vermögensveränderungen einer bilanziellen Nebenrechnung.[989] Vor diesem Hintergrund ist in dem Richtlinienvorschlag eine Reihe von sowohl expliziten als auch impliziten Dokumentationspflichten verankert. So beinhaltet bspw. Art. 30 GKB-RLV i.d.F. 2016 eine ausdrückliche Aufzeichnungspflicht der erworbenen bzw. hergestellten Wirtschaftsgüter in Form eines Anlageregisters. Überdies lässt sich aus Art. 23 Abs. 1 GKB-RLV i.d.F. 2016 eine faktische Verpflichtung zur Erfassung vergangener Aufwendungen im Zusammenhang mit der Rückstellungsbildung entnehmen.[990] Im Ergebnis würde eine solche additive Gesamtrechnung zu einer Schattenbilanz führen.[991]

Obgleich aus diesen Regelungen eine grundsätzliche Dokumentationspflicht resultiert, fehlt es ihnen jedoch an konkreten Vorgaben zur formellen Ausgestaltung der Aufzeichnungen und impliziert somit einen erheblichen Ermessensspielraum auf Seiten der Steuerpflichtigen. Ferner fehlt es dem Vorschlag von 2016 an einer Generalnorm bezüglich einer globalen Dokumentationspflicht, wie sie noch in der Fassung von 2011 zu

---

986 Vgl. zum Begriff der GuV-Orientierung etwa *Kahle/Schulz*, StuB 2011, 296, 296; *Scheffler/Krebs*, DStR 2011, Beihefter zu Heft 22, 13, 14; *Prinz*, StuB 2011, 461, 462; *Hüttemann*, DStZ 2011, 507, 511; *Kahle/Dahlke/Schulz*, Ubg 2011, 491, 492.

987 *Herzig*, in FS Frotscher, 2013, S. 203, 208. Siehe zu den Überlegungen Arbeitsgruppe GKKB, Zusammenfassender Bericht über die Sitzung der Arbeitsgruppe, CCCTB/WP/045/de v. 13.11.2006, Rn. 14.

988 *Anzinger*, in HHR, EStG, 285. Lfg. April 2018, § 5 Rn. 181; *Eggert*, Die Gewinnermittlung nach dem Richtlinienvorschlag, 2015, S. 97; *Scheffler/Krebs*, DStR 2011, Beihefter zu Heft 22, 13, 26; *Spengel et al.*, DB 2013, Beilage Nr. 2 zu Heft 8, 1, 3; *Herzig/Kuhr*, DB 2011, 2053, 2054. So grds. *Winnefeld*, Bilanz-Handbuch, 5. Aufl. 2015, Kapitel G Rn. 670-674. So ging auch die Arbeitsgruppe der GKKB von einem solchen Gleichlang aus. Siehe Arbeitsgruppe GKKB, Bisherige Fortschritte und künftiges Programm für die GKKB, CCCTB\WP\046\doc\de v. 20.11.2006, Rn. 13.

989 *Herzig/Kuhr*, DB 2011, 2053, 2054 f.

990 Vgl. *Herzig/Kuhr*, DB 2011, 2053, 2055.

991 *Arendt*, Neuauflage der Vorschläge, 2020, S. 157; *Hennrichs*, in Tipke/Lang, Steuerrecht, 24. Aufl. 2020, § 9 Rn. 120 m.w.N.; *Scheffler/Köstler*, ifst-Schrift 518, 2017, S. 34; *Prinz*, StuB 2011, 461, 463.

finden war.[992] In der Entwicklungsphase war die Arbeitsgruppe noch der Ansicht, dass die benötigten Bilanzposten aus der Handelsbilanz entnommen werden könnten.[993] Vor dem Hintergrund divergierender steuerlicher Vorschriften würde dies freilich allenfalls auf Ausnahmefälle beschränkt sein.[994] Um die Rechtssicherheit der Gewinnermittlung zu gewährleisten, sollte daher auf eine Steuerbilanz samt einer ausführlichen Dokumentation auch im Rahmen der GKB nicht verzichtet werden.[995]

bb) Autonomie der steuerlichen Gewinnermittlung

Für die Ermittlung des steuerpflichtigen Gewinns wird in dem Richtlinienvorschlag ein gänzlich eigenständiges bzw. autonomes Regelungssystem verfolgt,[996] welches ohne eine Maßgeblichkeit der in nationales Bilanzrecht transformierten EU-Bilanzrichtlinie oder der IFRS-Einzelabschlüsse auskommen soll.[997] Ferner darf das Steuerrecht der Mitgliedstaaten

---

992 Nach Art. 117 GKKB-RLV i.d.F. 2011 sollte der Steuerpflichtige noch über ausreichend detaillierte Aufzeichnungen und Belege verfügen, um die ordnungsgemäße Anwendung dieser Richtlinie zu gewährleisten und die Durchführung von Steuerprüfungen zu ermöglichen.

993 Arbeitsgruppe GKKB, Überblick über die wichtigsten in der vierten Sitzung der Untergruppe „Steuerbares Einkommen" (SG3) aufgetretenen Fragen, CCCTB\WP\043\doc\de v. 16.8.2006, Rn. 5. Im Schrifttum wurde hierfür die Idee einer Überleitungsrechnung in Betracht gezogen. Siehe *Petutschnig*, ÖStZ 2011, 325, 327.

994 Zutreffend *Eggert*, Die Gewinnermittlung nach dem Richtlinienvorschlag, 2015, S. 99.

995 So wurde eine Steuerbilanz schon mehrfach gefordert. Siehe *Eggert*, Die Gewinnermittlung nach dem Richtlinienvorschlag, 2015, S. 99 f.; *Kuhr*, Grundsätze Europäischer Unternehmensbesteuerung, 2013, S. 75; *Marx*, DStZ 2011, 547, 550; *Czakert*, BFuP 2008, 433, 441; *Mayr*, in Schön/Schreiber/Spengel, A CCCTB for Europe, 2008, S. 85, 92.

996 *Hennrichs*, in Tipke/Lang, Steuerrecht, 24. Aufl. 2020, § 9 Rn. 120; *Petutschnig*, RWZ 2017, 273, 275; *Velte/Mock*, StuW 2017, 126, 128. So schon bezüglich des Vorschlags von 2011 *Eggert*, Die Gewinnermittlung nach dem Richtlinienvorschlag, 2015, S. 96; *Evers et al.*, Gemeinsame Körperschaftsteuer-Bemessungsgrundlage in der EU, Discussion Paper Nr. 14-112, 2014, S. 4; *López Rodríguez*, Revista de contabilidad y tributación 2011, Heft 345, 33, 68; *Bünning/Möser*, BB 2011, 2647, 2648; *Stählin/Heidemann*, Schweizer Treuhänder 2011, 505, 506; *Vascega/van Thiel*, ET 2011, 374, 376. Der Richtlinienvorschlag von 2011 sprach in seiner Begründung auf Seite 5 explizit von autonomen Vorschriften.

997 *Petutschnig*, RWZ 2017, 273, 275; *Benz/Böhmer*, DB 2016, 2800, 2801 mit Verweis auf *Herzig*, FR 2012, 761, 761; *Lenz/Rautenstrauch*, DB 2011, 726, 726; *Prinz*,

nicht für die Erfolgsermittlung der GKB maßgeblich sein.[998] Die Regelungen und Begriffe müssen hingegen autonom ausgelegt und angewendet werden,[999] um im Einklang mit dem Gleichheitssatz eine einheitliche Besteuerung zu gewährleisten, sofern die europäische Vorgabe nach Art. 1 Abs. 2 GKB-RLV i.d.F. 2016 nicht ausdrücklich auf das Recht der Mitgliedstaaten verweist.[1000]

Die Entscheidung, von dem tradierten Maßgeblichkeitsprinzip abzukehren, stellt dabei vor dem Hintergrund der gängigen Praxis der Mitgliedstaaten einen fundamentalen Konzeptwechsel dar und mag daher auf den ersten Blick überraschen.[1001] So war zumindest in der Entwicklungsphase der G(K)KB noch eine Maßgeblichkeit der IFRS im Gespräch.[1002] Nichtsdestoweniger erscheint die Entscheidung gegen die Maßgeblichkeit folgerichtig und erfährt im Schrifttum gerade mit Blick auf die unmittelbare Anknüpfung an die IFRS Zustimmung.[1003] Zum einen besteht in der Europäischen Union nach Art. 5 Buchst. a) der IAS-Verordnung keine Pflicht zur Erstellung eines IFRS-Einzelabschluss,[1004] sodass nicht in

---

StuB 2011, 461, 462; *Herzig/Kuhr*, StuW 2011, 305, 306. Ferner *Hüttemann*, DStZ 2011, 507, 511.

998 *Velte/Mock*, StuW 2017, 126, 128.

999 *Aumayr/Mayr*, ET 2019, 153, 157 mit Verweis auf *Evers et al.*, Gemeinsame Körperschaftsteuer-Bemessungsgrundlage in der EU, Discussion Paper Nr. 14-112, 2014, S. 4; *Fehling*, in Schaumburg/Englisch, Europäisches Steuerrecht, 2. Aufl. 2020, Kap. 18 Rn. 29. Zur G(K)KB als eigenständiges Konzept siehe auch *Herzig*, IStR 2011, 662, 663; *Rautenstrauch*, FR 2009, 114, 116.

1000 So *Eggert*, Die Gewinnermittlung nach dem Richtlinienvorschlag, 2015, S. 136 f. mit Verweis auf *EuGH* v. 15.7.2004, C-321/02, Umsatzsteuer-Rundschau 2004, 543 Rn. 28. Zur autonomen Auslegung des Unionsrechts mit weiteren Rechtsprechungsnachweisen siehe *Kofler*, in Schaumburg/Englisch, Europäisches Steuerrecht, 2. Aufl. 2020, Kap. 13 Rn. 2; *Schön*, Auslegung des europäischen Steuerrechts, 1993, S. 49. Siehe in dieser Arbeit auch unten Kap. D.I.3d)aa).

1001 Vgl. oben zur Verbreitung des Maßgeblichkeitsprinzips in der EU Kap. C.II.

1002 *Lamotte*, ET 2011, 271, 271 f.; *Rautenstrauch*, FR 2009, 114, 116; *Essers*, in FS (Frans) Vanistendael, 2008, S. 369, 370; *Mors/Rautenstrauch*, Ubg 2008, 97, 97. So wohl auch *von der Laage/Reusch*, NZG 2009, 245, 246.

1003 In der Literatur findet sich ein breiter Konsens gegen die unmittelbare Anwendung der IFRS. Siehe mit Blick auf die GK(K)B *Eggert*, Die Gewinnermittlung nach dem Richtlinienvorschlag, 2015, S. 133 f.; *Cerioni*, Bulletin for International Taxation 2011, 515, 520 m.w.N.; *Aujean*, in FS Rödler, 2010, S. 43, 48; *Fülbier*, StuW 2006, 228, 242; *Herzig*, StuW 2006, 156, 160; *Arnold*, StuW 2005, 148, 150. So grds. *Hennrichs*, StuW 2005, 256, 262 f.; *Arbeitskreis Bilanzrecht Hochschullehrer Rechtswissenschaft*, BB 2002, 2372, 2378-2380.

1004 Vgl. auch oben Kap. C.I.3.

allen Mitgliedstaaten von einer breiten Anwendung der IFRS auf Einzelabschlussebene ausgegangen werden konnte.[1005] Zum anderen liegt die Ablehnung in der Dynamik der IFRS sowie ferner ihrem Wesen als Fachregeln einer privaten Expertenkommission begründet. Der Schwerpunkt der internationalen Standards liegt dabei auf der Bereitstellung entscheidungsrelevanter, kapitalmarktorientierter Informationen, wobei die Standards laufend überarbeitet werden. Wenngleich diese im Rahmen des Endorsement-Prozesses in EU-Recht transformiert werden und insofern demokratisch legitimiert sind,[1006] würden sich allerdings viele Standards aufgrund ihrer Bewertungssystematik und der inhärenten Komplexität prima facie nicht für die Gewinnermittlung eignen.[1007] Und obschon eine hierfür nötige stetige Modifikation der IFRS an steuerliche Belange theoretisch möglich ist,[1008] würde dies aufgrund der laufenden Änderungen der Standards jedoch nicht nur die Praktikabilität und die Rechtssicherheit

---

1005 *Eggert*, Die Gewinnermittlung nach dem Richtlinienvorschlag, 2015, S. 123 f.; ferner schon *Oestreicher/Spengel*, RIW 2001, 889, 891. Die Maßgeblichkeit der IFRS wurde daher von der Arbeitsgruppe selbst verworfen. Siehe Arbeitsgruppe GKKB, Bisherige Fortschritte und künftige Pläne, CCCTB\WP\020\doc\de v. 15.11.2005, Rn. 8-11.

1006 So wurde die Maßgeblichkeit der IFRS im Schrifttum mitunter abgelehnt, da der IASB als Schöpfer der internationalen Standards sodann Einfluss auf die steuerliche Bemessungsgrundlage besitzen würde, was zumindest in Hinblick auf den verfassungsrechtlichen Grundsatz der Gesetzmäßigkeit der Besteuerung in manchen Mitgliedstaaten mitunter erhebliches Konfliktpotenzial beinhalten würde. Siehe *Mayr*, in Hey, DStJG 34, 2011, S. 327, 345 mit Verweis auf den Diskurs in Deutschland *Hennrichs*, in Ebling, DStJG 24, 2001, S. 301, 307 bzw. mit Verweis auf Österreich *Zorn*, in Bertl et al., Die Maßgeblichkeit der handelsrechtlichen Gewinnermittlung für das Steuerrecht, 2003, S. 179, 195 f.; *Schreiber*, StuW 2002, 105, 107. Ferner *Mamut*, SWI 2006, 425, 426. Dieser Kritik wurde jedoch mit Verweis auf die demokratische legitimierte Übernahme der IFRS im Zuge der Verordnung 1606/2002 zutreffend begegnet. Siehe *Anzinger*, in HHR, EStG, 285. Lfg. April 2018, § 5 Rn. 191; *Schön*, in Schön, Maßgeblichkeit, 2005, S. 1, 109; *Köhrle*, IFRS-Einzelabschluss, 2010, S. 130; *Spengel*, IStR 2003, 29, 31. Überdies spielen die IFRS in einigen Mitgliedstaaten der EU eine größere Rolle für die steuerliche Gewinnermittlung. Vgl. *Spengel/Zöllkau*, Common Corporate Tax Base, 2012, S. 19.

1007 So im Ergebnis *Eggert*, Die Gewinnermittlung nach dem Richtlinienvorschlag, 2015, S. 133 f.

1008 *Russo*, in Weber, CCCTB – Selected Issues, 2012, S. 67, 77; *Spengel/Malke*, in Lang et al., Common Consolidated Corporate Tax Base, 2008, S. 63, 92: *Wissenschaftlicher Beirat beim Bundesministerium der Finanzen*, Gutachten – Einheitliche Bemessungsgrundlage der Körperschaftsteuer in der Europäischen Union, 2007, S. 41 f.

der Gewinnermittlung der GKB wesentlich gefährden,[1009] sondern wäre gerade auch im Zusammenhang mit dem Einstimmigkeitserfordernis de facto mit erheblichen Schwierigkeiten verbunden.[1010]

Darüber hinaus wurde einer Maßgeblichkeit der nationalen handelsrechtlichen Einzelabschlüsse ebenfalls eine Absage erteilt, da diese teilweise erheblich voneinander divergieren.[1011] Dies ist im Wesentlichen der inhaltlichen Offenheit der EU-Bilanzrichtlinie und den zahllosen Wahlrechten geschuldet, womit eine einheitliche europäische Steuerbemessungsgrundlage kaum zu erreichen ist.[1012]

Trotz der Entscheidung für ein autonomes System fungierten die internationalen Rechnungslegungsstandards in der Entwicklungsphase der G(K)KB als Ausgangspunkt („starting point")[1013] bzw. als Hilfsmittel („tool")[1014] für den Aufbau einer paneuropäischen Bemessungsgrundlage.[1015] Dementsprechend war es möglich, gemeinsame Anknüpfungspunkte zu identifizieren und somit die Vorgaben und die steuerliche Systematik abgekoppelt von einer möglichen (materiellen oder formellen) Maßgeb-

---

1009 So sprach sich schon *Marx* aufgrund der laufenden Änderungen der IFRS gegen eine Maßgeblichkeit aus. *Marx*, DStZ 2011, 546, 549.

1010 Mit Blick auf das Einstimmigkeitserfordernis *Eggert*, Die Gewinnermittlung nach dem Richtlinienvorschlag, 2015, S. 124-127.

1011 *Eggert*, Die Gewinnermittlung nach dem Richtlinienvorschlag, 2015, S. 119 f. A.A. aber *Mayr*, in Hey, DStJG 34, 2011, S. 327, 350, der in der EU-Bilanzrichtlinie einen Ausgangspunkt für eine verstärkte Maßgeblichkeit erkennen will.

1012 *Eggert*, IWB 2014, 112, 115. Zu der EU-Bilanzrichtlinie siehe oben Kap. C.I.2.

1013 Arbeitsgruppe GKKB, GKKB: mögliche Elemente der technischen Ausgestaltung, CCCTB/WP057\doc\de v. 26.7.2007, Rn. 9. Vgl. auch Mitteilung der Kommission, Ein Binnenmarkt ohne unternehmenssteuerliche Hindernisse Ergebnisse, Initiativen, Herausforderungen v. 24.11.2003, KOM(2003) 726 endg., S. 22.

1014 Mitteilung der Kommission, Bisherige Fortschritte und weitere Schritte zu einer gemeinsamen konsolidierten Körperschaftsteuer-Bemessungsgrundlage (GKKB) v. 5.4.2006, KOM(2006) 157 endg., S. 7 f. Siehe ebenfalls Arbeitsgruppe GKKB, Bisherige Fortschritte und künftige Pläne, CCCTB\WP\020\doc\de v. 15.11.2005, Rn. 10.

1015 Siehe m.w.N. *Kußmaul/Niehren/Pfeifer*, Ubg 2010, 266, 268; *Pattek*, in FS Schneeloch, 2007, S. 229, 242. Vgl. zur Rolle der IFRS in der Entwicklungsphase aus Sicht der Arbeitsgruppe *Neale*, in Lang et al., Common Consolidated Corporate Tax Base, 2008, S. 37, 40 f. Siehe zudem *Gröpl*, in Dauses/Ludwigs, Handbuch des EU-Wirtschaftsrechts, 37. Lfg. April 2015, J. Steuerrecht Rn. 370; *Schulz*, Harmonisierung, 2012, S. 92 f. m.w.N.; *Spengel/Oestreicher*, DStR 2009, 773, 777 f.

lichkeit zu entwickeln.[1016] Gleichwohl sind nicht alle Standards für die steuerliche Gewinnermittlung gleichermaßen geeignet,[1017] da sie unvereinbar mit bestimmten systemtragenden Grundsätzen wie bspw. dem Prinzip der gerechten Besteuerung sind.[1018]

Vor diesem Hintergrund ist es unverkennbar, dass eine Reihe von Regelungen des Richtlinienvorschlags offenkundig an einzelne Standards der IFRS angelehnt ist.[1019] Infolgedessen zeichnet sich der Richtlinienentwurf durch die Vorgabe umfangreicher Detailregelungen aus.[1020] Nichtsdestoweniger fußt das Gewinnermittlungssystem nicht allein auf statischen, regelbasierten Einzelfallvorgaben, sondern wird zudem durch die Festlegung bestimmter allgemeiner Prinzipien in Art. 6 i.V.m. Art. 15 GKB-RLV i.d.F. 2016 ergänzt.[1021] Im Folgenden sollen diese allgemeinen Grundsätze dargestellt und in Verbindung mit den weiteren Regelungen der GKB bezüglich ihres materiellen Gehalts beleuchtet werden.

1016 Siehe *Herzig*, DB 2012, 1, 2; *Kahle/Schulz*, BFuP 2011, 455, 455. Die Entscheidung der Kommission, die IFRS als Ausgangspunkt bzw. Hilfsmittel eines gemeinsamen Gewinnermittlungssystems zu verwenden wurde überwiegend begrüßt. Siehe m.w.N. *Schulz*, Harmonisierung, 2012, S. 94. Kritischer wohl *Pattek*, in FS Schneeloch, 2007, S. 229, 242. Offen *Schanz/Schanz*, StuW 2009, 311, 314 f.

1017 *Aumayr/Mayr*, ET 2019, 153, 157.

1018 *Mayr*, in Hey, DStJG 34, 2011, S. 327, 344 f. So wird insbesondere die Bewertung nach dem Fair-Value entschieden abgelehnt, da es gegen das Prinzip der gerechten Besteuerung verstößt. Siehe *Eggert*, Die Gewinnermittlung nach dem Richtlinienvorschlag, 2015, S. 55; *Spengel/Malke*, in Lang et al., Common Consolidated Corporate Tax Base, 2008, S. 63, 89; *Wissenschaftlicher Beirat beim Bundesministerium der Finanzen*, Gutachten – Einheitliche Bemessungsgrundlage der Körperschaftsteuer in der Europäischen Union, 2007, S. 40 f. Ferner *Oestreicher*, WPg 2007, 572, 582. Vgl. zu der Diskussion der Fair-Value Bewertung auch unten Kap. E.I.3.c)bb).

1019 Vgl. *Titz*, Das Bilanzsteuerrecht in Gegenwart und Zukunft, 2013, S. 231; *Spengel/Zöllkau*, Common Corporate Tax Base, 2012, S. 19; *Prinz*, StuB 2011, 461, 463; *Kußmaul/Niehren*, StB 2011, 344, 345. An anderer Stelle weichen die Vorgaben indes von den IFRS ab, um der Forderung nach einfachen und praktikablen Lösungen Rechnung zu tragen. So *Herzig*, DB 2012, 1, 2; *Kahle/Schulz*, BFuP 2011, 455, 470.

1020 *Scheffler/Köstler*, ifst-Schrift 518, 2017, S. 36.

1021 *Russo*, in Weber, CCCTB – Selected Issues, 2012, S. 67, 70.

c) Allgemeine Grundsätze der steuerlichen Gewinnermittlung

aa) Darstellung der geschriebenen und ungeschriebenen Prinzipien der steuerlichen Gewinnermittlung

(1) Überblick über die geschriebenen allgemeinen Grundsätze

Das Fundament der materiellen Erfolgsermittlung der harmonisierten Bemessungsgrundlage bilden die in Art. 6 sowie Art. 15 GKB-RLV i.d.F. 2016 verankerten allgemeinen Grundsätze.[1022] Hierbei werden das Realisationsprinzip in Art. 6 Abs. 1 GKB-RLV i.d.F. 2016, der Grundsatz der Einzelerfassung und -bewertung in Art. 6 Abs. 2 GKB-RLV i.d.F. 2016 sowie der Grundsatz der Stetigkeit in Art. 6 Abs. 3 GKB-RLV i.d.F. 2016 explizit aufgeführt. Daneben verlangt Art. 6 Abs. 4 GKB-RLV i.d.F. 2016 das Periodizitätsprinzip und legt für das Wirtschaftsjahr den Zwölfmonatszeitraum zugrunde,[1023] woraus sich schließlich ein Stichtagsprinzip ergibt.[1024] Das Wirtschaftsjahr muss dabei jedoch gem. Art. 4 Nr. 7 GKB-RLV i.d.F. 2016 nicht zwangsläufig mit dem Kalenderjahr übereinstimmen.[1025] Ferner determiniert Art. 15 GKB-RLV i.d.F. 2016, dass die Erträge und Aufwendungen in dem Wirtschaftsjahr erfasst werden, in dem sie anfallen, sofern die Regelungen zur GKB nichts Gegenteiliges vorsehen. Hierdurch wird die grundsätzliche Ausrichtung der Gewinnermittlung im Sinne des Grund-

---

1022 Siehe zu den allgemeinen Grundsätzen *Russo*, in Weber/van de Streek, EU CCCTB, 2018, S. 11, 12. Von den Grundprinzipien als Rahmen der Berechnung der Bemessungsgrundlage sprechen dabei *Spengel et al.*, DB 2013, Beilage Nr. 2 zu Heft 8, 1, 3. Daneben bezeichnen *Velte/Mock* die Grundsätze in Art. 6 GKB-RLV i.d.F. 2016 als den „Kern des Gewinnermittlungssystems". Siehe *Velte/Mock*, StuW 2017, 126, 129. Die allgemeinen Grundsätze in Art. 6 und Art. 15 GKB-RLV i.d.F. 2016 sind weitestgehend deckungsgleich zu den Vorschriften des Art. 9 bzw. Art. 17 GKKB-RLV i.d.F. 2011, sodass im Folgenden auch auf ältere Literatur zurückgegriffen werden kann. Auf Änderungen wird indes gesondert eingegangen.

1023 *Marx*, DStZ 2011, 546, 552. Der Richtlinienvorschlag verwendet dabei den Begriff des Steuerjahrs als Synonym zu Wirtschaftsjahr.

1024 Vgl. *Mock*, ET 2019, 209, 213 f.; *v. Wolfersdorff*, Steuerbilanzielle Gewinnermittlung, 2014, S. 262; *Kuhr*, Grundsätze Europäischer Unternehmensbesteuerung, 2013, S. 340, welche das Stichtagsprinzip implizit schlussfolgern.

1025 *Scheffler/Köstler*, ifst-Schrift 518, 2017, S. 37. So war eine konkrete Festlegung bezüglich des Beginns des Steuerjahrs durch die Arbeitsgruppe der GK(K)B allerdings noch angedacht. Vgl. *Marx*, DStZ 2011, 546, 552, mit Verweis auf Arbeitsgruppe GKKB, GKKB: mögliche Elemente der technischen Ausgestaltung, CCCTB/WP057\doc\de v. 26.7.2007, Rn. 21.

satzes der Periodenabgrenzung deklaratorisch fundiert,[1026] sodass die Zuordnung der Aufwendungen und Erträge zu den einzelnen Perioden im Rahmen des Grundsatzes der Periodenabgrenzung gemäß ihrer wirtschaftlichen Verursachung erfolgt.[1027]

Die allgemeinen Grundsätze wurden dabei erst relativ spät in die konzeptionellen Überlegungen des Richtlinienvorschlags integriert. So war man in der Entwicklungsphase noch der Ansicht, dass eine gemeinsame Steuerbemessungsgrundlage unter Bezugnahme auf die handelsrechtlichen Vorschriften der Mitgliedstaaten ermittelt werden könnte, falls der Rechtsakt nicht ausdrücklich eine einheitliche Behandlung vorsieht.[1028] Dies fand bei den Vertretern der Mitgliedstaaten, die hierzu Stellung genommen haben, jedoch wenig Unterstützung.[1029]

Infolgedessen nahm man die allgemeinen Grundsätze in den Vorschlag über ein harmonisiertes Besteuerungssystem auf, um eine Auslegungs- bzw. Interpretationshilfe zu kodifizieren und somit einen Rückgriff auf die nationalen Einzelabschlüsse überflüssig zu machen.[1030] Die Steuerbemessungsgrundlage soll dabei nach Ansicht der Kommission sodann nach den allgemeinen Besteuerungsgrundsätzen berechnet werden, sofern die Richtlinie keine spezifische Einzelfallregelung vorsieht.[1031] Daher besitzen die allgemeinen Grundsätze gegenüber den einzelnen Vorschriften lediglich eine untergeordnete Bedeutung.[1032]

Wenngleich die geschriebenen, allgemeinen Grundsätze in Art. 6 sowie Art. 15 GKB-RLV i.d.F. 2016 auf diese fünf Prinzipien beschränkt sind, könnten aus ihnen und den Ausprägungen der Einzelfallregelungen weitere, ungeschriebene allgemeine Prinzipien resultieren.[1033] Ferner könnten

---

1026 *Scheffler/Köstler*, ifst-Schrift 518, 2017, S. 37; *Herzig/Kuhr*, DB 2011, 2053, 2054.

1027 So schon *Förster/Krauß*, IStR 2011, 607, 608.

1028 Arbeitsgruppe GKKB, GKKB: mögliche Elemente der technischen Ausgestaltung, CCCTB/WP057\doc\de v. 26.7.2007, Rn. 9.

1029 Vgl. die Stellungnahmen der Mitgliedstaaten: Arbeitsgruppe GKKB, GKKB: mögliche Elemente der technischen Ausgestaltung – mit Anmerkungen, CCCTB/WP057 mit Anmerkungen\doc\de v. 20.11.2007, Rn. 9.

1030 Arbeitsgruppe GKKB, Verschiedene Detailaspekte der GKKB, CCCTB/WP/066\doc\de v. 27.3.2008, Rn. 4

1031 Zusammenfassender Bericht über die Sitzung der Arbeitsgruppe GKKB vom 14.- 15. April 2008 in Brüssel, CCCTB/WP/68/de v. 2.7.2008, Rn. 51-54. Dies wurde von den Sachverständigen im Wesentlichen positiv aufgenommen.

1032 *Rautenstrauch*, FR 2009, 114, 116.

1033 So zumindest aufgeworfen von *Herzig*, DB 2012, 1, 3; *Herzig/Kuhr*, DB 2011, 2053, 2056. Ferner auch *Rautenstrauch*, FR 2009, 114, 116. A.A. allerdings *Marx*, DStZ 2011, 546, 549 sich unter Umständen unmittelbar aus den systemtragenden Prinzipien geeignete Grundsätze ableiten,[1034] wobei insbesondere das Prinzip der gerechten Besteuerung im Mittelpunkt der Analyse steht.[1035]

(2) Bedeutung und Ausprägungen des Realisationsprinzips sowie des Grundsatzes der Periodenabgrenzung

Das Realisationsprinzip wird dabei als das zentrale Prinzip der Erfolgsermittlung des Richtlinienvorschlags bezeichnet.[1036] Seine Notwendigkeit leitet sich unmittelbar aus der Forderung nach einer leistungsgerechten Besteuerung ab,[1037] indem es den Steuerpflichtigen vor einer Besteuerung unrealisierter Wertzuwächse i.S.e. Fair-Value-Bewertung schützt.[1038] Hierbei erstreckt es sich jedoch nicht nur auf die Bestimmung von Erträgen, sondern umfasst dem Wortlaut nach ebenfalls die Realisation von Gewinnen sowie Verlusten als Differenz von Erträgen und Aufwendungen.[1039] Aus einem solchen Verständnis ließe sich im Bereich der leistungsbezogenen Aufwendungen implizit das Matching-Prinzip ableiten.[1040] Dies stünde im Einklang mit dem objektiven Nettoprinzip als Ausdruck der vertikalen Steuergerechtigkeit.[1041] Ferner wird der Notwendigkeit, Kosten und Auszahlungen im Zusammenhang mit dem Erwerb oder der Erstellung von Wirtschaftsgütern gemäß dem Anschaffungs- und Herstellungskosten-

1034 In Anlehnung an *Mock*, ET 2019, 209, 210 f.

1035 Siehe zu der Prinzipienhierarchie oben Kap. D.I.2.f).

1036 So *Velte/Mock*, StuW 2017, 126. 129; *Eggert*, Die Gewinnermittlung nach dem Richtlinienvorschlag, 2015, S. 101.

1037 *Mayr*, in Schön/Schreiber/Spengel, A CCCTB for Europe, 2008, S. 85, 87.

1038 Vgl. *Essers*, tijdschrfit fiscaal ondernemingsrecht 2017, Heft 150, 59, 61; *Mayr*, in Schön/Schreiber/Spengel, A CCCTB for Europe, 2008, S. 85, 87 f.; *Baumgärtel*, in Lang et al., Common Consolidated Corporate Tax Base, 2008, S. 575, 579. Ferner auch *Dahlke*, Harmonisierung der Konzernbesteuerung, 2011, S. 155-157. Zur Bedeutung des Realisationsprinzips und der Zahlungsfähigkeit für die steuerliche Gewinnermittlung siehe *Essers/Russo*, in Essers et al., The Influence of IAS/IFRS on the CCCTB, 2009, S. 29, 43.

1039 *Herzig/Kuhr*, StuW 2011, 305, 312.

1040 Vgl. *Kuhr*, Grundsätze Europäischer Unternehmensbesteuerung, 2013, S. 133. Dies war zumindest schon in der Entwicklungsphase angedacht. Siehe Arbeitsgruppe GKKB, Allgemeine Besteuerungsgrundsätze, CCCTB/WP/001/Rev1/doc/de v. 10.12.2004, Rn. 23.

1041 *Mock*, ET 2019, 209, 214. Ebenfalls *Kuhr*, Grundsätze Europäischer Unternehmensbesteuerung, 2013, S. 198.

prinzip steuerlich zu neutralisieren, explizit in Art. 12 Buchst. i) GKB-RLV i.d.F. 2016 Rechnung getragen.[1042]

Gleichwohl lassen sich aus Art. 6 Abs. 1 GKB-RLV i.d.F. 2016 keine konkreten Vorgaben bezüglich der zeitlichen Abgrenzung der Erträge respektive Aufwendungen deduzieren. Überdies scheint das Verhältnis des Art. 6 Abs. 1 GKB-RLV i.d.F. 2016 zu dem Grundsatz der Periodenabgrenzung in Art. 15 GKB-RLV i.d.F. 2016 unklar. Vor diesem Hintergrund sollte die materielle Bedeutung des Art. 6 Abs. 1 GKB-RLV i.d.F. 2016 nicht überschätzt werden. So manifestiert das Prinzip in Art. 6 Abs. 1 GKB-RLV i.d.F. 2016 primär eine grundsätzliche Aversion gegen das Fair-Value-Accounting.[1043] Eine weiterführende, materielle Konkretisierung des Realisationsprinzips leitet sich hingegen erst aus dem elementaren Grundsatz der Periodenabgrenzung in Art. 15 GKB-RLV i.d.F. 2016 und den spezifischen Vorgaben des Art. 16 und Art. 17 GKB-RLV i.d.F. 2016 ab,[1044] welche den maßgeblichen Realisationszeitpunkt zur Bestimmung der Erträge und Aufwendungen präzisieren.[1045] Ferner dürfte auch Art. 18 f. GKB-RLV i.d.F. 2016 die Bestimmung des Realisationszeitpunkts im Sinne eines Matching-Prinzips weiter konkretisieren.

Hierbei bestimmt Art. 16 Abs. 1 GKB-RLV i.d.F. 2016, dass Erträge grundsätzlich erst dann erzielt werden, wenn der Anspruch auf ihre

---

1042 So schon *v. Wolfersdorff*, Steuerbilanzielle Gewinnermittlung, 2014, S. 263.

1043 *Russo*, in Weber/van de Streek, EU CCCTB, 2018, S. 11, 12. Ferner wohl auch *Essers*, tijdschrfit fiscaal ondernemingsrecht 2017, Heft 150, 59, 61.

1044 In diesem Zusammenhang schlussfolgert *Russo* zutreffend, dass den Art. 15 i.V.m. Art. 16 und 17 GKB-RLV i.d.F. 2016 der Vorrang vor Art. 6 Abs. 1 GKB-RLV i.d.F. 2016 einzuräumen ist. Siehe *Russo*, in Weber/van de Streek, EU CCCTB, 2018, S. 11, 12. Siehe ferner *Cerioni*, Bulletin for International Taxation 2011, 515, 520, der darauf hinweist, dass die allgemeinen Grundsätze in Art. 9 GKKB-RLV i.d.F. 2011 in Verbindung mit den Vorgaben der Periodenabgrenzung zu betrachten sind.

1045 Zu der Bedeutung der Art. 16 und 17 GKB-RLV i.d.F. 2016 hinsichtlich der Konkretisierung der Vorschriften vgl. *Scheffler/Köstler*, ifst-Schrift 518, 2017, S. 37. Bezüglich des Richtlinienvorschlags von 2011 *Eggert*, Die Gewinnermittlung nach dem Richtlinienvorschlag, 2015, S. 101; *Spengel/Zöllkau*, Common Corporate Tax Base, 2012, S. 24; *Marx*, DStZ 2011, 546, 551; *Förster/Krauß*, IStR 2011, 607, 608 f.; *Adriaansen et al.*, Highlights & Insights on European Taxation 2011, Heft 6, 5, 26. Vor diesem Hintergrund schlug die litauische Ratspräsidentschaft noch die Streichung des Realisationsprinzips vor. Siehe Rat der Europäischen Union, Vorschlag für eine Richtlinie des Rates über eine Gemeinsame Körperschaftsteuer-Bemessungsgrundlage(GKB) – Explanatory notes on the compromise proposal, Interinstitutionelles Dossier vom 14.10.2013: 2011/0058(CNS), Dokumentnummer 14769/13, S. 2 & 13.

Vereinnahmung eingetreten ist und der Betrag zuverlässig bestimmt werden kann. Dies gilt richtigerweise unabhängig davon, ob die Beträge auch tatsächlich gezahlt wurden. Lediglich für die Erträge aus dem Handel mit Waren bzw. der Erbringung von Dienstleistungen sehen Art. 16 Abs. 2 und 3 GKB-RLV i.d.F. 2016 spezifischere Voraussetzungen in Anlehnung an den IAS 18 vor,[1046] welche jedoch im Wesentlichen keine neuen Rechtsfolgen begründen.[1047]

Die Periodenabgrenzung setzt folglich verstärkt auf die rechtliche Durchsetzbarkeit des Zahlungsanspruchs und orientiert sich im Kern an dem Zeitpunkt der Lieferung und Leistung als maßgeblichen Realisationszeitpunkt,[1048] wobei mitunter die vertragliche bzw. die zivilrechtliche Würdigung innerhalb der einzelnen Rechtsordnungen der Mitgliedstaaten für die Abgrenzung entscheidend ist.[1049] Eine rein isolierte (zivil-)rechtliche Betrachtung kann jedoch nicht maßgebend sein, da es dem Kontext nach auf die Vereinnahmung der Forderung ankommt und diese nicht notwendigerweise mit der zivilrechtlichen Fälligkeit übereinstimmen muss.[1050]

1046 Siehe zu den Spezifika der Ertragsrealisation im Bereich der Waren und Dienstleistungen *Scheffler/Köstler*, ifst-Schrift 518, 2017, S. 38. Diese Erweiterung orientierten sich an den Vorgaben des IAS 18. Vgl. Rat der Europäischen Union, Vorschlag für eine Richtlinie des Rates über eine Gemeinsame Körperschaftsteuer-Bemessungsgrundlage(GKB) – Explanatory notes on the compromise proposal, Interinstitutionelles Dossier vom 14.10.2013: 2011/0058(CNS), Dokumentnummer 14769/13, S. 13.

1047 Hierdurch wird im Wesentlichen der Realisationszeitpunkt klargestellt und ist somit deklaratorischer Natur. Vgl. dazu *Russo*, in Weber/van de Streek, EU CCCTB, 2018, S. 11, 13.

1048 *Marx*, DStZ 2011, 546, 551; *Kahle/Dahlke/Schulz*, Ubg 2011, 491, 492.

1049 Siehe *Aumayr/Mayr*, ET 2019, 153, 157; *Kahle/Schulz*, FR 2013, 49, 52; *Spengel et al.*, DB 2013, Beilage Nr. 2 zu Heft 8, 1, 3. Dies wird mit Blick auf das Harmonisierungsziel stark kritisiert. Vgl. *Evers et al.*, StuW 2015, 359, 363; *Herzig/Kuhr*, DB 2011, 2053, 2057.

1050 Zutreffend mit Blick auf Art. 18 f. GKKB-RLV i.d.F. 2011 *Eggert*, Die Gewinnermittlung nach dem Richtlinienvorschlag, 2015, S. 309 f. Eine Ausrichtung der Gewinnrealisation an dem Zeitpunkt der Lieferung und Leistung wäre mit Blick auf den damit verbundenen hinreichend sicheren Anspruch auf Gegenleistung in Form von Zahlungen grds. zweckdienlich. Vgl. zu der fundamentalen Diskussion des Realisationszeitpunkts anhand rechtlicher und betriebswirtschaftlicher Kriterien *Leffson*, GoB, 1987, S. 257-265. Eventuelle Verzugs-, Gewährleistungs- und Haftungsrisiken sind insofern zu vernachlässigen. Durch die Erweiterung der Vorgaben des Art. 16 GKB-RLV i.d.F. 2016 im Vergleich zu dem Vorgängerentwurf wurde dies nun klargestellt und somit Rechtssicherheit geschaffen. Nichtsdestominder könnten sich selbst bei einer

Mit Blick auf die Entstehung der Aufwendungen determiniert Art. 17 GKB-RLV i.d.F. 2016 spiegelbildlich zu seinem Pendant in Art. 16 Abs. 1 den maßgeblichen Zeitpunkt, sofern die Zahlungsverpflichtung gem. Art. 17 Buchst. a) entstanden ist und die Höhe dieser Obligation zudem nach Art. 17 Buchst. b) GKB-RLV i.d.F. 2016 mit angemessener Genauigkeit bestimmt werden kann. Ferner verlangt auch Art. 17 Buchst. c) GKB-RLV i.d.F. 2016 für den Handel mit Waren bzw. die Erbringung von Dienstleistungen eigene Vorgaben.

Trotz der eminenten Bedeutung des Realisationsprinzips wird seine Anwendung in zwei elementaren Bereichen durch spezifischere Vorschriften eingeschränkt.[1051] Erstens erfolgt die Gewinnrealisation bei Verträgen mit einer Laufzeit länger als zwölf Monaten gem. Art. 22 GKB-RLV i.d.F. 2016 anhand der „percentage of completion"-Methode. Zweitens werden Finanzanlagevermögen und finanzielle Verbindlichkeiten, die zu Handelszwecken gehalten werden, gem. Art. 21 GKB-RLV i.d.F. 2016 abweichend von Art. 16 f. GKB-RLV i.d.F. 2016 mit dem Marktwert nach Art. 4 Nr. 18 GKB-RLV i.d.F. 2016 bewertet. Insofern werden für diese Finanzanlagen trotz fehlender Veräußerung sowohl unrealisierte Gewinne als auch unrealisierte Verluste in die Steuerbemessungsgrundlage einbezogen, wobei sich offenkundig der Einfluss der IFRS in Form des IAS 39 auf das Reformvorhaben widerspiegelt.[1052]

Darüber hinaus finden sich in dem Richtlinienvorschlag von 2016 weitere, einzelne Regelungen, die das paritätische Realisationsprinzip im Sinne eines Imparitätsprinzips punktuell suspendieren, obschon ein solches nicht explizit aufgeführt ist.[1053] So finden sich beispielsweise mit der Bewertung von Vorräten und unfertigen Erzeugnissen gemäß dem strengen Niederstwertprinzip nach Art. 27 Abs. 2, der Abschreibung un-

engen Anlehnung an die IFRS im Rahmen der Bilanzierung schwebender Geschäfte aufgrund des Rückgriffs auf das Zivilrecht der Mitgliedstaaten Divergenzen ergeben, welche allerdings hingenommen werden müssten, soweit das Zivilrecht in der EU nicht harmonisiert ist. Vgl. *Eggert*, Die Gewinnermittlung nach dem Richtlinienvorschlag, 2015, S. 311 f. Siehe zur Rolle des Zivilrechts bezüglich des Realisationszeitpunkts im Rahmen der IFRS *Lüdenbach/Hoffmann/Freiberg*, IFRS-Kommentar, 19. Aufl. 2021, § 25 Rn. 27.

1051 Siehe hierzu ausführlich *Scheffler/Köstler*, ifst-Schrift 518, 2017, S. 39.

1052 In Anlehnung an *Schulz*, Harmonisierung, 2012, S. 419. Die Veränderungen durch den IFRS 9 wurden bei dem Vorschlag nicht berücksichtigt.

1053 *Essers*, tijdschrfit fiscaal ondernemingsrecht 2017, Heft 150, 59, 61; *Velte/Mock*, StuW 2017, 126, 129 mit Verweis auf die Analyse des Vorschlags von 2011 durch *Scheffler/Krebs*, DStR 2011, Beihefter zu Heft 22, 13, 16; *Günter*, Fortentwicklung des Handels-und Steuerbilanzrechts, 2012, S. 193.

einbringlicher Forderungen nach Art. 25 oder der Möglichkeit der außerplanmäßigen Abschreibung von nicht abnutzbaren Sachanlagen in Art. 39 Abs. 1 GKB-RLV i.d.F. 2016 imparitätische Elemente.[1054] Überdies verlangt Art. 23 GKB-RLV i.d.F. 2016 die Bildung von Rückstellung, bei denen die Bewertung nach Art. 23 Abs. 1 Satz 3 i.V.m. Abs. 2 Buchst. a) alle Risiken und Unwägbarkeiten jährlich zum Stichtag berücksichtigt, wodurch diese Vorgaben dem Imparitätsprinzip und einer damit verbundenen vorsichtigen Bewertung konsequent Rechnung tragen.[1055] Eine Berücksichtigung von Kostensteigerungen oder der Ansatz von Drohverlustrückstellung, wie sie im Rahmen des Entwurfs von 2011 noch möglich waren,[1056] schließt der neue Richtlinienvorschlag nunmehr nach Art. 23 Abs. 3 Buchst. a) GKB-RLV i.d.F. 2016 deklaratorisch aus.[1057]

Nichtsdestominder besitzt das Vorsichts- bzw. das Imparitätsprinzip im System der GKB nicht annährend die gleiche Bedeutung wie das Realisationsprinzip und ist diesem folglich untergeordnet.[1058] Diesem Umstand liegt die Überlegung zugrunde, dass ein generelles Vorsichtsprinzip die Besteuerung nach der Leistungsfähigkeit nicht gewährleiste und daher für die steuerliche Gewinnermittlung nicht geeignet sei.[1059] Dem ist grundsätzlich zuzustimmen. So offeriert ein Imparitätsprinzip Ermessensspielräume für den Steuerpflichtigen und gefährdet somit sowohl die Neutralität als auch die Gleichheit der Besteuerung.[1060] Einer sofortigen Verlustrealisierung bzw. einem äquivalenten Verlustrücktrag wäre stattdessen aus ökonomischer Sicht der Vorzug zu geben.[1061] Gleichwohl ist ein solcher Verlustrücktrag in dem aktuellen Vorschlag nicht vorgesehen und seine

---

1054 *Evers et al.*, Gemeinsame Körperschaftsteuer-Bemessungsgrundlage in der EU, Discussion Paper Nr. 14-112, 2014, S. 30; *Russo*, in Weber, CCCTB – Selected Issues, 2012, S. 67, 71; *Kahle/Schulz*, StuB 2011, 296, 300 f. So schon bezüglich der Entwicklungsphase *Rautenstrauch*, FR 2009, 114, 116.

1055 Vgl. *Scheffler/Krebs*, DStR 2011, Beihefter zu Heft 22, 13, 22.

1056 So *Müller-Gatermann/Möhlenbrock/Fehling*, ISR 2012, 17, 18; *Altvater/Haug*, DB 2011, 2870, 2872; *Herzig/Kuhr*, StuW 2011, 305, 312; *Marx*, DStZ 2011, 546, 550. Ähnlich, wenngleich kritisch, *Kahle/Dahlke/Schulz*, Ubg 2011, 491, 496.

1057 Siehe zu Rückstellungen an späterer Stelle Kap. D.II.2.

1058 Zutreffend *Velte/Mock*, StuW 2017, 126, 129; *Eggert*, Die Gewinnermittlung nach dem Richtlinienvorschlag, 2015, S. 103 f.

1059 Mit Blick auf den Vorschlag von 2016 *Mock*, ET 2019, 209, 214. So grds. *Hennrichs*, StuW 1999, 138, 148; *Weber-Grellet*, DStR 1998, 1343, 1344.

1060 *Kahle/Schulz*, FR 2013, 49, 54 mit Verweis auf *Wagner*, in Becker, Unternehmen im Wandel und Umbruch, 1998, S. 51, 59.

1061 *Herzig/Kuhr*, StuW 2011, 305, 310 mit Verweis auf *Kahle/Schulz*, StuB 2011, 296, 297.

Umsetzbarkeit erscheint zudem politisch zweifelhaft.[1062] In diesem Zusammenhang würde das Imparitätsprinzip im Rahmen einer harmonisierten Bemessungsgrundlage sodann dem Schutz des Steuerpflichtigen zur Sicherstellung seiner Zahlungsfähigkeit dienen und stellt folglich eine leistungsgerechte Besteuerung sicher.[1063] Seine konzeptionelle Eingrenzung auf wenige Sachverhalte erscheint daher im Lichte des Grundsatzes der gerechten Besteuerung grundsätzlich angemessen.[1064]

Im Ergebnis gestaltet das Realisationsprinzip den Grundsatz der Periodenabgrenzung folgerichtig aus und beinhaltet implizit neben dem Anschaffungs- und Herstellungskostenprinzip das Matching-Prinzip. Ferner finden sich punktuelle Ausprägungen des Imparitätsprinzips, welche aufgrund des fehlenden Verlustrücktrags in dem Konzept der GKB gerechtfertigt sind. Darüber hinaus wird die zeitliche Erfassung der Gewinne und Verluste durch die Vorgaben zur temporellen Zuordnung von Aufwendungen und Erträgen hinreichend konkretisiert, obschon sich spezifische Ausnahmen ergeben.

Problematisch bleibt jedoch der Umfang der korrespondierenden Aufwendungen im Rahmen eines Matching-Prinzips. So beinhaltet der Richtlinienvorschlag keine genaue Definition der leistungsbezogenen Aufwendungen. Dies eröffnet dem Steuerpflichtigen in Folge jedoch einen gewissen Ermessensspielraum,[1065] der mit Blick auf die Gleichheit der Besteue-

---

1062 Vgl. zur abweichenden Praxis in den Mitgliedstaaten *Spengel/Zöllkau*, Common Corporate Tax Base, 2012, S. 82 f. Insofern stehen Steueraufkommenserwägungen gegen einen vollständigen Verlustrücktrag. In Anlehnung an *Herzig/Kuhr*, StuW 2011, 305, 310.

1063 Für ein Imparitätsprinzip im Rahmen der GKB sprechen sich aus: *Eggert*, Die Gewinnermittlung nach dem Richtlinienvorschlag, 2015, S. 50-52; *Kahle/Schulz*, FR 2013, 49, 54 f.; *Herzig/Kuhr*, StuW 2011, 305, 310. So schon *Spengel/Mahlke*, in Lang et al., Common Consolidated Corporate Tax Base, 2008, S. 63, 74; *Mayr*, in Schön/Schreiber/Spengel, A CCCTB for Europe, 2008, S. 85, 88 f. Ferner auch *Baumgärtel*, in Lang et al., Common Consolidated Corporate Tax Base, 2008, S. 575, 580. Grds. für ein Imparitätsprinzip *Tiedchen*, in HHR, EStG, 285. Lfg. April 2018, § 5 Rn. 386. Tendenziell ablehnend in Bezug auf die GKB *Dahlke*, Harmonisierung der Konzernbesteuerung, 2011, S. 162 f., wenngleich auch dieser das Imparitätsprinzip aus Liquiditätsgründen in Abwesenheit eines sofortigen Verlustausgleichs als notwendig ansieht.

1064 A.A. wohl *Russo*, in Weber/van de Streek, EU CCCTB, 2018, S. 11, 12 mit Verweis auf seine früheren Ausführungen *Russo*, in Weber, CCCTB – Selected Issues, 2012, S. 67, 71, welcher ein generelles Vorsichtsprinzip befürwortet.

1065 So grds. schon *Groh*, in Hörstmann/Niemann/Rose, StbJB 1979/80, 1979, S. 121, 129.

rung und eine objektive Gewinnermittlung abzulehnen ist.[1066] Vor diesem Hintergrund ist es daher zweckdienlich, dass die spezifischen Einzelfallregelungen, wie bspw. die Vorgaben von Rückstellungen, die zeitliche Zuordnung der Aufwendungen materiell konkretisieren und ein generelles Matching-Prinzip im Sinne einer Objektivierung unter Umständen suspendieren.[1067]

(3) Weitere ungeschriebene Grundsätze

Neben dem Realisationsprinzip und seinen speziellen Ausprägungen lassen sich aus den geschriebenen, allgemeinen Grundsätzen, den Einzelregelungen und mitunter in Verbindung mit den Fundamentalprinzipien weitere, ungeschriebene Prinzipien ableiten. So lässt sich aus dem Grundsatz der Einzelerfassung ein generelles Saldierungsverbot schließen,[1068] welches jedoch ausdrücklich in Art. 27 Abs. 1 GKB-RLV i.d.F. 2016 durchbrochen wird.[1069] Folglich sind Erträge und Aufwendungen grundsätzlich nicht miteinander zu verrechnen. Darüber hinaus lässt sich aus dem allgemeinen Grundsatz der Einzelerfassung sowie im weiteren Sinne auch aus dem Fundamentalprinzip der Besteuerung nach der horizontalen Leistungsfähigkeit der Grundsatz der Vollständigkeit ableiten,[1070] sofern kein Abzugsverbot oder -wahlrecht eine Ausnahme vorsieht. Mit Blick auf die GuV-Orientierung gilt das Prinzip der Vollständigkeit zwar in erster Linie für die Erträge und Aufwendungen, lässt sich jedoch ohne weiteres auch auf die Schattenbilanzierung übertragen. Andernfalls besteht die Gefahr, dass nicht alle steuerpflichtigen Erträge erfasst werden.[1071]

1066 *Herzig*, IAS/IFRS und steuerliche Gewinnermittlung, 2004, S. 50. Zur Problematik ferner *Woerner*, in FS Moxter, 1994, S. 483, 505.

1067 Zutreffend *Mock*, ET 2019, 209, 212.

1068 *López Rodríguez*, Revista de contabilidad y tributación 2011, Heft 345, 33, 68.

1069 So in Bezug auf den Vorgängerentwurf *Eggert*, Die Gewinnermittlung nach dem Richtlinienvorschlag, 2015, S. 104. Ferner *Kuhr*, Grundsätze Europäischer Unternehmensbesteuerung, 2013, S. 335.

1070 *Mock*, ET 2019, 209, 213 f.; *Eggert*, Die Gewinnermittlung nach dem Richtlinienvorschlag, 2015, S. 107 f.

1071 Die Notwendigkeit zeigt sich beispielsweise im Zusammenhang mit Abschreibungen und möglichen, späteren Veräußerungserlösen. So ist für eine korrekte Erfassung des steuerpflichtigen Ertrags die Bereitstellung aller nötigen Informationen wie dem Restbetrag aus planmäßigen bzw. außerplanmäßigen Abschreibungen oder Wertaufholungen unerlässlich.

Eng verwandt mit den Grundsätzen der Stetigkeit und der Vollständigkeit ist die Forderung nach der Bilanzidentität.[1072] Wenngleich das Gewinnermittlungssystem der GKB auf die Erstellung einer Steuerbilanz verzichtet, erfordert eine materiell korrekte Erfolgserfassung gerade bei periodenübergreifenden Sachverhalten die Fortschreibung der zugrundeliegenden Wertposten,[1073] um eine Kongruenz des Totalperiodenerfolgs und der Summe der einzelnen Periodenerfolge zu gewährleisten.[1074] Insofern lässt sich auch dieser Grundsatz aus dem System der GKB implizit ableiten.[1075]

Die Grundsätze der wirtschaftlichen Betrachtungsweise und der Wesentlichkeit sind ebenfalls nicht als allgemeine Grundsätze aufgeführt. Ihre Bedeutung für das System der GKB war dabei in der Entwicklungsphase besonders umstritten.[1076] Nichtsdestoweniger wohnt dem Richtlinienvorschlag als Sekundärrecht zumindest eine europäische wirtschaftliche Betrachtungsweise inne.[1077] Gerade der EuGH stellt bei seiner Prüfung steuerrechtlicher Sachverhalte regelmäßig auf die wirtschaftliche Realität der Geschäftsvorfälle ab.[1078] Überdies verlangt die periodengerechte Ermittlung der wirtschaftlichen Leistungsfähigkeit des Steuerpflichtigen sinngemäß eine wirtschaftliche Betrachtungsweise.[1079] Dieser Grundsatz materialisiert sich sodann explizit in der Zurechnung von Wirtschaftsgütern an den wirtschaftlichen Eigentümer. Dieser wird nach Art. 4 Nr. 28 Satz 1

1072 *Velte*, StuW 2014, 240, 241; *Leffson*, GoB, 1987, S. 225.

1073 *Eggert*, Die Gewinnermittlung nach dem Richtlinienvorschlag, 2015, S. 106 f.

1074 In Anlehnung an *Leffson*, GoB, 1987, S. 225.

1075 Zutreffend *Eggert*, Die Gewinnermittlung nach dem Richtlinienvorschlag, 2015, S. 106. A.A. wohl *Mock*, ET 2019, 209, 213.

1076 So waren die Grundsätze der Wesentlichkeit und der wirtschaftlichen Betrachtungsweise Gegenstand ausgedehnter Diskussionen in der GKKB-Arbeitsgruppe. Siehe Kurzbericht über die Sitzung der Arbeitsgruppe GKKB vom 23. November 2004, CCCTB/WP\ 005a\doc\de v. 21.01.2005, Rn. 42-46. Vgl. ferner auch zur Eignung der Grundsätze für die steuerrechtliche Gewinnermittlung aus Sicht der Kommission: Mitteilung der Kommission, Ein Binnenmarkt ohne unternehmenssteuerliche Hindernisse Ergebnisse, Initiativen, Herausforderungen v. 24.11.2003, KOM(2003) 726 endg., S. 20.

1077 Vgl. zur Verankerung der wirtschaftlichen Betrachtungsweise im Unionsrecht *Florstedt/Wüstemann/Wüstemann*, StuW 2015, 374, 376 f.

1078 *Kokott*, Das Steuerrecht der Europäischen Union, 2018, § 2 Rn. 140 mit Verweis auf *EuGH* v. 20.6. 2013, C-653/11, BB 2013, 1621 Rn. 42; *EuGH* v. 7.10.2010, C-53/09, DB 2010, 2315 Rn. 39.

1079 Siehe *Englisch*, in Tipke/Lang, Steuerrecht, 24. Aufl. 2020, § 5 Rn. 70; *Tipke*, Steuerrechtsordnung – Band III, 2012, S. 1648. Hierzu schon *Lehner*, in FS Tipke, 1995, S. 237, 238.

GKB-RLV i.d.F. 2016 als die Person bezeichnet, die alle materiellen Vorteile und Risiken aus einem Wirtschaftsgut des Anlagevermögens erhält bzw. trägt, unabhängig davon, ob sie der rechtmäßige Eigentümer ist.[1080] Nach Satz 2 gelten die Steuerpflichtigen als wirtschaftliche Eigentümer, die ein Wirtschaftsgut des Anlagevermögens halten, es gebrauchen sowie über es verfügen können und die das Risiko seines Verlustes oder seiner Zerstörung tragen. Darüber hinaus beinhaltet der Richtlinienvorschlag mit Art. 58 GKB-RLV i.d.F. 2016 eine Missbrauchsvermeidungsvorschrift, die mit der Anknüpfung an die wirtschaftliche Realität die wirtschaftliche Betrachtungsweise implizit in das Gewinnermittlungssystem inkorporiert.[1081]

Vor diesem Hintergrund bleibt festzuhalten, dass der Grundsatz der wirtschaftlichen Betrachtungsweise einen allgemeinen Grundsatz der GKB darstellt.[1082] Hierbei ist es jedoch fraglich, inwieweit der Grundsatz bei der Auslegung Geltung erlangen wird. Zwar könnte man einwenden, dass die zivilrechtliche und die wirtschaftliche Betrachtungsweise in der Regel deckungsgleich sind,[1083] eine zu strikte Anlehnung an den Wortlaut der wirtschaftlichen Betrachtungsweise würde jedoch unter Umständen zu einer übermäßigen Besteuerung durch die einzelnen Steuerverwaltungen führen.[1084] Infolgedessen wäre eine europaweit einheitliche Auslegung des Grundsatzes gefährdet. Dieses Problem verstärkt sich gerade im Hinblick auf die noch fehlende europaweite steuerrechtliche Rechtsprechung oder die fehlende multilaterale Abstimmung zwischen den Verwaltungen. Eine wirtschaftliche Betrachtungsweise sollte daher auch im Rahmen der GKB die zivilrechtliche Vertragsgestaltung nicht vollends aus dem Blick verlie-

---

1080 Zur Zurechnung der Wirtschaftsgüter im Richtlinienvorschlag von 2011 siehe *Eggert*, Die Gewinnermittlung nach dem Richtlinienvorschlag, 2015, S. 201 f. So orientiert sich die Definition an der Zurechnung von Leasingobjekten gem. IAS 17. Siehe *Kahle/Schulz*, StuB 2011, 295, 300.

1081 Vgl. *Kokott*, Das Steuerrecht der Europäischen Union, 2018, § 2 Rn. 140.

1082 Zutreffend *López Rodríguez*, Revista de contabilidad y tributación 2011, Heft 345, 33, 70. Ferner haben schon *Freedman/Macdonald* gefordert, dass der Grundsatz der wirtschaftlichen Betrachtungsweise bei der GKB Anwendung finden soll. Siehe *Freedman/Macdonald*, in Lang et al., Common Consolidated Corporate Tax Base, 2008, S. 219, 253 f. A.A. wohl *Mock*, der sich gegen eine Aufnahme des Grundsatzes der wirtschaftlichen Betrachtungsweise in die GKB ausspricht. Siehe *Mock*, ET 2019, 209, 214.

1083 *Hennrichs*, WPg 2015, 315, 319.

1084 *Russo*, in Weber, CCCTB – Selected Issues, 2012, S. 67, 71.

ren,[1085] da diese gerade bei der Periodenabgrenzung samt der Bestimmung des Realisationszeitpunkts mitunter eine entscheidende Rolle hinsichtlich der vertraglichen Verteilung der Chancen und Risiken spielt.[1086]

Der Wesentlichkeitsgrundsatz hingegen stellt kein ungeschriebenes, allgemeines Prinzip des Richtlinienvorschlags dar.[1087] Wenngleich sich dieser Grundsatz zumindest auf das Ziel einer einfachen Gewinnermittlung stützen könnte, würde er allerdings im erheblichen Maße das Prinzip der Besteuerung nach der Leistungsfähigkeit gefährden.[1088] Wesentlichkeitsüberlegungen können dabei freilich bei der Ausgestaltung bestimmter Einzelfallregelungen, wie bei der typisierenden Sammelpostenabschreibung in Art. 37 GKB-RLV i.d.F. 2016,[1089] eine Rolle spielen.[1090] Ein uneingeschränkter Wesentlichkeitsgrundsatz als allgemeiner Grundsatz eines harmonisierten Gewinnermittlungssystems würde jedoch erheblichen Gestaltungsspielraum auf Seiten des Steuerpflichtigen eröffnen. Die fehlende Kodifizierung verdient daher Unterstützung.[1091]

Abseits der vorgestellten Prinzipien fehlt es dem Richtlinienvorschlag zudem an einem Grundsatz der Unternehmensfortführung. Dieser ließe sich zumindest aus dem Postulat der Besteuerung nach der Leistungsfähigkeit ableiten.[1092] Obschon gute Gründe für die Existenz des Fortführungsprinzips im System der GKB sprechen,[1093] finden sich in dem Richtlinienvorschlag keine Vorgaben, wie bei einem Wegfall der Fortführungsprognose vorzugehen wäre. So würde eine Unternehmensaufgabe grundsätzlich eine Bewertung anhand der Zerschlagungswerte erfordern.[1094]

1085 A.A. *Florstedt/Wüstemann/Wüstemann*, StuW 2015, 374, 384, die in einer ausgeprägten wirtschaftlichen Betrachtungsweise die Chance einer europaweiten Harmonisierung erkennen wollen.

1086 Analog *Lüdenbach/Hoffmann/Freiberg*, IFRS-Kommentar, 19. Aufl. 2021, § 25 Rn. 27. Vgl. ausführlich oben Fn. 1050 in Kap. D.I.3.c)aa)(2).

1087 A.A. *v. Wolfersdorff*, Steuerbilanzielle Gewinnermittlung, 2014, S. 263.

1088 *Arbeitskreis Bilanzrecht Hochschullehrer Rechtswissenschaft*, BB 2002, 2372, 2378-2380. Insofern hat das Prinzip der Einfachheit hinter das Fundamentalprinzip der gerechten Besteuerung zurückzutreten. Siehe oben Kap. D.I.2.d).

1089 So kommen Wesentlichkeitsüberlegungen lediglich implizit bei den Abschreibungsregelungen zum Ausdruck. *Marx*, DStZ 2011, 546, 551.

1090 In Anlehnung an *Tiedchen*, in HHR, EStG, 285. Lfg. April 2018, § 5 Rn. 461.

1091 Ebenso schon *Freedman/Macdonald*, in Lang et al., Common Consolidated Corporate Tax Base, 2008, S. 219, 253. A.A. *Mock*, ET 2019, 209, 218; *Kahle/Schulz*, FR 2013, 49, 52; *Marx*, DStZ 2011, 546, 550 f., die für die Aufnahme des Wesentlichkeitsgrundsatzes als allgemeinen Grundsatz der GKB plädieren.

1092 *Mock*, ET 2019, 209, 214.

1093 *Eggert*, Die Gewinnermittlung nach dem Richtlinienvorschlag, 2015, S. 109 f.

1094 *Tiedchen*, in HHR, EStG, 285. Lfg. April 2018, § 5 Rn. 367

Insofern sollte der Grundsatz der Unternehmensfortführung im Sinne der Rechtssicherheit ausdrücklich in den Vorschlag aufgenommen werden.[1095] Eine entsprechende Norm könnte entweder unmittelbar in Art. 6 oder mittelbar als Einzelfallvorgabe in den Bewertungsvorgaben nach Art. 20 GKB-RLV i.d.F. 2016 kodifiziert werden.

bb) Würdigung des Systems der allgemeinen Grundsätze

Das Prinzipiensystem der Richtlinienvorschläge von 2011 und 2016 war im Schrifttum breiter Kritik ausgesetzt. So wurde der Konzeption mangelnde Prinzipienfundierung vorgeworfen. Daher würde dem Richtlinienvorschlag „der systematisch-dogmatische Unterbau" fehlen,[1096] sodass im Ergebnis vielmehr ein schemenhaftes Stückwerk als ein kohärentes System entstanden sei.[1097] Vor diesem Hintergrund bestünde die Gefahr, dass aufkommende Konflikte und Rechtsfragen erst durch die Rechtsprechung in langwierigen Prozessen geklärt werden müssen, wobei bis dahin eine einheitliche und rechtssichere Anwendung der GKB nicht gewährleistet sei.[1098] Das Problem verschärfe sich zudem, da ein Rückgriff auf die handelsrechtliche Gewinnermittlung exkludiert sei.[1099] Stattdessen hätte einer Deduktion der Gewinnermittlungsgrundsätze samt einem ausführlichen Prinzipienfundament der Vorzug gegeben werden sollen, um im Fall von Regelungslücken auf diese zurückzugreifen.[1100] Diese Kritik wurde dabei von Teilen der Berater- und Betriebsprüferpraxis geteilt.[1101]

Mit Blick auf die fehlende Prinzipiendiskussion in der Entwicklungsphase ist die vorgebrachte Kritik nicht unbegründet. So erscheinen die Grundsätze eher als das zufällige Resultat punktueller Kritik als ein zusam-

---

1095 Zutreffend *Mock*, ET 2019, 209, 218; *Russo*, in Weber/van de Streek, EU CCCTB, 2018, S. 11, 13.

1096 *Hennrichs*, in Tipke/Lang, Steuerrecht, 24. Aufl. 2020, § 9 Rn. 120.

1097 *Velte/Mock*, StuW 2017, 123, 139. Siehe auch *Spengel/Zöllkau*, Common Corporate Tax Base, 2012, S. 93.

1098 *Hennrichs*, in Tipke/Lang, Steuerrecht, 24. Aufl. 2020, § 9 Rn. 120; *Velte/Mock*, StuW 2017, 123, 139 mit Verweis auf *Hüttemann*, DStZ 2011, 507, 513.

1099 *Fehling*, in Schaumburg/Englisch, Europäisches Steuerrecht, 2. Aufl. 2020, Kap. 18 Rn. 29. So wohl auch *Herzig*, FR 2012, 761, 761 f.; *Herzig/Kuhr*, StuW 2011, 305, 308.

1100 So unter anderem *Kahle/Schulz*, FR 2013, 49, 52; *Marx*, DStZ 2011, 546, 549; *Schulz*, Harmonisierung, 2012, S. 104.

1101 Hierzu *Velte/Mock*, FR 2018, 1125, 1125 f.; *Velte/Mock*, FR 2018, 1081, 1086-1090.

menhängendes und konzeptionell überzeugendes System.[1102] Zwar könnte man einwenden, dass mit dem Realisationsprinzip und dem Grundsatz der Periodenabgrenzung zwei tragende Grundätze in dem System der GKB kodifiziert sind[1103] und sich – wie gezeigt – in der Gesamtbetrachtung der kodifizierten allgemeinen Grundsätze und Fundamentalprinzipien weitere Grundsätze implizit deduzieren lassen. Gleichwohl werden mögliche Konflikte zwischen den Prinzipien nicht adressiert, sodass eine Prinzipienhierarchie kaum zu erkennen ist.[1104] Ferner fehlt bspw. explizit das Prinzip der Unternehmensfortführung und ließe sich nicht implizit ableiten, sodass die fehlende Kodifikation weiterer Prinzipien im Einzelfall zu erheblicher Rechtsunsicherheit führt.[1105] Dies steht im Ergebnis einer leistungsgerechten Ermittlung des Gewinns entgegen.

Vor diesem Hintergrund verdient die Forderung nach einer stärkeren Ausarbeitung und Ergänzung des Prinzipiensystems grundsätzlich Unterstützung, wobei ein ausgewogenes System an Einzelfallregelungen in Verbindung mit kohärenten Grundsätzen zu präferieren ist.[1106] In diesem Sinne ist es folglich zunächst naheliegend, weitere allgemeine, steuerrechtliche Gewinnermittlungsgrundsätze im System der GKB zu etablieren, um eine einheitliche Auslegung der GKB zu gewährleisten.[1107]

Nichtsdestoweniger ist dieser Schritt selbst mit Problemen verbunden. So ist zum einen festzuhalten, dass die Rechtssicherheit einer umfassenden Prinzipienorientierung auf dem Gebiet des harmonisierten Steuerrechts zuweilen limitiert ist. Die allgemeinen Grundsätze des Richtlinienentwurfs stellen vergleichbar zu den deutschen Grundsätzen ordnungsmäßiger Buchführung in erster Linie Rechtsbegriffe dar, welche materiell

1102 So auch *Schulz*, Harmonisierung, 2012, S. 419.

1103 Vgl. *Eggert*, Die Gewinnermittlung nach dem Richtlinienvorschlag, 2015, S. 112. Dabei wurde die grundlegende Ausrichtung am Realisationsprinzip ausdrücklich begrüßt. *Hennrichs*, in Tipke/Lang, Steuerrecht, 24. Aufl. 2020, § 9 Rn. 120.

1104 *Marx*, DStZ 2011, 547, 549.

1105 Vgl. *Arendt*, Neuauflage der Vorschläge, 2020, S. 158; *Velte/Mock*, StuW 2017, 126, 139; *Marx*, DStZ 2011, 547, 550.

1106 *Mock*, European Harmonization of National Tax Accounting Rules, 2019, S. 33 f. Ferner wohl auch *Mertens*, Algemeen Fiscaal Tijdschrift 2015, 33, 37, obwohl *Mertens* vor diesem Hintergrund konstatierte, dass die Unterscheidung zwischen einem regelbasierten und einem prinzipienbasierten System allenfalls theoretischer Natur sei, da die Vorgaben der GKB selbst grds. eng mit den allgemein anerkannten Rechnungslegungsgrundsätzen verbunden seien.

1107 So bspw. vertreten von *Hamannt/Halverscheid*, in FS Haarmann, 2015, S. 589, 601; *Herzig*, FR 2012, 761, 762.

unbestimmt, jedoch nicht unbestimmbar sind.[1108] Im Kontext des harmonisierten Steuerrechts sind sodann Exekutive und Praxis angehalten, die allgemeinen Grundsätze anzuwenden, wobei im Zweifel die Gerichte über den materiellen Gehalt der Prinzipien entscheiden.[1109] Wenngleich einem solchen Vorgehen freilich der Vorteil einer gewissen Flexibilisierung des Rechts inhärent ist,[1110] besteht in diesem Punkt allerdings weiterhin die Gefahr, dass eine dynamische und kongruente Auslegung dieser Grundsätze nicht in allen Mitgliedstaaten sichergestellt werden kann.[1111] Aus diesem Grund wurde beispielsweise noch nach der Veröffentlichung des Richtlinienvorschlags von 2011 durch einen Großteil der Mitgliedstaaten selbst eine stärkere Regelorientierung befürwortet.[1112]

Zum anderen bestehen indes Zweifel, welche Grundsätze im Speziellen in den Richtlinienvorschlag aufgenommen werden sollten. So sind nicht alle Grundsätze, welche seitens des Schrifttums an das harmonisierte Gewinnermittlungssystem postuliert werden, gleichermaßen für eine adäquate Fortbildung der GKB geeignet. Beispielsweise ist die Forderung nach einem vollumfänglichen Vorsichtsprinzip oder dem Grundsatz der Wesentlichkeit aus Sicht der Besteuerung nach der Leistungsfähigkeit widersprüchlich und wäre per se selbst rechtfertigungsbedürftig.[1113] Eine Skalierung der steuerrechtlichen Prinzipien sowohl der Tiefe als auch der Breite nach schafft folglich nicht notwendigerweise Abhilfe, sondern determiniert unter Umständen Ermessensspielräume und somit weitere

1108 Zu den GoB als unbestimmte Rechtsbegriffe vgl. beispielhaft *Hennrichs*, in Tipke/Lang, Steuerrecht, 24. Aufl. 2020, § 9 Rn. 50 mit Verweis auf *Pöschke*, in Staub, Großkommentar HGB, 5. Aufl. 2014, § 238 Rn. 42.

1109 Zu der richtlinienkonformen Auslegung siehe sogleich unten Kap. D.I.3.d).

1110 Vgl. zu den Vorteilen der Unbestimmtheit und offener Formulierungen im Bilanzsteuerrecht *Meyering/Gröne*, StuW 2018, 28, 33 f. Mit Blick auf die GKB siehe auch *Hamannt/Halverscheid*, in FS Haarmann, 2015, S. 589, 601. Vgl. ferner *Anzinger*, in HHR, EStG, 285. Lfg. April 2018, § 5 Rn. 35.

1111 In Bezug auf Richtlinienentwurf von 2011 *Bünning/Möser*, BB 2011, 2647, 2648. Dies ist zwar kein isoliertes Problem der GKB, sondern existiert in allen Bereichen des harmonisierten Steuerrechts. Zutreffend *Oertel*, StuW 2019, 303, 305 f.

1112 Rat der Europäischen Union, Vorschlag für eine Richtlinie des Rates über eine Gemeinsame Körperschaftsteuer-Bemessungsgrundlage (GKB) – Presidency Synthesis Report on the bilateral discussions, Interinstitutionelles Dossier vom 27.03.2013: 2011/0058(CNS), Dokumentnummer 7830/13, S. 5 f.

1113 So wird aber bspw. von *Kahle/Schulz* ein genereller Wesentlichkeitsgrundsatz oder ein generelles Vorsichtsprinzip gefordert. Siehe *Kahle/Schulz*, FR 2013, 49, 52.

Rechtsunsicherheiten, welche wiederum im Zuge langwieriger Rechtsprechung gelöst werden müssen.

In diesem Zusammenhang ist die Kodifikation weiterer steuerrechtlicher Prinzipien zwar eine notwendige Bedingung, eine konsistente Weiterentwicklung des Richtlinienvorschlags zu gewährleisten und somit Rechtssicherheit sicherzustellen.[1114] Sie stellt aber gleichzeitig keine äquivalente Bedingung für dieselbige dar. Vielmehr zeigt sich, dass sich die Problematik einer einheitlichen Fortbildung des harmonisierten Ertragsteuerrechts bei aufkommenden Regelungslücken nicht nur in erster Linie auf die Ausgestaltung des Gewinnermittlungssystems beschränkt, sondern auch durch eine einheitliche Auslegung bedingt ist. Im Folgenden soll daher auf die autonome Auslegung im Spannungsverhältnis zu den allgemeinen Grundsätzen und Regelungen eingegangen werden.

d) Problematik der autonomen Auslegung einer Gemeinsamen Körperschaftsteuer-Bemessungsgrundlage

aa) Autonomie durch das Gebot der richtlinienkonformen Auslegung

Das Konzept einer Gemeinsamen Körperschaftsteuer-Bemessungsgrundlage verfolgt, wie oben dargelegt, ein autonomes Besteuerungssystem.[1115] Der Inhalt der Richtlinie einer GKB wäre nach ihrer Transformation i.S.d. Art. 288 Abs. 3 AEUV in nationales Recht sodann unionsrechtkonform bzw. im engeren Sinne richtlinienkonform „im Lichte des Wortlauts und des Zwecks der Richtlinie auszulegen“[1116] und anzuwenden,[1117] wobei in letzter Instanz der EuGH nach Art. 267 Abs. 1 Buchst. b) AEUV i.V.m.

1114 Zutreffend *Hamannt/Halverscheid*, in FS Haarmann, 2015, S. 589, 617.

1115 Siehe Kap. D.I.3.b)bb).

1116 So die ständige Rechtsprechung des EuGH siehe *Ruffert*, in Calliess/Ruffert, EUV/AEUV, 5. Aufl. 2016, AEUV, Art. 289 Rn. 77.

1117 Zu der richtlinienkonformen Auslegung als Unterfall der unionsrechtskonformen Auslegung *Roth/Jopen*, in Riesenhuber, Handbuch Europäische Methodenlehre, 4. Aufl. 2021, § 13 Rn. 9 f.; *Ehrke-Rabel*, in Schön/Röder, Zukunftsfragen des deutschen Steuerrechts II, 2014, S. 39, 43-47. Zur Notwendigkeit der richtlinienkonformen Auslegung und Anwendung aufgrund Art. 288 Abs. 3 AEUV siehe beispielhaft *Roth/Jopen*, in Riesenhuber, Handbuch Europäische Methodenlehre, 4. Aufl. 2021, § 13 Rn. 3 f. In diesem Sinne forderte ferner schon *Hennrichs* bezüglich der vierten Richtlinie 78/660/EWG, dass bei der Auslegung der nationalen Regelung zuerst die Ziele und Inhalte der entsprechenden Richtlinie zu berücksichtigen sind. Erst in einem zweiten Schritt

Art. 19 EUV selbst über die Auslegung einer Richtlinie entscheidet.[1118] In diesem Zusammenhang geht der EuGH von der Vermutung aus, dass die in der Richtlinie kodifizierten Definitionen, sofern sie nicht explizit auf das nationale Recht der Mitgliedstaaten verweisen,[1119] aufgrund des europäischen Gleichheitssatzes autonom auszulegen sind.[1120]

Hierzu bedient sich der EuGH tradierter juristischer Methoden der grammatikalischen, systematischen, historischen und teleologischen Auslegung,[1121] wobei insbesondere die Methode der teleologischen Auslegung vorrangig zu beachten ist.[1122] Ferner finden auch die Instrumente der Analogiebildung und der telelogischen Reduktion bei der Auslegung des europäischen Rechts Anwendung.[1123] Mit Blick auf eine harmonisierte Steuerbemessungsgrundlage würde sich dabei für die teleologische Auslegung der Zweck, eine gleichheitsmäßige Besteuerung im Sinne des Grundsatzes der Periodenabgrenzung und des Realisationsprinzips zu gewährleisten, am besten eignen,[1124] sodass das Konzept der Besteuerung nach

---

wäre dieses Ergebnis anhand des nationalen Auslegungskanon zu überprüfen. Siehe *Hennrichs*, Wahlrechte, 1999, S. 88 m.w.N. zu dieser Ansicht.

1118 Zur Unterscheidung der richtlinienkonformen Auslegung des nationalen Rechts von der Auslegung und Fortbildung einer Richtlinienbestimmung als Teil des Unionsrechts *Heuermann*, StuW 2018, 123, 126 f. Dem EuGH legt dabei den Sachverhalt nur aus. Die Anwendung obliegt sodann dem nationalen Gericht, wenngleich eine Grenzziehung in diesem Fall schwierig sein mag. Siehe hierzu *Remien*, RabelsZ 2002, 503, 509 f.

1119 So *EuGH* v. 18.10.2011, C-34/10, EuZW 2011, 908 Rn. 25 m.w.N.; a.A. wohl *Schwarze/Wunderlich*, in Schwarze, EU-Kommentar, 4. Aufl. 2019, EUV, Art. 19 Rn. 39, die auch von einem stillschweigenden Verweis sprechen.

1120 Siehe hinsichtlich der autonomen Auslegung grds. *Riesenhuber*, in Riesenhuber, Handbuch Europäische Methodenlehre, 4. Aufl. 2021, § 10 Rn. 4-7; *Pieper*, in Dauses/Ludwigs, Handbuch des EU-Wirtschaftsrechts, 39. Lfg. Februar 2016, B.I. Rechtsquellen Rn. 60-62. Mit Blick auf das System der GKB *Arendt*, Neuauflage der Vorschläge, 2020, S. 69 m.w.N.; *Eggert*, Die Gewinnermittlung nach dem Richtlinienvorschlag, 2015, S. 33 f.

1121 *Arendt*, Neuauflage der Vorschläge, 2020, S. 69-74; *Riesenhuber*, in Riesenhuber, Handbuch Europäische Methodenlehre, 4. Aufl. 2021, § 10 Rn. 12; *Schön*, Auslegung des europäischen Steuerrechts, 1993, S. 50.

1122 Vgl. *Kofler*, in Schaumburg/Englisch, Europäisches Steuerrecht, 2. Aufl. 2020, Kap. 13 Rn. 1; *Schwarze/Wunderlich*, in Schwarze, EU-Kommentar, 4. Aufl. 2019, EUV, Art. 19 Rn. 36 m.w.N.; a.A. *Pieper*, in Dauses/Ludwigs, Handbuch des EU-Wirtschaftsrechts, 39. Lfg. Februar 2016, B.I. Rechtsquellen Rn. 11 f.

1123 Vgl. *Kokott*, Das Steuerrecht der Europäischen Union, 2018, § 2 Rn. 27.

1124 *Eggert*, Die Gewinnermittlung nach dem Richtlinienvorschlag, 2015, S. 140.

der Leistungsfähigkeit schon im Rahmen der teleologischen Auslegung zwangsläufig zu beachten ist.[1125]

Eine solche Auslegung muss ohne den Rückgriff auf externe Quellen komplett anhand ihrer eigenen Zielsetzung und Systematik erfolgen. Insofern darf bei strenger Betrachtung nicht einmal auf die IFRS zurückgegriffen werden, selbst wenn die entsprechende Norm im Zuge der Entwicklung an einen spezifischen internationalen Standard angelehnt wurde.[1126] Dementsprechend stellt ein möglichst umfassendes und vollständiges Regelwerk die Voraussetzung für eine einheitliche Auslegung und Interpretation in den Mitgliedstaaten dar.[1127]

bb) Fehlende Vorgaben für die Auslegung

Nichtsdestominder lässt ein Blick in die Begriffsbestimmungen des Art. 4 GKB-RLV i.d.F. 2016 erahnen, wie diffizil eine solche Exegese wäre. So findet sich in den Vorgaben des gegenwärtigen Richtlinienentwurfs keine ausdrückliche Definition des Begriffs des Wirtschaftsguts.[1128] Zudem lässt sich wohl selbst bei Anwendung eines umfangreicheren Prinzipienfundaments aufgrund der Abstraktion und inhärenten Unbestimmtheit der Begriffe nicht in allen Zweifelsfragen sofort eine europaweit einheitliche Lösung finden.[1129] Deshalb besteht stets die Gefahr, dass die Rechtsprechung und Anwenderpraxis mittelbar auf ihre tradierten steuerrechtlichen Grundsätze und Begriffe zurückgreifen würde.[1130] Gerade die Konzeption

---

1125 *Eggert*, Die Gewinnermittlung nach dem Richtlinienvorschlag, 2015, S. 140.

1126 In Anlehnung an *Schön*, Auslegung des europäischen Steuerrechts, 1993, S. 49.

1127 *Evers et al.*, Gemeinsame Körperschaftsteuer-Bemessungsgrundlage in der EU, Discussion Paper Nr. 14-112, 2014, S. 4.

1128 *Scheffler/Köstler*, ifst-Schrift 518, 2017, S. 41. Zur Kritik insbesondere *Kahle/Schulz*, StuB 2011, 296, 298.

1129 In Anlehnung an *Aumayr/Mayr*, ET 2019, 153, 157; *Spengel/Malke*, in Lang et al., Common Consolidated Corporate Tax Base, 2008, S. 63, 66. Siehe auch *Spengel/Zöllkau*, Common Corporate Tax Base, 2012, S. 93; *Hüttemann*, DStZ 2011, 507, 511-513. Vgl. ferner auch anschaulich mit Blick auf die deutsche Bilanzrechtsprechung *Weber-Grellet*, DB 2016, 1279, 1283, der die deutschen Grundsätze ordnungsmäßiger Buchführung trotz ihres umfangreicheren Prinzipienfundaments als zu allgemein für eine sichere Rechtsanwendung kritisiert.

1130 Zutreffend mit Blick auf die Gefahr eines Rückgriffs auf das nationale Steuerrecht *Eggert*, Die Gewinnermittlung nach dem Richtlinienvorschlag, 2015, S. 154 mit Verweis auf *Russo*, in Weber, CCCTB – Selected Issues, 2012, S. 67, des Richtlinienentwurfs als gemeinsamer Nenner der Steuerrechtsordnungen der Mitgliedstaaten legt diesen Schluss nahe.[1131]

Eine uniforme Auslegung wird hierbei zusätzlich erschwert, da die steuerrechtliche Gewinnermittlung in den Mitgliedstaaten in unterschiedlichem Maße auf der handelsrechtlichen Gewinnermittlung aufbaut und somit handelsrechtliche und steuerliche Aspekte vermischt. Wenngleich eine solche Herangehensweise mitunter zu den gleichen Ergebnissen wie eine autonome Auslegung führen könnte,[1132] wird sich der Anspruch der absoluten Autonomie des Richtlinienvorschlags in allen Bereichen ad-hoc wohl kaum erfüllen lassen. Und selbst wenn man anerkennt, dass die Entwicklung eines gemeinsamen Verständnisses bei einer autonomen Auslegung durch die europäische Rechtsprechung de facto Jahre in Anspruch nehmen würde,[1133] ist das System der harmonisierten Bemessungsgrundlage bei einem dauerhaften Rückgriff auf das nationale Steuerrecht jedoch erfolglos.[1134] Dabei wird diese kontradiktorische Situation durch den europäischen Gesetzgeber offensichtlich in Kauf genommen.[1135]

Mit Blick auf die hohen dogmatischen Anforderungen an das europäische Steuerrecht, eine leistungsgerechte und rechtssichere Besteuerung europaweit zu gewährleisten,[1136] ist dieser Umstand freilich abzulehnen. In Anbetracht dieser Kritik wurden im Schrifttum daher zwei unterschiedliche Lösungsvorschläge formuliert, um eine kongruente Auslegung nach der Umsetzung der Richtlinie zu erleichtern und hiermit die Rechtsunsi-

---

76; *Schön*, in Schön/Schreiber/Spengel, A CCCTB for Europe, 2008, S. 49, 74. Ferner schon *Herzig/Kuhr*, DB 2011, 2053, 2057. Diese Problematik liegt mitunter sogar der europäischen Rechtsprechung zu Grunde. Siehe zur Auslegung des Begriffs „Arbeitnehmer" und der damit verbundenen Kritik beispielhaft *Ahmling*, Analogiebildung durch den EuGH, 2012, S. 104 f.

1131 Vgl. bspw. zu den allgemeinen Grundsätzen *Spengel et al.*, DB 2013, Beilage Nr. 2 zu Heft 8, 1, 3.

1132 Beispielhaft *Gellrich*, Passivierung, 2008, S. 233.

1133 *Hüttemann*, DStZ 2011, 507, 511. Davor müssten die nationalen Gerichte versuchen die Auslegungskonflikte anhand der richtlinienkonformen Auslegungsmethode zu lösen. Siehe *Arendt*, Neuauflage der Vorschläge, 2020, S. 158.

1134 In Anlehnung an *Neidle*, Tax Journal 2016, Heft Nr. 1130. Vgl. auch *Herzig/Kuhr*, DB 2011, 2053, 2057, die eine von *Kahle/Schulz*, StuB 2011, 296, 298 aufgeworfene „Residualmaßgeblichkeit" des nationalen Steuerrechts mit Blick auf die Harmonisierung als „nutzlos" ablehnen.

1135 Vgl. *Velte/Mock*, FR 2018, 1081, 1088. Siehe auch Zusammenfassender Bericht des Vorsitzes über die Sitzung der Arbeitsgruppe GKKB vom 10. und 11. Dezember 2007 in Brüssel, CCCTB/WP/64/de v. 4.3.2008, Rn. 13.

1136 Siehe oben Kap. D.I.2.f).

cherheiten in der Zeit nach der Einführung zu minimieren. So wäre neben einem Rückgriff auf die IFRS unterhalb einer Maßgeblichkeitsschwelle ebenfalls ein Heranziehen der EU-Bilanzrichtlinie als externe Quelle möglich,[1137] wobei eine solche Generalklausel im Entwurf von 2016 noch keine Berücksichtigung fand.

cc) Kompromissvorschläge der österreichischen und rumänischen Ratspräsidentschaft

(1) Darstellung und Einordnung der Kompromissvorschläge

Im Zuge der jüngeren Beratungen der Ratsarbeitsgruppen wurde sodann auf Anregung[1138] der Regierungen von Deutschland und Frankreich 2018 ein Kompromisstext durch die österreichische Ratspräsidentschaft vorgeschlagen. In diesem Vorschlag wird für die Ermittlung der Steuerbemessungsgrundlage im Rahmen einer Ergänzung des Art. 6 GKB-RLV i.d.F. 2016 auf die nationalen, handelsrechtlichen Rechnungslegungsvorschriften verwiesen,[1139] sofern diese mit den Bestimmungen der Richtlinie einer harmonisierten Bemessungsgrundlage vereinbar sind. Mit dem Kompromissvorschlag der rumänischen Ratspräsidentschaft wurde dieser Absatz anschließend 2019 erweitert, sodass die Steuerbemessungsgrundlage auf der Grundlage der im jeweiligen Mitgliedstaat geltenden Rechnungslegungsvorschriften ermittelt wird, falls sie mit dem System der GKB

1137 Einen Rückgriff auf die internationalen Standards fordern daher: *Essers*, Weekblad voor fiscaal recht 2017, 402, 406 f.; *Essers*, tijdschrfit fiscaal ondernemingsrecht 2017, Heft 150, 59, 65; *Eggert*, Die Gewinnermittlung nach dem Richtlinienvorschlag, 2015, S. 158. Vgl. auch *López Rodríguez*, Revista de contabilidad y tributación 2011, Heft 345, 33, 69 f., der den IFRS schon eine implizite Funktion als Auslegungshilfe attestierte. Bezüglich der Funktion der IFRS siehe ferner schon Zusammenfassender Bericht des Vorsitzes über die Sitzung der Arbeitsgruppe GKKB vom 10. und 11. Dezember 2007 in Brüssel, CCCTB/WP/64/de v. 4.3.2008, Rn. 13. Einen Rückgriff auf die EU-Bilanzrichtlinie wurde dagegen von *Velte/Mock*, StuW 2017, 126, 140 gefordert. Einen allgemeinen Verweis auf EU-Bilanzrecht fordern ferner *Kahle/Schulz*, FR 2013, 49, 51 Fn. 42; *Marx*, DStZ 2011, 547, 550. Ablehnend gegenüber einer solchen Auslegungshilfe *Herzig/Kuhr*, StuW 2011, 305, 308. Ferner auch *Herzig*, IStR 2011, 662, 663.

1138 Vgl. Gemeinsames Positionspapier Deutschlands und Frankreichs zum GKB - Vorschlag vom 19. Juni 2018.

1139 So wohl auch *Aumayr/Mayr*, ET 2019, 153, 156 f.

kompatibel sind. Dieser Passus wurde zudem in dem Vorschlag der finnischen Ratspräsidentschaft unverändert beibehalten, sodass sich hierdurch eine weitreichende Akzeptanz der Mitgliedstaaten für diese Entwicklung vermuten lässt. Die steuerlichen Regelungen der Mitgliedstaaten werden durch den Verweis jedoch explizit nicht erfasst und dürfen somit folgerichtig auch keine Rolle spielen.

Vor diesem Hintergrund stellt sich jedoch die Frage, inwiefern dieser Verweis grundsätzlich zu verstehen ist. So ist zunächst festzuhalten, dass die Richtlinie über ein harmonisiertes Besteuerungssystem nach ihrer Umsetzung in nationales Recht weiterhin anhand ihrer eigenen Ziel- und Zwecksetzung autonom auszulegen wäre.[1140] Der Kompromissvorschlag ändert an dieser Grundkonzeption nichts und darf folglich auch nicht als eine formelle oder materielle Anknüpfung an die handelsrechtliche Gewinnermittlung verstanden werden.[1141]

Davon zu unterscheiden ist jedoch der Einfluss, der sich sodann bei einem Rückgriff gemäß dem Vorschlag auf die nationalen Rechnungslegungsvorschriften als externe Erkenntnisquellen ergeben würde.[1142] So waren beispielsweise schon die internationalen Rechnungslegungsstandards der höchstrichterlichen europäischen Rechtsprechung als Auslegungshilfe auch im Rahmen der Beurteilung von steuerrechtlichen Sachverhalten – abseits bilanzrechtlicher Fragen[1143] – nicht gänzlich fremd.[1144] Insofern ist der Kompromissvorschlag primär als eine deklaratorische Verankerung einer teleologischen Auslegungshilfe aufzufassen und ordnet sich dabei

---

1140 *Aumayr/Mayr*, ET 2019, 153, 157 mit Verweis auf *Titz*, Das Bilanzsteuerrecht in Gegenwart und Zukunft, 2013, S. 231 f. Siehe zudem oben Kap. D.I.3.b)bb).

1141 Ebenso *Aumayr/Mayr*, ET 2019, 153, 157. A.A. wohl Presidency steering note on Financial Accounting v. 9.3.2020, WK 2736 2020 INIT.

1142 Zur Forderung einer solchen Auslegungshilfe am Beispiel des IAS 8.12 siehe *Eggert*, Die Gewinnermittlung nach dem Richtlinienvorschlag, 2015, S. 155 f.

1143 Wie in Kap. C.I.4. indiziert und in den Länderberichten in Kap. C.II.2. untersucht, gewinnen die IFRS nach Ansicht der europäischen Rechtsprechung *EuGH* v. 7.1.2003, C-306/99, BB 2003, 355 Rn. 118 mitunter durchaus als Auslegungshilfe der handels- und steuerrechtlichen Gewinnermittlung in den Mitgliedstaaten faktischen Einfluss. Siehe zu diesem Ergebnis auch *Schulz*, Harmonisierung, 2012, S. 82-84.

1144 Siehe *EuGH* v. 16.12.2012, C-118/11, DB 2012, 500 Rn. 37-40. So hat der EuGH im Zusammenhang mit der Auslegung eines mehrwertsteuerlichen Begriffs den IAS 17 als Auslegungshilfe herangezogen. Nichtsdestotrotz hat sich der EuGH in seinem Urteil vom 4.10.2017, C-164/16, BStBl. 2020 II, 179 von dieser Sichtweise distanziert und stellt nunmehr die (zivil-)rechtliche Einordnung in den Vordergrund seiner Betrachtung. Siehe hierzu *de Weerth*, Anm. zu *EuGH* v. 4.10.2017, C-164/16, DStR 2017, 2215.

den ausdrücklich kodifizierten, harmonisierten steuerrechtlichen Regelungen systematisch unter.[1145] Demnach sind die handelsrechtlichen Rechnungslegungsvorschriften erst bei Zweifelsfragen zur Lösung heranzuziehen, wobei ihre Anwendung auf die ungeregelten bzw. uneindeutigen Fälle im System der harmonisierten Steuerbemessungsgrundlage zu beschränken ist.[1146]

Ein solcher Rückgriff auf die nationalen Rechnungslegungsvorgaben bedeutet dabei einstweilen einen mittelbaren Verweis auf die Grundsätze der EU-Bilanzrichtlinie,[1147] wozu im weiteren Sinne auch der Grundsatz der Bilanzwahrheit gem. Art. 4 Abs. 4 Satz 1 RL 2013/34/EU gehört. Hierdurch wird schließlich ein kohärentes und umfassendes Prinzipiengerüst in das Gewinnermittlungssystem importiert, welches sich sodann für die Auslegung sowie Weiterentwicklung der Richtlinie grundsätzlich eignet und auf einem in den Mitgliedstaaten fundierten Verständnis sowie einer entsprechenden Rechtsprechung des EuGH aufbaut.[1148] Dies hat ferner den Vorteil, dass fiskalische und gesellschaftsrechtliche Aspekte nicht vollends abgekoppelt wären.[1149] Gleichwohl gelten weiterhin primär die steuerlichen Regelungen der GKB samt ihrem spezifischen Zweck, sodass bestimmte Grundsätze wie das Imparitätsprinzip oder der Wesentlichkeitsgrundsatz im Rahmen der teleologischen Reduktion auf die steuerlichen Ausnahmen zu beschränken sind. Die Grundsätze des Rahmenkonzepts der IFRS finden jedoch unter keinen Umständen Einzug in die Ermittlung der harmonisierten Steuerbemessungsgrundlage, da sie kein Unionsrecht

1145 Zur Unterscheidung einer solchen Auslegungshilfe von dem Institut einer Maßgeblichkeit siehe *Eggert*, Die Gewinnermittlung nach dem Richtlinienvorschlag, 2015, S. 156 f.

1146 Zutreffend *Aumayr/Mayr*, ET 2019, 153, 157.

1147 Ebenso *Aumayr/Mayr*, ET 2019, 153, 157.

1148 Vgl. *Velte/Mock*, StuW 2017, 126, 140. In Bezug auf den Grundsatz der wirtschaftlichen Betrachtungsweise allerdings kritisch *Florstedt/Wüstemann/Wüstemann*, StuW 2015, 374, 381 f., da dieser Grundsatz zum einen durch ein Mitgliedstaatenwahlrecht ausgeschlossen werden könnte und zum anderen kein unionsweites Verständnis existiere. Dagegen wohl *Barassi*, in Grandinetti, Corporate Tax Base, 2016, S. 247, 257 f., da das Prinzip der der wirtschaftlichen Betrachtungsweise in den meisten europäischen Mitgliedstaaten existiere und insofern die Einführung der EU-Bilanzrichtlinie aus steuerlicher Perspektive unproblematisch sei.

1149 So schon *Wissenschaftlicher Beirat beim Bundesministerium der Finanzen*, Gutachten – Einheitliche Bemessungsgrundlage der Körperschaftsteuer in der Europäischen Union, 2007, S. 41.

und somit auch kein Bestandteil der nationalen Rechnungslegungsprinzipien darstellen.

Ein Rückgriff auf die durch die EU-Bilanzrichtlinie kodifizierten Grundsätze ist dabei grundsätzlich zu begrüßen. So wird mit Blick auf die defizitäre Prinzipienfundierung mitunter Klarheit und somit Rechtssicherheit geschaffen.[1150] Dabei war schon in dem Richtlinienvorschlag in der Fassung von 2016 eine punktuelle Zuhilfenahme handelsrechtlicher Begrifflichkeiten akzeptiert. So verweist bspw. Art. 4 Nr. 20 GKB-RLV i.d.F. 2016 für die Bestimmung des Finanzanlagevermögens unter anderem auf Art. 2 Abs. 2 der Richtlinie 2013/34/EU. Der Vorstoß der österreichischen Ratspräsidentschaft setzt diesen Ansatz nun konsequent fort und weitet sie auf alle möglichen unbestimmten Definitionen und Vorschriften aus.

Infolgedessen erlangen neben den Rahmengrundsätzen auch die nationalen Rechnungslegungsvorschriften im Zusammenhang mit der Auslegung und Konkretisierung der steuerrechtlichen Vorschriften explizit Geltung, um Rechtsunsicherheiten zu minimieren. Die grundlegende Voraussetzung hierfür ist allerdings, dass die entsprechende Rechnungslegungsvorschrift kompatibel mit den Vorgaben der GKB-Richtlinie ist und ebenfalls den Zielen und Fundamentalprinzipien Rechnung trägt. Folglich müssen die Regelungen weiterhin im Einklang mit dem Grundsatz der Periodenabgrenzung im Allgemeinen sowie insbesondere mit dem Realisationsprinzip als Garanten des Leistungsfähigkeitsprinzips stehen und sollten zudem einfach und praktikabel sein.[1151] Insofern müssen beispielsweise Ansatzwahlrechte bei der Ermittlung konsequent außer Acht bleiben.

Nichtsdestotrotz ist mit dem Rückgriff auf die Rechnungslegungsvorschriften der Mitgliedstaaten abseits einer Übernahme der Rahmengrundsätze der EU-Bilanzrichtlinie oder einzelner Definitionen weiterhin das Problem verbunden, dass sowohl die IFRS als auch die spezifischen, im Zuge der Umsetzung der unionsrechtlichen Richtlinien kodifizierten nationalen Regelungen bei einer Regelungslücke Einzug in die harmonisierte steuerliche Gewinnermittlung finden,[1152] womit prima facie eine Divergenz der Bemessungsgrundlagen einhergehen würde. So lässt sich die Vorschrift dem Wortlaut nach nicht auf eine der beiden Rechnungsle-

1150 *Aumayr/Mayr*, ET 2019, 153, 157 f.

1151 So schon *Eggert*, Die Gewinnermittlung nach dem Richtlinienvorschlag, 2015, S. 157 f.

1152 A.A. wohl *Aumayr/Mayr*, ET 2019, 153, 156 f., die nicht die IFRS, sondern nur die durch die Umsetzung der unionsrechtlichen Richtlinien kodifizierten nationalen Regelungen von der Auslegungshilfe erfasst sehen wollen.

gungskonzeptionen eingrenzen, da die in den Mitgliedstaaten geltenden Rechnungslegungsvorschriften nicht nur die Vorgaben des Einzel-, sondern auch die des Konzernabschlusses umfassen. Hierbei stellen die IFRS zumindest für den Konzernabschluss kapitalmarktorientierter Unternehmen in jedem Mitgliedstaat der EU nach Art. 4 IAS-Verordnung zwingend geltendes Recht dar und werden mitunter im Rahmen des Art. 5 IAS-Verordnung auf den Einzelabschluss bzw. auf den Konzernabschluss nichtkapitalmarktorientierter Unternehmen angewendet.[1153] Ferner offeriert gerade die EU-Bilanzrichtlinie im Bereich der Bewertung einen breiten Umsetzungsspielraum, in dem die IFRS eben nur eine mögliche Ausgestaltungsalternative darstellen, sodass im Ergebnis ein einheitlicher Rückgriff wiederrum wohl kaum gewährleistet ist und Rechtsunsicherheiten trotz der entgegenstehenden Intention sogar weiter zementiert werden. Vor diesem Hintergrund sollte es dem Steuerpflichtigen folglich nicht freistehen, sich beliebig oder gar willkürlich zwischen beiden Normenkonzeptionen zu entscheiden. Stattdessen muss er sich einer bestimmten Systematik zur Auslegung bedienen. Hierbei können grundsätzlich vier Fallgruppen unterschieden werden.[1154]

(2) Fallgruppenbildung und Bedeutung der IFRS

In der ersten Fallgruppe lassen sich dabei die Vorschriften der GKB einordnen, die explizit auf eine entsprechende Vorschrift der IFRS bzw. der EU-Bilanzrichtlinie verweisen oder ausdrücklich einen Begriff der Rechnungslegungskonzeptionen verwenden. Als Beispiele sind die Definitionen „zu Rechnungslegungszwecken konsolidierte Gruppe“ nach Art. 4 Nr. 10, „Eigenkapital“ nach Art. 11 Abs. 2 oder „Finanzanlagevermögen“ gem. Art. 4

1153 So wurde das Mitgliedstaatenwahlrecht in Art. 5 der IAS-Verordnung vielseitig ausgeübt, sodass auch nicht-kapitalmarktorientierte Unternehmen ihren Konzernabschluss nach den IFRS aufstellen könnten. Siehe oben in Fn. 302.

1154 Die folgende Differenzierung ist an die Untersuchung von *Hennrichs/Pöschke* hinsichtlich der Bedeutung der IFRS innerhalb des deutschen Bilanzrechts angelehnt. Diese Analyse ist für den Richtlinienvorschlag für eine GKB besonders geeignet, da die IFRS ebenfalls für das Handelsrecht nur insoweit eine Rolle bei der Auslegung im Sinne einer „Erkenntnisquelle des Rechtsvergleichs“ spielen, sofern eine Einstrahlung erwünscht ist. Siehe hierzu *Hennrichs/Pöschke*, Der Konzern 2009, 532, 536-540. Ferner schon *Hennrichs*, Status:Recht 2009, 127, 128 f. Zur Bedeutung der IFRS als Auslegungshilfe vgl. auch *Theile*, in Heuser/Theile, IFRS-Handbuch, 6. Aufl. 2019, Kap. 5 Rn. 11-14.

Nr. 20 GKB-RLV i.d.F. 2016 zu nennen. Bei einem solchen direkten Verweis ist demgemäß offenkundig das Verständnis der entsprechenden Rechnungslegungskonzeption maßgeblich.

In den Fällen, in denen sich die steuerrechtliche Vorschrift lediglich an eine Norm oder Definition einer Rechnungslegungskonzeption anlehnt, ist zunächst auch diese entsprechende Norm unter der Voraussetzung ihrer Eignung bei der Auslegung zu berücksichtigen. In diesem Zusammenhang ist eine Annäherung der steuerrechtlichen Vorschriften vor dem Hintergrund der Entwicklungsphase jedoch im Wesentlichen auf eine Anlehnung an die internationalen Rechnungslegungsvorschriften beschränkt, wobei in dieser Fallgruppe insbesondere den IFRS in der damaligen Fassung eine hohe Bedeutung zukommt.[1155] Beispielhaft wäre die Regelung zur Erfassung von Rückstellungen zu nennen.[1156] Hierbei müssen sich die Vorgaben der IFRS und der transformierten nationalen Vorgaben jedoch bei der Auslegung der GKB freilich nicht ausschließen, sondern könnten sich im Zuge der Internationalisierung der Rechnungslegung selbst in unterschiedlichem Maße angenähert haben.[1157] Somit ist es bspw. für die Sachverhalte zweckdienlich, in denen sich eine nationale Vorschrift an der korrespondierenden Regelung der internationalen Standards evident orientiert oder mit dieser materiell übereinstimmt, beide Vorgaben bei der teleologischen Auslegung zu berücksichtigen. Dadurch wird der Praktikabilität oder den spezifischen rechtlichen Überlegungen Rechnung getragen, wobei im Zweifel den IFRS der Vorzug zu geben wäre.

In die dritte Fallgruppe sind solche Vorschriften einzuordnen, in denen die IFRS bzw. ferner die Bilanzrichtlinie nicht als Vorbild für die steuerrechtliche Regelung fungiert haben und eine Abweichung zudem explizit beabsichtigt ist. Hierbei dürfen die spezifischen Vorgaben in keiner Weise als Auslegungshilfe Anwendung finden. Diese Fälle sind jedoch schon meist durch ihre Inkompatibilität mit den Fundamentalprinzipien geprägt und somit im Vorfeld bestimmt. Als Beispiel lassen sich die Sachverhalte nennen, in denen die Erfassung unrealisierter Gewinne im Rahmen der

---

1155 So hat schon unter anderem *Jaatinen* auf die Rolle der IFRS bei der Interpretation der steuerlichen Regelungen hingewiesen. Siehe *Jaatinen*, Intertax 2012, 260, 268. Vgl. auch *López Rodríguez*, Revista de contabilidad y tributación 2011, Heft 345, 33, 69 f.

1156 Siehe zu der Anlehnung an den IAS 37 unten Kap. D.II.2.a). Siehe ferner zu weiteren begrifflichen oder konzeptionellen Anlehnungen *van de Streek*, in Terra/Wattel, European Tax Law, Band I, 2019, S. 429, 444.

1157 Siehe beispielhaft oben zur Ausgestaltung der nationalen Vorgaben der (Pensions-)Rückstellungen.

IFRS eine besondere Rolle spielt, sofern sie nicht ausdrücklich in den Richtlinienvorschlag inkorporiert worden sind.

Abschließend sind noch diejenigen Fälle zu erwähnen, in denen sich aus den Vorgaben der GKB weder eine explizite Anlehnung an die IFRS noch im weiteren Sinne eine Orientierung an der EU-Bilanzrichtlinie ableiten lassen und ihr Verhältnis zur GKB daher unbestimmt ist. Hierbei können sodann sowohl die IFRS als auch die durch die Bilanzrichtlinie transformierten nationalen Vorschriften gleichermaßen als Eckpfeiler einer steuerlichen Begriffs- bzw. Lösungsfindung dienen. So lässt sich beispielsweise der Begriff des Fifo-Verfahrens, wie er in Art. 19 Abs. 2 GKB-RLV i.d.F. 2016 vorausgesetzt wird, problemlos anhand beider Konzeptionen bestimmen.[1158] Gleichwohl werden auch durch diese Abstraktion nicht alle Zweifelsfragen gelöst, sodass für diese Fälle nicht auf Anhieb eine einheitliche Lösung sichergestellt werden kann.[1159] Es bedarf in diesen Konstellationen daher weiterer Harmonisierungsmaßnahmen in Form von Nebenbedingungen, um effektive Rechtssicherheit zu gewährleisten.

(3) Nebenbedingungen einer effektiven Rechtssicherheit

Als eine Möglichkeit zur Sicherstellung einer effektiven Rechtssicherheit könnte sich beispielhaft eine Erweiterung der Befugnisse zum Erlassen delegierter Rechtsakte i.S.d. Art. 66 GKB-RLV i.d.F. 2016 eignen.[1160] Insofern wäre die Kommission nicht auf die wenigen Ausnahmen des gegenwärtigen Vorschlags beschränkt und könnte auf Probleme der steuerlichen Gewinnermittlung, die ex ante nicht vorhersehbar waren, zielgenau reagieren. Dabei würde der Rat zumindest weiterhin durch die Vorschrift in Art. 66 Abs. 5 GKB-RLV i.d.F. 2016 die Möglichkeit zur Erhebung von Einwänden behalten, sodass eine Ausübung des Art. 66 durch die Kommission außerhalb einer konsensfähigen Grundlage als unwahrscheinlich eingestuft werden kann.

Neben der Möglichkeit delegierter Rechtsakte könnte sich eine Harmonisierung der steuerrechtlichen Vorschriften durch eine verstärkte Zu-

1158 Vgl. beispielhaft zu den Fifo- sowie LiFo-Verfahren im HGB und den IFRS *Schülke*, in Merkt/Probst/Fink, Rechnungslegung nach HGB und IFRS, 2017, Kap. 6 Rn. 757-790.

1159 *Aumayr/Mayr*, ET 2019, 153, 157 f.

1160 So *Velte/Mock*, StuW 2017, 126, 140; *Russo*, in Lang et al., Common Consolidated Corporate Tax Base, 2008, S. 363, 383.

sammenarbeit der europäischen Steuerverwaltungen erreichen lassen.[1161] Gerade die unterschiedlichen Vollzugs- und Anwendungsregime führen unter Umständen zu einer abweichenden Rechtswirklichkeit in den Mitgliedstaaten.[1162] So könnte ein auf europäischer Ebene angesiedeltes Gremium der Finanzverwaltungen administrative Leitfäden bezüglich einzelner Probleme formulieren, um sodann in einem zweiten Schritt eine einheitliche Rechtsanwendung der Behörden auf dem Gebiet der einzelnen Mitgliedstaaten zu erleichtern.[1163] Eine solche, auf Freiwilligkeit der europäischen Staaten beruhende, Institution könnte gleichwohl auch abseits des Anwendungsbereichs einer Gemeinsamen Körperschaftsteuer-Bemessungsgrundlage die Gefahr von Doppelbesteuerungen durch eine bi- oder multilaterale Koordination mindern, sodass es hierfür auch keine Änderung der bestehenden europäischen Verträge bräuchte. Denkbar wäre auch eine Erweiterung der bereits bestehenden europäischen Amtshilfe, wie sie bspw. auf dem Gebiet der Umsatzsteuer in der Mehrwertsteuer-ZusammenarbeitsVO Nr. 904/2010[1164] eine besondere Ausprägung gefunden hat. [1165]

Ungeachtet der materiellen Tiefe und Breite der Verwaltungsvorschriften und delegierten Akte obliegt es jedoch stets der Judikative, den In-

1161 Vgl. zur Forderung der Harmonisierung der administrativen Kooperation *Hey*, in Lang, DStJG 41, 2018, S. 9, 51-53. Zu einer Harmonisierung der verstärkten Zusammenarbeit im Rahmen der G(K)KB siehe *Garbarino*, EC Tax Review 2016, 277, 293-295. Ferner auch zu einer verstärkten administrativen Zusammenarbeit der Verwaltung der Mitgliedstaaten *Oertel*, StuW 2019, 303, 307-309; *Seer*, in Reimer/Kube, Heidelberger Beiträge zum Finanz- und Steuerrecht, Band 6, 2017, S. 191, 219; *Herzig*, in FS Lang, 2010, S. 1057, 1066. Vgl. ferner zu den Handlungsformen einer exekutiven Rechtsangleichung *Braun Binder*, Rechtsharmonisierung, 2017, S. 211.

1162 Vgl. *Kau*, Rechtsharmonisierung, 2016, S. 658.

1163 So schon *Czakert*, in Schön/Schreiber/Spengel, A CCCTB for Europe, 2008, S. 155, 160. Einen ähnlichen Vorschlag hinsichtlich der G(K)KB vertraten ferner schon *Essers/Russo*, die für einen „European Tax Accounting Standard Board" plädierten. Siehe *Essers/Russo*, in Essers et al., The Influence of IAS/IFRS on the CCCTB, 2009, S. 29, 44. Vgl. auch *Essers*, Weekblad voor fiscaal recht 2017, 402, 405 f., der ein solches Gremium im Rahmen des Art. 68 GKB-RLV i.d.F. 2016 vorschlug.

1164 Verordnung (EU) Nr. 904/2010 v. 7.10.2010, ABl. EU Nr. L 268 v. 12.10.2010, S. 1, zuletzt geändert durch Verordnung (EU) Nr. 517/2013 v. 13.5.2013, ABl. EU Nr. L 158 v. 10.6.2013, S. 1.

1165 Zu den Sekundärrechtsakten der europäischen Amtshilfe vgl. *Seer*, in Reimer/Kube, Heidelberger Beiträge zum Finanz- und Steuerrecht, Band 6, 2017, S. 191, 194 f.

halt einer Vorschrift oder eines unbestimmten Rechtsbegriffs eindeutig auszulegen und somit zu konkretisieren, wobei in letzter Instanz eben der EuGH für die Auslegung der Vorgaben der europäischen steuerlichen Gewinnermittlung zuständig ist. Nur so lässt sich letztendlich auch eine einheitliche Anwendung und somit Rechtssicherheit in der Europäischen Union gewährleisten.[1166] Dabei kann jedoch füglich bezweifelt werden, dass dem EuGH alle Streitfälle der harmonisierten Gewinnermittlung per Vorabentscheidungsersuche vorgelegt werden,[1167] geschweige denn, dass dieser auch in der Lage wäre, alle Frage zu stemmen.[1168] Vor diesem Hintergrund verdient die Forderung nach der Institution eines europäischen Finanzgerichtshofs Unterstützung, um eine effektive Harmonisierung judiziell zu garantieren.[1169]

Schlussendlich wäre jedoch auch die Steuerrechtswissenschaft aufgerufen, die Einführung eines harmonisierten Körperschaftsteuerrechts dogmatisch und vor allem über die Grenzen des eigenen sprachlichen Umfelds und des akademischen Diskursraums hinaus zu begleiten.[1170] Nur so vermag die Herausbildung eines gemeinsamen, europäischen Verständnisses (bilanz-)steuerrechtlicher Probleme und die Formulierung von Lösungsansätzen auch gelingen. Sofern sich die Diskussionen jedoch nur auf nationale Probleme beschränken, wäre die Entwicklung einer gemeinsamen Kommunikation wohl kaum möglich.

4. Zusammenfassung

Der Richtlinienvorschlag aus dem Jahr 2016 stellt das Zwischenergebnis eines andauernden Entwicklungsprozesses dar, indem die Konzepte zur Ermittlung der Bemessungsgrundlage sowie zur Konsolidierung und for-

---

1166 So schon *Schön*, ET 2004, 426, 429.

1167 *Lenz/Rautenstrauch*, DB 2011, 726, 730.

1168 Vgl. auch *Hennrichs*, in Tipke/Lang, Steuerrecht, 24. Aufl. 2020, § 9 Rn. 123.

1169 Zutreffend zur Notwendigkeit eines europäischen Steuergerichtshofs *Kube*, in Schön/Heber, Grundfragen des europäischen Steuerrechts, 2015, S. 41, 52 f.; *Herzig/Kuhr*, DB 2011, 2053, 2057; *Baker*, in Schön/Schreiber/Spengel, A CCCTB for Europe, 2008, S. 181, 183. So wohl auch *Arendt*, Neuauflage der Vorschläge, 2020, S. 159. Siehe zudem *Kube*, in Lang, DStJG 41, 2018, S. 69, 97 f. Zu der Vision eines internationalen Steuergerichtshofs *Oertel*, StuW 2019, 303, 310.

1170 So schon zur Rolle der Steuerrechtswissenschaft *Kube*, in Schön/Heber, Grundfragen des europäischen Steuerrechts, 2015, S. 41, 58.

melhaften Aufteilung der steuerlichen Konzerngewinne separiert wurden. Trotzdem konnte der Richtlinienvorschlag noch keine politische Mehrheit im Rat finden. Vor diesem Hintergrund wurde der Richtlinienentwurf weiterhin durch Kompromissvorschläge der Ratspräsidentschaften konkretisiert. Hieraus lässt sich im Wesentlichen der gegenwärtige Stand der Diskussion ableiten. Falls sich die notwendige Einstimmigkeit aller Mitgliedstaaten langfristig nicht erreichen lässt, wäre in diesem Zusammenhang jedoch auch eine Umsetzung im Rahmen einer verstärkten Zusammenarbeit i.S.d. Art. 20 EUV i.V.m. Art. 326–334 AEUV denkbar.

Das Gewinnermittlungssystem einer harmonisierten Körperschaftsteuer-Bemessungsgrundlage verfolgt dabei als Hauptzweck die Erzielung von Einnahmen zur Deckung der staatlichen Ausgaben, sodass es folglich eines in sich geschlossenen, allgemein akzeptierten Systems bedarf, welches die Belastungswirkungen für den Steuerpflichtigen anhand sachgerechter Prinzipien ausgestaltet und vollzieht. Hierbei steht insbesondere der Gleichheitsgrundsatz nach Art. 20 der Grundrechtecharta im Zentrum der Anforderungen an eine harmonisierte Bemessungsgrundlage, woraus sich weitere Fundamentalprinzipien ergeben. Obschon die genaue Rolle des europäischen Gleichheitsgrundsatzes auf dem Gebiet der direkten Steuern durch die Rechtsprechung noch nicht entschieden wurde und sich zudem aus den weiteren Fundamentalprinzipien keine konkreten Normen ableiten lassen, dienen diese als eine erste Direktive eines harmonisierten steuerlichen Gewinnermittlungssystems und sind folglich im Zuge der weiteren Analyse zu beachten.

Der Vorschlag über eine harmonisierte Körperschaftsteuer-Bemessungsgrundlage umfasst als räumlichen Anwendungsbereich die Europäische Union. Hinsichtlich des persönlichen Anwendungsbereichs ist der Vorschlag lediglich auf die Mutter- und Tochterunternehmen eines konsolidierungspflichtigen Konzerns mit einem Gesamtumsatz von mindestens 750 Mio. Euro beschränkt. Zudem ergeben sich Ausnahmen für kleinere Unternehmensgruppen oder Reedereien. Die Ermittlung des steuerpflichtigen Gewinns des Richtlinienvorschlags baut dabei auf einem GuV-orientierten Ansatz auf und verzichtet insofern auf die Erstellung einer Steuerbilanz. Nichtsdestominder ließen sich die zum Zwecke der Dokumentation nötigen Bestandsrechnungen additiv zu einer Schattenbilanz zusammenführen.

Die Ermittlung des Gewinns im Rahmen des Richtlinienvorschlags erfolgt als eigenständiges, autonomes Konzept, sodass eine Maßgeblichkeit der auf Basis der EU-Bilanzrichtlinie erstellten Einzelabschlüsse oder der IFRS nicht in Betracht kommt. Gleichwohl ist eine Reihe von Regelungen des Richtlinienvorschlags offenkundig an einzelne Standards der IFRS angelehnt und zeichnet sich durch eine ausgeprägte Regelungsorientierung aus. Der Richtlinienvorschlag wird zudem durch allgemeine Grundsätze in Art. 6 GKB-RLV i.d.F. 2016 ergänzt, um eine Auslegungs- bzw. Interpretationshilfe zu kodifizieren.

Wenngleich mit dem Realisationsprinzip und dem Grundsatz der Periodenabgrenzung zwei tragende Grundsätze der steuerlichen Gewinnermittlung in den Richtlinienvorschlag inkorporiert sind, wird dem Gewinnermittlungssystem im Schrifttum füglich eine mangelnde Prinzipienfundierung attestiert. So werden mögliche Konflikte zwischen den Prinzipien nicht adressiert, sodass eine Prinzipienhierarchie kaum erkennbar ist oder elementare Prinzipien sogar fehlen. Infolgedessen wäre die Kodifikation weiterer, steuerrechtlicher Prinzipien eine notwendige Bedingung, das System einer harmonisierten Bemessungsgrundlage rechtssicher auszugestalten. Dies verdient folglich Unterstützung. Nichtsdestominder ließe sich eine europaweit einheitliche Fortbildung und Anwendung nur anhand einer einheitlichen, autonomen Auslegung der Regelungen der GKB in allen Mitgliedstaaten der Union gewährleisten.

Eine einheitliche Auslegung wäre trotz einer Erweiterung der allgemeinen Grundsätze bei Fragen der Begriffsbestimmung indessen nicht in allen Fällen möglich. Dabei ist die Auffassung des europäischen Gesetzgebers, dass bei Zweifelsfragen auf die nationalen steuerrechtlichen Vorgaben zu rekurrieren sei, entschieden abzulehnen. Vor diesem Hintergrund sind der Kompromissvorschlag der österreichischen Ratspräsidentschaft sowie die Erweiterung durch die rumänische Ratspräsidentschaft grundsätzlich zu begrüßen. Gleichwohl erfordert dieser Änderungsvorschlag eine weitergehende inhaltliche Konkretisierung.

So darf er nicht als Einführung einer materiellen oder formellen Maßgeblichkeit der im Rahmen des anzuwendenden Rechts der Mitgliedstaaten erstellten Einzelabschlüsse missverstanden werden, sondern ist vielmehr als eine Auslegungshilfe unterhalb der Schwelle einer Maßgeblichkeit zu begreifen. Dies führt dazu, dass die in den Mitgliedstaaten gültigen Rechnungslegungsvorschriften erst im Zuge eines Rechtsvergleichs als Erkenntnisquelle heranzuziehen sind. Neben einem möglichen Rückgriff auf die nationalen Vorgaben einer transformierten EU-Bilanzrichtlinie scheint sich mit Blick auf die Rolle der IFRS in der Entwicklungsphase der Richtlinienvorschläge insbesondere die verwendete Konzeption der internationalen Standards als adäquate Auslegungsbasis anzubieten, wobei ihre Bedeutung bei der Berücksichtigung in Abhängigkeit des Annäherungsgrads i.S.e. Fallunterscheidung abzustufen ist. Zur Gewährleistung der effektiven Rechtssicherheit sind jedoch noch weitere (politische) Maßnahmen in Form von Nebenbedingungen nötig. So sollte zum Beispiel neben einer Ausweitung der Möglichkeit von delegierten Rechtsakten auch die Einrichtung eines europäischen Finanzgerichtshofs oder ferner einer europäischen Finanzbehörde in Betracht gezogen werden.

Wenngleich sich dieser Vorschlag noch in keinem jüngeren Richtlinienentwurf niedergeschlagen hat, zeugt der Verlauf der Kompromissvorschläge der österreichischen, rumänischen und finnischen Ratspräsidentschaften von einer hohen Akzeptanz der angesprochenen Erweiterung in Art. 6 GKB-RLV i.d.F. 2016. Diese entwickelte Systematik soll daher im Rahmen der weiteren Untersuchung als Auslegungshilfe angewendet werden, um unbestimmte Definitionen oder Vorgaben des Richtlinienvorschlags einer Begriffsbestimmung zugänglich zu machen.

II. Analyse der Abzugsfähigkeit von Pensionsverpflichtungen und der Behandlung des Deckungsvermögens im System der Gemeinsamen Körperschaftsteuer-Bemessungsgrundlage

1. Notwendigkeit einer periodengerechten Erfassung von Pensionsverpflichtungen

a) Abzugsfähigkeit der Aufwendungen für Pensionsverpflichtungen

Pensionsverpflichtungen lassen sich als ein aufgeschobenes Entgelt für die durch den Arbeitnehmer erbrachte Arbeitskraft beschreiben, deren Leistungserbringung und Leistungsvergütung in Abhängigkeit ihrer Ausgestaltung zeitlich divergieren.[1171] Sie besitzen Entgeltcharakter und lassen sich im weiteren Sinne als ein Bargeldsubstitut einordnen. Mit Blick auf das System einer harmonisierten Steuerbemessungsgrundlage ist daher zu ergründen, inwiefern eine Pensionsverpflichtung im Rahmen des Richtlinienvorschlags steuerlich behandelt wird.

Nach Art. 7 GKB-RLV i.d.F. 2016 ermittelt sich die Bemessungsgrundlage als Differenz der Erträge abzüglich steuerfreier Erträge, abzugsfähiger Aufwendungen sowie sonstiger abzugsfähiger Posten. Im Ausgangspunkt der Analyse steht daher die Frage, ob die Aufwendungen für eine Pensionsverpflichtung dem Grunde nach abzugsfähig sind und welcher Periode die Aufwendungen zuzuordnen sind. In diesem Zusammenhang bestimmt

---

1171 Siehe oben Kap. B.II.

sich eine Aufwendung nach Art. 9 Abs. 1 GKB-RLV i.d.F. 2016 als abzugsfähig, soweit sie unmittelbar im betrieblichen Interesse des Steuerpflichtigen angefallen ist.[1172] Der Begriff der Aufwendung selbst ist dabei in Art. 4 Nr. 6 GKB-RLV i.d.F. 2016 als Rückgang des Nettoeigenkapitals in Form von Abflüssen, einer Wertminderung von Vermögenswerten oder der Anerkennung bzw. Zunahme des Werts einer Verbindlichkeit definiert.[1173]

Die Bezeichnung der abzugsfähigen Aufwendungen in Art. 9 GKB-RLV i.d.F. 2016 ist grundsätzlich umfassend zu verstehen,[1174] wobei die Abzugsfähigkeit der Aufwendungen im Sinne der Unmittelbarkeit eine strikte Kausalität zwischen der Aufwendung und dem geschäftlichen Interesse verlangt.[1175] Diesbezüglich konkretisiert Art. 9 Abs. 2 GKB-RLV i.d.F. 2016 sodann, dass zu den abzugsfähigen Aufwendungen im Sinne des ersten Absatzes alle Umsatzkosten und alle Ausgaben ohne die abzugsfähige Mehrwertsteuer zählen, die dem Steuerpflichtigen im Hinblick auf die Erlangung oder Sicherung von Einkommen entstanden sind. Wenngleich der Begriff der Umsatzkosten selbst nicht im Richtlinienvorschlag definiert ist, lassen sich darunter alle Aufwendungen der Funktionsbereiche eines Unternehmens subsumieren, die unmittelbar in den betrieblichen Produktions- bzw. Leistungsprozess involviert sind.[1176] Hierzu zählen folglich auch die Aufwendungen für Pensionsverpflichtungen als Bestandteil

---

1172 *Hennrichs*, in Tipke/Lang, Steuerrecht, 24. Aufl. 2020, § 9 Rn. 120. Siehe zur Entwicklung der der Betriebsausgaben auch *Mayr*, in Schön/Schreiber/Spengel, A CCCTB for Europe, 2008, S. 85, 91.

1173 An dieser Stelle sei angemerkt, dass die Definition der Aufwendungen in Art. 4 Nr. 6 GKB-RLV i.d.F. 2016 nicht sonderlich präzise ist. So stellt der Abfluss von Gütern lediglich eine mögliche Konsequenz eines Aufwands dar, welcher sich im Wesentlichen als erfolgswirksamer Verzehr von Gütern und Leistungen ausdrückt. Insofern stellen Aufwendungen im Kern erfolgswirksame Veränderungen dar. Siehe zu der Definition von Aufwendungen grds. *Stapperfeld*, in HHR, EStG, 295. Lfg. Dezember 2019, § 4 Rn. 753.

1174 *Fehling*, in Schaumburg/Englisch, Europäisches Steuerrecht, 2. Aufl. 2020, Kap. 18 Rn. 31.

1175 In Anlehnung an *Benz/Böhmer*, DB 2016, 2800, 2801. Vgl. hierzu auch zu dem „business purpose test" des Vorschlags der litauischen Ratspräsidentschaft, der in englischer Sprache veröffentlicht wurde. Rat der Europäischen Union, Vorschlag für eine Richtlinie des Rates über eine Gemeinsame Körperschaftsteuer-Bemessungsgrundlage(GKB) – Explanatory notes on the compromise proposal, Interinstitutionelles Dossier vom 14.10.2013: 2011/0058(CNS), Dokumentnummer 14769/13.

1176 Vgl. bspw. zu den Umsatzkosten als Teil des Umsatzkostenverfahrens im Rahmen der IFRS *Lüdenbach/Hoffmann/Freiberg*, IFRS-Kommentar, 19. Aufl. 2021, § 2 Rn. 70.

der Personalausgaben innerhalb des Produktionsprozesses, sodass diese grundsätzlich abzugsfähige Aufwendungen darstellen. Nichts anderes ergibt sich aus Art. 12 GKB-RLV i.d.F. 2016, welcher die nicht abzugsfähigen Aufwendungen abschließend auflistet.

Eine Ausnahme von diesem Ergebnis könnte sich allerdings aus Art. 14 GKB-RLV i.d.F. 2016 ergeben. So gelten Aufwendungen lediglich dann als abzugsfähig, sofern Leistungen an die Anteilseigner, die natürliche Personen sind, an deren Ehepartner oder Verwandte in aufsteigender oder absteigender gerader Linie auch einem unabhängigen Dritten gewährt worden wären. Insoweit müsste eine Pensionsverpflichtung gegenüber einem Gesellschafter einer Kapitalgesellschaft einem Fremdvergleichstest genügen, wozu der Marktwert einer Pensionsverpflichtung als Bewertungsmaßstab heranzuziehen wäre.[1177] Unter Umständen wäre einer Kapitalgesellschaft der Abzug der Pensionsaufwendung infolgedessen versagt, wobei jedoch analog zu Art. 9 Abs. 1 GKB-RLV i.d.F. 2016 lediglich der fremdunübliche Teil auf Gesellschaftsebene ausgeschlossen werden müsste.[1178]

b) Entstehung und Periodenzuordnung der Aufwendungen für Pensionsverpflichtungen

Im Anschluss an die Frage nach der Abzugsfähigkeit einer Pensionsverpflichtung ist sodann zu prüfen, welcher Periode die korrespondierenden Aufwendungen zuzuordnen sind. Im Mittelpunkt dieser Beurteilung steht dabei der elementare Grundsatz der Periodenabgrenzung sowie die Vorgaben zur Realisierung einer Aufwendung nach Art. 15 i.V.m. Art. 17 GKB-RLV i.d.F. 2016. So entsteht eine abzugsfähige Pensionsaufwendung zu dem Zeitpunkt, an dem die Zahlungsverpflichtung entstanden ist und die Verpflichtung der Höhe nach mit adäquater Genauigkeit bestimmt werden kann. Darüber hinaus muss der Steuerpflichtige im Fall von Dienstleistungen die Leistung gem. Art. 17 Buchst. c) GKB-RLV i.d.F. 2016 erhalten haben.

Im Fall von Beitragszusagen sind diese Voraussetzungen zweifelsohne erfüllt. Betrachtet man eine Pensionsverpflichtung als aufgeschobenes Ent-

---

1177 In Anlehnung an *Scheffler/Köstler*, ifst-Schrift 518, 2017, S. 35.

1178 Eine außerbilanzielle Hinzurechnung, wie sie bspw. aus § 8 Abs. 3 des deutschen Körperschaftsteuergesetzes ergeben müsste, kennt die GKB nicht, da diese die 1. und 2. Gewinnermittlungsstufe integriert. Siehe hierzu *Prinz*, StuB 2011, 461, 463.

gelt eines Arbeitsverhältnisses im Sinne eines unselbstständigen Dienstleistungsverhältnisses, darf der Arbeitgeber die Pensionsaufwendung gem. Art. 17 Buchst. c) GKB-RLV i.d.F. 2016 grundsätzlich erst dann gewinnmindernd geltend machen, wenn der Arbeitnehmer dem Unternehmen seine Arbeitskraft zur Verfügung stellt und folglich seinen Barlohn gegen eine spätere Betriebsrente substituiert. Überdies ist die Verpflichtung des Steuerpflichtigen zur Zahlung durch die durch den Arbeitnehmer erfüllte Arbeitsleistung entstanden und der Verpflichtungsumfang ist mit der vertraglich vereinbarten Beitragszahlung abgegolten, sodass die Höhe der Aufwendung verlässlich bestimmt werden kann. Die erfolgswirksame Erfassung als Aufwendung gilt dabei ungeachtet einer säumigen Zahlung des Arbeitsgebers, da diese im Rahmen einer Schattenbilanzierung als Verbindlichkeit erfasst werden würde.

Im Rahmen von Leistungszusagen könnten sich dagegen auf den ersten Blick Unterschiede ergeben. Sieht man zunächst von der genauen Ausprägung der Gestaltungsform ab,[1179] lässt sich bei einer engen grammatikalischen Auslegung der Begriff der Zahlungsverpflichtung in Art. 17 Buchst. a) GKB-RLV i.d.F. 2016 auf den Zeitpunkt der Auszahlung einschränken, sodass eine Aufwendung erst im Fall des Renteneintritts als Leistungsfall entsteht. Gleichwohl steht dieses Ergebnis im Widerspruch zu der Konzeption der Periodenabgrenzung gemäß der wirtschaftlichen Verursachung, bei der eine isolierte, rechtliche Betrachtung keine Rolle spielen darf. Rekurriert man daher auf den Sinn und Zweck der Vorschrift des Art. 17 GKB-RLV i.d.F. 2016, das Realisationsprinzip zu konkretisieren und somit eine gleichheitsgerechte Besteuerung sicherzustellen,[1180] ist vielmehr der Zeitpunkt der realisierten Aufwendung im Zusammenhang mit einer Pensionsverpflichtung maßgebend. Dieser entfällt, wie ferner durch Art. 17 Buchst. c) GKB-RLV i.d.F. 2016 indiziert wird, auf das Ende des für die relevante Arbeitsleistung betrachteten Zeitabschnitts, sodass die Aufwendung für eine Pensionsverpflichtung folgerichtig der Periode zugeordnet wird, in der der Arbeitnehmer dem Unternehmen seine Arbeitskraft zur Verfügung stellt. Ein Rückgriff auf das Prinzip der Perio-

1179 Zu den Besonderheiten der einzelnen Gestaltungsformen im Rahmen der steuerlichen Gewinnermittlung siehe sodann unten Kap. D.II.2.c).

1180 Zur herausragenden Rolle des Realisationsprinzips im Rahmen der teleologischen Auslegung *Eggert*, Die Gewinnermittlung nach dem Richtlinienvorschlag, 2015, S. 140.

denabgrenzung der EU-Bilanzrichtlinie im Rahmen einer Auslegungshilfe stützt diese These.[1181]

Dieses Ergebnis deckt sich zudem grundsätzlich mit der systematischen Auslegung. So ist Art. 17 GKB-RLV i.d.F. 2016 spiegelbildlich zu der zeitlichen Bestimmung der Erträge in Art. 16 GKB-RLV i.d.F. 2016 zu beurteilen. Dabei zählen Erträge nach Art. 16 Abs. 1 GKB-RLV i.d.F. 2016 dann als entstanden, wenn der Anspruch auf ihre Vereinnahmung eingetreten ist. Bei einer Aufwendung handelt es sich daher sinngemäß um den Zeitpunkt des rechtlichen Durchsetzungsanspruches des Arbeitnehmers, nicht um den ausdrücklichen Zeitpunkt der Zahlungspflicht durch den Arbeitgeber.[1182] Überträgt man dies auf die Aufwendungen im Zusammenhang mit Pensionsverpflichtungen, so liegt diesen ein europaweit einheitliches Rechtsverständnis aufgrund der Mobilitätsrichtlinie zugrunde. Wie oben dargestellt,[1183] erwirbt ein Arbeitnehmer spätestens nach drei Jahren einen unverfallbaren Rechtsanspruch auf eine Rentenanwartschaft, wobei ihm in den Fällen des Art. 4 Abs. 1 Buchst. c) RL 2014/50/EU die bis dahin in seinem Namen aufgewendeten Beiträge zustehen. Insofern unterliegt ein Arbeitgeber ab dem Zeitpunkt der Unverfallbarkeit der Verpflichtung, die Pensionsansprüche zukünftig zu begleichen, sodass die Aufwendungen in diesem Kontext nach spätestens drei Jahren verbucht werden müssten.

Es bleibt festzuhalten, dass sich die Aufwendungen auch im Rahmen einer Leistungszusage unter den Vorgaben des Richtlinienentwurfs grundsätzlich antizipieren lassen. Hierbei weicht die systematische Auslegung jedoch unter Umständen von der teleologischen Interpretation ab, wobei dem Ergebnis der teleologischen Auslegung in Zweifelsfragen der Vorzug einzuräumen ist.[1184] Nichtsdestoweniger lässt sich aus dem Grundsatz der Periodenabgrenzung für Leistungszusagen noch kein genauer Bewertungsmaßstab ableiten. Die Höhe der Verpflichtung ist im Wesentlichen von einer Reihe von Bewertungsprämissen abhängig, sodass der Begriff der angemessenen Genauigkeit gem. Art. 17 Buchst. b) GKB-RLV i.d.F. 2016 höchst unbestimmt ist. Da sich aus Art. 17 GKB-RLV i.d.F. 2016 auch keine allgemeinen Vorgaben zur Bewertung der Aufwendungen ableiten lassen, bedarf es weiterer Reglungen, diese Höhe zu ermitteln. Im Folgenden

---

1181 Siehe zur Periodenzuordnung einer Leistungszusage i.S.d. EU-Bilanzrichtlinie Kap. C.I.2.b).

1182 Zu Art. 16 GKB-RLV i.d.F. 2016 siehe Kap. D.I.3.c)bbb).

1183 Siehe oben zu den Vorgaben der Mobilitätsrichtlinie Kap. B.I.1.b). Vgl. hinsichtlich seiner Implikationen Kap. B.II.2.

1184 Vgl. oben Kap. D.I.3.d)aa).

sollen nun die Vorgaben zur steuerlichen Behandlung von Rückstellungen näher betrachtet werden, um mögliche Aussagen über die Höhe der Aufwendungen – gegebenenfalls unter Berücksichtigung der unterschiedlichen Gestaltungsformen – treffen zu können.

2. Aufwendungen für Pensionsverpflichtungen als Rückstellungen i. S. d. lex generalis Art. 23 GKB-RLV i.d.F. 2016

a) Pensionsverpflichtungen als Rückstellungen dem Grunde nach

Eng verbunden mit den Vorgaben zur Periodenzuordnung von Aufwendungen nach Art. 15 i.V.m. Art. 17 GKB-RLV i.d.F. 2016 ist die Definition zur generellen Erfassung von Rückstellungen gem. Art. 23 GKB-RLV i.d.F. 2016.[1185] Nach Art. 23 Abs. 1 S. 1 GKB-RLV i.d.F. 2016 liegen abziehbare Aufwendungen in Form einer Rückstellung dann vor, sofern am Ende eines Wirtschaftsjahres feststeht, dass der Steuerpflichtige aufgrund von Tätigkeiten oder Transaktionen im laufenden oder in vorherigen Jahren eine rechtliche Verpflichtung hat oder voraussichtlich haben wird. In diesem Sinne ist jeder sich daraus ergebende Betrag, der zuverlässig geschätzt werden kann, in Abweichung von Art. 17 GKB-RLV i.d.F. 2016 als Aufwendung abzuziehen. Voraussetzung hierfür ist, dass die endgültige Zahlung des Betrags eine abzugsfähige Aufwendung darstellt. Dabei verteilt sich die Rückstellung in den Fällen, in denen sich die Verpflichtung über mehrere Perioden erstreckt, auf die geschätzte Dauer der Tätigkeit oder Transaktion.

Die Vorgabe zur Bildung einer Rückstellung orientiert sich im Wesentlichen an den Anforderungen des IAS 37 und umfasst infolgedessen den Anwendungsbereich einer Rückstellung für eine dem Grunde bzw. der Höhe nach ungewisse Verbindlichkeit.[1186] Somit wird folgerichtig die Existenz einer ent- bzw. bestehenden (rechtlichen) Verpflichtung gegen-

---

1185 *Scheffler/Köstler*, ifst-Schrift 518, 2017, S. 71. Auf die Sonderregelung des Art. 24 GKB-RLV i.d.F. 2016 wird in Kap. D.III. gesondert eingegangen.

1186 *Krawitz/Karthaus*, in FS Lachnit, 2008, S. 339, 351 f.; *Mayr*, in Schön/Schreiber/Spengel, A CCCTB for Europe, 2008, S. 85, 90; *Gellrich*, Passivierung, 2008, S. 217 f.; *Czakert*, IStR 2006, 561, 565. Vgl. zudem Arbeitsgruppe GKKB, Bisherige Fortschritte und künftige Pläne für die Arbeitsgruppe „Gemeinsame konsolidierte Körperschaftsteuer-Bemessungsgrundlage“, CCCTB\WP\020\doc\de v. 15.11.2005, Rn. 25; Arbeitsgruppe GKKB, Rücklagen, Rückstellungen und Schulden, CCCTB\WP\006\doc\de v. 1.3.2005, über einem Dritten verlangt,[1187] wodurch die Bildung von sog. Aufwandsrückstellungen unzulässig ist.[1188] Gem. Art. 23 Abs. 1 S. 2 GKB-RLV i.d.F. 2016 kann sich eine rechtliche Verpflichtung dabei im Sinne der Norm aus einem Vertrag, einer Rechtsvorschrift, einem allgemeinen bzw. bestimmten Verwaltungsakt oder aus einem anderweitigen Recht ergeben. Insofern schränkt Art. 23 GKB-RLV i.d.F. 2016 die Generalnorm der Aufwandserfassung konstitutiv ein,[1189] da das Vorliegen einer (faktischen) wirtschaftlichen Belastung gegenüber Dritten dem eindeutigen Wortlaut nach zu keiner Rückstellungserfassung führt.[1190] Ferner ist der Ansatz von Drohverlustrückstellungen – wie schon oben erwähnt – im Entwurf von 2016 nach Art. 23 Abs. 3 Buchst. a) GKB-RLV i.d.F. 2016 unzulässig.[1191]

Die Verpflichtung muss dabei bis zum Ende des Geschäftsjahres verursacht sein. Insofern ist ein kausaler Zusammenhang zwischen den vergangenen Geschäftsvorfällen und der gegenwärtigen bzw. zukünftigen Rechtsverpflichtung erforderlich.[1192] In den Fällen einer Rechtsverpflichtung, die zwar an vergangene Ereignisse anknüpft, die jedoch voraussichtlich in der Zukunft erst noch entstehen wird, ist es daher maßgeblich, dass die Verpflichtung zumindest wirtschaftlich dem jeweiligen Geschäftsjahr zugeordnet werden kann. In diesem Sinne trägt Art. 23 Abs. 1 GKB-RLV i.d.F. 2016 also folgerichtig dem Grundsatz der Periodenabgrenzung der Aufwendungen gem. Art. 15 i.V.m. Art. 17 GKB-RLV i.d.F. 2016 Rechnung und konkretisiert diesen, indem er ausdrücklich die erfolgswirksame Erfassung von Aufwendungen für noch nicht entstandene, aber schon ver-

---

Rn. 13-15. Zu einer Analyse von Rückstellungen im Zuge der Entwicklungsphase siehe auch ausführlich *Herzig/Gellrich*, IStR 2006, 757, 759-764.

1187 Arbeitsgruppe GKKB, Überblick über die wichtigsten in der zweiten Sitzung der Untergruppe „Rücklagen, Rückstellungen und Schulden" aufgetretenen Fragen, CCCTB\WP\015\doc\de v. 7.9.2005, S. 10. Vgl. auch Kurzbericht über die Sitzung der Arbeitsgruppe GKKB vom 23. September 2005 in Brüssel, CCCTB/WP/018/Entwurf v. 10.10.2005, Rn. 29.

1188 *Petutschnig*, RWZ 2017, 273, 279. So schon *Kahle/Dahlke/Schulz*, Ubg 2011, 491, 496.

1189 Vgl. *Velte/Mock*, StuW 2017, 126, 135 Fn. 104.

1190 Zur Kritik siehe bspw. *Schulz*, Harmonisierung, 2012, S. 428; *Essers*, in Lang et al., Common Consolidated Corporate Tax Base, 2008, S. 385, 413 f.

1191 Bezüglich des Imparitätsprinzips siehe Kap. D.I.3.c.aa)bbb). Dies wurde schon in der Entwicklungsphase gefordert. Siehe *Dahlke*, Harmonisierung der Konzernbesteuerung, 2011, S. 208.

1192 In Anlehnung an *Senger/Brune*, in MüKoBilR, Band 1, Grundwerk 2008, IAS 37 Rn. 31 bezüglich des IAS 37.

ursachte Verpflichtungen vorschreibt.[1193] Die notwendige Verteilung der Rückstellung i.S.d. Art. 23 Abs. 1 Satz 3 GKB-RLV i.d.F. 2016 auf mehrere Perioden fundiert die Bedeutung des Grundsatzes der Periodenabgrenzung sodann zusätzlich.[1194]

In diesem Zusammenhang lässt sich jedoch der Grad der Wahrscheinlichkeit des Entstehens einer voraussichtlichen Verpflichtung nicht aus den Vorgaben ableiten.[1195] Dem Wortlaut und der engen Anlehnung an den IAS 37 zufolge müssten in diesem Sinne mehr Gründe für die Entstehung als gegen sie sprechen.[1196] In diesen Fällen eignet sich mit Blick auf die Annährung der EU-Bilanzrichtlinie an die Definition einer Rückstellung des IAS 37 konsequenterweise auch ein Rückgriff auf die handelsrechtliche Gewinnermittlung im Rahmen einer Auslegungshilfe. Nichtsdestoweniger eröffnet die Einschätzung freilich gewisse implizite Ermessensspielräume für den Steuerpflichtigen.[1197]

Vor diesem Hintergrund lassen sich leistungsdefinierte Pensionsverpflichtungen in Form von Rückstellungen gem. Art. 23 GKB-RLV i.d.F. 2016 grundsätzlich steuerlich antizipieren.[1198] Dies ergibt sich zum einen explizit durch Subsumption. So handelt es sich bei einer Pensionsverpflichtung um eine rechtliche Verpflichtung, die durch eine nationale (arbeitsrechtliche) Rechtsvorschrift oder einen Individual- bzw. Kollektivvertrag begründet wird. Hierzu dürften ferner auch solche Pensionsverpflichtungen zählen, die sich aus einer betrieblichen Übung oder dem Gleichbehandlungsgrundsatz anderweitig von Rechts wegen nach Art. 23 Abs. 1 Satz 2 Buchst. d) GKB-RLV i.d.F. 2016 ergeben.[1199] Insofern ist die Eingrenzung des Art. 23 GKB-RLV i.d.F. 2016 auf formalrechtliche

---

1193 Vgl. auch schon *Dahlke*, Harmonisierung der Konzernbesteuerung, 2011, S. 202 f. A.A. wohl *Russo*, in Weber/van de Streek, EU CCCTB, 2018, S. 11, 12. Vor dem Hintergrund des Verbots von Drohverlustrückstellungen dürfte der Zusatz „abweichend von Artikel 17“ in Art. 23 GKB-RLV i.d.F. 2016 allerdings an materiell-rechtlicher Bedeutung verloren haben.

1194 Zutreffend *Scheffler/Köstler*, ifst-Schrift 518, 2017, S. 72.

1195 *Schulz*, Harmonisierung, 2012, S. 428; *Kahle/Schulz*, StuB 2011, 296, 301.

1196 *Velte/Mock*, StuW 2017, 126, 135; *Eggert*, Die Gewinnermittlung nach dem Richtlinienvorschlag, 2015, S. 301 f. So schon *Mayr*, in Schön/Schreiber/Spengel, A CCCTB for Europe, 2008, S. 85, 90.

1197 *Eggert*, Die Gewinnermittlung nach dem Richtlinienvorschlag, 2015, S. 302.

1198 Im Ergebnis auch *Petutschnig*, RWZ 2017, 273, 280. So schon *Kuhr*, Grundsätze Europäischer Unternehmensbesteuerung, 2013, S. 255; ferner auch *Kahle/Schulz*, StuB 2011, 296, 302.

1199 In Anlehnung an *Planert*, Bilanzierung von Pensionsverpflichtungen, 2005, S. 18 f.

Verpflichtungen hinsichtlich der Pensionsverpflichtungen lediglich von untergeordneter Bedeutung. Die Verpflichtung ist ferner verursacht, da sie sich auf den Erfüllungsrückstand des Arbeitgebers für die durch den Arbeitnehmer geleistete Arbeitsleistung bezieht. Darüber hinaus sind die Fälligkeit bzw. die Höhe der zukünftigen Verpflichtung aufgrund des biometrischen Risikos ungewiss, wenngleich sich der Steuerpflichtige der Verpflichtung im Zuge der kurzen Unverfallbarkeitsfristen kaum zu entziehen vermag. Zum anderen deckt sich dieses Ergebnis freilich mit einem Rückgriff auf sowohl die IFRS als auch auf die Vorgaben im Rahmen der EU-Bilanzrichtlinie.[1200]

Es lässt sich somit konstatieren, dass leistungsdefinierte Pensionsverpflichtungen grundsätzlich die Voraussetzungen einer Rückstellung erfüllen und dementsprechend unter Art. 23 GKB-RLV i.d.F. 2016 fallen. Angesichts des über die Perioden hinweg sukzessiv ansteigenden Erfüllungsrückstands des Arbeitgebers ist es zudem folgerichtig, die Rückstellung über die Anwartschaftsphase zu verteilen. Es bleibt ferner jedoch fraglich, ob die Ansammlungsrückstellung zeit- oder umsatzproportional erfolgen soll.[1201]

b) Pensionsverpflichtungen als Rückstellungen der Höhe nach

Die Höhe der Rückstellung ermittelt sich auf Basis des Art. 23 Abs. 2 GKB-RLV i.d.F. 2016. Demzufolge fußt der zuverlässig geschätzte Betrag i.S.d. Art. 23 Abs. 1 GKB-RLV i.d.F. 2016 im Wesentlichen auf den Aufwendungen, die voraussichtlich erforderlich sind, um die entsprechende Verpflichtung am Ende des Wirtschaftsjahres zu erfüllen. Die Schätzung dieses Erfüllungsbetrags soll dabei auf der Grundlage aller relevanten Faktoren samt der unternehmens-, konzern- oder branchenspezifischen Erfahrungswerte erfolgen. Hierzu konkretisiert Art. 23 Abs. 2 Satz 2 GKB-RLV i.d.F. 2016 zusätzlich weitere Kriterien, die bei der Schätzung eines Betrags zu beachten sind. So soll gem. Buchst. a) allen Risiken und Unwägbarkeiten Rechnung getragen werden, wobei die Existenz von möglichen Unwägbarkeiten jedoch nicht die Bildung überhöhter Rückstellungen rechtfertigt. Dies steht dementsprechend im Einklang mit dem Gebot der Willkürfreiheit und Objektivierung.[1202] Folglich dürfen im Rahmen der Schätzung

1200 Siehe oben Kap. C.I.
1201 So grds. *Kahle/Schulz*, StuB 2011, 296, 302.
1202 *Scheffler/Köstler*, ifst-Schrift 518, 2017, S. 75.

auch keine pauschalen Risikoaufschläge durch den Steuerpflichtigen berücksichtigt werden.[1203]

Darüber hinaus werden Rückstellungen mit einer Laufzeit von über zwölf Monaten nach Art. 23 Abs. 2 Satz 2 Buchst. b) GKB-RLV i.d.F. 2016 mit dem von der Europäischen Zentralbank veröffentlichten durchschnittlichen jährlichen EURIBOR-Zinssatz für Schuldtitel mit einer Restlaufzeit von zwölf Monaten in dem Kalenderjahr abgezinst, in dem das Wirtschaftsjahr endet. Der EURIBOR-Zinssatz gilt allerdings nur, sofern nicht explizit ein individueller Abzinsungssatz festgelegt worden ist. Insofern erstreckt sich das Abzinsungsgebot auf sowohl verzinsliche als auch unverzinsliche Verpflichtungen.[1204] Eine leistungsdefinierte Pensionsverpflichtung stellt dabei grundsätzlich – wie gezeigt – ein implizites Kreditverhältnis und somit eine verzinsliche Verpflichtung dar,[1205] sodass die Diskontierung der zukünftigen Rentenzahlungen als Erfassung der Zinsaufwendungen folgerichtig im Einklang mit dem Grundsatz der periodengerechten Erfolgsermittlung und dem Realisationsprinzip steht.[1206] Zudem erscheint eine Diskontierung der Pensionsverpflichtungen anhand eines dynamischen, jedoch objektivierten EURIBOR-Zinssatzes in den Fällen ohne ausdrücklich vereinbarten Abzinsungssatz angesichts des Gebots der Besteuerung nach der Leistungsfähigkeit im Wesentlichen sachgerecht,[1207] wobei ein explizit vereinbarter Zinssatz in Höhe von null, wie er mitunter bei hybriden Zusagen wie der in Deutschland anzutreffenden beitragsorientierten Leistungszusagen auftreten könnte,[1208] sodann als maßgeblicher Zinssatz akzeptiert werden muss. Im Gegensatz zu IAS 37.45 sind zudem auch unwesentliche Zinseffekte bei der Bewertung zu berücksichtigen.[1209]

1203 In Anlehnung an *Eggert*, Die Gewinnermittlung nach dem Richtlinienvorschlag, 2015, S. 304.

1204 *Scheffler/Köstler*, ifst-Schrift 518, 2017, S. 77.

1205 Siehe zu den betriebswirtschaftlichen Implikationen Kap. B.II.2.

1206 In Anlehnung an *Heiniz*, Direktzusagen, 2018, S. 101; *Weckerle*, DB 2017, 1284, 1286; *Keßler*, Pensionsverpflichtungen, 2010, S. 132; *Petersen*, Rechnungslegung für Pensionsverpflichtungen, 2002, S. 49 f.; *Thoms-Meyer*, Grundsätze ordnungsmäßiger Bilanzierung, 1995, S. 98. So schon *Moxter*, WPg 1984, 397, 403. A.A. wohl *Busch*, GoB für Pensionsrückstellungen, 1976, S. 158 f.

1207 Vgl. grds. *Velte/Mock*, StuW 2017, 126, 143. Ferner wohl auch *Kahle/Schulz*, StuB 2011, 296, 302.

1208 Vgl. *Heiniz*, Direktzusagen, 2018, S. 101.

1209 Zutreffend *Schulz*, Harmonisierung, 2012, S. 429; *Kahle/Schulz*, StuB 2011, 296, 302. Zur fehlenden Bedeutung des Wesentlichkeitsgrundsatzes vgl. oben Kap. D.I.3.c)aa)(3).

Bei der Ermittlung des Erfüllungsbetrags sind zusätzlich nach Art. 23 Abs. 2 Satz 2 Buchst. c) GKB-RLV i.d.F. 2016 künftige Ereignisse zu beachten, sofern mit dem Eintreten der Ereignisse vernünftigerweise gerechnet werden kann. Eine profundere Ausführung, was unter dem Merkmal der künftigen Ereignisse zu verstehen ist, findet sich in dem Richtlinienvorschlag nicht. Greift man subsidiär auf den IAS 37 zurück, können künftige Ereignisse grundsätzlich zu sowohl einem höheren als auch einem niedrigeren Verpflichtungsbetrag führen, sofern diese objektiv mit hinreichender Sicherheit anzunehmen sind.[1210] Darunter könnten neben Gesetzesänderungen schließlich auch Preis- bzw. Kostensteigerungen eingeordnet werden.[1211] Gleichwohl schließt Art. 23 Abs. 3 Buchst. b) GKB-RLV i.d.F. 2016 die Erfassung von Rückstellungen für künftige Kostensteigerungen konstitutiv aus, sodass infolgedessen auch weder allgemeine noch spezifische nachteilige Preisentwicklungen im Rahmen der Schätzung Berücksichtigung finden dürfen.[1212]

Abschließend verlangt Art. 23 Abs. 2 Satz 2 Buchst. d) GKB-RLV i.d.F. 2016, dass künftige Vorteile, die unmittelbar mit dem Ereignis der Rückstellungsbildung zusammenhängen, gewinnerhöhend berücksichtigt werden.[1213] Diese Vorschrift ist ebenfalls gänzlich unbestimmt und erzeugt Rechtsunsicherheit.[1214] Nach Teilen des Schrifttums sei sie dabei als Pendant zu Buchst. c) zu verstehen, sodass Buchst. d) alle vorteilhaften zukünftigen Ereignisse erfasse, während Buchst. c) lediglich auf die nachteilhaften Ereignisse beschränkt sei.[1215] Dieser Sichtweise soll hier nicht gefolgt werden. Vielmehr bezieht sich Buchst. d) präzisierend auf die Entstehung möglicher Erstattungsansprüche oder vergleichbarer Ansprüche,[1216] welche im Rahmen des IAS 37 zu einer Verrechnung der Erstattungen mit

1210 Vgl. *Schrimpf-Dörges*, in Beck'sches IFRS-Handbuch, 6. Aufl. 2020, § 12 Rn. 64. Siehe hierzu beispielhaft *Senger/Brune*, in MüKoBilR, Band 1, Grundwerk 2008, IAS 37 Rn. 65-67.

1211 In Anlehnung an *Eggert*, Die Gewinnermittlung nach dem Richtlinienvorschlag, 2015, S. 304.

1212 Vgl. *Scheffler/Köstler*, DStR 2013, 2190, 2194. Kritischer wohl *Velte/Mock*, StuW 2017, 126, 136.

1213 So *Petutschnig*, ÖStZ 2011, 325, 329.

1214 *Eggert*, Die Gewinnermittlung nach dem Richtlinienvorschlag, 2015, S. 305.

1215 So schon vertreten durch *Kahle/Dahlke/Schulz*, Ubg 2011, 491, 497.

1216 Nach *Velte/Mock* handelt es sich um Ersatz- oder Rückgriffsansprüchen gegen Dritte. Siehe *Velte/Mock*, StuW 2017, 126, 137.

den Aufwendungen führen.[1217] Es handelt sich dabei um solche Geschäftsvorfälle, welche wirtschaftlich direkt an das verpflichtende Ereignis der Rückstellung gekoppelt sind.[1218] Das Attribut der Unmittelbarkeit des Buchst. d) als Ausdruck eines kausalen Zusammenhangs fundiert diese Sichtweise. Ferner wäre es bei umgekehrter Betrachtung zumindest fraglich, inwieweit Kostensenkungen oder für den Steuerpflichtigen positive Gesetzesänderungen unmittelbar mit dem Ereignis der Rückstellungsbildung zusammenhängen würden.

In Hinblick auf die Bewertung von Pensionsrückstellungen lässt sich feststellen, dass es dem Richtlinienvorschlag grundsätzlich an einem bestimmten Bewertungsmaßstab fehlt.[1219] So werden lediglich einzelne Elemente der Berechnungsgrundlage definiert. Außer dem anzuwendenden Diskontierungssatz lassen sich daher auch keine spezifischeren Vorgaben der nötigen Bewertungsparameter wie einem geeigneten Bewertungsverfahren bezüglich der Behandlung von Leistungszusagen, geschweige denn der einzelnen Gestaltungsformen, entnehmen. Zudem ist gerade mit Blick auf Rückstellungen für Pensionsverpflichtungen zweifelhaft, ob der EURIBOR-Zinssatz mit einem kurzfristigen Restlaufzeithorizont von zwölf Monaten den Charakter einer Pensionsverpflichtung als langfristige Schuld überhaupt adäquat abbildet.[1220] Insofern ist es kaum verwunderlich, dass die Höhe des Zinssatzes langfristiger Schulden im Mittelpunkt der Diskussion zwischen den Mitgliedstaaten steht.[1221]

1217 Vgl. analog zu den IFRS *Lüdenbach/Hoffmann/Freiberg*, IFRS-Kommentar, 19. Aufl. 2021, § 21 Rn. 174; *Hachmeister/Zeyer*, in Thiele/von Keitz/Brücks, Int. Bilanzrecht, 21. Lfg. Januar 2015, IAS 37 Rn. 303.

1218 *Senger/Brune*, in MüKoBilR, Band 1, Grundwerk 2008, IAS 37 Rn. 76.

1219 *Scheffler/Köstler*, ifst-Schrift 518, 2017, S. 75.

1220 In Anlehnung an *Spengel et al.*, DB 2013, Beilage Nr. 2 zu Heft 8, 1, 6; *Lenz/Rautenstrauch*, DB 2011, 726, 728. So grds. auch *Velte/Mock*, StuW 2017, 126, 143.

1221 Im Rahmen der österreichischen, rumänischen und finnischen Kompromissvorschläge wurde indessen als Abzinsungssatz die Benchmarkrendite einer zehnjährigen Staatsanleihe des Euro-Währungsgebiets zuzüglich einer Risikoprämie von zwei Prozentpunkten vorgeschlagen. Vgl. zu den zuvor nicht veröffentlichten Arbeitsunterlagen *van de Streek*, in Terra/Wattel, European Tax Law, Band I, 2019, S. 429, 465. Dagegen favorisieren die Mitgliedstaaten Deutschland und Frankreich bspw. einen fixen Abzinsungssatz. Vgl. Gemeinsames Positionspapier Deutschlands und Frankreichs zum GKB - Vorschlag vom 19. Juni 2018, Rn. 11. Siehe zu der frühen Kritik durch die Mitgliedstaaten an dem Zinssatz ferner Rat der Europäischen Union, Vorschlag für eine Richtlinie des Rates über eine Gemeinsame Körperschaftsteuer-Bemessungsgrundlage(GKB) – Explanatory notes on the compromise proposal, Interin-

Im Ergebnis sind die Vorgaben zur Bewertung von Rückstellungen im Rahmen des Richtlinienvorschlags insgesamt höchst unbestimmt und implizieren mitunter erhebliche Ermessenspielräume.[1222] Insofern lässt sich auf Basis des Art. 23 GKB-RLV i.d.F. 2016 allein zunächst keine rechtssichere und somit leistungsgerechte Berücksichtigung und Bewertung einer Leistungszusage gewährleisten. Es bleibt vor diesem Hintergrund zudem offen, inwieweit ein Rückgriff auf die IFRS oder die nationalen Rechnungslegungsvorschriften erfolgen könnte, da zwar mit dem IAS 19 ein spezifischer Standard als lex specialis existiert, dieser jedoch nicht als Auslegungshilfe im Sinne der zweiten Fallgruppe für die steuerlichen Vorschriften zur Verfügung steht, da offenkundig nur eine Anlehnung an den IAS 37 erkennbar ist.[1223]

c) Sonderfragen der steuerlichen Behandlung von Rückstellungen im Zusammenhang mit unterschiedlich ausgestalteten Leistungszusagen

Der bisherigen, abstrakten Unterscheidung in Beitrags- und Leistungszusagen folgend, stellen beide Zusagearten Aufwendungen im Sinne des Richtlinienvorschlags dar. Während Beitragszusagen dabei durch die Begleichung der vereinbarten Zahlungen abgegolten sind, fallen Leistungszusagen aufgrund ihrer zeitlich aufgeschobenen Erfüllung grundsätzlich unter die Vorgaben bezüglich von Rückstellungen nach Art. 23 GKB-RLV i.d.F. 2016. Gleichwohl wurden in der bisherigen Analyse des Richtlinienvorschlags die Implikationen der unterschiedlichen Gestaltungsformen einer Leistungszusage im Rahmen der steuerlichen Gewinnermittlung bewusst ausgeblendet.[1224] Daher soll im folgenden Schritt näher auf die möglichen steuerlichen Konsequenzen der rechtlichen und wirtschaftlichen Ausgestaltung einer leistungsdefinierten Pensionsverpflichtung in eine unmittelbare und mittelbare bzw. kapitalgedeckte und umlagefinanzierte Leistungszusage im Lichte des Richtlinienvorschlags eingegangen werden.

Betrachtet man zunächst Direktzusagen, bei denen der Arbeitgeber bei Fälligkeit der Pensionsverpflichtung die Leistungen an den Arbeitnehmer

---

stitutionelles Dossier vom 14.10.2013: 2011/0058(CNS), Dokumentnummer 14769/13, S. 17.

1222 In Anlehnung an *Eggert*, Die Gewinnermittlung nach dem Richtlinienvorschlag, 2015, S. 305 f.

1223 Zu der Systematik der Auslegungshilfe siehe oben Kap. D.I.3.d)bb).

1224 Bezüglich der Abhängigkeiten der unterschiedlichen Gestaltungsformen siehe Kap. B.I.2.

unmittelbar erbringt, ändert sich an der Notwendigkeit zur Erfassung einer Rückstellung nichts. Eine unmittelbare Pensionsverpflichtung zeichnet sich gerade durch die direkte vertragliche Beziehung zwischen Arbeitgeber und Arbeitnehmer aus.[1225] Die damit verbundene (rechtliche) Verpflichtung des Arbeitgebers gegenüber dem Arbeitnehmer wird hierbei erst durch die Zahlung der Versorgungsleistungen in der Rentenbezugsphase unabhängig von der möglichen Deckungsform erfüllt. Insofern ist die Bildung einer Rückstellung in diesen Fällen stringent und fällt somit folgerichtig unter Art. 23 GKB-RLV i.d.F. 2016.

Indessen könnte sich im Zusammenhang mit den mittelbaren Durchführungsformen eine abweichende Feststellung ergeben. Sagt ein Arbeitgeber einem Arbeitnehmer eine Pensionsverpflichtung mittels einer mittelbaren Durchführungsform zu, so besitzt der Arbeitnehmer in erster Linie einen Anspruch gegenüber dem externen Versorgungsträger, während sich die Verpflichtung des Arbeitgebers primär auf die Bereitstellung der nötigen Beiträge an den Versorgungsträger beschränkt.[1226] Der Versorgungsträger übernimmt in diesem Fall die Verpflichtung des Arbeitgebers zur Leistung der Rentenzahlungen, wobei dieser jedoch ex definitione für die Erfüllung seiner Pensionsverpflichtung, wenngleich nachrangig, einzustehen hat.[1227] Infolgedessen treten aus der Perspektive des Arbeitgebers zwei Rechtsbeziehungen auf, zum einen die Verpflichtung gegenüber der externen Versorgungseinrichtung und zum anderen die Verpflichtung gegenüber dem Arbeitnehmer.[1228]

Die Aufwendungen des Arbeitgebers, die aus dem vertraglichen Verhältnis gegenüber dem Versorgungsträger resultieren, fallen dabei gleichfalls im Zusammenhang mit der betrieblich motivierten Pensionsverpflichtung an und stellen somit abzugsfähige Aufwendungen gem. Art. 9 Abs. 1 GKB-RLV i.d.F. 2016 dar.[1229] Im Fall einer mittelbaren, kapitalgedeckten

---

1225 Vgl. Kap. B.I.1.c)aa).

1226 Siehe hierzu Kap. B.I.1.c)aa).

1227 Eben dieses Haftungsrisiko ist der Leistungszusage inhärent. Siehe Kap. B.I.1.c)cc).

1228 In Anlehnung an *Cisch*, BB 1987, 300, 302 f. bezüglich der auftretenden Rechtsverhältnisse. Vgl. ferner ebenfalls Punkt 32 der Erwägungsgründe der RL 2016/2341/EU, der von der zugrundeliegenden Dreiecksbeziehung zwischen Arbeitgeber, Arbeitnehmer und der externen Versorgungseinrichtung spricht. Mit Blick auf das Dreieckverhältnis der mittelbaren Durchführungsformen in Deutschland siehe beispielhaft *Langohr-Plato*, Betriebliche Altersversorgung, 2016, S. 34 & 41.

1229 So schon hinsichtlich des Richtlinienentwurfs von 2011 *Spengel/Zöllkau*, Common Corporate Tax Base, 2012, S. 53.

Pensionsverpflichtung und der damit verbundenen Beitragszahlungen in der Anwartschaftsphase sollte es im Regelfall zu keiner Rückstellung auf Seiten des Arbeitgebers kommen, da seine Verpflichtung gegenüber dem Arbeitnehmer grundsätzlich vollständig auf den externen Versorgungsträger ausgelagert worden ist und der Arbeitgeber somit von der Pflicht zur Rückstellungsbildung gem. Art. 23 Abs. 1 Satz 1 GKB-RLV i.d.F. 2016 befreit ist.

Die Beiträge an die Versicherungsunternehmen oder die Einrichtungen der betrieblichen Altersversorgung i.S.d. Richtlinie (EU) 2016/2341 sollten dabei gerade in den Fällen der versicherungsförmigen Durchführung unter der Berücksichtigung aktuarieller Grundsätze gemäß dem versicherungstechnischen Äquivalenzprinzip so kalkuliert sein, dass sie die zugesagten Leistungen und Verwaltungskosten decken.[1230] Inwiefern eine dynamische respektive volatile Höhe der Beitragszahlungen ebenfalls zur erfolgswirksamen Erfassung der Aufwendungen nach Art. 15 i.V.m. Art. 17 GKB-RLV i.d.F. 2016 berechtigt, ist im Zweifel jedoch anhand der schuldrechtlichen Verpflichtung zwischen dem Versorgungsträger und dem Steuerpflichtigen zu ergründen.[1231] In diesem Sinne dürfte per se auch eine temporäre Überdeckung des externen Versorgungsträgers durch überhöhte Beitragszahlungen im Rahmen des Art. 9 GKB-RLV i.d.F. 2016 möglich sein, sofern sich diese mit den vertraglichen Vereinbarungen deckt.[1232]

Im Ergebnis fallen die Auszahlungen respektive Aufwendungen an den externen Versorgungsträger und die mit der Leistungszusage korrespondierenden, der jeweiligen Perioden zugeordneten Aufwendungen aus

1230 In Anlehnung an *Schäfers*, in Kaulbach/Bähr/Pohlmann, VAG, 6. Aufl. 2019, § 232 Rn. 25. Zum Äquivalenzprinzip aus aktuarieller Sicht *Schrading*, in MüKoVVG, Band III, 2. Aufl. 2017, 140 Rn. 11. Gleichwohl ist ein Risikoausgleich in der Richtlinie (EU) 2016/2341 nicht zwingend vorgeschrieben, sondern ergibt sich aus dem nationalen Recht, sodass eine versicherungsförmige Durchführung auch unterbleiben könnte. Vgl. hierzu *Reiner*, in Franzen/Gallner/Oetker, EuArbR, 3. Aufl. 2020, 680 Art. 7 Rn. 6. Vgl. zu diesem Ausnahmefall beispielhaft im deutschen Recht *Schäfers*, in Kaulbach/Bähr/Pohlmann, VAG, 6. Aufl. 2019, § 236 Rn. 22.

1231 Sofern der Gesetzeswortlaut die Gestaltung der Beiträge nicht einschränkt, sollte die Form der Beitragszahlungen lediglich aus der Ausgestaltung der schuldrechtlichen Verpflichtung ergeben. In Anlehnung an *Dommermuth*, in HHR, EStG, 274. Lfg. April 2016, § 4e Rn. 11 & 23.

1232 Eine Minderung des steuerpflichtigen Gewinns durch die Verschiebung von Mitteln, wie sie beispielsweise bei externen Versorgungsträgern eines Konzerns auftreten könnte, wäre damit grds. möglich. Siehe zu dieser Problematik beispielhaft *Höfer*, in Littmann/Bitz/Pust, EStG, 145. Lfg. Februar 2020, § 4e Rn. 27.

Sicht des Unternehmens zeitlich zusammen und sind in Folge wirtschaftlich aufgrund der quasi-sicheren Garantien des Versorgungsträgers mit Beitragszusagen vergleichbar.[1233] Dies steht weiterhin im Einklang mit dem Grundsatz der Periodenabgrenzung. Die Berücksichtigung von zukünftigen Beiträgen an die externen Versorgungsträger als Rückstellung des Arbeitgebers kommt dabei nicht in Betracht. So handelt es sich bei der vertraglichen Beziehung mit dem externen Versorgungsträger um ein schwebendes Geschäft, welches erst im Zuge der geleisteten Zahlungen der Beiträge durch den Arbeitgeber als ausgeglichen betrachtet werden kann und somit keine weiteren erfolgswirksamen Konsequenzen nach sich zieht.[1234]

Im Gegensatz dazu könnte die Unterdeckung einer mittelbaren, kapitalgedeckten Pensionsverpflichtung, wie sie mitunter im Rahmen der Niedrigzinsphase oder bspw. aufgrund einer fehlenden versicherungsförmigen Durchführung auftreten kann,[1235] das Risiko einer Nachschusshaftung aufleben lassen, sodass der Arbeitgeber weiterhin eine mögliche, wenngleich hinreichend objektivierte und wahrscheinliche Verpflichtung zur Erfüllung seiner zugesagten Pension besitzt. Dabei steht es den Mitgliedstaaten gerade im Rahmen der europarechtlichen Vorgaben der Pensionsfondsrichtlinie nach Art. 14 Abs. 2 RL (EU) 2016/2341 frei, eine temporäre Unterdeckung des externen Versorgungsträgers unter Beachtung eines Finanzierungsplans zuzulassen, wobei bspw. eine Verpflichtung zur Leistung von Nachschüssen durch den Arbeitgeber ein expliziter Bestandteil des Plans sein könnte.[1236] Darüber hinaus hat der Arbeitgeber im Fall einer mittelbaren, umlagefinanzierten Gestaltungsform während der Anwartschaftsphase von vornherein nicht die vollständige Pensionsverpflichtung auf den Versorgungsträger übertragen, sodass die schon geleisteten Zahlungen – sofern überhaupt Zahlungen geleistet worden sind – die mit

1233 Siehe *Hessling*, BetrAV 2006, 605, 605 f.

1234 In Anlehnung an *Planert*, Bilanzierung von Pensionsverpflichtungen, 2005, S. 32. Siehe zur fehlenden steuerlichen Auswirkung von schwebenden Geschäften im Richtlinienvorschlag der GKB *Eggert*, Die Gewinnermittlung nach dem Richtlinienvorschlag, 2015, S. 309.

1235 So in Bezug auf Deutschland siehe *DAV/IVS* (Hrsg.), Passivierungswahlrecht, 2019, S. 4. Die Möglichkeit einer Unterdeckung im Zuge der Niedrigzinsphase wurde überdies bspw. in Belgien diskutiert. Siehe hierzu Kap. C.II.2.h)bb).

1236 Die Ausgestaltung des Finanzierungsplans richtet sich dabei im Kern nach nationalem Recht der Mitgliedstaaten. Siehe *van Meerten*, EU Pension Law, 2019, S. 104. Zu den Ausgestaltungen in Deutschland vgl. beispielhaft *Schäfers*, in Kaulbach/Bähr/Pohlmann, VAG, 6. Aufl. 2019, § 239 Rn. 12-19.

der Leistungszusage verbundenen Aufwendungen nicht komplett decken und somit weiterhin eine (Rest-)Verpflichtung zur Erfüllung der ursprünglich zugesagten Pensionsverpflichtung beim Arbeitgeber verbleibt.

Infolgedessen bedarf es in diesen beiden Fällen einer erfolgswirksamen Erfassung der Aufwendungen in Form einer Rückstellung für eine ungewisse Verbindlichkeit, da der Steuerpflichtige weiterhin nach Art. 23 Abs. 1 Satz 1 GKB-RLV i.d.F. 2016 eine rechtliche Verpflichtung in Form des restlichen Erfüllungsbetrags nach Abs. 2 besitzt bzw. voraussichtlich noch besitzen wird. Gerade Art. 23 Abs. 1 Satz 4 GKB-RLV i.d.F. 2016 trägt dieser Notwendigkeit Rechnung, indem die periodischen Veränderungen des Deckungsstocks des externen Versorgungsträgers jährlich berücksichtigt werden und die Rückstellung eingedenk der auftretenden Unterdeckung angepasst wird.[1237] Die Bildung einer Rückstellung würde schließlich folgerichtig dem Grundsatz der periodengerechten Gewinnermittlung entsprechen.[1238] Gleichwohl gelten bei der Bewertung der Rückstellung aufgrund einer Unterdeckung weiterhin die Bewertungsvorschriften des Art. 23 Abs. 2 GKB-RLV i.d.F. 2016.

Vor diesem Hintergrund erscheint es jedoch fraglich, welches Rechtsverhältnis der Rückstellungsbildung primär zugrunde zu legen wäre. So wäre neben einer Rückstellung gegenüber dem Arbeitnehmer ebenfalls eine Rückstellung gegenüber dem externen Versorgungsträger als Ausdruck der möglicherweise auftretenden Nachschuss- bzw. Ausgleichsverpflichtung denkbar,[1239] womit im Einzelnen gleichsam unterschiedliche Bewertungsanforderungen und -folgen einhergehen könnten.[1240] Aus den Vorgaben

---

1237 Im Fall einer mittelbaren, kapitalgedeckten Pensionsverpflichtung würde die Rückstellung, die bisher einen fiktiven Wert von null besitzen würde, durch die auftretende Deckungslücke erhöht werden.

1238 Analog *Heger/Weppler*, BB 2008, 1383, 1386. So entledigt bspw. die Wahl des Umlageverfahrens bzw. der umlagefinanzierten Deckungsform eben nicht von der Bildung einer Rückstellung als Ausdruck einer periodengerechten Aufwandsverteilung.

1239 Zur Diskussion in Deutschland siehe *Siebenlist*, FR 2019, 1123, 1124. Vgl. ebenfalls die niederländischen Rechnungslegungsvorschriften RJ 271.311 bis RJ 271.314, die nach der Verpflichtung gegenüber der externen Versorgungseinrichtung und der Verpflichtung gegenüber dem Arbeitnehmer differenzieren.

1240 Vgl. bspw. die ertragsteuerlichen Vorschriften in Österreich. So wird die Rückstellungen für die Deckungslücken nach § 9 Abs. 5 öEStG mit einem Zinssatz von 3,5 % abgezinst, während Rückstellungen für unmittelbare Pensionsverpflichtungen mit 6 % diskontiert werden. Siehe hierzu Kap. C.II.2.i)cc). Vgl. auch zu früheren Überlegungen in Deutschland *Höfer*, in Höfer/Veit/Verhuven, Betriebsrentenrecht, Band II, 19. Lfg. Mai 2019, Kap. 48 Rn. 107-109.

des Art. 23 GKB-RLV i.d.F. 2016 lassen sich offenkundig keine weiteren Vorgaben zu dem Rechtsverhältnis entnehmen. Dabei würde gerade in diesen Fällen ein uneingeschränkter Rückgriff auf die nationalen Rechnungslegungsvorschriften zu divergierenden Ergebnissen zwischen den Mitgliedstaaten führen.[1241]

Es bleibt festzuhalten, dass bei mittelbaren und leistungsdefinierten Pensionsverpflichtungen zwei Rechtsverhältnisse auftreten, welche beide für die steuerliche Gewinnermittlung des steuerpflichtigen Arbeitgebers relevant sind. Gleichwohl führt dieser Dualismus der Rechtsverhältnisse zu einem gewissen Spannungsverhältnis im Fall von umlagefinanzierten oder unterdeckten mittelbaren, kapitaldeckten Pensionsverpflichtungen. Aus den Vorgaben des Art. 23 GKB-RLV i.d.F. 2016 lässt sich dabei nicht ableiten, welches Rechtsverhältnis der Rückstellungsbildung zugrunde zu legen wäre. Dieses Problem ließe sich zudem durch einen Rückgriff auf die nationalen Rechnungslegungsvorschriften nicht einheitlich lösen. Mit Blick auf die übergeordnete Zielsetzung der harmonisierten europäischen Gewinnermittlung, eine einheitliche Steuerbemessungsgrundlage zu gewährleisten, bedarf es dementsprechend weiterer Vorgaben, den primären Gegenstand der steuerlichen Behandlung europaweit eindeutig zu bestimmen und somit Rechtssicherheit bei der Umsetzung der GKB zu gewährleisten.

3. Ansatz und Bewertung von Deckungsvermögen

a) Ansatz und Zugangsbewertung des Deckungsvermögens im System der Gemeinsamen Körperschaftsteuer-Bemessungsgrundlage

aa) Bilanzierungsfähigkeit des Deckungsvermögens

Eine Leistungszusage kann mittels des Kapitaldeckungsverfahrens sowohl bei einer unmittelbaren als auch bei einer mittelbaren Pensionsverpflichtung vorfinanziert werden.[1242] Dabei lassen sich den Vorgaben des Richt-

1241 Während der IAS 19 bei der Bewertung ungeachtet der mittelbaren und unmittelbaren Durchführungsformen einheitliche Bewertungsvorgaben bei Leistungszusagen determiniert, legen bspw. die niederländischen Bewertungsvorschriften in RJ 252.301 bis RJ 252.305 und RJ 271.318 bis 271.318b unterschiedliche Bewertungsmaßstäbe zugrunde. Siehe Kap. C.II.2.e)bb).

1242 Siehe Kap. B.I.2.

linienentwurfs keine expliziten Vorgaben zu der Behandlung des korrespondierenden Deckungsvermögens einer Pensionsverpflichtung entnehmen, sodass sich die ertragsteuerlichen Konsequenzen in Folge lediglich anhand der allgemeinen Regelungen zum Ansatz und der Bewertung der Wirtschaftsgüter bestimmen lassen. Im Folgenden soll daher ausgehend von den zwei Durchführungsformen auf die Bilanzierungsfähigkeit des Deckungsvermögens eingegangen werden.

Unmittelbare Pensionsverpflichtungen können dabei grundsätzlich über einen betriebsinternen Pensionsfonds oder eine Rückdeckungsversicherung vorausfinanziert werden.[1243] Betrachtet man dahingehend zunächst das Asset Funding bei einem betriebsinternen Pensionsfonds, so sind die internen angesammelten Wertgegenstände, bspw. in Form von Wertpapieren oder Immobilien,[1244] beim steuerpflichtigen Arbeitgeber zu erfassen, sofern diese als Wirtschaftsgüter klassifiziert werden können. Wie schon angedeutet,[1245] kennt der Richtlinienvorschlag grundsätzlich weder eine Definition eines Wirtschaftsguts[1246] noch eine spezifische Legaldefinition eines betriebsinternen Pensionsfonds bzw. einer Rückdeckungsversicherung. Insofern lassen sich auch keine Aussagen zu der Anforderung an die abstrakte Bilanzierungsfähigkeit des Deckungsvermögens treffen.[1247]

In diesem Zusammenhang lässt sich die konkrete Bilanzierungsfähigkeit von Immobilien jedoch mittelbar aus den Abschreibungsvorgaben des Anlagevermögens nach Art. 33 i.V.m. Art. 4 Nr. 22 GKB-RLV i.d.F. 2016 ableiten.[1248] Darüber hinaus findet sich mit Art. 4 Nr. 20 GKB-RLV i.d.F. 2016 zumindest eine eigene, weiterführende Begriffsbestimmung des Finanzanlagevermögens. Hierzu zählen unter anderem als Anlagevermögen gehaltene Investitionen und Beteiligungen, sofern die nationalen Rechtsvorschriften ihre Bilanzierung zulassen. Die Wirtschaftsgüter des Finanzanlagevermögens werden sodann nach Art. 4 Nr. 19 Satz 2 1. Hs. GKB-RLV i.d.F. 2016 deklaratorisch grundsätzlich dem Anlagevermögen zugeordnet, wobei für zu Handelszwecken gehaltenes Finanzanlagevermö-

1243 Siehe Kap. B.I.1.c)bb)(1).

1244 Siehe zu den möglichen Anlageklassen ebenfalls Kap. B.I.1.c)bb)(1).

1245 Siehe Kap. D.I.3.d)aa).

1246 So schon hinsichtlich des Richtlinienvorschlags von 2011 *Kahle/Dahlke/Schulz*, Ubg 2011, 491, 493.

1247 Zur grundsätzlichen Kritik an der Definition des Wirtschaftsguts *Eggert*, Die Gewinnermittlung nach dem Richtlinienvorschlag, 2015, S. 168-172.

1248 Zutreffend *Scheffler/Köstler*, ifst-Schrift 518, 2017, S. 41. So schon *Scheffler/Krebs*, DStR 2011, Beihefter zu Heft 22, 13, 17.

gen i.S.d. Art. 21 GKB-RLV i.d.F. 2016 nach Art. 4 Nr. 19 Satz 2 2. Hs. GKB-RLV i.d.F. 2016 Umlaufvermögen darstellt.[1249]

Der Umfang des Finanzanlagevermögens in Art. 4 Nr. 20 GKB-RLV i.d.F. 2016 erscheint sehr weit gefasst. Insbesondere die Bezeichnung des Anlagevermögens, welches als Investition gehalten wird, ist bezüglich seines Begriffsinhalts gänzlich unbestimmt und lässt zudem keine Anlehnung an die IFRS erkennen. Dagegen scheint es sich hierbei um einen Begriff der EU-Bilanzrichtlinie zu handeln. Obschon der Richtlinienvorschlag lediglich bezüglich der Definition einer Beteiligung ausdrücklich auf das unionsrechtliche Bilanzrecht verweist, werden unter dem Finanzanlagevermögen i.S.d. Art. 4 Nr. 20 GKB-RLV i.d.F. 2016 wohl die Bilanzposten im Sinne des Punktes C.III. sowie ferner auch des Punktes D.III der Aktivseite des horizontalen Gliederungsschemas nach Art. 10 i.V.m. Anhang III RL 2013/34/EU verstanden. Gerade der Wortlaut der englischen Fassung des Richtlinienvorschlags ist deckungsgleich mit den Bezeichnungen der Gliederungspunkte der EU-Bilanzrichtlinie.[1250]

Mit Rückgriff auf die Vorgaben der EU-Bilanzrichtlinie sind folglich unter das Finanzanlagevermögen in Einklang mit Punkt C.III. Nr. 5 des horizontalen Gliederungsschemas auch Wertpapiere zu subsumieren. Dabei wird der Begriff der Wertpapiere nach Art. 4 Abs. 1 Nr. 44 der Richtlinie 2014/65/EU[1251] europarechtlich eigenständig definiert.[1252] Sie können beispielsweise Aktien oder Schuldverschreibungen darstellen, sodass grundsätzlich ein breites Spektrum an Kapitalmarktinstrumenten erfasst wird und somit als Deckungsvermögen eines betriebsinternen Pensionsfonds steuerrechtlich als Finanzanlagevermögen qualifiziert werden könnte.

Daneben findet sich in dem Richtlinienvorschlag mit Art. 4 Nr. 28 i.V.m. Art. 32 Abs. 1 GKB-RLV i.d.F. 2016 ein Anknüpfungspunkt bezüg-

---

1249 *Petutschnig*, RWZ 2017, 273, 278 f.

1250 Die Definition der „own shares to the extent that national law permits their being shown in the balance sheet" scheint dabei eine Ergänzung des Punktes D.III. der Aktivseite des horizontalen Gliederungsschemas nach Art. 10 i.V.m. Anhang III RL 2013/34/EU zu sein, worunter grds. die Wertpapiere des Umlaufvermögens verstanden werden. Vgl. zudem schon Arbeitsgruppe GKKB, Steuerliche Behandlung von Finanzanlagen, CCCTB\WP\023\doc\de v. 30.11.2005, Rn. 12, die für die Abgrenzung der Finanzanlagen auf die Klassifizierung in der Richtlinie 78/660/EWG zurückgreift.

1251 Richtlinie 2014/65/EU des Europäischen Parlaments und des Rates vom 15. Mai 2014 über Märkte für Finanzinstrumente sowie zu Änderung der Richtlinie 2002/92/EG und 2011/61/EU, ABl. EU Nr. L 173 v. 12.6.2014, S. 349.

1252 Vgl. *Kumpan*, in Schwark/Zimmer, Kapitalmarktrechts-Kommentar, 5. Aufl. 2020, WpHG, § 2 Rn. 4.

lich der Zurechenbarkeit der Wirtschaftsgüter. So sind Wirtschaftsgüter nach Art. 4 Nr. 28 Satz 1 GKB-RLV i.d.F. 2016 dem wirtschaftlichen Eigentümer zuzurechnen, der alle materiellen Vorteile und Risiken aus einem Wirtschaftsgut des Anlagevermögens erhält bzw. trägt.[1253] Damit spielt das zivilrechtliche Eigentum für die Zuordnung der Wirtschaftsgüter grundsätzlich keine Rolle.[1254] Die Zurechnung des Deckungsvermögen des betriebsinternen Pensionsfonds richtet sich dementsprechend in erster Linie nach der Differenzierung, wer die Verfügungsgewalt und das Risiko des Wertverlustes der Wirtschaftsgüter trägt. Sofern der Steuerpflichtige dabei bspw. Wertpapiere selbst anlegt und verwaltet, verbleibt die Verfügungsgewalt dieser zweifelsohne beim Steuerpflichtigen.

Dementgegen könnte ein Abstellen auf die Verfügungsgewalt bei der Bildung von Treuhandkonstruktionen, wie sie in Deutschland mit dem CTA oder in Italien mit dem Sondervermögen des Art. 2117 des italienischen codice civile zu finden sind, Abgrenzungsfragen hervorrufen, da die Wirtschaftsgüter in die Verantwortung und mitunter das zivile Eigentum des Vermögensträgers übergehen.[1255] In diesen Fällen ist folgerichtig auf die Verteilung des Wertverlustrisikos des Deckungsvermögens abzustellen, welches sich aufgrund der fehlenden Übernahme der Pensionsverpflichtung durch den betriebsinternen Pensionsfonds unmittelbar und final auf die Deckung der beim Arbeitgeber verbliebenen Verpflichtung und somit seine materielle Leistungsfähigkeit auswirkt. Hierbei könnte es sich aus Sicht der Kommission gleichwohl anbieten, einen delegierten Rechtsakt gem. Art. 40 i.V.m. Art. 66 GKB-RLV i.d.F. 2016 zu erlassen, um den nationalen Besonderheiten Rechnung zu tragen und im Sinne der Rechtssicherheit die Anforderung an das Treuhandvermögen zu präzisieren.[1256] Ferner könnten solche Konstrukte auch zum Vorbild genommen werden, um

---

1253 Siehe in diesem Sinne zum Grundsatz der wirtschaftlichen Betrachtungsweise Kap. D.I.3.c)aa)(3).

1254 Vgl. auch *van de Streek*, in Terra/Wattel, European Tax Law, Band I, 2019, S. 429, 456 f. Lediglich bei abnutzbaren Wirtschaftsgütern des Anlagevermögens, bei denen der wirtschaftliche Eigentümer nicht bestimmt werden kann, stehen die planmäßigen Abschreibungen nach Art. 32 Abs. 1 bzw. 3 GKB-RLV i.d.F. 2016 dem zivilrechtlichen Eigentümer zu. Siehe *Scheffler/Köstler*, ifst-Schrift 518, 2017, S. 42 f.

1255 Mit Blick auf den deutschen CTA siehe beispielhaft *Keßler*, Pensionsverpflichtungen, 2010, S. 70.

1256 Hierfür könnte sich bspw. die Klarstellung des Bundesfinanzministeriums BMF v. 9.10.2012, IV C 1 - S 2252/10/10013, BStBl. I, 953 Rn. 157, als Vorbild eignen. Siehe dazu auch *Ahrend/Förster/Rößler*, Steuerrecht der bAV, Band I, 36. Lfg. Juli 2016, 2. Teil Rn. 1467.

eine Legaldefinition eines betriebsinternen Pensionsfonds in dem Richtlinienvorschlag oder im Zuge eines delegierten Rechtsakts zu etablieren und somit eine Klassifikation des zweckgebundenen Deckungsvermögens in Abgrenzung zu dem sonstigen Betriebsvermögen zu erleichtern.

Im Gegensatz zu den betriebsinternen Pensionsfonds dürfte das wirtschaftliche Eigentum des Deckungsvermögens bei der Auslagerung auf eine mittelbare Durchführungsform, wie sie sich beispielsweise bei den Einrichtungen der betrieblichen Altersversorgung i.S.d. Richtlinie (EU) 2016/2341 als externe Versorgungsträger anbietet, zweifellos nach Art. 4 Nr. 29 GKB-RLV i.d.F. 2016 final auf den externen Versorgungsträger übergegangen sein. Zwar könnte man einwenden, dass der Steuerpflichtige im Fall von Leistungszusagen weiterhin Risiken aus der nachteilhaften Entwicklung des externen Deckungsstocks trägt, da er für die Unterdeckungen einzustehen hat. Gleichwohl sind solche Risiken allenfalls mittelbarer bzw. latenter Natur und primär dem Versorgungträger zuzuschreiben. Dieser hat die übernommene Verpflichtung in seiner Bilanz gemäß den Vorgaben der Richtlinie 2009/138/EG oder der Richtlinie (EU) 2016/2341 bilanziell vollständig zu passivieren und mit Blick auf die strikten Anforderungen an seine Solvabilität gemäß den Anlagevorschriften zu decken.[1257] Insofern sind auch die materiellen Vorteile bzw. Risiken der Wirtschaftsgüter in erster Linie dem externen Versorgungsträger zuzurechnen. Im Ergebnis besitzt dieser folglich die Verfügungsgewalt sowie das Verlustrisiko und somit das wirtschaftliche Eigentum über die Wirtschaftsgüter.

Eine Rückdeckungsversicherung als Alternative zu einem betriebsinternen Pensionsfonds stellt indes kein Wertpapier i.S.d. Art. 4 Abs. 1 Nr. 44 der Richtlinie 2014/65/EU dar, sondern ist wirtschaftlich vergleichbar mit einer Forderung des Arbeitgebers gegenüber einem Versicherungsunternehmen.[1258] Gleichwohl könnte eine Rückdeckungsversicherung die Definition einer anderen Beteiligung i.S.d. Art. 4 Nr. 20 GKB-RLV i.d.F. 2016 erfüllen und wäre insofern dem Steuerpflichtigen als Finanzanlage-

---

1257 So ist eine Einrichtung der betrieblichen Altersversorgung i.S.d. Richtlinie (EU) 2016/2341 gem. Art. 13 f. RL (EU) 2016/2341 bzw. ein Versicherungsunternehmen gem. Art. 76 i.V.m. Art. 75 bzw. Art. 129 f. RL 2009/138/EG verpflichtet, für die zugrundeliegende Verpflichtung versicherungstechnische Rückstellungen zu bilden und diese nach Maßgabe der europarechtlichen Vorgaben zu decken. Vgl. zu der Anlagestrategie der Richtlinie 2009/138/EG und der Richtlinie (EU) 2016/2341 beispielhaft *Schütze/Wolf*, in aba, Kapitalanlage, 3. Aufl. 2018, Rn. 140 f.

1258 In Anlehnung an *Orthmann*, Betriebliche Altersversorgung, 2003, S. 84.

vermögen des Steuerpflichtigen zuzurechnen. Zumindest der Rückgriff auf die deutsche Rechnungslegungspraxis lässt eine solche Qualifikation mit Blick auf die langen Restlaufzeiten einer Rückdeckungsversicherung vermuten.[1259] Dies ist in Anbetracht ihres Zwecks als Finanzinvestition zudem sachgerecht.[1260]

bb) Anschaffungskostenbegriff des Deckungsvermögens

Das Deckungsvermögen eines betriebsinternen Pensionsfonds ist sowohl für das Finanzanlagevermögen gem. Art. 18 i.V.m. Art. 38 GKB-RLV i.d.F. 2016 als auch für die Immobilien gem. Art. 12 Buchst. i) i.V.m. Art. 10, 33 GKB-RLV i.d.F. 2016 mit den Anschaffungskosten erfolgsneutral zum Zeitpunkt des Erwerbs im Anlageregister nach Art. 30 GKB-RLV i.d.F. 2016 zu erfassen. Nach Art. 4 Nr. 21 GKB-RLV i.d.F. 2016 bezeichnen die Anschaffungskosten den zum Erwerb eines Wirtschaftsguts des Anlagevermögens gezahlten oder zahlbaren Betrag an Zahlungsmitteln bzw. Zahlungsmitteläquivalenten oder den Wert sonstiger hierzu ausgetauschter Vermögenswerte zum Zeitpunkt des Erwerbs. Dabei beinhaltet der Art. 4 Nr. 21 GKB-RLV i.d.F. 2016 einen finalen Anschaffungskostenbegriff und verlangt folglich einen teleologischen Zusammenhang zwischen den Aufwendungen und dem Erwerbsvorgang, sodass die korrespondierenden Aufwendungen schließlich eindeutig dem Zweck der Anschaffung dienen müssen.[1261] Ein rein kausaler Zusammenhang zwischen den Aufwendungen und dem Erwerbsvorgang reicht demnach nicht aus.

Darüber hinaus finden sich neben Art. 27 Abs. 1 auch in Art. 31 Abs. 1 GKB-RLV i.d.F. 2016 weitere, konkretisierende Vorgaben bezüglich der Anschaffungskosten von Vorräten und unfertigen Erzeugnissen bzw. der Abschreibungsbasis von Wirtschaftsgütern des Anlagevermögens.[1262] So umfassen die Anschaffungskosten als Ausdruck der Abschreibungsbasis des abnutzbaren Anlagevermögens gem. Art. 31 Abs. 1 GKB-RLV i.d.F. 2016 die Kosten, die mit dem Erwerb eines Wirtschaftsguts direkt zusammenhängen, wobei diese Anschaffungskosten explizit keine Fremdka-

1259 Siehe m.w.N. *Höfer*, in Höfer/Veit/Verhuven, Betriebsrentenrecht, Band II, 20. Lfg. August 2019, Kap. 6 Rn. 12; *Thierer*, DB 2011, 189, 190.

1260 In Anlehnung an *Heger/Weppler*, in HdJ, 54. Lfg. März 2012, III/7 Rn. 118.

1261 In Anlehnung an *Eggert*, Die Gewinnermittlung nach dem Richtlinienvorschlag, 2015, S. 228 f. Zum Begriff der Finalität bei Anschaffungskosten siehe *Stobbe*, in HHR, EStG, 271. Lfg. Sept. 2019, § 6 Rn. 171.

1262 *Scheffler/Köstler*, ifst-Schrift 518, 2017, S. 44.

pitalzinsen enthalten dürfen. Im Gegensatz zu den Gebäuden als langlebige Sachanlagen i.S.d. Art. 4 Nr. 22 GKB-RLV i.d.F. 2016 gelten die Wirtschaftsgüter des Finanzanlagevermögens dabei nach Art. 38 Buchst. b) GKB-RLV i.d.F. 2016 ausdrücklich als nicht abschreibungsfähig.[1263] Hiervon sieht Art. 39 Abs. 1 GKB-RLV i.d.F. 2016 – anders als für Sachanlagen i.S.d. Art. 38 Buchst. a) GKB-RLV i.d.F. 2016 – keine Ausnahme vor,[1264] sodass sich Wertminderung bis zu ihrer Realisierung weder in Form von außergewöhnlichen noch gewöhnlichen Abschreibungen auf den steuerlichen Gewinn auswirken. Es ist daher fraglich, ob bei den Wirtschaftsgütern des Finanzanlagevermögens primär auf den Anschaffungskostenbegriff des Art. 31 Abs. 1 GKB-RLV i.d.F. 2016 oder des Art. 4 Nr. 21 GKB-RLV i.d.F. 2016 zu rekurrieren ist und welche Bestandteile die Anschaffungskosten umfassen.

So ließe sich bei einem engen Wortverständnis der Begriff der Anschaffungskosten des Art. 31 Abs. 1 GKB-RLV i.d.F. 2016 lediglich auf Wirtschaftsgüter anwenden, die einer gewöhnlichen oder außergewöhnlichen Abschreibung unterliegen.[1265] Im Umkehrschluss wäre Art. 31 Abs. 1 GKB-RLV i.d.F. 2016 sodann nicht auf Finanzanlagevermögen als nicht abschreibungsfähige Wirtschaftsgüter anwendbar, wodurch im Fall von Finanzanlagevermögen neben den Gemeinkosten auch die mit der Finanzierung des Erwerbs zusammenhängenden Fremdkapitalzinsen beim Erwerb zu erfassen wären.[1266] Ein solch breiter Anschaffungskostenbegriff wäre dabei gleichwohl mit fundamentalen Zweifelsfragen verbunden. Gerade die anteilige Zuordnung auf Basis der betriebswirtschaftlichen Kosten- und Leistungsrechnung ließe erheblichen subjektiven Gestaltungsspielraum für die Steuerpflichtigen zu und ist daher mit Blick auf die Gleichheit der Besteuerung abzulehnen.[1267] Überdies wäre es zudem fraglich, ob eine

1263 Vgl. auch *Krauß*, IStR 2017, 479, 482.

1264 Diese Änderung wurde durch die litauische Ratspräsidentschaft vorgeschlagen. Vgl. Rat der Europäischen Union, Vorschlag für eine Richtlinie des Rates über eine Gemeinsame Körperschaftsteuer-Bemessungsgrundlage(GKB) – Explanatory notes on the compromise proposal, Interinstitutionelles Dossier vom 14.10.2013: 2011/0058(CNS), Dokumentnummer 14769/13.

1265 In Anlehnung an *Scheffler/Köstler*, ifst-Schrift 518, 2017, S. 44.

1266 Vgl. *Scheffler/Köstler*, ifst-Schrift 518, 2017, S. 44, die aus den Vorgaben des Art. 31 Abs. 1 GKB-RLV i.d.F. 2016 schließen, dass Gemeinkosten nicht zu den Anschaffungskosten gehören.

1267 In Anlehnung an *Stobbe*, in HHR, EStG, 271. Lfg. Sept. 2019, § 6 Rn. 186.

mögliche Schlüsselung überhaupt mit dem Begriff der finalen Anschaffungskosten vereinbar wäre.[1268]

Vor diesem Hintergrund scheint es sachlich nicht nachvollziehbar, dass der Richtlinienentwurf mit Art. 31 Abs. 1 GKB-RLV i.d.F. 2016 unterschiedliche Anschaffungskostenbegriffe für abschreibungsfähige und nicht abschreibungsfähige Wirtschaftsgüter des Anlagevermögens determiniert.[1269] Insofern müsste der Anschaffungskostenbegriff des Art. 31 Abs. 1 GKB-RLV i.d.F. 2016 analog auf das Finanzanlagevermögen angewendet werden. Diese Sicht deckt sich gerade mit einer teleologisch-systematischen Auslegung der Vorgaben des Kapitels IV des Richtlinienentwurfs. So kodifiziert Art. 31 Abs. 1 GKB-RLV i.d.F. 2016 lediglich einen Wertansatz für die Wirtschaftsgüter des Anlagevermögens – in Abgrenzung zu den Wirtschaftsgütern des Umlaufvermögens – und ergänzt somit die Anforderungen an die Dokumentation des Anlageregisters i.S.d. Art. 30 Abs. 1 GKB-RLV i.d.F. 2016. Der Begriff der Anschaffungskosten eines Wirtschaftsgutes stellt damit den Ausgangspunkt der weiteren Bestimmungen in Art. 32 bis Art. 40 GKB-RLV i.d.F. 2016 dar. Diesbezüglich sind die statuierten Ausnahmen des Art. 38 GKB-RLV i.d.F. 2016 lediglich als Sonderform zu betrachten, bei welcher die Abschreibung des Finanzanlagevermögens im Fall von außergewöhnlichen Wertminderungen gem. Art. 38 Buchst. b) GKB-RLV i.d.F. 2016 ausgesetzt wird.[1270] Im Ergebnis ist für Wirtschaftsgüter des Finanzanlagevermögens der grundlegende Begriff des Art. 31 Abs. 1 GKB-RLV i.d.F. 2016 maßgebend, sodass lediglich die Einzelkosten ohne Erfassung der Fremdkapitalzinsen bei den Anschaffungskosten berücksichtigt werden.

Vor diesem Hintergrund ist auch eine Rückdeckungsversicherung als Finanzanlagevermögen folgerichtig mit den Anschaffungskosten i.S.d. Art. 31 Abs. 1 GKB-RLV i.d.F. 2016 zu bewerten. In diesem Sinne wird die gesamte durch den steuerpflichtigen Arbeitgeber geleistete Prämie gem. Art. 12 Buchst. i) GKB-RLV i.d.F. 2016 erfolgsneutral erfasst und stellt die Anschaffungskosten der Rückdeckungsversicherung dar, wobei die dem Arbeitgeber jährlich zugewiesenen Zinsen bzw. Überschüsse als steuerpflichtige Erträge erfolgswirksam in die Bemessungsgrundlage ein-

1268 In Anlehnung an *Stobbe*, in HHR, EStG, 271. Lfg. Sept. 2019, § 6 Rn. 171.

1269 So schon in Bezug auf den Entwurf von 2011 *Eggert*, Die Gewinnermittlung nach dem Richtlinienvorschlag, 2015, S. 228.

1270 Die in Art. 39 GKB-RLV i.d.F. 2016 kodifizierte Ausnahme für Sachanlagen i.S.d. Art. 39 GKB-RLV i.d.F. 2016 stellt sodann eine spezifische Rückausnahme des Art. 38 GKB-RLV i.d.F. 2016 dar.

bezogen werden.[1271] Für die in diesem Zusammenhang aufgewendeten Prämien fallen gem. Art. 9 Abs. 1 GKB-RLV i.d.F. 2016 zweifelsohne abzugsfähige Aufwendungen an.[1272] Sofern mit dem Rückkauf der Versicherung ernsthaft zu rechnen ist, ist eine Abschreibung auf den niedrigeren Rückkaufswert aufgrund des Verbots in Art. 38 Buchst. b) GKB-RLV i.d.F. 2016 nicht möglich.

b) Analyse der steuerlichen Behandlung von Wirtschaftsgütern eines betriebsinternen Pensionsfonds

Der Deckungsstock eines betriebsinternen Pensionsfonds wird steuerlich beim Erwerb mit den Anschaffungskosten nach Art. 31 Abs. 1 GKB-RLV i.d.F. 2016 erfolgsneutral erfasst. Während Wirtschaftsgüter dabei im Rahmen des Art. 33 GKB-RLV i.d.F. 2016 im Kern linear abgeschrieben werden, kommt eine gewinnmindernde Abschreibung aufgrund einer außergewöhnlichen Wertminderung gem. Art. 39 Abs. 1 GKB-RLV i.d.F. 2016 nur bei Wirtschaftsgütern i.S.d. Art. 38 Buchst. a) GKB-RLV i.d.F. 2016 in Betracht. Sofern es sich bei dem Deckungsvermögen zudem nicht um eine Beteiligung des Steuerpflichtigen an einem anderen Unternehmen in Höhe von mindestens 10 % des Kapitals oder der Stimmrechte in den vorherigen zwölf Monaten nach Art. 8 Buchst. c) und d) GKB-RLV i.d.F. 2016 handelt, stellen die Erträge in Form von Dividenden, Gewinnausschüttungen oder Veräußerungsgewinnen der Beteiligung sodann zwingend steuerpflichtiges Einkommen der jeweiligen Periode dar, wobei sich der Gewinn beim Verkauf der Wertpapiere erst zum Zeitpunkt ihrer Realisierung fol-

1271 Im deutschen Schrifttum gibt es die Ansicht, dass nur der Sparanteil der gesamten Prämie aktiviert werden sollte, während z.B. der Kostenanteil oder die Risikoprämie erfolgswirksam als Aufwendungen erfasst werden muss. So vertreten bspw. durch *Thierer*, DB 2011, 189, 190; *Kemsat/Wichmann*, BB 2004, 2287, 2288. Mit Blick auf die dadurch entstehenden Abgrenzungsfragen ist dieser Vorschlag jedoch im Sinne der europaweiten Objektivierung abzulehnen. Vgl. zur Abgrenzungsproblematik auch *Höfer*, in Höfer/Veit/Verhuven, Betriebsrentenrecht, Band II, 20. Lfg. August 2019, Kap. 6 Rn. 5. Gleichwohl wäre die Erfolgsimplikationen bei beiden Verfahren sowohl in der Anwartschafts- als auch in der Rentenbezugsphase gleich, sodass sich steuerlich keine erfolgswirksamen Unterschiede ergeben. Siehe zu den Verfahren in der Gewinn- und Verlustrechnung ausführlich *Thierer*, DB 2011, 189, 192-194; *Wichmann*, DB 1992, 2205, 2206.

1272 In Anlehnung an *Höfer*, in Höfer/Veit/Verhuven, Betriebsrentenrecht, Band II, 20. Lfg. August 2019, Kap. 6 Rn. 4.

gerichtig gem. Art. 7 i.V.m. Art. 18 GKB-RLV i.d.F. 2016 als Differenz aus den Verkaufserlösen und den Anschaffungskosten ergibt.

Lediglich solche Wertpapiere, die nach Art. 21 Abs. 1 GKB-RLV i.d.F. 2016 zu Handelszwecken gehalten werden, werden gem. Abs. 2 mit dem Marktwert der Wertpapiere i.S.d. Art. 20 Abs. 1 i.V.m. Art. 4 Nr. 18 GKB-RLV i.d.F. 2016 bewertet, sodass sich im Gegensatz zu Art. 38 Buchst. b) GKB-RLV i.d.F. 2016 auch außergewöhnliche Wertminderungen gewinnmindernd auswirken könnten. Überdies ermittelt sich der Verkaufserlös in diesen Fällen nach Art. 21 Abs. 3 GKB-RLV i.d.F. 2016 aus der Differenz des Verkaufspreises und des Marktwerts dieser Wirtschaftsgüter oder Verbindlichkeiten am Anfang des Steuerjahrs bzw. am Tag des Erwerbs. Ferner gelten für diese Wirtschaftsgüter nach Art. 21 Abs. 4 GKB-RLV i.d.F. 2016 nicht die Ausnahmen des Art. 8 Buchst. c) GKB-RLV i.d.F. 2016, wodurch die Gewinnausschüttungen auch bei einer Beteiligung oder einem Stimmrechtsanteil von über 10 % nicht von der Steuer befreit sind.

Inwiefern sich diese unterschiedlichen Konstellationen schließlich auf den steuerlichen Gewinn auswirken, lässt sich jedoch nur in Abhängigkeit der zugrundeliegenden individuellen und langfristigen Kapitalanlagestrategie des betriebsinternen Pensionsfonds des Steuerpflichtigen beurteilen.[1273] So wäre bspw. eine mehrjährig laufende Kapitalanlage in Form einer zinstragenden Anleihe in den Folgejahren weiterhin mit den ursprünglichen Anschaffungskosten zu bewerten, sodass sich beispielsweise Zinsschwankungen nur bei Erfassung der Zinserträge und nicht über den Zeitwert auf den steuerlichen Gewinn auswirken. Gleichwohl werden wegen des Verbots der Abschreibung aufgrund einer außergewöhnlichen Wertminderung auch keine dauerhaften, negativen Veränderungen des Vermögensstamms der Anleihe berücksichtigt. Im Extremfall könnte daher sogar der partielle oder komplette Ausfall einer Anleihe erst im Jahr der Fälligkeit mittelbar durch analoge Anwendung des Art. 25 Abs. 1 GKB-RLV i.d.F. 2016 steuerlich geltend gemacht werden.[1274]

Dagegen unterliegen Gebäude gem. Art. 33 Abs. 1 Buchst. a) und Abs. 2 Buchst. a) zumindest einer planmäßigen, wenngleich stark typisierten Abschreibung. Nichtsdestominder sieht der Richtlinienentwurf auch für abschreibungsfähiges Anlagevermögen ein Verbot außerplanmäßiger Abschreibungen vor, sofern das Wirtschaftsgut nicht vollständig zerstört

---

1273 Siehe zu den Anforderungen einer Kapitalanlagestrategie *Beckstette/Reuß*, BetrAV 2006, 138, 140 f.

1274 GlA. *van de Streek*, in Terra/Wattel, European Tax Law, Band I, 2019, S. 429, 460.

wird. Nur in diesem letztgenannten Fall könnte der Restwert des Gebäudes sodann gem. Art. 34 Abs. 2 GKB-RLV i.d.F. 2016 vollständig von der Bemessungsgrundlage abgezogen werden.

Mit Blick auf die fehlenden Bestimmungen im Richtlinienentwurf bezüglich eines Verlustrücktrags als Äquivalent zu einem sofortigen Verlustausgleich erscheint es hierbei nicht nachvollziehbar,[1275] das Imparitätsprinzip bei nachweisbaren, außergewöhnlichen Wertminderungen des Deckungsvermögens zu suspendieren.[1276] Obschon sich bei Immobilien die Problematik durch den planmäßigen Wertverzehr im Zeitverlauf zumindest abmildert, ist gerade bei Finanzanlagen keine Abschreibung bis zum Zeitpunkt der Fälligkeit des Wertpapiers oder der Realisierung des Verlustes mehr möglich. Dies stellt zudem eine fundamentale Restriktion im Vergleich zu dem Richtlinienvorschlag von 2011 dar. Während Art. 41 Abs. 1 GKKB-RLV i.d.F. 2011 noch im Fall einer dauerhaften Wertminderung die Möglichkeit einer außergewöhnlichen Abschreibung bot,[1277] sieht Art. 39 Abs. 1 GKB-RLV i.d.F. 2016 nunmehr keine Ausnahme des Abschreibungsverbots i.S.d. Art. 38 GKB-RLV i.d.F. 2016 vor.[1278]

Dabei stellt eine nachweisbare Wertminderung einer Sachanlage i.S.d. Art. 39 Abs. 1 GKB-RLV i.d.F. 2016 aufgrund kontrollier- oder unkontrollierbarer externer Einflüsse aus wirtschaftlicher Sicht keine andere Belastung des Steuerpflichtigen dar als der Wertverlust einer Finanzanlage aufgrund ihrer systematischen oder unsystematischen Risiken. Die somit entgangenen Steuervorteile wirken sich in Abhängigkeit der Langfristigkeit der korrespondierenden Anlage zudem besonders stark aus und bedeuten daher eine erhebliche finanzielle Verschlechterung des Steuerpflichtigen. Diese Ausnahme lässt sich dabei nicht nur hinsichtlich der Finanzanlagen, sondern im weiteren Sinne auch bei Gebäuden mit einer leistungsgerech-

1275 Siehe zu der Rolle des Imparitätsprinzips im GKB-Richtlinienvorschlag Kap. D.I.3.c)aa)(2).

1276 So grds. schon *Spengel et al.*, WTJ 2012, 185, 198; *Kahle/Schulz*, StuB 2011, 296, 300. Vgl. auch *Mayr*, in Schön/Schreiber/Spengel, A CCCTB for Europe, 2008, S. 85, 88 f.

1277 Vgl. dazu *Eggert*, Die Gewinnermittlung nach dem Richtlinienvorschlag, 2015, S. 283-288.

1278 Diese Änderung wurde durch die litauische Ratspräsidentschaft vorgeschlagen. Vgl. Rat der Europäischen Union, Vorschlag für eine Richtlinie des Rates über eine Gemeinsame Körperschaftsteuer-Bemessungsgrundlage(GKB) – Explanatory notes on the compromise proposal, Interinstitutionelles Dossier vom 14.10.2013: 2011/0058(CNS), Dokumentnummer 14769/13.

ten Besteuerung kaum vereinbaren.[1279] Hierbei mangelt es dieser Ausnahmeregelung an einer sachgerechten Begründung. Insbesondere das Verbot einer außerordentlichen Abschreibung der Finanzanlagen bei einer dauerhaften Wertminderung ist insofern entschieden zu kritisieren und steht einer verhältnismäßigen Besteuerung im Weg.[1280]

Würden dagegen die Wertpapiere des betriebsinternen Pensionsfonds ohne spezifische Laufzeiten, wie z.B. Aktien, die Definition eines Portfolios eindeutig identifizierter und gemeinsam verwalteter Finanzinstrumente nach Art. 21 Abs. 1 Buchst. b) GKB-RLV i.d.F. 2016 erfüllen, wären sie folglich mit dem Marktwert zu bewerten. Dementsprechend würden sich auch die wirtschaftlichen Faktoren der zugrundeliegenden Finanzanlage sowie ferner das gesamtwirtschaftliche Umfeld und das Zinsniveau in der Bewertung des Finanzanlagevermögens widerspiegeln, wodurch auch Schwankungen der Höhe des Vermögensstamms wie kurzfristige Kurseinbrüche kongruent abgedeckt wären. Ferner stünden die Zinsaufwendungen der Rückstellungsbewertung nicht nur den realisierten, sondern auch den unrealisierten Ertragsrenditen des Deckungsstocks gegenüber.[1281] Es ist jedoch fraglich, ob das Deckungsvermögen die Voraussetzungen des Art. 21 GKB-RLV i.d.F. 2016 überhaupt erfüllt.

Greift man bezüglich der Definition eines Finanzinstruments, welches zu Handelszwecken gehalten wird, auf die korrespondierende Bestimmung des inzwischen außer Kraft getretenen IAS 39 zurück,[1282] versteht man darunter im Wesentlichen solche Finanzanlagen des Umlaufvermögens, die der Gewinnerzielung aus kurzfristigen Schwankungen von Preisen oder Händlermargen dienen.[1283] Im Gegensatz dazu sind die Kapitalanlagen des Pensionsdeckungsstocks darauf angelegt, langfristige Pensionsverpflichtungen dauerhaft und nachhaltig erfüllen zu können. Eine Veräußerung erfolgt dabei in der Regel nur, um die anstehenden Pensionszahlungen zu leisten oder um die freiwerdenden Mittel anschließend

---

1279 GlA. *Eggert*, Die Gewinnermittlung nach dem Richtlinienvorschlag, 2015, S. 286-288.

1280 So schon grds. mit Blick auf Beteiligungen *Mayr*, in Schön/Schreiber/Spengel, A CCCTB for Europe, 2008, S. 85, 88 mit Verweis auf *Mayr*, Rückstellungen, 2004, S. 220-222.

1281 Zu der Diskussion der Besteuerung der unrealisierter Gewinne siehe sodann unten Kap. E.I.c)bb).

1282 Zur Anlehnung des Art. 21 GKB-RLV i.d.F. 2016 an den IAS 39 vgl. *Petutschnig*, RWZ 2017, 273, 278.

1283 *Paa/Schmidt*, in Thiele/von Keitz/Brücks, Int. Bilanzrecht, Stand Oktober 2013, Altkommentierung IAS 39 Rn. 143.

zu reinvestieren. Die Mitnahme von kurzfristigen Gewinnen ist somit nicht primärer Sinn und Zweck der Kapitalanlagestrategie eines betriebsinternen Pensionsfonds. Im Ergebnis dürfen die Vorgaben des Art. 21 GKB-RLV i.d.F. 2016 nicht auf das Deckungsvermögen des betriebsinternen Pensionsfonds angewendet werden,[1284] sodass die entsprechenden Wirtschaftsgüter bei Erwerb mit den Anschaffungskosten erfasst werden und mögliche Gewinne bzw. Verluste erst bei der Veräußerung realisiert werden.

c) Analyse der steuerlichen Behandlung von Rückdeckungsversicherungen

Eine Rückdeckungsversicherung lässt sich unter den Vorgaben des Richtlinienvorschlags als langfristiges Finanzanlagevermögen klassifizieren, sodass sich die Erkenntnisse der Behandlung des betriebsinternen Pensionsfonds grundsätzlich übertragen lassen. Gleichwohl könnten sich aufgrund der zeitlichen und sachlichen Kongruenz der Rückdeckungsversicherung mit der Pensionsverpflichtung Besonderheiten ergeben. So ist es unter Umständen denkbar, dass der Abschluss einer Rückdeckungsversicherung einen Anwendungsfall des Art. 23 Abs. 2 Satz 2 Buchst. d) GKB-RLV i.d.F. 2016 darstellt und sich somit als künftiger Vorteil auf die Höhe der Rückstellungsschätzung auswirkt. Als aktivierbarer Erstattungsanspruch, der unmittelbar mit dem Eintritt des Versorgungsfalls zusammenhängt, erfüllt die Rückdeckungsversicherung im Kern die Voraussetzung des Art. 23 Abs. 2 Satz 2 Buchst. d) GKB-RLV i.d.F. 2016. Ein Rückgriff auf den IAS 37.53 fundiert diese Vermutung.[1285] Im Ergebnis sind die erfolgswirksamen Bestandteile einer Rückdeckungsversicherung bei der Schätzung der Rückstellung zu berücksichtigen. Gleichwohl sind die materiellen Auswirkungen aufgrund der erfolgsneutralen Erfassung der Prämien der Rückdeckungsversicherung überschaubar und wirken sich insofern lediglich auf die Zinsrisiken aus.

1284 Dies deckt sich ferner mit dem Anwendungsbereich des IAS 39. So wurden die Bestimmungen des Standards nicht auf die Rechte und Verpflichtungen eines Arbeitgebers aus Altersversorgungsplänen angewendet. Siehe hierzu *Paa/Schmidt*, in Thiele/von Keitz/Brücks, Int. Bilanzrecht, Stand Oktober 2013, Altkommentierung IAS 39 Rn. 107.

1285 Vgl. zu den Anforderungen des IAS 37 *Hachmeister/Zeyer*, in Thiele/von Keitz/Brücks, Int. Bilanzrecht, 21. Lfg. Januar 2015, IAS 37 Rn. 304.

Nichtdestotrotz könnten sich sodann weitere Besonderheiten im Zusammenhang mit Art. 26 GKB-RLV i.d.F. 2016 als lex speciales ergeben. Demnach könnte der Abschluss einer Rückdeckungsversicherung die Definition einer Sicherungsbeziehung erfüllen, sodass die Gewinne und Verluste der Rückdeckung wie die Gewinne und Verluste aus der Bewertung der Pensionsverpflichtung als entsprechendes Grundgeschäft behandelt werden. In diesem Fall wäre der Grundsatz der Einzelbewertung durchbrochen und könnte zu einer korrespondierenden Bewertung der steuerpflichtigen Erträge der Rückdeckungsversicherung mit den Aufwendungen der Pensionsrückstellung führen. Dabei wäre es zudem sachgerecht, die Pensionsverpflichtung in Höhe der Rückdeckungsversicherung zu bewerten, sodass sich der Aufwand der Periode auf die Prämienzahlungen beschränken würde.[1286] Hiermit könnte zweifelsohne eine gewisse Vereinfachung der Ermittlung der Bemessungsgrundlage einhergehen. Dies stünde im Einklang mit dem Leitprinzip der Entwicklungsphase.

Als Voraussetzung für eine Sicherungsbeziehung verlangt Art. 26 Abs. 1 GKB-RLV i.d.F. 2016 lediglich, dass sie zum einen förmlich bestimmt und vorher dokumentiert wurde. Zum anderen muss ex ante von einer hohen Wirksamkeit der Sicherungsbeziehung ausgegangen werden, welche sich ex post zusätzlich verlässlich bestimmen lässt. Nicht aus den Vorgaben ableiten lässt sich indessen, was unter einem Sicherungs- bzw. einem Grundgeschäft verstanden wird und welche spezifischen Anforderungen an diese gelten. Zumindest in Anlehnung an Abs. 2 könnte man schlussfolgern, dass es sich bei einem Sicherungsgeschäft um ein Finanzinstrument handeln muss. Es bleibt jedoch offen, ob es sich hierbei um ein originäres oder derivates Finanzinstrument handelt.

In der Entwicklungsphase der G(K)KB wurden auch im Rahmen von Finanzinstrumenten die internationalen Standards als Ausgangspunkt einer einheitlichen Begriffsdefinition verwendet.[1287] In diesem Zusammenhang stellt ein Finanzinstrument gem. IAS 32.11 einen Vertrag dar, der gleichzeitig bei dem einen Unternehmen zu einem finanziellen Vermögenswert und bei dem anderen Unternehmen zu einem Eigenkapitalinstrument oder zu einer finanziellen Verbindlichkeit führt, womit im Wesentlichen

---

1286 Das Primat der Aktivseite befürwortend *Thierer*, DB 2011, 189, 194 f.; *Rhiel/Veit/Hirsch*, StuB 2007, 333, 335 & 338. Ferner auch *Wichmann*, BB 1989, 1228, 1233, der beide Sichtweisen als zulässig erachtet.

1287 Siehe Arbeitsgruppe GKKB, Steuerliche Behandlung von Finanzanlagen, CCCTB/WP/023/doc/de v. 30.11.2005, Rn. 6.

auch Rückdeckungsversicherungen erfasst sind.[1288] Darüber hinaus wird dem Abschluss einer vollständig kongruenten Rückdeckungsversicherung aus wirtschaftlicher Sicht eine hohe Effektivität der Absicherung der Zahlungsrisiken und ferner der inhärenten Zinsrisiken attestiert.[1289] In diesem Fall könnte man folglich von einer Sicherungsbeziehung respektive Bewertungseinheit sprechen.[1290]

Dem widerspricht allerdings die europarechtliche Bedeutung des Begriffs der Finanzinstrumente i.S.d. Art. 4 Abs. 1 Nr. 15 i.V.m. Anhang I Abschnitt C der Richtlinie 2014/65/EU, wozu keine Versicherungsprodukte oder Ähnliches zählen. Überdies ist Art. 26 Abs. 1 GKB-RLV i.d.F. 2016 seiner Systematik nach offenkundig an den IAS 39 angelehnt,[1291] sodass bei einer IFRS-konformen Auslegung lediglich Derivate in den Anwendungsbereich des IAS 39 fallen.[1292] Infolgedessen ist der Tatbestand einer Rückdeckungsversicherung nicht von Art. 26 Abs. 1 GKB-RLV i.d.F. 2016 erfasst.

Vor diesem Hintergrund käme gleichwohl eine analoge Anwendung des Art. 26 Abs. 1 GKB-RLV i.d.F. 2016 in Betracht, um die bestehende Regelungslücke der Behandlung einer Rückdeckungsversicherung zu schließen.[1293] Wie dargestellt, existieren keine Regelungen bezüglich der steuerlichen Erfassung einer Rückdeckungsversicherung, wobei diese Deckungsform aus ökonomischer Sicht mit einer Sicherungsbeziehung im Rahmen des IAS 39 vergleichbar ist. Diesbezüglich lässt sich weder aus den Gesetzesmaterialien der Arbeitsgruppe noch aus den Richtlinienvorschlägen

---

1288 So *Rhiel/Veit*, DB 2008, 1509, 1511 Fn. 21. So wohl auch *Grottel/Johannleweling*, in BeBiKo, 12. Aufl. 2020, § 249 Rn. 204.

1289 Siehe zur Bedeutung und einer formalen Definition der Kongruenz einer Rückdeckungsversicherung ausführlich *Thierer*, Zeitschrift für die gesamte Versicherungswissenschaft 2008, Supplement 1, 135, 139 & 144-149. Siehe ferner *Rhiel/Hirsch/Veit*, StuB 2007, 333, 333 f.

1290 So mit Blick auf die deutsche Rechnungslegungspraxis *Schmidt/Usinger*, in BeBiKo, 12. Aufl. 2020, § 254 Rn. 11; *Grottel/Johannleweling*, in BeBiKo, 12. Aufl. 2020, § 249 Rn. 204; IDW RS HFA/2016 30 Rn. 74 & 76; *Thierer*, DB 2011, 189, 194 f.; *Rhiel/Veit*, DB 2008, 193, 195 f. Ferner auch *Höfer*, DB 2010, 2076, 2076 f. für den Sonderfall, dass sich die Rentenleistungen nach der Höhe der Rückdeckungsversicherung richtet.

1291 *Russo*, in Weber, CCCTB – Selected Issues, 2012, S. 67, 74.

1292 Vgl. zu der Definition der Derivate gem. IAS 39 *Paa/Schmidt*, in Thiele/von Keitz/Brücks, Int. Bilanzrecht, Stand Oktober 2013, Altkommentierung IAS 39 Rn. 124-128.

1293 Siehe zu der Möglichkeit der Analogiebildung bei unbewussten Lücken im Zusammenhang mit abschließenden Richtlinien *Ahmling*, Analogiebildung durch den EuGH, 2012, S. 193.

von 2011 bzw. 2016 schließen, dass die spezifischen Anforderungen eines Deckungsstocks bewusst bei der Entwicklung der Regelungen exkludiert worden sind bzw. der Gesetzeber diese noch abschließend regeln will, sodass folglich von einer planwidrigen Gesetzeslücke gesprochen werden kann.

Insofern bietet sich in den Fällen, in denen eine Rückdeckungsversicherung die korrespondierende Pensionsverpflichtung kongruent und vollständig deckt, eine Anwendung des Art. 26 Abs. 1 GKB-RLV i.d.F. 2016 im Rahmen der Gesetzesanalogie an. Gleichwohl besteht mit Blick auf eine mögliche Einführung des Richtlinienentwurfs im Sinne einer europaweiten Rechtssicherheit weiterhin der Bedarf, ausdrückliche Regelungen bezüglich der Behandlung der Rückdeckungsversicherung zu bestimmen. So könnten weitere Kriterien wie beispielsweise die Verpfändung der Rückdeckungsversicherung an den Arbeitnehmer in eine solche Norm aufgenommen werden.[1294] Dies könnte der Unionsgesetzgeber sodann entweder durch die Aufnahme eigener, expliziter und spezifischer Vorgaben im Richtlinienvorschlag oder anhand eines delegierten Rechtsakts nach Art. 66 GKB-RLV i.d.F. 2016 erreichen.

4. Fazit

Aufwendungen für Pensionsverpflichtungen stellen als aufgeschobenes Entgelt für die durch den Arbeitnehmer erbrachte Arbeitskraft gem. Art. 9 GKB-RLV i.d.F. 2016 abzugsfähige Aufwendungen dar, wobei sich die Abzugsfähigkeit jedoch nur auf den fremdüblichen Teil der Pensionsleistung einer Kapitalgesellschaft an Anteilseigner oder nahestehende Personen i.S.d. Art. 14 GKB-RLV i.d.F. 2016 erstreckt. Die Pensionsverpflichtungen als Teil des Entgelts sind entsprechend des Grundsatzes der Periodenabgrenzung gem. Art. 15 i.V.m. Art. 17 GKB-RLV i.d.F. 2016 systematisch auf den Zeitraum der Erbringung der entsprechenden Arbeitsleistung zu verteilen. Gerade ein europaweit einheitliches Rechtsverständnis aufgrund der Mobilitätsrichtlinie fundiert dieses Ergebnis. Gleichwohl lässt sich für Leistungszusagen kein genauer Bewertungsmaßstab ableiten, wofür im

1294 Die Verpfändung der Rückdeckungsversicherung als notwendige Bedingung einer Bewertungseinheit haben hinsichtlich der deutschen Rechnungslegungspraxis bspw. schon *Rhiel/Hirsch/Veit* gefordert. Siehe *Rhiel/Hirsch/Veit*, StuB 2007, 333, 335.

Wesentlichen auf die weiteren Vorgaben des Richtlinienvorschlags wie Rückstellungen zurückzugreifen ist.

In diesem Zusammenhang stehen Rückstellungen nach Art. 23 GKB-RLV i.d.F. 2016 im Einklang mit dem Grundsatz der Periodenabgrenzung und konkretisieren diesen, indem sie ausdrücklich die erfolgswirksame Erfassung von Aufwendungen für noch nicht entstandene, aber schon verursachte Verpflichtungen zulassen. Dabei erfüllen leistungsdefinierte Pensionsverpflichtungen die Voraussetzungen einer Rückstellung nach Art. 23 Abs. 1 GKB-RLV i.d.F. 2016 und sind somit mit dem zuverlässig geschätzten Betrag nach Absatz 2 auf die einzelnen Geschäftsjahre zu verteilen. Nichtsdestominder fehlt es den Vorgaben an einem konkreten Bewertungsmaßstab. Insofern lassen sich insbesondere auch keine Schlüsse bezüglich der einzelnen Gestaltungsformen der Leistungszusagen ziehen. Überdies erscheint der Diskontierungssatz als EURIBOR-Zinssatz aufgrund seiner Restlaufzeit von lediglich zwölf Monaten ungeeignet, eine Pensionsverpflichtung als langfristig angelegtes Schuldverhältnis adäquat abzuzinsen. Zudem erscheint es zweifelhaft, in welchem Umfang ein Rückgriff auf den IAS 19 im Sinne einer Auslegungshilfe erfolgen könnte, da sich die Vorgaben des Art. 23 GKB-RLV i.d.F. 2016 lediglich an den IAS 37 anlehnen.

Die Notwendigkeit zur Bildung einer Rückstellung ist dabei grundsätzlich auf unmittelbare Pensionsverpflichtungen sowie mittelbare, umlagefinanzierte bzw. unterdeckte Pensionsverpflichtungen begrenzt. Die Beiträge an einen externen Versorgungsträger resultieren daneben aus dem zugrundeliegenden (vertraglichen) Deckungsverhältnis und stellen grundsätzlich abzugsfähige Aufwendungen gem. Art. 9 Abs. 1 GKB-RLV i.d.F. 2016 dar. Sofern das Deckungsverhältnis als ausgeglichen betrachtet werden kann, sind die Beiträge in der Periode ihrer Zahlung erfolgswirksam abzubilden. Die Berücksichtigung von zukünftigen Beiträgen an die externen Versorgungsträger als Rückstellungen des Arbeitgebers kommt dagegen nicht in Betracht, da es sich bei der vertraglichen Beziehung mit dem externen Versorgungsträger um ein schwebendes Geschäft handelt.

In den Fällen einer unterdeckten mittelbaren, kapitalgedeckten oder mittelbaren, umlagefinanzierten Pensionsverpflichtung erscheint es jedoch fraglich, welches Rechtsverhältnis der Bildung einer Rückstellung primär zugrunde liegt. So ist neben einer Rückstellung gegenüber dem Arbeitnehmer im Rahmen seiner arbeitsrechtlichen Verpflichtung ebenfalls eine Rückstellung gegenüber dem externen Versorgungsträger als Ausdruck der möglicherweise auftretenden Nachschuss- bzw. Ausgleichsverpflichtung denkbar. Aus den Vorgaben des Art. 23 GKB-RLV i.d.F. 2016 lassen sich keine weiteren Schlüsse zu dem Rechtsverhältnis ziehen. Ferner könnte gerade auch ein uneingeschränkter Rückgriff auf die nationalen Rechnungslegungsvorschriften zu einer uneinheitlichen steuerlichen Behandlung der Pensionsverpflichtungen in den Mitgliedstaaten führen.

Mit Blick auf das Deckungsvermögen einer kapitalgedeckten Pensionsverpflichtung lassen sich dem Richtlinienvorschlag ebenfalls keine spezifischen Vorschriften entnehmen und sind daher anhand der generellen Vorgaben zu behandeln. Während der Steuerpflichtige bei einer mittelbaren Pensionsverpflichtung das wirtschaftliche Eigentum i.S.d. Art. 4 Nr. 29 GKB-RLV i.d.F. 2016 über die Wirtschaftsgüter im Zuge der Auslagerung verloren hat, sind die Wirtschaftsgüter des Deckungsstocks einer unmittelbaren Pensionsverpflichtung mit den Anschaffungskosten nach Art. 31 Abs. 1 GKB-RLV i.d.F. 2016 beim Steuerpflichtigen erfolgsneutral zum Zeitpunkt des Erwerbs zu erfassen.

Die Wertpapiere bzw. das Finanzanlagevermögen des Deckungsstocks gelten dabei nicht als zu Handelszwecken nach Art. 21 GKB-RLV i.d.F. 2016 gehalten und sind somit nicht zum Marktwert zu bewerten. Demzufolge sind diese Wirtschaftsgüter grundsätzlich in den Folgejahren im Einklang mit den Art. 33-39 GKB-RLV i.d.F. 2016 zu behandeln, wobei Gebäuden im Gegensatz zu Finanzanlagevermögen planmäßig abgeschrieben werden dürfen. Daneben ist allerdings auch die Möglichkeit einer außerordentlichen Abschreibung bei einem niedrigeren beizulegenden Wert das Finanzanlagevermögen vollkommen ausgeschlossen. Bei Wertpapieren ließe sich ein möglicher Verlust erst bei Fälligkeit oder durch Verkauf der entsprechenden Anlage realisieren. Dies verstößt gegen den Grundsatz einer leistungsgerechten Besteuerung und ist entschieden zu kritisieren.

In Hinblick auf die Deckungsform der Rückdeckungsversicherung sind die Erkenntnisse der Behandlung des betriebsinternen Pensionsfonds grundsätzlich analog anzuwenden. Aufgrund der engen zeitlichen und sachlichen Kongruenz einer Rückdeckungsversicherung mit der korrespondierenden Pensionsverpflichtung ist es jedoch denkbar, die Bestimmungen des Art. 26 GKB-RLV i.d.F. 2016 im Zuge der Analogiefortbildung auf die Rückdeckungsversicherung zu übertragen. Dies hätte mitunter administrative Vorteile. Nichtsdestotrotz sollten vor der Einführung einer Richtlinie über die harmonisierte Körperschaftsteuer-Bemessungsgrundlage im Sinne der Rechtssicherheit eigene, ausdrückliche Vorgaben bezüglich der Behandlung von Rückdeckungsversicherungen determiniert werden.

Zusammenfassend lässt sich festhalten, dass Pensionsverpflichtungen im Einklang mit dem Grundsatz der Periodenabgrenzung zum Zeitpunkt der Leistungserbringung erfolgswirksam zu antizipieren und entsprechend der Vorgaben des Art. 23 GKB-RLV i.d.F. 2016 grundsätzlich als Rückstellung abzubilden sind. Allerdings lassen sich keine spezifischen Vorgaben bezüglich der Bewertung bzw. der Behandlung der einzelnen Gestaltungsformen entnehmen. Dies erzeugt erhebliche Rechtsunsicherheit für den Steuerpflichtigen. Es bedarf folglich weiterer Vorgaben, um eine leistungsgerechte Besteuerung in allen Mitgliedstaaten sicherzustellen.

Vor diesem Hintergrund wird die grundsätzliche Pflicht zur Erfassung einer Rückstellung für Pensionsverpflichtungen durch Art. 24 GKB-RLV i.d.F. 2016 indes sogar weiter relativiert. So können die Mitgliedstaaten vorsehen, dass Pensionsrückstellungen abzugsfähig sind. Gerade im Hinblick auf eine einheitliche europäische Steuerrechtsordnung wäre es indessen zwingend erforderlich, dass gleiche bzw. vergleichbare Durchführungsformen grundsätzlich auf die gleiche Weise besteuert werden. Insofern könnte das Mitgliedstaatenwahlrecht im Gegensatz zu den Zielen einer harmonisierten Körperschaftsteuer-Bemessungsgrundlage stehen. Im Folgenden sollen daher der Begriffsinhalt und die Auswirkungen des Art. 24 GKB-RLV i.d.F. 2016 als lex specialis genauer analysiert werden.

III. Das Mitgliedstaatenwahlrecht für Pensionsverpflichtungen nach Art. 24 GKB-RLV i.d.F. 2016

1. Einführung

a) Fassung und Evolution der Regelung für Pensionsverpflichtungen

Während die Aufwendungen für Pensionsverpflichtungen im Rahmen des Systems des Richtlinienvorschlags grundsätzlich abzugsfähig sind, statuiert Art. 24 GKB-RLV i.d.F. 2016 ein Mitgliedstaatenwahlrecht für die Abzugsfähigkeit von Pensionsrückstellungen. Da (leistungsdefinierte) Pensionsverpflichtungen – wie gezeigt – die Voraussetzungen einer Rückstellung i.S.d. Art. 23 GKB-RLV i.d.F. 2016 grundsätzlich erfüllen, könnte sich Art. 24 GKB-RLV i.d.F. 2016 dem Wortlaut nach als ein grundsätzliches Abzugsverbot von Pensionsrückstellungen auffassen lassen.[1295] Die Motivation hinter dem Mitgliedstaatenwahlrecht lässt sich indessen aus dem Richtlinienvorschlag nicht explizit ableiten.[1296]

1295 So vertreten durch *Scheffler/Köstler*, ifst-Schrift 518, 2017, S. 74.
1296 *Petutschnig*, RWZ 2017, 273, 280.

Die steuerliche Behandlung von Pensionsrückstellungen stand dabei in der Entwicklungsphase des Richtlinienvorschlags früh im Fokus der Arbeitsgruppe der GKKB. So wurde in den öffentlich zugänglichen Arbeitsmaterialien schon zu Beginn auf die enge Verbindung zwischen einer Pensionsrückstellung und den nationalen arbeitsrechtlichen Regelungen sowie auf die steuerliche Sonderrolle der Abzugsfähigkeit von Aufwendungen für Pensionsverpflichtungen hingewiesen, da der steuerliche Abzug von Pensionsrückstellungen nicht in allen Mitgliedstaaten gleichermaßen gegeben ist.[1297] Obschon diesbezüglich zwar noch eine grundsätzliche Bereitschaft für die Anerkennung der nationalen Rechtsvorschriften signalisiert wurde,[1298] bestand nach Ansicht von Teilen der Mitgliedstaaten gerade mit Blick auf die Konsolidierung der Steuerbemessungsgrundlagen die Gefahr, dass die spezifischen innerstaatlichen Rechtsvorschriften eines bestimmten Mitgliedstaats zur steuerlichen Abzugsfähigkeit eine wesentliche Minderung der Steuerbemessungsgrundlagen aller beteiligten Mitgliedstaaten bewirken und insofern eine verdeckte steuerliche Subvention darstellen könnten.[1299]

Vor diesem Hintergrund wurde von Seiten der Arbeitsgruppe noch ein Höchstbetrag oder eine temporäre Beschränkung der Abzugsfähigkeit von Pensionsrückstellungen erwogen, wobei man gleichwohl weiterhin die Notwendigkeit europaweit einheitlicher steuerlicher Vorschriften betonte.[1300] Schlussendlich wurde das Institut der Pensionsrückstellung im Rahmen einer möglichen harmonisierten Steuerbemessungsgrundlage jedoch grundsätzlich anerkannt, da somit die einheitliche steuerliche Behandlung und Abzugsfähigkeit von Pensionsverpflichtungen der mittelbaren und unmittelbaren Durchführungsformen sichergestellt gewesen wäre.[1301]

Infolgedessen sah der Richtlinienvorschlag von 2011 mit Art. 26 GKKB-RLV i.d.F. 2011 noch eine Ansatzpflicht für Pensionsrückstellungen

---

1297 Arbeitsgruppe GKKB, Rücklagen, Rückstellungen und Schulden, CCCTB\WP\006\doc\de v. 1.3.2005, Rn. 21-23.

1298 Arbeitsgruppe GKKB, Überblick über die wichtigsten in der ersten Sitzung der Untergruppe „Rücklagen, Rückstellungen und Schulden“ aufgetretenen Fragen, CCCTB\WP\011\doc\de v. 24.5.2005, Rn. 14.

1299 Arbeitsgruppe GKKB, Überblick über die wichtigsten in der zweiten Sitzung der Untergruppe „Rücklagen, Rückstellungen und Schulden“ aufgetretenen Fragen, CCCTB\WP\015\doc\de v. 7.9.2005, Rn. 18.

1300 Arbeitsgruppe GKKB, Überblick über die wichtigsten in der zweiten Sitzung der Untergruppe „Rücklagen, Rückstellungen und Schulden“ aufgetretenen Fragen, CCCTB\WP\015\doc\de v. 7.9.2005, Rn. 19.

1301 Arbeitsgruppe GKKB, GKKB: mögliche Elemente der technischen Ausgestaltung, CCCTB\WP057\doc\de v. 26.7.2007, Rn. 33.

vor.[1302] Dabei ergänzte bzw. konkretisierte Art. 26 Satz 1 GKKB-RLV i.d.F. 2011 die allgemeinen Vorgaben bezüglich Rückstellungen des Art. 25 GKKB-RLV i.d.F. 2011, wonach der zuverlässig geschätzte Betrag anhand versicherungsmathematischer Methoden zu ermitteln sei, um die vergangenen und gegenwärtigen Leistungen von Arbeitnehmern adäquat abzubilden.[1303] Insofern trug der Vorschlag dem Entgeltcharakter der Pensionsverpflichtung konsequent Rechnung und rückte das vertragliche Verhältnis zwischen Arbeitgeber und Arbeitnehmer in den Mittelpunkt der steuerlichen Betrachtung. Darüber hinaus spezifizierte Art. 26 Satz 2 GKKB-RLV i.d.F. 2011 den maßgeblich anzuwenden Zinssatz, sodass Rückstellungen für Pensionsverpflichtungen ausnahmslos mit dem durchschnittlichen jährlichen EURIBOR-Zinssatz für Schuldtitel mit einer Restlaufzeit von zwölf Monaten abgezinst werden sollten. Ein ausdrücklich vereinbarter Zinssatz wäre in diesem Zusammenhang wohl ohne Bedeutung gewesen.[1304] Nichtsdestominder ließen sich aus den Bestimmungen des Art. 26 GKKB-RLV i.d.F. 2011 keine detaillierteren Vorgaben entnehmen.[1305] So enthielt die Regelung bspw. kein bestimmtes Bewertungsverfahren,[1306] wenngleich zumindest die Anwendung des Anwartschaftsbarwertverfahrens grundsätzlich möglich erschien.[1307] Überdies wurde auch der Diskontierungssatz aufgrund seiner kurzen Laufzeit als ungeeignet betrachtet.[1308]

Im Anschluss an die Veröffentlichung des Richtlinienvorschlags von 2011 wurden die Bestimmungen für Pensionsverpflichtungen in der Arbeitsgruppe des Rats der Europäischen Union unter dem Vorsitz von Dänemark diskutiert und weiterentwickelt. Im Verlauf der Diskussion sprachen sich mehrere Mitgliedstaaten mit Blick auf die anschließende Konsolidierung gegen den Ansatz von Pensionsrückstellungen aus,[1309]

1302 *Scheffler/Köstler*, DStR 2013, 2190, 2194 mit Verweis auf *Kahle/Schulz*, StuB 2011, 296, 302. A.A. wohl *Spengel et al.*, The Impact of the CCTB on the Effective Tax Burden of Corporations, working paper Nr. 75, 2019, S. 93.

1303 *Spengel/Zöllkau*, Common Corporate Tax Base, 2012, S. 53.

1304 So wohl *Kahle/Schulz*, StuB 2011, 296, 302 Fn. 56.

1305 Zutreffend *Spengel/Zöllkau*, Common Corporate Tax Base, 2012, S. 54; *Marx*, DStZ 2011, 546, 553.

1306 *Scheffler/Krebs*, DStR 2011, Beihefter zu Heft 22, 13, 23; *Marx*, DStZ 2011, 546, 553.

1307 So wohl *Lenz/Rautenstrauch*, DB 2011, 726, 728.

1308 *Adriaansen et al.*, Highlights & Insights on European Taxation 2011, Heft 6, 5, 27. Siehe auch oben Kap. D.II.2.b).

1309 Vgl. Rat der Europäischen Union, Vorschlag für eine Richtlinie des Rates über eine Gemeinsame Körperschaftsteuer-Bemessungsgrundlage(GKB) – Presidensodass die dänische Ratspräsidentschaft in ihrem Kompromissvorschlag statt der verpflichtenden Abzugsfähigkeit von Pensionsrückstellungen ein Mitgliedstaatenwahlrecht vorschlug.[1310] Überdies hätte der Ansatz von Pensionsrückstellungen bei der Konsolidierung keine Rolle gespielt und sich nicht auf die Höhe der anteiligen Steuerbemessungsgrundlagen der Mitgliedstaaten ausgewirkt, sondern wäre erst im Anschluss berücksichtigt worden.

Aufbauend auf dem dänischen Änderungsvorschlag wurde das Mitgliedstaatenwahlrecht in den Kompromissvorschlägen von Irland, Litauen, Griechenland und auch Italien sinngemäß beibehalten. Gleichwohl wurden von Vertretern einiger Mitgliedstaaten auf die daraus resultierende Ungleichbehandlung zwischen mittelbaren und unmittelbaren Pensionsverpflichtungen hingewiesen.[1311] Im Schrifttum wurde das Wahlrecht hierbei sodann als ein grundsätzliches Ansatzverbot der Pensionsrückstellungen interpretiert.[1312]

Trotz der Einwände mancher Mitgliedstaaten wurde das Konzept des Mitgliedstaatenwahlrechts weiter beibehalten und aufgrund der Trennung der beiden Gewinnermittlungsstufen in seinem gegenwärtigen Wortlaut in Art. 24 GKB-RLV i.d.F. 2016 statuiert.[1313] Zudem wurde auch im Zuge der Diskussionen nach der Veröffentlichung der Richtlinienvorschläge von 2016 in den folgenden Kompromissvorschlägen weiter an dem Mitgliedstaatenwahlrecht für Pensionsrückstellungen festgehalten. Dabei wurde jedoch der Begriff der „Pension“ bzw. der „Pensionsrückstellung“ aufgrund seiner Unbestimmtheit kritisiert, da eine Abgrenzung zu anderen Formen der aufgeschobenen, betrieblichen Leistungen wie bspw. Boni- oder Jubiläumszahlungen, welche unter die Abzugsfähigkeit des

---

cy Synthesis Report on the bilateral discussions, Interinstitutionelles Dossier vom 27.03.2013: 2011/0058(CNS), Dokumentnummer 7830/13,

1310 *Herzig*, FR 2012, 761, 761.

1311 Siehe Rat der Europäischen Union, Vorschlag für eine Richtlinie des Rates über eine Gemeinsame Körperschaftsteuer-Bemessungsgrundlage(GKB) – Presidency comments on the compromise proposal, Interinstitutionelles Dossier vom 16.04.2012: 2011/0058(CNS), Dokumentnummer 8790/12, S. 28.

1312 Hinsichtlich des irischen Kompromissvorschlags *Scheffler/Köstler*, DStR 2013, 2190, 2194.

1313 *Jakob/Fehling*, ISR 2017, 290, 296.

Art. 23 GKB-RLV i.d.F. 2016 fallen würden,[1314] nicht zweifelsfrei möglich erschien.[1315]

Vor diesem Hintergrund wurde der Wortlaut des Mitgliedstaatenwahlrechts in dem rumänischen Kompromissvorschlag durch einen zweiten Absatz ergänzt. Für die Zwecke des Artikels 24 wird der Begriff der Pensionsrückstellung demnach als eine „langfristige Kapitalansparung mit dem ausdrücklichen Ziel der Gewährleistung eines Ruhestandseinkommens" bezeichnet, wobei lediglich begrenzte Möglichkeiten für eine vorzeitige Auszahlung vor dem Renteneintritt zulässig sind. Dabei orientierte man sich bezüglich des zweiten Absatzes bewusst an Art. 2 Nr. 1 Buchst. b) der Verordnung (EU) 2019/1238 über ein europaweites privates Altersversorgungsprodukt.[1316] Durch den finnischen Kompromissvorschlag wurde diese Ergänzung zusätzlich bestätigt und stellt somit wohl den gegenwärtig gemeinsamen Nenner der Diskussion zwischen den Mitgliedstaaten dar.

Auf der folgenden Seite ist die Entwicklung der Vorschläge bezüglich der steuerlichen Behandlung von Pensionsverpflichtungen im Rahmen des Reformvorhabens einer gemeinsamen Steuerbemessungsgrundlage abschließend tabellarisch dargestellt, um insbesondere die Veränderungen durch die Kompromissvorschläge, abgekürzt als KV, nach der Veröffentlichung der Richtlinienvorschläge von 2011 und 2016 übersichtlich abzubilden.

1314 So wohl *Scheffler/Köstler*, ifst-Schrift 518, 2017, S. 74. Ferner auch *Petutschnig*, RWZ 2017, 273, 280.

1315 Rat der Europäischen Union, Presidency compromise text on Chapters I to X of the CCTB, Working Paper WK 3712/2019 INIT, 2019, S. 28.

1316 Rat der Europäischen Union, Presidency compromise text on Chapters I to X of the CCTB, Working Paper WK 3712/2019 INIT, 2019, S. 28.

Tabelle 3: Überblick über die zeitliche Entwicklung der steuerlichen Behandlung von Pensionsverpflichtungen im Rahmen des Reformvorhabens einer harmonisierten Körperschaftsteuer-Bemessungsgrundlage

Phase	Abzugsfähigkeit	Inhalt
Entwicklungsphase 2004 bis 2008	Ansatzpflicht	– Keine konkreten Angaben
GKKB-Richtlinienvorschlag von 2011	Ansatzpflicht	– Schätzwert auf Basis versicherungsmathematischer Methoden – kein konkretes Bewertungsverfahren – Abzinsung mit dem durchschnittlichen jährlichen EURIBOR-Zinssatz für Schuldtitel mit einer Restlaufzeit von zwölf Monaten
KV Dänemark 2012	Mitgliedstaatenwahlrecht	– keine weiteren Angaben
KV Litauen 2013	Mitgliedstaatenwahlrecht	– keine weiteren Angaben
KV Irland 2013	Mitgliedstaatenwahlrecht	– keine weiteren Angaben
KV Griechenland 2014	Mitgliedstaatenwahlrecht	– keine weiteren Angaben
KV Italien 2014	Mitgliedstaatenwahlrecht	– keine weiteren Angaben
GKB-Richtlinienvorschlag von 2016	Mitgliedstaatenwahlrecht	– keine weiteren Angaben
KV Österreich 2018	Mitgliedstaatenwahlrecht	– keine weiteren Angaben
KV Rumänien 2019	Mitgliedstaatenwahlrecht	– „Pensionsrückstellungen" bedeuten in Anlehnung an Art. 2 Nr. 1 der Verordnung (EU) 2019/1238 eine langfristige Kapitalansparung mit dem ausdrücklichen Ziel der Gewährleistung eines Ruhestandseinkommens
KV Finnland 2019	Mitgliedstaatenwahlrecht	– „Pensionsrückstellungen" bedeuten in Anlehnung an Art. 2 Nr. 1 der Verordnung (EU) 2019/1238 eine langfristige Kapitalansparung mit dem ausdrücklichen Ziel der Gewährleistung eines Ruhestandseinkommens

(eigene Darstellung)

b) Abgeleitete Fragestellungen

Trotz der anfänglichen Bereitschaft der Mitgliedstaaten, Pensionsrückstellungen in einer harmonisierten Steuerbemessungsgrundlage zuzulassen, fand bzw. findet der verpflichtende Abzug dieser Rückstellungen keine mehrheitliche Zustimmung unter den Mitgliedstaaten. Gleichwohl steht die Einführung eines solchen Wahlrechts im Gegensatz zu dem angestrebten Ziel des Reformvorhabens, eine einheitliche Bemessungsgrundlage in allen Mitgliedstaaten der Europäischen Union einzuführen, und stieß im Schrifttum dementsprechend auf dezidierte Ablehnung.[1317] Neben dieser grundlegenden Kritik finden sich weder im Richtlinienvorschlag von 2016 noch in den jüngeren Änderungsvorschlägen Vorgaben zu den unterschiedlichen Gestaltungsformen oder dem materiellen Gehalt des Wahlrechts. Im Gegensatz zu Art. 26 GKKB-RLV i.d.F. 2011 beinhaltet Art. 24 GKB-RLV i.d.F. 2016 zudem überhaupt keine Anforderungen mehr an die Ermittlung der Rückstellungshöhe.[1318] So werden weder Angaben zu den unterschiedlichen Gestaltungsformen noch ein Bewertungsverfahren bzw. -parameter gesondert determiniert.[1319]

Es erscheint daher fraglich, ob sich das Mitgliedstaatenwahlrecht nicht nur auf den Ansatz, sondern auch auf die Bewertung erstreckt.[1320] Dies könnte gerade mit Blick auf den Diskontierungssatz mitunter zu wesentlichen Divergenzen zwischen den Mitgliedstaaten führen und die steuerlichen Unterschiede weiter verstärken. Überdies ist der Begriff der Pensionsrückstellung in dem Richtlinienvorschlag i.d.F. 2016 selbst nicht definiert und ist daher unbestimmt. Vor diesem Hintergrund scheint es gerade bezüglich des konkreten materiellen Anwendungsbereichs des Wahlrechts Unklarheiten auf Seiten der Mitgliedstaaten zu geben, wie die Einführung einer Definition des Begriffs der „Pensionsrückstellungen" im Rahmen des Kompromissvorschlags von Rumänien von 2019 zeigt. Doch auch abseits dieser spezifischen Problemstellungen ist es fraglich, ob das Mitgliedstaatenwahlrecht überhaupt mit dem Gleichheitsgrundsatz bzw. mit

---

1317 Zu der Kritik *Hennrichs*, in Tipke/Lang, Steuerrecht, 24. Aufl. 2020, § 9 Rn. 120; *Evers et al.*, StuW 2015, 359, 367.

1318 *Petutschnig*, RWZ 2017, 273, 280.

1319 In Anlehnung an *Scheffler/Köstler*, ifst-Schrift 518, 2017, S. 74. Lediglich *Spengel/Stutzenberger* deuten an, dass zwischen unmittelbaren (direkten) und mittelbaren (indirekten) Pensionsverpflichtungen unterschieden wird, ohne jedoch auf die spezifischen Rechtsfolgen einzugehen. Siehe *Spengel/Stutzenberger*, StuW 2019, 267, 272.

1320 So *Scheffler/Köstler*, ifst-Schrift 518, 2017, S. 78 f.

dem Leistungsfähigkeitsprinzip im engeren Sinne vereinbar ist. Hierfür bedarf es einer detaillierten Analyse der Motivation und Ausprägung des Mitgliedstaatenwahlrechts, inwiefern diese Regelung einem europarechtlichen Grundsatz der Besteuerung nach der Gleichheit genügen könnte.

Im Folgenden sollen daher die abgeleiteten Fragestellungen analysiert und gewürdigt werden. Dabei wird zunächst der materielle Gehalt des Art. 24 GKB-RLV i.d.F. 2016 näher betrachtet, wobei neben den möglichen Umsetzungsalternativen des Wahlrechts der Begriff der Pensionsrückstellung i.S.d. Art. 24 GKB-RLV i.d.F. 2016 untersucht werden soll. Darauf aufbauend soll das Mitgliedstaatenwahlrecht sodann einer primärrechtlichen Prüfung unterworfen werden.

2. Analyse des materiellen Gehalts des Art. 24 GKB-RLV i.d.F. 2016

a) Wirkung und Ausgestaltung des Wahlrechts im Gefüge einer richtlinienkonformen Umsetzung

Nach Erlass der Richtlinie über eine harmonisierte Körperschaftsteuer-Bemessungsgrundlage müssen die Richtlinienbestimmungen über die Behandlung der Pensionsrückstellungen nach Art. 288 Abs. 3 AEUV im Einklang mit den materiellen Grenzen der Richtlinie in nationales Recht umgesetzt werden.[1321] Sofern ein Mitgliedstaat das Wahlrecht des Art. 24 GKB-RLV i.d.F. 2016 in diesem Zusammenhang also nicht proaktiv ausübt, ist der Abzug der Pensionsrückstellung ausgeschlossen.[1322] Daneben ist es grundsätzlich denkbar, dass sich ein Mitgliedstaat freilich auch im nationalen Recht ausdrücklich gegen den Abzug einer Pensionsrückstellung entscheidet oder das Wahlrecht anhand der unterschiedlichen Gestaltungsformen ausdifferenziert bzw. ähnlich der Umsetzung der gesellschaftsrechtlichen Richtlinien sogar als Unternehmenswahlrecht ausgestaltet.[1323] Zumindest kann man davon ausgehen, dass sich die Mitglied-

1321 Vgl. allgemein *Nettesheim*, in Grabitz/Hilf/Nettesheim, Das Recht der Europäischen Union, 48. Lfg. August 2012, AEUV, Art. 288 Rn. 112.

1322 *Scheffler/Köstler*, ifst-Schrift 518, 2017, S. 74.

1323 Analog bezüglich der Transformation der Mitgliedstaatenwahlrechte im Rahmen der 4. Richtlinie *Weber-Braun*, in Küting/Weber, Handbuch der Rechnungslegung, Band Ia, 4. Aufl. 1995, Kap. I Rn. 8. Dies dürfte freilich nur einen Sonderfall darstellen.

staaten hinsichtlich des Abzugs einer Pensionsrückstellung dem Grunde nach an ihrem bestehenden nationalen Steuerrecht orientieren würden.[1324]

Jenseits der Frage nach der Ausübung des Wahlrechts dem Grunde nach bleibt es zudem offen, wie die Bewertung der Pensionsrückstellungen bei Ausübung des Mitgliedstaatenwahlrechts ausgestaltet werden dürfte. Zum einen wird die Ansicht vertreten, dass in den Mitgliedstaaten, sofern diese Pensionsrückstellungen überhaupt zulassen, die maßgebliche Höhe der Rückstellung gänzlich losgelöst von den Vorgaben des Art. 23 GKB-RLV i.d.F. 2016 ermittelt werden würde.[1325] Infolgedessen könnte es sich bei der Behandlung von Pensionsrückstellungen grundsätzlich um einen Anwendungsfall des Art. 1 Abs. 2 GKB-RLV i.d.F. 2016 handeln, sodass die steuerpflichtigen Unternehmen des Mitgliedstaates weiterhin dem nationalen Ertragsteuerrecht unterliegen, sofern nichts anderes bestimmt ist. Somit könnten beispielsweise Österreich und Deutschland weiterhin einen Abzinsungssatz von 6 % vorschreiben oder spezifische Einschränkungen bezüglich des Ansatzes, wie dem Erfordernis der Schriftform einer Zusage, normieren.

Zum anderen könnte man entgegenhalten, dass die Pensionsrückstellung nach der Ausübung des Mitgliedstaatenwahlrechts im Einklang mit Art. 23 GKB-RLV i.d.F. 2016 bewertet werden müsste, sodass beispielsweise der EURIBOR-Zinssatz mit einem kurzfristigen Restlaufzeithorizont von zwölf Monaten nach Art. 23 Abs. 2 Satz 2 Buchst. b) GKB-RLV i.d.F. 2016 anzuwenden wäre.[1326] Gleichwohl ließen sich – wie gezeigt – keine konkreten Vorgaben wie ein Bewertungsverfahren ableiten,[1327] sodass zumindest die Teile der nationalen Regelungen auch weiterhin mit dem System des harmonisierten Steuerrechts und dem Begriff des zuverlässig geschätzten Betrags nach Art. 23 Abs. 2 GKB-RLV i.d.F. 2016 übereinstimmen könnten.

Wenngleich die gegenwärtige Ausgestaltung der steuerlichen Behandlung der Pensionsrückstellungen sowohl dem Ansatz als auch der Höhe nach in den Mitgliedstaaten offenkundig stark voneinander abweichen

---

1324 Vgl. *Spengel et al.*, The Impact of the CCTB on the Effective Tax Burden of Corporations, working paper Nr. 75, 2019, S. 8. So ähnlich wohl auch *Krauß*, IStR 2017, 479, 482.

1325 So vertreten durch *Spengel et al.*, The Impact of the CCTB on the Effective Tax Burden of Corporations, working paper Nr. 75, 2019, S. 49 & 93; *Spengel/Stutzenberger*, StuW 2019, 267, 269; *Scheffler/Köstler*, ifst-Schrift 518, 2017, S. 78 f.

1326 Vgl. *Pagels*, FR 2018, 114, 118. Ferner wohl auch *Fehling*, in Schaumburg/Englisch, Europäisches Steuerrecht, 2. Aufl. 2020, Kap. 18 Rn. 46.

1327 Vgl. Kap. D.II.2.b).

mag, ist bei einer Transformation des Mitgliedstaatenwahlrechts konsequent die Dogmatik der Europarechtslehre zu beachten. Hierfür ist zunächst zu konstatieren, dass ein Mitgliedstaat bei der Ausgestaltung eines Wahlrechts grundsätzlich einen gewissen Ermessensspielraum besitzt und das Mitgliedstaatenwahlrecht in Art. 24 GKB-RLV i.d.F. 2016 folglich auch nur teilweise in sein nationales Steuerrecht umsetzen muss.[1328] Daher steht es prima facie im Einklang mit der Richtlinie, dass ein Mitgliedstaat zum Beispiel lediglich einzelne Gestaltungsformen von dem Abzugsverbot erfasst oder freilich auch weitere, spezifische Konditionen an die Abzugsfähigkeit einer Rückstellung knüpft.[1329]

Nichtsdestominder bestimmt sich auf diese Weise auch die materielle Grenze der Wahlrechtsumsetzung. Hat ein Mitgliedstaat sein Wahlrecht ausgeübt und den Abzug einer Pensionsrückstellung im Einklang mit den europarechtlichen Vorgaben zugelassen, führt er zwangsläufig Unionsrecht durch.[1330] Insoweit fallen die nationalen Regelungen bezüglich der Behandlung von Pensionsrückstellungen bei Ausübung des Mitgliedstaatenwahlrechts auch zwingend unter den sachlichen Anwendungsbereich der Richtlinie und sind dementsprechend richtlinienkonform auszulegen und anzuwenden.[1331] Dabei fehlt es Art. 24 GKB-RLV i.d.F. 2016 gerade an einem ausdrücklichen Verweis auf das Recht der Mitgliedstaaten, sodass es sich bei einer Pensionsrückstellung auch nicht um einen originär natio-

---

1328 In Anlehnung an *EuGH* v. 18.9.2003, C-168/01, BB 2003, 878 Rn. 21-25. Vgl. zu der Wirkung eines Mitgliedstaatenwahlrechts im Gefüge des Unionsrechts zudem *Szudoczky*, in Panayi/Haslehner/Traversa, European Union Taxation Law, 2020, S. 93, 116, sodass ein Mitgliedstaatenwahlrecht bei seiner Umsetzung sowohl primärrechts- als auch sekundärrechtskonform ausgestaltet werden muss. Zur Bindung des Mitgliedstaats an die europäischen Grundrechte im Zuge der Ausübung eines steuerlichen Wahlrechts siehe auch m.w.N. *Drescher*, in Kube/Reimer, Heidelberger Beiträge zum Finanz- und Steuerrecht, Band 15, 2020, S. 125, 130 f. Vgl. ferner *Maier*, Grundrechtsschutz bei der Durchführung von Richtlinien, 2013, S. 44 f.

1329 So stünde bspw. die zwingende Wertpapierdeckung des österreichischen Steuerrechts oder der obligatorische Abschluss einer Bürgschaft oder einer Kreditversicherung wie im schwedischen Steuerrecht im Einklang mit einer Richtlinie über eine harmonisierte Körperschaftsteuer-Bemessungsgrundlage.

1330 Vgl. zu dem Charakter eingeräumter Wahlrechte als Bestandteil des Unionsrechts *Kokott/Dobratz*, in Schön/Heber, Grundfragen des europäischen Steuerrechts, 2015, S. 25, 27. Ferner zu den Rechtsfolgen eines Mitgliedstaatenwahlrechts *Heuermann*, in FS Spindler, 2011, S. 83, 94 f.

1331 Im Ergebnis verdrängt die Richtlinie konkurrierendes nationales Recht oder füllt bestehende Lücken. Vgl. hierzu schon *Lutter*, Juristen Zeitung 1992, 593, 598.

nalen Begriff der jeweiligen Mitgliedstaaten handeln darf. Im Ergebnis stellt Art. 24 GKB-RLV i.d.F. 2016 eben keinen Anwendungsfall des Art. 1 Abs. 2 GKB-RLV i.d.F. 2016 dar und darf auch nicht als solcher missverstanden werden. Vielmehr ist eine Pensionsrückstellung sodann richtlinienkonform im Rahmen des maßgeblichen Art. 23 GKB-RLV i.d.F. 2016 anzusetzen und zu bewerten, wobei die Vorgaben aufgrund des Art. 46 GKB-RLV i.d.F. 2016 freilich erst zum Zeitpunkt des Geltungsbeginns der Richtlinie Anwendung erlangen. Insofern besteht für die Ansicht der ersten Auslegungsalternative kein Raum.

Vor diesem Hintergrund stellt sich gleichwohl die Frage, was genau unter dem unbestimmten Begriff einer Pensionsrückstellung i.S.d. Art. 24 GKB-RLV i.d.F. 2016 zu verstehen ist und inwiefern sich möglicherweise spezifische rechtliche Implikationen oder Restriktionen in Bezug auf die Leistungsarten oder die Gestaltungsformen durch die unionsrechtrechtskonforme Auslegung ergeben könnten. Im Folgenden sollen hierzu der Begriff und der Anwendungsbereich der Pensionsrückstellung im Rahmen der Auslegung näher analysiert werden.

b) Analyse des Begriffs und des Anwendungsbereichs der Pensionsrückstellung i.S.d. Art. 24 GKB-RLV i.d.F. 2016

aa) Wortlaut und Entstehungsgeschichte

Der Terminus der Pensionsrückstellung in Art. 24 GKB-RLV i.d.F. 2016 ist in dem Richtlinienvorschlag weder in der Norm selbst noch in Art. 4 GKB-RLV i.d.F. 2016 definiert und erfordert daher mit Blick auf die Autonomie des Europarechts eine konkrete und widerspruchsfreie unionsrechtliche Begriffsbestimmung, wozu im Folgenden auf die im Kontext der europäischen Rechtsprechung angewendeten Auslegungsmethoden zurückzugreifen ist.[1332]

Ausgangspunkt und Grenze der Untersuchung soll dahingehend zunächst der Wortsinn des Begriffs „Pensionsrückstellung“ bilden,[1333] wobei grundsätzlich nach Art. 55 EUV alle Sprachfassungen des Richtlinienvor-

1332 Siehe oben Kap. D.I.3.d)aa).

1333 So bildet die Wortauslegung den Anfang sowie die Grenze der Auslegung des Unionsrechts. Siehe *Kofler*, in Schaumburg/Englisch, Europäisches Steuerrecht, 2. Aufl. 2020, Kap. 13 Rn. 3.

schlags zu beachten sind.[1334] Vor diesem Hintergrund wird in den unterschiedlichen Sprachfassungen neben einer Pensionsrückstellung ebenfalls der Ausdruck einer Rückstellung für Pensionen verwendet. So wird unter anderem in der spanischen und französischen Sprachfassung des Richtlinienvorschlags von 2016 von „provisiones para pensiones" bzw. von „provisions pour pensions" gesprochen. Die beiden Begriffe können insofern als Synonym aufgefasst werden.[1335]

Der damit abgedeckte Anwendungsbereich ist denkbar breit und lässt insofern noch keine Schlussfolgerungen auf die abgedeckte Leistungsart oder die Gestaltungsform zu. Nichtsdestominder lässt sich eine Pension schon anhand des allgemeinen Sprachgebrauchs[1336] im weiteren Sinne konsequent den Leistungen der Altersversorgung zuordnen. Im allgemeinen Kontext der Richtlinie über eine harmonisierte Bemessungsgrundlage ist der Begriff der Pensionsrückstellung durch das Verständnis der bilanzrechtlichen Terminologie vorgeprägt,[1337] womit unter einer Rückstellung für Pensionen im engeren Sinne eine Rückstellung für eine arbeitsrechtliche Verpflichtung aus der betrieblichen Altersversorgung verbunden ist.[1338]

Dieses Ergebnis deckt sich zudem mit der historischen Auslegung der veröffentlichten Arbeitsunterlagen.[1339] So wurde der Begriff der Pensionsrückstellung in der Entwicklungsphase des Richtlinienvorschlags als Rechtsfolge einer Pensionsverpflichtung der betrieblichen Altersversorgung verstanden.[1340] Eine Eingrenzung des Anwendungsbereichs auf be-

---

1334 *Herrnfeld*, in Schwarze, EU-Kommentar, 4. Aufl. 2019, EUV, Art. 55 Rn. 1. Der Richtlinienvorschlag selbst wurde dabei jedoch nur in 23 von 24 möglichen Sprachfassungen veröffentlicht, da keine irischsprachige Version existiert.

1335 Mit Blick auf deutsche Synonyme einer Pensionsverpflichtung siehe bspw. *Heger/Weppler*, in HdJ, 54. Lfg. März 2012, III/7 Rn. 10.

1336 Zur Rolle des allgemeinen Sprachgebrauchs in der Rechtsprechung des EuGH siehe *Pieper*, in Dauses/Ludwigs, Handbuch des EU-Wirtschaftsrechts, 39. Lfg. Februar 2016, B.I. Rechtsquellen Rn. 14.

1337 Hinsichtlich der Bedeutung der Terminologie des Bilanzrechts für die GKB *Eggert*, Die Gewinnermittlung nach dem Richtlinienvorschlag, 2015, S. 137. Zur Relativität der Begriffe siehe auch grds. *Riesenhuber*, in Riesenhuber, Handbuch Europäische Methodenlehre, 4. Aufl. 2021, § 10 Rn. 20. Dieser Prozess des „hermeneutischen Zirkels" findet sich ferner bei *Larenz/Canaris*, Methodenlehre, 1995, S. 141 f.

1338 Vgl. auch oben Kap. B.I.1.a).

1339 Zur Rolle der Arbeitsunterlagen im Rahmen der historischen Auslegung *Lutter*, Juristen Zeitung 1992, 593, 599-602.

1340 Arbeitsgruppe GKKB, Rücklagen, Rückstellungen und Schulden, CCCTB\WP\006\doc\de v. 1.3.2005, Rn. 22.

stimmte Leistungsarten oder Gestaltungsformen lässt sich aus den nur oberflächlich differenzierenden Arbeitsunterlagen jedoch ebenfalls nicht entnehmen. Ferner fanden sich auch in Art. 26 GKKB-RLV i.d.F. 2011 keine weiteren Hinweise.

Vor diesem Hintergrund ist als Ergebnis der grammatikalischen und historischen Auslegung festzuhalten, dass sich aus dem Wortlaut selbst keine konkrete Eingrenzung des Begriffs und des Anwendungsbereichs der Pensionsrückstellung ableiten lässt. Gleichwohl ist mit Blick auf die Funktion des Systems einer harmonisierten Steuerbemessungsrundlage im Speziellen auf die arbeitsrechtlichen Grundlagen sowie die Systematik des Bilanzrechts zurückzugreifen, womit im Wesentlichen auch der Ausgangspunkt der weiteren Untersuchung gefunden ist. Infolgedessen lässt sich der einheitliche Wortsinn eines unbestimmten Terminus wie der „Pensionsrückstellung" nur anhand einer weiterführenden systematischen sowie teleologischen Auslegung eindeutig bestimmen.[1341] Vor diesem Hintergrund gilt es im Folgenden, den Begriff der Pensionsrückstellung anhand der systematischen Auslegung weiter zu untersuchen.

bb) Systematische Auslegung

Im Rahmen der systematischen Auslegung des europäischen Sekundärrechts könnten sich sowohl aus der inneren als auch aus der äußeren Ordnung des Europarechts Rückschlüsse auf den Inhalt einer Norm ergeben, wobei inhaltlich ergänzende Richtlinien gegenseitig für die Auslegung herangezogen werden können.[1342] Während sich aus der Systematik des Richtlinienvorschlags selbst keine weiteren Erkenntnisse bezüglich einer Pensionsrückstellung im Sinne des Art. 24 GKB-RLV i.d.F. 2016 ableiten lassen, könnte sich folglich ein Rückgriff auf die thematisch sachgerechten Sekundärrechtsakte eignen.

Betrachtet man diesbezüglich die möglichen abgedeckten Leistungen einer betrieblichen Pensionsverpflichtung, kommen im Einklang mit dem

---

1341 Vgl. *Riesenhuber*, in Riesenhuber, Handbuch Europäische Methodenlehre, 4. Aufl. 2021, § 10 Rn. 15; *Buck*, Auslegungsmethoden, 1998, S. 159 f.; *Anweiler*, Auslegungsmethoden, 1997, S. 168 f.

1342 *Pieper*, in Dauses/Ludwigs, Handbuch des EU-Wirtschaftsrechts, 39. Lfg. Februar 2016, B.I. Rechtsquellen Rn. 24; *Riesenhuber*, in Riesenhuber, Handbuch Europäische Methodenlehre, 4. Aufl. 2021, § 10 Rn. 24. Hinsichtlich des europäischen Steuerrechts *Kofler*, in Schaumburg/Englisch, Europäisches Steuerrecht, 2. Aufl. 2020, Kap. 13 Rn. 4.

sekundären Betriebsrentenrecht hauptsächlich die Leistungen im Sinne des Art. 3 Buchst. a) RL 98/49/EG bzw. des Art. 6 Nr. 4 RL (EU) 2016/2341 in Betracht, sodass eine Pensionsrückstellung primär eine Rückstellung für die Leistungen des Altersruhestands abbildet. Damit ist der Begriff der Pensionsrückstellung von einer Rückstellung für sonstige Vergütungsformen wie einer Jubiläumszusage folgerichtig abgegrenzt, für die Art. 24 GKB-RLV i.d.F. 2016 zutreffend keine Anwendung findet.[1343]

Fraglich bleibt hingegen, ob unter der Altersversorgung im weiteren Sinne Leistungen der Invaliditäts- und Hinterbliebenenversorgung oder ferner auch sonstige Leistungen bei Beendigung der Erwerbstätigkeit verstanden werden sollen.[1344] Eine Eingrenzung in Bezug auf eine Leistungsart lässt sich daher weder aus Art. 24 GKB-RLV i.d.F. 2016 noch aus den Sekundärrechtsakten ableiten.[1345] Nach Maßgabe der europarechtlichen Vorgaben bestimmen sich die abgedeckten Leistungsarten aufgrund der fehlenden Eingrenzung anhand der arbeitsrechtlichen Vorgaben der betrieblichen Altersversorgung in den einzelnen Mitgliedstaaten sowie der vertraglichen Vereinbarung zwischen Arbeitgeber und Arbeitnehmer im engeren Sinne, womit sich gleichwohl implizite, nationale Ermessensspielräume bei der Abzugsfähigkeit der Pensionsrückstellungen ergeben können. Im Einklang mit den Grenzen des Wortlauts erfordert eine Verpflichtung im Rahmen des Art. 24 GKB-RLV i.d.F. 2016 zumindest einen zweckmäßigen Bezug zur Altersversorgung des Arbeitnehmers.

Hinsichtlich der abgedeckten Gestaltungsformen einer Pensionsrückstellung eignet sich hingegen vorrangig ein systematischer Blick in das europäische Bilanzrecht. So knüpft der Begriff der Pensionsrückstellung in Art. 24 GKB-RLV i.d.F. 2016 verbal – wie gezeigt – an die europäische bilanzrechtliche Terminologie an und besitzt bei einer Berücksichtigung der EU-Bilanzrichtlinie in dem horizontalen bzw. vertikalen Gliederungsschema nach Art. 10 i.V.m. Anhang III RL 2013/34/EU mit dem Begriff einer Rückstellung für Pensionen gleichfalls ein terminologisches Pendant. Der Begriff selbst ist allerdings ebenfalls sehr breit zu verstehen und umfasst

1343 Vgl. auch *Petutschnig*, RWZ 2017, 273, 280.

1344 Während Art. 3 Buchst. a) RL 98/49/EG lediglich Leistungen der Invaliditäts- und Hinterbliebenenversorgung erfasst, gelten nach Art. 6 Nr. 4 RL (EU) 2016/2341 allerdings auch Leistungen bei Beendigung der Erwerbstätigkeit als Altersversorgungsleistungen.

1345 So erfassen nicht alle Richtlinien des europäischen Betriebsrentenrechts in ihrer Gesamtheit alle möglichen Leistungsarten. Siehe *Reiner*, in Oetker/Preis, EAS, 204. Lfg. Februar 2019, B 7300 Rn. 29. Siehe ferner zu den einzelnen Sekundärrechtsakten oben Kap. B. I.1.b).

grundsätzlich alle Gestaltungsformen der betrieblichen Altersversorgung eines Mitgliedstaates, sodass sich hieraus keine Eingrenzung der Gestaltungsformen entnehmen lässt.

Neben der bilanzrechtlichen Definition findet sich der Begriff der Pensionsrückstellung ferner ebenfalls in den deutschen Sprachfassungen der betriebsrentenrechtlichen Richtlinie RL (EU) 2016/2341 (Art. 2 Abs. 2 Buchst. e)) oder RL 98/49/EG (Art. 3 Buchst. b)) sowie auch in Erwägungsgrund 11 der Mobilitätsrichtlinie, sodass es sich bei der Pensionsrückstellung im Sinne des Art. 24 GKB-RLV i.d.F. 2016 sodann um eine Rückstellung für eine unmittelbare Pensionsverpflichtung im engeren Sinne handeln könnte.[1346] Gleichwohl lässt sich die arbeitsrechtliche Bedeutung einer Pensionsrückstellung als Ausdruck einer unmittelbaren Pensionsverpflichtung nicht aus allen Sprachfassungen der Mitgliedstaaten gleichermaßen ableiten und es könnte sich somit auch um eine redaktionelle Unschärfe handeln, die die arbeitsrechtliche Durchführungsform und ihre bilanzielle Konsequenz terminologisch lediglich gleichsetzt. Zwar sprechen neben der deutschen Version auch weitere Sprachfassungen der Pensionsfondsrichtlinie und der Mobilitätsrichtlinie zumindest von bilanziellen Rückstellungen für Leistungen an Mitarbeiter,[1347] dagegen wird indes bspw. in der spanischen Version der Richtlinie (EU) 2016/2341 der Begriff des betriebsinternen Pensionsfonds („sistema de fondos internos") verwendet.[1348]

1346 Zu der arbeitsrechtlichen Bedeutung des europarechtlichen Begriffs der Pensionsrückstellung als unmittelbare Pensionsverpflichtung siehe *Reiner*, in Franzen/Gallner/Oetker, EuArbR, 3. Aufl. 2020, 680 Art. 2 Rn. 10. Vgl. auch den Bericht der Kommission, Die Umsetzung der Richtlinie 98/49/EG vom 29. Juni 1998 zur Wahrung ergänzender Rentenansprüche von Arbeitnehmern und Selbständigen, die innerhalb der Europäischen Gemeinschaft zu- und abwandern, KOM(2006) 22 endg., S. 4.

1347 In der italienischen Fassung bzw. der französischen Fassung wird z.B. von „sistemi fondati sulla costituzione di riserve contabili per l'erogazione di prestazioni pensionistiche ai loro dipendenti." bzw. „entreprises qui constituent des provisions au bilan en vue du versement des prestations de retraite à leurs salariés" gesprochen, während in der englischen Fassung ebenfalls von „companies using book-reserve schemes with a view to paying out retirement benefits to their employees" und in der schwedischen Fassung von „företag som gör bokföringsmässiga avsättningar för att kunna betala ut pensionsförmåner till sina anställda" die Rede ist.

1348 Vgl. allerdings *Ulber*, EuZA 2014, 202, 206, der von einer „starke(n) Indizwirkung" ausgeht, wenn eine Formulierung nur in einem Mitgliedstaat vorkommt.

Vor diesem Hintergrund lässt sich in Zusammenschau der systematischen Auslegung festhalten, dass die arbeits- und gesellschaftsrechtlichen Begriffe einer Pensionsrückstellung im europäischen Sekundärrecht zwar miteinander korrelieren bzw. sich bisweilen überschneiden. Gleichwohl ist der bilanzrechtlichen Bedeutung des Terminus der Pensionsrückstellung in Art. 24 GKB-RLV i.d.F. 2016 aufgrund seiner Systematik als Gewinnermittlungskonzeption der Vorzug zu geben. Im Ergebnis lässt sich aus der systematischen Auslegung in Bezug auf die Gestaltungsform keine Eingrenzung des Anwendungsbereichs ableiten. Die abgedeckten Leistungsarten dagegen bestimmen sich aufgrund der fehlenden europarechtlichen Harmonisierung nach den nationalen arbeitsrechtlichen Bestimmungen sowie der vertraglichen Vereinbarung zwischen Arbeitgeber und Arbeitnehmer, wobei eine Pensionsrückstellung zumindest einen Bezug zur Altersversorgung des Arbeitnehmers aufweisen muss. Im Folgenden soll das Ergebnis der systematischen Exegese anhand der Interpretation des Sinns und Zwecks des Art. 24 GKB-RLV i.d.F. 2016 überprüft werden.

cc) Teleologische Auslegung

Im Rahmen der teleologischen Auslegung sind Sinn und Zweck bzw. die Zielsetzung der entsprechenden Norm zu ergründen.[1349] Hierbei darf sich das Ergebnis jedoch nur im Rahmen der grammatikalischen Auslegung bewegen.[1350] Gleichwohl ist der teleologischen Interpretation hinsichtlich ihrer Gewichtung gegenüber den anderen Auslegungsmethoden der Vorrang einzuräumen.[1351] Als Quellen der telelogischen Auslegung dienen im Rahmen des Sekundärrechts in erster Linie die Begründungserwägungen.[1352] Hinsichtlich der Mitgliedstaatenwahlrechte treten sodann weitere Besonderheiten hinzu. So erfordern gerade Ausnahmeregelungen bzw. Wahlrechte im System des Unionsrechts nach ständiger Rechtsprechung

---

1349 *Pieper*, in Dauses/Ludwigs, Handbuch des EU-Wirtschaftsrechts, 39. Lfg. Februar 2016, B.I. Rechtsquellen Rn. 33; *Schön*, Auslegung des europäischen Steuerrechts, 1993, S. 52.

1350 *Borchardt*, in Schulze/Janssen/Kadelbach, Europarecht, 4. Aufl. 2020, § 15 Rn. 48 f.

1351 Siehe oben Kap. D.I.3.d)aa).

1352 Vgl. *Kofler*, in Schaumburg/Englisch, Europäisches Steuerrecht, 2. Aufl. 2020, Kap. 13 Rn. 5; *Pieper*, in Dauses/Ludwigs, Handbuch des EU-Wirtschaftsrechts, 39. Lfg. Februar 2016, B.I. Rechtsquellen Rn. 35 & 44.

des EuGH eine restriktive teleologische Auslegung,[1353] um dem übergeordneten Ziel einer europaweit einheitlichen Harmonisierung möglichst gerecht zu werden.[1354]

Die Richtlinie über eine Gemeinsame Körperschaftsteuer-Bemessungsgrundlage soll nach ihrer Einführung in erster Linie die Ermittlung der Steuerbemessungsgrundlage europäischer Unternehmen harmonisieren und somit das reibungslose Funktionieren des Binnenmarkts garantieren. Dabei soll die Gewinnermittlung grundsätzlich auf Basis der Periodenabgrenzung erfolgen und eine dem Zweck nach leistungsgerechte Besteuerung sicherstellen. Ein teleologischer Rückgriff auf die IFRS bzw. die nationalen Rechnungslegungsgrundsätze liefert jedoch noch keine weiteren Erkenntnisse. Zum einen kennen die IFRS bzw. der IAS 19 den Begriff der Pensionsrückstellung selbst nicht und würden ferner ebenfalls alle Leistungsarten sowie Gestaltungsformen abdecken.[1355] Zum anderen umfasst der Begriff der Rückstellung für Pensionen i.S.d. EU-Bilanzrichtlinie – wie schon im Zuge der systematischen bzw. wörtlichen Auslegung angeführt – ebenfalls alle Gestaltungsformen sowie Leistungsarten.

Der Einführung des Mitgliedstaatenwahlrechts in dem Vorschlag von 2016 über eine Gemeinsame Körperschaftsteuer-Bemessungsgrundlage lag dabei wohl allem Anschein nach primär der fehlenden politische Konsens zwischen den Mitgliedstaaten über die generelle steuerliche Abzugsfähigkeit betrieblicher Pensionszusagen zugrunde, um schließlich die diametralen Positionen zwischen Befürwortern und Gegnern auszugleichen.[1356] Eine nähere Begründung findet sich ansonsten weder in den Erwägungen noch in Art. 24 GKB-RLV i.d.F. 2016 selbst.[1357] Dieser Kompromisscharakter kann dabei jedoch kaum als Sinn und Zweck der Vorschrift und als Auslegungsbasis des Begriffes der Pensionsrückstellung fungieren, sondern kann allenfalls als Resultat der kumulierten Motive der Mitgliedstaaten interpretiert werden.

Um folglich Sinn und Zweck des Art. 24 GKB-RLV i.d.F. 2016 näher zu ergründen, ist auf die individuell verfolgten Ziele der Mitgliedstaaten

---

1353 Zu den Rechtsprechungsnachweisen siehe *Kofler*, in Schaumburg/Englisch, Europäisches Steuerrecht, 2. Aufl. 2020, Kap. 13 Rn. 5.

1354 *Riesenhuber*, in Riesenhuber, Handbuch Europäische Methodenlehre, 4. Aufl. 2021, § 10 Rn. 63; *Ulber*, EuZA 2014, 202, 207 f.

1355 *Theile/Behling*, in Heuser/Theile, IFRS-Handbuch, 6. Aufl. 2019, Kap. 27 Rn. 20.

1356 *Fehling*, in Schaumburg/Englisch, Europäisches Steuerrecht, 2. Aufl. 2020, Kap. 18 Rn. 46 Fn. 57.

1357 Ebenso *Petutschnig*, RWZ 2017, 273, 280.

abzustellen. Hierbei wurde gezeigt, dass die restriktiven steuerlichen Vorgaben der Mitgliedstaaten bezüglich der Behandlung von Pensionsrückstellungen grundsätzlich auf zwei unterschiedlichen Motiven beruhen.[1358] So können den steuerlichen Restriktionen sowohl fiskal- als auch sozialpolitische Erwägungen unterstellt werden, welche sich durch den politischen Kompromisscharakter des Mitgliedstaatenwahlrechts folglich auch als Ausdruck eines Doppelzwecks in eine Richtlinie über eine Gemeinsame Körperschaftsteuer-Bemessungsgrundlage transponieren lassen.[1359] Unter diesen Aspekten ist insofern auch der Begriff der Pensionsrückstellung des Art. 24 GKB-RLV i.d.F. 2016 näher zu beleuchten. Während die Auslegung dieses Doppelzwecks hinsichtlich der Leistungsarten jedoch offenkundig zu keinen weiteren Erkenntnissen führt, könnten sich bezüglich der abgedeckten Gestaltungsformen wesentliche Einschränkungen des Anwendungsbereichs ergeben.

Pensionsrückstellungen stellen – wie dargelegt[1360] – im Kern die Rechtsfolge einer leistungsdefinierten Pensionsverpflichtung dar und bilden die damit verbundene Aufwandserfassung periodengerecht ab. Während im Rahmen einer harmonisierten Steuerbemessungsgrundlage bei mittelbaren, kapitalgedeckten Gestaltungsformen der Zeitpunkt der Aufwandserfassung grundsätzlich mit dem Zeitpunkt der Zahlungen zusammenfällt,[1361] entsteht gerade bei unmittelbaren sowie mittelbaren, umlagefinanzierten Pensionsverpflichtungen aufgrund der zeitlichen Diskrepanz zwischen Aufwandserfassung und finaler Auszahlung ein gewisser Steuer- bzw. Liquiditätsvorteil für die steuerpflichtigen Unternehmen mit einer ausgesprochen langfristigen Wirkung.[1362] Dagegen liegt es schlicht im Interesse der Finanzverwaltungen, diesen steuerwirksamen Effekt nach Möglichkeit erst spät wirksam werden zu lassen, um somit das Steueraufkommen auf Kosten des Steuerpflichtigen in der aktuellen Periode zu maximieren.[1363]

1358 Siehe oben Kap. C.II.3.

1359 Zur Bedeutung der politischen Zielvorstellungen im Rahmen der teleologischen Auslegung *Haverkate*, Gewissheitsverlust, 1977, S. 113 f.

1360 Vgl. Kap. D.II.2.a) & c).

1361 Vgl. Kap. D.II.2.c).

1362 Vgl. zu diesem Liquiditätsvorteil *Doralt*, FR 2017, 377, 379 f. Vgl. ferner schon *Doralt*, DB 1998, 1357, 1357.

1363 In Anlehnung an *Crezelius*, Rückstellungen bei Umweltschutzmaßnahmen, 1993, S. 4, der von einer ergebnisorientierten Betrachtungsweise der Finanzverwaltung spricht.

Wenngleich sich der reine Fiskalzweck per se nicht für die teleologische Auslegung fruchtbar machen lässt,[1364] erscheint das Ziel, die Sanktion von Pensionsrückstellungen, in diesem konkreten Fall gerade hinsichtlich der damit verbundenen Vermeidung einer langfristigen Aufschiebung des steuermindernden Effekts auf Seiten des Steuerpflichtigen als ein individualisiertes Instrument der Fiskalpolitik einiger Mitgliedstaaten nachvollziehbar.[1365] Es durchbricht das Grundkonzept der periodengerechten Ermittlung der Bemessungsgrundlage auf Basis des Realisationsprinzips, ungeachtet einer weitergehenden, axiologischen Auslegung im Sinne übergeordneter Prinzipien,[1366] zielgerichtet und in objektivierter Art und Weise.[1367]

Neben der fiskalpolitischen Motivation können einem Abzugsverbot von Pensionsrückstellungen zusätzlich auch sozialpolitische Erwägungen zugrunde liegen. Gerade der steuerliche Abzug von Pensionsrückstellungen bei leitenden Angestellten oder sogar Gesellschaftern wird aus sozialpolitischer Sicht mitunter scharf kritisiert, da die damit verbundenen Steuerausfälle durch die Allgemeinheit finanziert wären.[1368] Abstrahiert man von den Sonderfällen der umlagefinanzierten, mittelbaren Pensions-

---

1364 Vgl. auch *Schön*, Auslegung des europäischen Steuerrechts, 1993, S. 25-27.

1365 So bestand beispielsweise ein Mitgliedstaat während der Entwicklungsphase der GKKB aus Haushaltsgründen auf der Erforderlichkeit von Übergangsvorschriften. Siehe Arbeitsgruppe GKKB, GKKB: mögliche Elemente der technischen Ausgestaltung – mit Anmerkungen, CCCTB/WP057 mit Anmerkungen\doc\de v. 20.11.2007, Rn. 33.

1366 Vgl. *Schenke*, StuW 2008, 206, 209 f. Dieser differenziert zwischen einer teleologischen Auslegung, welche sich auf den konkreten Gesetzeszweck bezieht, und einer axiologischen Auslegung, welche auf die zugrundeliegenden Wertungen und Prinzipien bezogenen ist. Auf eine Analyse des Mitgliedstaatenwahlrechts im Lichte einer Besteuerung im Rahmen des Leistungsfähigkeitsprinzips im engeren Sinne siehe sodann unten in Kap. D.III.3.b).

1367 So weist *Schön* darauf hin, dass jeder Fiskalnorm auch eine inhaltliche Funktion zugrunde liegt, vgl. *Schön*, in Hüttemann, DStJG 33, 2010, S. 29, 48. So auch *Drüen*, in FS Kruse, 2001, S. 191, 197-199. Zu der Bedeutung bzw. der Problematik des Gesetzeszwecks im Rahmen der Auslegung vgl. ferner *Höhn*, in FS Tipke, 1995, S. 213, 234-236.

1368 Vgl. grds. *Haegert*, in Schneider, Kapitalmarkt und Finanzierung, 1987, S. 155, 168. Mit Blick auf leitende Angestellte *Wagner*, DStR 1997, 517, 519. Siehe auch Arbeitsgruppe GKKB, GKKB: mögliche Elemente der technischen Ausgestaltung – mit Anmerkungen, CCCTB/WP057 mit Anmerkungen\doc\de v. 20.11.2007, Rn. 33. So äußerte ein Mitgliedstaat hinsichtlich der Abzugsfähigkeit von Pensionsrückstellungen für eine unmittelbare Pensionsverpflichtung gegenüber einem Geschäftsführer Bedenken.

verpflichtungen,[1369] so zielt eine steuerrechtliche Benachteiligung von Pensionsrückstellungen sodann in erster Linie auf die Attraktivität der unmittelbaren Pensionsverpflichtungen ab.[1370] So wird bspw. der langfristige Aufbau eines Deckungsstocks erheblich erschwert[1371] oder – wie im Fall des irischen Steuerrechts – die Zahlungen des Unternehmens an seine Leistungsbegünstigten werden steuerlich überhaupt nicht berücksichtigt. Insbesondere mit Blick auf die insgesamt geringe Bedeutung der Direktzusagen sowie den fehlenden Umfang der Regulierung der unmittelbaren Pensionsverpflichtung auf europäischer Ebene erscheint es daher sachgerecht,[1372] dass die Mitgliedstaaten die damit verbundenen Pensionsrückstellungen aufgrund ihrer individuellen sozialpolitischen Erwägungen sanktionieren.

Zusammenfassend lässt sich festhalten, dass das vorgeschlagene Mitgliedstaatenwahlrecht sowohl auf fiskal- als auch auf sozialpolitischen Gründen beruht und der europäische Gesetzgeber diesbezüglich eine bestimmte, individualisierte Teleologie verfolgt. Nichtsdestominder zeigt der damit verfolgte Sinn und Zweck im Rahmen einer engen Auslegung auch die Grenzen des Anwendungsbereichs des Art. 24 GKB-RLV i.d.F. 2016 und somit des Begriffs der Pensionsrückstellung auf. So lässt sich das fiskalpolitisch motivierte Verbot der Abzugsfähigkeit primär mit dem Ausschluss langfristiger Pensionsrückstellungen erklären, wie sie in erster Linie bei unmittelbaren sowie ferner bei umlagefinanzierten, mittelbaren Pensionsverpflichtungen auftreten. Dagegen werden Rückstellungen aufgrund einer Unterdeckung mittelbarer, kapitalgedeckter Einrichtungen, wie sie beispielsweise im Rahmen von Art. 14 Abs. 2 RL (EU) 2016/2341 für einen angemessenen Zeitraum unter Umständen auftreten dürfen,[1373] nicht unmittelbar von dem Zweck eines Abzugsverbots erfasst. Sofern eine Deckungslücke bei einem Versorgungsträger folglich nur vorüberge-

1369 So spielt diese Gestaltungsform in der europäischen Union lediglich eine untergeordnete Rolle. Siehe oben Kap. B.I.1c)bb).

1370 So weist *Hey* bei *Hey/Steffen*, ifst-Schrift 511, 2016, S. 99 f. zutreffend darauf hin, dass es sich bei einer Restriktion von Pensionsrückstellungen auch um einen lenkungspolitischen Eingriff gegen unmittelbaren Pensionsverpflichtungen handeln könnte.

1371 In Anlehnung an *Altmeier*, Rückstellungsbilanzierung, 1999, S. 250.

1372 Bezüglich des geringen Regulierungsgrads unmittelbarer Pensionsverpflichtungen im Vergleich zu den Versorgungsträgern mittelbarer, kapitalgedeckter Pensionsverpflichtungen *Reiner*, in Oetker/Preis, EAS, 204. Lfg. Februar 2019, B 7300 Rn. 217.

1373 Vgl. zu den Kriterien der Unterdeckung *Arnot*, Directive 2003/41/EC, 2004, S. 38 f.

hend besteht bzw. zeitnah ausgeglichen wird,[1374] ist die damit verbundene Rückstellung hinsichtlich ihrer Dauer grundsätzlich nicht mit einer Pensionsrückstellung für eine unmittelbare Pensionsverpflichtung vergleichbar und daher im Rahmen der Richtlinie über eine harmonisierte Steuerbemessungsgrundlage weiterhin abzugsfähig.

Nichts anderes ergibt sich hinsichtlich der Auslegung der sozialpolitischen Motivation der Mitgliedstaaten. Wie dargelegt, richtet sich das Verbot der Pensionsrückstellungen grundsätzlich gegen die unmittelbaren Pensionsverpflichtungen, sodass sich der Abzug einer Pensionsrückstellung im Umkehrschluss nicht auf die Rückstellungen aufgrund einer unterdeckten, mittelbaren Pensionsverpflichtung erstrecken darf. Ein Abzugsverbot der Rückstellungen für diese Unterdeckungen erscheint in diesem Zusammenhang zudem geradezu paradox. Während die Unternehmen explizit zu einer sozialpolitisch motivierten Gewährung von Leistungszusagen angeregt werden sollen,[1375] wird gerade der Ausgleich möglicher Unterdeckungen der externen Versorgungsträger und somit die Garantie der zugesagten Leistung schlussendlich steuerlich sanktioniert, sodass die Beitragszusage mittelbar gefördert wird.

In Zusammenschau der teleologischen Analyse lässt sich festhalten, dass der unbestimmte Begriff der Pensionsrückstellung i.S.d. Art. 24 GKB-RLV i.d.F. 2016 sowohl unmittelbare als auch mittelbare, umlagefinanzierte Pensionsverpflichtungen umfasst. Dagegen gilt das Mitgliedstaatenwahlrecht nicht für Rückstellungen im Zusammenhang mit mittelbaren, kapitalgedeckten Pensionsverpflichtungen. Dieses Ergebnis ist in der folgenden Abbildung 3 schematisch zusammengefasst.

Abbildung 3: Anwendungsbereich des Mitgliedstaatenwahlrechts in Abhängigkeit der Gestaltungsform

Pensionsrückstellungen bei Leistungszusagen	Kapitaldeckung	Umlagefinanzierung
Unmittelbare Pensionsverpflichtung	Mitgliedstaatenwahlrecht	Mitgliedstaatenwahlrecht
Mittelbare Pensionsverpflichtung	Abzugsgebot	Mitgliedstaatenwahlrecht

(eigene Darstellung)

1374 Zu einer Abgrenzung einer vorübergehenden Unterdeckung von einer Leistungskürzung vgl. auch unten Kap. E.II.2.

1375 *Reiner*, in Franzen/Gallner/Oetker, EuArbR, 3. Aufl. 2020, 660 Art. 10 Rn. 4.

Fraglich bleibt jedoch weiterhin, welches Rechtsverhältnis bei einer mittelbaren Pensionsverpflichtung maßgeblich wäre.[1376] So ist es aufgrund der beschriebenen Unterscheidung zwischen den mittelbaren, kapitalgedeckten Pensionsverpflichtungen und den unmittelbaren bzw. mittelbaren, umlagefinanzierten Pensionsverpflichtungen denkbar, dass sich entlang dieser Trennlinie eine Differenzierung in eine Rückstellung gegenüber dem Versorgungsträger und eine Rückstellung gegenüber dem Arbeitnehmer ergibt. Dagegen lässt sich nichtsdestominder einwenden, dass sich die Bewertung einer Rückstellung aufgrund einer Pensionsverpflichtung ungeachtet der Differenzierung in Abzugsgebot und Mitgliedstaatenwahlrecht nach dem zuverlässig geschätzten Betrag gem. Art. 23 Abs. 2 GKB-RLV i.d.F. 2016 bemisst. Dabei wird die arbeitsrechtliche Zusage des Arbeitgebers auch bei den mittelbaren, kapitalgedeckten Gestaltungsformen grundsätzlich nicht abgelöst, sodass die Rechtsbeziehung zwischen Arbeitgeber und Arbeitnehmer als rechtliche Verpflichtung i.S.d. Art. 23 Abs. 1 GKB-RLV i.d.F. 2016 weiterhin maßgeblich sein könnte. Die Auslegung des Normzwecks führt hierbei insofern zu keiner eindeutigen Einschränkung.

dd) Einführung einer Definition einer Pensionsrückstellung durch den rumänischen Kompromissvorschlag

In Anbetracht der Unbestimmtheit des Begriffs der Pensionsrückstellung vermag es kaum verwundern, dass der Wortlaut des Art. 24 GKB-RLV i.d.F. 2016 unter der rumänischen Ratspräsidentschaft um eine explizite Begriffsbestimmung erweitert worden ist, wobei sich die Kommission offenkundig an der Definition eines privaten Altersversorgungsprodukts i.S.d. Art. 2 Nr. 1 Buchst. b) der PEPP-Verordnung orientierte.[1377] Dem rumänischen Vorschlag nach können die Mitgliedstaaten vorsehen, dass die langfristige Kapitalansparung mit dem ausdrücklichen Ziel, ein Ruhestandseinkommen zu gewähren, abzugsfähig ist, sofern nur begrenzte Möglichkeiten für eine vorzeitige Auszahlung vor dem Renteneintritt bestehen. Im Folgenden soll dieser Kompromissvorschlag daher profunder analysiert und mit den Ergebnissen der Auslegung des Art. 24 GKB-RLV i.d.F. 2016 verglichen werden.

1376 Zu den möglichen Fällen siehe Kap. D.II.2.c).
1377 Siehe oben Kap. D.III.1.a).

Analysiert man dahingehend zunächst den eigentlichen Wortlaut, so erfasst das Mitgliedstaatenwahlrecht lediglich die Leistungen, die mit dem Eintreten in den Ruhestand gezahlt werden, unabhängig davon, ob die nationalen arbeitsrechtlichen Vorschriften die Invaliditäts- und Hinterbliebenenversorgung als weitere zweckmäßige Bestandteile der betrieblichen Altersversorgung umfassen. Insofern wird der Anwendungsbereich in Bezug auf die erfassten Leistungen womöglich erheblich eingegrenzt, sodass bspw. die Rückstellungen für die Leistungen der Invaliditäts- und Hinterbliebenenversorgung in Folge weiterhin abzugsfähig wären.

Überdies setzt die Erweiterung des rumänischen Kompromissvorschlags den Begriff einer Pensionsrückstellung mit der langfristigen Kapitalansparung gleich. Obschon sich zumindest das Attribut der Langfristigkeit mit dem Ergebnis der teleologischen Auslegung decken mag, lässt sich der Begriff der Kapitalansparung nicht widerspruchsfrei einordnen. So dürfen unter der Kapitalansparung einer Pensionsrückstellung bei einer strengen betriebswirtschaftlichen Abgrenzung nur explizit mittels des Kapitaldeckungsverfahrens vorausfinanzierte Pensionsverpflichtungen verstanden werden.[1378] Infolgedessen umfasst der Begriff der Pensionsrückstellungen gerade nur unmittelbare, kapitalgedeckte Pensionsverpflichtungen. Dagegen fallen Rückstellungen für unterdeckte, mittelbare Pensionsverpflichtungen aufgrund ihrer fehlenden Langfristigkeit sowie Rückstellungen für umlagefinanzierte Pensionsverpflichtungen, ungeachtet der unmittelbaren oder mittelbaren Durchführungsform, nicht unter das Mitgliedstaatenwahlrecht.

Dieses Ergebnis erscheint auf den ersten Blick widersprüchlich und lässt sich nicht mit dem Sinn und Zweck des Begriffs der Pensionsrückstellung in dem gegenwärtigen Vorschlag des Art. 24 GKB-RLV i.d.F. 2016 vereinbaren. Insofern wollen die Mitgliedstaaten den Begriff der Kapitalansparung in dem Kompromissvorschlag wohl im weiteren Sinne als die abstrakte, bilanzielle Vermögensdeckung der internen Finanzierung verstanden wissen,[1379] sodass folglich sowohl unmittelbare Pensionsverpflichtungen als auch ferner wohl mittelbare, umlagefinanzierte Pensionsverpflichtungen erfasst werden sollen. Der Abzug von Rückstellungen aufgrund temporärer Unterdeckungen ist in diesem Fall zudem weiterhin möglich.

Es bleibt somit festzuhalten, dass sich durch die Erweiterung des Kompromissvorschlags grundsätzlich keine Änderungen hinsichtlich der abgedeckten Gestaltungsformen ergeben sollten, obschon gerade die sachlogi-

1378 Siehe oben Kap. B.I.1.c)cc).

1379 Zu dieser Perspektive *Faßbauer*, Rechnungslegung nach IFRS, 2010, S. 28.

sche Verknüpfung einer Pensionsrückstellung mit der expliziten Kapitaldeckung zweifelhaft bleibt. So sollten Finanzierungsverhältnisse einer Pensionsrückstellung im System des Richtlinienvorschlags über eine harmonisierte Körperschaftsteuer-Bemessungsgrundlage allenfalls eine untergeordnete Rolle spielen. Vielmehr basiert das Konzept der Pensionsrückstellung auf der Überlegung, das zugrundeliegende arbeitsrechtliche Rechtsverhältnis im Zusammenhang mit einer Pensionsverpflichtung und den damit verbundenen Risiken periodengerecht abzubilden. Ein eigenes Finanzierungsverfahren stellt die Pensionsrückstellung dabei grundsätzlich nicht dar.[1380]

Darüber hinaus führt der restriktive Wortlaut des Änderungsvorschlags sogar zu einer Eingrenzung des Leistungsspektrums. Dementsprechend findet das Mitgliedstaatenwahlrecht nur auf die Leistungen Anwendung, die mit dem Eintreten in den Altersruhestand gezahlt werden. Die Erweiterung des Kompromissvorschlags schafft folglich nicht die erforderliche Klarheit, sondern statuiert sogar zusätzliche Rechtsunsicherheit. Die Definition sollte nicht übernommen werden. Vor diesem Hintergrund sollte stattdessen einer systematischen Anknüpfung an die arbeitsrechtlichen Gestaltungsformen sowie Leistungsarten der betrieblichen Altersversorgung der Vorzug gegenüber einer Anknüpfung an die PEPP-Verordnung als Sekundärrechtsakt der dritten Säule gegeben werden,[1381] um den sachlichen Anwendungsbereich zu konkretisieren.

c) Vorschläge für eine Konkretisierung des sachlichen Anwendungsbereichs

Wenngleich das europäische Betriebsrentenrecht lediglich punktuell harmonisiert ist und sich eine Pensionsverpflichtung infolgedessen grundsätzlich nach dem nationalen Recht der Mitgliedstaaten richtet, bietet sich für eine Weiterentwicklung des Wortlauts bzw. der Systematik des Art. 24 GKB-RLV i.d.F. 2016 im Zuge eines wachsenden Kohärenzanspruchs des Unionsgesetzgebers ein Rückgriff auf die arbeitsrechtlichen Richtlinien

1380 Vgl. eben zu diesem Ergebnis oben Kap. B.I.1.c)bb)(2).

1381 So sei ferner angemerkt, dass die PEPP-Verordnung als Sekundärrechtsakt bezüglich eines privaten Altersversorgungsprodukt einzuordnen ist und das damit verbundene Konstrukt in seiner Ausgestaltung eher einem Investment bei einem externen Versorgungsträger ähnelt, womit seine Zweckadäquanz für unmittelbare Gestaltungsformen tendenziell ungeeignet erscheint. Vgl. zu den Produktcharakteristika *van Meerten*, EU Pension Law, 2019, S. 127-136.

an.[1382] Somit könnten die abgedeckten Leistungsarten einer Pensionsrückstellung im Rahmen eines rechtsaktübergreifendes Sekundärrechts ausdrücklich bestimmt werden, um eine rechtssichere und leistungsgerechte Besteuerung zu gewährleisten. Überdies wäre es möglich, das angedachte Wahlrecht zumindest auf die einzelnen Gestaltungsformen rechtssicher einzugrenzen.

Hinsichtlich der Leistungsarten sollten konsequenterweise alle Leistungen erfasst werden, die ausdrücklich eine Altersversorgung des Arbeitnehmers bezwecken. Im Umkehrschluss sollten jedoch die Leistungen im Zusammenhang mit der pauschalen Beendigung der Erwerbstätigkeit nicht berücksichtigt werden, sodass ein kompletter Rückgriff auf Art. 6 Nr. 4 RL (EU) 2016/2341 abzulehnen ist. Dagegen ist eine Eingrenzung auf die „reine" Altersversorgung i.S.d. Art. 2 Abs. 1 i.V.m. Abs. 3 der Mobilitätsrichtlinie, also ohne Berücksichtigung der Invaliditäts- oder Hinterbliebenenversorgung, schlicht zu eng. Als vergleichbare biometrische Risiken sollten diese komplementären Leistungsarten auch grundsätzlich gleichbehandelt werden. Eine Differenzierung führt dabei andernfalls zu der paradoxen Rechtsfolge, dass lediglich die „reine" Altersversorgung unter das Mitgliedstaatenwahlrecht fällt, während eine in dem Mitgliedstaat übliche bzw. vorgeschriebene Invaliditätsversorgung sogar weiterhin abzugsfähig wäre. Eine solche Trennung scheidet in den Rechtskreisen, in denen die Abdeckung aller biometrischen Risiken auch betriebsrentenrechtlich als Einheit behandelt wird, allerdings schon aus Praktikabilitätsgründen aus.[1383]

Vor diesem Hintergrund könnte ein systematischer Verweis auf die Leistungen i.S.d. Art. 3 Buchst. a) RL 98/49/EG in Frage kommen. Somit sind neben der Altersversorgung im engeren bzw. eigentlichen Sinne ebenfalls die Invaliditäts- oder Hinterbliebenenversorgung erfasst, sofern ein Mitgliedstaat diese Leistungsarten als Bestandteil seiner betrieblichen Altersversorgung definiert bzw. anerkennt. Dabei obliegt es weiterhin in erster Linie den Mitgliedstaaten, ihre betriebliche Altersversorgung autonom auszugestalten und die spezifischen Leistungen separat zuzulassen

---

1382 Zum Systembildungswillen des Unionsgesetzgebers vgl. *Riesenhuber*, in Riesenhuber, Handbuch Europäische Methodenlehre, 4. Aufl. 2021, § 10 Rn. 24. Zur Anforderung an den Unionsgesetzgeber vgl. auch *Lenaerts/Gutiérrez-Fons*, To Say What the Law of the EU Is, EUI Working Papers AEL2013/9, 2013, S. 13 f.

1383 In Anlehnung an *Hügelschäffer*, Zeitschrift für Tarifrecht 2014, 403, 406, der hinsichtlich der Verabschiedung der Richtlinie RL 2014/50/EU eine Trennung der biometrischen Risiken kritisierte.

bzw. unter Art. 3 Buchst. a) RL 98/49/EG zu subsumieren.[1384] Alternativ könnte der Unionsgesetzgeber sowohl die Altersversorgung als auch die Invaliditäts- oder Hinterbliebenenversorgung explizit erfassen, um eine einheitliche steuerliche Behandlung aller Leistungsarten in Europa sicherzustellen. Aus Harmonisierungssicht ist dieser Möglichkeit freilich der Vorzug zu geben.

Mit Blick auf eine Eingrenzung des Mitgliedstaatenwahlrechts auf unmittelbare sowie umlagefinanzierte, mittelbare Gestaltungsformen könnte die Systematik des betriebsrentenrechtlichen Sekundärrechts durchaus fruchtbar gemacht werden, obschon dem Terminus der „Pensionsrückstellung" in den verschiedenen Sprachfassungen zumindest eine redaktionelle Unschärfe zu unterstellen ist.[1385] So grenzt Art. 2 RL (EU) 2016/2341 den Anwendungsbereich der Pensionsfondsrichtlinie als mittelbare, kapitalgedeckte Gestaltungsform von unmittelbaren Pensionsverpflichtungen (Art. 2 Buchst. e) RL (EU) 2016/2341) sowie mittelbaren, umlagefinanzierten Pensionsverpflichtungen (Art. 2 Buchst. c) RL (EU) 2016/2341) ab. Dementsprechend könnte das Mitgliedstaatenwahlrecht entweder an den Wortlaut der Regelungen oder ausdrücklich an die Vorgaben dieser Durchführungsformen innerhalb der Richtlinie RL (EU) 2016/2341 im Sinne einer Positivabgrenzung anknüpfen. Eine mögliche Formulierung könnte bspw. so lauten, dass ein Mitgliedstaat vorsehen kann, dass Pensionsrückstellungen im Zusammenhang mit einem Altersversorgungssystem i.S.d. Art. 2 Buchst. c) sowie Art. 2 Buchst. e) RL (EU) 2016/2341 abzugsfähig sind. Ferner könnte somit auch die deutsche bzw. österreichische Sonderform der (umlagefinanzierten) Unterstützungskasse nach Art. 2 Buchst. d) RL (EU) 2016/2341 deklaratorisch ausgeschlossen werden.

d) Zwischenergebnis

Als Zwischenergebnis lässt sich festhalten, dass das Mitgliedstaatenwahlrecht lediglich ein Ansatz- und kein Bewertungswahlrecht darstellt. Zwar steht es einem Mitgliedstaat grundsätzlich frei, ein Wahlrecht ganz oder teilweise umzusetzen oder auch an die Unternehmen weiterzugeben. Gleichwohl stellt Art. 24 GKB-RLV i.d.F. 2016 keinen Anwendungsfall des Art. 1 Abs. 2 GKB-RLV i.d.F. 2016 dar und darf auch nicht als solcher miss-

1384 Diese Überlegung folgt dem Ergebnis der systematischen Auslegung.

1385 Siehe zu diesem Kritikpunkt im Rahmen der systematischen Auslegung oben Kap. D.III.2.b)bb).

verstanden werden. Insofern ist eine Pensionsrückstellung im Einklang mit den Vorgaben der Richtlinie zu bewerten, wofür folglich der Bewertungsmaßstab des Art. 23 Abs. 2 GKB-RLV i.d.F. 2016 als lex generalis heranzuziehen ist. Nichtsdestominder ist die Forderung nach einem spezifischen Bewertungsmaßstab für Pensionsrückstellungen an dieser Stelle grundsätzlich zu wiederholen.[1386]

Der Begriff der Pensionsrückstellung in dem Richtlinienvorschlag i.d.F. 2016 ist selbst jedoch unbestimmt und dementsprechend unionsrechtrechtskonform auszulegen. Unter einer Pensionsrückstellung ist hierbei zuvörderst eine Rückstellung aufgrund einer arbeitsrechtlichen Verpflichtung im Rahmen der betrieblichen Altersversorgung zu verstehen, sodass sich die erfassten Leistungsarten anhand der arbeitsrechtlichen Vorgaben der betrieblichen Altersversorgung in den einzelnen Mitgliedstaaten sowie der vertraglichen Vereinbarung zwischen Arbeitgeber und Arbeitnehmer im engeren Sinne bestimmen lassen. Überdies ist zu konstatieren, dass dem Mitgliedstaatenwahlrecht mit einer sozial- und einer fiskalpolitischen Funktion zwei teleologische Motive inhärent sind, wobei der Art. 24 GKB-RLV i.d.F. 2016 als Wahlrecht nach ständiger Rechtsprechung des EuGH sodann teleologisch eng auszulegen ist. Im Ergebnis dieser Interpretation erfasst der Begriff der Pensionsrückstellung i.S.d. Richtlinienvorschlags lediglich unmittelbare sowie umlagefinanzierte, mittelbare Pensionsverpflichtungen. Hingegen fallen die Rückstellungen mittelbarer, kapitalgedeckter Pensionsverpflichtungen nicht unter das Mitgliedstaatenwahlrecht und sind folglich zwingend abzuziehen. Ferner erscheint es weiterhin fraglich, welches Rechtsverhältnis bei einer mittelbaren Pensionsverpflichtung maßgeblich wäre.

Die Erweiterung des Art. 24 GKB-RLV i.d.F. 2016 durch den rumänischen Kompromissvorschlag deckt sich dabei bezüglich der abgedeckten Gestaltungsformen grundsätzlich mit dem Ergebnis der teleologischen Auslegung. Nichtsdestominder erscheint die eingeführte Definition einer Pensionsrückstellung nicht geeignet, die erforderliche Rechtssicherheit zu schaffen, sondern determiniert weitere Unsicherheiten. Gerade die sachlogische Verknüpfung der Pensionsrückstellung mit der expliziten Kapitaldeckung sowie die verbale Eingrenzung auf Leistungen des Ruhestands sind entschieden abzulehnen.

Vor diesem Hintergrund sollte der sachliche Anwendungsbereich des Art. 24 GKB-RLV i.d.F. 2016 konkretisiert werden. Hierzu könnte nicht nur an die spezifischen Leistungsarten i.S.d. Richtlinie RL 98/49/EG, son-

---

1386 Siehe oben Kap. D.II.4.

dern gerade auch an die jeweiligen arbeitsrechtlichen Gestaltungsformen des Art. 2 RL (EU) 2016/2341 angeknüpft werden, um eine einheitliche Kohärenz des Unionsrechts zu gewährleisten.

Dessen ungeachtet stellt sich jedoch die Frage, inwiefern das Mitgliedstaatenwahlrecht überhaupt im Einklang mit den übergeordneten Prinzipien und Zielen einer harmonisierten Gewinnermittlung steht. Im Folgenden soll das Wahlrecht daher auf seine Konformität mit dem Primärrecht und dem Prinzip der leistungsgerechten Besteuerung im engeren Sinne untersucht werden.

3. Kritische Diskussion des Wahlrechts zur Abzugsfähigkeit von Pensionsrückstellungen in Bezug auf die übergeordneten Prinzipien und Ziele einer Gemeinsamen Körperschaftsteuer-Bemessungsgrundlage

a) Die Behandlung einer Pensionsrückstellung im Rahmen einer primärrechtskonformen Besteuerung

Im Zuge einer Einführung der Richtlinie über eine harmonisierte Körperschaftsteuer-Bemessungsgrundlage wäre es grundsätzlich erforderlich, dass die Regelungen den europäischen Grundfreiheiten entsprechen und insofern gleiche Wettbewerbsbedingungen für inländische und ausländische Unternehmen garantieren.[1387] Gleichwohl ist die steuerneutrale Verlagerungen eines Unternehmens oder Teile eines Unternehmens in einen anderen Mitgliedstaat nicht von den Grundfreiheiten gedeckt.[1388] Aus den Grundfreiheiten und speziell der Niederlassungsfreiheit lässt sich daher kein Anspruch auf eine allgemeine Abzugsfähigkeit der Pensionsrückstellung i.S.d. Art. 24 GKB-RLV i.d.F. 2016 ableiten.

Darüber hinaus müsste das Mitgliedstaatenwahlrecht als Teil eines (partiell) harmonisierten Unternehmensteuerrechts auch dem in Art. 20 der Charta der Grundrechte der Europäischen Union verankerten Grundsatz der steuerlichen Gleichbehandlung genügen. So verlangt der europäische Gleichbehandlungsgrundsatz nach ständiger Rechtsprechung des EuGH, dass vergleichbare Sachverhalte nicht unterschiedlich und unterschiedliche Sachverhalte nicht gleich behandelt werden dürfen, es sei denn, eine sol-

1387 So grds. *Hey*, in Lang et al., Common Consolidated Corporate Tax Base, 2008, S. 93, 97 f.

1388 *Kokott*, Das Steuerrecht der Europäischen Union, 2018, § 2 Rn. 158 f.

che Behandlung ist objektiv gerechtfertigt.[1389] Diesbezüglich ist der Differenzierungszweck entsprechend dem Sinn und Zweck der Normen zu bestimmen und sodann mit der Ungleichbehandlung abzuwägen, wobei die unterschiedliche Behandlung letztlich in einem angemessenen Verhältnis zu dem verfolgten Ziel stehen muss.[1390] Der Unionsgesetzgeber ist insofern zur Gleichbehandlung innerhalb des Primär- und Sekundärrechts verpflichtet.[1391] Wenngleich sich die Judikatur des EuGH zum Gleichheitsgrundsatz auf dem Gebiet des harmonisierten Steuerrechts bisher lediglich auf das Mehrwertsteuerrecht bezieht und hierbei selbst noch keine konsistente Linie aufweist,[1392] liefern die Konturen der bestehenden Rechtsprechung zumindest erste Anhaltspunkte einer Gleichheitsprüfung einer harmonisierten Gewinnermittlung.[1393]

Vor diesem Hintergrund stellt der Grundsatz der Periodenabgrenzung die grundlegende Systematik dar, an denen sich eine Ungleichbehandlung im Rahmen einer Richtlinie über eine harmonisierte Bemessungsgrundlage messen lassen muss. Im vorliegenden Fall liegt die Ungleichbehandlung nicht primär der Unterscheidung zwischen einer Rückstellung nach Art. 23 GKB-RLV i.d.F. 2016 und einer Pensionsrückstellung i.S.d. Art. 24 GKB-RLV i.d.F. 2016 im engeren Sinne zugrunde, sondern die Ursache ist vielmehr die Ausnahmeregelung im Zuge des Mitgliedstaatenwahlrechts. Dabei stellt ein Verbot einer Pensionsrückstellung offenkundig eine Durchbrechung des Grundsatzes der Periodenabgrenzung dar und verstößt ferner gegen das Postulat der Finanzierungsneutralität der Unternehmen, sodass der Grundsatz der Neutralität als Ausprägung einer gerechten Besteuerung zusätzlich nicht erfüllt ist.

Im Wesentlichen differenziert das Wahlrecht in diesem Zusammenhang pauschal aufgrund der Ansässigkeit des Steuerpflichtigen, womit folglich eine Ungleichbehandlung der Steuerpflichtigen in den Mitgliedstaaten einhergeht. Insofern wird ein vergleichbarer wirtschaftlicher Sachverhalt in den Mitgliedstaaten unterschiedlich besteuert. Erschwerend kommt hinzu, dass das Wahlrecht voraussichtlich nur von den Mitgliedstaaten ausgeübt werden wird, die den Abzug von Pensionsrückstellungen schon

1389 Vgl. *EuGH* v. 7.3.2017, C-390/15, EuZW 2017, 435 Rn. 42 & 52 m.w.N.; siehe zudem oben Kap. D.I.2.b).

1390 *EuGH* v. 7.3.2017, C-390/15, EuZW 2017, 435 Rn. 42.

1391 *Lehner*, IStR 2016, 265, 270; *Kokott/Dobratz*, in Schön/Heber, Grundfragen des europäischen Steuerrechts, 2015, S. 25, 26 f.

1392 Vgl. auch oben Kap. D.I.2.b).

1393 Hinsichtlich einer Analyse der Zinsschranke im Zuge der ATAD I-Richtlinie *Valta/Gerbracht*, StuW 2019, 118, 125.

in ihrem bestehenden Steuerrecht zulassen.[1394] Obschon es aus Gründen des Vertrauensschutzes zumindest angebracht ist, ein solches Wahlrecht für einen zeitlich definierten Übergangszeitraum zu gewähren,[1395] steht eine solche punktuelle Ausnahmeermächtigung wie das Mitgliedstaatenwahlrecht in Art. 24 des Richtlinienvorschlags im Gegensatz zu einer konsequenten dogmatischen Anwendung des Gleichheitsgrundsatzes.[1396] So formulierte *Englisch* schon trefflich, dass derartige Grundrechtsverstöße nicht dadurch „höhere Weihen" erhielten, wenn sie von den Mitgliedstaaten im politischen Konsens beschlossen werden.[1397]

Mit Blick auf eine mögliche Rechtfertigung des Wahlrechts als Ausnahmebestimmung sind alsdann die unterschiedlichen Motive in Betracht zu ziehen. Hierbei prüft der Gerichtshof die Rechtfertigung einer Ungleichbehandlung gerade bei steuerlichen Fragestellungen jedoch nur sehr oberflächlich, indem er dem Unionsgesetzgeber ein sehr weites Ermessen einräumt, bei sozialen, politischen oder wirtschaftlichen Entscheidungen die divergierenden Interessen auszugleichen oder komplexe Beurteilungen vorzunehmen.[1398] Dabei beschränkt sich der EuGH lediglich auf die Kontrolle offensichtlicher Fehler.[1399] Wenngleich dieser Maßstab freilich Anlass zu berechtigter Kritik geben mag,[1400] ist das Mitgliedstaatenwahlrecht aufgrund sozialpolitischer Erwägungen freilich angemessen und folgerichtig. Gerade die fehlende spezifische Harmonisierungskompetenz der Europäischen Union im Rahmen des Betriebsrentenrechts lässt sich mit einem kurzfristigen und tiefgreifenden Einschnitt in die nationale Sozialpolitik kaum vereinbaren.[1401] Und auch unter der Prämisse eines strenge-

1394 In Anlehnung an *Spengel et al.*, The Impact of the CCTB on the Effective Tax Burden of Corporations, working paper Nr. 75, 2019, S. 38.

1395 *Englisch*, in Schaumburg/Englisch, Europäisches Steuerrecht, 2. Aufl. 2020, Kap. 12 Rn. 24 mit Verweis auf *EuGH* v. 16.12.2008, C-127/07, EuZW 2009, 263 Rn. 69. So schon *Schlussantrag der Generalanwältin Kokott*, v. 4.9.2014, C-144/13, C-154/13 und C-160/13, ECLI:EU:C:2014:2163 Rn. 84.

1396 Vgl. ausführlich *Englisch*, in Schaumburg/Englisch, Europäisches Steuerrecht, 2. Aufl. 2020, Kap. 12 Rn. 24.

1397 *Englisch*, in Schön/Beck, Zukunftsfragen des deutschen Steuerrechts, 2009, S. 39, 68.

1398 *EuGH* v. 7.3.2017, C-390/15, EuZW 2017, 435 Rn. 54 m.w.N.

1399 *EuGH* v. 7.3.2017, C-390/15, EuZW 2017, 435 Rn. 54 mit der dort aufgeführten Rechtsprechung.

1400 Im Vergleich zu der Judikatur des deutschen Bundesverfassungsgerichts *Valta/Gerbracht*, StuW 2019, 118, 124. Vgl. ferner zu der Rolle des EuGH bei der Auslegung der Grundrechte *Latzel*, EuZW 2015, 658, 663.

1401 Zu den begrenzten spezifischen Kompetenzen der EU auf dem Gebiet der betrieblichen Altersversorgung *van Meerten*, EU Pension Law, 2019, S. 27-43;

ren Prüfungsmaßstabs ist das Wahlrecht unter sozialpolitischen Aspekten durchaus gerechtfertigt.[1402]

Fraglich bleibt jedoch, inwiefern fiskalpolitische Überlegungen das Verbot der Abzugsfähigkeit einer Pensionsrückstellung rechtfertigen. Es wurde gezeigt, dass ein politischer Konsens zwischen den Mitgliedstaaten unter anderem deswegen nicht möglich war, da die Abzugsfähigkeit der Rückstellung für unmittelbare sowie mittelbare, umlagefinanzierte Pensionsverpflichtungen geringere Steuereinahmen für die Mitgliedstaaten in der Periode des Abzugs bedeuten würde. Dieser Zweck wurde insofern auch durch den Unionsgesetzgeber mittelbar verfolgt. Gegen die Rechtfertigung eines solchen fiskalpolitischen Motivs spricht indessen die ständige Rechtsprechung des EuGH zu der grundfreiheitlichen Überprüfung der direkten Steuern auf Ebene der Mitgliedstaaten,[1403] sodass es nur folgerichtig ist, wenn fiskalpolitische Erwägungen auch im Rahmen einer grundrechtlichen Kontrolle keine Geltung erlangen.[1404] Zudem könnte die Finanzstabilität der Mitgliedstaaten durch den Einsatz großzügiger, jedoch zeitlich befristeter Übergangsbestimmungen grundrechtskonform und vergleichsweise milde bewahrt werden.[1405]

Im Ergebnis lässt sich festhalten, dass das Mitgliedstaatenwahlrecht für die Abzugsfähigkeit einer Pensionsrückstellung im Sinne des gegenwärtigen Richtlinienvorschlags im Fall seiner Einführung grundsätzlich gegen das Prinzip der Gleichbehandlung nach Art. 20 der Grundrechtecharta verstößt. Nichtsdestominder ist das Wahlrecht aufgrund sozialpolitischer Erwägungen gerechtfertigt. Dagegen ist ein fiskalpolitisch motiviertes Wahlrecht dogmatisch zweifelhaft und folglich abzulehnen. Gleichwohl ist zu konstatieren, dass eine solche Differenzierung in der Praxis an ihre

---

Reiner, in Oetker/Preis, EAS, 204. Lfg. Februar 2019, B 7300 Rn. 14-20. Vgl. zudem *Steinmeyer*, in Schulze/Janssen/Kadelbach, Europarecht, 4. Aufl. 2020, § 41 Rn. 14. Dabei ist anzumerken, dass Sozialzwecknormen materiell eben nicht zum Steuerrecht gehören. Siehe m.w.N. *Tipke*, Steuerrechtsordnung – Band I, 2000, S. 78.

1402 In Anlehnung an *Hey*, in Tipke/Lang, Steuerrecht, 24. Aufl. 2020, § 3 Rn. 129 hinsichtlich der deutschen Rechtsprechung des Bundesverfassungsgerichts.

1403 *Lenaerts*, in FS (Frans) Vanistendael, 2008, S. 617, 626 m.w.N.

1404 *Englisch*, in Schön/Beck, Zukunftsfragen des deutschen Steuerrechts, 2009, S. 39, 62.

1405 Eine solche Übergangsvorschrift forderte einer der ablehnenden Mitgliedstaaten während der Entwicklungsphase. Siehe Arbeitsgruppe GKKB, GKKB: mögliche Elemente der technischen Ausgestaltung – mit Anmerkungen, v. 10.12., 11.12. und 12.12.2007, CCCTB/WP057 mit Anmerkungen\doc\de, Rn. 33.

Grenzen stoßen könnte. Nicht immer ist der Charakter der nationalen Erwägungen zweifelsfrei erkennbar. Langfristig sollte daher eine generelle Abziehbarkeit einer Pensionsrückstellung in Betracht gezogen werden, wobei die Mitgliedstaaten unmittelbare bzw. mittelbare, umlagefinanzierte Pensionsverpflichtungen sodann im Rahmen ihres Arbeits- bzw. Sozialrechts regulieren könnten.

b) Untersuchung von Pensionsrückstellungen im Rahmen einer Besteuerung nach der Leistungsfähigkeit im engeren Sinne

aa) Verletzung des Leistungsfähigkeitsprinzips aufgrund des Steuerstundungseffekts?

Im Zuge der vorherigen Analysen wurden die Implikationen einer Besteuerung nach der Leistungsfähigkeit im engeren Sinne bewusst nicht betrachtet. Dabei könnte ein fiskalpolitisch motiviertes Verbot jedoch unter Umständen sogar im Einklang mit dem Leistungsfähigkeitsprinzip stehen, da der mit dem Abzug einer Pensionsrückstellung verbundene Steuerstundungseffekt einen unangemessenen Vorteil des Steuerpflichtigen darstellen könnte.[1406] Insofern wäre eine Durchbrechung des Grundsatzes der Periodenabgrenzung sogar geboten.[1407] Nichtsdestominder würde das Wahlrecht hierbei womöglich eine wirtschaftspolitische Subvention[1408] darstellen und wäre sodann selbst rechtfertigungsbedürftig.

Wenngleich sich gerade ein europäisches Leistungsfähigkeitsprinzip durch seine inhärente Unbestimmtheit und eine fehlende Rechtsprechung auszeichnet,[1409] liefern die Arbeitsunterlagen zu der Entwicklung einer

1406 So vertreten von *Doralt*, FR 2017, 377, 378; *Doralt*, DB 1998, 1357, 1357 f. Mit Blick auf die G(K)KB *Freedman/Macdonald*, in Lang et al., Common Consolidated Corporate Tax Base, 2008, S. 219, 267. Siehe auch *Haegert/Schwab*, Die Betriebswirtschaft 1990, 85, 95-100. Vgl. ferner *BVerfG* v. 12.5.2009, 2 BvL 1/00, BVerfGE 123, 111 Rn. 35.

1407 Dahingehend könnte auch die Interpretation des Art. 24 GKB-RLV i.d.F. 2016 als grundsätzliches Ansatzverbot verstanden werden. Siehe daher *Scheffler/Köstler*, ifst-Schrift 518, 2017, S. 74.

1408 So attestiert *Gosch* einer Pensionsrückstellung aus betriebswirtschaftlicher Sicht eine „subventionierende" Wirkung. Siehe *Gosch*, in Kirchhof/Seer, EStG, 20. Aufl. 2021, § 6a Rn. 1.

1409 An dieser Stelle sei jedoch noch zusätzlich angemerkt, dass es für die weitere Untersuchung unerheblich ist, ob sich das angesprochene Leistungsfähigkeitsprinzip aus einer grundrechtlichen Forderung des Art. 20 der Grundrechteharmonisierten Körperschaftsteuer-Bemessungsgrundlage zumindest einen ersten Anhaltspunkt zu einer Einordnung der finanzwirtschaftlichen Auswirkungen einer Pensionsrückstellung. So wurde gerade mit Blick auf den Ansatz einer Rückstellung für eine unmittelbare Pensionsverpflichtung hingewiesen, dass eine Pensionsrückstellung in diesem Fall den einbehaltenen Gewinnen einer Rücklage gleichkäme.[1410] Mitunter wird diesbezüglich sogar behauptet, dass es sich bei einer Pensionsrückstellung um „funktionales“ Eigenkapital handle.[1411] Dies könnte sodann mit einer Verzerrung der wirtschaftlichen Leistungsfähigkeit einhergehen, gerade wenn die Zahlungsfähigkeit des Steuerpflichtigen in diesem Fall im Gegensatz zu einer übermäßigen Belastung über Gebühr geschont wäre.[1412]

Im Kern ist die beschriebene Problematik nicht primär der Pensionsrückstellung per se geschuldet, sondern beruht auf ihrer Langfristigkeit.[1413] Die finanzwirtschaftliche Wirkung des Steuerstundungseffekt wird dabei auf die einbehaltene Liquidität und den damit verbundenen Innenfinanzierungseffekt zurückgeführt,[1414] die sich aus der antizipierten, steuerlich wirksamen Aufwandserfassung vergleichbar mit einem zinslosen Steuerkredit durch den Fiskus ergeben.[1415] Die dahingehenden gesparten Steuerbeträge kompensieren den erforderlichen Betrag in Form der damit verbundenen Liquiditäts- und Zinsvorteile unter der Annahme

---

charta ableitet oder sich unmittelbar als zugrundeliegende Zielvorstellung in der Richtlinie als Sekundärrechtsakt materialisiert.

1410 Vgl. eben Arbeitsgruppe GKKB, GKKB: mögliche Elemente der technischen Ausgestaltung – mit Anmerkungen, CCCTB/WP057 mit Anmerkungen\doc\de v. 20.11.2007, Rn. 33. Ferner attestierte schon der Rudingausschuss der steuerlichen Abzugsfähigkeit von Pensionsrückstellung eine wettbewerbsverzerrende Wirkung und forderte daher eine einheitliche Besteuerung der betrieblichen Altersversorgung in Europa. Siehe *o.V.*, DB 1992, Beilage Nr. 5 zu Heft 16, 1, 12 f.

1411 *Dernberger*, in Frotscher/Geurts, EStG, 218. Lfg. August 2020, § 6a Rn. 7. Ferner auch *Heubeck*, WPg 1986, 356, 358; *Trägner*, Pensionsrückstellungen, 1977, S. 91 f.

1412 Zu der notwendigen Bedingung der Zahlungsfähigkeit des Steuerpflichtigen im Rahmen einer Besteuerung nach der Leistungsfähigkeit siehe Kap. D.I.2.b).

1413 *Doralt*, FR 2017, 377, 380.

1414 Hinsichtlich des Finanzierungseffekts von Pensionsrückstellungen siehe auch *Schätzlein*, Corporate Finance 2021, 8, 10

1415 Zur Einordnung einer Pensionsrückstellung als zinsloser Steuerkredit *Franke/Hax*, Finanzwirtschaft, 2009, S. 590. Allgemein auch *Pannen*, Meßtheoretische Grundprobleme des Maßgeblichkeitsprinzips, 2000, S. 209 f. Siehe zum Innenfinanzierungseffekt *Keßler*, Pensionsverpflichtungen, 2010, S. 64; *Schön*, in Schön, Maßgeblichkeit, 2005, S. 1, 39; *Rogall/Spengel*, BB 2000, 1234, 1234 f.

einer adäquaten Verzinsung sogar über.[1416] Gerade bei Pensionsrückstellungen wird dieser Effekt theoretisch durch die Verletzung des Korrespondenzprinzips zusätzlich festgeschrieben,[1417] sofern die Pensionsverpflichtung bei den Arbeitnehmern nachgelagert versteuert wird.[1418] Diese Form scheint in der Europäischen Union gleichwohl die Regel zu sein.[1419]

Inwiefern der Steuerstundungs- und Finanzierungseffekt bei einer Pensionsrückstellung den Barwert der anstehenden Pensionszahlungen übersteigt, ist allerdings umstritten und hängt auch von den zugrundeliegenden Bewertungsparametern ab.[1420] Ferner erscheint es nicht gänzlich geklärt, ob der damit verbundene Steuervorteil nicht sogar den Arbeitnehmern zugutekommt.[1421] Eine Positionierung in diesem Streit ist grundsätzlich auch nicht erforderlich. So darf schließlich nicht verkannt werden, dass eine Pensionsrückstellung nichtsdestominder eine zukünftige Belastung des Steuerpflichtigen darstellt.[1422] Dabei wird selbst von den Kritikern einer steuerlichen Rückstellungsbildung eingeräumt, dass sich ein Rückstellungsverbot folglich nur dann rechtfertigen ließe, wenn ein sofortiger Verlustausgleich oder ein äquivalenter Verlustrücktrag bestünde.[1423] Eine solche Institution war unter den Mitgliedstaaten gleichwohl ebenfalls nicht konsensfähig,[1424] sodass der Abzug einer Pensionsrückstellung weiterhin eine Annäherung an eine leistungsgerechte Besteuerung

1416 *Siegel*, in FS Wagner, 2004, S. 193, 199; *Kahle*, Internationale Rechnungslegung, 2002, S. 208.

1417 *Wagner*, in FS Rose, 2003, S. 369, 381 f.; *Kahle*, Internationale Rechnungslegung, 2002, S. 214.

1418 Vgl. *Homburg*, Allgemeine Steuerlehre, 2015, S. 255 f.

1419 *Streißelberger*, Besteuerung der betrieblichen Altersversorgung, 2012, S. 112 f.

1420 Siehe *Ahrend/Förster/Rößler*, Steuerrecht der bAV, Band I, 35. Lfg. Oktober 2015, 2. Teil Rn. 176. *Franke/Hax*, Finanzwirtschaft, 2009, S. 592.

1421 Hierzu schon *Schneider*, Investition, Finanzierung und Besteuerung, 1992, S. 378. Im Fall einer unmittelbaren Pensionsverpflichtung für einen Gesellschaftergeschäftsführer liegt der Vorteil indes klar bei diesem Gesellschafter. Vgl. *Homburg*, Allgemeine Steuerlehre, 2015, S. 256 Fn. 262. Ferner auch *Kahle*, Internationale Rechnungslegung, 2002, S. 214.

1422 Zutreffend *Ahrend/Förster/Rößler*, Steuerrecht der bAV, Band I, 35. Lfg. Oktober 2015, 2. Teil Rn. 183; *Homburg*, Allgemeine Steuerlehre, 2015, S. 256. So eben auch *Franke/Hax*, Finanzwirtschaft, 2009, S. 592. Grds. zu ungewissen Verbindlichkeiten *Hennrichs*, in FS Lang, 2010, S. 237, 249; *Siegel*, in Schmiel/Breithecker, Steuerliche Gewinnermittlung, 2008, S. 301, 317. Vgl. auch *Höfer*, BetrAV 1991, 147, 149.

1423 Dies wird gerade von den Kritikern einer (Pensions-)Rückstellung gefordert. Siehe *Doralt*, FR 2017, 377, 381; *Schulz*, Harmonisierung, 2012, S. 168.

1424 Vgl. eben *Herzig/Kuhr*, StuW 2011, 305, 310.

darstellt.[1425] Für ein Verbot einer Pensionsrückstellung bleibt unter diesen Konditionen schlicht kein Raum.

bb) Ökonomische Implikationen für die leistungsgerechte Besteuerung von Pensionsverpflichtungen

Vor diesem Hintergrund könnte der Innenfinanzierungseffekt durch die Anpassung des steuerlichen Zinssatzes jedoch zumindest eingeschränkt bzw. gänzlich vermieden werden, ohne die Abzugsfähigkeit einer Pensionsrückstellung komplett auszuschließen.[1426] Sofern der steuerliche Zinssatz dabei der Rendite der Anlage des Pensionsrückstellungsbetrags entspricht, ist die Forderung nach einer steuerlichen Gleichbehandlung erfüllt.[1427]

Mit Blick auf die steuerliche Behandlung einer Pensionsrückstellung ist daher folgerichtig die interne Kapitalrendite der Pensionsrückstellung anzuführen. Ein allgemeingültiger Zinssatz lässt sich an dieser Stelle jedoch nicht feststellen, sondern hängt von der unternehmensspezifischen Anlagestruktur ab,[1428] wobei grundsätzlich zwischen den zwei Deckungsformen differenziert werden muss. So sind bei einer umlagefinanzierten Pensionsverpflichtung die gebundenen Finanzmittel in den operativen Unternehmensprozess eingebunden,[1429] womit konsequenterweise die (Brutto-)Gesamtkapitalrendite zugrunde zu legen ist.[1430] Dagegen ist bei einer (unmittelbaren) kapitalgedeckten Pensionsverpflichtung die Rentabilität

---

1425 So eben in Bezug auf Pensionsrückstellungen *Kuhr*, Grundsätze Europäischer Unternehmensbesteuerung, 2013, S. 256 f.; so grds. bezüglich langfristiger Rückstellungen *Dahlke*, Harmonisierung der Konzernbesteuerung, 2011, S. 203 f.; ferner auch *Herzig*, IAS/IFRS und steuerliche Gewinnermittlung, 2004, S. 414.

1426 *Günter*, Fortentwicklung des Handels- und Steuerbilanzrechts, 2012, S. 218 f.; *Schön*, in Schön, Maßgeblichkeit, 2005, S. 1, 39 f.; *Rogall/Spengel*, BB 2000, 1234, 1241.

1427 *Schulz*, Harmonisierung, 2012, S. 171. Vgl. ferner *Hey/Steffen*, ifst-Schrift 511, 2016, S. 88 f.

1428 In Anlehnung an *Engbroks/Urbitsch*, DB 1992, 2454, 2456, die den Vorteil des Liquiditätseffekts an die individuelle Nutzung durch das Unternehmen koppeln.

1429 Siehe oben Kap. B.I.1.c).bb).

1430 *Melan*, DStR 2018, 1512, 1517; *Weckerle*, DB 2017, 1284, 1286 f.; zur Notwendigkeit eines Vorsteuer-Zinsfußes *Kiesewetter/Schätzlein*, ZfbF 2019, 313, 320-322.

des Deckungsvermögens zu ermitteln, wobei diese Rendite aufgrund der risikominimierenden Anlagestrategie der betriebsinternen Pensionsfonds regelmäßig signifikant unterhalb der Bruttogesamtkapitalrendite des zusagenden Unternehmens liegen sollte.[1431] Eine solche Unterscheidung ist auch mit Blick auf die rechtlichen Vorgaben der einzelnen Mitgliedstaaten geboten, um die leistungsfähigkeitsverzerrenden Zins- und Liquiditätseffekte angemessen zu nivellieren.[1432]

Wenngleich aus theoretischer Sicht zweifelsohne ein unternehmensindividueller Zinssatz für eine harmonisierte Körperschaftsteuer-Bemessungsgrundlage zu präferieren ist,[1433] steht dieser Schritt aufgrund des damit verbundenen hohen Bewertungsaufwands selbst in einem gewissen Konflikt mit der Leitidee nach einer einfachen und einheitlichen Lösung.[1434] Als Kompromiss könnte insofern ein typisierter Diskontierungssatz dienen, sofern er den Ansprüchen der europäischen Rechtsprechung an eine verhältnismäßige Abwägung entspricht.[1435] Offen bleibt jedoch, ob dabei einem fixen oder statischen Zinssatz der Vorzug gegeben werden sollte und auf welcher Datengrundlage dieser Zinssatz zu bemessen wäre. Ferner sollte der Trennung in eine ungedeckte und eine gedeckte Pensionsverpflichtung zwingend Rechnung getragen werden, womit bspw. auch die

1431 Vgl. für die durchschnittlichen Bruttogesamtkapitalrendite deutscher Unternehmen *Melan*, DStR 2018, 1512, 1517. So oszillierte die durchschnittlichen Bruttogesamtkapitalrendite zwischen 2010 und 2018 im Mittel um die 8 %. Dagegen lag die durchschnittliche Rendite ausgewählter deutscher betriebsinterner Pensionsfonds laut einer Studie in den vergangenen zehn Jahren bei 2,2 %. Siehe hierzu *Willis Towers Watson* (Hrsg.), Pension Risk Management und Anlage von Pensionsvermögen, 2019, S. 29.

1432 So wies schon *Bogner* bezüglich der Regelungen in Deutschland und Österreich darauf hin, dass die Liquiditätseffekte einer unmittelbaren Pensionsverpflichtung unter anderem aufgrund der (zwingenden) Wertpapierdeckung in Österreich deutlich eingeschränkt sind. Siehe zu diesem Ergebnis *Bogner*, Unmittelbare betriebliche Rentenzusage, 1997, S. 224.

1433 *Kahle*, DB 2014, Beilage Nr. 4 zu Heft 22, 1, 17 mit Verweis auf *Günter*, Fortentwicklung des Handels- und Steuerbilanzrechts, 2012, S. 218 f.; *Schulz*, Harmonisierung, 2012, S. 412.

1434 Vgl. *Hey* bei *Hey/Steffen*, ifst-Schrift 511, 2016, S. 89, die hierbei von einem enormen Bewertungsaufwand spricht. Ferner auch *Thoms-Meyer*, Grundsätze ordnungsmäßiger Bilanzierung, 1995, S. 105. Zu den Leitprinzipien der G(K)KB siehe Mitteilung der Kommission, Umsetzung des Programms der Gemeinschaft für mehr Wachstum und Beschäftigung und eine Steigerung der Wettbewerbsfähigkeit von EU-Unternehmen v. 2.5.2007, KOM(2007) 223 endg., S. 7.

1435 Vgl. zu der Prüfung von Typisierungen durch den EuGH *Englisch*, in Schaumburg/Englisch, Europäisches Steuerrecht, 2. Aufl. 2020, Kap. 12 Rn. 25.

Notwendigkeit zur Definition eines betriebsinternen Pensionsfonds einhergeht. Dabei sollten bei der Ermittlung eines pauschalisierten Zinssatzes die mit dem Deckungsvermögen verbundenen quasisicheren Renditen freilich nicht gänzlich aus dem Blick verloren werden, um einer (übermäßigen) Besteuerung unrealisierter Gewinne keinen Vorschub zu leisten.[1436]

c) Schlussfolgerung: Notwendigkeit eines Abzugsgebots für Pensionsrückstellungen

Das Mitgliedstaatenwahlrecht führt zu einer steuerlichen Ungleichbehandlung unmittelbarer sowie umlagefinanzierter, mittelbarer Pensionsverpflichtungen und verstößt insofern gegen Art. 20 der Grundrechtecharta. Obschon das Wahlrecht aufgrund sozialpolitischer Motive durchaus gerechtfertigt ist, sind fiskalpolitische Erwägungen konsequenterweise abzulehnen. Auf lange Sicht sollte jedoch eine generelle Streichung erwogen werden, um eine einheitliche Besteuerung zu gewährleisten.

Darüber hinaus lässt sich ein Abzugsverbot der Pensionsrückstellungen auch nicht mit den finanzwirtschaftlichen Wirkungen des Steuerstundungseffekts begründen. Zwar könnte eine Pensionsrückstellung unter Umständen einen Liquiditätsvorteil für das Unternehmen bedeuten, gleichwohl darf nicht verkannt werden, dass eine Pensionsrückstellung in erster Linie eine zukünftige Belastung des Steuerpflichtigen ausdrückt. Ein komplettes Abzugsverbot einer Pensionsrückstellung wäre insofern nur unter der Voraussetzung eines sofortigen Verlustausgleichs bzw. eines Verlustrücktrags gerechtfertigt.

Vor diesem Hintergrund steht der Abzug einer Pensionsrückstellung in einem System einer harmonisierten Steuerbemessungsgrundlage grundsätzlich weiterhin im Einklang mit der Besteuerung nach der Leistungsfähigkeit. Der Gefahr eines ungerechtfertigten Liquiditätsvorteils sollte stattdessen durch eine Kopplung des Abzinsungssatzes an die jeweilige Rendite des korrespondierenden Rückstellungsbetrags begegnet werden. Gleich-

---

1436 Diesbezüglich müsste die Verzinsung des Deckungsvermögens mindestens dem Rechnungszins der Rückstellung entsprechen, um den steuerfreien Aufbau eines Deckungsstocks zu ermöglichen. Siehe *Kiesewetter/Schätzlein*, ZfbF 2019, 313, 320-322. Sofern die Rendite des Deckungsstocks indessen unterhalb des Rechnungszinses liegt, wäre eine Besteuerung unrealisierter Gewinne die Folge. Vgl. zur Notwendigkeit der Abzinsung mit der quasi-sicheren Rendite auch grds. *Siegel*, in FS Wagner, 2004, S. 193, 200; *Schön*, in Schön, Maßgeblichkeit, 2005, S. 1, 40.

wohl bedeutet dies hinsichtlich der Bewertung der Pensionsverpflichtung im Kern eine Abkehr von der Berücksichtigung des spezifischen Kreditverhältnisses.

4. Notwendigkeit eines eigenen Bewertungsmaßstabs des Art. 24 GKB-RLV i.d.F. 2016

Ungeachtet der grundsätzlichen Forderung nach einer Abschaffung des Mitgliedstaatenwahlrechts verbleibt jedoch weiterhin die Frage nach der grundsätzlichen Bestimmung der Höhe der Rückstellung für eine leistungsdefinierte Pensionsverpflichtung, womit im engeren Sinne auch die Wahl der Bewertungsparameter oder des maßgeblichen Rechtsverhältnisses einer mittelbaren Durchführungsform verbunden ist. So wäre es folgerichtig, dass Art. 24 GKB-RLV i.d.F. 2016 in seiner gegenwärtigen Form vielmehr durch eigene Vorgaben zur Bewertung der leistungsdefinierten Gestaltungsformen erweitert wird.

Als Vorbild für eine solche Regelung könnten dabei die Bestimmungen des Art. 26 GKKB-RLV i.d.F. 2011 als ergänzender lex specialis zu der allgemeinen Rückstellungsbewertung des Art. 23 GKB-RLV i.d.F. 2016 in Betracht gezogen werden, sodass bei Pensionsrückstellungen anhand versicherungsmathematischer Methoden zuverlässig geschätzt wird, welcher Betrag für die vergangenen und gegenwärtigen Leistungen von Arbeitnehmern einzusetzen wäre. Dahingehend ist konsequenterweise die Verpflichtung des zusagenden Arbeitgebers zu den Arbeitnehmern in den Mittelpunkt der steuerlichen Betrachtung gerückt, womit gleichbedeutend eine Bewertung des Rechtsverhältnisses gegenüber dem externen Versorgungsträger ausgeschlossen ist. Ein vergleichbarer Maßstab könnte sodann idealiter für alle leistungsdefinierten Gestaltungsformen der betrieblichen Altersversorgung eines Mitgliedstaates gleichermaßen gelten. Ferner könnte eine solche Vorgabe auch ausdrückliche Bestimmungen bezüglich der Behandlung des Deckungsvermögens wie z.B. spezifische Regelungen für die Abbildung einer korrespondierenden Rückdeckungsversicherung beinhalten.

Vor diesem Hintergrund ist jedoch noch en détail zu klären, was unter einem nach einer versicherungsmathematischen Methode geschätzten Betrag verstanden werden sollte und auf Basis welcher Bewertungsparameter der Betrag ermittelt werden könnte, um europaweit eine nach Möglichkeit einheitliche und rechtssichere Bewertung der Pensionsrückstellung zu gewährleisten. Gerade die Diskussion des Zinssatzes verdient mit Blick auf die ökonomischen Implikationen einer leistungsgerechten Besteuerung eine besondere Beachtung.

IV. Zusammenfassende Beurteilung und Entwicklungsperspektive

Der Richtlinienvorschlag basiert auf einer Reihe von Fundamental- und Subprinzipien, die im Wesentlichen geeignet sind, ein sachgerechtes Ertragsteuersystem auszugestalten. Wenngleich insbesondere dem Grundsatz der Periodenabgrenzung und dem Realisationsprinzip als Garanten einer leistungsgerechten Besteuerung eine hohe Bedeutung zukommen, weisen die allgemeinen Grundsätze der Gewinnermittlung noch Lücken auf und sollten erweitert werden, um eine einheitliche Auslegung zu gewährleisten. Aus rechtspolitischer Sicht sind daher der Kompromissvorschlag der österreichischen Ratspräsidentschaft sowie die Erweiterung durch die rumänische Ratspräsidentschaft zu begrüßen, wobei sich neben den Grundsätzen der EU-Bilanzrichtlinie insbesondere die Konzeption der internationalen Standards als adäquate Quelle zur Auslegung anbietet.

Eine Pensionsverpflichtung stellt eine abzugsfähige Aufwendung dar und ist entsprechend des Grundsatzes der Periodenabgrenzung folgerichtig auf den Zeitraum der Erbringung der entsprechenden Arbeitsleistung zu verteilen. In diesem Zusammenhang erfüllt eine leistungsdefinierte Pensionsverpflichtung die Kriterien einer Rückstellung und ist insofern nach dem zuverlässig geschätzten Betrag i.S.d. Art. 23 Abs. 2 GKB-RLV i.d.F. 2016 zu bewerten. Gleichwohl fehlt es dem Richtlinienvorschlag an Vorgaben bezüglich der Behandlung der unterschiedlichen Gestaltungsformen oder einem konkreten Bewertungsmaßstab. Ferner lässt der Richtlinienvorschlag nicht nur explizite Vorgaben hinsichtlich des Deckungsvermögens vermissen, sondern auch die bestehenden Regelungen weisen konzeptionelle Lücken auf. So sollte aus rechtspolitischen Gründen die Einführung der außerordentlichen Abschreibung des Finanzanlagevermögens erwogen werden.

Trotz der grundsätzlichen Abzugsfähigkeit von Pensionsverpflichtungen statuiert der Richtlinienvorschlag lediglich ein Mitgliedstaatenwahlrecht für den Abzug von Pensionsrückstellungen. Nicht nur verhindert dies eine effektive steuerliche Gleichbehandlung in der Europäischen Union, sondern induziert zusätzlich erhebliche Rechtsunsicherheit. Zudem verstößt das Wahlrecht gegen den Gleichbehandlungsgrundsatz der europäischen Grundrechtecharta und sollte daher zwingend gestrichen werden. Um mögliche leistungsfähigkeitsverzerrende Liquiditätseffekte im Rahmen der

Rückstellungsbildung zu vermeiden, könnte der Abzinsungsfaktor dementsprechend perspektivisch in Abhängigkeit der Deckungsform bestimmt werden.

Im Ergebnis lässt sich festhalten, dass in dem Richtlinienvorschlag mit Blick auf die Pensionsverpflichtungen ein zentraler Posten des Ertragsteuerrechts nicht harmonisiert wird und der Vorschlag demgemäß den Ansprüchen an eine harmonisierte Körperschaftsteuer-Bemessungsgrundlage nicht genügt. Aufgrund dessen sollte der Richtlinienvorschlag zwingend um eine eigene Regelung samt Bewertungsmaßstab für Pensionsrückstellungen erweitert bzw. konkretisiert werden. Wenngleich sich in einem ersten Schritt grundsätzlich die Bestimmungen des Art. 26 GKKB-RLV i.d.F. 2011 als Vorbild für eine solche Erweiterung anbieten, wäre jedoch des Weiteren noch zu klären, was unter einem nach einer versicherungsmathematischen Methode geschätzten Betrag verstanden werden sollte und auf Grundlage welcher Bewertungsparameter der Betrag ermittelt werden könnte.

Den Ausgangspunkt für die Entwicklung sowie Konkretisierung eines solchen allgemeingültigen steuerlichen Bewertungsmaßstabs könnte dabei der internationale Rechnungslegungsstandard IAS 19 darstellen.[1437] Nicht nur steht dies im Einklang mit der Idee der IFRS als „starting point" bzw. als Hilfsmittel einer harmonisierten Steuerbemessungsgrundlage, sondern gerade der hohe Verbreitungsgrad und die Bedeutung des Konzepts des IAS 19 für die handelsbilanzielle Gewinnermittlung der Mitgliedstaaten – auch abseits einer unmittelbaren Anwendung der IFRS – bieten sich für eine weitergehende Analyse der Regelungen und Systematik des IAS 19 für den Zweck einer einheitlichen Körperschaftsteuer-Bemessungsgrundlage an.[1438] Eine solche inhaltliche Nähe zu der entsprechenden steuerlichen Regelung lässt sich sodann folgerichtig im Rahmen der Anwendung der teleologischen Auslegungshilfe i.S.d. österreichischen Kompromissvorschlags fruchtbar machen, sodass sich aufkommende Rechtsfragen anhand der Systematik sowie der detaillierten Vorgaben des IAS 19 lösen lassen

---

1437 Eine Weiterentwicklung anhand der IFRS grundsätzlich befürwortend *Eggert*, Die Gewinnermittlung nach dem Richtlinienvorschlag, 2015, S. 135. A.A. hinsichtlich des IAS 19 *Essers/Russo*, in Essers et al., The Influence of IAS/IFRS on the CCCTB, 2009, S. 29, 80. Ferner auch den IAS 19 ablehnend *Freedman/Macdonald*, in Lang et al., Common Consolidated Corporate Tax Base, 2008, S. 219, 267, die stattdessen allerdings ein generelles Abzugsverbot vorschlagen. Kritisch ebenfalls *Kuhr*, Grundsätze Europäischer Unternehmensbesteuerung, 2013, S. 266, der das Anwartschaftsbarwertverfahren der IFRS ablehnt.

1438 Siehe oben Kap. C.II.

können. Gleichwohl müssen die einzelnen Vorgaben des Standards hierzu freilich auch mit dem Grundsatz der Periodenabgrenzung sowie den Zielen, Grundsätzen und Fundamentalprinzipien des Richtlinienvorschlags im Einklang stehen.

Vor diesem Hintergrund bleibt es jedoch fraglich, in welchem Umfang die Systematik des IAS 19 übernommen werden könnte. So wäre es beispielsweise vorstellbar, im Rahmen einer solchen Regelung unmittelbar auf den IAS 19 i.S.d. ersten Fallgruppe zu verweisen, sodass bei einem solchen direkten Rückgriff das Verständnis des IAS 19 sodann vollumfänglich maßgebend wäre. Bedingung hierfür wäre zweifelsohne, dass die Systematik sowie Vorgaben des Standards die Voraussetzungen für die harmonisierte steuerliche Bemessungsgrundlage erfüllen. Daneben könnte sich eine entsprechende Konkretisierung lediglich (implizit) an die Konzeption oder einzelne Regelungen des IAS 19 anlehnen, sodass der IAS 19 bei der Auslegung der steuerlichen Norm i.S.d. zweiten Fallgruppe berücksichtigt werden könnte. Hierzu könnte die Regelung ebenfalls um spezifische, separate Vorgaben weiterentwickelt werden. Sofern der IAS 19 den Zielen, Grundsätzen und Fundamentalprinzipien des Richtlinienvorschlags nicht entspricht, käme noch die Konzeption einer unabhängigen Regelung unter Berücksichtigung der dritten oder vierten Fallgruppe in Betracht.

Im Folgenden gilt es daher, die im Rahmen des Endorsementverfahrens übernommen und in der Europäischen Union gültigen Vorschriften des IAS 19 auf ihre Kompatibilität mit den Vorgaben sowie der Systematik der GKB-Richtlinie zu untersuchen und – falls erforderlich – Einschränkungen bezüglich ihrer Eignung zu formulieren. Hierbei sollte ebenfalls den Zielen und Prinzipien des Vorschlags Rechnung getragen werden. Die Ergebnisse dieser Analyse könnten sodann zum Anlass genommen werden, den Richtlinienvorschlag systematisch weiterzuentwickeln und somit eine rechtssichere und sachgerechte Bewertung in Europa zu gewährleisten.

E. Entwicklung eines Bewertungsmaßstabs für die Behandlung von Pensionsverpflichtungen in der Gemeinsamen Körperschaftsteuer-Bemessungsgrundlage

I. Untersuchung des IAS 19 als geeigneter Anknüpfungspunkt einer harmonisierten Behandlung von Pensionsverpflichtungen

1. Grundsätzliche Adäquanz der Zielsetzung und des Anwendungsbereichs des IAS 19

Das grundlegende Ziel des IAS 19 ist es, eine verursachungsgerechte Erfolgsperiodisierung zu ermöglichen, sodass ein aus der Pensionsverpflichtung resultierender Erfüllungsrückstand des aufgeschobenen Entgelts sachgerecht in der Vermögens-, Finanz- und Ertragslage abgebildet wird.[1439] Dazu verfolgt der Standard nach IAS 19.1 formell sowohl eine vollständige bilanzielle Abbildung der aus der Pensionsverpflichtung resultierenden Schuld als auch eine vollständige Erfassung des damit verbundenen Aufwands der jeweiligen Periode. Dies deckt sich mit der grundsätzlichen Zielsetzung der steuerlichen Gewinnermittlung, den Entgeltcharakter der Pensionsverpflichtung periodengerecht und vollständig in der Bemessungsgrundlage abzubilden.

Hierfür sieht der IAS 19 insbesondere für die Behandlung von Leistungszusagen umfangreiche versicherungsmathematische Detailregelungen bezüglich deren Bewertung und Erfassung in Bilanz sowie Gewinn- und Verlustrechnung vor.[1440] Dies könnte prima facie für eine grundsätzliche Eignung des IAS 19 für steuerliche Zwecke sprechen. Hingegen wird den internationalen Standards mitunter aufgrund der inhärenten Ermessensspielräume und der inhaltlichen Offenheit eine „Entobjektivierung" sowie eine mangelnde Bestimmtheit vorgeworfen, die eine steuerliche Anwendung der internationalen Rechnungslegungsstandards ausschließen

---

1439 *Mühlberger/Stöckler*, in Thiele/von Keitz/Brücks, Int. Bilanzrecht, 47. Lfg. Juli 2020, IAS 19 Rn. 102. Siehe auch oben Kap. C.I.3.

1440 *Höfer/Verhuven*, in Höfer/Veit/Verhuven, Betriebsrentenrecht, Band II, 21. Lfg. Juli 2020, Kap. 49 Rn. 22 f.

würden.[1441] Unabhängig von einer tiefgründigeren Analyse dieses Arguments stellen gerade die umfassenden und präzisen Vorgaben des IAS 19 wie auch seine hohen versicherungsmathematischen Anforderungen einen Sonderfall dar und stehen dieser Kritik grundsätzlich entgegen.

Mit Blick auf mögliche Ermessensspielräume ist es zudem vielmehr entscheidend, ob der Steuerpflichtige in der Lage ist, seine Entscheidungsfreiheiten anhand objektivierter, nachvollziehbarer Daten bzw. Werte zu begründen und mittels dieser Daten seine individuelle, realitätsgerechte wirtschaftliche Lage annähernd abzubilden,[1442] wobei die getroffenen Entscheidungen sodann gemäß dem Grundsatz der Stetigkeit in Art. 6 Abs. 3 GKB-RLV i.d.F. 2016 in den Folgejahren beizubehalten sind. Hierbei erlangt gerade ein im Zuge des Jahres- bzw. Konzernabschlusses erstelltes aktuarisches Gutachten eine zusätzliche, hinreichend objektivierende Wirkung.[1443] Die Zweckadäquanz des IAS 19 für die steuerliche Gewinnermittlung lässt sich insofern nicht pauschal in Abrede stellen, sondern ist durch seine versicherungsmathematische Fundierung grundsätzlich für eine steuerliche Anlehnung geeignet. Gleichwohl gilt es weiterhin, die einzelnen Bestandteile und Parameter auf ihre steuerliche Eignung zu untersuchen.

Darüber hinaus behandelt der IAS 19, wie erwähnt, schwerpunktmäßig die Bilanzierung von Pensionsverpflichtungen.[1444] Die Bilanzierung solcher Pensionsverpflichtungen gem. IAS 19.26 umfasst dabei eben nicht

---

1441 *Günter*, Fortentwicklung des Handels- und Steuerbilanzrechts, 2012, S. 233 f. Hinsichtlich der Bilanzierung von Rückstellungen vor dem Hintergrund des Grundsatzes der gleichmäßigen Besteuerung ebenfalls kritisch *Köhrle*, IFRS-Einzelabschluss, 2010, S. 293. Zu der Notwendigkeit der Bestimmtheit der Regelungen einer G(K)KB siehe auch oben Kap. D.I.2.d).

1442 Ein bestimmter Ermessensspielraum liegt gleichwohl in der Natur der Bewertung und lässt sich nur mittels Transparenz und objektivierter Daten bzw. Prognosen eingrenzen, um das Ergebnis intersubjektiv nachvollziehbar zu machen. Siehe *Krumm*, Steuerliche Bewertung als Rechtsproblem, 2014, S. 321-326.

1443 In Anlehnung an *Lenz/Rautenstrauch*, DB 2011, 726, 728, die ein für IFRS-Zwecke erstelltes Gutachten bezüglich der Gewinnermittlung im Rahmen des Richtlinienvorschlags von 2011 als sachgerecht erachten. Wenngleich es nach IAS 19.59 nicht obligatorisch, sondern lediglich empfohlen ist, einen qualifizierten Versicherungsmathematiker in die Bewertung der Pensionsverpflichtungen einzubeziehen, wird ein Unternehmen aufgrund der komplizierten Anforderungen de facto auf einen qualifizierten Aktuar zurückgreifen müssen. Siehe *Scheffler*, in Beck'sches Handbuch der Rechnungslegung, 64. Lfg. 2021, B 233 Rn. 656.

1444 Siehe oben Kap. C.I.3.

nur Altersversorgungsverpflichtungen im engeren Sinne. Die Regelungen lassen sich ebenso auf Leistungen der Invaliditäts- und Hinterbliebenenversorgung anwenden, sodass die Vorgaben alle geforderten Leistungsarten der betrieblichen Altersversorgung in den Mitgliedstaaten abdecken.[1445] Da der Standard ferner sowohl Beitragszusagen als auch Leistungszusagen betrifft, sind grundsätzlich auch alle Durchführungsformen und Deckungsformen erfasst. Insofern könnte ein vergleichbarer Bewertungsmaßstab womöglich für alle leistungsdefinierten Gestaltungsformen der betrieblichen Altersversorgung eines Mitgliedstaates gleichermaßen gelten.

Vor diesem Hintergrund lässt sich festhalten, dass sich der IAS 19 prima facie nicht nur bezüglich seines konzeptionellen Zwecks, sondern auch aufgrund der von ihm abgedeckten Leistungsarten und Durchführungsformen als Ausgangsbasis für eine teleologische Auslegungshilfe im Rahmen der steuerlichen Gewinnermittlung eignet. Im Folgenden werden daher die einzelnen Bilanzierungsvorschriften des IAS 19 und ihre Rechtsfolgen hinsichtlich ihrer steuerlichen Eignung genauer analysiert, wobei zunächst die Abgrenzung zwischen Leistungs- und Beitragszusagen betrachtet wird.

2. Kategorisierung von Pensionsplänen

a) Differenzierung zwischen Beitrags- und Leistungszusagen

Der IAS 19 knüpft seine unterschiedlichen Rechtsfolgen gem. IAS 19.8 an die Differenzierung zwischen einer Beitrags- und einer Leistungszusage,[1446] wobei sich ein Unternehmen im Rahmen einer Beitragszusage lediglich auf die Zahlung ex ante determinierter Beiträge verpflichtet und daher von jeglicher Nachschussverpflichtung befreit ist. Dagegen werden Leistungszusagen in Abgrenzung zu der Definition einer Beitragszusage bestimmt und umfassen demnach alle anderen Pensionsverpflichtungen. Die damit zusammenhängende Schuld wird grundsätzlich vollständig dem

1445 Siehe zu den abgedeckten Leistungsarten *Theile/Behling*, in Heuser/Theile, IFRS-Handbuch, 6. Aufl. 2019, Kap. 27 Rn. 20.

1446 Die folgende Ausführung soll die dargestellten Grundlagen oben in Kap. C.I.3. sachgerecht ergänzen.

Unternehmen zugerechnet. Gerade im Fall von Leistungszusagen sieht der IAS 19 zudem umfangreiche Anhangangaben vor.[1447]

In Ergänzung zu der Abgrenzung des IAS 19.8 konkretisieren die Vorgaben des IAS 19.27-19.29 die Einordnung einer Pensionsverpflichtung und stellen somit eine zentrale Entscheidungshilfe dar. So verlangt der IAS 19.27 eine Klassifizierung der Pensionsverpflichtung anhand ihres wirtschaftlichen Gehalts. Insofern stellt nach IAS 19.28 bzw. IAS 19.30 (b) die entsprechende Verteilung des sowohl versicherungsmathematischen Risikos als auch des Anlagerisikos zwischen den Unternehmen und den Arbeitnehmern das maßgebliche Abgrenzungskriterium dar.[1448] Im Wesentlichen kommt es dabei nur auf das Risiko einer negativen Vermögensentwicklung an.[1449] Nach IAS 19.29 (c) ist es zudem unerheblich, ob sich eine solche Risikoposition aus einer vertraglichen Grundlage oder einer faktischen Verpflichtung des Steuerpflichtigen ergibt.

Neben den Erläuterungen des IAS 19.27-19.29 enthält der Standard zusätzliche Ausführungen bezüglich der Abgrenzung sog. versicherter Versorgungspläne i.S.d. IAS 19.46, mit denen der Arbeitgeber die Pensionsverpflichtung durch Zahlungen von Versicherungsprämien vorausfinanziert. Ein solcher Plan ist dabei grundsätzlich als eine Beitragszusage zu behandeln, sofern allein das Versicherungsunternehmen für die Zahlung der Pensionsleistungen verantwortlich ist und der Arbeitgeber folglich weder faktisch noch formal für weitere Zahlungen in Anspruch genommen werden kann. Hierzu ergänzt IAS 19.49, dass durch einen solchen Versicherungsvertrag die Pensionsverpflichtung gänzlich auf den Versicherer ausgelagert ist, sodass infolgedessen auch weniger auf die Verteilung des versicherungsmathematischen Risikos zwischen Arbeitgeber und Arbeitnehmern, sondern vielmehr auf die Verteilung zwischen Arbeitgeber und externen Versorgungsträger abzustellen ist.[1450]

Darüber hinaus finden sich in dem Standard weiterführende Erläuterungen zu den gemeinschaftlichen Plänen mehrerer Arbeitgeber sowie zu staatlichen Plänen. Während staatliche Pläne grundsätzlich nicht in den Anwendungsbereich der betrieblichen Altersversorgung fallen und daher

---

1447 Vgl. ausführlich *Ahrend/Förster/Rößler*, Steuerrecht der bAV, Band II, 38. Lfg. Mai 2017, 8. Teil Rn. 369.

1448 Vgl. *Lüdenbach/Hoffmann/Freiberg*, IFRS-Kommentar, 19. Aufl. 2021, § 22 Rn. 23; *Höpken/Torner* in Beck'sches IFRS-Handbuch, 6. Aufl. 2020, § 26 Rn. 20 & 30.

1449 Vgl. IAS 19.BC29 f.

1450 Vgl. auch *Lüdenbach/Hoffmann/Freiberg*, IFRS-Kommentar, 19. Aufl. 2021, § 22 Rn. 17.

im Rahmen dieser Analyse zu vernachlässigen sind, ist gerade eine Diversifikation der finanziellen bzw. versicherungsmathematischen Risiken zwischen den unterschiedlichen Trägerunternehmen ein zentrales Merkmal eines gemeinschaftlichen Plans.[1451] Dabei sind die entsprechenden Anteile an der Verpflichtung bzw. den Vermögenswerten grundsätzlich zu bilanzieren. Davon abweichend können gemeinschaftliche Pläne jedoch unabhängig der spezifischen materiellen Ausgestaltung der zugrundeliegenden Pensionsverpflichtung nach IAS 19.34 (a) ausnahmsweise als Beitragszusage eingeordnet werden, sofern eine individuelle Zurechnung der einzelnen Chancen und Risiken auf den jeweiligen Arbeitgeber gem. IAS 19.36 aufgrund fehlender Informationen nicht möglich ist. Dabei sind jedoch weitere, umfangreiche Anhangangaben zu machen. Nichtsdestominder sind eventuelle Nachschussverpflichtungen im Rahmen eines solchen gemeinschaftlichen Plans gem. IAS 19.37 als Rückstellung bei dem Arbeitgeber zu erfassen.[1452] In diesem Zusammenhang kann jedoch auf eine Bewertung auf Grundlage des IAS 19 verzichtet werden.

b) Analyse der Vereinbarkeit mit den steuerlichen Grundsätzen

Wenngleich diese Einordnung aus konzeptioneller Sicht eine klare Abgrenzung suggeriert und der übergeordneten Zielsetzung der internationalen Standards durchaus gerecht werden mag,[1453] erscheinen die Kriterien zur Einordnung einer Pensionsverpflichtung und die damit verbundene Systematik unter Objektivierungsgesichtspunkten und hinsichtlich des Grundsatzes der Einfachheit angreifbar. So ist es bspw. im deutschen Schrifttum umstritten, ob und unter welchen Bedingungen eine mittelbare, versicherungsförmige Pensionsverpflichtung als Beitragszusage eingeordnet werden kann. Während ein Teil der Literatur diese Pensionsverpflichtungen aufgrund der arbeitsrechtlichen Subsidiärhaftung als Leistungszusagen klassifiziert,[1454] werden sie nach anderer Ansicht mit

---

1451 *Mühlberger/Stöckler*, in Thiele/von Keitz/Brücks, Int. Bilanzrecht, 47. Lfg. Juli 2020, IAS 19 Rn. 148.

1452 *Mühlberger/Stöckler*, in Thiele/von Keitz/Brücks, Int. Bilanzrecht, 47. Lfg. Juli 2020, IAS 19 Rn. 151.

1453 So vertreten durch *Knigge*, Bilanzierung von Pensionszusagen nach IFRS, 2014, S. 49.

1454 Siehe *Mühlberger/Schwinger*, Betriebliche Altersversorgung nach IFRS, 2011, S. 180; *Fülbier/Sellhorn*, StuB 2004, 385, 386. Vgl. zur Kritik an der Kategorisierung auch *Berndt*, Schweizer Treuhänder 2007, 77, 79.

Verweis auf den wirtschaftlichen Gehalt bzw. auf die Ausführungen des IAS 19.46-19.49 als Beitragszusagen eingeordnet.[1455] Aber auch außerhalb Deutschlands werden mittelbare, versicherungsförmige Pensionsverpflichtungen nicht einheitlich behandelt.[1456] In Schweden werden bei derartigen Pensionsverpflichtungen der sog. K-4 Unternehmen, die über ein Versicherungsunternehmen durchgeführt werden, bspw. Beitragszusagen fingiert.[1457] Eine einheitliche und somit leistungsgerechte steuerliche Behandlung in Europa scheint daher, jenseits einer weiteren Analyse der materiellen Auswirkungen und Rechtsfolgen, bei unmittelbarer Anwendung des IAS 19 nicht sichergestellt.

Der Grund für diese Abgrenzungsschwierigkeiten liegt in erster Linie in der konzeptionellen Entscheidung des IASB bezüglich des Charakters einer Leistungszusage und deren bilanziellen Darstellung,[1458] welche wiederum auf die Entwicklung der US-amerikanischen Rechnungslegungspraxis durch das Financial Accounting Standards Board sowie ferner auf die Implikationen der amerikanischen Sozialpolitik zurückzuführen ist.[1459] Nach US-amerikanischen Verständnis werden die aus dem Verhältnis zwischen Arbeitgeber und Arbeitnehmer resultierenden leistungsdefinierten Pensionsverpflichtungen ungeachtet einer mittelbaren Durchführungsform bilanziell vollständig beim Arbeitgeber erfasst, da eine Übertragung der Schuld auf einen externen Vermögensträger abseits einer reinen Bei-

---

1455 Zur Sichtweise des wirtschaftlichen Gehalts *Huuk*, Rechnungslegungsvorschriften, 2013, 132; *Planert*, Bilanzierung von Pensionsverpflichtungen, 2005, S. 156-158. Hinsichtlich der Sichtweise der versicherungsförmigen Plangestaltung *DAV/IVS* (Hrsg.), Richtlinie IAS 19, 2020, S. 43-45; *Bauer*, BetrAV 2005, 742, 743 f.

1456 So stellte selbst das IASB fest, dass in der internationalen Rechnungslegungspraxis versicherte Leistungen, bei denen ein Teil des Risikos bei dem Arbeitgeber verbleibt, ungeachtet der Definition des IAS 19.8 mitunter als Beitragszusage bilanziert werden. Vgl. *IASB* (Hrsg.), IFRIC Draft Interpretation D9 – Scope of a draft interpretation, Agenda Paper 5b, 2012, Rn. 27.

1457 Zu den Vorgaben des RFR 2 in Schweden siehe Kap. C.II.2.g)bb).

1458 Vgl. auch zu einer Kritik am geltenden Recht *Freiberg/Schmidt*, PiR 2016, 244, 246 f.

1459 Vgl. ausführlich *Knigge*, Bilanzierung von Pensionszusagen nach IFRS, 2014, S. 26-44. Der IAS 19 war dabei das Ergebnis einer engen Zusammenarbeit des IASB und des amerikanischen Financial Accounting Standards Board, um beide Rechnungslegungskonzeptionen einander anzunähern und somit eine gewisse Vergleichbarkeit herzustellen. Siehe hierzu *Sellhorn*, Pensionsverpflichtungen in der Rechnungslegung, 2007, S. 50.

tragszusage konzeptionell schlicht nicht abgedeckt ist.[1460] In diesem Zusammenhang stellen die externen Versorgungsträger zudem keine unabhängigen Einrichtungen dar, sondern werden vielmehr als ein Finanzierungsinstrument des Arbeitsgebers klassifiziert.[1461] Im Ergebnis wird den zusagenden Unternehmen nicht nur die komplette Schuld, sondern auch das Eigentum an den ausgelagerten Vermögensgegenständen wirtschaftlich komplett zugerechnet.[1462]

Obschon diese Sichtweise zumindest dem Verhältnis zwischen Unternehmen und Arbeitnehmer bilanziell konsequent Rechnung trägt, vernachlässigt sie die Schuldübertragung sowie die damit korrespondierende Risikoteilung als Ausdruck der schuldrechtlichen Beziehung zwischen Arbeitgeber und den externen Versorgungsträgern. Ferner werden die unwesentlichen Ausfallwahrscheinlichkeiten mittelbarer, kapitalgedeckter Gestaltungsformen mit hoher Bonität konzeptionell nicht berücksichtigt. Dies wäre mit Blick auf den Grundsatz der leistungsgerechten Besteuerung jedoch geboten.

Vor diesem Hintergrund lässt sich festhalten, dass sich die gegenwärtigen Vorgaben des IAS 19 zur Abgrenzung der Zusagearten nicht vollständig zur Ausgestaltung einer harmonisierten Körperschaftsteuer-Bemessungsgrundlage eignen und daher nicht unmittelbar übernommen bzw. berücksichtigt werden sollten. So sind die Regelungen in ihrer jetzigen Form nicht nur zu komplex, sondern garantieren zudem keine bestimmte und einheitliche Abgrenzung. Gleichwohl sprechen die Vorgaben nicht zwangsläufig gegen eine Anwendung der Abgrenzungskriterien als Auslegungshilfe, um somit mögliche Risiken des Arbeitgebers zu identifizieren.

Offen bleibt jedoch, ob die Abgrenzungssystematik weiterhin als Vorbild für eine Weiterentwicklung der steuerlichen Regelungen dienen könnte und dabei durch die Normierung einer Vereinfachungsregel, vergleichbar zu der Rechnungslegungspraxis in Schweden, ergänzt werden

---

1460 In Anlehnung an *Napier*, Accounting and Business Research 2009, 231, 239, da die komplette Pensionsverpflichtung im Rahmen einer Leistungszusage unabhängig von ihrer Ausgestaltung weiterhin beim Arbeitgeber verbleibt.

1461 Diese Konzeption rührt insofern aus der amerikanischen Rechnungslegungspraxis her. Siehe *Knigge*, Bilanzierung von Pensionszusagen nach IFRS, 2014, S. 71 f.

1462 Vgl. *Blake et al.*, An unreal number, 2008, S. 18. Vgl. auch schon *Planert*, Bilanzierung von Pensionsverpflichtungen, 2005, S. 247 mit Verweis auf *Pellens/Fülbier/Sellhorn*, Die Betriebswirtschaft 2004, 133, 145; *Orthmann*, Betriebliche Altersversorgung, 2003, S. 198 f.; ferner auch *Heiniz*, Direktzusagen, 2018, S. 201.

könnte oder ob die entsprechenden Regelungen der GKB überhaupt einer spezifischen Unterscheidung bedürfen. Dies lässt sich bei einer isolierten Betrachtung der Abgrenzungskriterien noch nicht beantworten, sondern hängt im weiteren Sinne von der materiellen Ausgestaltung und den korrespondierenden Rechtsfolgen der spezifischen Zusagearten ab. Im Folgenden sollen daher sowohl die Systematik als auch die einzelnen Vorgaben bezüglich der Bewertung von leistungsdefinierten Pensionsverpflichtungen im Rahmen des IAS 19 genauer analysiert werden, um weitere Rückschlüsse auf ihre steuerliche Eignung ziehen zu können.

3. Darstellung und Analyse der Bilanzierung und Bewertung von leistungsdefinierten Pensionsverpflichtungen

a) Umfang der Bilanzierung von leistungsdefinierten Pensionsverpflichtungen nach IAS 19

Im Rahmen der Bewertung einer leistungsdefinierten Pensionsverpflichtung gem. IAS 19 gilt es im Kern, die wesentlichen Risiken sowie die mit der Langfristigkeit einer Pensionsverpflichtung verbundene Unsicherheit der ihr zugrundeliegenden Annahmen zu approximieren.[1463] Der IAS 19.8 definiert die Höhe der Pensionsverpflichtung grundsätzlich als den Barwert erwarteter künftiger Zahlungen, die erforderlich sind, um die aufgrund von Arbeitnehmerleistungen in der Berichtsperiode oder früheren Perioden entstandenen Verpflichtungen abgelten zu können. In diesem Sinne trägt die Bewertungskonzeption des Standards gerade der Implikation der Entgeltfunktion Rechnung, indem sie die späteren Pensionszahlungen als Personalaufwendungen sowie Rückstellung periodengerecht antizipiert.[1464]

Dem Unternehmen wird dabei die Schuld, losgelöst von der Durchführungsform bzw. Deckungsform, vollständig zugerechnet, sodass der im Rahmen einer leistungsdefinierten Pensionsverpflichtung zu erfassende Aufwand nicht zwingend mit dem in der Periode fälligen Beitrag übereinstimmen muss (IAS 19.56). Nichtsdestominder formuliert der Standard für das Deckungsvermögen als sog. Planvermögen spezifische Anforderun-

---

1463 *Mühlberger/Stöckler*, in Thiele/von Keitz/Brücks, Int. Bilanzrecht, 47. Lfg. Juli 2020, IAS 19 Rn. 192.

1464 *Ahrend/Förster/Rößler*, Steuerrecht der bAV, Band II, 38. Lfg. Mai 2017, 8. Teil Rn. 333.

gen sowie Bilanzierungsvorgaben, um eine mögliche Kapitaldeckung bzw. Vorausfinanzierung adäquat zu berücksichtigen. Obschon homogene Pensionsverpflichtungen und ihr Deckungsvermögen dabei notwendigerweise einzeln zu bewerten sind und somit beispielsweise eine Kollektivbewertung verschiedener Pläne ausscheidet,[1465] dürfen die Pensionsverpflichtungen unter Umständen mit dem korrespondierenden Vermögen saldiert und nach IAS 19.63 als Nettoschuld ausgewiesen werden.[1466] Sofern das Deckungsvermögen die Voraussetzungen einer Saldierung jedoch nicht erfüllt, ist die zugrundeliegende Pensionsverpflichtung nichtsdestominder brutto anzusetzen.[1467]

Die Bewertungslogik des IAS 19 gründet dabei nicht unmittelbar auf dem stichtagsbezogenen Bilanzansatz zum Ende des Geschäftsjahres, sondern der Wertansatz bestimmt sich primär anhand eines prospektiven, aufwandsbezogenen Ansatzes (income approach).[1468] Dementsprechend bestimmen sich die Höhe der Verpflichtung sowie der zugrundeliegende Pensionsaufwand samt den voraussichtlichen Pensionszahlungen konzeptionell schon zu Beginn des Jahres,[1469] wobei hierfür die jeweiligen Wertprognosen zum Jahresende anzuwenden sind.[1470] Sofern sich diese Vorhersagen zum Bilanzstichtag rückblickend von den ursprünglichen Annahmen unterscheiden, ist der Bilanzansatz um diese tatsächlichen Wertansätze zu korrigieren.[1471]

Vor diesem Hintergrund ist die Bilanzierung einer leistungsdefinierten Pensionsverpflichtung ausgesprochen vielseitig und komplex,[1472] wobei der Standard dem Bilanzierenden nach IAS 19.60 mitunter Bewertungsvereinfachungen einräumt.[1473] Ein Schema zur Bewertung der auszuweisenden Nettoschuld findet sich sodann in IAS 19.57. Dabei sind gem.

1465 *Lüdenbach/Hoffmann/Freiberg*, IFRS-Kommentar, 19. Aufl. 2021, § 22 Rn. 36.

1466 *Scheffler*, in Beck'sches Handbuch der Rechnungslegung, 64. Lfg. 2021, B 233 Rn. 659. Bei einer Überdeckung des Deckungsvermögens ist respektive ein Nettovermögenswert anzusetzen.

1467 *Planert*, Bilanzierung von Pensionsverpflichtungen, 2005, S. 179.

1468 *Ahrend/Förster/Rößler*, Steuerrecht der bAV, Band II, 38. Lfg. Mai 2017, 8. Teil Rn. 332.

1469 Vgl. *Höfer/Verhuven*, in Höfer/Veit/Verhuven, Betriebsrentenrecht, Band II, 21. Lfg. Juli 2021, Kap. 49 Rn. 81; *Mühlberger/Stöckler*, in Thiele/von Keitz/Brücks, Int. Bilanzrecht, 47. Lfg. Juli 2020, IAS 19 Rn. 195 f.

1470 *Heger/Weppler*, in HdJ, 54. Lfg. März 2012, III/7 Rn. 222.

1471 So schon *Keßler*, Pensionsverpflichtungen, 2010, S. 311.

1472 *Höfer/Verhuven*, in Höfer/Veit/Verhuven, Betriebsrentenrecht, Band II, 21. Lfg. Juli 2021, Kap. 49 Rn. 22.

1473 Siehe *Hagemann*, Pensionsrückstellungen, 2020, S. 176.

IAS 19.57 (a) in einem ersten Schritt der Sollwert der Verpflichtung, die sog. defined benefit obligation,[1474] sowie ferner der Wertansatz eines gegebenenfalls vorhandenen Deckungsvermögens im Einklang mit IAS 19.113-115 zu bestimmen. Diese Bilanzposten können gem. IAS 19.57 (b) zudem unter Umständen miteinander verrechnet werden. Hinsichtlich der Bewertung sieht der Standard explizit vor, dass die Pensionsverpflichtung anhand spezifischer Bewertungsparameter abzubilden ist. So erfordert IAS 19.66 nicht nur die Pensionsleistungen mittels einer versicherungsmathematischen Bewertungsmethode den Dienstjahren zuzuordnen und zu bewerten, sondern es ist auch eine Reihe von spezifischen versicherungsmathematischen Annahmen wie bspw. der Abzinsungssatz zu treffen.[1475] Hierzu finden sich in IAS 19.67-19.98 detaillierte Vorgaben. Abschließend ist am Bilanzstichtag noch der finale Versorgungsaufwand sowie der Bilanzansatz der Pensionsverpflichtung unter Berücksichtigung der möglichen Abweichungen gem. IAS 19.57 (c) und (d) festzustellen und schlussendlich in den Kostenkomponenten zu erfassen und auszuweisen.[1476] Im Folgenden sollen daher dem dargelegten Grundschema entsprechend die Regelungen zur Bewertung der defined benefit obligation vorgestellt und analysiert werden.

b) Ermittlung der Höhe des Sollwerts der Pensionsverpflichtung

aa) Bewertungsverfahren und Zuordnung der Leistungen auf die Dienstjahre

Das versicherungsmathematische Bewertungsverfahren ermöglicht es grundsätzlich, auf den erwarteten Barwert der zukünftigen Rentenleistungen als sog. Rentenbarwert[1477] zu diskontieren und diesen schließlich periodengerecht als Aufwand auf die Anwartschaftsphase zu verteilen.[1478]

1474 Zu dem Begriff des Sollwerts siehe *Wollmert et al.*, in Baetge et al., Rechnungslegung nach IFRS, 25. Lfg. Januar 2015, IAS 19 Rn. 112.

1475 *Höpken/Torner*, in Beck'sches IFRS-Handbuch, 6. Aufl. 2020, § 26 Rn. 35.

1476 Vgl. *Höfer/Verhuven*, in Höfer/Veit/Verhuven, Betriebsrentenrecht, Band II, 21. Lfg. Juli 2021, Kap. 49 Rn. 28-32.

1477 Siehe zur versicherungsmathematischen Definition des Rentenbarwerts Verweis auf *Neuburger*, in Neuburger, Betriebliche Pensionszusagen, 1997, S. 30, 66.

1478 *Kußmaul/Schwinger*, in Scherer, Asset and Liability Management Tools, 2003, S. 49, 54 f.

Hierbei differenziert die Personenversicherungsmathematik im Wesentlichen zwischen den Ansammlungs- und Gleichverteilungsverfahren.[1479] Zwar bilden beide Gruppen den vollständigen Rentenbarwert zum Zeitpunkt des Renteneintritts äquivalent ab,[1480] gleichwohl divergieren sie bei der Verteilung des Periodenaufwands auf die Dienstjahre des Arbeitnehmers.[1481]

So ermittelt sich die Höhe der Pensionsverpflichtung bei den Ansammlungsverfahren als Barwert der bis zum Bilanzstichtag in den vergangen Dienstjahren erdienten Rentenleistungen und hängt insofern explizit von der Arbeitsleistung der jeweiligen Periode ab.[1482] Bei den Gleichverteilungsverfahren, zu denen beispielhaft das Teilwertverfahren des deutschen Steuerrechts gehört, wird eine gleichmäßige Aufwandsverteilung über die gesamte Anwartschaftsphase hinweg unterstellt, sodass am Bilanzstichtag auch zukünftig noch zu erdienende Dienstjahre bei der Berechnung Berücksichtigung finden.[1483] Diese Vorgehensweise ähnelt konzeptionell der Ermittlung des Deckungskapitals eines Versicherungsvertrages für eine Altersrente.[1484] Während bei den Gleichverteilungsverfahren die gleichmäßige Kostenverteilung im Vordergrund steht, zielen die Ansammlungsverfahren auf eine (möglichst) verursachungsgerechte Aufwandsverteilung.[1485] Im Ergebnis führen die Gleichverteilungsverfahren bei gleichen Bedingungen verglichen mit den Ansammlungsverfahren zunächst

---

1479 *Petersen*, Rechnungslegung für Pensionsverpflichtungen, 2002, S. 34.

1480 *Höpken/Torner*, in Beck'sches IFRS-Handbuch, 6. Aufl. 2020, § 26 Rn. 57; *Wollmert et al.*, in Baetge et al., Rechnungslegung nach IFRS, 25. Lfg. Januar 2015, IAS 19 Rn. 114.

1481 *Mühlberger/Stöckler*, in Thiele/von Keitz/Brücks, Int. Bilanzrecht, 47. Lfg. Juli 2020, IAS 19 Rn. 222; *Wielenberg/Blecher*, in MüKoBilR, Band 1, Grundwerk 2008, IAS 19 Rn. 28.

1482 *Schruff/Zeimes*, in Ballwieser et al., Kommentar zur internationalen Rechnungslegung, 5. Aufl. 2009, Abschnitt 16 Rn. 38; *Budde*, in FS Ahrend, 1992, S. 363, 370.

1483 *Wollmert et al.*, in Baetge et al., Rechnungslegung nach IFRS, 25. Lfg. Januar 2015, IAS 19 Rn. 114; *Kußmaul/Schwinger*, in Scherer, Asset and Liability Management Tools, 2003, S. 49, 56.

1484 *Planert*, Bilanzierung von Pensionsverpflichtungen, 2005, S. 49; *Thoms-Meyer*, Grundsätze ordnungsmäßiger Bilanzierung, 1995, S. 144. Insofern lässt sich der Sollwert der Pensionsverpflichtung entweder prospektiv oder retrospektiv ermitteln. Siehe *Budde*, in FS Ahrend, 1992, S. 363, 371.

1485 *Mühlberger/Stöckler*, in Thiele/von Keitz/Brücks, Int. Bilanzrecht, 47. Lfg. Juli 2020, IAS 19 Rn. 222.

zu höheren Aufwendungen, wobei der Periodenaufwand der Ansammlungsverfahren im Zeitverlauf sukzessive ansteigt.[1486]

Der IAS 19 erlaubt seit 1998 ausschließlich die Projected Unit Credit Methode (IAS 19.67 i.V.m. IAS 19.BC111).[1487] Die Besonderheit dieses Verfahrens liegt im Kern darin, dass die Bewertung der Anwartschaft die künftige Entwicklung der Bewertungsannahmen wie bspw. Gehaltserhöhungen antizipiert.[1488] Nach Ansicht des IASB wäre somit einer verursachungsgerechten Aufwandsverteilung am besten Rechnung getragen.[1489] Hierzu fordert der Standard in IAS 19.70, dass eine Zuordnung der Anwartschaft auf die einzelnen Dienstjahre grundsätzlich anhand des konkreten Pensionplans zu erfolgen hat. Die einzelnen Ausscheideordnungen müssen dabei separat berücksichtigt werden.[1490] Gem. IAS 19.71 sollen die Leistungen den Dienstjahren zugewiesen werden, in denen die Verpflichtung materiell entsteht. Infolgedessen erhöht sich die Verpflichtung nach IAS 19.73 bis zu dem Zeitpunkt, ab dem weitere Arbeitsleistungen zu keiner wesentlichen Erhöhung der Rentenleistungen mehr führen, sodass alle Rentenleistungen den Perioden zugeordnet werden, die zu diesem Zeitpunkt oder vorher enden. Sofern sich aus dem Pensionsplan keine explizite Zuordnung ableiten lässt, ist die Anwartschaft linear auf die Dienstjahre zu verteilen.[1491] Zudem ist es nach IAS 19.73 i.V.m. IAS 19.72 für die Zuordnung der Dienstjahre unbeachtlich, ob die Pensionsverpflichtung das Kriterium der Unverfallbarkeit erfüllt. Dieses ist grundsätzlich im Rahmen der Bewertung zu berücksichtigen.[1492]

1486 Vgl. beispielhaft *Kußmaul/Schwinger*, in Scherer, Asset and Liability Management Tools, 2003, S. 49, 58.

1487 *Wollmert et al.*, in Baetge et al., Rechnungslegung nach IFRS, 25. Lfg. Januar 2015, IAS 19 Rn. 115.

1488 *Mühlberger/Stöckler*, in Thiele/von Keitz/Brücks, Int. Bilanzrecht, 47. Lfg. Juli 2020, IAS 19 Rn. 224. Diese „Projektion“ unterscheidet die Projected Unit Credit Methode von der Unit Credit Methode, die die Anwartschaft lediglich auf Basis der Stichtagsverhältnisse berechnet. Vgl. auch *Knigge*, Bilanzierung von Pensionszusagen nach IFRS, 2014, S. 37 f.

1489 *Mühlberger/Schwinger*, Betriebliche Altersversorgung nach IFRS, 2011, S. 31. Vgl. auch IAS 19.BC110.

1490 Siehe *Lüdenbach/Hoffmann/Freiberg*, IFRS-Kommentar, 19. Aufl. 2021, § 22 Rn. 40.

1491 *Mühlberger/Stöckler*, in Thiele/von Keitz/Brücks, Int. Bilanzrecht, 47. Lfg. Juli 2020, IAS 19 Rn. 228. Vgl. auch IAS 19.BC115.

1492 *Hagemann*, Pensionsrückstellungen, 2020, S. 178; *Wollmert et al.*, in Baetge et al., Rechnungslegung nach IFRS, 25. Lfg. Januar 2015, IAS 19 Rn. 117. Siehe zu der Berücksichtigung der Fluktuation im Rahmen der Bewertung unten Kap. E.I.3.b)bb)(3).

Einen Sonderfall stellt vor diesem Hintergrund das sog. Backloading dar. Hierbei gewichtet die Planformel spätere Perioden wesentlich stärker als die früheren Perioden.[1493] In diesem Fall sieht der IAS 19.70 Satz 2 abweichend vor, dass die Leistungszuordnung zwingend linear zu erfolgen hat,[1494] um eine imparitätisch geprägte Aufwandsantizipation zu ermöglichen.[1495] Das Kriterium der Wesentlichkeit wird nicht weiter definiert.[1496] So ist es ferner umstritten, inwiefern zukünftige Gehaltssteigerung in späteren Perioden ein Backloading induzieren.[1497] Der Umkehrfall, das sog. Frontloading, ist dagegen im Rahmen des IAS 19 grundsätzlich unbeachtlich.[1498]

Aufgrund der konditionalen Verknüpfung der Aufwandsverteilung mit der zugrundeliegenden Rentenformel wird die Anwendung der Projected Unit Credit Methode für steuerliche Zwecke unter Objektivierungsgesichtspunkten jedoch teilweise abgelehnt. So stünde eine Zuordnung der Anwartschaft auf die Dienstjahre im Ermessen des steuerpflichtigen Arbeitgebers und würde erhebliche Manipulationsspielräume eröffnen.[1499] Infolgedessen wäre nur ein Verfahren der Gleichverteilung der Aufwendungen in der Lage, eine willkürfreie Verteilung des Aufwands und somit

---

1493 Zu den Begriffen des Backloading und des Frontloading siehe auch *Planert*, Bilanzierung von Pensionsverpflichtungen, 2005, S. 56.

1494 *Mühlberger/Stöckler*, in Thiele/von Keitz/Brücks, Int. Bilanzrecht, 47. Lfg. Juli 2020, IAS 19 Rn. 224; *Höpken/Torner*, in Beck'sches IFRS-Handbuch, 6. Aufl. 2020, § 26 Rn. 52.

1495 Siehe *Theile/Behling*, in Heuser/Theile, IFRS-Handbuch, 6. Aufl. 2019, Kap. 27 Rn. 29.

1496 So schon *Herzig*, IAS/IFRS und steuerliche Gewinnermittlung, 2004, S. 296.

1497 Ein Backloading im Fall einer Gehaltserhöhung unterstellen dabei: *Lüdenbach/Hoffmann/Freiberg*, IFRS-Kommentar, 19. Aufl. 2021, § 22 Rn. 41; *Wollmert et al.*, in Baetge et al., Rechnungslegung nach IFRS, 25. Lfg. Januar 2015, IAS 19 Rn. 117. Wenngleich das IASB im Rahmen des Exposure Drafts ED/2010/3 ebenfalls der Ansicht war, dass zukünftige Gehaltserhöhungen bei der Zuordnung der einzelnen Dienstjahre hinsichtlich eines Backloadings berücksichtigt werden sollten, wurde die vorgeschlagene Ergänzung nicht weiterverfolgt. Siehe IAS 19.BC117-120. A.A. wohl *DAV/IVS* (Hrsg.), Richtlinie IAS 19, 2020, S. 12 mit Verweis auf IAS 19.70 (b), wonach Effekte aus Gehaltssteigerung alleine unbeachtet bleiben sollten. Dies deckt sich zudem mit der Vorgabe des IAS 19.74. Vgl. hierzu beispielhaft *Derbort et al.*, Bilanzierung von Pensionsverpflichtungen, 2016, S. 165 f.

1498 So schon *Wielenberg/Blecher*, in MüKoBilR, Band 1, Grundwerk 2008, IAS 19 Rn. 37.

1499 In Anlehnung an *Planert*, Bilanzierung von Pensionsverpflichtungen, 2005, S. 57 f.

eine einheitliche und leistungsgerechte steuerliche Behandlung zu gewährleisten.[1500]

Dieser Kritik ist nicht zu folgen. Zwar ist es richtig, dass im Rahmen des IAS 19 grundsätzlich die Planformel den alleinigen Periodisierungsmaßstab darstellt. Hiermit geht freilich eine gewisse Abhängigkeit von den vertraglichen Vereinbarungen bzw. von den Vorstellungen des Arbeitgebers einher. Gleichwohl ist es für eine sachgerechte Anwendung der Projected Unit Credit Methode im Zuge der steuerlichen Gewinnermittlung entscheidend, ob die formale Leistungszuordnung, gerade mit Blick auf das Frontloading, auch den materiellen Zuwachs der Anwartschaft für das betrachtete Dienstjahr i.S.d. IAS 19.71 adäquat widerspiegelt.[1501] Hierfür sind die spezifischen arbeitsrechtlichen Regelungen bezüglich der Unverfallbarkeit ergänzend zu betrachten,[1502] wobei schlussendlich die nationalen anzuwendenden arbeitsrechtlichen Regelungen der Mitgliedstaaten den Zuwachs der Anwartschaft bestimmen.[1503] Wenngleich dieser Ansatz eine stärkere Abhängigkeit von den unterschiedlichen rechtlichen Rahmenbedingungen statuiert, sind einer willkürlichen Zuordnung der Leistungsbausteine durch den Steuerpflichtigen europaweit zumindest gewisse Grenzen gesetzt.

Sofern eine sachgerechte Zuordnung der Anwartschaft auf die einzelnen Dienstjahre auch im Rahmen der Projected Unit Credit Methode grundsätzlich möglich erscheint, hängt ihre Tauglichkeit für eine harmonisierte steuerliche Gewinnermittlung vielmehr davon ab, ob sie die zugrundeliegende Leistungsbeziehung zwischen dem zusagenden Unternehmen und den Arbeitnehmern auch sachgerecht abbildet. Nichts anderes forderte schon Art. 26 GKKB-RLV i.d.F. 2011, nach dem eine Pensionsrückstellung anhand des zuverlässig geschätzten Betrags bemessen werden sollte, der

1500 So schon *Herzig*, IAS/IFRS und steuerliche Gewinnermittlung, 2004, S. 300.

1501 Vgl. *DAV/IVS* (Hrsg.), Richtlinie IAS 19, 2020, S. 12. Dieser Ansatz folgt zudem dem impliziten Verständnis des IASB.

1502 *Mühlberger/Stöckler*, in Thiele/von Keitz/Brücks, Int. Bilanzrecht, 47. Lfg. Juli 2020, IAS 19 Rn. 224 mit Verweis auf *DAV/IVS* (Hrsg.), Richtlinie IAS 19, 2020, S. 12. Vgl. auch *Müller/Gerlach*, in Merkt/Probst/Fink, Rechnungslegung nach HGB und IFRS, 2017, Kap. 6 Rn. 571.

1503 So erfordert schon die Anwendung des Art. 5 Abs. 2 der Mobilitätsrichtlinie eine Bewertung der Anwartschaft in den Mitgliedstaaten, um die Wahrung der ruhenden Rentenansprüche beim Ausscheiden des Arbeitnehmers im Sinne der Richtlinie gewährleisten zu können. Siehe auch *Kunisch*, Dynamisierung ruhender Anwartschaften, 2018, S. 21 f.

für die (gegenwärtigen und vergangenen) Leistungen der Arbeitnehmer einzusetzen ist.

Vor diesem Hintergrund stellt der Rechtscharakter einer Pensionsverpflichtung den Gegenstand der weiteren Untersuchung dar, wobei im engeren Sinne zwischen den Ausprägungen des Entgeltcharakters zu differenzieren ist.[1504] So eignet sich die Projected Unit Credit Methode gerade für solche Pensionsverpflichtungen, die eine zeitlich aufgeschobene Vergütung des Arbeitgebers für die vom Arbeitnehmer geleistete Arbeitskraft darstellen.[1505] Zudem ist die Projected Unit Credit Methode in der Lage, eine laufende Anwartschaftserhöhung flexibel und sachgerecht zu erfassen. Sofern bspw. die spätere finale Rentenhöhe a priori noch nicht bekannt ist und sich dementsprechend erst durch einzelne Leistungsbausteine der einzelnen Perioden bestimmt, liefert sie im Gegensatz zu den Gleichverteilungsverfahren stets einen periodengerechten Pensionsaufwand.[1506] Infolgedessen kommt die Projected Unit Credit Methode daher grundsätzlich für jede betriebliche Pensionsplangestaltung in Frage.[1507] Demgegenüber lässt sich ein Gleichverteilungsverfahren wie das in Deutschland übliche Teilwertverfahren ausschließlich dann rechtfertigen, wenn die Pensionsverpflichtung eine abstrakte Gegenleistung des Arbeitnehmers gegenüber dem Arbeitgeber in Form seiner Betriebstreue abgilt.[1508] In diesem Fall sollte einer Aufwandsgleichverteilung jedoch aufgrund der inhärenten periodenbezogenen Unbestimmtheit der Pensionsverpflichtung nach herrschender Meinung der Vorzug gegeben werden.[1509]

1504 So ausdrücklich *Heiniz*, Direktzusagen, 2018, S. 128 f.; *Planert*, Bilanzierung von Pensionsverpflichtungen, 2005, S. 58. Vgl. auch *Heubeck*, WPg 1986, 317, 326.

1505 Vgl. *Wolz*, ZfbF 2000, 1371, 1374; *Ahrend*, in FS Budde, 1995, S. 1, 15.

1506 Vgl. hinsichtlich der Teilwertmethode *Geberth*, ifst-Schrift 507, 2015, S. 25 f.; *Petersen*, Rechnungslegung für Pensionsverpflichtungen, 2002, S. 43 f. Vgl. auch *Ahrend/Förster/Rößler*, BB 1995, Beilage Nr. 10, 1, 5 f.

1507 In Anlehnung an *Höfer*, in Höfer/Veit/Verhuven, Betriebsrentenrecht, Band II, 6. Lfg. Januar 2010, Kap. 48 Rn. 93.

1508 Im Ergebnis *Thoms-Meyer*, Grundsätze ordnungsmäßiger Bilanzierung, 1995, S. 143.

1509 *Heiniz*, Direktzusagen, 2018, S. 129; Besteuerung der betrieblichen Altersversorgung, 2012, S. 50; *Planert*, Bilanzierung von Pensionsverpflichtungen, 2005, S. 59 mit Verweis auf *Heubeck*, WPg 1986, 317, 326 f.; *Thoms-Meyer*, Grundsätze ordnungsmäßiger Bilanzierung, 1995, S. 143. A.A. *Höfer*, in Höfer/Veit/Verhuven, Betriebsrentenrecht, Band II, 6. Lfg. Januar 2010, Kap. 48 Rn. 93; *Petersen*, Rechnungslegung für Pensionsverpflichtungen, 2002, S. 45, die der Projected Unit Credit Methode stets den Vorzug geben.

Wenngleich die Projected Unit Credit Methode grundsätzlich mit dem System einer harmonisierten Bemessungsgrundlage vereinbar ist, hängt ihr Anwendungsvorrang in erster Linie von den Ausprägungen des zugrundeliegenden Rechtscharakters der jeweiligen Pensionsverpflichtung ab. Hierbei lässt sich im Einklang mit der erhöhten Mobilität der europäischen Arbeitswelt und dem daraus resultierenden dominierenden Entgeltcharakter der Mobilitätsrichtlinie ein europaweit einheitliches Primat der Projected Unit Credit Methode konstatieren.[1510] Gerade die verkürzten Unverfallbarkeitsfristen aufgrund des Art. 4 Abs. 1 der Mobilitätsrichtlinie fundieren eine solche Schlussfolgerung zusätzlich.[1511]

Im Ergebnis sollte der IAS 19 hinsichtlich des Bewertungsverfahrens i.S.e. teleologischen Rückgriffs zwingend berücksichtigt werden.[1512] Für ältere Zusagen mit einem anderen Rechtscharakter sollte es jedoch grundsätzlich weiterhin möglich sein, Gleichverteilungsverfahren wie das Teilwertverfahren anzuwenden. Ein expliziter Verweis auf die Projected Unit Credit Methode sollte folglich nicht kodifiziert werden. Außer Acht bleiben sollten indessen die Vorgaben bezüglich des Backloadings. Nicht nur, um eine zu starke imparitätische Wirkung konzeptionell einzugrenzen,[1513] sondern auch um Auslegungsschwierigkeiten bei Gehaltserhöhungen i.S.d. Rechtssicherheit zu vermeiden.

bb) Versicherungsmathematische Annahmen

(1) Überblick

Neben dem Bewertungsverfahren hängt die periodengerechte Ermittlung der Höhe einer Pensionsverpflichtung entscheidend von der Güte der versicherungsmathematischen Annahmen ab.[1514] Darunter versteht der Stan-

---

1510 Siehe zu dem Rechtscharakter oben Kap. B.II.1.

1511 In Anlehnung an *Heubeck*, WPg 1986, 317, 328, der die Unverfallbarkeit der Pensionsverpflichtung als grundsätzliche Voraussetzung für die Anwendung des Ansammlungsverfahrens betrachtet.

1512 So wohl auch *Streißelberger*, Besteuerung der betrieblichen Altersversorgung, 2012, S. 49.

1513 Zur Rolle des Imparitätsprinzips im Rahmen der GKB siehe Kap. D.I.3.c)aa) (2).

1514 Vgl. *Höfer/Verhuven*, in Höfer/Veit/Verhuven, Betriebsrentenrecht, Band II, 21. Lfg. Juli 2020, Kap. 49 Rn. 66; *Mühlberger/Stöckler*, in Thiele/von Keitz/Brücks, Int. Bilanzrecht, 47. Lfg. Juli 2020, IAS 19 Rn. 233.

dard nach IAS 19.76 die bestmögliche Einschätzung eines Unternehmens zu den einzelnen Bewertungsparametern, wobei er im Wesentlichen zwischen finanziellen und demographischen Annahmen differenziert. Hierzu zählen insbesondere der Diskontierungssatz, die biometrischen Wahrscheinlichkeiten, die Fluktuationsannahmen sowie die Trendannahmen zu Gehalts- und Rentenentwicklungen. Im Folgenden sind diese Faktoren tabellarisch dargestellt.

Tabelle 4: Bewertungsannahmen gem. IAS 19.76

Finanzielle Annahmen	Demographische Annahmen
– Diskontierungszins – Gehalts- und Rententrends	– Sterbewahrscheinlichkeit – Invalidisierungs- und Hinterbliebenenwahrscheinlichkeiten – Renteneintrittsalter – Fluktuation

(in Anlehnung an *Knigge*, Bilanzierung von Pensionszusagen nach IFRS, 2014, S. 51)

Die einzelnen Bewertungsannahmen müssen dabei die Lage des Unternehmens realitätsgerecht widerspiegeln, sodass auf grobe Schätzungen zu verzichten ist.[1515] Hierzu verlangt der IAS 19, dass die Annahmen unvoreingenommen sind (IAS 19.75). In diesem Zusammenhang sollen die Schätzungen nach IAS 19.77 weder zu vorsichtig noch zu unvorsichtig sein, um der inhärenten Unsicherheit der Schätzung der Parameter zwingend Rechnung zu tragen.[1516] Dies steht zweifelsohne im Einklang mit den Anforderungen einer harmonisierten Steuerbemessungsgrundlage an eine objektive Gewinnermittlung.

Darüber hinaus müssen die versicherungsmathematischen Annahmen gem. IAS 19.78 zwingend aufeinander abgestimmt sein. Insofern sollen die Bewertungsschätzungen die Interdependenzen zwischen den Faktoren wie bspw. zwischen dem Abzinsungssatz und dem Inflationsniveau in angemessener Weise berücksichtigen. Hierzu ergänzt der IAS 19.79, dass bei den finanziellen Annahmen grundsätzlich nominelle Werte zu ermitteln sind. Lediglich in Sonderfällen wie z.B. einer hochinflationären Ökonomie sind inflationsbereinigte Schätzungen ausdrücklich zulässig. Ferner sind die zugrundeliegenden versicherungsmathematischen Annahmen regelmä-

---

1515 *Lüdenbach/Hoffmann/Freiberg*, IFRS-Kommentar, 19. Aufl. 2021, § 22 Rn. 53.

1516 Vgl. *Wollmert et al.*, in Baetge et al., Rechnungslegung nach IFRS, 25. Lfg. Januar 2015, IAS 19 Rn. 144.

ßig zu aktualisieren.[1517] Die Schätzungen der finanziellen Annahmen müssen dabei gem. IAS 19.80 dem Stichtagsprinzip entsprechend auf den Erwartungen des Marktes am Bilanzstichtag beruhen.[1518]

Im Folgenden sollen die wesentlichen finanziellen und demographischen versicherungsmathematischen Annahmen analysiert werden. Dazu wird zunächst die Ermittlung des Abzinsungssatzes näher betrachtet.

(2) Abzinsungssatz

Der Ermittlung des Abzinsungssatzes kommt eine wesentliche Rolle bei der Bewertung einer Pensionsverpflichtung im Rahmen des IAS 19 zu.[1519] Nach IAS 19.79 ist der Zinssatz grundsätzlich als Vorsteuerzins zu verstehen.[1520] Er leitet sich gem. IAS 19.83 aus den Renditen am Markt gehandelter hochwertiger, festverzinslicher Unternehmensanleihen ab und ist im Einklang mit dem IAS 19.80 jährlich zu aktualisieren. Sofern grundsätzlich kein ausreichend liquider Markt hochwertiger, festverzinslicher Unternehmensanleihen einer spezifischen Währung existiert, erlaubt der IAS 19.83 ersatzweise auf handelbare Staatsanleihen zurückzugreifen, wobei unter Umständen ein entsprechender Risikoaufschlag vorzunehmen ist.[1521] Nichtsdestominder wird der Markt für Anleihen zumindest im Währungsraum der Europäischen Union grundsätzlich als hinreichend liquide eingestuft.[1522] Soweit nicht genügend Daten für Anleihen mit langen Laufzeiten existieren, sind die Abzinsungssätze langfristiger Zahlun-

1517 *Ahrend/Förster/Rößler*, Steuerrecht der bAV, Band II, 38. Lfg. Mai 2017, 8. Teil Rn. 340.

1518 *Mühlberger/Stöckler*, in Thiele/von Keitz/Brücks, Int. Bilanzrecht, 47. Lfg. Juli 2020, IAS 19 Rn. 234.

1519 *Höfer/Verhuven*, in Höfer/Veit/Verhuven, Betriebsrentenrecht, Band II, 21. Lfg. Juli 2020, Kap. 49 Rn. 66; *Hagemann*, Pensionsrückstellungen, 2020, S. 181. Zu den Auswirkungen der Höhe des Zinssatzes siehe anschaulich *Thierer/Zwiesler*, BetrAV 2006, 27, 30.

1520 *Wollmert et al.*, in Baetge et al., Rechnungslegung nach IFRS, 25. Lfg. Januar 2015, IAS 19 Rn. 137.

1521 In Anlehnung an *Mühlberger/Stöckler*, in Thiele/von Keitz/Brücks, Int. Bilanzrecht, 47. Lfg. Juli 2020, IAS 19 Rn. 238; *Heger/Weppler*, in HdJ, 54. Lfg. März 2012, III/7 Rn. 238; *Thurnes/Vavra*, DB 2008, 2719, 2720; *Höfer/Früh*, DB 2005, 1177, 1178.

1522 *Höpken/Torner*, in Beck'sches IFRS-Handbuch, 6. Aufl. 2020, § 26 Rn. 61.

gen gem. IAS 19.86 entlang der Zinsstrukturkurve zu extrapolieren.[1523] Wenngleich der Standard keine präzise Definition einer hochwertigen Anleihe beinhaltet, werden darunter in der Literatur mit Verweis auf die amerikanische Rechnungslegungspraxis grundsätzlich Anleihen mit mindestens AA-Rating oder einer vergleichbaren Einschätzung anerkannter Ratingagenturen verstanden.[1524]

Der Standard sieht grundsätzlich kein bestimmtes Verfahren zur Herleitung des Abzinsungssatzes vor.[1525] Lediglich die Laufzeit und die Währung der Referenzanleihen müssen nach IAS 19.83 Satz 3 zwingend mit der Pensionsverpflichtung übereinstimmen.[1526] Im Einklang mit IAS 19.86 ist es folglich naheliegend, auf Basis der am Markt gehandelten Werte eine (extrapolierte) Zinsstrukturkurve für die einzelnen Zeitpunkte abzuleiten.[1527] Hierzu erlaubt der Standard aufgrund der damit verbundenen Komplexität der Berechnung gem. IAS 19.85 ebenfalls die Anwendung eines einheitlichen, gewichteten Durchschnittzinssatzes.[1528] Diesbezüglich haben sich in der Praxis verschiedene, pragmatischere Verfahren zur Approximation dieses Ersatzzinses etabliert.[1529] Ferner ist es auch möglich, auf die veröffentlichten Bandbreiten externer Anbieter zurückzugreifen, die jedoch mitunter erheblich voneinander abweichen.[1530]

1523 *Hagemann*, Pensionsrückstellungen, 2020, S. 182 f. Zu dem Verfahren der Extrapolation siehe ausführlich *Svensson*, Estimating and Interpreting Forward Interest Rates, IMF Working Paper No. 1994/114, 1994.

1524 Vgl. *DAV/IVS* (Hrsg.), Richtlinie IAS 19, 2020, S. 14; *Ahrend/Förster/Rößler*, Steuerrecht der bAV, Band II, 38. Lfg. Mai 2017, 8. Teil Rn. 344; *Müller/Gerlach*, in Merkt/Probst/Fink, Rechnungslegung nach HGB und IFRS, 2017, Kap. 6 Rn. 574; *Zeyer*, IRZ 2013, 10, 11; *Jasper/Delvai*, FB 2005, 506, 510 m.w.N.

1525 In Anlehnung an *Lüdenbach/Hoffmann/Freiberg*, IFRS-Kommentar, 19. Aufl. 2021, § 22 Rn. 67.

1526 *Höpken/Torner*, in Beck'sches IFRS-Handbuch, 6. Aufl. 2020, § 26 Rn. 61; *Heiniz*, Direktzusagen, 2018, S. 203. Siehe auch *Keßler*, Pensionsverpflichtungen, 2010, S. 325 f.

1527 Vgl. *Lüdenbach/Hoffmann/Freiberg*, IFRS-Kommentar, 19. Aufl. 2021, § 22 Rn. 60; *Geilenkothen/Rasch/Ricken*, DB 2019, 2809, 2811; *May/Querner/Schmitz*, DB 2005, 1229, 1230; *Bode/Gohdes/Thurnes*, DB 1999, 1715, 1717.

1528 *Wollmert et al.*, in Baetge et al., Rechnungslegung nach IFRS, 25. Lfg. Januar 2015, IAS 19 Rn. 133; *May/Querner/Schmitz*, DB 2005, 1229, 1230.

1529 Vgl. ausführlich *Bauer et al.*, Der Aktuar 2007, 86, 88.

1530 Siehe *Hagemann*, BetrAV 2010, 335, 338. Im Jahr 2020 bewegte sich die Spannbreite der Zinssätze auf Basis von Unternehmensanleihen des Euroraums zwischen 0,9 % und 1,3 %. Siehe *Höfer/Hagemann/Neumeier*, DB 2020, 2417, 2418.

Die konzeptionelle Grundlage des Zinssatzes stellt dabei gem. IAS 19.84 Satz 2 einzig der Zeitwert des Geldes dar, wohingegen weder das versicherungsmathematische Risiko bzw. das individuelle Anlagerisiko des Deckungsvermögens noch das unternehmensspezifische Ausfallrisiko berücksichtigt werden sollen. In der Literatur wird dieser Zinssatz folgerichtig als die marktgerechte Rendite einer beinahe sicheren Alternativanlage interpretiert,[1531] während das spezifische Kreditverhältnis samt seinen „immanenten Zinsanteilen“[1532] zwischen den jeweiligen Arbeitgebern und Arbeitnehmern nicht unmittelbar berücksichtigt wird.[1533] In diesem Zusammenhang definiert der Diskontierungszins im Einklang mit IAS 19.125 i.V.m. IAS 19.123A zusätzlich die Sollverzinsung des Deckungsvermögens und impliziert somit einen Vergleichsmaßstab für eine Anlagepolitik einer kapitalgedeckten Pensionsverpflichtung in Form einer geforderten Mindestrendite.[1534]

Mit Blick auf die Vereinbarkeit des Abzinsungssatzes und den Anforderungen an eine harmonisierte Gewinnermittlung könnten sich die Vorgaben zumindest teilweise für einen Rückgriff auf den IAS 19 eignen. So stellt der im Rahmen des IAS 19 ermittelte Zinssatz eine Vorsteuer-Größe dar und entspricht – im Gegensatz zu dem jährlichen EURIBOR-Zinssatz für Schuldtitel mit einer Restlaufzeit von zwölf Monaten nach Art. 23 Abs. 2 Satz 2 Buchst. b) GKB-RLV i.d.F. 2016 – der Fristigkeit der zugrundeliegenden Pensionsverpflichtung. Darüber hinaus kommt der konzeptionelle Maßstab des Zinssatzes als risikominimierte Alternativanlage für den typisierten Zinssatz einer kapitalgedeckten Pensionsverpflichtung infrage, um den ökonomischen Implikationen einer leistungsgerechten

---

1531 So *Lüdenbach/Hoffmann/Freiberg*, IFRS-Kommentar, 19. Aufl. 2021, § 22 Rn. 58 f. Vgl. zu dieser Überlegung auch *Mühlberger/Stöckler*, in Thiele/von Keitz/Brücks, Int. Bilanzrecht, 47. Lfg. Juli 2020, IAS 19 Rn. 238. Einen komplett risikolosen Zinssatz strebt der IAS 19 nicht an. Er berücksichtigt zumindest das allgemeine Unternehmensrisiko. Siehe *Ahrend/Förster/Rößler*, Steuerrecht der bAV, Band II, 38. Lfg. Mai 2017, 8. Teil Rn. 344. Zu der Risikokomponente von Unternehmensanleihen *Schiffel*, Implizite Ausfallwahrscheinlichkeiten von Unternehmensanleihen, 2009, S. 18.

1532 *Heiniz*, Direktzusagen, 2018, S. 204.

1533 *Keßler*, Pensionsverpflichtungen, 2010, S. 324.

1534 Vgl. *Theile/Behling*, in Heuser/Theile, IFRS-Handbuch, 6. Aufl. 2019, Kap. 27 Rn. 38. Sofern der Ist-Ertrag von der Sollverzinsung abweicht, sind diese Abweichungen als Schätzungsänderung sodann erfolgsneutral zu erfassen. Siehe hierzu *Theile/Behling*, in Heuser/Theile, IFRS-Handbuch, 6. Aufl. 2019, Kap. 27 Rn. 40. Zu den Vorgaben des Deckungsvermögens und den Komponenten des Pensionsaufwands siehe unten Kap. E.I.3.c).

Besteuerung einer kapitalgedeckten Pensionsverpflichtung gerecht zu werden.[1535] Dabei ist der Entwicklung des gesamtwirtschaftlichen Umfelds durch die dynamische Anpassung des Zinssatzes zudem jährlich konsequent Rechnung getragen.[1536] Ein sachgerechter Diskontierungszins für umlagefinanzierte Pensionsverpflichtungen lässt sich dagegen nicht aus den Vorgaben des IAS 19 ableiten.

Nichtsdestominder sind die Vorgaben des IAS 19 zur Ermittlung des Abzinsungssatzes unter Objektivierungsgesichtspunkten angreifbar.[1537] Die Auswahl der Unternehmensanleihen sowie der Berechnungsmethodik unterliegt im Wesentlichen den subjektiven Ermessensentscheidungen der Unternehmen,[1538] was deren leistungsgerechte Besteuerung gefährdet. Daher wäre es zwingend geboten, den Zinssatz der Höhe nach ausdrücklich zu normieren.[1539] Der konzeptionelle Maßstab des IAS 19 und seine Methodik können dabei freilich Pate stehen. Ein unmittelbarer Rückgriff auf die Vorgaben des IAS 19 bezüglich der Ermittlung des Zinssatzes scheidet demnach aus.

(3) Biometrische Annahmen und Fluktuationswahrscheinlichkeiten

Hinsichtlich der Festlegung der Parameter über die biometrischen Rechnungslegungsgrundlagen sieht der IAS 19 lediglich für die Schätzungen bezüglich der Ausscheideordnung Sterbewahrscheinlichkeit eigene Angaben in IAS 19.81 f. vor, während sich die Annahmen für bspw. Invalidität oder des Renteneintrittsalters grundsätzlich nach den allgemeinen Vorgaben in IAS 19.76-19.78 richten.

Wenngleich es hierbei grundsätzlich möglich wäre, die demographischen Annahmen für den jeweiligen Bestand des Unternehmens gesondert

---

1535 Vgl. zu den ökonomischen Implikationen einer leistungsgerechten Besteuerung einer kapitalgedeckten Pensionsverpflichtung oben Kap. D.III.3.b)bb).

1536 Dies wird jedoch aufgrund der damit verbundenen Volatilität stark kritisiert. Siehe *Höfer/Verhuven*, in Höfer/Veit/Verhuven, Betriebsrentenrecht, Band II, 21. Lfg. Juli 2020, Kap. 49 Rn. 67-69.1.

1537 So schon *Herzig*, IAS/IFRS und steuerliche Gewinnermittlung, 2004, S. 303. Allgemein zu der Ermittlung des Abzinsungssatzes bei Rückstellungen *Köhrle*, IFRS-Einzelabschluss, 2010, S. 292 f.; *Brinkmann*, Zweckadäquanz, 2006, S. 187.

1538 So schon *Keßler*, Pensionsverpflichtungen, 2010, S. 378 f. Ferner auch *Höpken/Torner*, in Beck'sches IFRS-Handbuch, 6. Aufl. 2020, § 26 Rn. 59; *Lüdenbach/Hoffmann/Freiberg*, IFRS-Kommentar, 19. Aufl. 2021, § 22 Rn. 73.

1539 So schon mit Blick auf den IAS 37 *Schulz*, Harmonisierung, 2012, S. 411 f.

zu bestimmen, werden in der Praxis für die Ermittlung der biometrischen Parameter in erster Linie anerkannte und statistisch objektivierte Tafelwerke herangezogen, die eine breite Grundgesamtheit abbilden.[1540] Gerade Sterblichkeitstafeln finden im Rahmen der Versicherungsmathematik weltweit Anwendung.[1541] Und auch in der Europäischen Union werden sowohl europaweite als auch nationale Sterbestatistiken durch die Kommission nach Art. 3 Abs. 2 der Verordnung (EU) Nr. 1260/2013[1542] regelmäßig erfasst.[1543] Um die Besonderheiten eines unternehmensspezifischen Bestands angemessen zu berücksichtigen, können die allgemeinen Sterbetafeln gem. IAS 19.82 entsprechend der Gegebenheiten des Unternehmens modifiziert werden.[1544] Das erfordert allerdings eine ausreichende und reliable Datenbasis, sodass dies im Wesentlichen für große Unternehmen bzw. Unternehmensgruppen in Frage kommt.[1545]

Die Berücksichtigung der biometrischen Wahrscheinlichkeiten mittels anerkannter Tafelwerke ist dabei auch aus steuerlicher Sicht in der Lage, den Anforderungen an eine hinreichend objektivierte und realitätsgerechte Gewinnermittlung gerecht zu werden.[1546] Im Einklang mit der versicherungsmathematischen Praxis steht es auch außer Frage, dass unternehmens- oder konzernspezifische Rechnungsgrundlagen unter der Prämisse einer ausreichenden Datenbasis mittels mathematisch-statistischer Testverfahren überprüft werden können und infolgedessen den zuverlässig ge-

---

1540 *Hagemann*, Pensionsrückstellungen, 2020, S. 179 f.; *Mühlberger/Stöckler*, in Thiele/von Keitz/Brücks, Int. Bilanzrecht, 47. Lfg. Juli 2020, IAS 19 Rn. 231; *Wollmert et al.*, in Baetge et al., Rechnungslegung nach IFRS, 25. Lfg. Januar 2015, IAS 19 Rn. 126; *Wielenberg/Blecher*, in MüKoBilR, Band 1, Grundwerk 2008, IAS 19 Rn. 48.

1541 Vgl. *Dickson/Hardy/Waters*, Actuarial Mathematics for Life Contingent Risks, 2020, S. 67.

1542 Verordnung (EU) Nr. 1260/2013 des Europäischen Parlaments und des Rates vom 20. November 2013 über europäische demografische Statistiken, ABl. EU Nr. L 330 v. 10.12.2013, S. 39.

1543 Siehe zu den Sterbetafeln bspw. *Eurostat* (Hrsg.), Sterbetafeln, 2021.

1544 Vgl. *Lüdenbach/Hoffmann/Freiberg*, IFRS-Kommentar, 19. Aufl. 2021, § 22 Rn. 45. Siehe zu den Vorstellungen des IASB IAS 19.BC142.

1545 *Thierer/Zwiesler*, BetrAV 2006, 27, 29. Nach *Lüdenbach/Hoffmann/Freiberg* können die Ausscheideordnungen Sterblichkeit und Invalidität schon bei Beständen von unter 1000 Personen unternehmensindividuell geprüft werden. Siehe *Lüdenbach/Hoffmann/Freiberg*, IFRS-Kommentar, 19. Aufl. 2021, § 22 Rn. 53.

1546 So auch mit Blick auf das deutsche Steuerrecht zutreffend *Höfer*, in Höfer/Veit/Verhuven, Betriebsrentenrecht, Band II, 20. Lfg. August 2019, Kap. 2 Rn. 512 & 514.

schätzten Betrag einer Pensionsrückstellung sachgerecht abbilden.[1547] Dies verlangt auch Art. 23 Abs. 2 Satz 1 2. Hs. GKB-RLV i.d.F. 2016, wonach die Schätzung einer Rückstellung auf den Erfahrungswerten der Gesellschaft bzw. des Konzerns beruht.

In diesem Zusammenhang ist es denkbar, dass die Finanzverwaltungen der Mitgliedstaaten Kriterien bezüglich des Datenmaterials oder des Signifikanzniveaus i.S.d. Steuergerechtigkeit formulieren.[1548] Ein europaweit abgestimmter, einheitlicher administrativer Leitfaden ist hierbei zu präferieren.[1549] Zu restriktive Anforderungen sind gleichwohl zu vermeiden, um einerseits dem Ziel einer einfachen Gewinnermittlung Rechnung zu tragen und anderseits der versicherungsmathematischen Praxis die hierfür notwendige Flexibilität einzuräumen.[1550] Im Ergebnis sind die Vorgaben des IAS 19 bezüglich der Ermittlung der biometrischen Parameter als Auslegungshilfe einer autonomen, steuerlichen Regelung zweifelsohne geeignet und sollten berücksichtigt werden.

Neben den biometrischen Parametern hängt die Höhe einer Pensionsverpflichtung zusätzlich von der Ausscheidehäufigkeit der Arbeitnehmer eines Unternehmens, der Fluktuation, ab. Wenngleich die Fluktuation aus versicherungsmathematischer Sicht ebenfalls eine zu definierende Ausscheideordnung darstellt und mitunter allgemeine Richttafeln existieren,[1551] unterliegt die Fluktuation in deutlich stärkerem Maße den temporären Einflüssen wie zum Beispiel den aktuellen konjunkturellen, betrieblichen oder persönlichen Gegebenheiten.[1552] Dies bedeutet, dass eine ob-

---

1547 In Anlehnung an *Schwinger/Stöckler*, DStR 2013, 2306, 2310. Bezüglich der Prämisse eines hinreichend großen Kreises an Begünstigten vgl. auch *Ahrend/Förster/Rößler*, Steuerrecht der bAV, Band I, 35. Lfg. Oktober 2015, 2. Teil Rn. 558.

1548 Vgl. beispielhaft zu den Vorgaben der deutschen Finanzverwaltung BMF v. 9.12.2011, IV C 6 - S 2176/07/10004 :001, BStBl. I 2011, 1247.

1549 Zur Forderung einer verstärkten Kooperation der europäischen Finanzverwaltung siehe oben Kap. D.I.3.d)cc)(3).

1550 Zur Kritik an den restriktiven Anforderungen der deutschen Finanzverwaltung siehe beispielhaft *Ahrend/Förster/Rößler*, Steuerrecht der bAV, Band I, 35. Lfg. Oktober 2015, 2. Teil Rn. 574; *Estler*, BetrAV 2012, 419, 422.

1551 So werden in Deutschland in den Richttafeln Klaus Heubeck seit 2010 ebenfalls Fluktuationswahrscheinlichkeiten abgebildet.

1552 Vgl. hierzu *Ahrend/Förster/Rößler*, Steuerrecht der bAV, Band I, 35. Lfg. Oktober 2015, 2. Teil Rn. 468, *Hermann*, Der Aktuar 2010, 61, 63. Ferner auch *Wielenberg/Blecher*, in MüKoBilR, Band 1, Grundwerk 2008, IAS 19 Rn. 48. Zu den unterschiedlichen Faktoren der Fluktuation siehe schon *Walterskirchen*, Empirica 1974, 5, 6. Ferner lassen sich auch erhebliche nationale Unterschiede ausmachen. Vgl. *Statistisches Bundesamt* (Hrsg.), Arbeitsmarkt auf einen Blick, 2018, S. 32 f. *Rhein*, IAB-Kurzbericht 2010, Heft 19, 1, 5.

jektivierte und zuverlässig geschätzte sowie zukunftsorientiere Bewertung der Pensionsverpflichtung, insbesondere für längere Zeiträume, nicht zu jedem Zeitpunkt zweifelsfrei möglich erscheint.[1553]

Vor diesem Hintergrund bleibt zu konstatieren, dass sich die Fluktuation lediglich bis zur Unverfallbarkeit einer Pensionsverpflichtung auf deren bilanzielle Höhe auswirkt.[1554] Seit der Umsetzung der Mobilitätsrichtlinie beträgt der Prognosehorizont für die betreffenden Pensionsverpflichtungen europaweit nur noch maximal drei Jahre. Die Verkürzung resultiert schließlich in einem höheren Grad an Prognosesicherheit als bei älteren Zusagen mit deutlich längeren Unverfallbarkeitsfristen. Es erscheint bei diesen Pensionsverpflichtungen daher sachgerecht, auf die betrieblichen Erfahrungswerte zurückzugreifen und sie für den Zeitraum bis zur Unverfallbarkeit fortzuschreiben. Voraussetzung ist, dass verlässliche sowie geeignete Daten bezüglich der Altersstrukturen sowie der jeweiligen Dienstzeit zur Verfügung stehen.[1555] Zudem sollten die Daten zeitnah erhoben worden sein, um nach Möglichkeit temporären betriebsspezifischen Einflüssen Rechnung zu tragen. Denkbar sind alternativ auch allgemeingültige bzw. branchenspezifische Richttafeln oder ferner pauschalisierte Abschläge,[1556] um mögliche Ermessensspielräume, gerade im Fall fehlender Erfahrungswerte, typisierend einzugrenzen.

Ein pauschales Ansatzverbot einer Pensionsrückstellung vor dem Zeitpunkt der Unverfallbarkeit oder der Einführung eines Mindestalters lassen sich zwar mit Vereinfachungsüberlegungen rechtfertigen.[1557] Gleichwohl

---

1553 *Richter*, BB 1986, 2162, 2164. Vgl. auch *Höfer*, in Höfer/Veit/Verhuven, Betriebsrentenrecht, Band II, 12. Lfg. Mai 2014, Kap. 2 Rn. 519.

1554 *Höpken/Torner*, in Beck'sches IFRS-Handbuch, 6. Aufl. 2020, § 26 Rn. 60; *Thierer/Zwiesler*, BetrAV 2006, 27, 32 f.

1555 So werden bspw. in der österreichischen Rechnungslegungspraxis ausdrücklich „geeignete und verlässliche statistische Unterlagen" verlangt. Siehe AFRAC, Stellungnahme - Rückstellungen für Pensionsverpflichtungen, 2018, Rz. 25.

1556 Zu der Möglichkeit der Berücksichtigung betriebsübergreifender Erfahrungswerte siehe *Derbort et al.*, Bilanzierung von Pensionsverpflichtungen, 2016, S. 87. Zu der Forderung nach einer Gleichverteilung der Fluktuationswahrscheinlichkeiten über den Zeitraum bis zur Unverfallbarkeit *Richter*, BB 1986, 2162, 2164. Ferner werden beispielhaft in Österreich in Ermangelung repräsentativer Daten von der Finanzverwaltung Fluktuationsabschläge von 25 % vorgeschrieben. Siehe Richtlinie des österreichischen Bundesministeriums für Finanzen v. 1.2.2007, BMF-010203/0344-VI/6/2006, Randzahl 3428.

1557 So mit Blick auf die deutschen Regelungen des § 6a Abs. 2 EStG *Ahrend/Förster/Rößler*, Steuerrecht der bAV, Band I, 35. Lfg. Oktober 2015, 2. Teil Rn. 467 mit impliziten Verweis auf BT-Drucksache 7/1281, S. 38 f.

ist es aus konzeptioneller Sicht geboten, die spezifischen Fluktuationswahrscheinlichkeiten des Unternehmens oder des Konzerns im Rahmen der steuerlichen Bewertung einer Pensionsverpflichtung zu berücksichtigen.[1558] Dies steht im Einklang mit Art. 23 Abs. 2 Satz 1 2. Hs. i.V.m. Art. 23 Abs. 2 Satz 2 Buchst. c) GKB-RLV i.d.F. 2016. Die Anforderungen des IAS 19 an eine objektivierte Schätzung der betrieblichen Ausscheidehäufigkeit können dabei ebenfalls einen geeigneten Ausgangspunkt einer teleologischen Auslegungshilfe darstellen.

(4) Trendannahmen (Gehälter, Pensionen)

Die Höhe einer Pensionsverpflichtung im Rahmen des IAS 19 hängt zudem von den Prognosen zu weiteren finanziellen Parametern ab. So fordert der IAS 19.87 (b) ausdrücklich, dass künftige Gehaltssteigerungen, die sich auf die zu zahlenden Pensionsleistungen auswirken, zu berücksichtigen sind. Sofern die Steigerungsrate nicht sogar ausdrücklich in der Pensionsvereinbarung festgehalten ist, ist eine Schätzung vorzunehmen.[1559] Es ist unbeachtlich, ob die Steigerung auf einer formalrechtlichen Vereinbarung gründet oder aus einer faktischen Verpflichtung resultiert.[1560] Dabei sind gem. IAS 19.90 sowohl allgemeinen, inflationsbedingten als auch strukturellen, karrierebedingten Veränderungen Rechnung zu tragen.[1561] Darüber hinaus ist die am Bilanzstichtag zu erwartende Dynamik der Rentenleistungen nach IAS 19.88 (a) bei der Bewertung der Pensionsverpflichtung in Betracht zu ziehen. Hierbei wird beispielhaft der Ausgleich der Inflation als Motiv genannt.

Die Vorgaben des IAS 19 bezüglich der Bewertung einer Pensionsverpflichtung sind grundsätzlich für eine harmonisierte Gewinnermittlung geeignet. So entspricht die Berücksichtigung noch nicht final zugesagter Lohn- und Gehaltssteigerungen den Anforderungen des Art. 23 Abs. 2 Satz 2 Buchst. c) GKB-RLV i.d.F. 2016. Nichtsdestominder fällt die Berücksichtigung zukünftiger Gehalts- bzw. Rentensteigerungen unter das

---

1558 Zutreffend *Heiniz*, Direktzusagen, 2018, S. 171 & 306; *Herzig*, IAS/IFRS und steuerliche Gewinnermittlung, 2004, S. 302.

1559 *Höpken/Torner*, in Beck'sches IFRS-Handbuch, 6. Aufl. 2020, § 26 Rn. 64.

1560 *Mühlberger/Stöckler*, in Thiele/von Keitz/Brücks, Int. Bilanzrecht, 47. Lfg. Juli 2020, IAS 19 Rn. 244.

1561 Vgl. *Wollmert et al.*, in Baetge et al., Rechnungslegung nach IFRS, 25. Lfg. Januar 2015, IAS 19 Rn. 140.

Abzugsverbot des Art. 23 Abs. 3 Buchst. b) GKB-RLV i.d.F. 2016. Insofern gelten lediglich die am Bilanzstichtag zugesagten Gehaltssteigerungen.

Wenngleich diese Restriktion ein konzeptionelles Defizit darstellt,[1562] halten auch die jüngeren Kompromissvorschläge der GKB weiter an dem Abzugsverbot für künftige Kostensteigerungen fest. Gerade in Mitgliedstaaten mit einer gesetzlichen Pflicht zur Dynamisierung der Rentenleistungen führt dies zusätzlich zu einer signifikanten Unterbewertung der geschätzten Verpflichtung.[1563] Auf lange Sicht sollte daher über eine Weiterentwicklung des Richtlinienvorschlags hinsichtlich der Berücksichtigung von Gehalts- und Rentensteigerungen bei der Bewertung der Pensionsverpflichtungen nachgedacht werden. Der IAS 19 bietet sich hierzu als Ausgangspunkt an, wobei den Bedenken bezüglich möglicher Ermessensspielräume des Steuerpflichtigen bspw. durch die Begrenzung des Prognosehorizonts begegnet werden könnte.[1564]

c) Deckungsvermögen und Behandlung mittelbarer Pensionsverpflichtungen

aa) Behandlung des Deckungsvermögens im Rahmen des IAS 19

Neben den Vorschriften zur Bewertung einer leistungsdefinierten Pensionsverpflichtung sieht der IAS 19 spezifische Regelungen bezüglich der Bilanzierung des Deckungsvermögens vor. Dabei präzisiert der Standard in IAS 19.8 zunächst das sog. Planvermögen und knüpft sodann unterschiedliche Rechtsfolgen an diese Kategorie. Unter die Definition des Planvermögens fallen dabei sowohl qualifizierte Versicherungsverträge als auch Vermögensgegenstände, die auf einen rechtlich unabhängigen Fonds ausgelagert worden sind. Voraussetzung für die Einordnung als Planvermögen ist bei beiden Fällen jedoch, dass die Leistungen aus diesem Planvermögen exklusiv zur Erfüllung der Pensionsansprüche der Arbeitnehmer zur Verfügung stehen und zudem insolvenzfest sind.[1565] Eine konkrete,

---

1562 In Anlehnung an *Eggert*, Die Gewinnermittlung nach dem Richtlinienvorschlag, 2015, S. 304.

1563 *Schulz*, Harmonisierung, 2012, S. 412.

1564 So schon *Herzig*, IAS/IFRS und steuerliche Gewinnermittlung, 2004, S. 302.

1565 Vgl. *Mühlberger/Stöckler*, in Thiele/von Keitz/Brücks, Int. Bilanzrecht, 47. Lfg. Juli 2020, IAS 19 Rn. 270 f.; Peters/Sick, in Brönner et al., Bilanz nach Handels- und Steuerrecht, 11. Aufl. 2016, Teil B Rn. 1089.

weiterführende Definition der Insolvenzfestigkeit findet sich in den Vorgaben des IAS 19 jedoch nicht.[1566]

Als Planvermögen in dem Fall eines rechtlich unabhängigen Fonds kommen dabei nicht nur Finanzinstrumente, sondern bspw. auch Sachanlagen wie Immobilien in Betracht.[1567] Nicht zum Planvermögen zählen dagegen gem. IAS 19.114 fällige, aber noch nicht an den Fonds entrichtete Beiträge des berichtenden Unternehmens sowie nicht übertragbare Finanzinstrumente, die vom Unternehmen emittiert und vom Fonds gehalten werden. Daneben kommen als qualifizierte Versicherungsverträge grundsätzlich alle Verträge i.S.d. IFRS 17 bzw. des älteren IFRS 4 in Frage, die nicht schon a priori als Beitragszusage eingeordnet wurden.[1568] Doch auch Kapitalanlageverträge, die kein wesentliches versicherungstechnisches Risiko enthalten, können laut einer amtlichen Ergänzung des IAS 19.8 als qualifizierte Versicherungsverträge klassifiziert werden.[1569]

Sofern das Deckungsvermögen die Kriterien des Planvermögens erfüllt, ist es gem. IAS 19.57 (a) (iii) mit dem beizulegenden Zeitwert i.S.d. IAS 19.113 zu bewerten und anschließend von der Pensionsschuld abzuziehen. Infolgedessen wird im Rahmen des IAS 19 lediglich eine bestehende Unterdeckung bzw. ein Vermögensüberhang bilanziert.[1570] Im Fall von qualifizierten Versicherungsverträgen, die der Höhe und der Fälligkeit nach mit den Leistungen der korrespondierenden Pensionsverpflichtung übereinstimmen, entspricht der Wert des Versicherungsanspruches gem. IAS 19.115 per Fiktion der Höhe der Pensionsverpflichtung. Aus Vereinfachungsgründen kommt es zudem in Betracht, die Höhe der Pensionsverpflichtung in umgekehrter Anwendung des IAS 19.115 mit dem Aktivwert des Versicherungsvertrages zu bewerten.[1571] Eine solche Vorgehensweise ist gerade durch die Möglichkeit des IAS 19.60 gedeckt. Im Ergebnis ist die Pensionsverpflichtung in beiden Varianten materiell mit einer Bei-

---

1566 *Keßler*, Pensionsverpflichtungen, 2010, S. 343.

1567 Beispielhaft *Heger/Weppler*, in HdJ, 54. Lfg. März 2012, III/7 Rn. 260. So grds. *Höpken/Torner*, in Beck'sches IFRS-Handbuch, 6. Aufl. 2020, § 26 Rn. 38. Siehe zu der Eignung von Immobilien bzw. Sachanlagen ferner auch *Mittermaier/Böhme*, BB 2006, 203, 204-206.

1568 So eine amtliche Anmerkung des IAS 19.8. Vgl. ferner *Höpken/Torner*, in Beck'sches IFRS-Handbuch, 6. Aufl. 2020, § 26 Rn. 39.

1569 Vgl. ferner auch IAS 19.BC190.

1570 *Höfer/Verhuven*, in Höfer/Veit/Verhuven, Betriebsrentenrecht, Band II, 21. Lfg. Juli 2020, Kap. 49 Rn. 36; *Heger/Weppler*, in HdJ, 54. Lfg. März 2012, III/7 Rn. 257.

1571 *Höfer/Verhuven*, in Höfer/Veit/Verhuven, Betriebsrentenrecht, Band II, 21. Lfg. Juli 2020, Kap. 49 Rn. 40.1; *DAV/IVS* (Hrsg.), Richtlinie IAS 19, S. 18.

tragszusage vergleichbar.[1572] Eine vollständige Kompensation der Erträge der qualifizierten Versicherungsverträge sowie der Zinsaufwendungen der Pensionsverpflichtungen in den Folgeperioden erfolgt jedoch nicht.[1573]

In Abgrenzung zu dem Planvermögen sieht der IAS 19 eine weitere Kategorie, die sog. Reimbursement Rights bzw. Erstattungsansprüche, vor. Hierbei sind die Vermögensgegenstände zwar auf eine externe Partei ausgelagert, nichtsdestominder erfüllen sie nicht die Kriterien des Planvermögens. Sofern dabei so gut wie sicher ist, dass diese Partei die Rentenleistungen des Unternehmens ganz oder zum Teil erstattet, sind die Erstattungsansprüche durch das Unternehmen gem. IAS 19.116 (a) als separater Vermögenswert anzusetzen und ebenfalls mit dem beizulegenden Zeitwert zu bewerten. Als Beispiel für einen solchen Erstattungsanspruch nennt der IAS 19.118 i.V.m. IAS 19.117 Versicherungsverträge, die nicht als qualifizierte Versicherungsverträge i.S.d. IAS 19.8 klassifiziert werden können. Dies liegt beispielsweise bei einer Rückdeckungsversicherung vor, die nicht an den Arbeitnehmer verpfändet wurde.[1574] Analog zu den Vorgaben des IAS 19.115 ermöglicht es der Standard, einen als Erstattungsanspruch eingestuften Versicherungsvertrag entsprechend der Höhe der korrespondierenden Pensionsverpflichtung zu bilanzieren, sofern die Leistungen des Versicherungsvertrages in zeitlicher und sachlicher Hinsicht übereinstimmen. Auch in diesen Fällen ist eine umgekehrte Anwendung des IAS 19.119 möglich.[1575] Erfüllt das Deckungsvermögen weder die Definition des Planvermögens noch der Erstattungsansprüche, sind die einzelnen Vermögensgegenstände im Einklang mit den entsprechenden Standards zu bilanzieren.[1576]

bb) Analyse der Anwendbarkeit der Vorgaben bei unmittelbaren Pensionsverpflichtungen

Im Folgenden gilt es daher zu analysieren, inwiefern die vorliegenden Regelungen des IAS 19 mit den steuerlichen Grundsätzen übereinstimmen

1572 So schon *Bauer*, BetrAV 2005, 742, 743.

1573 Die Veränderungen des beizulegenden Zeitwerts werden im Rahmen des IAS 19 als Schätzungsänderung erfolgsneutral am Jahresende erfasst. Auf die Auswirkungen für die GuV wird unten in Kap. E.I.3.d) eingegangen.

1574 So *Höpken/Torner*, in Beck'sches IFRS-Handbuch, 6. Aufl. 2020, § 26 Rn. 44

1575 *Höfer/Verhuven*, in Höfer/Veit/Verhuven, Betriebsrentenrecht, Band II, 21. Lfg. Juli 2020, Kap. 49 Rn. 45.1.

1576 *Heger/Weppler*, in HdJ, 54. Lfg. März 2012, III/7 Rn. 272.

könnten. Betrachtet man zuvörderst unmittelbare Pensionsverpflichtungen, die über einen betriebsinternen Pensionsfonds ganz oder zumindest teilweise vorausfinanziert werden, kommen die Regelungen lediglich bei rechtlich unabhängigen und insolvenzfesten Konstrukten in Betracht, bei denen das Unternehmen weiterhin das wirtschaftliche Eigentum an den Vermögensgegenständen behält.[1577] In diesen Fällen wird das Deckungsvermögens zum beizulegenden Zeitwert bewertet und anschließend mit der Pensionsverpflichtung saldiert. Wenngleich die Bilanzierung einer Nettoschuld nach Ansicht des IASB sachgerecht erscheint und sich mit der Informationsfunktion der IFRS vereinbaren lässt,[1578] ist die Vorgehensweise mit Blick auf die Prinzipien des Richtlinienvorschlags dezidiert abzulehnen. So gefährdet die Fair-Value-Bewertung die notwendige Liquidität des Unternehmens und widerspricht dem Prinzip der leistungsgerechten Besteuerung.[1579]

Vor diesem Hintergrund hat man sich im Zuge der Entwicklungsphase des Richtlinienvorschlags für eine harmonisierte steuerliche Bemessungsgrundlage folgerichtig gegen eine Fair-Value-Bewertung entschieden bzw. diese lediglich auf die Bewertung des zu Handelszwecken gehaltenen Finanzanlagevermögens beschränkt. Dabei kommt eine analoge Anwendung des Art. 21 GKB-RLV i.d.F. 2016 auf den betriebsinternen Pensionsfonds nicht in Frage.[1580] Im Ergebnis lässt sich festhalten, dass die Vorgaben des IAS 19 bezüglich der Behandlung des Planvermögens nicht für die steuerliche Behandlung der betriebsinternen Pensionsfonds geeignet sind. Denkbar ist allerdings, dass die Vorgaben des IAS 19.8 als Vorbild für eine noch fehlende Definition bzw. für die Kriterien zur Abgrenzung des Deckungsvermögens eines betriebsinternen Pensionsfonds von den restlichen, betrieblichen Vermögensgegenständen dienen, um insofern eine zweckgebundene Kapitaldeckung sicherzustellen.[1581] Zudem könnte

---

1577 Hinsichtlich des wirtschaftlichen Eigentums beispielhaft anhand von Treuhandkonstruktionen vgl. oben Kap. D.II.3.a)bb).

1578 Vgl. zur Rechtfertigung des Nettoausweises *Heger/Weppler*, in HdJ, 54. Lfg. März 2012, III/7 Rn. 270. Siehe zur Meinung des IASB auch IAS 19.BC174; ferner *Keßler*, Pensionsverpflichtungen, 2010, S. 333. Der Nettoausweis stößt dabei in der Literatur jedoch mitunter auch auf Kritik. Siehe *Zülch/Hoffmann/Salewski*, BetrAV 2010, 328, 329 f.

1579 *Velte/Mock*, StuW 2017, 126, 140 f.; *Eggert*, Die Gewinnermittlung nach dem Richtlinienvorschlag, 2015, S. 55; *Herzig*, IAS/IFRS und steuerliche Gewinnermittlung, 2004, S. 49.

1580 Siehe oben Kap. D.II.3.b).

1581 Zur Forderung nach einer Definition des betriebsinternen Pensionsfonds siehe oben Kap. D.III.3.b)bb).

bspw. auch der beizulegende Wert des Deckungsvermögens als Prüfungsvariable einer vollständigen Kapitaldeckung der zugrundeliegenden unmittelbaren Pensionsverpflichtung dienen.

Auf die Behandlung einer Rückdeckungsversicherung ist die Ablehnung der Fair-Value-Bewertung grundsätzlich übertragbar. Nichtsdestominder decken sich die Vorgaben des IAS 19 im Kern mit der analogen Anwendung des Art. 26 GKB-RLV i.d.F. 2016,[1582] sodass im Fall einer sachlich und zeitlich vollständig kongruenten Rückdeckungsversicherung die Vorgaben des Standards i.S.e. teleologischen Auslegungshilfe durchaus fruchtbar gemacht werden können. Hierbei ist es angemessen, die umgekehrte Anwendung des IAS 19.115 bzw. des IAS 19.119 aus Vereinfachungsgründen zuzulassen, sodass in diesen Fällen auf die komplizierte versicherungsmathematische Bewertung der Pensionsverpflichtung verzichtet werden kann. Dies entspricht den Leitideen des Reformvorhabens.[1583] Die kompensatorische Bewertung ist in den Folgeperioden hinsichtlich der Zinserträge und -aufwendungen beizubehalten.

cc) Analyse der Anwendbarkeit der Vorgaben bei mittelbaren Pensionsverpflichtungen

Die Vorgaben des IAS 19 bezüglich der Bilanzierung des Deckungsvermögens sind ebenfalls auf mittelbare Pensionsverpflichtungen anzuwenden, sodass durch ein Unternehmen ausgelagerte Vermögensgegenstände, die als Planvermögen klassifiziert werden, mit dem beizulegenden Zeitwert zu bewerten sind. Wie oben dargelegt, werden dem Unternehmen nach IAS 19 nicht nur die Pensionsrückstellung, sondern auch die Chancen und Risiken des Planvermögens voll zugerechnet.[1584]

Mit Blick auf die Vereinbarkeit der Regelungen des IAS 19 mit den steuerlichen Grundsätzen des Richtlinienvorschlags bezüglich der Behandlung mittelbarer Pensionsverpflichtungen sind ebenfalls Zweifel angebracht. So hat das Unternehmen die Verfügungsgewalt und somit das wirtschaftliche Eigentum über das Deckungsvermögen der mittelbaren Pensionsverpflichtungen grundsätzlich verloren.[1585] Eine uneingeschränkte Anwendung der

---

1582 Zu der analogen Anwendung des Art. 26 GKB-RLV i.d.F. 2016 siehe oben Kap. D.II.3.c).

1583 Siehe Kap. D.I.2.a).

1584 Siehe Kap. E.I.2.b).

1585 Siehe oben Kap. D.II.3.a)aa).

Vorgaben des IAS 19 verstößt insofern gegen den Grundsatz der Besteuerung nach der Leistungsfähigkeit. Im Ergebnis sind die Vorgaben des IAS 19 bezüglich der Behandlung des Planvermögens grundsätzlich nicht unmittelbar für die steuerliche Behandlung ausgelagerter Vermögensgegenstände geeignet, sodass eine uneingeschränkte Anwendung der Vorgaben des Standards ausscheidet. Davon ungeachtet sind die Beiträge an die externen Versorgungsträger weiterhin gewinnwirksam zu berücksichtigen.[1586]

Offen bleibt jedoch, inwiefern sich die Systematik des IAS 19 für die Bilanzierung von Unterdeckungen mittelbarer Pensionsverpflichtungen auch im weiteren Sinne im Rahmen der steuerlichen Gewinnermittlung fruchtbar machen ließe. So indiziert der Saldo aus Leistungszusage und Planvermögen gem. IAS 19.57 (a) (iii) augenscheinlich den Deckungsgrad der Pensionsverpflichtung aus Sicht des zusagenden Arbeitgebers. Im Fall einer Unterdeckung ist hiermit die Notwendigkeit zur Erfassung einer Rückstellung verbunden.[1587] Darüber hinaus stellt der IAS 19 die Verpflichtung des Arbeitgebers gegenüber dem Arbeitnehmer in den Mittelpunkt seiner bilanziellen Betrachtungsweise, sodass ein Rückgriff auf den IAS 19 eine einheitliche Auslegung der steuerrechtlichen Regelungen in Europa für alle Gestaltungsformen flankieren könnte. Vor diesem Hintergrund stellt sich die Frage, ob die Konzeption des IAS 19 in der Lage ist, einen sachgerechten und adäquaten Wertansatz zu liefern. Eine mögliche Überdeckung der mittelbaren Pensionsverpflichtung ist jedoch in keinem Fall als Vermögensgegenstand zu berücksichtigen.

Betrachtet man zunächst mittelbare, umlagefinanzierte Pensionsverpflichtungen, die zumindest partiell, jedoch unzureichend vorausfinanziert werden,[1588] erscheint eine Übernahme der Bewertungssystematik grundsätzlich möglich. So agiert der externe Versorgungsträger im weiteren Sinne als eine Sammel- bzw. Zahlstelle des Arbeitgebers, der bei einer

---

1586 Siehe oben Kap. D.II.2.c).

1587 Siehe zu der Notwendigkeit einer bilanziellen Erfassung der Unterdeckung als Rückstellung ebenfalls Kap. D.II.2.c).

1588 In einem solchen Fall liegt insofern zwar offenkundig keine komplette Umlagefinanzierung vor, gleichwohl kann hierbei auch nicht von einer vollständigen Kapitaldeckung gesprochen werden. Siehe zur Definition der Umlagefinanzierung oben Kap. B.I.1.c)bb). Ein Beispiel für ein solches, teilweise finanziertes System ist bspw. die deutsche Unterstützungskasse in den Dotierungsgrenzen des § 4d Abs. 1 Satz 1 EStG. Siehe für eine schemenhafte Abbildung des Deckungsgrads der Unterstützungskasse *Alt/Stadelbauer*, StuB 2011, 731, 737.

partiellen Vorausfinanzierung lediglich einen Teil der Schuld übernimmt. Es ist daher sachgerecht, dass sich die beim Arbeitgeber zu erfassende Rückstellung als Differenz des Barwerts der zugesagten Pensionsleistungen und der ausgelagerten Vermögensgegenstände bemisst, wobei die übertragenen Vermögensgegenstände zum Bilanzstichtag mit dem Marktwert bewertet werden müssen.[1589] Gleichwohl ist in diesem Fall die zu berücksichtigende Rückstellung bei einem steuerlichen Zinssatz in Höhe der Gesamtkapitalrendite ceteris paribus wesentlich geringer als der Saldo des IAS 19. Eine Wertgleichheit beider Konzeptionen ist hierbei in der Regel nicht gegeben.

Im Rahmen einer mittelbaren, kapitalgedeckten Pensionsverpflichtung, welche im Rahmen des IAS 19 aufgrund einer rechtlich oder faktisch möglichen Einstands- bzw. Nachschussverpflichtung des Unternehmens als Leistungszusage klassifiziert wird, ist bei den Versorgungsträgern i.S.d. RL 2009/138/EG oder RL (EU) 2016/2341 der beizulegende Wert des Deckungskapitals anzusetzen.[1590] Hierbei sind gerade versicherungsförmige Gestaltungsformen als qualifizierte Versicherungsverträge gem. IAS 19.115 zu klassifizieren, sodass sich Pensionsrückstellung und Deckungsvermögen per Fiktion vollständig saldieren und materiell wie eine Beitragszusage behandelt werden können.[1591] Aber auch bei externen Versorgungsträgern ohne Garantieleistungen sollte im Fall einer kongruenten Ausfinanzierung der übertragenen Schuld kein bilanzieller Ausweis einer Unterdeckung nötig sein.[1592] Insofern deckt sich die Vorgehensweise des IAS 19 bezüglich mittelbarer, vollständig kapitalgedeckter Pensionsverpflichtungen in ihrer bilanziellen Wirkung mit dem Ergebnis der steuerlichen Gewinnermittlung des Richtlinienvorschlags.

In den Fällen einer Unterdeckung erscheint eine Bewertung der Rückstellung im Rahmen einer harmonisierten Bemessungsgrundlage als Dif-

---

1589 Vgl. hinsichtlich des deutschen Handelsrechts analog *Thiele et al.*, in Baetge/Kirsch/Thiele, Bilanzrecht, 95. Lfg. November 2020, § 253 Rn. 270; *Lucius/Veit*, BB 2010, 235, 239; *Heger/Weppler*, DStR 2009, 239, 242; *Rhiel/Veit*, DB 2008, 193, 195; *ADS*, Rechnungslegung und Prüfung, 6. Aufl. 1995, § 253 Rn. 333; *Thoms-Meyer*, Grundsätze ordnungsmäßiger Bilanzierung, 1995, S. 40 f.; *Heubeck/Engbroks*, DB 1987, 285, 286.

1590 In Anlehnung an *Höfer/Verhuven*, in Höfer/Veit/Verhuven, Betriebsrentenrecht, Band II, 21. Lfg. Juli 2020, Kap. 49 Rn. 39.

1591 Vgl. *Höpken/Torner*, in Beck'sches IFRS-Handbuch, 6. Aufl. 2020, § 26 Rn. 23; *Wollmert et al.*, in Baetge et al., Rechnungslegung nach IFRS, 25. Lfg. Januar 2015, IAS 19 Rn. 97.

1592 Im Ergebnis *Orthmann*, Betriebliche Altersversorgung, 2002, S. 242. Vgl. auch *Rößler/Doetsch/Heger*, BB 1999, 2498, 2500 f.

ferenz aus der vollen Pensionsverpflichtung abzüglich des Zeitwerts des ausgelagerten Deckungsvermögens grundsätzlich naheliegend. So indiziert der Saldo eine aus Sicht des Arbeitgebers bestehende Unterdeckung im Verhältnis zu dem Arbeitnehmer und ist vergleichsweise einfach zu ermitteln. Zudem entspricht dies der Bewertungssystematik einer mittelbaren, umlagefinanzierten Pensionsverpflichtung, sodass die Forderung nach einem einheitlichen Bewertungsmaßstab ebenfalls erfüllt ist.

Inwiefern sich jedoch der genaue Marktwert des Deckungskapitals eines externen, versicherungsförmigen Versorgungsträgers im Einzelfall ermitteln lässt oder aus Sicht des zusagenden Unternehmens ausschlaggebend für die Feststellung einer Unterdeckung der Pensionsverpflichtung ist, wird jedoch in Frage gestellt.[1593] Vor dem Hintergrund der vollständigen Schuldübertragung auf den externen Versorgungsträger hängt eine Deckung der ursprünglich zugesagten Pensionsverpflichtung von der Höhe der voraussichtlichen Leistungen des Trägers sowie im weiteren Sinne von dem Verhältnis seiner versicherungstechnischen Rückstellung zu seinem korrespondierenden Deckungskapital ab.[1594] Hierbei ist letztlich der Umstand entscheidend, inwiefern der Versorgungsträger in der Lage ist, die übernommene Pensionsverpflichtung zu erfüllen.[1595] Diesem Aspekt trägt die konzeptionelle Ausgestaltung des IAS 19 nicht unbedingt in angemessener Weise Rechnung, da die Höhe der Pensionsverpflichtung aus Sicht des Unternehmens aufgrund der Unterschiede in den Rechnungsgrundlagen mitunter geringer ausfallen kann.[1596] Unter Umständen könnte es daher auch bei Anwendung der Systematik des IAS 19 trotz einer bestehenden Unterdeckung auf Ebene des externen Versorgungsträgers zu keiner Erfassung einer Rückstellung kommen, sodass wesentliche Risiken i.S.d. Art. 23 Abs. 2 Satz 2 Buchst. a) GKB-RLV i.d.F. 2016 nicht vollumfänglich berücksichtigt wären. Dies ist mit Blick auf eine Besteuerung nach der Leistungsfähigkeit bedenklich.

In Zusammenschau der Ergebnisse lässt sich festhalten, dass sich die Bewertungssystematik des IAS 19 abseits einer unmittelbaren Anwendung grundsätzlich für die steuerliche Gewinnermittlung eignet. Zum einen

---

1593 In Anlehnung an *Lucius/Veit*, BB 2010, 235, 238. Vgl. ferner auch zur Kritik *Peters/Sick*, in Brönner et al., Bilanz nach Handels- und Steuerrecht, 11. Aufl. 2016, Teil B Rn. 1172.

1594 Vgl. bezüglich der mathematischen Herleitung einer Unterdeckung *Richter*, BB 1987, 1432, 1433 f.

1595 Zutreffend *Lucius/Veit*, BB 2010, 235, 238.

1596 In Anlehnung an *von Löbbecke*, BetrAV 2009, 397, 398 f.; *Heger/Weppler*, DStR 2009, 239, 241 f.

bildet der Standard das Rechtsverhältnis zwischen Arbeitgeber und Arbeitnehmer ab, sodass ein Rückgriff auf den IAS 19 hinsichtlich der mittelbaren Pensionsverpflichtungen eine einheitliche Auslegung in Europa flankiert und sich ferner mit dem angestrebten Wortlaut einer möglichen Weiterentwicklung des Art. 24 GKB-RLV i.d.F. 2016 deckt. Zum anderen entspricht eine Anwendung der Bewertungssystematik als simple Differenz aus der gesamten Pensionsverpflichtung und dem korrespondierenden ausgelagerten Deckungsvermögen der Forderung nach einem einheitlichen Bewertungsmaßstab vordergründig. Gleichwohl könnte die strikte Anwendung des IAS 19 im Fall einer Unterdeckung einer mittelbaren, kapitalgedeckten Pensionsverpflichtung auch zu einer unzureichenden Bewertung der Rückstellung führen. Während sich die Systematik des IAS 19 folglich bei mittelbaren, umlagefinanzierten Pensionsverpflichtungen als Auslegungshilfe im engeren Sinne eignet, bietet sich der IAS 19 bei mittelbaren, kapitalgedeckten Pensionsverpflichtungen lediglich als Ausgangspunkt bzw. Eckpfeiler einer Bandbreite möglicher Lösungen an. Eine rechtssichere Bewertung einer mittelbaren, kapitalgedeckten Pensionsverpflichtung in Europa erscheint vor diesem Hintergrund jedoch nicht zwangsläufig gesichert.

d) Komponenten des Pensionsaufwands

Abschließend soll auf die Komponenten des Pensionsaufwands und den damit einhergehenden Erfolgsausweis eingegangen werden. So lässt sich der Pensionsaufwand gem. IAS 19.120 in drei Kostenblöcke – den Dienstzeitaufwand, den Nettozinsaufwand und die Neubewertungen – aufteilen. [1597]

Der Dienstzeitaufwand setzt sich dabei im Wesentlichen aus dem laufenden Dienstaufwand zusammen, welcher gem. IAS 19.122A im Einklang mit den Annahmen und dem Verfahren des IAS 19.66 ermittelt wird. Sofern es im Laufe des Geschäftsjahres zu einem unvorhergesehenen, wesentlichen Sonderereignis wie einer Planänderung oder -kürzung i.S.d. IAS 19.104 f. bzw. einer Planabgeltung i.S.d. IAS 19.111 kommt,[1598] ist

1597 *Höfer/Verhuven*, in Höfer/Veit/Verhuven, Betriebsrentenrecht, Band II, 21. Lfg. Juli 2020, Kap. 49 Rn. 88.

1598 Hierzu *Lüdenbach/Hoffmann/Freiberg*, IFRS-Kommentar, 19. Aufl. 2021, § 22 Rn. 87. So sollen ausschließlich wesentliche Sonderereignisse erfasst werden. Vgl. *Bischof/Chamczyk/Bellert*, DB 2018, 2061, 2063.

die Nettoschuld gem. IAS 19.99 neu zu bewerten. Die Höhe dieser Bewertung richtet sich dabei entweder nach IAS 19.102 (Planänderung oder -kürzung) oder nach IAS 19.109 (Planabgeltung) und ist gem. IAS 19.103 bzw. IAS 19.110 spätestens zum Eintritt des Ereignisses erfolgswirksam zu erfassen.

Neben dem Dienstzeitaufwand ist nach IAS 19.123 der Nettozinsaufwand zu Periodenbeginn als Produkt des gem. IAS 19.83 ermittelten Abzinsungssatzes und der Nettoschuld der Leistungszusage zu erfassen. Insofern beinhaltet dieser Nettozinsaufwand nicht nur den Zinsaufwand der Pensionsverpflichtung, sondern ebenfalls die Zinserträge auf Planvermögen (IAS 19.124). Dabei unterstellt der Standard eine Normverzinsung des Planvermögens,[1599] wobei dem Zinssatz die Annahme der Fristenkongruenz von Vermögen und Verpflichtung zugrunde gelegt wird.[1600] Im Fall einer Pensionsverpflichtung ohne Planvermögen oder Erstattungsansprüche ist indessen nur der Zinsaufwand relevant.[1601] Erfolgt ferner eine Neubewertung der Nettoschuld i.S.d. IAS 19.99, ist der Nettozinsaufwand nach IAS 19.123A entsprechend anzupassen.

Darüber hinaus werden am Ende des Wirtschaftsjahres die Abweichungen von den zu Jahresbeginn getroffenen Annahmen in dem Kostenblock der Neubewertungen erfasst, womit sich schließlich auch der finale Wertansatz der Nettoschuld ergibt.[1602] Darunter fallen nach IAS 19.127 neben den versicherungsmathematischen Gewinnen und Verlusten aus geänderten Annahmen zu Fluktuationswahrscheinlichkeiten bspw. auch die tatsächlichen Erträge des Planvermögens. Während jedoch sowohl der Dienstzeitaufwand als auch der Nettozinsaufwand erfolgswirksam in der Gewinn- und Verlustrechnung erfasst werden, sind die Schätzungsänderungen der Neubewertung lediglich erfolgsneutral im sog. other comprehensive income gegen das Eigenkapital zu buchen. Mitunter werden dabei wesentliche Änderungen dauerhaft von einem Ausweis in der Gewinn- und Verlustrechnung exkludiert.[1603]

Mit Blick auf die Anwendung der Vorgaben im Rahmen einer harmonisierten Körperschaftsteuer-Bemessungsgrundlage sind die Vorgaben auf-

---

1599 Vgl. oben Kap. E.I.3.b)bb)(2).

1600 *Mühlberger/Stöckler*, in Thiele/von Keitz/Brücks, Int. Bilanzrecht, 47. Lfg. Juli 2020, IAS 19 Rn. 306.

1601 *Höfer/Verhuven*, in Höfer/Veit/Verhuven, Betriebsrentenrecht, Band II, 21. Lfg. Juli 2020, Kap. 49 Rn. 91.

1602 *Lüdenbach/Hoffmann/Freiberg*, IFRS-Kommentar, 19. Aufl. 2021, § 22 Rn. 80 f.

1603 *Theile/Behling*, in Heuser/Theile, IFRS-Handbuch, 6. Aufl. 2019, Kap. 27 Rn. 41.

grund der konzeptionellen Unterschiede nicht unmittelbar übertragbar. So wird sich die Bewertung der Verpflichtungshöhe im Rahmen der steuerlichen Gewinnermittlung stets vollständig erfolgswirksam auswirken. Gleichwohl wäre es denkbar, den gesamten Versorgungsaufwand, sofern überhaupt erforderlich,[1604] ebenfalls für die Zwecke der steuerlichen Gewinnermittlung anhand der einzelnen Kostenkomponenten detailliert aufzuschlüsseln und auszuweisen. Somit könnte die Nachprüfbarkeit der Bewertung erheblich erleichtert werden. Eine mögliche Rechtsgrundlage hierzu ergibt sich dabei aus dem mittelbaren Import der Grundsätze der EU-Bilanzrichtlinie i.S.d. Erweiterung des Art. 6 GKB-RLV i.d.F. 2016 durch den österreichischen Kompromissvorschlag. So ist ein Jahresabschluss gem. Art. 4 Abs. 2 RL 2013/34/EU klar und übersichtlich aufzustellen.

4. Zwischenfazit

Der IAS 19 verfolgt eine vollständige und sachgerechte Abbildung des aus der Pensionsverpflichtung resultierenden Erfüllungsrückstands und erfüllt aufgrund seiner versicherungsmathematischen Fundierung grundsätzlich die Anforderung der steuerlichen Gewinnermittlung hinsichtlich der notwendigen Objektivierung. Zudem deckt der Standard den sachlichen Anwendungsbereich der betrieblichen Altersversorgung in den Mitgliedstaaten folgerichtig ab, wobei jedoch die Kriterien zur Unterscheidung der Zusagearten unter Aspekten der Rechtssicherheit nicht unmittelbar angewendet werden sollten.

Darüber hinaus trägt das im Rahmen des IAS 19 angewendete Anwartschaftsbarwertverfahren als versicherungsmathematische Methode dem dominierenden Rechtscharakter der Pensionsverpflichtungen in Europa in angemessener Art und Weise Rechnung. Jedoch sollten die Vorgaben zur Behandlung des Backloadings nicht berücksichtigt werden. Für ältere Zusagen sollten unter Umständen auch weitere Bewertungsverfahren zulässig sein.

Die Vorgaben zur Ermittlung des Abzinsungssatzes sind nicht unmittelbar auf die steuerliche Gewinnermittlung übertragbar. Wenngleich die konzeptionelle Systematik des IAS 19 einen marktgerechten und fristad-

1604 So erfordert eine vollständige schuldrechtliche Übertragung auf einen externen Versorgungsträger und die damit verbundene erfolgswirksame Erfassung der Beiträge grds. keine derartig konkrete Aufschlüsselung.

äquaten Vorsteuerzins zugrunde legt sowie im Kern den Anforderungen bezüglich des Zinssatzes für kapitalgedeckte Pensionsverpflichtungen genügt, offeriert der Standard erhebliche Gestaltungsspielräume für den Steuerpflichtigen. Stattdessen sollte ein einheitlicher Zinssatz bestimmt werden. Ferner bliebe ein Diskontierungszins bezüglich der umlagefinanzierten Pensionsverpflichtungen weiterhin offen.

Hinsichtlich der versicherungsmathematischen Annahmen sind die Vorgaben des IAS 19 bezüglich der Ermittlung der biometrischen Parameter sowie der Fluktuationswahrscheinlichkeiten als Auslegungshilfe einer steuerlichen autonomen Regelung geeignet und sollten daher berücksichtigt werden. Mögliche Ermessensspielräume des Steuerpflichtigen könnten dabei im Zuge administrativer Leitfäden typisierend eingrenzt werden. Nichtsdestominder sollte der versicherungsmathematischen Praxis weiterhin die hierfür notwendige Flexibilität eingeräumt werden.

Die Regelungen des IAS 19 bezüglich der Berücksichtigung der Trendannahmen sind grundsätzlich ebenfalls für eine harmonisierte Gewinnermittlung geeignet. Jedoch fallen die damit verbundenen zukünftigen Gehalts- bzw. Rentensteigerungen unter das Abzugsverbot des Art. 23 Abs. 3 Buchst. b) GKB-RLV i.d.F. 2016. Insofern gelten lediglich die am Bilanzstichtag zugesagten Gehaltssteigerungen. Um eine Unterbewertung der Pensionsrückstellung zu vermeiden, sollte der Richtlinienvorschlag langfristig weiterentwickelt werden. Hierbei wäre eine Rückausnahme zu fordern, um die Gehalts- bzw. Rentensteigerungen für die Zwecke der steuerlichen Bewertung der Pensionsverpflichtungen gesondert anzuerkennen, wobei den Bedenken bezüglich möglicher Ermessensspielräume des Steuerpflichtigen bspw. durch die Begrenzung des Prognosehorizonts begegnet werden könnte. In Anlehnung an den IAS 19.90 könnte die Berücksichtigung zukünftiger Trendannahmen auf inflationsbedingte Veränderungen begrenzt werden. Hierbei könnte bspw. das Ziel der Europäischen Zentralbank, eine Preisstabilität i.H.v. knapp 2 % anzustreben, als europaweite, praktische Orientierungshilfe dienen.[1605]

Die Vorgaben bezüglich des Deckungsvermögens ließen sich hingegen nur teilweise für die steuerliche Gewinnermittlung fruchtbar machen. So ist die korrespondierende Fair-Value-Bewertung des Deckungsvermögens im Rahmen unmittelbarer, kapitalgedeckter Pensionsverpflichtungen gänzlich ausgeschlossen. Mit Blick auf die noch fehlende Legaldefinition eines betriebsinternen Pensionsfonds zur Abgrenzung der umlagefinan-

---

1605 In Anlehnung *Höpken/Torner*, in Beck'sches IFRS-Handbuch, 6. Aufl. 2020, § 26 Rn. 67.

zierten von den kapitalgedeckten Pensionsverpflichtungen könnten die Vorgaben des IAS 19 als Vorbild dienen. Im Gegensatz dazu decken sich die spezifischen Rechtsfolgen bezüglich der Kapitaldeckung in Form einer Rückdeckungsversicherung mit den Implikationen einer analogen Anwendung des Art. 26 GKB-RLV i.d.F. 2016, sodass im Fall einer sachlich und zeitlich vollständig kongruenten Rückdeckungsversicherung auf die Vorgaben des IAS 19.115 i.S.e. teleologischen Auslegungshilfe zurückgegriffen werden könnte. Gleichwohl ist an dieser Stelle die Forderung nach eigenen expliziten Vorgaben im Richtlinienvorschlag i.S.d. Rechtssicherheit zu wiederholen.[1606]

Des Weiteren lassen sich die Vorgaben zu dem Planvermögen im Rahmen mittelbarer, leistungsdefinierter Pensionsverpflichtungen hinsichtlich der Forderung nach einer leistungsgerechten Besteuerung dem Grunde nach ebenso wenig unmittelbar übertragen. Dessen ungeachtet erscheint es jedoch naheliegend, die Bewertungssystematik des IAS 19 bezüglich der Ermittlung des Erfüllungsrückstands mittelbarer Pensionsverpflichtungen anzuwenden. Wenngleich sich diese Vorgehensweise bei mittelbaren, umlagefinanzierten Pensionsverpflichtungen als Auslegungshilfe im engeren Sinne eignet, könnte sich der IAS 19 bei mittelbaren, kapitalgedeckten Pensionsverpflichtungen lediglich als Eckpfeiler einer Bandbreite möglicher Lösungen anbieten.

Abschließend könnten sich auch die Vorgaben zur Aufschlüsselung des Pensionsaufwands eignen, um insofern eine einheitliche und nachvollziehbare steuerliche Gewinnermittlung zu flankieren. Eine solche Pflicht ließe sich beispielsweise mit einem mittelbaren Import des Art. 4 Abs. 2 RL 2013/34/EU im Rahmen der teleologischen Auslegungshilfe begründen.

In Zusammenschau der Untersuchung lässt sich festhalten, dass sich die Systematik sowie die Vorgaben des IAS 19 bezüglich der Bilanzierung und Bewertung der Pensionsverpflichtungen im Wesentlichen für eine harmonisierte steuerliche Gewinnermittlung eignen, wohingegen sich die spezifischen Vorgaben hinsichtlich der Behandlung des korrespondierenden Deckungsvermögens lediglich auf Rückdeckungsversicherungen wie auch im Ansatz auf die Ermittlung des Erfüllungsrückstands mittelbarer, umlagefinanzierter Pensionsverpflichtungen übertragen lassen. Im Ergebnis sind die Regelungen des Standards grundsätzlich in der Lage, den vorgeschlagenen Bewertungsmaßstab eines nach einer versicherungsmathematischen Methode zuverlässig geschätzten Betrags sachgerecht zu konkretisieren.

1606 Zu der Forderung siehe Kap. D.II.3.c).

Vor diesem Hintergrund erscheint es insofern folgerichtig, sich den IAS 19 grundsätzlich als teleologische Auslegungshilfe i.S.d. zweiten Fallgruppe für die steuerliche Gewinnermittlung zunutze zu machen und somit eine rechtssichere Bewertung in Europa zu gewährleisten. Ein unmittelbarer Rückgriff auf den Standard i.S.d. ersten Fallgruppe ist hingegen aufgrund der festgestellten Einschränkungen abzulehnen.

Nichtsdestominder ließen sich somit nicht alle offenen Rechtsfragen lösen. So fehlt es dem Richtlinienvorschlag weiterhin an einem einheitlichen Diskontierungszinssatz, wobei mit Blick auf die ökonomischen Implikationen einer leistungsgerechten Besteuerung ein Rechnungszins in Abhängigkeit der korrespondierenden Deckungsform zu präferieren wäre. Zudem erscheint es angemessen, einen alternativen, präziseren Bewertungsmaßstab für unterdeckte, ausgelagerte Pensionsverpflichtungen zu entwickeln, um die unterschiedlichen Konstellationen einer mittelbaren, kapitalgedeckten Leistungszusage samt ihren Risiken vollständig und rechtssicher in der steuerlichen Gewinnermittlung abzubilden.

Diese Ergebnisse sollten zum Anlass genommen werden, den Richtlinienvorschlag weiterzuentwickeln und die angesprochenen Punkte zu ergänzen. Hierbei sollte zunächst der Abzinsungssatz der kapitalgedeckten und umlagefinanzierten Pensionsverpflichtungen ausdrücklich bestimmt werden. In diesem Zusammenhang wäre es zusätzlich erforderlich, neben der Aufnahme einer eigenen, expliziten Regelung bezüglich Rückdeckungsversicherungen eine Definition des Deckungsvermögens oder eines betriebsinternen Pensionsfonds in Abgrenzung zu dem sonstigen Betriebsvermögen zu formulieren. Überdies soll abschließend ein Bewertungsmaßstab hinsichtlich der mittelbaren, kapitalgedeckten Pensionsverpflichtungen abgeleitet und definiert werden, wobei die Wechselwirkungen zwischen den spezifischen Abzinsungssätzen beachtet werden sollten.

Kein Bedarf besteht hingegen für ein Abgrenzungskriterium oder eine entsprechende Vereinfachungsregelung zur Differenzierung der Zusagearten im Fall von mittelbaren, kapitalgedeckten Pensionsverpflichtungen. So trägt die Anwendung der steuerlichen Regelungen im gegenwärtigen Richtlinienvorschlag der Übertragung der Schuld auf einen externen Versorgungsträger und der damit verbundenen wirtschaftlichen Enthaftung bereits jetzt materiell konsequent Rechnung. Ferner wäre die mit der Einordnung der Zusagearten verbundenen Anhangangabepflichten des IAS 19 für die steuerliche Gewinnermittlung ohnehin belanglos. Eine Kodifikation spezifischer, steuerlicher Vorgaben zur Abgrenzung der Zusagen würde dabei keine Rechtssicherheit schaffen, sondern wäre schlicht redundant.

II. Weiterentwicklung des steuerlichen Bewertungsmaßstabs von Pensionsverpflichtungen

1. Konzeption der steuerlichen Bewertung von Pensionsverpflichtungen in Abhängigkeit der Deckungsform

a) Ergänzung einer Regelung bezüglich einer Legaldefinition des Deckungsvermögens sowie der steuerlichen Behandlung von Rückdeckungsversicherungen

In Anbetracht der ökonomischen Implikationen und der damit verbundenen Weiterentwicklung des Richtlinienvorschlags bedarf es einer ausdrücklichen Definition für einen betriebsinternen Pensionsfonds bzw. des Deckungsvermögens, um die rechtssichere Einordnung einer unmittelbaren, kapitalgedeckten Pensionsverpflichtung zu flankieren. Das ausschlaggebende Merkmal für die Abgrenzung eines betriebsinternen Pensionsfonds bzw. des Deckungsvermögens von dem betrieblichen Vermögen liegt dabei in erster Linie in der Zweckbindung der Wirtschaftsgüter, die Pensionsverpflichtung zielgenau abzusichern.[1607] Insofern dürfen die spezifischen Wirtschaftsgüter sowie die daraus resultierenden Erträge ausschließlich der langfristigen Erfüllung der zugesagten Pensionsleistungen dienen. Mit Blick auf die steuerliche Gewinnermittlung bedeutet dies, dass dieser Zweck im Wortlaut der Norm klar und deutlich zum Ausdruck kommen muss.

Vergleicht man diese Anforderungen mit der Definition des Planvermögens des IAS 19.8, gehen die Voraussetzungen des Standards über die geforderte Zweckbindung hinaus. So sind sowohl die rechtliche Separation als auch die Insolvenzfestigkeit weitere Kriterien des Planvermögens.[1608] Wenngleich sich diese zusätzlichen Prämissen unter anderem mit den sozialpolitischen Implikationen des Art. 8 der europarechtlichen Richtlinie 2008/94/EG decken würden,[1609] ist ein solcher Insolvenzschutz aus fiskalpolitischer Perspektive nicht notwendigerweise geboten. Nichtsdestominder ist es aus Gründen der Nachprüfbarkeit zwingend erforderlich, die Wirtschaftsgüter des Deckungsvermögens in einem eigenen Register ver-

---

1607 *Grabner*, BetrAV 2000, 431, 432 f. Siehe hierzu auch oben Kap. B.I.1.c).bb).

1608 *Mühlberger/Stöckler*, in Thiele/von Keitz/Brücks, Int. Bilanzrecht, 47. Lfg. Juli 2020, IAS 19 Rn. 271.

1609 Siehe zu dem Insolvenzschutz des Art. 8 RL 2008/94/EG *Kolbe*, in Franzen/Gallner/Oetker, EuArbR, 3. Aufl. 2020, 660 Art. 8 Rn. 1-6.

gleichbar mit Art. 30 Abs. 1 GKB-RLV i.d.F. 2016 zu erfassen. Dies ist im Rahmen einer zivilrechtlichen, insolvenzfesten Separation des Deckungsvermögens gegeben.

Vor diesem Hintergrund erscheint es naheliegend, dass eine Abgrenzung des Deckungsvermögens im Rahmen der steuerlichen Gewinnermittlung anhand einer funktionellen, bilanzbezogenen statt einer institutionellen Definition erfolgen könnte.[1610] Mit Blick auf die Systematik des Richtlinienvorschlags könnte eine solche Legaldefinition in Art. 4 GKB-RLV i.d.F. 2016 kodifiziert werden. Hierbei finden sich mit den Bestimmungen des Anlage- bzw. des Finanzanlagevermögens zumindest zwei generische Pendants. Der Richtlinienvorschlag sollte in diesem Zusammenhang jedoch keine Einschränkungen bezüglich einzelner Wirtschaftsgüter formulieren. Stattdessen sollte dem Steuerpflichtigen eine solche Einordnung im Zuge der teleologischen Auslegung überlassen sein. Gleichwohl könnte es den Mitgliedstaaten freistehen, bestimmte Wirtschaftsgüter als Deckungsvermögen zu disqualifizieren, um möglichen sozialpolitischen Überlegungen Rechnung zu tragen.[1611] Aufgrund der langfristigen Zielsetzung kommen zudem ausschließlich Wirtschaftsgüter des Anlagevermögens in Betracht. Im Ergebnis könnte eine Definition wie folgt lauten:

> *„Deckungsvermögen" bezeichnet alle vom Steuerpflichtigen entgeltlich erworbenen oder geschaffenen Wirtschaftsgüter des Anlagevermögens, die ausschließlich der Erfüllung von Pensionsverpflichtungen dienen, sofern die einzelstaatlichen Rechtsvorschriften nichts anderes bestimmen.*

Nicht Bestandteil der Definition sollten hingegen die quantitativen Voraussetzungen der Kapitaldeckung sein. Diese könnten separat in Art. 24 GKB-RLV i.d.F. 2016 in Zusammenhang mit der Differenzierung der Abzinsungssätze ausgeführt werden. Auf die damit korrespondierenden Wechselwirkungen soll im Rahmen der Bestimmung des Diskontierungszinssatzes genauer eingegangen werden.

Neben der Ergänzung des Richtlinienvorschlags um eine Legaldefinition des Deckungsvermögens bedarf es ebenfalls einer ausdrücklichen Regelung bezüglich der steuerlichen Behandlung der Rückdeckungsversicherungen. Mit Blick auf die grundsätzliche Eignung der Vorgaben des IAS 19 für die steuerliche Gewinnermittlung erscheint es insofern folgerichtig,

---

1610 In Anlehnung an *Schrimpf-Görges*, in Heidel/Schall, HGB, 3. Aufl. 2019, § 249 Rn. 88.

1611 Vgl. beispielhaft die Aufzählung des § 14 Abs. 7 Ziffer 4 im österreichischen Einkommensteuergesetz.

den Wortlaut einer solchen Vorschrift eng an die Vorgaben des Standards anzulehnen. Hierbei könnte sich die Systematik des IAS 19.115 für die entsprechende Norm anbieten. Die steuerliche Regelung könnte im Rahmen des Art. 24 GKB-RLV i.d.F. 2016 kodifiziert werden und hinsichtlich ihrer Rechtsfolgen auf die Vorgaben zu den Sicherungsgeschäften verweisen, um eine analoge Anwendung des Art. 26 GKB-RLV i.d.F. 2016 zu konkretisieren und dem inneren Kohärenzanspruch des Gewinnermittlungssystems gerecht zu werden. Darauf aufbauend könnte sich eine Definition eines qualifizierenden Versicherungsvertrags an der Begriffsbestimmung des IAS 19.8 orientieren, um die Voraussetzungen der Vorschrift rechtssicher zu determinieren bzw. einzugrenzen. Gleichwohl ist es aus fiskalpolitischer Perspektive ebenfalls irrelevant, ob eine Rückdeckungsversicherung insolvenzfest an den Arbeitnehmer verpfändet ist,[1612] sodass die Definition des Standards nicht gänzlich übernommen werden muss. Ferner könnte in Ergänzung zu der Bestimmung des IAS 19.8 deklaratorisch präzisiert werden, dass die Leistungen durch den Steuerpflichtigen unmittelbar erbracht werden. Eine Vorschrift innerhalb des Art. 24 GKB-RLV i.d.F. 2016 könnte wie folgt lauten:

> *Soweit zum Deckungsvermögen qualifizierende Versicherungsverträge gehören, die alle oder einige der zugesagten Leistungen hinsichtlich ihres Betrages und ihrer Fälligkeiten genau abdecken, sind die Vorgaben des Art. 26 GKB-RLV i.d.F. 2016 analog anzuwenden. Als ein qualifizierender Versicherungsvertrag gilt dabei eine Versicherungspolice eines Versicherers, wenn die Erlöse aus dem Vertrag nur verwendet werden können, um die Rentenleistungen durch den Steuerpflichtigen unmittelbar an die Arbeitnehmer zu zahlen.*

b) Bestimmung eines Abzinsungssatzes für Pensionsverpflichtungen in Abhängigkeit der Deckungsform

aa) Kapitalgedeckte Pensionsverpflichtungen

Der konzeptionelle Maßstab des Abzinsungssatzes nach IAS 19 repräsentiert grundsätzlich die Rendite einer nahezu sicheren Anlage am Markt gehandelter Unternehmensanleihen höchster Bonität mit entsprechender Laufzeit. Dies könnte sich insofern nicht nur für einen Ausgangspunkt

---

1612 A.A. *Rhiel/Hirsch/Veit*, StuB 2007, 333, 335.

einer laufzeitäquivalenten, einheitlichen Diskontierung als Alternative zu Art. 23 Abs. 2 Satz 2 Buchst. b) GKB-RLV i.d.F. 2016 anbieten, sondern auch den maßgeblichen Rechnungszins einer kapitalgedeckten Pensionsverpflichtung darstellen, wobei die subjektiven Ermessensentscheidungen der Unternehmen i.S.e. leistungsgerechten Besteuerung eingegrenzt werden sollten.

Vor diesem Hintergrund könnte stattdessen eine maßgebliche Zinsstrukturkurve auf Basis europäischer Unternehmensanleihen durch die Europäische Zentralbank oder die Kommission bekanntgegeben werden, um einen fristadäquaten und objektivierten Bewertungsmaßstab zu liefern. So wird auch der Abzinsungssatz des gegenwärtigen Richtlinienvorschlags durch die Europäische Zentralbank veröffentlicht. Eine solche Regelung wäre zudem vergleichbar mit der Ermittlung und Bekanntgabe der relevanten Zinsstrukturkurve durch die EIOPA gem. Art. 77e Abs. 1 Buchst. a) der Solvency II-Richtlinie. Weitere Details bezüglich der Datenbasis und der Methodik könnten sodann in einem delegierten Rechtsakt festgelegt werden, um unter Umständen Währungsdifferenzen in den Mitgliedstaaten mit nationaler Währung Rechnung zu tragen. Zu Vereinfachungszwecken könnte hierfür bspw. der zugrundeliegende durchschnittliche Zinssatz der Zinsstrukturkurve bekanntgegeben werden.[1613] Alternativ wäre es auch möglich, den Zinssatz als periodenübergreifenden Durchschnittssatz, fußend auf einem Zeitraum von bspw. sieben Jahren,[1614] zu veröffentlichen. Der Vorteil dieser Vorgehensweise liegt darin, dass der typisierte Abzinsungssatz um mögliche konjunkturzyklusspezifische Einflüsse bereinigt wäre.[1615] Ein fixer Rechnungszinssatz sollte vor dem Hintergrund der Dynamik des Kapitalmarktes hingegen nicht kodifiziert werden.[1616]

In eine ähnliche Richtung gehen die jüngeren Kompromissvorschläge der harmonisierten Körperschaftsteuer-Bemessungsgrundlage, nach denen langfristige Rückstellungen mit einer durch die Europäische Zentralbank veröffentlichten Benchmark-Rendite für zehnjährige Staatsanleihen des

1613 *Höfer/Verhuven/Young*, DB 2004, 2329, 2330 f.

1614 So beispielsweise von *Anzinger*, DStR 2016, 1829, 1832 mit Verweis auf die Regelungen des deutschen Handelsrechts vorgeschlagen.

1615 In Anlehnung an BT-Drucks. 16/10067, S. 54 f. Ein Juglar-Konjunkturzyklus würde in diesem Zusammenhang bspw. sechs bis zehn Jahre dauern. Siehe *Wildmann*, Wirtschaftspolitik, 2016, S. 87. Insofern käme auch ein längerer Zeitraum in Betracht. Vgl. ferner *Tiedchen*, in MüKoBilR, Band 2, 2013, § 253 Rn. 60.

1616 A.A. wohl *Schmidt/Siegel*, WPg 2016, 75, 78.

Euro-Währungsgebiets[1617] im Dezember des dem relevanten Steuerjahr vorausgehenden Jahres zuzüglich einer Risikoprämie von zwei Prozentpunkten abgezinst werden sollen. Obwohl dies gegenüber dem EURIBOR-Zinssatz für Schuldtitel mit einer Restlaufzeit von zwölf Monaten einen zu begrüßenden Fortschritt darstellt, wird dieser Abzinsungssatz der Laufzeit einer Pensionsverpflichtung nicht gerecht,[1618] sondern stellt allenfalls eine grobe, fiskalpolitisch motivierte Approximation desselben dar und ist daher abzulehnen.

Im Ergebnis stellt der entwickelte Vorschlag nicht nur eine fristadäquate, sondern auch eine konzeptionell-fundierte, rechtssichere und einheitliche Bewertung einer kapitalgedeckten Pensionsverpflichtung sicher. Infolgedessen ist einer Bewertung mittels eines laufzeitäquivalenten, typisierten Zinssatzes auf Basis einer Strukturkurve bei einer Weiterentwicklung des Richtlinienvorschlags der Vorzug zu geben.

In diesem Zusammenhang wäre des Weiteren zu klären, unter welchen Bedingungen eine unmittelbare Pensionsverpflichtung im Rahmen der steuerlichen Gewinnermittlung als kapitalgedeckt klassifiziert werden dürfte. Hierbei ist zuvörderst zu konstatieren, dass einer vollständig gedeckten Pensionsverpflichtung qua Definition für die Erfüllung der zukünftigen erwarteten Belastung ein ausreichend hoher Deckungsstock gegenübersteht.[1619] Dafür wird während der Anwartschaftsphase ein ausreichend hoher Kapitalstock angespart. Die Höhe des notwendigen Deckungsstocks hängt nicht nur von den biometrischen und den versicherungsmathematischen Annahmen, sondern insbesondere von dem zugrundeliegenden Zinssatz ab.

Diese Überlegung führt dazu, dass schon im Vorfeld der Auswahl des steuerlich maßgeblichen Zinssatzes als Voraussetzung zwingend eine Bewertung der unmittelbaren Pensionsverpflichtung und des korrespondierenden Deckungsvermögens vorzunehmen wäre. Als konzeptionell sachgerechter Ausgangsmaßstab kommt hierfür ausschließlich der Abzinsungssatz einer kapitalgedeckten Pensionsverpflichtung in Frage. In diesem Fall liegt die Beweislast beim Steuerpflichtigen, am Bilanzstichtag die vollstän-

1617 Im Dezember 2020 betrug die Rendite beispielhaft -0,0915 %. Siehe *Europäische Zentralbank*, Benchmark bond - Euro area 10-year Government Benchmark bond yield, 2021, abrufbar unter https://sdw.ecb.europa.eu/quickview.do?SERIES_KEY=143.FM.M.U2.EUR.4F.BB.U2_10Y.YLD (zuletzt abgerufen am 1.9.2021).

1618 Vgl. zu der Kritik an der Verwendung der Renditen für zehnjährige Staatsanleihen *Thoms-Meyer*, Grundsätze ordnungsmäßiger Bilanzierung, 1995, S. 107 f.

1619 Siehe oben Kap. B.I.1.c).bb).

dige Kapitaldeckung der Pensionsverpflichtung nachzuweisen und somit den Vorteil des niedrigeren Zinssatzes zu rechtfertigen. Sofern das Kriterium einer vollständigen Kapitaldeckung nicht erfüllt ist, ist stattdessen der Abzinsungssatz einer umlagefinanzierten Pensionsverpflichtung verbindlich bei der Bewertung anzuwenden.

In Anbetracht der wirtschaftlichen Dynamik und der damit einhergehenden Volatilität des Deckungsvermögens ist es weder zweckdienlich noch realistisch, zu jedem Zeitpunkt die vollständige Kapitaldeckung einer unmittelbaren Pensionsverpflichtung zu unterstellen bzw. zu verlangen. Analog hierzu sieht sogar Art. 14 Abs. 2 Satz 1 RL (EU) 2016/2341 die Möglichkeit einer temporären Unterdeckung einer Einrichtung der betrieblichen Altersversorgung vor, ohne diesen die Eigenschaft der Kapitaldeckung abzusprechen.[1620]

Vor diesem Hintergrund erscheint es sachgerecht, dass die Voraussetzungen hinsichtlich der Abgrenzung der Deckungsformen dem Steuerpflichtigen eine gewisse Flexibilität einräumen. Vorstellbar wäre, eine Unterdeckung einer kapitalgedeckten Pensionsverpflichtung sowohl der Höhe nach als auch befristet zu akzeptieren. So könnte beispielweise eine Unterdeckung i.H.v. maximal 20 % für bis zu drei Jahre als zulässig erachtet werden, sofern sie auf eine negative Marktentwicklung zurückzuführen wäre.[1621] Dies würde ferner auch dem steuerlichen Zweck des Vorschlags, den Innenfinanzierungseffekt der (langfristigen) Pensionsrückstellung während der Anwartschaftsphase einzuschränken, nicht unmittelbar widersprechen, da eine Unterdeckung samt den damit einhergehenden Zinsdifferenzen auf einen kurzen Zeitraum begrenzt wäre.[1622]

bb) Umlagefinanzierte Pensionsverpflichtungen

Eine Pensionsrückstellung ohne hinreichend hohes Deckungsvermögen ist nach hier vertretener Ansicht nicht mit einem Marktzins, sondern grundsätzlich mit der Gesamtkapitalrendite des Unternehmens abzuzin-

---

1620 Ferner auch *Engbroks/Engbroks*, BetrAV 2011, 514, 525.

1621 Sofern die Unterdeckung stattdessen auf einer unterlassenen Kapitalbindung der laufenden Periode wie einer fehlenden Investitionen in das Deckungsvermögen basieren würde, liegt keine kapitalgedeckte Pensionsverpflichtung mehr vor, da der Rückstellungsbetrag offenkundig in das Betriebsvermögen investiert wäre.

1622 Zur teleologischen Auslegung des Mitgliedstaatenwahlrechts siehe oben Kap. D.III.2.b).cc).

sen, um somit die auf dem Steuerstundungseffekt basierenden leistungsfähigkeitsverzerrenden Zins- und Liquiditätswirkungen zu begrenzen. Dieser Abzinsungssatz müsste jährlich auf Ebene des einzelnen Unternehmens ermittelt werden, was allerdings mit erheblich schwankenden Ergebnissen sowie administrativem Aufwand verbunden wäre.[1623] Eine zweckadäquate und rechtspolitische Weiterentwicklung des Richtlinienvorschlags erfordert daher die typisierende Approximation des steuerlichen Diskontierungsmaßstabes. Es ist jedoch zu klären, mittels welcher Methodik diese Schätzung erfolgen sollte. Des Weiteren muss diese Typisierung dem Verhältnismäßigkeitsgrundsatz im Ansatz genügen.

Eine Möglichkeit bestünde darin, den Abzinsungssatz umlagefinanzierter Pensionsverpflichtungen aus der Zinsstrukturkurve unter Berücksichtigung eines Risikoaufschlags herzuleiten. Dieser Vorgehensweise liegt die Überlegung zugrunde, dass sich auch die Gesamtkapitalrendite eines Unternehmens als Renditeerwartung an eine Alternativanlage mit gleicher Kapitalstruktur duplizieren lässt,[1624] wobei sich sowohl die Eigenkapital- als auch die Fremdkapitalkosten durch einen Risikoaufschlag auf einen risikolosen Basiszinssatz ermitteln lassen.[1625] Der Risikoaufschlag muss sodann ein typisiertes unternehmerisches Risiko abbilden.

Offen bliebe jedoch die Höhe des Aufschlags. Folgt man zunächst der Überlegung, dass die Eigenkapitalkosten grundsätzlich höher als die adjustierten Fremdkapitalkosten ausfallen,[1626] muss die Summe des Zinssatzes der Zinsstrukturkurve und des Risikoaufschlags unterhalb eines selbst zu typisierenden Eigenkapitalkostensatzes liegen.[1627] Nimmt man ferner einfachheitshalber einen einheitlichen, allgemeingültigen Fremdkapitalkostensatz auf Basis riskanterer Anleihen an,[1628] lässt sich der erwartete (Gesamt-)Kapitalkostensatz sodann konzeptionell nur anhand einer

1623 Vgl. oben Kap. D.III.3.b).bb).

1624 *Lüdenbach/Hoffmann/Freiberg*, IFRS-Kommentar, 19. Aufl. 2021, § 11 Rn. 80. Vgl. ferner auch zum Zusammenhang der erwarteten Rendite der Kapitalgeber und der korrespondierenden erwarteten Rendite der Vermögensgegenstände der Aktiva *Reimsbach*, Controlling 2011, 399, 399.

1625 Vgl. *Wöhe/Döring/Brösel*, Einführung in die allgemeine Betriebswirtschaftslehre, 2020, S. 516; *Anzinger*, DStR 2016, 1829, 1833.

1626 In Anlehnung an *Lüdenbach/Hoffmann/Freiberg*, IFRS-Kommentar, 19. Aufl. 2021, § 11 Rn. 76.

1627 Das Einzelrisiko des Unternehmens wäre dabei im Rahmen der Typisierung der Eigenkapitalkosten zu vernachlässigen. Vgl. *Melan*, DStR 2019, 1319, 1321.

1628 So vertreten durch *Briese*, DStR 2018, 1248, 1251 f.

geeigneten, pauschalisierten Gewichtung der Fremd- und Eigenkapitalkosten ermitteln.[1629]

Wenngleich die vorgestellte Methodik grundsätzlich einen konzeptionell sachgerechten und nachvollziehbaren Typisierungsansatz liefern könnte, hängt die Güte der Typisierung im Ergebnis selbst maßgeblich von der Schätzung der einzelnen Variablen ab. Hierbei ist zu bedenken, dass sich beispielsweise auch die durchschnittlichen Marktrisikoprämien in der Europäischen Union mitunter erheblich voneinander unterscheiden können.[1630] Vor diesem Hintergrund erscheint ein europaweit einheitlicher Abzinsungssatz kaum zweckdienlich. Vielmehr sollte der Rechnungszins für die Diskontierung umlagefinanzierter Pensionsverpflichtungen für jeden Mitgliedstaat einzeln festgelegt werden, um den nationalen Besonderheiten angemessen Rechnung zu tragen.

Statt der Ermittlung einer erwarteten Mindestrendite könnte die Berechnung der Gesamtkapitalrendite retrospektiv aus den hochgerechneten, aggregierten Jahresabschlüssen der Unternehmen der Mitgliedstaaten ermittelt werden, um einen objektivierten sowie nachvollziehbaren Vergleichsmaßstab auf Basis der vergangenen Jahre zu erhalten.[1631] Auf der folgenden Seite ist die durchschnittliche Gesamtkapitalrendite auf Basis der gesammelten handelsrechtlichen Jahresabschlüsse der europäischen Datenbank, der Bank for the Accounts of Companies Harmonized, ausgewählter Mitgliedstaaten für nicht finanzielle Unternehmen jeder Größenklasse im Zeitraum von 2015 bis 2019 tabellarisch dargestellt.[1632]

1629 Vgl. *Anzinger*, DStR 2016, 1829, 1833.

1630 *Statista* (Hrsg.), Average market risk premium (MRP) for selected countries in Europe 2020, 2021.

1631 In Anlehnung an *Melan*, DStR 2018, 1512, 1517, der die Gesamtkapitalrendite auf Basis durchschnittlicher Unternehmensdaten ermittelt. Ferner auch *FG Köln* v. 12.10.2017, 10 K 977/17, DStR 2017, 2792 Rn. 77, das allerdings nicht die Zinsaufwendungen in dem betroffenen Zeitraum berücksichtigt.

1632 Die Formel der Gesamtkapitalrendite wurde *Wöhe/Döring/Brösel*, Einführung in die allgemeine Betriebswirtschaftslehre, 2020, S. 829 f. entnommen. Die Werte wurden durch eigene Umformungen ermittelt.

Tabelle 5: Gesamtkapitalrenditen ausgewählter Mitgliedstaaten für nicht finanzielle Unternehmen jeder Größenklasse im Zeitraum von 2015 bis 2019

	AT	BE	DE	ES	FR	IT	PL
2013	4,89 %	4,39 %	5,65 %	2,89 %	4,67 %	3,14 %	6,42 %
2014	5,24 %	4,27 %	5,94 %	4,18 %	5,02 %	3,79 %	6,09 %
2015	5,35 %	4,55 %	5,23 %	4,01 %	5,03 %	4,01 %	5,22 %
2016	5,84 %	4,55 %	5,23 %	4,97 %	5,19 %	4,47 %	6,28 %
2017	6,44 %	4,64 %	5,56 %	5,01 %	5,16 %	4,84 %	6,82 %
2018	6,34 %	6,15 %	4,90 %	6,16 %	4,95 %	4,76 %	6,22 %
2019	Nicht vorhanden	5,74 %	4,41 %	6,96 %	5,04 %	4,86 %	5,83 %
Durchschnitt	5,68 %	4,90 %	5,27 %	4,88 %	5,01 %	4,27 %	6,13 %

(Quelle: *Bank for the Accounts of Companies Harmonized* (Hrsg.), European database, 2019)

In Zusammenschau der Ergebnisse lässt sich festhalten, dass die durchschnittliche Gesamtkapitalrendite nicht nur zwischen den Mitgliedstaaten, sondern auch periodenübergreifend erheblichen Schwankungen unterliegt. Davon ausgehend müsste der Abzinsungssatz jährlich teilweise um mehr als 100 Basispunkte, wie im Fall von Spanien, angepasst werden. Um solche starken Zinssprünge zu vermeiden, könnte analog dem Vorschlag zu einem Abzinsungssatz für kapitalgedeckte Pensionsverpflichtungen ein siebenjähriger Durchschnittszins veröffentlicht werden, der möglichen konjunkturzyklischen Schwankungen Rechnung trüge. Für das Jahr 2019 liegt dieser durchschnittliche Zinssatz beispielhaft in einer Spannbreite von 4,27 % (Italien) und 6,13 % (Polen).

Folglich erweist sich auch dieser dynamische Zinssatz als sehr volatil. Vor diesem Hintergrund wäre stattdessen ein quasi-fixer Zinssatz als Typisierung denkbar, um zusätzliche Planungssicherheit für die steuerpflichtigen Unternehmen zu gewährleisten.[1633] So könnte die Kommission ausgehend von den siebenjährigen Abzinsungssätzen für jeden Mitgliedstaat einen Referenzzinssatz bestimmen, wobei dieser Zinssatz um einen Sicherheitsabschlag i.H.v. 50 Basispunkten gesenkt werden könnte. Der Verweis

1633 Der Vorschlag ist an einen Reformvorschlag von *Kiesewetter/Schätzlein*, ZfbF 2019, 313, 327 f. angelehnt.

auf diesen Rechnungszins könnte gesetzlich fixiert werden. Ergänzend könnte der Abzinsungssatz durch die Kommission anhand eines Korridors laufend auf seine Angemessenheit überprüft werden. Überschritte (unterschritte) dieser Rechnungszins bspw. den Schwellenwert von 50 Basispunkten, könnte der Referenzzinssatz um 50 Basispunkte erhöht (gesenkt) werden, um wesentliche, gesamtwirtschaftliche Auswirkungen zu berücksichtigen.

Nichtsdestominder stellen diese typisierten Lösungen allenfalls eine grobe, approximative Näherung an die Realität dar und erfordern mit Blick auf die Belastungsgleichheit der Steuerpflichtigen eine besondere Rechtfertigung. Wenngleich der EuGH die Verhältnismäßigkeit solcher Typisierungen bisher nur ansatzweise adressiert hat,[1634] räumte der Gerichtshof dem Gesetzgeber in seinen bisherigen Entscheidungen zumindest auf Ebene der Mitgliedstaaten einen breiten Ermessens- und Gestaltungsspielraum ein.[1635] Die aus der Rechtsprechung abzuleitende Voraussetzung für eine Typisierung des Zinssatzes ist somit, dass der angestrebte Zinssatz keinen atypischen Fall als Beurteilungsmaßstab zugrunde legt und eine „weit überwiegende Mehrzahl der Fälle" abbildet.[1636] Dabei erachtete der EuGH auch grob geschätzte Typisierungen auf Grundlage von Durchschnittswerten als zulässig.[1637]

Vor diesem Hintergrund erscheinen die vorgestellten Lösungen grundsätzlich im Einklang mit den Anforderungen an eine verhältnismäßige Abwägung zu stehen.[1638] Mögliche Bedenken gegen die Höhe der Rechnungszinssätze lassen dabei durch den Sicherheitsabschlag entkräften.[1639]

1634 Vgl. *Kokott*, Das Steuerrecht der Europäischen Union, 2018, § 5 Rn. 103.

1635 *Englisch*, in Schaumburg/Englisch, Europäisches Steuerrecht, 2. Aufl. 2020, Kap. 12 Rn. 25.

1636 *Schlussantrag der Generalanwältin Kokott* v. 13.11.2014, C-512/13, ECLI:EU:C:2014:2375 Rn. 55. Vgl. hierzu auch *Kokott*, Das Steuerrecht der Europäischen Union, 2018, § 5 Rn. 104.

1637 *Englisch*, in Schaumburg/Englisch, Europäisches Steuerrecht, 2. Aufl. 2020, Kap. 12 Rn. 25 mit Verweis auf *EuGH* v. 29.4.2004, C-17/01, Slg. 2004, I-4243 Rn. 60-68. Zur grundsätzlichen Verwendung von Durchschnittssätzen bei schwierigen sowie komplexen Sachverhalten siehe bspw. *Jarzyk-Dehne*, Pauschalisierung im Steuerrecht, 2003, S. 29.

1638 A.A. *Eilers/Bleifeld*, Ubg 2018, 65, 68, die eine statische Typisierung der Gesamtkapitalrendite im Rahmen einer verfassungsrechtlichen Prüfung in Deutschland aufgrund der hohen Varianz der Ergebnisse ablehnen.

1639 An dieser Stelle sei ergänzt, dass auch der Median samt einem Abschlag statt des arithmetischen Mittels als Ausgangsmaßstab verwendet werden könnte, womit die Voraussetzung einer Erfassung einer überwiegenden Mehrzahl der Fälle, vergleichbar mit einem niedrigeren Perzentil, freilich erfüllt wä-

Sofern die Gesamtkapitalrendite des einzelnen Unternehmens unterhalb des typisierten Durchschnittssatzes liegt, steht es einem Steuerpflichtigen zudem weiterhin offen, die Pensionsverpflichtung durch den Aufbau eines Deckungsvermögens voraus zu finanzieren oder alternativ auf einen externen, kapitalgedeckten Versorgungsträger auszulagern.[1640] Dieser Differenzierung der Zinssätze anhand der zwei typischen Fallgestaltungen trägt der Reformvorschlag folgerichtig Rechnung. Dabei darf ein höherer Zinssatz nicht als unverhältnismäßige Benachteiligung des Steuerpflichtigen verstanden werden, da die Abzinsung der Pensionsrückstellung mit der typisierten Gesamtkapitalrendite einen nachvollziehbaren Zweck verfolgt. Im Vergleich zu einem pauschalen Rückstellungsverbot, wie es in dem Mitgliedstaatenwahlrecht des aktuellen Richtlinienvorschlags angelegt ist, stellt es schlicht das mildere Mittel dar.

2. Ableitung eines sachgerechten steuerlichen Bewertungsmaßstabs im Rahmen mittelbarer, kapitalgedeckter Leistungszusagen

Abschließend soll ein sachgerechter Bewertungsmaßstab einer Unterdeckung einer mittelbaren, kapitalgedeckten Leistungszusage entwickelt werden, um die schuldrechtliche Beziehung zwischen Arbeitgeber und Versorgungsträger sowie die damit verbundenen Risiken i.S.d. Art. 23 Abs. 2 Satz 2 Buchst. a) GKB-RLV i.d.F. 2016 folgerichtig zu berücksichtigen. Es obliegt primär dem Unternehmen, die Beiträge während der Anwartschaftsphase an den externen Versorgungsträger zu leisten, wobei der externe Versorgungsträger sodann für die übernommene Leistung einsteht.[1641] Das mit der Leistungszusage verbundene finale Haftungsrisiko verbleibt hingegen beim Arbeitgeber, sodass die Einstands- bzw. Nachschussverpflichtung des Arbeitgebers als Ausdruck eines Residualrisikos

re. In Anlehnung an *Moes*, Die Steuerfreiheit des Existenzminimums vor dem Bundesverfassungsgericht, 2011, S. 234-238, welcher mit Blick auf die einkommensteuerrechtliche Typisierung des Existenzminimums im Rahmen einer verfassungsrechtlichen Prüfung auch alternative Lageparameter statt des Durchschnitts für zulässig bzw. sogar geboten hält. Allerdings liegen die Medianwerte der hier betrachteten Datenreihen sogar meist oberhalb der jährlichen Durchschnittswerte, sodass ein durchschnittlicher Zinssatz samt Abschlag ebenso eine Mehrzahl der Unternehmen erfassen würde.

1640 In Anlehnung an *Schätzlein*, Corporate Finance 2021, 8, 13.

1641 Vgl. oben Kap. B.I.1.c)aa).

von der primären Verpflichtung abgetrennt werden könnte.[1642] Während die Primärverpflichtung durch die Zahlung abgegolten ist, ist für die Bewertung lediglich das Residualrisiko relevant.

Sofern sich die zugesagte Leistung des Arbeitgebers und die übernommene Leistung des Versorgungsträgers decken und der externe Versorgungsträger für die übernommene Pensionsverpflichtung des Arbeitgebers einsteht, hängt die Pflicht zur Rückstellung als Konsequenz eines höheren, konkreten Residualrisikos von einer bestehenden bzw. festgestellten Unterdeckung der ausgelagerten Verpflichtung ab.[1643] Entscheidend für die Höhe der Rückstellung ist dabei in erster Linie der Deckungsgrad der ausgelagerten Pensionsverpflichtung, woraus sich schließlich der Wertansatz der Rückstellung aus Sicht des zusagenden Unternehmens zum Bilanzstichtag t ergibt:[1644]

$$Unterdeckung_t = \sum_{i=1}^{n} PR_t(L_i^U)\left(1 - \frac{DV_{it}^V}{VR_t(L_i^V)}\right)$$

Der Ausdruck $PR_t(L_i^U)$ steht dabei für den steuerlichen Wert der Pensionsrückstellung der durch das Unternehmen U zugesagten i-ten Leistung L_i^U als Teil aller Zusagen n, wobei L_i^U die damit verbundene Leistungsmatrix repräsentiert. Daneben determiniert der Faktor $DV_{it}^V/VR_t(L_i^V)$ den Deckungsgrad aus dem anteiligen Deckungsvermögens DV_{it}^V des externen Versorgungsträgers im Verhältnis zu der korrespondierenden versicherungstechnischen Rückstellung $VR_t(L_i^V)$, wobei L_i^V die durch den externen Versorgungsträger V übernommene bzw. voraussichtlich zu erbringende i-te Leistung ausdrückt. Hierbei gilt, dass die durch den Arbeitgeber zugesagte Leistung L_i^U der übernommenen Leistung L_i^V vollständig, folglich $L_i^U = L_i^V$, entspricht. Während die Konzeption des IAS 19 die Pensionsrückstellung $PR_t(L_i^U)$ und die versicherungstechnische Rückstellung $VR_t(L_i^V)$ aus Sicht des Unternehmens gleichsetzt, trägt dieser Ansatz den Besonderheiten

1642 In Anlehnung an *Knigge*, Bilanzierung von Pensionszusagen nach IFRS, 2014, S. 104 f., der bei einer Pensionsverpflichtung zwischen einer Primär- und eine Sekundärzusage differenziert. Insofern könnten beide Zusagenbestandteile separat bilanziert und bewertet werden. Vgl. hierzu auch *Busche/Rhiel*, BetrAV 2006, 509, 512 f.

1643 In Anlehnung an die Faustformel von *Theile/Behling*, in Heuser/Theile, IFRS-Handbuch, 6. Aufl. 2019, Kap. 27 Rn. 23.

1644 Vgl. zur mathematische Herleitung *Richter*, BB 1987, 1432, 1433 f. Die Notation wurde i.S.e. übersichtlicheren Darstellung leicht modifiziert.

der schuldrechtlichen Übertragung der Pensionsverpflichtung auf einen Versorgungsträger und den unterschiedlichen Wertansätzen sachgerecht Rechnung.

Ob es zu einer Einstands- bzw. Nachschussverpflichtung aufgrund einer Unterdeckung kommt, hängt von der Risikoposition des Versorgungsträges ab. Wie erwähnt, sind Unterdeckungen bei Einrichtungen der betrieblichen Altersversorgung nach Art. 14 Abs. 2 RL (EU) 2016/2341 mitunter temporär zulässig. Darüber hinaus kann vor dem Hintergrund der Niedrigzinsphase auch bei versicherten Leistungen eine dauerhafte Deckung der versicherungsförmigen Rückstellung nicht mehr uneingeschränkt unterstellt werden.[1645] Sofern der externe Versorgungsträger dem zusagenden Unternehmen eine bestehende Unterdeckung, bspw. aufgrund einer negativen Anlagenentwicklung, anzeigt, kommt eine Erfassung einer Rückstellung in Höhe der Unterdeckung in Betracht.

Unter Umständen steht es dem externen Versorgungsträger frei, die übernommenen Leistungen aufgrund aufsichtsrechtlicher Anforderungen oder Vereinbarungen in der Satzung des Versorgungsträgers zu kürzen,[1646] sodass der Arbeitgeber für die Leistungszusagen einzustehen hat. Daneben ist es ebenfalls möglich, dass die zugesagte Pensionsverpflichtung des Arbeitsgebers, bspw. aufgrund einer arbeitsrechtlich erforderlichen Leistungserhöhung wie einer Rentenanpassung, die Leistungsverpflichtung des externen Versorgungsträgers übersteigt und eine zusätzlich Verpflichtung für den Arbeitgeber bedeutet.[1647] In beiden Fällen übersteigt die

---

1645 Siehe *Lüdenbach/Hoffmann/Freiberg*, IFRS-Kommentar, 19. Aufl. 2021, § 22 Rn. 21.

1646 In den Niederlanden können externe Versorgungsträger die Pensionsleistungen unter Umständen nach Art. 103 PW kürzen. Vgl. hierzu auch *van Meerten*, EU Pension Law, 2019, S. 102 Fn. 58. In Deutschland steht es bspw. sog. regulierten Pensionskassen gem. § 233 Abs. 1 Nr. 1 Buchst. a) VAG offen, aufgrund einer individuellen Satzungsklausel die Versicherungsansprüche zu kürzen. Vgl. bspw. *Baier/Hackenbroich*, BetrAV 2015, 645, 646; *Thüsing/Granetzny*, BetrAV 2010, 509. Dies könnte ferner auch bei Pensionsfonds der Fall sein. Siehe *Neuburger/Großmann*, VW 2007, 1253, 1255. Ferner *Höfer*, DB 2016, 1571, 1574.

1647 In Belgien könnte sich ein solche Zusatzverpflichtung bspw. aus dem gesetzlichen Anspruch des Arbeitnehmers auf eine Mindestgarantie der Beiträge gem. § 24 des Gesetzes über die Zusatzrenten und die Besteuerung dieser Renten und bestimmter sozialer Zusatzleistungen vom 28. April 2003 ergeben. Vgl. hierzu oben Kap. C.II.h). Für Deutschland könnte sich eine solche zusätzliche Verpflichtung bspw. aus der Rentenanpassungspflicht des § 16 BetrAV ergeben. Vgl. hierzu mit Blick auf die Niedrigzinsphase *Böckem/Johannleweling*, WPg 2017, 750, 752.

durch den Arbeitgeber rechtlich verbindlich zugesagte Leistung L_i^U die voraussichtliche Gesamtleistung des Versorgungsträgers L_i^V, sodass $L_i^V < L_i^U$ gilt. Die Höhe der Rückstellung bemisst sich hierbei als Differenz der Leistungen und lässt sich zum Bilanzstichtag t formalisiert wie folgt beschreiben:

$$Unterdeckung_t = \sum_{i=1}^{n} PR_t(L_i^U - L_i^V)$$

Führt man die Erkenntnisse zusammen, hängt die Höhe der Rückstellung einer ausgelagerten Pensionsverpflichtung sowohl von dem Deckungsgrad des Versorgungsträgers als auch von der Differenz zwischen der vom steuerpflichtigen Unternehmen zugesagten Leistung und der voraussichtlichen Gesamtleistung des Versorgungsträgers ab. Die untenstehende Abbildung 4 fasst die Interdependenzen der verschiedenen Gestaltungsformen schematisch zusammen. Von einer weiteren Vereinfachung der Formeln wurde abgesehen.

In einem zweiten Schritt verbleibt noch zu klären, welcher Abzinsungssatz je nach Deckungsform bei der Berechnung der Pensionsrückstellung im Fall einer Unterdeckung anzuwenden ist. Es erscheint naheliegend, in beiden beschriebenen Fällen weiterhin den Zinssatz einer kapitalgedeckten Pensionsverpflichtung zugrunde zu legen, solange ein externer Versorgungsträger involviert ist. Die Differenzierung des Zinssatzes entsprechend der Durchführungsform könnte jedoch eine Anknüpfung an die einzelnen rechtlichen Ansprüche des Arbeitnehmers bzw. an die Zahlungsverpflichtung des Arbeitgebers erforderlich machen.

Abbildung 4: Ermittlung einer Unterdeckung in Abhängigkeit der Leistungshöhe und des Deckungsgrad

Deckungsgrad / Leistungshöhe	$\frac{DV_{it}^V}{VR_t(L_i^V)} < 1$	$\frac{DV_{it}^V}{VR_t(L_i^V)} \geq 1$
$L_i^U = L_i^V$	$\sum_{i=1}^{n} PR_t(L_i^U)\left(1 - \frac{DV_{it}^V}{VR_t(L_i^V)}\right)$	0
$L_i^V < L_i^U$	$\sum_{i=1}^{n} PR_t(L_i^U - L_i^V) + \sum_{i=1}^{n} PR_t(L_i^V)\left(1 - \frac{DV_{it}^V}{VR_t(L_i^V)}\right)$	$\sum_{i=1}^{n} PR_t(L_i^U - L_i^V)$

(eigene Darstellung)

Ein mögliches Abgrenzungskriterium könnte die Durchführungsverpflichtung des Versorgungsträgers darstellen.[1648] Sofern der Versorgungsträger folglich rechtlich oder faktisch verpflichtet ist, die Gesamtleistung L_i^U bei Eintritt des Versorgungsfalls grundsätzlich zu erbringen, liegt weiterhin eine mittelbare, kapitalgedeckte Pensionsverpflichtung vor. Korrespondierend hierzu könnte die Zahlungsverpflichtung des Arbeitgebers in den Mittelpunkt der Abgrenzung gestellt werden.[1649] Falls der Arbeitgeber verpflichtet ist, die Unterdeckung anhand einer Ausgleichszahlung bzw. höherer Beiträge an den Versorgungsträger zu schließen, kann auch hierbei weiterhin eine mittelbare, kapitalgedeckte Pensionsverpflichtung samt niedrigeren Rechnungszins angenommen werden. Obliegt es ihm hingegen, die Rentenleistungen direkt an den Arbeitnehmer zu erbringen, handelt es sich um eine unmittelbare Pensionsverpflichtung, sodass keine Kapitaldeckung mehr unterstellt werden kann. Nichtsdestominder hängt die Anwendung des maßgeblichen Zinssatzes bei dieser Abgrenzung im weiteren Sinne von jeweiligen Verpflichtungsbeziehungen im Rahmen des spezifischen nationalen Arbeits- bzw. Sozialrechts der Mitgliedstaaten ab, sodass eine einheitliche Abgrenzung in Europa prima facie nicht sichergestellt ist.

Stattdessen könnte die Abgrenzung unter teleologischen Gesichtspunkten erfolgen. Sinn und Zweck der hier vorgeschlagenen Differenzierung der Zinssätze ist es, den Innenfinanzierungseffekt im Zusammenhang mit der Pensionsrückstellung zu verhindern, weshalb im Wesentlichen die langfristige Laufzeit der Pensionsrückstellung sowie eine mögliche langfristige Deckung entscheidend sind.[1650] Während die Dauer der Unterdeckung aufgrund eines niedrigeren Deckungsgrads bspw. nach Art. 14 Abs. 2 Satz 1 RL (EU) 2016/2341 zeitlich begrenzt ist,[1651] ist die Voraussetzung der langfristigen Kapitaldeckung der Pensionsverpflichtung bei einer Differenz zwischen der Gesamtleistung und der voraussichtlichen Leistung des Versorgungsträgers nicht vollständig erfüllt. In diesem Fall besteht die Gefahr, dass der Steuerstundungseffekt beim steuerpflichtigen Arbeitgeber

---

1648 Zum Kriterium der Durchführungsverpflichtung *DAV/IVS* (Hrsg.), Passivierungswahlrecht, 2019, S. 6.

1649 In Anlehnung an *Knigge*, Bilanzierung von Pensionszusagen nach IFRS, 2014, S. 104-114, der nach Anspruchs- und Zahlungsbeziehungen differenziert. Vgl. zu den damit korrespondierenden Fallunterscheidungen *Baier/Hackenbroich*, BetrAV 2015, 645, 647.

1650 Siehe oben Kap. D.III.3.b).

1651 So eben *Engbroks/Engbroks*, BetrAV 2011, 514, 525, die die Prämisse der Kapitaldeckung bei temporärer Unterdeckung weiterhin als gegeben ansehen.

auflebt. Anders als bei einem niedrigeren Deckungsgrad kann bei einer Differenz zwischen der Gesamtleistung und der Leistung des Versorgungsträgers daher schlussendlich auch kein niedrigerer Rechnungszins mehr unterstellt werden. Gleichwohl steht es dem Steuerpflichtigen sodann frei, die Differenz ebenfalls explizit betriebsintern voraus zu finanzieren bzw. zu decken.[1652]

Im Ergebnis ist der vorgeschlagene Bewertungsmaßstab in der Lage, die mit einer Unterdeckung einer mittelbaren, kapitalgedeckten Pensionsverpflichtung verbundenen Risiken sachgerecht in der Gewinnermittlung des Steuerpflichtigen abzubilden und dabei eine einheitliche Bewertung in Europa sicherzustellen. Zudem ist durch diese Systematik eine einheitliche Anwendung der unterschiedlichen Rechnungszinssätze im Fall einer Unterdeckung gewährleistet.

III. Zusammenfassung

Die Systematik sowie die Vorgaben des IAS 19 bezüglich der Bilanzierung und Bewertung einer Pensionsverpflichtung eignen sich aufgrund ihrer versicherungsmathematischen Fundierung im Wesentlichen für eine harmonisierte steuerliche Gewinnermittlung und sind daher grundsätzlich in der Lage, den vorgeschlagenen Bewertungsmaßstab eines anhand einer versicherungsmathematischen Methode zuverlässig geschätzten Betrags sachgerecht zu konkretisieren. Neben der Projected Unit Credit Methode lassen sich insbesondere die Vorgaben bezüglich der Ermittlung der biometrischen Parameter sowie der Fluktuationswahrscheinlichkeiten als teleologische Auslegungshilfe im Zuge der steuerlichen Gewinnermittlung anwenden. Mögliche Ermessensspielräume des Steuerpflichtigen könnten dabei im Zuge administrativer Leitfäden oder einer Begrenzung des Prognosehorizonts typisierend eingrenzt werden. Insgesamt sollte der versicherungsmathematischen Praxis jedoch weiterhin die notwendige Freiheit eingeräumt werden, auf spezifische Bewertungsfragen flexibel zu reagieren. Insofern sollten beispielsweise auch weitere Bewertungsverfahren wie das Teilwertverfahren zulässig sein.

Nicht unmittelbar auf die steuerliche Gewinnermittlung übertragen lassen sich hingegen die Vorgaben zur Ermittlung einheitlicher Abzinsungssätze. Zwar genügt die konzeptionelle Systematik des IAS 19 im Kern den Anforderungen bezüglich des Zinssatzes für kapitalgedeckte Pensionsver-

---

1652 Siehe zu den Anforderungen oben Kap. E.II.1.b)aa).

pflichtungen, dennoch räumt der Standard dem Steuerpflichtigen erhebliche Gestaltungsspielräume ein. Ferner bliebe bspw. ein Diskontierungszins bezüglich umlagefinanzierter Pensionsverpflichtungen weiterhin offen.

Darüber hinaus sind die Vorgaben in Bezug auf die Bilanzierung und Bewertung des Deckungsvermögens eines betriebsinternen Pensionsfonds ebenfalls nicht für die Ermittlung der steuerlichen Bemessungsgrundlage geeignet, da die zugrundeliegende Fair-Value-Bewertung das Prinzip der leistungsgerechten Besteuerung verletzt. Dagegen können im Fall einer sachlich und zeitlich vollständig kongruenten Rückdeckungsversicherung die Vorgaben des Standards i.S.d. teleologischen Auslegungshilfe durchaus fruchtbar gemacht werden, wobei die umgekehrte Anwendung des IAS 19.115 bzw. des IAS 19.119 aus Vereinfachungsgründen zugelassen werden sollte.

Hinsichtlich der Ermittlung einer möglichen Unterdeckung bei mittelbaren Pensionsverpflichtungen lässt sich die Bewertungssystematik des IAS 19 nur begrenzt anwenden. So eignet sich diese Vorgehensweise lediglich bei mittelbaren, umlagefinanzierten Pensionsverpflichtungen als Auslegungshilfe im engeren Sinne. Bei mittelbaren, kapitalgedeckten Pensionsverpflichtungen hingegen führt die Bewertungssystematik des IAS 19 als Bestimmung der Nettoschuld unter Umständen zu einer Unterbewertung der Pensionsrückstellung, sodass trotz einer bestehenden Unterdeckung des externen Versorgungsträgers keine Rückstellung erfasst werden würde. Dies ist mit Blick auf eine Besteuerung nach der Leistungsfähigkeit bedenklich. Hierfür bedarf es folglich eines alternativen, präziseren Bewertungsmaßstabs, um die unterschiedlichen Konstellationen einer mittelbaren, kapitalgedeckten Leistungszusage samt ihren Risiken vollständig in der steuerlichen Gewinnermittlung abzubilden.

Im Ergebnis sollten die Vorgaben des IAS 19 nicht unmittelbar für die steuerliche Gewinnermittlung maßgebend sein, sodass ein direkter Rückgriff auf den Standard i.S.d. ersten Fallgruppe abzulehnen ist. Nichtsdestominder könnten die Konzeption sowie Regelungen des Standards bei der Auslegung zweifelsohne berücksichtigt werden. Es erscheint daher folgerichtig, den IAS 19 als Auslegungshilfe i.S.d. zweiten Fallgruppe für die steuerliche Gewinnermittlung fruchtbar zu machen, um somit eine rechtssichere Bewertung in Europa sicherzustellen bzw. zu flankieren.

Als Antwort auf die offenen Rechtsfragen wie der Höhe der Abzinsungssätze sollten die Regelungen sowie der Bewertungsmaßstab bezüglich der steuerlichen Behandlung der Pensionsverpflichtungen weiterentwickelt werden. So sollte der Richtlinienvorschlag in Anlehnung an die Vorgaben des IAS 19 ausdrücklich um die Legaldefinitionen des Deckungsvermögens eines betriebsinternen Pensionsfonds und einer Rückdeckungsversicherung ergänzt werden, um die rechtssichere Einordnung einer unmittelbaren, kapitalgedeckten Pensionsverpflichtung zu flankieren. Während sich die Definition des Planvermögens des IAS 19 jedoch lediglich als funktioneller Anknüpfungspunkt für eine steuerliche Begriffsbestimmung des Deckungsvermögens eines betriebsinternen Pensionsfonds eignet, könnte sich gerade die steuerliche Legaldefinition einer Rückdeckungsversicherung eng an den Vorgaben sowie der Systematik i.S.d. IAS 19.115 i.V.m. IAS 19.8 orientieren. In beiden Fällen sollte die Insolvenzfestigkeit des Deckungsvermögens nicht als Voraussetzung normiert werden.

Darüber hinaus bietet sich der konzeptionelle Maßstab des Abzinsungssatzes des IAS 19 als Ausgangspunkt für die Entwicklung des maßgeblichen Rechnungszinses einer kapitalgedeckten Pensionsverpflichtung an. Um einen fristadäquaten und objektivierten Bewertungsmaßstab zu gewährleisten, sollte diesbezüglich eine maßgebliche Zinsstrukturkurve auf Basis europäischer Unternehmensanleihen durch die Europäische Zentralbank oder die Kommission bekanntgegeben werden. Des Weiteren sollten die Voraussetzungen hinsichtlich der Abgrenzung der Deckungsformen dem Steuerpflichtigen eine gewisse Flexibilität einräumen, sodass eine Unterdeckung einer kapitalgedeckten Pensionsverpflichtung bspw. temporär zulässig sein darf.

Die Höhe des Zinssatzes umlagefinanzierter Pensionsverpflichtungen sollte sich grundsätzlich an der Gesamtkapitalrendite des Unternehmens orientieren, um die leistungsfähigkeitsverzerrenden Zins- und Liquiditätswirkungen zu begrenzen. Vor dem Hintergrund des damit verbundenen Verwaltungsaufwands könnte der steuerliche Diskontierungsmaßstab typisierend approximiert werden, wobei der Rechnungszins für jeden Mitgliedstaat einzeln festgelegt werden sollte. Hierfür bietet sich eine Reihe von Typisierungen als Lösungen an, wobei insbesondere ein quasi-fixer Zinssatz die Volatilität der jährlichen Schätzungen reduziert. Vor dem Hintergrund der bisherigen Rechtsprechung des EuGH erfüllen grundsätzlich alle vorgeschlagenen Lösungen die Anforderungen an eine verhältnismäßige Abwägung.

Die Bestimmung der Rückstellungshöhe aufgrund einer Unterdeckung im Rahmen einer mittelbaren, kapitalgedeckten Pensionsverpflichtung sollte in Abhängigkeit des Deckungsgrads und der Leistungshöhe des externen Versorgungsträgers erfolgen, um die schuldrechtliche Beziehung zwischen Arbeitgeber und Versorgungsträger sowie die damit korrespondierenden Risiken i.S.d. Art. 23 Abs. 2 Satz 2 Buchst. a) GKB-RLV i.d.F.

2016 folgerichtig zu berücksichtigen. Bei der Ermittlung des Wertansatzes sollten jedoch mit Blick auf die Implikationen des Innenfinanzierungseffekts ebenfalls die unterschiedlichen Abzinsungssätze Anwendung finden, wobei die Abgrenzung des maßgeblichen Zinssatzes unter teleologischen Gesichtspunkten anhand der voraussichtlichen Dauer der Unterdeckung erfolgen sollte.

F. Thesenförmige Zusammenfassung

1. Trotz partieller Harmonisierung der betrieblichen Altersversorgung existiert in der Europäischen Union noch keine einheitliche Begriffsbestimmung zu dem Leistungsumfang der betrieblichen Altersversorgung, wobei sich in den Mitgliedstaaten sehr heterogene Systeme der betrieblichen Altersversorgung herausgebildet haben. Eine Abgrenzung des sachlichen Anwendungsbereichs der betrieblichen Altersversorgung kann jedoch funktionell mittels eines Rückgriffs auf das Drei-Säulen-System der Altersversorgung in den Mitgliedstaaten erfolgen. Auf dieser Grundlage ist es möglich, die Gestaltungsformen der Pensionsverpflichtungen in den Mitgliedstaaten in Abhängigkeit der Durchführungsform, ihrer Deckungsform und der Art der Zusage taxonomisch zu klassifizieren.
2. Die Rechtsprechung des Europäischen Gerichtshofs attestiert der Verpflichtung einer betrieblichen Altersversorgung im Kern einen Entgeltcharakter. Im Rahmen der Mobilitätsrichtlinie hat sich dabei aufgrund der verkürzten Unverfallbarkeitsfristen ein einheitlicher, unionsrechtlicher Rechtscharakter der Pensionsverpflichtung als eine Gegenleistung des Arbeitgebers für die vom Arbeitnehmer geleistete Arbeitskraft im engeren Sinne etabliert. Aus rechtsökonomischer Sicht ähnelt die konditionale Verknüpfung von Pensionszusage und Arbeitsleistung einem Kreditverhältnis, das erst im Zeitverlauf durch die Erfüllung des ex ante definierten Verpflichtungsumfangs abgegolten wird. Hierbei ist es Aufgabe des Bilanzrechts, die Pensionsverpflichtung samt der gewählten Gestaltungsform aus ökonomischer Sicht sachgerecht in der zugrundeliegenden Normenkonzeption abzubilden.
3. Aufgrund der unbestimmten Vorgaben in den gesellschaftsrechtlichen Richtlinien bezüglich der Bilanzierung einer Pensionsrückstellung gewinnt die Konzeption des IAS 19 auf Ebene der Jahresabschlusserstellung der zehn wirtschaftsstärksten Mitgliedstaaten der Europäischen Union auch abseits einer unmittelbaren Anwendung des Standards verstärkt materielle Bedeutung. Im Gegensatz dazu divergieren die steuerlichen Vorschriften in den analysierten Ländern erheblich von den Vorgaben des IAS 19. In einigen Mitgliedstaaten wird der steuerliche Abzug einer Pensionsrückstellung sogar vollständig ausgeschlos-

sen. Dies lässt sich im Kern auf die fiskal- oder sozialpolitisch motivierte Zielsetzung der nationalen steuerrechtlichen Regelungen zurückführen.

4. Die Gewinnermittlung des Richtlinienvorschlags über eine Gemeinsame Körperschaftsteuer-Bemessungsgrundlage erfolgt nicht auf Grundlage der Jahresabschlüsse in den Mitgliedstaaten, sondern als eigenständiges, autonomes Konzept. Das materielle Gewinnermittlungssystem fußt dabei insbesondere auf dem Grundsatz der Periodenabgrenzung sowie dem Realisationsprinzip. Um eine einheitliche Auslegung in den Mitgliedstaaten zu unterstützen, sollten weitere allgemeine, steuerrechtliche Gewinnermittlungsgrundsätze im System der GKB kodifiziert werden. Die Ergänzung dieser steuerrechtlichen Prinzipien stellt jedoch lediglich eine notwendige, gleichwohl keine äquivalente Bedingung für eine konsistente Weiterentwicklung des Richtlinienvorschlags dar.
5. Für eine einheitliche, autonome Auslegung liefern die Kompromissvorschläge der österreichischen sowie der rumänischen Ratspräsidentschaft, im Fall von offenen Rechtsfragen insoweit auf die in den Mitgliedstaaten geltenden Rechnungslegungsvorschriften zurückzugreifen, eine geeignete Auslegungshilfe. Wenngleich grundsätzlich sowohl auf die im Rahmen der Umsetzung der unionsrechtlichen Richtlinien kodifizierten nationalen Regelungen als auch auf die internationalen Standards zurückgegriffen werden könnte, sind die IFRS vorrangig zu berücksichtigen.
6. Pensionsverpflichtungen sind im Einklang mit dem Grundsatz der Periodenabgrenzung zum Zeitpunkt der Leistungserbringung erfolgswirksam als Aufwand zu antizipieren und entsprechend der Vorgaben des Art. 23 GKB-RLV i.d.F. 2016 grundsätzlich als Rückstellung abzubilden. Gleichwohl lassen sich aus dem Richtlinienvorschlag keine spezifischen Vorgaben bezüglich der Behandlung der einzelnen Gestaltungsformen entnehmen. Dies erzeugt erhebliche Rechtsunsicherheit für den Steuerpflichtigen. Das Deckungsvermögen einer kapitalgedeckten Pensionsverpflichtung ist aufgrund mangelnder Regelungen ebenfalls im Rahmen der generellen Vorgaben des Richtlinienvorschlags zu behandeln, wobei die Möglichkeit der außerordentlichen Abschreibung grundsätzlich erwogen werden sollte.
7. Bei dem Mitgliedstaatenwahlrecht des Richtlinienvorschlags bezüglich der steuerlichen Abzugsfähigkeit von Pensionsrückstellungen handelt es sich um ein Ansatzwahlrecht, nicht um ein Bewertungswahlrecht. Im Einklang mit der europarechtlichen Auslegung des Begriffs der

Pensionsrückstellung ist das Wahlrecht dabei lediglich auf unmittelbare sowie mittelbare, umlagefinanzierte Pensionsverpflichtungen beschränkt. Entgegen der Intention der rumänischen Ratspräsidentschaft schafft die Einführung einer Definition einer Pensionsrückstellung i.S.d. Kompromissvorschlags von 2019 keine Rechtssicherheit. Stattdessen sollte der Begriff einer Pensionsrückstellung mit Rückgriff auf die arbeitsrechtlichen Sekundärrechtsakte weiter konkretisiert werden.

8. Das Mitgliedstaatenwahlrecht über die Abzugsfähigkeit von Pensionsrückstellungen verstößt grundsätzlich gegen das Prinzip der Gleichbehandlung nach Art. 20 der Grundrechtecharta und sollte daher gestrichen werden. Möglichen Befürchtungen eines ungerechtfertigten Liquiditätsvorteils des steuerpflichtigen Unternehmens sollten stattdessen durch eine Kopplung des Abzinsungsfaktors an die jeweilige Rendite des korrespondierenden Rückstellungsbetrags begegnet werden. Gleichwohl sollte der Richtlinienvorschlag sodann durch eigene Vorgaben zur Bewertung der leistungsdefinierten Gestaltungsformen erweitert werden.
9. Sowohl die Systematik als auch einzelne Vorgaben des IAS 19 bezüglich der Bilanzierung und Bewertung der Pensionsverpflichtung eignen sich dabei größtenteils für eine harmonisierte steuerliche Gewinnermittlung. Im Ergebnis lässt sich der IAS 19 als teleologische Auslegungshilfe für eine einheitliche steuerliche Gewinnermittlung fruchtbar machen. Ein unmittelbarer Rückgriff auf die Vorgaben des Standards ist hingegen abzulehnen. Hinsichtlich der verbliebenen Rechtsfragen sollte der Vorschlag über eine GKB weiterentwickelt werden.
10. Der Richtlinienvorschlag sollte diesbezüglich um eine Legaldefinition des Deckungsvermögens sowie um spezifische Regelungen bezüglich der steuerlichen Behandlung von Rückdeckungsversicherungen ergänzt werden. Darüber hinaus sollten sowohl für kapitalgedeckte als auch für umlagefinanzierte Pensionsverpflichtungen spezifische Abzinsungssätze bestimmt werden, um den unterschiedlichen Deckungsformen adäquat Rechnung zu tragen. Zudem sollte die Rückstellung bei mittelbaren, kapitalgedeckten Pensionsverpflichtungen in Abhängigkeit des Deckungsgrads sowie der Leistungshöhe des externen Versorgungsträgers bewertet werden, um somit die mit der spezifischen Gestaltungsform verbundenen Risiken sachgerecht in der Gewinnermittlung des Steuerpflichtigen abzubilden.

Literaturverzeichnis

aba (Hrsg.), Stellungnahme zur „Steuerlichen Behandlung von Finanzinstituten" – Unterstützungskassen, Heidelberg 2007, abrufbar unter https://ec.europa.eu/taxation_customs/sites/taxation/files/docs/body/abacontrib1.pdf (zuletzt abgerufen am 1.9.2021) (zitiert als: *aba* (Hrsg.), Stellungnahme zur „Steuerlichen Behandlung von Finanzinstituten", 2007, S.).

aba (Hrsg.), Kapitalanlage in der betrieblichen Altersversorgung – Grundlagen und Praxis, Handbuch, 3. Auflage, Heidelberg 2018 (zitiert als: *Verf.*, in aba, Kapitalanlage, 3. Aufl. 2018, Rn.).

Abad Navarro, Christina, Retribuciones a los empleados, S. 266 – 295, in Zamora Ramírez, Constantino (Hrsg.), Análisis práctico y guía de implantación del nuevo PGC, Madrid 2008 (zitiert als: *Abad Navarro*, in Zamora Ramírez, Análisis práctico y guía de implantación del nuevo PGC, 2008, S.).

Acernese, Riccardo, Contabilizzazione IAS del TFR e deduzione fiscale: una derivazione dimezzata?, Corriere Tributario 2009, S. 3189 – 3193.

Adler, Hans / Düring, Walther / Schmaltz, Kurt (Hrsg.), Rechnungslegung und Prüfung der Unternehmen, Kompakt-Kommentar, 6. Auflage, Stuttgart 2000 (zitiert als: *ADS*, Rechnungslegung und Prüfung, 6. Aufl. 1995, § Rn.).

Adriaansen, Peter / Bakker, Hans / Kam, Imme / Sanders, Thies / Simonis, Paul / Vogel, Matthijs / van der Wal, Jochen / Weber, Dennis, Proposal for a Council Directive on a Common Consolidated Corporate Tax base ('CCCTB'), Highlights & Insights on European Taxation 2011, Heft 6, S. 5 – 90 (zitiert als: *Adriaansen et al.*).

Ahmling, Rebecca, Analogiebildung durch den EuGH im Europäischen Privatrecht, Berlin 2012 (zitiert als: *Ahmling*, Analogiebildung durch den EuGH, 2012, S.).

Ahrend, Peter, Bewertung von Versorgungsverpflichtungen im internationalen Vergleich – Rechnungslegung als Standortnachteil für die betriebliche Altersversorgung?, S. 1 – 17, in Förschle, Gerhart / Kaiser, Klaus / Moxter, Adolf (Hrsg.), Rechenschaftslegung im Wandel - Festschrift für Wolfgang Dieter Budde, München 1995 (zitiert als: *Ahrend*, in FS Budde, 1995, S.).

Ahrend, Peter / Förster, Wolfgang / Rößler, Norbert, Effizienzgewinne bei gleichzeitiger Kostenreduktion in der betrieblichen Altersversorgung – Beitragsorientierte Direktzusagen im Leistungssystem Gestaltungsformenvergleich, Betriebs-Berater 1995, Beilage Nr. 10, S. 1 – 18.

Ahrend, Peter / Förster, Wolfgang / Rößler, Norbert (Begr.) */ Stöckler, Manfred / Karst, Michael* (Hrsg.), Steuerrecht der betrieblichen Altersversorgung, Kommentar, Loseblatt, Köln, 45. Lfg. März 2021 (zitiert als: *Ahrend/Förster/Rößler*, Steuerrecht der bAV, Band, Lfg., Teil Rn.).

Alexy, Robert, Theorie der juristischen Argumentation – die Theorie des rationalen Diskurses als Theorie der juristischen Begründung, Frankfurt am Main 1991 (zitiert als: *Alexy*, Theorie der juristischen Argumentation, 1991, S.).

Alhager, Eleonor / Alhager, Magnus, Sambandet mellan redovisning och beskattning – en introduktion, 2. Auflage, Uppsala 2004 (zitiert als: *Alhager/Alhager*, Sambandet mellan redovisning och beskattning, 2004, S.).

Allegrini, Marco / Ninci, Emanuele, La transizione agli IAS-IFRS: il caso Gamma S.p.a., Amministrazione & Finanza 2008, S. 6 – 16.

Alt, Stefanie / Stadelbauer, Dominik, Pauschaldotierte Unterstützungskassen in der Beratungspraxis, Unternehmensteuern und Bilanzen 2011, S. 731 – 740.

Altmeier, David, Rückstellungsbilanzierung in Deutschland und Frankreich – Eine vergleichende Untersuchung der französischen Rückstellungsbilanzierung aus der Perspektive des deutschen Bilanzrechts, Frankfurt am Main 1999 (zitiert als: *Altmeier*, Rückstellungsbilanzierung, 1999, S.).

Altvater, Christian / Haug, Felix, Die Besteuerung von Kreditinstituten nach der GK(K)B, Der Betrieb 2011, S. 2870 – 2875.

Andersson, Krister, Comments on document CCCTB/WP\001 – General Tax Principles, o.O. 2005, abrufbar unter https://ec.europa.eu/taxation_customs/sites/taxation/files/resources/documents/taxation/company_tax/common_tax_base/unice_comments_tax_principles_paper1.pdf (zuletzt abgerufen am 1.9.2021).

Andersson, Krister, An optional and competitive CCCTB – a comprehensive approach to reach the Lisbon objectives, S. 94 – 100, in Schön, Wolfgang / Schreiber, Ulrich / Spengel, Christoph (Hrsg.), A common consolidated corporate tax base for Europe – eine einheitliche Körperschaftsteuerbemessungsgrundlage für Europa, Berlin 2008 (zitiert als: *Andersson*, in Schön/Schreiber/Spengel, A CCCTB for Europe, 2008, S.).

André, Paul, The Role and Current Status of IFRS in the Completion of National Accounting Rules Evidence from European Countries, Accounting in Europe 2017, S. 1 – 12.

Andreani, Gulio / Dodero, Annibale / Ferranti, Gianfranco (Hrsg.), Testo Unico Imposte sui Redditi, Kompakt-Kommentar, Mailand 2020 (zitiert als: *Andreani/Dodero/Ferranti*, Testo Unico Imposte sui Redditi, 2020, Art. Abschnitt Rn.).

Andresen, Boy-Jürgen, Betriebliche Altersversorgung im 21. Jahrhundert, S. 45 – 61, in *Andresen, Boy-Jürgen / Rößler, Norbert / Rührmann, Jochen* (Hrsg.), Betriebliche Altersversorgung im 21. Jahrhundert – Rechtliche, personalpolitische und finanztechnische Herausforderungen – Festschrift für Wolfgang Förster, Köln 2001 (zitiert als: Andresen, in FS Förster, 2001, S.).

Andrietti, Vincenzo, Occupational Pensions and interfirm Job Mobility in the European Union – Evidence from The ECHP Survey, CERP Working Paper 5/01, 2001, abrufbar unter https://www.cerp.carloalberto.org/wp-content/uploads/2008/12/wp_5.pdf?d2641f (zuletzt abgerufen am 1.9.2021) (zitiert als: *Andrietti*, Occupational Pensions and interfirm Job Mobility in the European Union, CERP Working Paper 5/01, 2001, S.).

Andrzejweski, Mariusz / Grabiński, Konrad, Perspektywy rozwoju polskiego prawa bilansowego, Zeszyty Naukowe 2008, S. 159 – 177.

Antolin, Pablo / Schich, Sebastian / Yermo, Juan, The Economic Impact of Protracted Low Interest Rates on Pension Funds and Insurance Companies, OECD Journal Financial Market 2011, S. 237 – 256.

Anweiler, Jochen, Die Auslegungsmethoden des Gerichtshofs der Europäischen Gemeinschaften, Frankfurt am Main 1997 (zitiert als: *Anweiler*, Auslegungsmethoden, 1997, S.).

Anzinger, Heribert, Dauerniedrigzins bei Bilanzierung, Unternehmensbewertung und Besteuerung (Teil II), Deutsches Steuerrecht 2016, S. 1829 – 1836.

Anzinger, Heribert, § 7 Stand und Perspektiven der positiven und negativen Integration des materiellen Steuerrechts in der EU, S. 123 – 189, in Reimer, Ekkehart / Kube, Hanno (Hrsg.), Europäisches Finanzrecht: Stand - Methoden - Perspektiven, Heidelberger Beiträge zum Finanz- und Steuerrecht, Band 6, Heidelberg 2017 (zitiert als: *Anzinger*, in Reimer/Kube, Heidelberger Beiträge zum Finanz- und Steuerrecht, Band 6, 2017, S.).

Arbeitskreis Bilanzrecht der Hochschullehrer Rechtswissenschaft, Überlegungen zur Umsetzung der EU-Bilanzrichtlinie RL 2013/34/EU vom 26.6.2013 in deutsches Recht, Neue Zeitschrift für Gesellschaftsrecht 2014, S. 892 – 896.

Arbeitskreis Bilanzrecht Hochschullehrer Rechtswissenschaft, Zur Fortentwicklung des deutschen Bilanzrechts, Betriebs-Berater 2002, S. 2372 – 2381.

Arendt, Hendrik, Die Neuauflage der Vorschläge für eine Richtlinie des Rates über eine Gemeinsame (konsolidierte) Körperschaftsteuer-Bemessungsgrundlage – Steuerrechtliche Auslegung und Analyse der Vereinbarkeit mit dem Europäischen Recht, Berlin 2020 (zitiert als: *Arendt*, Neuauflage der Vorschläge, 2020, S.).

Armbrüster, Christian, Die jüngere Entwicklung des europäischen Privatversicherungsrechts bis Mitte 2013, Europäische Zeitschrift für Wirtschaftsrecht 2013, S. 686 – 694.

Arnold, Arnd, Die Zukunft des Verhältnisses von Handelsbilanz und steuerlicher Gewinnermittlung, Steuer und Wirtschaft 2005, S. 148 – 157.

Arnot, Simon, Directive 2003/41/EC on the Activities and Supervision of Institutions for Occupational Retirement Provision, Brüssel 2004, abrufbar unter https://www.steptoe.com/images/content/2/1/v1/213/77.pdf (zuletzt abgerufen am 1.9.2021) (zitiert als: *Arnot*, Directive 2003/41/EC, 2004, S.).

Artsberg, Kristina, The link between commercial accounting and tax accounting in Sweden, European Accounting Review 1996, Supplement, S. 795 – 814.

Artsberg, Kristina, Sweden, S. 191 – 216, in Previts, Gary / Walton, Peter / Wolnizer, Peter (Hrsg.), A Global History of Accounting, Financial Reporting and Public Policy – Europe, Bingley 2010 (zitiert als: *Artsberg*, in Previts/Walton/Wolnizer, A Global History of Accounting, 2010, S.).

Asche, Michael, Europäisches Bilanzrecht und nationales Gesellschaftsrecht – Wechselwirkungen und Spannungsverhältnisse, dargestellt am Beispiel der Einbeziehung der Kapitalgesellschaft & Co. in die EG-Bilanzrichtlinien und die IAS/IFRS, Berlin 2007 (zitiert als: *Asche*, Europäisches Bilanzrecht, 2007, S.).

Aujean, Michel, The CCCTB Project and the Future of European Taxation, S. 13 – 35, in Lang, Michael / Pistone, Pasquale / Schuch, Josef / Staringer, Claus (Hrsg.), Common Consolidated Corporate Tax Base, Wien 2008 (zitiert als: *Aujean*, in Lang et al., Common Consolidated Corporate Tax Base, 2008, S.).

Aujean, Michel, The harmonisation of corporate taxation in the EU: a long and winding road, S. 43 – 71, in Lang, Michael / Weinzierl, Christine (Hrsg.), Europäisches Steuerrecht – Festschrift für Friedrich Rödler zum 60. Geburtstag, Wien 2010, (zitiert als: *Aujean*, in FS Rödler, 2010, S.).

Aumayr, Lisa / Mayr, Gunter, CCTB – Is There a Chance of Breakthrough, European Taxation 2019, S. 153 – 160.

Avi-Yonah, Reuven / Sartori, Nicola / Marian, Omri, Global perspectives on income taxation law, New York 2011 (zitiert als: *Avi-Yonah/Sartori/Marian*, Global perspectives, 2011, S.).

Baetge, Jörg / Haenelt, Timo, Pensionsrückstellungen im IFRS-Abschluss – Kritische Würdigung der Regelungen zur Vereinnahmung versicherungsmathematischer Gewinne und Verluste im IFRS-Abschluss unter Berücksichtigung der Neuregelung des FASB, Der Betrieb 2006, S. 2413 – 2419.

Baetge, Jörg / Kirsch, Hans-Jürgen / Thiele, Stefan, Bilanzen, 15. Auflage, Düsseldorf 2019.

Baetge, Jörg / Kirsch, Hans-Jürgen / Thiele, Stefan (Hrsg.), Bilanzrecht, Kommentar, Loseblatt, Bonn, 97. Lfg. März 2021 (zitiert als: *Verf.*, in Baetge/Kirsch/Thiele, Bilanzrecht, Lfg., § Rn.).

Baetge, Jörg / Wollmert, Peter / Kirsch, Hans-Jürgen / Oser, Peter / Bischof, Stefan (Hrsg.), Rechnungslegung nach IFRS – Kommentar auf Grundlage des deutschen Bilanzrechts, Kommentar, Loseblatt, Stuttgart, 44. Lfg. Juni 2021 (zitiert als: *Verf.*, in Baetge et al., Rechnungslegung nach IFRS, Lfg., IAS /IFRS Rn.).

Báez Moreno, Andrés, Accounting and Taxation: Spain, S. 183 – 201, in Grandinetti, Mario (Hrsg.), Corporate Tax Base in the Light of the IAS/IFRS and EU Directive 2013/34 – A Comparative Approach, Alphen aan den Rijn 2016 (zitiert als: *Báez Moreno*, in Grandinetti, Corporate Tax Base, 2016, S.).

Baier, Christiane / Hackenbroich, Bernd, Bilanzielle Auswirkungen von Leistungskürzungen externer Versorgungsträger, Betriebliche Altersversorgung 2015, S. 645 – 649.

Baker, Philip, Administrative Aspects – Panel Statements, S. 181 – 183, in Schön, Wolfgang / Schreiber, Ulrich / Spengel, Christoph (Hrsg.), A common consolidated corporate tax base for Europe – eine einheitliche Körperschaftsteuerbemessungsgrundlage für Europa, Berlin 2008 (zitiert als: *Baker*, in Schön/Schreiber/Spengel, A CCCTB for Europe, 2008, S.)

Balducci, Daniele, Il bilancio d'esercizio Principi contabili nazionali e internazionali IAS/IFRS, 3. Auflage, Mailand 2007 (zitiert als: *Balducci*, Il bilancio d'esercizio, 2007, S.).

Ballwieser, Wolfgang / Beine, Frank / Hayn, Sven / Peemöller, Volker / Schruff, Lothar / Weber, Claus-Peter (Hrsg.), Wiley Kommentar zur internationalen Rechnungslegung nach IFRS, Kompakt-Kommentar, 5. Auflage, Weinheim 2009 (zitiert als: *Verf.*, in Ballwieser et al., Kommentar zur internationalen Rechnungslegung, 5. Aufl. 2009, Abschnitt Rn.).

Bank for the Accounts of Companies Harmonized (Hrsg.), European database containing aggregate informations on non-financial companies, Paris 2019, abrufbar unter https://www.bach.banque-france.fr/?page=bach (zuletzt abgerufen am 1.9.2021) (zitiert als: *Bank for the Accounts of Companies Harmonized* (Hrsg.), European database, 2019).

Barassi, Marco, A Comparative Perspective, S. 247 – 258, in Grandinetti, Mario (Hrsg.), Corporate Tax Base in the Light of the IAS/IFRS and EU Directive 2013/34 – A Comparative Approach, Alphen aan den Rijn 2016 (zitiert als: *Barassi*, in Grandinetti, Corporate Tax Base, 2016, S.).

Bardini, Chiara, The Ability to Pay in the European Market: An Impossible Sudoku for the ECJ, Intertax 2010, S. 2 – 20.

Bariatti, Stefania (Hrsg.), Le nuove leggi civili commentate 1995, Kompakt-Kommentar, Padua 1995 (zitiert als: *Verf.*, in Bariatti, Le nuove leggi civili commentate, 1995, Gesetz/Dekret Art.).

Barnecki, Marvin, Die IFRS im Deutschen und Europäischen Rechtsraum – Einfluss, Auslegung, gerichtliche Kontrolle, Göttingen 2021 (zitiert als: *Barnecki*, Die IFRS im Deutschen und Europäischen Rechtsraum, 2021, S.).

Bartel, Johannes Cornelis Kasper Willem, Dga-pensioenverplichtingen, Nederlands Tijdschrift voor Fiscaal Recht 2012, Heft 1068, S. 1 – 4.

Bartolini, Monica, Il bilancio d'esercizio – Principi contabili nazionali e internazionali a confronto, informazioni non finanziarie e report integrato. Aggiornato ai D. Lgs. n. 139/2015 e n. 254/2016, Mailand 2018 (zitiert als: *Bartolini*, Il bilancio d'esercizio, 2018, S.).

Bauer, Christian, Das Prinzip der Besteuerung nach der Leistungsfähigkeit als Grundlage der Gewinnermittlungsarten im Einkommensteuerrecht, Hamburg 2011 (zitiert als: *Bauer*, Das Prinzip der Besteuerung nach der Leistungsfähigkeit, 2011, S.).

Bauer, Udo, IAS 19: Zur Bilanzierung beitragsorientierter Leistungszusagen bei versicherungsförmiger Finanzierung, Betriebliche Altersversorgung 2005, S. 742 – 744.

Bauer, Udo / Gohdes, Alfred / Lucius, Friedemann / Rhiel, Raimund, Festlegung des Rechnungszinses bei der internationalen Bewertung von Pensionsverpflichtungen – Ein Verfahrensüberblick, Der Aktuar 2007, S. 86 – 89.

Baumbach, Adolf / Hopt, Klaus (Hrsg.), Handelsgesetzbuch (HGB), Kompakt-Kommentar, 40. Auflage, München 2021 (zitiert als: *Verf.*, in Baumbach/Hopt, HGB, 40. Aufl. 2021, § Rn.).

Baumgärtl, Martina, Financial Institutions – Need for Specific Provisions?, S. 575 – 604, in Lang, Michael / Pistone, Pasquale / Schuch, Josef / Staringer, Claus (Hrsg.), Common Consolidated Corporate Tax Base, Wien 2008 (zitiert als: *Baumgärtel*, in Lang et al., Common Consolidated Corporate Tax Base, 2008, S.).

Bayer, Walter / Schmidt, Jessica, BB-Gesetzgebungs- und Rechtsprechungsreport Europäisches Unternehmensrecht 2013/14, Betriebs-Berater 2014, S. 1219 – 1232.

Becher, Günter, Sind Leistungszusagen "out"?, Betriebliche Altersversorgung 2004, S. 116 – 117.

Beckers, Dominique, Actuarial mathematics for pensions basics and concepts applied to business – from mortality to balance sheet, Mechelen 2017 (zitiert als: *Beckers*, Actuarial Mathematics, 2017, S.).

Beckman, H., Die neuen niederländischen Gesetzesvorschriften zur Rechnungslegung – Gesetz zur Angleichung der niederländischen Gesetzgebung an die 4. Richtlinie des Rates der Europäischen Gemeinschaften zum Jahresabschluß und Lagebericht, Frankfurt am Main 1985 (zitiert als: *Beckman*, Die neuen niederländischen Gesetzesvorschriften zur Rechnungslegung, 1985, S.).

Beckman, H., Het wettelijk kader van de jaarrekening, S. 252 – 302, in Hoogendoorn, Martin / Klaassen, Jan / Krens, F., (Hrsg.), Externe verslaggeving in theorie en praktijk, 4. Auflage, Den Haag 2004 (zitiert als: *Beckman*, in Hoogendoorn/Klaassen/Krens, Externe verslaggeving in theorie en praktijk, 2004, S.).

Beckmann, Kati, Die Internationalisierung der Rechnungslegung und ihre Implikationen für das Europäische Bilanzrecht, Berlin 2008 (zitiert als: *Beckmann*, Internationalisierung der Rechnungslegung, 2008, S.).

Beckmann, Roland / Matusche-Beckmann, Annemarie (Hrsg.), Handbuch Versicherungsrecht, 3. Auflage, München 2015 (zitiert als: *Verf.*, in Beckmann/Matusche-Beckmann, Versicherungsrechts-Handbuch, 3. Aufl. 2015, § Rn.).

Beck'scher Bilanzkommentar, hrsg. v. Grottel, Bernd / Schmidt, Stefan / Schubert, Wolfgang / Störk, Ulrich, Kompakt-Kommentar, 12. Auflage, München 2020 (zitiert als: *Verf.*, in BeBiKo, 12. Aufl. 2020, § Rn.).

Beck'sches Handbuch der Rechnungslegung, hrsg. v. Böcking, Hans-Joachim / Gros, Marius / Oser, Peter / Scheffler, Eberhard / Thormann, Bettina, HGB und IFRS, Kommentar, Loseblatt, München, 65. Lfg. Mai 2021 (zitiert als: *Verf.*, in Beck'sches Handbuch der Rechnungslegung, Lfg., Abschnitt Rn.).

Beck'sches IFRS-Handbuch, hrsg. v. Brune, Jens / Driesch, Dirk / Riese, Joachim / Schulz-Danso, Martin / Senger, Thomas, Kommentierung der IFRS/IAS, Kompakt-Kommentar, 6. Auflage, München 2020 (zitiert als: *Verf.*, in Beck'sches IFRS-Handbuch, 6. Aufl. 2020, § Rn.).

Beckstette, Andreas / Reuß, Andreas, Asset-Liablility-Management bei einem CTA, Betriebliche Altersversorgung 2006, S. 138 – 142.

Begiebing, Martin, Contractual Trust Arrangement (CTA) – Insolvenzfestigkeit und Verwertungsbefugnisse im Pfandrechtsmodell, Frankfurt am Main u.a. 2011 *(zitiert als: Begiebing*, Contracutal Trust Agreement (CTA), 2011, S.).

Behrenz, Frank / Jarfe, Urs / Frühbeck, Fredericko (Hrsg.), Investitions- und Steuerstandort Spanien – Wirtschaftliche und steuerliche Rahmenbedingungen, Handbuch, München 2012 (zitiert als: *Verf.*, in Behrenz/Jarfe/Frühbeck, Investitions- und Steuerstandort Spanien, 2012, Rn.).

Bellieri dei Belliera, Augusto / Buonanno, Stefania / Serluca, Buonanno, I fondi pensione – Aspetti organizzativi, finanziari ed attuariali, Neapel 2017 (zitiert als: *Bellieri dei Belliera/Buonanno/Serluca*, I fondi pensione, 2017, S.).

Benz, Sebastian / Böhmer, Julian, Die Richtlinienvorschläge der EU-Kommission vom 25.10.2016 zur weiteren Harmonisierung der Unternehmensbesteuerung, Der Betrieb 2016, S. 2800 – 2805.

Berndt, Thomas, Beitrags- oder leistungsorientierte Versorgungspläne? – Zur zweckadäquaten Behandlung der Personalvorsorge in der Jahresrechnung des Unternehmens gemäss IAS 19, Schweizer Treuhänder 2007, S. 77 – 80.

Bertl, Romuald, Periodengewinn und Totalgewinn aus betriebswirtschaftlicher und steuerlicher Sicht, S. 39 – 60, in Loitlsberger, Erich / Egger, Anton / Lechner, Eduard (Hrsg.), Rechnungslegung und Gewinnermittlung – Gedenkschrift für Karl Lechner, Wien 1987 (zitiert als: *Bertl*, in GS Lechner, 1987, S.).

Bertl, Romuald / Fröhlich, Christoph / Mandl, Dieter (Hrsg.), Handbuch Rechnungslegung – Band I: Einzelabschluss, Wien 2018 (zitiert als: *Verf.*, in Bertl/Fröhlich/Mandl, Handbuch Rechnungslegung, Band I, 2018, Teil Rn.).

Bertram, Klaus / Kessler, Harald / Müller, Stefan (Hrsg.), Haufe HGB Kommentar, Kompakt-Kommentar, 11. Auflage, Freiburg im Breisgau 2020 (zitiert als: *Verf.*, in Bertram/Kessler/Müller, HGB-Kommentar, 11. Aufl. 2020, § Rn.).

Bessone, Mario, Previdenza complementare, Turin 2000.

Bessone, Mario / Carinci, Franco (Hrsg.), Diritto di Lavoro – IV La previdenza complementare, Kompakt-Kommentar, Turin 2004 (zitiert als: *Verf.*, in Bessone/Carinci, La previdenza complementare, 2004, S.).

Betten, Rijkele, A Proposed EC System fort he Taxation of Corporate Income and Dividends, European Taxation 1992, S. 7 – 12.

Bhogal, Sandy / Swanson, Kitty, A Review of the EU's Proposals for a Common (Consolidated) Corporate Tax Base, Tax Notes International 2016, S. 1093 – 1096.

Biedendieck, Ulrike, Pensionsverträge als Finanzierungskontrakt – Eine optionspreistheoretische Untersuchung der Insolvenzsicherung in der betrieblichen Altersversorgung, Karlsruhe 1986 (zitiert als: *Biedendieck*, Pensionsverträge als Finanzierungskontrakt, 1986, S.).

Bielen, Philippe, U Annex Two: International Accounting Standards/International Financial Reporting Standards and Corporate Tax Design, S. 469 – 497, in Lang, Michael (Hrsg.), Tax Compliance Costs for Companies in an enlarged European Community, Wien 2008 (zitiert als: *Bielen*, in Lang, Tax Compliance Costs, 2008, S.).

Biener, Herbert, AG KGaA GmbH Konzerne – Rechnungslegung, Prüfung und Publizität nach den Richtlinien der EG, Köln 1979 (zitiert als: *Biener*, AG KGaA GmbH Konzerne, 1979, S.).

Biener, Herbert / Berneke, Wilhelm, Bilanzrichtlinien-Gesetz – Textausgabe des Bilanzrichtlinien-Gesetzes vom 19.12.1985 (Bundesgesetzbl. I S. 2355) mit Bericht des Rechtsausschusses des Deutschen Bundestages, Regierungsentwürfe mit Begründung, EG-Richtlinien mit Begründung, Entstehung und Erläuterung des Gesetzes, Düsseldorf 1986 (zitiert als: *Biener/Berneke*, Bilanzrichtliniengesetz, 1986, S.).

Birk, Dieter, Ordnungsmuster im Steuerrecht – Prinzipien, Maßstäbe und Strukturen, S. 3 – 20, in Spindler, Wolfgang / Tipke, Klaus / Rödder, Thomas (Hrsg,), Steuerzentrierte Rechtsberatung – Festschrift für Harald Schaumburg zum 65. Geburtstag, Köln 2009 (zitiert als: *Birk*, in FS Schaumburg, 2009, S.).

Bischof, Stefan / Chamczyk, Martyna / Bellert, Sybille, IAS 19 – Bilanzierung von Sonderereignissen, Der Betrieb 2018, S. 2061 – 2065.

Bittner, Claudia, Europäisches und internationales Betriebsrentenrecht – Grenzüberschreitende betriebliche Altersversorgung im Spannungsfeld von europäischem und internationalem Betriebsrentenrecht, Tübingen 2000 (zitiert als: *Bittner*, Betriebsrentenrecht, 2000, S.).

Bitzyk, Peter / Steckel, Rudolf, Der Jahresabschluss – Einzelabschluss nach dem UGB, 8. Auflage, Wien 2015 (zitiert als: *Bitzyk/Steckel*, Der Jahresabschluss, 2015, S.).

Bizioli, Gianluigi / Reimer, Ekkehart, Equality, ability to pay and neutrality, S. 51 – 74, in Panayi, Christiana / Haslehner, Werner / Traversa, Edoardo (Hrsg.), Research Handbook on European Union Taxation Law, Cheltenham 2020 (zitiert als: *Bizioli/Reimer*, in Panayi/Haslehner/Traversa, European Union Taxation Law, 2020, S.).

Bizioli, Gianluigi / Sacchetto, Claudio, European Constitutional Integration: The Case of Direct Taxation, S. 11 – 25, in Avi-Yonah, Reuven S. / Lang, Michael (Hrsg.), Comparative Fiscal Federalism, 2. Auflage, Alphen aan den Rijn 2016 (zitiert als: *Bizioli/Sacchetto*, in Avi-Yonah/Lang, Comparative Fiscal Federalism, 2016, S.).

Bjuvberg, Jan, Skatteraettsliga konsekvenser av en oevergang till redovisning enligt IAS i juridisk person, Svensk skattetidning 2004, S. 316 – 324.

Blake, David, Pension Schemes and Pension Funds in the United Kingdom, 2. Auflage, Oxford 2003 (zitiert als: *Blake*, Pension Schemes, 2003, S.).

Blake, David / Khorasanee, Zaki / Pickles, John / Tyrrall, David, An unreal number: how company pension accounting fosters an illusion of certainty, London 2008, abrufbar unter https://openaccess.city.ac.uk/id/eprint/25249/1/unrealnumber.pdf (zuletzt abgerufen am 1.9.2021) (zitiert als: *Blake et al.*, An unreal number, 2008, S.).

Blake, John / Akerfeld, Katarina / Fortes, Hilary / Gowthorpe, Catharine, The relationship between tax and accounting rules – the Swedish case, European Business Review 1997, S. 85 – 91 (zitiert als: *Blake et al.*).

Blake, John / Hilary, Fortes / Gowthorpe, Catherine / Paananen, Mari, Implementing the EU Accounting Directives in Sweden – Practitioners' Views, The International Journal of Accounting 1999, S. 421 – 438 (zitiert als: zitiert als: *Blake et al.*).

Blank, Florian / Logeay, Camille / Türk, Erik / Wöss, Josef / Zwiener, Rudolf, Alterssicherung in Deutschland und Österreich: Vom Nachbarn lernen?, WSI Report Nr. 27, 1/2016, Düsseldorf 2016, abrufbar unter https://www.boeckler.de/pdf/p_wsi_report_27_2016.pdf (zuletzt abgerufen am 1.9.2021) (zitiert als: *Blank et al.*, Alterssicherung in Deutschland und Österreich 2016, S.)

Blome, Sandra, Asset Liability Management in der betrieblichen Altersversorgung – Die Direktzusage, Ulm 2004 (zitiert als: *Blome*, Asset Liability Management, 2004, S.).

Blome, Sandra / Zwiesler, Hans-Joachim, Asset Funding in der betrieblichen Altersversorgung, Versicherungswirtschaft 2003, S. 95 – 127.

Blome, Sandra / Zwiesler, Hans-Joachim, Asset-Liability-Management wird bei Direktzusagen zunehmend wichtiger, Versicherungswirtschaft 2005, S. 1378 – 1382.

Blomeyer, Wolfgang, Leistung und Gegenleistung im betrieblichen Versorgungverhältnis – Thesen zu den dogmatischen Grundlagen des Betriebsrentenrechts, S. 3 – 18, in Bettermann, Karl A. / Löwisch, Manfred / Otto, Hansjörg / Schmidt, Karsten (Hrsg.), Festschrift für Albrecht Zeuner zum siebzigsten Geburtstag, Tübingen 1994 (zitiert als: *Blomeyer*, in FS Zeuner, 1994, S.).

Blomeyer, Wolfgang / Rolfs, Christian / Otto, Klaus (Hrsg.), Betriebsrentengesetz – Arbeits-, Zivil- und Steuerrecht, Kompakt-Kommentar, 7. Auflage, München 2018 (zitiert als: *Verf.*, in Blomeyer/Rolfs/Otto, BetrAVG, 7. Aufl. 2018, Teil § Rn.).

Bocqueraz, Claude, France, S. 37 – 57, in Previts, Gary / Walton, Peter / Wolnizer, Peter (Hrsg.), A Global History of Accounting, Financial Reporting and Public Policy – Europe, Bingley 2010 (zitiert als: *Bocqueraz*, in Previts/Walton/Wolnizer, A Global History of Accounting, 2010, S.).

Bode, Joachim / Gohdes, Alfred / Thurnes, Georg, Betriebliche Altersversorgung im Internationalen Jahresabschluß – Bewertungsannahmen zum 31. 12. 1998/1. 1. 1999, Der Betrieb1999, S. 1715 – 1718.

Bode, Christoph / Grabner, Edwin, Betriebsrente anstelle von Barlohn – Ein neuer Weg in der betrieblichen Altersversorgung, Der Betrieb 1985, S. 2404 – 2406.

Bode, Christoph / Grabner, Edwin, Betriebliche Altersversorgung – Neue Rechnungslegungsvorschriften für den US-Jahresabschluß, Der Betrieb 1986, S. 2089 – 2091.

Bode, Christoph / Grabner, Edwin, Pensionsfonds in Deutschland? Realisierungsmöglichkeiten innerhalb der betrieblichen Altersversorgung, Der Betrieb 1997, S. 928 – 935.

Böckem, Hanne / Johannleweling, Andreas, Versicherungsförmige Plangestaltungen im Niedrigzinsumfeld – Zum ersten Modul IAS 19 – M1 zu IDW RS HFA 50: IFRS-Modulverlautbarungen, Die Wirtschaftsprüfung 2017, S. 750 – 755.

Böhm, Verena, Die betriebliche Altersversorgung in Deutschland und das Recht der Arbeitnehmer auf Freizügigkeit in Europa, Frankfurt am Main u.a. 2004 (zitiert als: *Böhm*, Die betriebliche Altersversorgung, 2004, S.).

Bogner, Stefan, Unmittelbare betriebliche Rentenzusagen aus finanzwirtschaftlicher Sicht, Wiesbaden 1997 (zitiert als: *Bogner*, Unmittelbare betriebliche Rentenzusage, 1997, S.).

Bollen-Vandenboorn, Anouk / Dieleman, Bas, Dga: civiele en fiscale aspecten, S. 255 – 280, in Bollen-Vandenboorn, Anouk (Hrsg.), Pensioen en de belangrijkste toekomstvoorzieningen, Fiscale Geschriften Band 27, 9. Auflage, Den Haag 2018 (zitiert als: *Bollen-Vandenboorn/Dieleman*, in Bollen-Vandenboorn, Pensioen en de belangrijkste toekomstvoorzieningen, 2018, S.).

Borchard, Christian, Besteuerung der betrieblichen Altersversorgung in Deutschland, Großbritannien und Frankreich – Ein Vergleich im Hinblick auf Reformüberlegungen aus europäischer Sicht, Hamburg 2001 (zitiert als: *Borchard*, Besteuerung der betrieblichen Altersversorgung, 2001, S.).

Borchardt, Klaus-Dieter, Die betriebliche Altersversorgung in der Rechtsprechung des EuGH – Kernpunkte und praktische Konsequenzen, Internationales Steuerrecht 1995, S. 36 – 39.

Borchardt, Klaus-Dieter, Die rechtlichen Grundlagen der Europäischen Union – eine systematische Darstellung für Studium und Praxis, 7. Auflage, Wien 2020 (zitiert als: *Borchardt*, Rechtliche Grundlagen, 2020, § Rn.)

Borghini, Mauro, X. Fondi per rischi e oneri e trattamento di fine rapporto, S. 195 – 211, in Franceschi, Luca Francesco (Hrsg.), Bilancio de esercizio e principi contabili nazionali, Mailand 2017 (zitiert als: *Borghini*, in Franceschi, Bilancio de esercizio, 2017, S.).

Borrás Amblar, Fernando / Navarro Alcázar, Jose Vincente (Hrsg.), Impuesto sobre sociedades (1) – Régimen general: Comentarios y casos prácticos, Kompakt-Kommentar, 10. Auflage, Barcelona 2021 (zitiert als: *Borrás Amblar/Navarro Alcázar*, Impuesto sobre Sociedades, 10. Aufl. 2021, S.).

Borsjé, Pascal / van Meerten, Hans, A European pensions union: Towards a strengthening of the European pension systems, S. 385 – 412, in Pennings, Frans / Vonk, Gijsbert (Hrsg.), Research Handbook on European Social Security Law, Cheltenham, Northampton 2015 (zitiert als: *Borsjé/van Meerten*, in Pennings/Vonk, European Social Security Law, 2015, S.).

Botella García-Lastra, Carmen, La armonización de la base imponible común consolidada del Impuesto sobre Sociedades y su incidencia en el sistema tributario español, Madrid 2017, abrufbar unter https://eprints.ucm.es/id/eprint/40891/1/T38288.pdf (zuletzt abgerufen am 1.9.2021) (zitiert als: *Botella García-Lastra*, La armonización de la base imponible 2017, S.).

Bovenberg, Lans / Nijman, Theo, New Dutch pension contracts and lessons for other countries, o.O. 2017, abrufbar unter https://www.netspar.nl/assets/uploads/P20170911_dp014_bovenberg.pdf (zuletzt abgerufen am 1.9.2021).

Bradley, Kieran, Legislating in the European Union, S. 101 – 153, in Barnard, Catherine / Peers, Steve (Hrsg.), European Union Law, 3. Auflage, Oxford 2020 (zitiert als: *Bradley*, in Barnard/Peers, European Union Law, 2020, S.).

Brand, Oliver / Baroch Castellvi, Manuel (Hrsg.), Versicherungsaufsichtsgesetz, Kompakt-Kommentar, Baden-Baden 2018 (zitiert als: *Verf.*, in Brand/Baroch Castellvi, VAG, 2018, § Rn.).

Brattström, Margareta, Makars pensionsrättigheter, Uppsala 2004.

Braun, Michael, Betriebliche Alterssicherung im Spannungsfeld von betrieblicher Altersversorgung und betrieblicher Altersvorsorge, Aachen 2010 (zitiert als: *Braun*, Betriebliche Alterssicherung, 2010, S.).

Braun Binder, Nadja, Rechtsharmonisierung in der EU im Bereich der direkten Steuern – Analyse der Handlungsformen unter besonderer Berücksichtigung des Soft Law, Tübingen 2017 (zitiert als: *Braun Binder*, Rechtsharmonisierung, 2017, S.).

Braunagel, Ralf, Gemeinsame Körperschaftsteuer-Bemessungsgrundlage in der EU – eine Beurteilung im Hinblick auf das Europarecht, Lohmar u.a. 2008 (zitiert als: *Braunagel*, GKKB in der EU, 2008, S.).

Breidenbach, Stephan (Begr.) / *Institut für Ostrecht München / Baller, Oesten* (Hrsg.), Handbuch Wirtschaft und Recht in Osteuropa, Kommentar, Loseblatt, München, 157. Lfg. Juli 2021 (zitiert als: *Verf.*, in WIRO, Lfg., Land, Kap. Rn.).

Briese, André, Verfassungswidrigkeit des Rechnungszinssatzes von 6 % für steuerbilanzielle Pensionsrückstellungen?, Deutsches Steuerrecht 2018, S. 1248 – 1253.

Brinkmann, Jürgen, Zweckadäquanz der Rechnungslegung nach IFRS – Eine Untersuchung aus deutscher Sicht, Berlin 2006 (zitiert als: *Brinkmann*, Zweckadäquanz, 2006, S.).

Broadbent, John / Palumbo, Michael / Woodmann, Elizabeth, The Shift from Defined Benefit to Defined Contribution Pension Plans - Implications for Asset Allocation and Risk Management, o.O. 2006, abrufbar unter https://www.bis.org/publ/wgpapers/cgfs27broadbent3.pdf (zuletzt abgerufen am 1.9.2021) (zitiert als: *Broadbent/Palumbo/Woodmann*, The Shift from Defined Benefit to Defined Contribution Pension Plans, 2006, S.).

Brocke, Klaus von / Rottenmoser, Georg, Die GKKB im Lichte der Rechtsetzungskompetenzen der EU – Harmonisierung direkter Steuern?, Internationales Steuer- und Wirtschaftsrecht 2011, S. 620 – 626.

Brönner, Herbert / Bareis, Peter / Hahn, Klaus / Maurer, Torsten / Poll, Jens / Schramm, Uwe (Hrsg.), Bilanz nach Handels- und Steuerrecht – Einzel- und Konzernabschluss nach HGB und IFRS, Kompakt-Kommentar, 11. Auflage, Stuttgart 2016 (zitiert als: *Verf.*, in Brönner et al., Bilanz nach Handels- und Steuerrecht, 11. Aufl. 2016, Teil Rn.).

Broer, Frank Daniel, Maßgeblichkeitsprinzip und Harmonisierung der Rechnungslegung, Baden-Baden 2001 (zitiert als: *Broer*, Maßgeblichkeit, 2001, S.).

Brouwer, Arjan / Hoogendoorn, Martin, The Role and Current Status of IFRS in the Completion of National Accounting Rules – Evidence from the Netherlands, Accounting in Europe 2017, S. 137 – 149.

Brugirard, Brigitte, Passif social des enterprises – Ou l'iceberg des engagements différés, Risques 1991, Heft 5, S. 133 – 146.

Bruno-Latocha, Gesa / Devetzi, Stamatia, Pensionsfonds in Deutschland und in Europa, *Deutsche Rentenversicherung* 2001, S. 486 – 498.

Bucciarelli, Riccardo, I "nuovi" fondi pensione – Aspetti di gestione, vigilanza e bilancio, Padua 2001 (zitiert als: *Bucciarelli*, I "nuovi" fondi pensione, 2001, S.).

Buchheim, Regine / Knorr, Liesel / Schmidt, Martin, Anwendung der IFRS in Europa: das neue Endorsement-Verfahren, Internationale und kapitalmarktorientierte Rechnungslegung 2008, S. 334 – 341.

Buck, Carsten, Über die Auslegungsmethoden des Gerichtshofs der Europäischen Gemeinschaft, Frankfurt am Main u.a. 1998 (zitiert als: *Buck*, Auslegungsmethoden, 1998, S.).

Budde, Wolfgang Dieter, Bilanzierung der betrieblichen Altersversorgung in Deutschland – Ein Vergleich mit internationalen Bewertungsgrundsätzen, S. 363 – 387, in Förster, Wolfgang / Rößler, Norbert (Hrsg.), Betriebliche Altersversorgung in der Diskussion zwischen Praxis und Wissenschaft – Festschrift zum 60. Geburtstag von Peter Ahrend, Köln 1992 (zitiert als: *Budde*, in FS Ahrend, 1992, S.).

Bünning, Martin / Möser, Christian, Gemeinsame konsolidierte Körperschaftsteuer-Bemessungsgrundlage (GKKB), Betriebs-Berater 2011, S. 2647 – 2653.

Büttger, Richard / Büttger, Norbert, Erfolgsmodell Unterstützungskasse – Aufbau und Chancen der betrieblichen Vorsorgeeinrichtung in Österreich, Ahrensburg 2013 (zitiert als: *Büttgen/Büttgen*, Erfolgsmodell Unterstützungskasse, 2013, S.).

Buk, Halina, Rachunkowość długoterminowych świadczeń pracowniczych, Studia Ekonomiczne 2005, Heft 33, S. 31 – 44, abrufbar unter https://www.ue.katowice.pl/fileadmin/user_upload/wydawnictwo/SE_Archiwalne/SE_33/02.pdf (zuletzt abgerufen am 1.9.2021).

Bunicich, Bob, Die betriebliche Altersversorgung in den Niederlanden, Betriebliche Altersversorgung 1993, S. 72 – 77.

Busch, Friedrich Wilhelm, Grundsätze ordnungsmässiger Bilanzierung für Pensionsverpflichtungen, Münster 1976 (zitiert als: *Busch*, GoB für Pensionsrückstellungen, 1976, S.).

Busche, Michael / Rhiel, Raimund, Gestaltung und Bewertung von beitragsorientierten Zusagen, Betriebliche Altersversorgung 2006, S. 509 – 513.

Busso, Donatella, IAS/IFRS and the New Directive 2013/34/EU from the Accounting Perspective, S. 23 – 38, in Grandinetti, Mario (Hrsg.), Corporate Tax Base in the Light of thc IAS/IFRS and EU Directive 2013/34 – A Comparative Approach, Alphen aan den Rijn 2016 (zitiert als: *Busso*, in Grandinetti, Corporate Tax Base, 2016, S.).

Buttler, Andreas / Keller, Markus, Einführung in die betriebliche Altersversorgung, 10. Auflage, Karlsruhe 2021(zitiert als: *Buttler/Keller*, Betriebliche Altersversorgung, 2021, Rn.).

Cagnasso, Oreste / de Angelis, Lorenzo / Racugue, Gabriele (Hrsg.), Il Codice Civile Commentario – Il bilancio d'esercizio Artt. 2423-2435 ter, Kompakt-Kommentar, Mailand 2018 (zitiert als: *Verf.*, in Cagnasso/de Angelis/Racugue, Il bilancio d'esercizio, 2018, Art. S.).

Calderón Carrero, José Manuel / Báez Moreno, Andrés, La armonización contable europea – las NIC/NIIF y su influencia en la base imponible del Impuesto sobre Sociedades, S. 103 – 160, in Sanfrutos Gambín, Eduardo / Carbajo Vasco, Domingo (Hrsg.), Régimen General – Tomo I, 2. Auflage, Pamplona 2013 (zitiert als: *Calderón Carrero/Báez Moreno*, in Sanfrutos Gambín/Carbajo Vasco, Impuesto sobre Sociedades, Tomo I, 2013, S.).

Calliess, Christian / Ruffert, Matthias (Hrsg.), EUV/AEUV – Das Verfassungsrecht der Europäischen Union mit Europäischer Grundrechtecharta, Kompakt-Kommentar, 5. Auflage, München 2016 (zitiert als: *Verf.*, in Calliess/Ruffert, EUV/AEUV, 5. Aufl. 2016, Gesetz, Art. Rn.).

Camfferman, Kees, The Netherlands, S. 107 – 137, in Previts, Gary / Walton, Peter / Wolnizer, Peter (Hrsg.), A Global History of Accounting, Financial Reporting and Public Policy – Europe, Bingley 2010 (zitiert als: *Camfferman*, in Previts/Walton/Wolnizer, A Global History of Accounting, 2010, S.).

Canaris, Claus-Wilhelm, Systemdenken und Systembegriff in der Jurisprudenz – entwickelt am Beispiel des deutschen Privatrechts, 2. Auflage, Berlin 1983 (zitiert als: *Canaris*, Systemdenken, 1983, S.).

Caratozzolo, Matteo, Bilancio d'esercizio, 2. Auflage, Mailand 2006.

Casillo, Rosa, La gestione del patrimonio dei fondi di previdenza complementare, S. 167 – 233, in Ferraro, Guiseppe (Hrsg.), La previdenza complementare nella riforma del Welfare – Tomo I: Parte generale, Mailand 2000 (zitiert als: *Casillo*, in Ferraro, La previdenza complementare nella riforma del Welfare, 2000, S.).

Cerioni, Luca, The Commission's Proposal for a CCCTB Directive: Analysis and Comment, Bulletin for International Taxation 2011, S. 515 – 530.

Cesarotto, Sergio, Le deboli fondamenti del secondo pilastro pensionistico: note sul contributo di Forni e Giordano, Politica economica 2001, S. 359 – 366.

Charpin, Jean-Michel / Ientile, Damien / Le Ru, Nicoales / Abecera, Nathanaël, L'encadrement des retraites chapeau, o.O. 2014, abrufbar unter https://www.igas.gouv.fr/IMG/pdf/2014-157R1-_Retraites_chapeau_R1-_DEF-2.pdf (zuletzt abgerufen am 1.9.2021) (zitiert als: *Charpin et al.*, L'encadrement des retraites chapeau, 2014, Teil, S.).

Chłoń-Domińczak, Agnieszka, New occupational pension savings scheme in Poland, ESPN Flash Report 2019/01, Brüssel 2019, abrufbar unter https://ec.europa.eu/social/main.jsp?advSearchKey=ESPNFlash&mode=advancedSubmit&catId=22&policyArea=0&policyAreaSub=0&country=0&year=0 (zuletzt abgerufen am 1.9.2021) (zitiert als: *Chłoń-Domińczak*, New occupational pension savings scheme in Poland, 2019, S.).

Cinelli, Maurizio (Hrsg.), Il Codice Civile Commentario – La previdenza complementare Art. 2123, Kompakt-Kommentar, Mailand 2010 (zitiert als: *Verf.*, in Cinelli, La previdenza complementare, 2010, Kap. S.).

Cisch, Theodor, Die Direktversicherung im Spiegel des Bilanzrichtlinien-Gesetzes – Ein Beitrag zur Auslegung des Art. 28 EGHGB, Betriebs-Berater 1987, S. 300 – 306.

Claussen, Carsten, Zum Stellenwert des § 264 Abs. 2 HGB, S. 79 – 92, in Havermann, Hans (Hrsg.), Bilanz- und Konzernrecht – Festschrift zum 65. Geburtstag von Dr. Dr. h. c. Reinhard Goerdeler, Düsseldorf 1987 (zitiert als: *Claussen*, in FS Goerdeler, 1987, S.).

Cobham, Alex / Janský, Petr / Jones, Chris / Temouri, Yama, Assessing the impact of the CCCTB: European tax base shifts under a range of policy scenarios, o.O. 2017, abrufbar unter http://img.dash.documentonews.gr/documento/filegrid/2017/11/28/5a1d083ecd3a18635f58afd7.pdf (zuletzt abgerufen am 1.9.2021) (zitiert als: *Cobham et al.*, Assessing the impact of the CCCTB, 2017, S.).

Coenenberg, Adolf / Eifler, Günter, Neue Aspekte der Rechnungslegung von Kapitalgesellschaften nach dem geänderten Vorschlag einer vierten EWG-Richtlinie, GmbH-Rundschau 1974, S. 249 – 255.

Collis, Jill / Jarvis, Robin / Skerratt, Len, The Role and Current Status of IFRS in the Completion of National Accounting Rules – Evidence from the UK, Accounting in Europe 2017, S. 235 – 247.

Commissione di vigilanza sui fondi pensione (Hrsg.), Relazione per l'anno 2018, o.O. 2019, abrufbar unter https://www.covip.it/sites/default/files/notizie/Relazione-annuale-2018-20190612.pdf (zuletzt abgerufen am 1.9.2021).

Conroy, Brian (Hrsg.), The Companies Act 2014 – annotated and consolidated, 2. Auflage, Dublin 2018 (zitiert als: *Conroy*, Companies Act 2014, 2018, S.).

Constans, Anselm, Plan general de contabilidad – incluye textos, referencias a consultas y resoluciones del ICAC aplicables, y referencias a las Normas Internacionales de Información Financiera, Barcelona 2017 (zitiert als: *Constans*, Plan General de Contabilidad, 2017, S.).

Cordewener, Axel, Europäische Grundfreiheiten und nationales Steuerrecht – "Konvergenz" des Gemeinschaftsrechts und "Kohärenz" der direkten Steuern in der Rechtsprechung des EuGH, Köln 2002 (zitiert als: *Cordewener*, Europäische Grundfreiheiten, 2002, S.).

Crezelius, Georg, Rückstellungen bei Umweltschutzmaßnahmen, Stuttgart 1993.

Czakert, Ernst, Der Stand der Arbeiten an einer gemeinsamen konsolidierten Körperschaftsteuerbemessungsgrundlage in der Europäischen Union, Internationales Steuerrecht 2006, S. 561 – 566.

Czakert, Ernst, Ansatz der CCCTB working group zur Harmonisierung der Steuerbemessungsgrundlage in Europa, Betriebswirtschaftliche Forschung und Praxis 2008, S. 433 – 448.

Czakert, Ernst, Administrative Aspekte einer Gemeinsamen Konsolidierten Körperschaftsteuerlichen Bemessungsgrundlage in der EU, S. 155 – 166, in Schön, Wolfgang / Schreiber, Ulrich / Spengel, Christoph (Hrsg.), A common consolidated corporate tax base for Europe – eine einheitliche Körperschaftsteuerbemessungsgrundlage für Europa, Berlin 2008 (zitiert als: *Czakert*, in Schön/Schreiber/Spengel, A CCCTB for Europe, 2008, S.).

Czarzasty, Jan, Occupational Welfare in Poland: a semi-peripheral feature of a semi-peripheral economy, S. 215 – 237, in Natali, David / Pavolini, Emmanuele / Vanhercke, Bart (Hrsg.), Occupational Welfare in Europe – risks, opportunities and social partner involvement, Brüssel 2018 (zitiert als: *Czarzasty*, in Natali/Pavolini/Vanhercke, Occupational Welfare in Europe, 2018, S.).

Dahlke, Andreas, Harmonisierung der Konzernbesteuerung in der Europäischen Union – ökonomische Analyse einer einheitlichen konsolidierten körperschaftsteuerlichen Bemessungsgrundlage, Lohmar, Köln 2011 (zitiert als: *Dahlke*, Harmonisierung der Konzernbesteuerung, 2011, S.).

Dan, Gianluca / Delladio, Carlo / Gaiani, Luca / Iori, Michele / Pozzoli, Matteo, Guida Practica Società – Società, Contabilità e Bilancio, Contabilità e Bilancio, Mailand 2021 (zitiert als: *Dan et al.*, Guida Practica Società, Contabilità e Bilancio, 2021, S.).

D'Arcy, Margarete, An Introduction to Financial Accounting, Dublin 2015.

Darte, Dominique / Noël, Yves, Maîtriser L'I.Soc, 18. Auflage, Seraing 2021.

da Silva, Bruno, Cross-Border Loss Relief under the Proposed CCTB Directive, S. 77 – 98, in Weber, Dennis / van de Streek, Jan (Hrsg.), The EU Common Consolidated Corporate Tax Base – Critical Analysis, Alphen aan den Rijn 2018 (zitiert als: *da Silva*, in Weber/van de Streek, EU CCCTB, 2018, S.).

Dauses, Manfred A. (Begr.) / *Ludwigs, Markus* (Hrsg.), Handbuch des EU-Wirtschaftsrechts, Kommentar, Loseblatt, München, 52. Lfg. Februar 2021 (zitiert als: *Verf.*, in Dauses/Ludwigs, Handbuch des EU-Wirtschaftsrechts, Lfg., Abschnitt Rn.).

DAV/IVS (Hrsg.), Ergebnisbericht des Fachausschusses Altersversorgung Handelsrechtliches Passivierungswahlrecht und Passivierungspflicht beim Arbeitgeber für Verpflichtungen aus mittelbaren Versorgungszusagen, Köln 2019, abrufbar unter https://aktuar.de/unsere-themen/fachgrundsaetze-oeffentlich/2019-06-10_DAV-Ergebnisbericht_Handelsrechtliches_Passivierungswahlrecht.pdf (zuletzt abgerufen am 1.9.2021) (zitiert als: *DAV/IVS* (Hrsg.), Passivierungswahlrecht, 2019, S.).

DAV/IVS (Hrsg.), Richtlinie „Anwendung von IAS 19 Employee Benefits auf die betriebliche Altersversorgung in Deutschland" vom 23.6.2020, Köln 2020, abrufbar unter https://aktuar.de/unsere-themen/fachgrundsaetze-oeffentlich/2020-06-23_DAV-Richtlinie_Anwendung-IAS19-auf-die-bAV.pdf (zuletzt abgerufen am 1.9.2021) (zitiert als: *DAV/IVS* (Hrsg.), Richtlinie IAS 19, 2020, S.).

de Angelis, Lorenzo, Elementi di diritto contabile – Disciplina civilistica e principi contabili internazionali, 5. Auflage, Mailand 2019 (zitiert als: *de Angelis*, Elementi di diritto contabile, 2019, S.).

de Feo, Monica, Sulla nature e funzione die fondi di previdenza integrativi, Rivista giuridica del lavoro e della previdenza sociale de 1999, S. 367 – 375.

Defoort, Jos (Hrsg.), Vennootschap en belastingen, Kommentar, Loseblatt, Stand Juni 2021. Antwerpen (zitiert als: *Verf.*, in Defoort, Vennootschap en belastingen, Lfg., Deel, Kap. Rn.).

Dego, Jean-Guys / Ouvrad, Stephane, Recent history of French Accounting Regulation: five years of convergence towards IFRS, International Journal of Economics and Accounting 2010, S. 200 – 222.

de Groot, I.M., Interest Deduction and the CCCTB: A Walk in the Park for Tax Advisors?, Intertax 2013, S. 571 – 580.

de Haan Jurre / Mulder, Wilfried / Tali, Zöhr / Uittenbogaard-de Planque, Merel / Zebregs, Bas, Pension Funds and Regulatory Developments, Derivatives & Financial Instrument 2013, Special Issue September/October, S. 4 – 15 (zitiert als: *de Haan et al.*).

de Lembre, Erik / Boelens, Philippe / Salens, Francis, Jaarrekeningzakboekje, Mechelen 2020.

de Lembre, Erik / Mannekens, Marleen / van de Velde, Liesbet, Handboek Boekhouden – Belgisch boekhoudrecht – inclusief het nieuwe Wetboek van vennootschappen en verenigingen, 3. Auflage, Antwerpen, Cambridge 2019 (zitiert als: *de Lembre/Mannekens/van de Velde*, Handboek Boekhouden–Belgisch boekhoudrecht, 2019, S.).

de Lembre, Erik / van Cauwenberge, Ignace, Handboek Boekhouden-IFRS – Essentiële begrippen en standaarden, Antwerpen, Cambridge 2017 (zitiert als: *de Lembre/van Cauwenberge*, Handboek Boekhouden – IFRS, 2017, S.).

Delesalle, Éric, Fiscalité et norms comptables internationals: «mais où et donc or ni car?», Revue de Droit Fiscal 2004, S. 739 – 742.

Delvaux, Gérard / Fronvile, Hugues / Servais, Jean Louis / Bastogne, Sandrine / de Streel, Charles Henry / Maes, Jean-Pierre / Krockaert, Raymond, Nouveau droit comptable belge – application pratique des normes IAS/IFRS, Brüssel 2003 (zitiert als: *Delvaux et al.*, Nouveau droit comptable belge, 2003, S.).

den Bakker, D.G. / Pronk, Maarten / Visser, S. (Hrsg.), Handboek Jaareekening 2021 – Toepassing van de Nederlandse wet- en regelgeving en IFRS, Handbuch, Deventer 2021 (zitiert als: *den Bakker/Pronk/Visser* (Hrsg.), Handboek Jaareekening, 2021, S.).

Derbort, Stephan / Herrmann, Richard / Mehlinger, Christian / Seeger, Norbert, Bilanzierung von Pensionsverpflichtungen: HGB, EStG und IFRS/IAS 19, 2. Auflage, Wiesbaden 2016 (zitiert als: *Derbort et al.*, Bilanzierung von Pensionsverpflichtungen, 2016, S.).

de Ridder, Geert, Toespassing van IAS 19 – Personeelsbeloningen op belgische Pensioenregelingen, Tax, Audit & Accountancy 2015, S. 4 – 13.

Dernberger, Matthias, Vergleich der Wertpapierrückdeckung mit anderen Formen der Finanzierung von Versorgungsverpflichtungen, S. 79 – 94, in Beratungs-GmbH für Altersversorgung Dr. Dr. Ernst Heissmann / Deutsches Institut für Betriebswirtschaft e.V. (Hrsg.), Betriebliche Altersversorgung in Deutschland, Wiesbaden 1996 (zitiert als: *Dernberger*, in Beratungs-GmbH für Altersversorgung/Deutsches Institut für Betriebswirtschaft, Betriebliche Altersversorgung in Deutschland, 1996, S.).

Dernberger, Matthias, Wertpapierrückdeckung bei Direktzusagen und Unterstützungskassen im Vergleich zu Rückdeckungsversicherungen, Betriebliche Altersversorgung 1997, S. 311 – 312.

Deutscher Anwaltsverein (Hrsg.), Stellungnahme zum Vorschlag der EU-Kommission vom 20.10.2005 für eine Richtlinie zur Verbesserung der Portabilität von Zusatzrentenansprüchen SN 55/06, Berlin 2006, abrufbar unter https://anwaltverein.de/de/newsroom/id-2006-55?page_n27=169&amp%3Bfile=files/anwaltverein.de/downloads/newsroom/stellungnahmen/2006/2006-55.pdf&file=files/anwaltverein.de/downloads/newsroom/stellungnahmen/2006/2006-55.pdf (zuletzt abgerufen am 1.9.2021).

Devetzi, Stamatia, Zusatzversorgung in Europa und die steuerrechtliche Problematik, Betriebliche Altersversorgung 2011, S. 213 – 219.

Devoet, Claude, Pensions complémentaires professionelles, 2. Auflage, Brüssel 2020.

de Weerth, Jan, Anmerkung zu EuGH v. 4.10.2017, C-164/16, Finanzierungsleasingvertrag mit Kaufoption als Lieferung oder sonstige Leistung - Mercedes-Benz Financial Services, Deutsches Steuerrecht 2017, S. 2215 – 2219.

Dewhirst, John F., A Conceptual Approach to Pension Accounting, The Accounting Review 1971, S. 365 – 373.

Dicken, André Jacques, Spanisches Bilanzrecht – Einzel-, Konzern- und Steuerbilanzen, Bielefeld 2002 (zitiert als: *Dicken*, Spanisches Bilanzrecht, 2002, S.).

Dickson, David / Hardy, Mary / Waters, Howard, Actuarial Mathematics for Life Contingent Risks, Cambridge, New York 2020.

Dieleman, Bas, Pensioenverpflichtingen; jaarrekeningenrecht versus fiscal recht, Fiscaal Ondernemingsrecht 2010, S. 148 – 155.

Dieleman, Bas, Fiscale versus vennootschappelijke waardering van pensioenverplichtingen, Rotterdam 2012, abrufbar unter https://repub.eur.nl/pub/37944/ (zuletzt abgerufen am 1.9.2021).

Dieleman, Bas, Overwegingen bij de waardering van pensioenen in eigen beheer, Maandblad voor accountancy en bedrijfseconomie 2013, S. 325 – 331.

Dieleman, Bas, Waardering van pensioenverplichtingen; IAS 19R versus fiscale regelgeving, Maandblad voor accountancy en bedrijfseconomie 2013, S. 6 – 14.

Dieleman, Bas, Waardering van pensioenverpflichtingen vanaf 2013, Maandblad belasting beschouwingen 2013, S. 11 – 21.

Dieleman, Bas, Pensioenverpflichtingen in de Jaarrekening, S. 741 – 757, in Hijink, Steven / Nieuwe Weme, Marco / Oosterhoff, Gosse / in 't Veld, Lars (Hrsg.), Handboek Jaarrekeningenrecht, Deventer 2020 (zitiert als: *Dieleman*, in Hijink et al., Jaarrekeningenrecht, 2020, S.).

Di Pietra, Roberto, The Role and Current Status of IFRS in the Completion of National Accounting Rules – Evidence from Italy, Accounting in Europe 2017, S. 121 – 130.

Dobija, Dorota / Klimczak, Karol Marek, Development of accounting in Poland: Market efficiency and the value relevance of reported earnings, The International Journal of Accounting 2010, S. 356 – 374.

Dommerholt, Marko / Wirschell, Jeroen (Hrsg.), Pensioenrecht – Tekst & Commentaar, Kompakt-Kommentar, 7. Auflage, Deventer 2019 (zitiert als: *Verf.*, in Dommerholt/Wirschell, Pensioenrecht, 7. Aufl. 2019, Art. Rn.).

Doralt, Werner, Sind Rückstellungen steuerpolitisch gerechtfertigt?, Der Betrieb 1998, S. 1357 – 1358.

Doralt, Werner, Rückstellungen steuerpolitisch gerechtfertigt? – Mit einer Anmerkung zur geforderten Anpassung der Abzinsung von Pensionsrückstellungen an den Marktzinsfuß, Finanz-Rundschau 2017, S. 377 – 383.

Doralt, Werner / Kirchmayer, Sabine / Mayr, Gunter / Zorn, Nikolaus (Hrsg.), Einkommensteuergesetz, Kommentar, Loseblatt, Wien, Sonderlieferung Januar 2021 (zitiert als: *Verf.*, in Doralt et al., öEStG, Lfg., § Rn.).

Dodero, Annibale, Anmerkung zu Circolare Nr. 51 v. 17.11.2006, Accantonamenti per TFR effettuati da soggetti IAS, Corriere Tributario 2006, S. 3823 – 3833.

Drefeldt, Caisa / Törning, Eva, Årsredovisning enligt K2, 3. Auflage, Lund 2020.

Dreher, Meinrad / Lange, Martin, Die Vollharmonisierung der Versicherungsaufsicht durch Solvency II, Versicherungsrecht 2011, S. 825 – 834.

Drescher, Daniel, § 9 Die Bindung der Mitgliedstaaten an die Europäische Grundrechtecharta im Bereich der Richtlinienumsetzung, S. 125 – 135, in Kube, Hanno / Reimer, Ekkehart (Hrsg.), Geprägte Freiheit 2020/21 – Impulse aus dem Institut für Finanz- und Steuerrecht, Heidelberger Beiträge zum Finanz- und Steuerrecht, Band 15, Heidelberg 2020 (zitiert als: *Drescher*, in Kube/Reimer, Heidelberger Beiträge zum Finanz- und Steuerrecht, Band 15, 2020, S.).

Drs, Monika, Beitragsorientierte direkte Leistungszusage, Österreichisches Recht der Wirtschaft 2009, S. 764 – 767.

Drüen, Klaus-Dieter, Zur Rechtsnatur des Steuerrechts und ihrem Einfluß auf die Rechtsanwendung, S. 191 – 212, in Drenseck, Walter (Hrsg.), Festschrift für Heinrich Wilhelm Kruse zum 70. Geburtstag, Köln 2001 (zitiert als: *Drüen*, in FS Kruse, 2001, S.).

Dürkop, Harald, Alterssicherung in der EG – eine kritische Bestandsaufnahme der Alterssicherungssysteme für Arbeitnehmer in der Europäischen Gemeinschaft, Frankfurt am Main u.a. 1993 (zitiert als: *Dürkop*, Alterssicherung in der EG, 1993, S.).

Eberhartinger, Eva / Wilczynska-Stöckl, Katarzyna, Rechnungslegung in Polen, Wien 2009.

Ebinger, Gerhard, Neue Modelle der betrieblichen Altersversorgung, Frankfurt am Main u.a. 2001 (zitiert als: *Ebinger*, Neue Modelle, 2001, S.).

Eder, Nina / Fenzal, Andrea / Haschka, Benjamin / Pöchel, Thomas, Betriebliche Altersvorsorge in Österreich zum zweiten Quartal 2019, S. 49 – 56, in Österreichische Nationalbank (Hrsg.), Statistiken – Daten & Analysen Q1/20, Wien 2020 (zitiert als: *Eder et al.*, in Österreichische Nationalbank, Statistiken – Daten & Analysen Q1/20, 2020, S.).

Egger, Anton / Samer, Helmut / Bertl, Romuald, Der Jahresabschluss nach dem Unternehmensgesetzbuch – Der Einzelabschluss: Erstellung, Prüfung, Veröffentlichung, Band 1, 17. Auflage, Wien 2018 (zitiert als: *Egger/Samer/Bertl*, Jahresabschluss UGB, 2018, S.).

Eggert, Andreas, Behandlung von Anteilen an transparenten Unternehmen im Rahmen der GKKB, Internationale Steuer-Rundschau 2013, S. 304 – 310.

Eggert, Andreas, Auswirkung des Prinzips „true and fair view" in den Bilanzrichtlinien der EU auf das Recht der Mitgliedstaaten – EuGH, Urteil vom 3.10.2013 – Rs. C-322/12, GIMLE, Internationales Steuer- und Wirtschaftsrecht 2014, S. 112 – 116.

Eggert, Andreas, Die Gewinnermittlung nach dem Richtlinienvorschlag über eine Gemeinsame Konsolidierte Körperschaftsteuer-Bemessungsgrundlage – Vergleich mit der Gewinnermittlung nach dem HGB, EStG und den IFRS, Köln 2015 (zitiert als: *Eggert*, Die Gewinnermittlung nach dem Richtlinienvorschlag, 2015, S.).

Eggert, Andreas, Accounting and Taxation: Germany, S. 115 – 124, in Grandinetti, Mario (Hrsg.), Corporate Tax Base in the Light of the IAS/IFRS and EU Directive 2013/34 – A Comparative Approach, Alphen aan den Rijn 2016 (zitiert als: *Eggert*, in Grandinetti, Corporate Tax Base, 2016, S.).

Ehrke-Rabel, Tina, Steuerrechtsauslegung im Spannungsfeld zwischen unionsrechtlichen Vorgaben und nationalen Normen, S. 39 – 67, in Schön, Wolfgang / Röder, Erik (Hrsg.), Zukunftsfragen des deutschen Steuerrechts II, Berlin, Heidelberg 2014 (zitiert als: *Ehrke-Rabel*, in Schön/Röder, Zukunftsfragen des deutschen Steuerrechts II, 2014, S.).

Eichenhofer, Eberhard, Betriebsrenten im Europäischen und Internationalen Recht, S. 201 – 225, in Schlachter, Monika / Becker, Ulrich / Igl, Gerhard (Hrsg.), Funktion und rechtliche Ausgestaltung zusätzlicher Alterssicherung – Reformen in der Schweiz, den Niederlanden, Großbritannien, Schweden und Deutschland mit ihren internationalen und gemeinschaftsrechtlichen Bezügen, Baden-Baden 2005 (zitiert als: *Eichenhofer*, in Schlachter/Becker/Igl, Funktionen und rechtliche Ausgestaltung zusätzlicher Alterssicherung, 2005, S.).

Eichenhofer, Eberhard / Rische, Herbert / Schmähl, Winfried (Hrsg.), Handbuch der gesetzlichen Rentenversicherung SGB VI, 2. Auflage, Köln 2012 (zitiert als: *Verf.*, in Eichenhofer/Rische/Schmähl, Handbuch der gesetzlichen Rentenversicherung, 2012, Kap. Rn.).

Eichhorst, Werner / Nielsen, Connie / Gerard, Maarten / Rünstler, Gerhard / Kendzia, Michael / Url, Thomas / Mayrhuber, Christine, Pension Systems in the EU – Contingent Liabilities and Assets in the Public and Private Sector, Brüssel, Straßburg 2011, abrufbar unter http://ftp.iza.org/report_pdfs/iza_report_42.pdf (zuletzt abgerufen am 1.9.2021) (zitiert als: *Eichhorst et al.*, Pension Systems in the EU, 2011, S.).

Eilers, Stephan / Bleifeld, Magnus, Der steuerbilanzielle Abzinsungssatz für Pensionsrückstellungen ist verfassungswidrig – zugleich Anmerkungen zu FG Köln, Beschl. v. 12.10.2017 - 10 K 977/17, FR 2018, 24, Die Unternehmensbesteuerung 2018, S. 65 – 70.

Eiling, Astrid, Das GK(K)KB-Projekt bekommt neuen Wind – Neue Richtlinienentwürfe zur Umsetzung des GKKB-Projekts, Internationales Steuer- und Wirtschaftsrecht 2017, S. 49 – 54.

EIOPA (Hrsg.), Occupational pensions statistics – Exceldatei EIOPA-BOS-20/711, o.O. 2021, abrufbar unter https://www.eiopa.europa.eu/tools-and-data/occupational-pensions-statistics_en (zuletzt abgerufen am 1.9.2021) (zitiert. *EIOPA* (Hrsg.), Occupational pensions statistics: Exceldatei EIOPA).

Ellebrecht, Frank, Rechtsformneutrale Unternehmensbesteuerung in Deutschland und Polen, Berlin 2010 (zitiert als: *Ellebrecht*, Rechtsformneutrale Besteuerung, 2010, S.).

Elmendorff, Wilhelm, Harmonisierung der Rechnungslegungsvorschriften in der Europäischen Wirtschaftsgemeinschaft, Die Wirtschaftsprüfung 1967, S. 621 – 628.

Endres, Dieter / Oestreicher, Andreas / Scheffler, Wolfram / Spengel, Christoph, The determination of corporate taxable income in the EU member states, Alphen aan den Rijn 2007 (zitiert als: Endres et al., Determination, 2007, S.).

Endres, Dieter / Spengel, Christoph, International Company Taxation and Tax Planning, Alphen aan den Rijn 2015 (zitiert als: *Endres/Spengel*, International Company Taxation, 2015, S.).

Engbroks, Benedikt / Engbroks, Hartmut, Zu den anerkannten Regeln der Versicherungsmathematik, Betriebliche Altersversorgung 2011, S. 514 – 525.

Engbroks, Hartmut / Urbitsch, Christian, Betriebswirtschaftliche und steuerliche Wirkung unmittelbarer Pensionszusagen, Der Betrieb 1992, S. 2454 – 2456.

Engler, Friederike, Steuerverfassungsrecht im Mehrebenensystem – ein Vergleich des Schutzes vor Besteuerung durch EMRK, Grundrechtecharta und die nationale Grundrechtsordnung, Baden-Baden, München 2014 (zitiert als: *Engler*, Steuerverfassungsrecht im Mehrebenensystem, 2014, S.).

Englisch, Joachim, Gemeinschaftsgrundrechte im harmonisierten Steuerrecht, S. 39 – 90, in Schön, Wolfgang / Beck, Karin (Hrsg.), Zukunftsfragen des deutschen Steuerrechts, Berlin, Heidelberg 2009 (zitiert als: *Englisch*, in Schön/Beck, Zukunftsfragen des deutschen Steuerrechts, 2009, S.).

Englisch, Joachim, Ability to Pay, S. 439 – 463, in Brokelind, Cécile (Hrsg.), Principles of law – function, status und impact in EU tax law, Amsterdam 2014 (zitiert als: *Englisch*, in Brokelind, Principles of Law, 2014, S.).

Ernst, Christoph / Seidler, Holger, Gesetz zur Modernisierung des Bilanzrechts nach Verabschiedung durch den Bundestag, Betriebs-Berater 2009, S. 766 – 771.

Esser, Klaus / Sieben, Günter, Betriebliche Altersversorgung – Eine betriebswirtschaftliche Analyse, Stuttgart 1997 (zitiert als: *Esser/Sieben*, Betriebliche Altersversorgung, 1997, S.).

Essers, Peter, *Goed koopmansgebruik* and Maßgeblichkeitsprinzip: Time for a Change, Steuer und Wirtschaft 2005, S. 331 – 334.

Essers, Peter, The precious Relationship between IAS/IFRS and the CCCTB, S. 369 – 386, in Hinnekens, Luc / Hinnekens, Philippe (Hrsg.), A Vision of Taxes within and outside European Borders – Festschrift in honor of Prof. Dr. Frans Vanistendael, Alphen aan den Rijn 2008 (zitiert als: *Essers*, in FS (Frans) Vanistendael, 2008, S.).

Essers, Peter, The precious Relationship between IAS/IFRS and the CCCTB with respect to Provisions and Liabilities, S. 385 – 420, in Lang, Michael / Pistone, Pasquale / Schuch, Josef / Staringer, Claus (Hrsg.), Common Consolidated Corporate Tax Base, Wien 2008 (zitiert als: *Essers*, in Lang et al., Common Consolidated Corporate Tax Base, 2008, S.).

Essers, Peter, Accounting and Taxation: Netherlands, S. 151 – 162, in Grandinetti, Mario (Hrsg.), Corporate Tax Base in the Light of the IAS/IFRS and EU Directive 2013/34 – A Comparative Approach, Alphen aan den Rijn 2016 (zitiert als: *Essers*, in Grandinetti, Corporate Tax Base, 2016, S.).

Essers, Peter, De stiefmoederlijke behandeling van IAS/IFRS in het CCTB-voorstel, Weekblad voor fiscaal recht 2017, S. 402 – 407.

Essers, Peter, Het winstbegrip in het CCTB-voorstel als mogelijk baken voor een toekomstig EU fiscaal winstbegrip, tijdschrfit fiscaal ondernemingsrecht 2017, Heft 150, S. 59 – 65.

Essers, Peter / Russo, Ronald, The precious Relationship between IAS/IFRS, National Accounting Systems and the CCCTB, S. 29 – 86, in Essers, Peter / Raaijmakers, Theo / Russo, Ronald / van der Schee, Pieter, van der Tas, Leo / van der Zanden, Peter (Hrsg.), The influence of IAS/IFRS on the CCCTB, tax accounting, disclosure and corporate law accounting concepts – "a clash of cultures", Alphen aan den Rijn 2009 (zitiert als: *Essers/Russo*, in Essers et al., The Influence of IAS/IFRS on the CCCTB, 2009, S.).

Estler, Kay, Anforderungen der Finanzverwaltung an unternehmensspezifische und modifizierte biometrische Rechnungsgrundlagen bei der Bewertung von Pensionsverpflichtungen nach § 6a EStG, Betriebliche Altersversorgung 2012, S. 419 – 422.

Europäische Kommission (Hrsg.), „Vorsicht und Matching", Dokument des beratenden Forums für Rechnungslegung, Generaldirektion XV – Binnenmarkt und Finanzdienstleistungen, XV/7002/95 DE, Brüssel 1995 (zitiert als: *Europäische Kommission* (Hrsg.), „Vorsicht und Matching", Generaldirektion XV/7002/95 DE, 1995, Rn.).

Europäische Kommission (Hrsg.), Kommentare zu bestimmten Artikeln der Verordnung (EG) Nr. 1606/2002 des Europäischen Parlaments und des Rates vom 19. Juli 2002 betreffend die Anwendung internationaler Rechnungslegungsstandards und zur Vierten Richtlinie 78/660/EWG des Rates vom 25. Juli 1978 sowie zur Siebenten Richtlinie 83/349/EWG des Rates vom 13. Juni 1983 über Rechnungslegung, Brüssel 2003 (abgekürzt als: *Europäische Kommission* (Hrsg.), Kommentare zu bestimmten Artikeln der Verordnung (EG) Nr. 1606/2002, 2003).

Europäische Kommission (Hrsg.), Pension Adequacy Report – Current and future income adequacy in old age in the EU (Volume I), Brüssel 2018, abrufbar unter https://ec.europa.eu/social/main.jsp?catId=738&langId=en&pubId=8084&furtherPubs=yes (zuletzt abgerufen am 1.9.2021) (zitiert als: *Europäische Kommission* (Hrsg.), Pension Adequacy Report I, 2018, S.).

Europäische Kommission (Hrsg.), Pension Adequacy Report – Current and future income adequacy in old age in the EU (Volume 2), Brüssel 2018, abrufbar unter https://ec.europa.eu/social/main.jsp?catId=738&langId=de&pubId=8085&furtherPubs=yes (zuletzt abgerufen am 1.9.2021) (zitiert als: *Europäische Kommission* (Hrsg.), The 2018 Pension Adequacy Report II, S.).

Eurostat (Hrsg.), GDP and main components im Jahr 2020, o.O. 2021, abrufbar unter https://ec.europa.eu/eurostat/databrowser/view/nama_10_gdp/default/table?lang=en (zuletzt abgerufen am 1.9.2021).

Eurostat (Hrsg.), Sterbetafeln, o.O. 2021, abrufbar unter http://data.europa.eu/88u/dataset/M5a8ZWNF3lBttzLxnT57A (zuletzt abgerufen am 1.9.2021).

Evers, Maria / Finke, Katharina / Köstler, Melanie / Meier, Ina / Scheffler, Wolfram / Spengel, Christoph, Gemeinsame Körperschaftsteuer-Bemessungsgrundlage in der EU: Konkretisierung der Gewinnermittlungsprinzipien und Weiterentwicklungen (Gemeinsame Körperschaftsteuer-Bemessungsgrundlage in der EU), Discussion Paper Nr. 14-112, 2014, abrufbar unter https://ftp.zew.de/pub/zew-docs/dp/dp14112.pdf (zuletzt abgerufen am 1.9.2021) (zitiert als: *Evers et al.*, Gemeinsame Körperschaftsteuer-Bemessungsgrundlage in der EU, Discussion Paper Nr. 14-112, 2014, S.).

Evers, Maria / Köstler, Melanie / Meier, Ina / Nicolay, Katharina / Scheffler, Wolfram / Spengel, Christoph Evers et al., Gemeinsame Körperschaftsteuer-Bemessungsgrundlage in der EU: Konkretisierung der Gewinnermittlungsprinzipien und Weiterentwicklungen, Steuer und Wirtschaft 2015, S. 359 – 373 (zitiert als: *Evers et al.*).

Fantozzi, Augusto (Hrsg.), Commentario breve alle leggi tributarie: Tomo III – Testo unico delle imposte sui Redditi e Leggi complementari, Kompakt-Kommentar, Padua 2010 (zitiert als: *Fantozzi*, Commentario breve alle leggi tributarie, Tomo III, 2010, Art Rn.)

Farny, Dieter, Versicherungsbetriebslehre, Karlsruhe 2011.

Faßhauer, Jan, Rechnungslegung nach IFRS über betriebliche Pensionssysteme – Konzeptionelle Fragen, Berichterstattungspraxis in Europa und empirische Untersuchung der Wertrelevanz bei deutschen Unternehmen, Düsseldorf 2010 (zitiert als: *Faßhauer*, Rechnungslegung nach IFRS, 2010, S.).

Fédération des Experts Comptables Européens (Hrsg.), 1992 FEE analysis of European accounting and disclosure practices – further analysis of the FEE European survey of publishing accounts 1991 database, focusing on differences in the practices of listed and unlisted companies and on special accounting issues, London, New York 1992 (zitiert als: *Fédération des Experts Comptables Européens* (Hrsg.), Analysis of European Accounting and Disclosure Practices, 1992, S.).

Fédération des Experts Comptables Européens (Hrsg.), Survey of Pensions and Other Retirement Benefits in EU and non-EU Countries, London 1995 (zitiert als: *Fédération des Experts Comptables Européens* (Hrsg.), Survey of Pensions, 1995, S.).

Fédération des Experts Comptables Européens (Hrsg.), *Comparison of the EC Accounting Directives and IASs* – A contribution to international accounting developments, o.O. 1999 (zitiert als: *Fédération des Experts Comptables Européens* (Hrsg.), *Comparison of the EC Accounting Directives and IASs, 1999, S.).*

Fenge, Robert / Gebauer, Andrea / Holzner, Christian / Meier, Volker / Werding, Martin, Alterssicherungssysteme im internationalen Vergleich – Finanzierung, Leistungen, Besteuerung, München 2003 (zitiert als: *Fenge et al.*, Alterssicherungssysteme im internationalen Vergleich, 2003, S.).

Fernández de Córdoba, Isabel, Planes de pensiones de empleo, S. 431 – 462, in Herráiz, Amparo / Gonzáles, Francisco / de Paz Carbajo, José / Fernández de Córdoba, Isabel (Hrsg.), Fiscalidad de las Operaciones Financieras, Valencia 2008 (zitiert als: *Fernández de Córdoba*, in Herráiz et al., Fiscalidad de las Operaciones Financieras, 2008, S.).

Financial Services and Markets Authority (Hrsg.), Disclosures relating to Belgian "defined contribution" plans with return guaranteed by law, Studies and documents: n° 44, 2015, abrufbar unter https://www.fsma.be/sites/default/files/legacy/sitecore/media%20library/Files/fsmafiles/studies/en/study44.pdf (zuletzt abgerufen am 1.9.2021) (zitiert als: *Financial Services and Markets Authority* (Hrsg.), Disclosures relating to Belgian "defined contribution" plans with return guaranteed by law, 2015, S.).

Finley, Ryan, U.K., Netherlands and Ireland Balk at CCCTB Apportionment Formula, Tax Notes International 2017, S. 157.

Finucane, Kevin / Buggy, Brian, Irish Pension Law and Practice, 2. Auflage, Dublin 2006 (zitiert als: *Finucane/Buggy*, Irish Pension Law, 2006, Rn.).

Fischl, Dietmar, IFRS versus UGB - Für die Bilanzierungspraxis ausgewählte Standards mit Fallbeispielen, 2. Auflage, Wien 2020 (zitiert als: *Fischl*, IFRS versus UGB, 2020, S.).

Flórez López, Raquel, Problemática contable de las provisiones, cambios en criterios contables, errors, estimaciones y hechos posteriors al cierre, S. 189 – 241, in *Fernández Fernández, José M.* (Hrsg.), Pecunia, Número Extraordinario 1: Análisis práctico del Plan General de Contabilidad 2007, León 2009 (zitiert als: *Flórez López*, in Fernández Fernández, Pecunia - Extraordinario 1, 2009, S.).

Florstedt, Tim / Wüstemann, Jens / Wüstemann, Sonja, Wirtschaftliche Betrachtungsweise und europäische Bilanzsteuerrechtsordnung – Anwendungsfelder und –grenzen von substanzbezogenen Methoden für eine harmonisierte Gewinnermittlung in der EU, Steuer und Wirtschaft 2015, S. 374 -385.

Flower, John, European Financial Reporting - Adapting to a Changing World, New York 2004 (zitiert als: *Flower*, European Financial Reporting, 2004, S.).

Förster, Guido / Krauß, Sebastian, Der Richtlinienvorschlag der Europäischen Kommission zur Gemeinsamen konsolidierten Körperschaftsteuer-Bemessungsgrundlage (GKKB) vom 16.3.2011, Internationales Steuerrecht 2011, S. 607 – 615.

Förster, Wolfgang, Die betriebliche Versorgung, S. 201 – 214, in Cramer, Jörg / Förster, Wolfgang / Ruland, Franz (Hrsg.), Handbuch zur Altersversorgung – Gesetzliche, betriebliche und private Vorsorge in Deutschland, Frankfurt am Main 1998 (zitiert als: *Förster*, in Cramer/Förster/Ruland, Handbuch zur Altersversorgung, 1998, S.).

Förster, Wolfgang, Ausgliederung von Pensionsverpflichtungen auf eine Pensionsgesellschaft, Betriebliche Altersversorgung 2001, S. 133 – 137.

Forst, Gerrit, Keine Aussonderung nicht gezahlter Altersversorgungsbeiträge aus der Insolvenzmasse („Webb-Sämann"), Entscheidungen zum Wirtschaftsrecht 2017, S. 217 – 218.

Francis Lefebvre (Hrsg.), Retraites – obligations, opportunités et choix d l'enterprise, Paris 1987 (zitiert als: *Francis Lefebvre* (Hrsg.), Retraites, 1987, S.).

Francis Lefebvre (Hrsg.), Momento Práctico Contable, Madrid 2021.

Francis Lefebvre (Hrsg.), Momento Práctico Fiscal, Madrid 2021.

Franco, Daniele, Italy: A Never-Ending Pension Reform, S. 211 – 261, in Feldstein, Martin / Siebert, Horst (Hrsg.), Social Security Pensions Reform in Europe, Chicago 2002 (zitiert als: *Franco*, in Feldstein/Siebert, Social Security Pensions Reform in Europe, 2002, S.).

Franke, Günter / Hax, Herbert, Finanzwirtschaft des Unternehmens und Kapitalmarkt, 6. Auflage, Dordrecht u.a. 2009 (zitiert als: *Franke/Hax*, Finanzwirtschaft, 2009, S.).

Franz, Einiko B., Captives – eine Standortbestimmung, Betriebs-Berater 2011, S. 3037 – 3047.

Franzen, Martin / Gallner, Inken / Oetker, Hartmut (Hrsg.), Kommentar zum europäischen Arbeitsrecht, Kompakt-Kommentar, 3. Auflage, München 2020 (zitiert als: *Verf.*, in Franzen/Gallner/Oetker, EuArbR, 3. Aufl. 2020, Abschnitt Art. Rn.).

Freedman, Judith / Macdonald, Graeme, The Tax Base for CCCTB: The Role of Principles, S. 219 – 270, in Lang, Michael / Pistone, Pasquale / Schuch, Josef / Staringer, Claus (Hrsg.), Common Consolidated Corporate Tax Base, Wien 2008 (zitiert als: *Freedman/Macdonald*, in Lang et al., Common Consolidated Corporate Tax Base, 2008, S.).

Freiberg, Jens / Schmidt, Rüdiger, Bilanzierung von Pensionsverpflichtungen in der Niedrigzinsfalle, Internationale Rechnungslegung 2016, S. 244 – 250.

Fresl, Karlo, Europäisierung des deutschen Bilanzrechts, Wiesbaden 2000.

Frey, Niels / Speidel, Roland, Richtlinienentwurf für eine Gemeinsame konsolidierte Körperschaftsteuer-Bemessungsgrundlage (GKKB), Der Steuerberater 2011, S. 430 – 435.

Frick, Wilhelm, Bilanzierung nach dem Unternehmensgesetz, 8. Auflage, Heidelberg 2007.

Friedrich, Klaus, Das Betriebsrentenstärkungsgesetz: reine Beitragszusage und mehr, Betriebliche Altersversorgung 2017, S. 469 – 472.

Fritz-Schmied, Gudrun, Zur bilanziellen Abbildung betrieblicher Zusagen im Rahmen der Altersversorgung, S. 79 – 98, in Urnik, Sabine / Pfeil, Walter (Hrsg.), Betriebliche Altersversorgung in der Krise, Wien 2013 (zitiert als: *Fritz-Schmied*, in Urnik/Pfeil, Betriebliche Altersversorgung in der Krise, 2013, S.).

Frotscher, Gerrit / Geurts, Matthias (Hrsg.), Kommentar zum Einkommensteuergesetz (EStG), Kommentar, Loseblatt, Freiburg im Breisgau, 223. Lfg. Juni 2021 (zitiert als: *Verf.*, in Frotscher/Geurts, EStG, Lfg., § Rn.).

Fuchs, Maximilian (Hrsg.), Europäisches Sozialrecht, Kompakt-Kommentar, 7. Auflage, Baden-Baden 2018 (zitiert als: *Verf.*, in Fuchs, Europäisches Sozialrecht, 7. Aufl. 2018, Teil Rn.).

Fülbier, Rolf, Systemtauglichkeit der International Financial Reporting Standards für Zwecke der steuerlichen Gewinnermittlung, Steuer und Wirtschaft 2006, S. 228 – 242.

Fülbier, Rolf / Sellhorn, Thorsten, Pensionsverpflichtungen nach IAS 19 – Eine beispielorientierte Darstellung, Unternehmensteuern und Bilanzen 2004, S. 385 – 393.

Fuest, Clemens, Ökonomische Prinzipien gerechter und effizienter Besteuerung, S. 65 – 82, in Jachmann, Monika (Hrsg.), Erneuerung des Steuerrechts, DStJG Band 37, Köln 2014 (zitiert als: *Fuest*, in Jachmann, DStJG 37, 2014, S.).

Fuest, Clemens, Taugt Neutralität als Leitlinie der Steuerpolitik?, S. 29 – 40, in Kahle, Holger / Overesch, Michael / Ruf, Martin / Spengel, Christoph (Hrsg.), Kernfragen der Unternehmensbesteuerung – Symposium für Ulrich Schreiber zum 65. Geburtstag, Wiesbaden 2017 (zitiert als: *Fuest*, in Kahle et al., Kernfragen der Unternehmensbesteuerung, 2017, S.).

Galinat, Withold, Auswirkungen der „Ex-Portabilitäts-Richtlinie" auf die betriebliche Altersversorgung – Bewertung aus der Praxis, Betriebliche Altersversorgung 2014, S. 118 – 124.

Gammie, Malcolm, Corporate tax harmonisation – Stage 1: The struggle for process, S. 270 – 293, in Panayi, Christiana / Haslehner, Werner / Traversa, Edoardo (Hrsg.), Research Handbook on European Union Taxation Law, Cheltenham 2020 (zitiert als: *Gammie*, in Panayi/Haslehner/Traversa, European Union Taxation Law, 2020, S.).

Gammie, Malcolm / Giani, Silvia / Oestreicher, Andreas / Parascandolo, Paola / Spengel, Christoph, Achieving a Common Consolidated Corporate Tax Base in the EU, Brüssel 2005 (zitiert als: *Gammie et al.*, Commmon Corporate Tax Base, 2005, S.).

Garbarino, Carlo, Harmonization and Coordination of Corporate Taxes in the European Union, EC Tax Review 2016, S. 277 – 295.

García Castellví, Antonio, La financiación básica, S. 141 – 189, in García Castellví, Antonio / Gonzáles Navarro, Ana / Astorga Sánchez, Juan (Hrsg.), Contabilidad financiera – Análisis y aplicación del PGC de 2007, 2. Auflage, Barcelona 2011 (zitiert als: *García Castellví*, in García Castellví/Gonzáles Navarro/Astorga Sánchez, Contabilidad financiera, 2011, S.).

Gassner, Wolfgang / Lang, Michael, Die mangelnde Leistungsfähigkeit des Leistungsfähigkeitsprinzips, Österreichische Steuerzeitung 2000, S. 643 – 644.

Gavana, Giovanna / Guggiola, Gabriele / Marenzi, Anna, Evolving Connections Between Tax and Financial Reporting in Italy, Accounting in Europe 2013, S. 43 – 70.

Geberth, Georg, Eine Norm mit Langlebigkeitsrisiko – über den zunehmenden Reformbedarf des § 6a EStG, S. 9 – 28, in ifst (Hrsg.), Die Vorschläge zum steuerpolitischen Ideenwettbewerb, ifst-Schrift 507, Berlin 2015 (zitiert als: *Geberth*, ifst-Schrift 507, 2015, S.).

Geiger, Rudolf / Khan, Daniel-Erasmus / Kotzur, Markus (Hrsg.), EUV/AEUV, Kompakt-Kommentar, 6. Auflage, München 2017 (zitiert als: *Verf.*, in Geiger/Khan/Kotzur, EUV/AEUV, 6. Aufl. 2017, Gesetz, Art. Rn.).

Geilenkothen, Andre / Rasch, Christian / Ricken, Björn, Betriebliche Altersversorgung im Jahresabschluss nach nationalen und internationalen Bilanzierungsgrundsätzen – Bewertungsannahmen zum 31.12.2019, Der Betrieb 2019, S. 2809 – 2813.

Gélard, Gilbert, France – Individual Accounts, S. 1009 – 1126, in Ordelheide, Dieter / KPMG (Hrsg.), Transnational Accounting – Volume 2, 2. Auflage, New York 2001 (zitiert als: *Gélard*, in Ordelheide/KPMG, Transnational Accounting, 2001, S.).

Gelhausen, Hans-Friedrich / Fey, Gerd / Kämpfer, Georg (Hrsg.), Rechnungslegung und Prüfung nach dem Bilanzrechtsmodernisierungsgesetz, Kompakt-Kommentar, Düsseldorf 2009 (zitiert als: *Gelhausen/Fey/Kämpfer*, Rechnungslegung, 2009, Abschnitt Rn.).

Gellrich, Kai, Konzept der Passivierung ungewisser Verbindlichkeiten in einer eigenständigen Steuerbilanz unter besonderer Beachtung von IAS 37 – Beitrag zur Harmonisierung der steuerlichen Gewinnermittlung in Europa, Düsseldorf 2008 (zitiert als: *Gellrich*, Passivierung, 2008, S.).

Gesellschaft für Versicherungswissenschaft und –gestaltung, Finanzierung durch Umlage und Kapitaldeckung, Betriebs-Berater 1997, Beilage Nr. 6, S. 34 – 39.

Ghailani, Dalila / Peña-Casas, Ramón, Occupational Welfare in Belgium: wide coverage, low benefits, S. 125 – 146, in Natali, David / Pavolini, Emmanuele / Vanhercke, Bart (Hrsg.), Occupational Welfare in Europe – risks, opportunities and social partner involvement, Brüssel 2018 (zitiert als: *Ghailani/Peña-Casas*, in Natali/Pavolini/Vanhercke, Occupational Welfare in Europe, 2018, S.).

Glade, Anton, Rechnungslegung und Prüfung nach dem Bilanzrichtlinien-Gesetz – systematische Darstellung und Kommentar, Herne u.a. 1986 (zitiert als: *Glade*, Bilanzrichtliniengesetz, 1986, S.).

Glaum, Martin, Pension accounting and research: A review, Accounting and Business Research 2009, S. 273 – 311.

Görgen, Peter, Europa gibt den Takt, S. 41 – 52, in Doetsch, Peter / Küpper, Peter (Hrsg.), Betriebliche Altersversorgung und Recht – Festschrift für Reinhold Höfer zum 70. Geburtstag, München 2011 (zitiert als: *Görgen, in* FS Höfer, 2011, S.).

Gohdes, Afred E., Versicherungsmathematische Finanzierungsverfahren für betriebliche Versorgungsverpflichtungen, S. 192 – 213, in Neuburger, Edgar (Hrsg.), Mathematik und Technik betrieblicher Pensionszusagen, Karlsruhe 1997 (zitiert als: *Gohdes*, in Neuburger, Betriebliche Pensionszusagen, 1997, S.).

Gohdes, Alfred / Schmid, Cornelia, Vorschlag für eine zweite EU-Pensionsfondsrichtlinie: mögliche Auswirkungen auf die Unternehmen, Betriebs-Berater 2014, 1899 – 1903.

Grabitz, Eberhard (Begr.) / *Hilf, Meinhard / Nettesheim, Martin* (Hrsg.), Das Recht der Europäischen Union - Band I AEUV/EUV, Kommentar, Loseblatt, München, 72. Lfg. Februar 2021 (zitiert als: *Verf.*, in Grabitz/Hilf/Nettesheim, Das Recht der Europäischen Union, Lfg., Gesetz, Art. Rn.).

Grabner, Edwin, Der betriebsinterne Pensionsfonds – Eine beitragsorientierte betriebliche Versorgungseinrichtung auf bestehender Gesetzesgrundlage, Der Betrieb *1999*, S. *903* – 908.

Grabner, Edwin, Der betriebsinterne Pensionsfonds – Eine Möglichkeit zur beitragsdefinierten Versorgungszusage, Betriebliche Altersversorgung 2000, S. 431 – 435.

Grabner, Edwin / Bode, Christoph, Betriebliche Altersversorgung aus Entgeltumwandlung – Erhebliche Rechtsunsicherheit durch neue Gesetzesregeln, Der Betrieb 2001, S. 481 – 485.

Gräfer, Horst / Demming, Claudia, Harmonisierung und Standardisierung der Rechnungslegung, S. 1 – 22, in Gräfer, Horst / Demming, Claudia (Hrsg.) Internationale Rechnungslegung, Stuttgart 1994 (zitiert als: *Gräfer/Demming*, in Gräfer/Demming, Internationale Rechnungslegung, 1994, S.).

Grandinetti, Mario, Accounting and Taxation: Italy, S. 125 – 140, in Grandinetti, Mario (Hrsg.), Corporate Tax Base in the Light of the IAS/IFRS and EU Directive 2013/34 – A Comparative Approach, Alphen aan den Rijn 2016 (zitiert als: *Grandinetti*, in Grandinetti, Corporate Tax Base, 2016, S.).

Grandinetti, Mario, Il principio di derivazione nell' IRES, Milanofiori Assago 2016.

Granzer, Richard, Aufhebung der Wertpapierdeckung durch den VfGH – Vorsicht Falle! – Arbeitsrechtliche Implikationen bei der Aufhebung der Wertpapierdeckung für Betriebspensionen, Arbeits- und SozialrechtsKartei 2006, S. 442 – 445.

Groeben, Hans von der (Begr.) / *Schwarze, Jürgen / Hatje, Armin* (Hrsg.), Europäisches Unionsrecht – Vertrag über die Europäische Union – Vertrag über die Arbeitsweise der Europäischen Union – Charta der Grundrechte der Europäischen Union, Kompakt-Kommentar, 7. Auflage, München 2015 (zitiert als: *Verf.*, in von der Groeben/Schwarze/Hatje, Europäisches Unionsrecht, 7. Aufl. 2015, Gesetz, Art. Rn.).

Groh, Manfred, Zur Bilanztheorie des BFH, S. 121 – 139, in Hörstmann, Franz / Niemann, Usrula / Rose, Gerhard (Hrsg.), Steuerberaterjahrbuch 1979/80, Fachkongress der Steuerberater des Bundesgebietes, Köln 1980 (zitiert als: in Hörstmann/Niemann/Rose, StbJB 1979/80, 1979, S.).

Gronwald, Mareike, Reforming Old Age Security Systems – A Comparative Analysis of Institutional Change in France, Germany and Sweden, Mannheim 2012, abrufbar unter https://madoc.bib.uni-mannheim.de/36584/1/Dissertation__Gronwald_MADOC.pdf (zuletzt abgerufen am 1.9.2021) (zitiert als: *Gronwald*, Reforming Old Age Security Systems, S.).

Großfeld, Bernhard, Internationales und europäisches Unternehmensrecht – das Organisationsrecht transnationaler Unternehmen, 2. Auflage, Heidelberg 1996 (zitiert als: *Großfeld*, Internationales und Europäisches Unternehmensrecht, 1996, S.).

Großfeld, Bernhard / Luttermann, Claus, Bilanzrecht – die Rechnungslegung in Jahresabschluss und Konzernabschluss nach Handelsrecht und Steuerrecht, Europarecht und IAS/IFRS, 4. Auflage, Heidelberg 2005 (zitiert als: *Großfeld/Luttermann*, Bilanzrecht, 2005, Rn.).

Gründl, Helmut / Kraft, Mirko (Hrsg.), Solvency II – eine Einführung: Grundlagen der neuen Versicherungsaufsicht, Handbuch, 3. Auflage, Karlsruhe 2019 (zitiert als: *Verf.*, in Gründl/Kraft, Solvency II, 3. Aufl. 2019, S.).

Grünwald, Alfons, Europäisches Gesellschaftsrecht, Wien 1999.

Grundmann, Stefan, Information und ihre Grenzen im Europäischen und neuen englischen Gesellschaftsrecht, S. 61 – 82, in Schneider, Uwe / Hommelhoff, Peter / Schmidt, Karsten / Timm, Wolfram / Grunewald, Barbara / Drygala, Tim (Hrsg.), Festschrift für Marcus Lutter zum 70. Geburtstag - deutsches und europäisches Gesellschafts-, Konzern- und Kapitalmarktrecht, Köln 2000 (zitiert als: *Grundmann*, in FS Lutter, 2000, S.).

Grundmann, Stefan, Europäisches Gesellschaftsrecht – eine systematische Darstellung unter Einbeziehung des europäischen Kapitalmarktrechts, 2. Auflage, Heidelberg 2011 (zitiert als: *Grundmann*, Europäisches Gesellschaftsrecht, 2011, Rn.).

Günter, Simone, Fortentwicklung des Handels- und Steuerbilanzrechts – eine ökonomische Analyse, Lohmar u.a. 2012 (zitiert als: *Günter*, Fortentwicklung des Handels- und Steuerbilanzrechts, 2012, S.).

Gutiérrez Viguera, Manuel, El nuevo impuesto de sociedades – aplicación práctica, Madrid 2015 (zitiert als: *Gutiérrez Viguera*, El nuevo Impuesto, 2015, S.).

Gutmann, Daniel / Raingeard de la Blétière, Emmanuel, CC(C)TB and International Taxation, EC Tax Review 2017, S. 233 – 245.

Haaker, Andreas, Harmonisierungsziel, Mitgliedstaatenwahlrechte und True-and-Fair-View im Lichte der Fitness – Erwiderung zu Mühlbauer/Müller, Fitness-Check der EU-Kommission zur öffentlichen Berichterstattung von Unternehmen, DB 2018 S. 1482, Der Betrieb 2019, S. 382 – 384.

Haase, Klaus / Lüdemann, Lars, Auswirkungen der Unternehmenssteuerreform auf die Finanzierungspolitik der Kapitalgesellschaften, Deutsches Steuerrecht 2007, S. 747 – 752.

Habersack, Mathias / Verse, Dirk Axel, Europäisches Gesellschaftsrecht – Einführung für Studium und Praxis, 5. Auflage, München 2019.

Hachmeister, Dirk / Kahle, Holger / Mock, Sebastian / Schüppen, Matthias (Hrsg.), Bilanzrecht Kommentar – Handelsbilanz, Steuerbilanz, Prüfung, Offenlegung, Gesellschaftsrecht, Kompakt-Kommentar, 2. Auflage, Köln 2020 (zitiert als: *Verf.*, in Hachmeister et al., Bilanzrecht, 2. Aufl. 2020, § Rn.).

Hackmann, Johannes, Einkommensteuerliche Investitionswirkungen bei unterschiedlichen Fassungen des steuerlichen Einkommensbegriffs, Zeitschrift für Wirtschafts- und Sozialwissenschaften 1989, S. 49 – 74.

Haegert, Lutz, Besteuerung, Unternehmensfinanzierung und betriebliche Altersversorgung, S. 155 – 168, in Schneider, Dieter (Hrsg.), Kapitalmarkt und Finanzierung, Berlin 1987 (zitiert als: *Haegert*, in Schneider, Kapitalmarkt und Finanzierung, 1987, S.).

Haegert, Lutz / Schwab, Hartmut, Die Subventionierung direkter Pensionszusagen nach geltendem im Vergleich zu einer neutralen Besteuerung, Die Betriebswirtschaft 1990, S. 85 – 102.

Hagemann, Thomas, Methoden zur Herleitung des Rechnungszinses nach IFRS, Betriebliche Altersversorgung 2010, S. 335 – 338.

Hagemann, Thomas, Pensionsrückstellungen – eine praxisorientierte Einführung in die gutachterliche Methodik der Berechnung von Pensionsrückstellungen, 3. Auflage, Karlsruhe 2020 (zitiert als: *Hagemann*, Pensionsrückstellungen, 2020, S.).

Hagemann, Thomas / Oecking, Stefan / Wunsch, Ursula, Pensionsverpflichtungen nach dem BilMoG – und was das IDW dazu zu sagen hat Anmerkungen zur Stellungnahme IDW RS HFA 28 und zum Entwurf der Stellungnahme IDW ERS HFA 30, Der Betrieb 2010, S. 1021 – 1027.

Hagen, Johannes / Elinder, Mikael, Den komplexa tjänstepensionen, Stockholm 2018.

Hamannt, Manfred / Halverscheid, Sonja, Allgemeine Anforderungen an eine einheitliche körperschaftsteuerliche Bemessungsgrundlage in Europa, S. 589 – 618, in Blumenberg, Jens / Crezelius, Georg / Gosch, Dietmar / Schüppen, Matthias (Hrsg.), Festschrift für Wilhelm Haarmann, Düsseldorf 2015 (zitiert als: *Hamannt/Halverscheid*, in FS Haarmann, 2015, S.).

Hanau, Peter / Steinmeyer, Heinz-Dietrich / Wank, Rolf (Hrsg.), Handbuch des europäischen Sozialrechts, München 2002 (zitiert als: *Verf.*, in Hanau/Steinmeyer/Wank, Handbuch des europäischen Sozialrechts, 2002, § Rn.).

Handbuch des Jahresabschlusses, hrsg. v. Schulze-Osterloh, Joachim / Hennrichs, Joachim / Wüstemann, Jens, Bilanzrecht nach HGB, EStG, IFRS, Kommentar, Loseblatt, Köln, 77. Lfg. März 2021 (zitiert als: *Verf.*, in HdJ, Lfg., Abschnitt Rn.).

Hartung, Werner, Ist das Ansatzwahlrecht bei Pensionsrückstellungen für Altzusagen richtlinienkonform?, Betriebs-Berater 1992, S. 1817 – 1819.

Hauck, Anton / Prinz, Ulrich, Zur Auslegung von (europarechtlich übernommenen) IAS/IFRS, Der Konzern 2005, S. 635 – 641.

Hauner, Kurt / Menßen, Jochen, Asset Funding und Bilanzgestaltung mit Spezialfonds, S. 231 – 262, in Kleeberg, Jochen / Schlenger, Christian, Handbuch Spezialfonds – Ein praktischer Leitfaden für institutionelle Anleger und Kapitalgesellschaften, Bad Soden 2000 (zitiert als: *Hauner/Menßen*, in Kleeberg/Schlenger, Handbuch Spezialfonds, 2000, S.).

Haverkate, Görg, Gewissheitsverlust im juristischen Denken – Zur politischen Funktion der juristischen Methode, Berlin 1977 (zitiert als: *Haverkate*, Gewissheitsverlust, 1977, S.).

Havermann, Hans, Der Konzernabschluß nach neuem Recht – ein Fortschritt?, S. 173 – 197, in Havermann, Hans (Hrsg.), Bilanz- und Konzernrecht – Festschrift zum 65. Geburtstag von Dr. Dr. h. c. Reinhard Goerdeler, Düsseldorf 1987 (zitiert als: *Havermann*, in FS Goerdeler, 1987, S.).

Havermann, Hans, Internationale Entwicklungen in der Rechnungslegung, S. 655 – 677, in Ballwieser, Wolfgang / Böcking, Hans-Joachim / Drukarczyk, Jochen / Schmidt, Reinhard (Hrsg.), Bilanzrecht und Kapitalmarkt – Festschrift zum 65. Geburtstag von Professor Dr. Dr. h.c. Dr. h.c. Adolf Moxter, Düsseldorf 1994 (zitiert als: Havermann, in FS Moxter, 1994, S.).

Heckerodt, David, „Finale“ ausländische Betriebsstättenverluste – back to the roots, Internationales Steuer- und Wirtschaftsrecht 2018, S. 521 – 528.

Heger, Heinz-Josef / Weppler, Thomas, Pensionsverpflichtungen bei Mitgliedschaft in einer Zusatzversorgungskasse: Bilanzierung nach HGB, IFRS und BilMoG-Entwürfen, Betriebs-Berater 2008, S. 1383 – 1387.

Heger, Heinz-Josef / Weppler, Thomas, Anmerkung zur Bilanzierung betrieblicher Altersversorgung nach dem BilMoG-Gesetzentwurf, Deutsches Steuerrecht 2009, S. 239 – 243.

Heidel, Thomas / Schall, Alexander (Hrsg.), HGB Handkommentar, Kompakt-Kommentar, 3. Auflage, Baden-Baden 2019 (zitiert als: *Verf.*, in Heidel/Schall, HGB, 3. Aufl. 2019, § Rn.).

Heiniz, Johannes, Direktzusagen im Rahmen der betrieblichen Altersversorgung in der nationalen und internationalen Rechnungslegung – eine kritische Bestandsaufnahme und Reformüberlegungen, Aachen 2018 (zitiert als: *Heiniz*, Direktzusagen, 2018, S.).

Helin, Andre, Sprawozdanie finansowe według MSSF, Warschau 2006.

Hellkamp, Gregor / Rinn, Barbara, Gleichbehandlung in der betrieblichen Altersversorgung nach dem AGG, Betriebliche Altersversorgung 2008, S. 442 – 448.

Hennrichs, Joachim, Der steuerrechtliche sog. Maßgeblichkeitsgrundsatz gem. § 5 EStG - Stand und Perspektiven, Steuer und Wirtschaft 1999, S. 138 – 153.

Hennrichs, Joachim, Wahlrechte im Bilanzrecht der Kapitalgesellschaften – unter besonderer Berücksichtigung der EG-Bilanz-Richtlinie, Köln 1999 (zitiert als: *Hennrichs*, Wahlrechte, 1999, S.).

Hennrichs, Joachim, Maßgeblichkeitsprinzip oder eigenständige Prinzipien für die Steuerbilanz?, S. 301 – 328, in Ebling, Iris (Hrsg.), Besteuerung von Einkommen, DStJG Band 24, Köln 2001 (zitiert als: *Hennrichs*, in Ebling, DStJG 24, 2001, S.).

Hennrichs, Joachim, Bilanzgestützte Kapitalerhaltung, HGB-Jahresabschluss und Maßgeblichkeitsprinzip – Dinosaurier der Rechtsgeschichte?, Steuer und Wirtschaft 2005, S. 256 – 264.

Hennrichs, Joachim, Unternehmensfinanzierung und IFRS im deutschen Mittelstand, Zeitschrift für das gesamte Handels- und Gesellschaftsrecht 2006, S. 498 – 521.

Hennrichs, Joachim, BilMoG – Verhältnis zu IFRS und Gläubigerschutz, Status:Recht 2009, S. 127 – 130.

Hennrichs, Joachim, Leistungsfähigkeit – objektives Nettoprinzip – Rückstellungen, S. 237 – 254, in Tipke, Klaus / Seer, Roman / Hey, Johanna / Englisch, Joachim (Hrsg.), Festschrift für Joachim Lang – Gestaltung der Steuerrechtsordnung, Köln 2010 (zitiert als: *Hennrichs*, in FS Lang, 2010, S.).

Hennrichs, Joachim, Bilanzwahrheit, Realisationsprinzip und wirtschaftliche Betrachtungsweise nach EU-Bilanzrecht – Zugleich zur Bilanzierung bei verdeckter Einlage und Besprechung der Entscheidung des EuGH vom 03.10.2013 – C-322/12 (GIMLE), Die Wirtschaftsprüfung 2015, S. 315 – 321.

Hennrichs, Joachim / Pöschke, Moritz, Die Bedeutung der IFRS für die Auslegung und Anwendung des (Konzern-)Bilanzrechts nach dem BilMoG, Der Konzern 2009, S. 532 – 540.

Hennrichs, Joachim / Pöschke, Moritz, Fortentwicklung der GoB vor dem Hintergrund von BilMoG und IFRS, S. 47 – 64, in Fink, Christian / Schultze, Wolfgang / Winkeljohann, Norbert (Hrsg.), Bilanzpolitik und Bilanzanalyse nach neuem Handelsrecht, Stuttgart 2010 (zitiert als: *Hennrichs/Pöschke*, in Fink/Schultze/Winkeljohann, Bilanzpolitik und Bilanzanalyse, 2010, S.).

Hennrichs, Joachim / Pöschke, Moritz, Anmerkung zu EuGH v. 15.6.2917, C-444/16, C-445/16, Neue Zeitschrift für Gesellschaftsrecht 2017, S. 917 – 918.

Hermann, Carl / Heuer, Gerhard / Raupach, Arndt, EStG KStG Kommentar, hrsg. v. Hey, Johanna / Klein, Martin / Wendt, Michael, Großkommentar zum Einkommensteuergesetz und Körperschaftsteuergesetz, Kommentar, Loseblatt, Köln, 304. Lfg. Juni 2021 (zitiert als: *Verf.*, in HHR, Gesetz, Lfg., § Rn.).

Hermann, Richard, Erweiterung der Richttafeln um Fluktuation, Der Aktuar 2010, S. 61 – 65.

Hernandez, Almudena, Spanien, S. 1143 – 1151, in Cramer, Jörg / Förster, Wolfgang / Ruland, Franz (Hrsg.), Handbuch zur Altersversorgung – Gesetzliche, betriebliche und private Vorsorge in Deutschland, Frankfurt am Main 1998 (zitiert als: *Hernandez*, in Cramer/Förster/Ruland, Handbuch zur Altersversorgung, 1998, S.).

Hertel, Christian, Rechtskreise im Überblick, Notarius International 2009, S. 157 – 170.

Herzig, Norbert, Praktikables Steuerrecht aus betriebswirtschaftlicher Sicht, Betriebs-Berater 2000, S. 1863 – 1869.

Herzig, Norbert, IAS/IFRS und steuerliche Gewinnermittlung – eigenständige Steuerbilanz und modifizierte Überschussrechnung – Gutachten für das Bundesfinanzministerium, Düsseldorf 2004 (zitiert als: *Herzig*, IFRS und steuerliche Gewinnermittlung, 2004, S.).

Herzig, Norbert, Harmonisierung der steuerlichen Gewinnermittlung in der Europäischen Union, Steuer und Wirtschaft 2006, S. 156 – 164.

Herzig, Norbert, Steuerrechtliche Gewinnermittlung und handelsrechtliche Rechnungslegung, Internationales Steuerrecht 2006, S. 557 – 560.

Herzig, Norbert, Einsichten und Folgerungen aus dem CCCTB-Projekt der EU, S. 1057 – 1077, in Tipke, Klaus / Seer, Roman / Hey, Johanna / Englisch, Joachim (Hrsg.), Festschrift für Joachim Lang – Gestaltung der Steuerrechtsordnung, Köln 2010 (zitiert als: *Herzig*, in FS Lang, 2010, S.).

Herzig, Norbert, Seminar B: Alternative Körperschaftsteuerbemessungsgrundlagen und internationale Konsequenzen, Internationales Steuerrecht 2011, S. 662 – 664.

Herzig, Norbert, Perspektiven der Ermittlung, Abgrenzung und Übermittlung des steuerlichen Gewinns, Der Betrieb 2012, S. 1 – 9.

Herzig, Norbert, Prinzipienorientierung und schrittweise Umsetzung des GKKB-Projektes, Finanz-Rundschau 2012, S. 761 – 762.

Herzig, Norbert, Entwicklung und Perspektiven des CCCTB-Projekts, S. 203 – 217, in Lüdicke, Jürgen / Mössner, Jörg Manfred / Hummel, Lars (Hrsg.), Das Steuerrecht der Unternehmen - Festschrift für Gerrit Frotscher zum 70. Geburtstag, Freiburg im Breisgau 2013 (zitiert als: *Herzig*, in FS Frotscher, 2013, S.).

Herzig, Norbert / Esser, Klaus, Erfüllungsrückstände und drohende Verluste bei Arbeitsverhältnissen – Wann sind Rückstellungen zu bilden?, Der Betrieb 1985, S. 1301 – 1306.

Herzig, Norbert / Gellrich, Kai, Harmonisierung der steuerlichen Gewinnermittlung in der EU – Überlegungen zur Konzeption von Rückstellungen in einer gemeinsamen konsolidierten Körperschaftsteuer-Bemessungsgrundlage, Internationales Steuerrecht 2006, S. 757 – 764.

Herzig, Norbert / Kuhr, Johannes, Grundlagen der steuerlichen Gewinnermittlung nach dem GKKB-Richtlinienentwurf, Der Betrieb 2011, S. 2053 – 2058.

Herzig, Norbert / Kuhr, Johannes, Realisations- und Imparitätsprinzip im Richtlinienentwurf der GKKB, Steuer und Wirtschaft 2011, S. 305 – 322.

Herzig, Norbert / Watrin, Christoph, Betriebswirtschaftliche Anforderungen an die Unternehmenssteuerreform, Steuer und Wirtschaft 2000, S. 378 – 388.

Hessling, Michael, Reine Beitragszusagen in der Direktversicherung – Fiktion oder schon Realität?, Betriebliche Altersversorgung 2006, S. 605 – 609.

Heubeck, Klaus, Betriebliche Versorgungsverpflichtungen nach dem neuen Bilanzrecht (Teil I & Teil II), Die Wirtschaftsprüfung 1986, S. 317 – 328 & S. 356 – 364.

Heubeck, Klaus, Pensionsrückstellungen als Rückstellungen für ungewisse Verbindlichkeiten, Betriebswirtschaftliche Forschung und Praxis 1987, S. 332 – 347.

Heubeck, Klaus / Enbrocks, Hartmut, Die Bewertung von mittelbaren Pensionsverpflichtungen im Fall von Unterstützungskassen, Der Betrieb 1987, S. 285 – 288.

Heubeck, Klaus / Seeger, Norbert, „Ungedeckte“ Pensionsverpflichtungen im Rating von Unternehmen, Der Betrieb 2004, S. 993 – 998.

Heuermann, Bernd, Geltung der IFRS als Verfassungsproblem?, S. 83 – 95, in Mellinghof, Rudolf / Schön, Wolfgang / Viskorf, Hermann-Ulrich (Hrsg.), Steuerrecht im Rechtsstaat – Festschrift für Wolfgang Spindler zum 65. Geburtstag, Köln 2011 (zitiert als: *Heuermann*, in FS Spindler, 2011, S.).

Heuermann, Bernd, Prinzipiengeleitete Umsetzung des Unionsrechts in das harmonisierte nationale Recht – Missbrauchsvermeidung als primärrechtlich fundierter Rechtsgrundsatz, Steuer und Wirtschaft 2018, S. 123 – 135.

Heurlin, Sigvard / Peterssohn, Erling, Sweden, S. 17.01 – 17.26, in Alexander, David / Archer, Simon (Hrsg.), European Accounting Guide, 5. Auflage, New York 2003 (zitiert als: *Heurlin/Peterssohn*, in Alexander/Archer, European Accounting Guide, 2003, S.).

Heuser, Paul / Theile, Carsten, IFRS-Handbuch – Einzel- und Konzernabschluss, 6. Auflage, Köln 2019 (zitiert als: *Verf.*, in *Heuser/Theile*, IFRS-Handbuch, 6. Aufl. 2019, Abschnitt Rn.).

Heusinger, Sabine, Europäisierung des deutschen Bilanzsteuerrechts – Einflüsse der Jahresabschlußrichtlinie auf die direkte Besteuerung, Hamburg 2001 (zitiert als: *Heusinger*, Die 4. gesellschaftsrechtliche EG-Richtlinie, 2001, S.).

Hey, Johanna, Harmonisierung der Unternehmensbesteuerung in Europa – ein Vorschlag unter Auswertung des Ruding-Berichts und der US-amerikanischen "integration debate", Köln 1997 (zitiert als: *Hey*, Harmonisierung der Unternehmensbesteuerung, 1997, S.).

Hey, Johanna, Steuerplanungssicherheit als Rechtsproblem, Köln 2002.

Hey, Johanna, CCCTB – Optionality, S. 93 – 113, in Lang, Michael / Pistone, Pasquale / Schuch, Josef / Staringer, Claus (Hrsg.), Common Consolidated Corporate Tax Base, Wien 2008 (zitiert als: *Hey*, in Lang et al., Common Consolidated Corporate Tax Base, 2008, S.).

Hey, Johanna, Verfassungsrechtliche Maßstäbe der Unternehmensbesteuerung, S. 7 – 22, in Kessler, Wolfgang (Hrsg.), Unternehmensbesteuerung – Festschrift für Norbert Herzig zum 65. Geburtstag, München 2010 (zitiert als: *Hey*, in FS Herzig, 2010, S.).

Hey, Johanna, Erscheinungsformen steuerlicher Wirtschaftspolitik, S. 11 – 52, in Sieke, Susanne (Hrsg.), Steuerpolitik und Wirtschaftspolitik, DStJG Band 39, Köln 2016 (zitiert als: *Hey*, in Sieke, DStJG 39, 2016, S.).

Hey, Johanna, Harmonisierung der Missbrauchsabwehr durch die Anti-Tax-Avoidance-Directive (ATAD) – Rechtsmethodische, kompetenzielle und verfassungsrechtliche Fragen unter besonderer Berücksichtigung der Auswirkungen auf § 42 AO, Steuer und Wirtschaft 2017, S. 248 – 265.

Hey, Johanna, Europäische Steuergesetzgebung zwischen Binnenmarkt und Fiskalinteressen, S. 9 – 56, in Lang, Michael (Hrsg.), Europäisches Steuerrecht, DStJG Band 41, Köln 2018 (zitiert als: *Hey*, in Lang, DStJG 41, 2018, S.).

Hey, Johanna / Steffen, Sascha, Steuergesetzliche Zinstypisierungen und Niedrigzinsumfeld – insbesondere zur Gleichheitssatzwidrigkeit der Abzinsung von Pensionsrückstellungen gemäß § 6a Abs. 3 Satz 3 EStG, ifst-Schrift 511, Berlin 2016 (zitiert als: *Hey/Steffen*, ifst-Schrift 511, 2016, S.).

Heymann, Handelsgesetzbuch, hrsg. v. Horn, Norbert / Balzer, Peter / Borges Georg / Hermann, Harald, Band 3 §§ 238-342e, Kompakt-Kommentar, 3. Auflage, Berlin u.a. 2020 (zitiert als: *Verf.*, in Heymann, Handelsgesetzbuch, Band 3, 3. Aufl. 2020, Abschnitt/§ Rn.).

Hijink, Steven / Nieuwe Weme, Marco / Oosterhoff, Gosse / in 't Veld, Lars, Bronnen van het Jaarrekeningenrecht, S. 11 – 41, in Hijink, Steven / Nieuwe Weme, Marco / Oosterhoff, Gosse / in 't Veld, Lars (Hrsg.), Handboek Jaarrekeningenrecht, Deventer 2020 (zitiert als: *Hijink et al.*, in Hijink et al., Jaarrekeningenrecht, 2020, S.).

Hirschler, Klaus (Hrsg.), Bilanzrecht – Band 1: Einzelabschluss, Kompakt-Kommentar, 2. Auflage, Wien 2019 (zitiert als: *Verf.*, in Hirschler, Bilanzrecht, Band 1, 2. Aufl. 2019, § Rn.).

Höfer, Reinhold, Pensionsrückstellung als Finanzierungsinstrument im künftigen EG-Binnenmarkt, Betriebliche Altersversorgung 1991, S. 147 – 150.

Höfer, Reinhold, Sind rückgedeckte Versorgungszusagen handels- und steuerbilanziell eine Bewertungseinheit?, Der Betrieb 2010, S. 2076 – 2078.

Höfer, Reinhold, Zur Anpassung von Pensionskassen und sonstigen Versorgungszusagen an das Niedrigzinsniveau, Der Betrieb 2016, S. 1571 – 1575.

Höfer, Reinhold / de Groot, Simone Evke / Küpper, Peter (Hrsg.), Betriebsrentenrecht Band I – Arbeitsrecht, Kommentar, Loseblatt, München, 26. Lfg. Januar 2021 (zitiert als: *Verf.*, in Höfer/de Groot/Küpper, Betriebsrentenrecht, Band I, Lfg., Teil der Kommentierung, §/Kap. Rn.).

Höfer, Reinhold / Früh, Hans-Georg, Zinswahl für Versorgungsverpflichtungen im Konzernabschluss 2004/2005, Der Betrieb 2005, S. 1177 – 1178.

Höfer, Reinhold / Hagemann, Thomas / Neumeier, Günter, Versorgungsverpflichtungen im Jahresabschluss zum 31.12.2020, Der Betrieb 2020, S. 2417 – 2421.

Höfer, Reinhold / Lemitz, Horst-Günter, Betriebliche Altersversorgung und das neue Bilanzrecht, Betriebs-Berater 1986, S. 426 – 433.

Höfer, Reinhold / Veit, Annekatrin / Verhuven, Thomas (Hrsg.), Betriebsrentenrecht Band II – Steuerrecht/Sozialabgaben/HGB/IFRS, Kommentar, Loseblatt, München, 21. Lfg. Juli 2021 (zitiert als: *Verf.*, in Höfer/Veit/Verhuven, Betriebsrentenrecht, Band II, Lfg., Kap. Rn.).

Höfer, Reinhold / Verhuven, Thomas / Young, Charles, Rechnungslegung für Versorgungsverpflichtungen nach IFRS und US-GAAP – Anwendung der EU-Verordnung 1606/2002, Der Betrieb 2004, S. 2329 – 2332.

Höhn, Ernst, Zweck(e) des Steuerrechts und Auslegung, S. 213 – 236, in Lang, Joachim (Hrsg.), Die Steuerrechtsordnung in der Diskussion – Festschrift für Klaus Tipke zum 70. Geburtstag, Köln 1995 (zitiert als: *Höhn*, in FS Tipke, 1995, S.).

Hoffmann, Wolf-Dieter / Lüdenbach, Norbert (Hrsg.), NWB Kommentar Bilanzierung – Handels- und Steuerrecht, Kompakt-Kommentar, 12. Auflage, Herne 2021, (zitiert als: *Hoffmann/Lüdenbach*, Kommentar Bilanzierung, 12. Aufl. 2021, § Rn.).

Homburg, Stefan, Allgemeine Steuerlehre, 7. Auflage, München 2015.

Hoogendoorn, Martin, The Netherlands, S. 11.01 – 11.53, in Alexander, David / Archer, Simon (Hrsg.), European Accounting Guide, 5. Auflage, New York 2003 (zitiert als: *Hoogendoorn*, in Alexander/Archer, European Accounting Guide, 2003, S.).

Hügelschäffer, Hagen, Ausblick 2018 - Die Mobilitätsrichtlinie und ihre Auswirkungen auf die Zusatzversorgung des öffentlichen und kirchlichen Dienstes, Zeitschrift für Tarifrecht 2014, S. 403 – 409.

Hüttemann, Rainer, Die Zukunft der Steuerbilanz, Deutsche Steuer-Zeitung 2011, S. 507 – 513.

Huuk, Alexander, Rechnungslegungsvorschriften und Sicherungslinien der betrieblichen Altersversorgung – Deutschland und die USA im Vergleich, Hamburg 2013 (zitiert als: *Huuk*, Rechnungslegungsvorschriften, 2013, S.).

Iaricci, Piero, Istituzioni di diritto pubblico, Santarcangelo 2014.

IASB (Hrsg.), IFRIC Draft Interpretation D9 – Scope of a draft interpretation, Agenda Paper 5b, o.O. 2012, abrufbar unter https://www.ifrs.org/content/dam/ifrs/meetings/2012/september/interpretations-committee/051209ap05b-ias-19-draft-interpretation-d9-scope.pdf (zuletzt abgerufen am 1.9.2021).

Instituto De Contabilidad Y Auditoría De Cuentas (Hrsg.), Nuevo plan general de contabilidad – Real Decreto 1514/2007 de 16 de noviembre, Madrid 2008 (zitiert als: *Instituto De Contabilidad Y Auditoría De Cuentas* (Hrsg.), Plan general de contabilidad, 2008, S.).

Ippolito, Richard A., The Labor Contract and True Economic Pension Liabilities, American Economic Review 1985, S. 1031 – 1043.

Ismer, Roland, Prinzipien der Einkünfteermittlung – Periodizitätsprinzip, S. 98 – 120, in Hey, Johanna (Hrsg.), Einkünfteermittlung, DStJG Band 34, Köln 2011 (zitiert als: *Ismer*, in Hey, DStJG 34, 2011, S.)

Jaatinen, Iida, IAS/IFRS: A Starting Point for the CCCTB?, Intertax 2012, S. 260 – 269.

Jacobs, Otto (Begr.) / *Endres, Dieter / Spengel, Christoph* (Hrsg.), Internationale Unternehmensbesteuerung – Deutsche Investitionen im Ausland. Ausländische Investitionen im Inland, 8. Auflage, München 2016 (zitiert als: *Jacobs/Endres/Spengel*, Internationale Unternehmensbesteuerung, 2016, S.)

Jäger, Grundsätze ordnungsmäßiger Aufwandsperiodisierung, Wiesbaden 1996 (zitiert als: *Jäger*, Aufwandsperiodisierung, 1996, S.).

Jaillot, Patrick (Hrsg.), Le Droit Fiscal en Belgique 2013, Limal 2013 (zitiert als: *Verf.*, in Jaillot, Le Droit Fiscal en Belgique 2013, 2013, S.).

Jaillot, Patrick (Hrsg.), Le Droit Fiscal en Belgique 2019, Limal 2019 (zitiert als: *Verf.*, in Jaillot, Le Droit Fiscal en Belgique 2019, 2019, S.).

Jakob, Andrea / Fehling, Daniel, Harmonisierung 2.0 – Überblick über die wesentlichen Neuerungen im GKB-Richtlinienentwurf, Internationale Steuer-Rundschau 2017, S. 290 – 297.

Janda, Fritz, Die betriebliche Altersvorsorge in Österreich, Betriebliche Altersversorgung 1998, S. 296 – 298.

Jansson, Olle / Ottosson, Jan / Murhem, Sofia / Magnusson, Lars, Sweden: supplementary Occupational Welfare with near universal coverage, S. 55 – 77, in Natali, David / Pavolini, Emmanuele / Vanhercke, Bart (Hrsg.), Occupational Welfare in Europe – risks, opportunities and social partner involvement, Brüssel 2018 (zitiert als: *Jansson et al.*, in Natali/Pavolini/Vanhercke, Occupational Welfare in Europe, 2018, S.).

Jaruga, Alicia / Kabalski, Przemyslaw, Poland, S. 139 – 162, in Previts, Gary / Walton, Peter / Wolnizer, Peter (Hrsg.), A Global History of Accounting, Financial Reporting and Public Policy – Europe, Bingley 2010 (zitiert als: *Jaruga/Kabalski*, in Previts/Walton/Wolnizer, A Global History of Accounting, 2010, S.).

Jaruga, Alicia / Schroeder, Marek, Poland, S. 25.01 – 27.36, in Alexander, David / Archer, Simon (Hrsg.), European Accounting Guide, 5. Auflage, New York 2003 (zitiert als: *Jaruga/Schroeder*, in Alexander/Archer, European Accounting Guide, 2003, S.).

Jarzyk-Dehne, Friederike, Pauschalisierung im Steuerrecht, Berlin 2003.

Jasper, Thomas / Delvai, Karen, Betriebliche Altersversorgung im Fokus des Kapitalmarkts – Pensionsverpflichtungen in den Jahresabschlüssen der DAX-30-Unternehmen – Update 2005, Finanz-Betrieb 2005, S. 506 – 512.

Jaune, Renaud, Accounting and Taxation: France, S. 101 – 114, in Grandinetti, Mario (Hrsg.), Corporate Tax Base in the Light of the IAS/IFRS and EU Directive 2013/34 – A Comparative Approach, Alphen aan den Rijn 2016 (zitiert als: *Jaune*, in Grandinetti, Corporate Tax Base, 2016, S.).

Jean-Marie, Nelly / de Calbiac, Jean, Le retour des retraites chapeaux ?, La Semaine Juridique – Enterprise et Affaires 2019, Heft 15, S. 51 – 53.

Jebens, Carsten, Planungssicherheit im Steuerrecht, Betriebs-Berater 1995, S. 1057 – 1061.

Jensen-Nissen, Lars / Lochmann, Uwe, Maßgeblichkeit und Kapitalerhaltung – Maßgeblichkeitsgrundsatz auf dem Prüfstand europäischer Entwicklungen, Unternehmensteuern und Bilanzen 2006, S. 307 – 313.

Jessoula, Matteo, Italy: From Bismarckian Pensions to Multipillarization under Adverse Conditions, S. 151 – 179, in Ebbinghaus, Bernhard (Hrsg.), The Varieties of Pension Governance, Oxford 2011 (zitiert als: *Jessoula*, in Ebbinghaus, The varieties of pension governance, 2011, S.).

Jönsson, Sten / Marton, Jan, Sweden, S. 181 – 230, in Flower, John (Hrsg.), The regulation of financial reporting in the Nordic countries, Stockholm 1994 (zitiert als: *Jönsson/Marton*, in Flower, The Regulation of Financial Reporting, 1994, S.).

Johansson, Caroline, Tjänstepensionen möter EU-rätten – Om relationen mellan svenska kollektivavtal och den inre marknaden, Uppsala 2018 (zitiert als: *Johansson*, Tjänstepensionen möter EU-rätten, 2018, S.).

Jonas, Heinrich, Zur Problematik der 4. EG-Richtlinie, Der Betrieb 1978, S. 1361 – 1366.

Jonas, Heinrich, EG-Bilanzrichtlinie – Grundlagen und Anwendung in der Praxis, Freiburg im Breisgau 1980 (zitiert als: *Jonas*, EG-Bilanzrichtlinie, 1980, S.).

Joos, Peter / Lang, Mark, The Effects of Accounting Diversity: Evidence from the European Union, Journal of Accounting Research 1994, S. 141 – 168.

Jorissen, Ann, Belgium, S. 3.01 – 3.49, in Alexander, David / Archer, Simon (Hrsg.), European Accounting Guide, 5. Auflage, New York 2003 (zitiert als: *Jorissen*, in Alexander/Archer, European Accounting Guide, 2003, S.).

Jorissen, Ann, The Role and Current Status of IFRS in the Completion of National Accounting Rules – Evidence from Belgium, Accounting in Europe 2017, S. 29 – 39.

Jorissen, Ann / Maes, Luc, The principle of fiscal neutrality: the cornerstone of the relationship between financial reporting and taxation in Belgium, European Accounting Review 1996, Supplement, S. 915 – 931.

Jorissen, Ann / Stabel, Peter, Belgium, S. 1 – 36, in Previts, Gary / Walton, Peter / Wolnizer, Peter (Hrsg.), A Global History of Accounting, Financial Reporting and Public Policy – Europe, Bingley 2010 (zitiert als: *Jorissen/Stabel*, in Previts/Walton/Wolnizer, A Global History of Accounting, 2010, S.).

Jorissen, Ann / van Oostveldt, Karel, Belgium – Individual Accounts, S. 375 – 467, in Ordelheide, Dieter / KPMG (Hrsg.), Transnational Accounting – Volume1, 2. Auflage, New York 2001 (zitiert als: *Jorissen/van Oostveldt*, in Ordelheide/KPMG, Transnational Accounting, 2001, S.).

Jürgens, Ulrich, Aktuelle Vorschlage zur Vollendung des EG-Binnenmarktes für Versicherungen und alternative betriebliche Versorgungsträger, Betriebliche Altersversorgung 1991, S. 12 – 15.

Jungmann, Jens / Tacakiewicz, Marek, Die handelsrechtliche Rechnungslegung in Polen – ein internationaler Vergleich, S. 687 – 807, in Kudert, Stephan (Hrsg.), Investieren in Polen – Steuerliche und rechtliche Rahmenbedingungen deutscher Unternehmen – mit Gestaltungsempfehlungen, 3. Auflage, Berlin 2007 (zitiert als: *Jungmann/Tacakiewicz*, in Kudert, Investieren in Polen, 2007, S.).

Kaempfe, Jutta, Die Systemfunktionen privater Altersvorsorge im Gesamtsystem sozialer Alterssicherung – Großbritannien, Deutschland und die Schweiz im Rechtsvergleich, Baden-Baden 2005 (zitiert als: *Kaempfe*, Systemfunktionen, 2005, S.).

Kaether, Fritz, Österreich, S. 1173 – 1186, in Cramer, Jörg / Förster, Wolfgang / Ruland, Franz (Hrsg.), Handbuch zur Altersversorgung – Gesetzliche, betriebliche und private Vorsorge in Deutschland, Frankfurt am Main 1998 (zitiert als: *Kaether*, in Cramer/Förster/Ruland, Handbuch zur Altersversorgung, 1998, S.).

Kahle, Holger, Internationale Rechnungslegung und ihre Auswirkungen auf Handels- und Steuerbilanz, Wiesbaden 2002 (zitiert als: *Kahle*, Internationale Rechnungslegung, 2002, S.).

Kahle, Holger, Steuerliche Gewinnermittlung unter dem Einfluss der IAS/IFRS, *Zeitschrift für Internationale Rechnungslegung* 2006, S. 87 – 94.

Kahle, Holger, Entwicklung der Steuerbilanz, Der Betrieb 2014, Beilage Nr. 4 zu Heft 22, S. 1 – 20.

Kahle, Holger / Dahlke, Andreas / Schulz, Sebastian, Der Richtlinienvorschlag zur CCCTB – Anmerkungen aus Theorie und Praxis, Die Unternehmensbesteuerung 2011, S. 491 – 503.

Kahle, Holger / Schulz, Sebastian, Harmonisierung der steuerlichen Gewinnermittlung in der Europäischen Union, Betriebswirtschaftliche Forschung und Praxis 2011, S. 455 – 475.

Kahle, Holger / Schulz, Sebastian, Richtlinienentwurf für eine Gemeinsame konsolidierte Körperschaftsteuer-Bemessungsgrundlage in der Europäischen Union, Unternehmensteuern und Bilanzen 2011, S. 296 – 303.

Kahle, Holger / Schulz, Sebastian, Angleichung der Unternehmensbesteuerung zwischen Deutschland und Frankreich – neuer Anstoß für eine Harmonisierung in Europa?, Finanz-Rundschau 2012, S. 741 – 755.

Kahle, Holger / Schulz, Sebastian, Sachstand und Lösungen zur Entwicklung einer G(K)KB, Finanz-Rundschau 2013, S. 49 – 57.

Kaiser, Thomas, Steuerliche Gewinnermittlung in Spanien und Deutschland, Frankfurt am Main 2008.

Kammerer, Célina / Roß-Kirsch, Nadja, Arbeitsrecht in Frankreich – Rechtssicheres HR-Management für Unternehmer, Anwälte und Berater, Wiesbaden 2017 (zitiert als: *Kammerer/Roß-Kirsch*, Arbeitsrecht in Frankreich, 2017, S.).

Kamping, Ralf / Becker, Ulf, Bilanzrecht in Polen – wesentliche Unterschiede zu HGB und IFRS, Recht der internationalen Wirtschaft 2004, S. 513 – 519.

Kampschöer, Gérard, Objectieve belastingpflicht, S. 47 – 84, in Heithuis, Edwin (Hrsg.), Compendium venootschapbelasting – Inclusief dividendbelasting en tax accounting, 18. Auflage, Deventer 2019 (zitiert als: *Kampschöer*, in Heithuis, Compendium venootschapbelasting, 2019, S.).

Kanduth-Kristen, Sabine / Laudacher, Marco / Lenneis, Christian / Marschner, Ernst / Peyerl Hermann (Hrsg.), Jakom EStG – Einkommensteuergesetz 2021, Kompakt-Kommentar, 14. Auflage, Wien 2021 (zitiert als: *Verf.*, in Kanduth-Kristen et al., Jakom öEStG, 14. Aufl. 2021, § Rn.).

Kanzler, Hans-Joachim, Die steuerliche Gewinnermittlung zwischen Einheit und Vielfalt, Finanz-Rundschau 1998, S. 233 – 247.

Kaplow, Louis, How tax complexity and enforcement affect the equity and efficiency of the income tax, National Tax Journal 1996, S. 135 – 150.

Kau, Marcel, Rechtsharmonisierung – Untersuchung zur europäischen Finalität dargestellt am Beispiel des Grenzkontroll-, Ausländer- und Asylrechts, Tübingen 2016 (zitiert als: *Kau*, Rechtsharmonisierung, 2016, S.).

Kaufmann, Otto, Herausforderungen an die betrieblichen Altersversorgungssysteme – vergleichender Ansatz, S. 21 – 30, in Kaufmann, Otto / Hennion, Sylvie (Hrsg.), Steuerung der betrieblichen Altersversorgung in Europa: garantierte Sicherheit?, Heidelberg 2011 (zitiert als: *Kaufmann*, in Kaufmann/Hennion, Steuerung der betrieblichen Altersversorgung in Europa, 2011, S.).

Kaulbach, Detlef / Bähr, Gunne / Pohlmann, Petra (Hrsg.), Versicherungsaufsichtsgesetz – VAG, Kompakt-Kommentar, 6. Auflage, München 2019 (zitiert als: *Verf.*, in Kaulbach/Bähr/Pohlmann, VAG, 6. Aufl. 2019, Abschnitt Rn.).

Keane, Robert, Equity and the Law of Trusts in Ireland, 3. Auflage, Dublin 2017.

Kellgren, Jan / Bjuvberg, Jan, Redovisning och beskattning – om redovisningens betydelse för inkomstbeskattningen, 3. Auflage, Lund 2014 (zitiert als: *Kellgren/Bjuvberg*, Redovisning och beskattning, 2014, S.).

Kemmeren, Eric, The CJEU and the Internal Market Concept in Direct Taxation, S. 3 – 50, in Haslehner, Werner / Kofler, Georg / Rust, Alexander (Hrsg.), EU Tax Law and Policy in the 21st Century, Alphen aan den Rijn 2017 (zitiert als: *Kemmeren*, in Haslehner/Kofler/Rust, EU Tax Law and Policy, 2017, S.).

Kemper, Kurt / Kister-Kölkes, Margret / Berenz, Claus / Huber, Brigitte (Hrsg.), BetrAVG – Kommentar zum Betriebsrentengesetz mit Insolvenzsicherung und Versorgungsausgleich, Kompakt-Kommentar, 9. Auflage, München 2021 (zitiert als: *Verf.*, in Kemper et al., BetrAVG, 9. Aufl. 2021, § Rn.).

Kemsat, Wolfgang / Wichmann, Gerd, Gebrauchte Lebensversicherungen und Rückdeckungsversicherungen im handelsrechtlichen Jahresabschluss, Betriebs-Berater 2004, S. 2287 – 2294.

Kessler, Harald, Rückstellungen und Dauerschuldverhältnisse – Neue Ansätze zur Lösung aktueller Passivierungsfragen der Handels- und Steuerbilanz, Stuttgart 1992 (zitiert als: *Kessler*, Rückstellung, 1992, S.).

Keßler, Marco, Pensionsverpflichtungen nach neuem HGB und IFRS – Auswirkungen von Contractual Trust Arrangements, Berlin 2010 (zitiert als: *Keßler*, Pensionsverpflichtungen, 2010, S.).

Kestler, Achim, Finanzierung junger Unternehmen mit Risikokapital – Eine steuersystematische und verfassungsrechtliche Analyse ausgewählter steuerlicher Problemkreise in Deutschland, USA und Großbritannien, Baden-Baden 2011 (zitiert als: *Kestler*, Finanzierung junger Unternehmen, 2011, S.).

Keune, Maarten / Payton, Noëlle, The Netherlands: Occupational Welfare within state-defined limits, S. 31 – 53, in Natali, David / Pavolini, Emmanuele / Vanhercke, Bart (Hrsg.), Occupational Welfare in Europe – risks, opportunities and social partner involvement, Brüssel 2018 (zitiert als: *Keune/Payton*, in Natali/Pavolini/Vanhercke, Occupational Welfare in Europe, 2018, S.).

Kiesewetter, Dirk, Zinsbereinigte Einkommen- und Körperschaftsteuer – die Implementierung im deutschen Steuersystem, Bielefeld 1999 (zitiert als: *Kiesewetter*, Zinsbereinigte Einkommen- und Körperschaftsteuer, 1999, S.).

Kiesewetter, Dirk / Schätzlein, Uwe, Betriebliche Altersversorgung über Direktzusagen – privilegiert oder diskriminiert?, Schmalenbachs Zeitschrift für betriebswirtschaftliche Forschung 2019, S. 313 – 346.

Kihlström, Laila, Pensionering direkt i företag – pensionsskuld, pensionsstiftelse - personalstiftelse – civilrättsliga och skatterättsliga regler, 2. Auflage, Stockholm 1997 (zitiert als: *Kihlström*, Pensionering direkt i företag, 1997, S.).

Kirchhof, Paul, Der Karlsruher Entwurf und seine Fortentwicklung zu einer Vereinheitlichten Ertragsteuer, Steuer und Wirtschaft 2002, S. 3 – 22.

Kirchhof, Paul / Seer, Roman (Hrsg.), Einkommensteuergesetz (EStG), Kompakt-Kommentar, 20. Auflage, Heidelberg 2021 (zitiert als: *Verf.*, in Kirchhof/Seer, EStG, 20. Aufl. 2021, § Rn.).

Kirchhof, Paul / Söhn, Hartmut / Mellinghof, Rudolf Einkommensteuergesetz Kommentar, hrsg. v. Kirchhof, Paul / Mellinghof, Rudolf / Kube, Hanno, Kommentar, Loseblatt, Heidelberg, 303. Lfg. April 2021 (zitiert als: *Verf.*, in KSM, EStG, Lfg., § Rn.).

Kirk, Robert / McNamee, Stephen, A Practical Guide to UK and Irish GAAP, 2. Auflage, Dublin 2020.

Kirsch, Hanno (Hrsg.), Bilanzrecht eKommentar, Kommentar, Online, Bonn, Aktualisierung Juni 2021 (zitiert als: *Verf.*, in Kirsch, Bilanzrecht, Aktualisierung, § Rn.).

Kirsch, Hanno / Olson, Stefan, Financial accounting and tax accounting: Germany and Sweden as examples, Skattenytt 2008, S. 746 – 757.

Kirwan, Collette / Pierce, Aileen, The Role and Current Status of IFRS in the Completion of National Accounting Rules – Evidence from Ireland, Accounting in Europe 2017, S. 113 – 120.

Klassen, Jan, The Netherlands – Individual Accounts, S. 1909 – 2014, in Ordelheide, Dieter / KPMG (Hrsg.), Transnational Accounting – Volume 2, 2. Auflage, New York 2001 (zitiert als: *Klassen*, in Ordelheide/KPMG, Transnational Accounting, 2001, S.).

Klein, Franz, Die nationale Besteuerung als Faktor des internationalen Wettbewerbs – Ein Plädoyer für eine Harmonisierung des Unternehmenssteuerrechts, Steuer und Wirtschaft 1990, S. 390 – 396.

Klein, Ralf, Die Deckungsmittel der betrieblichen Altersversorgung in 2018, Betriebliche Altersversorgung 2020, S. 316 – 317.

Kleindiek, Detlef, Rechnungslegung in der EU – Referat im Rahmen der Vortragsreihe „Rechtsfragen der europäischen Integration“ in Bonn, den 24.01.2005, Bonn 2005 (zitiert als: *Kleindiek*, Rechnungslegung in der EU, 2005, S.).

Kleindiek, Detlef, Rechnungslegung in Europa – Gestaltungsaufgaben im Bilanz-, Gesellschafts- und Steuerrecht, Europarecht 2006, Beiheft 2, S. 91 – 112.

Klemm, Bernd, Unterfallen Contractual Trust Arrangements den Beschränkungen der EU-Pensionsfondsrichtlinie?, Deutsches Steuerrecht 2004, S. 613 – 616.

Klemm, Bernd, Contractual Trust Arrangements: Neue bilanzielle und lohnsteuerrechtliche Entwicklungen, Deutsches Steuerrecht 2005, S. 1291 – 1294.

Klimczak, Karol / Krasodomska, Joanna, The Role and Current Status of IFRS in the Completion of National Accounting Rules – Evidence from Poland, Accounting in Europe 2017, S. 158 – 163.

Kloos, Gerhard, Die Transformation der 4. EG-Richtlinie (Bilanzrichtlinie) in den Mitgliedstaaten der Europäischen Gemeinschaft – Eine Analyse der verbliebenen Rechnungslegungsunterschiede aufgrund von nationalen Wahlrechtsausnutzungen, Berlin 1993 (zitiert als: *Kloos*, Transformation, 1993, S.).

Knigge, Philipp, Bilanzierung von Pensionszusagen nach IFRS – konzeptionelle Probleme bei der Abbildung betrieblicher Altersversorgung in Deutschland, Hamburg 2014 (zitiert als: *Knigge*, Bilanzierung von Pensionszusagen nach IFRS, 2014, S.).

Knobbe-Keuk, Brigitte, Bilanz- und Unternehmenssteuerrecht, 9. Auflage, Köln 1993.

Knutsson, Margit / Norberg, Claes / Thorell, Per, Redovisningsfrågor i skattepraxis, 3. Auflage, Uppsala 2012.

Köhler, Peter, Funktion und rechtliche Ausgestaltung der Zusatzversicherungssysteme bei der Reform der Alterssicherungssysteme: Das Beispiel Schweden, S. 85 – 105, in Schlachter, Monika / Becker, Ulrich / Igl, Gerhard (Hrsg.), Funktion und rechtliche Ausgestaltung zusätzlicher Alterssicherung – Reformen in der Schweiz, den Niederlanden, Großbritannien, Schweden und Deutschland mit ihren internationalen und gemeinschaftsrechtlichen Bezügen, Baden-Baden 2005 (zitiert als: *Köhler*, in Schlachter/Becker/Igl, Funktionen und rechtliche Ausgestaltung zusätzlicher Alterssicherung, 2005, S.).

Köhrle, Julien, IFRS-Einzelabschluss – Folgen für die steuerliche Gewinnermittlung auf der Grundlage des Maßgeblichkeitsgrundsatzes (§ 5 Abs. 1 S. 1 EStG), Berlin 2010 (zitiert als: *Köhrle*, IFRS-Einzelabschluss, 2010, S.).

Kölner Kommentar zum Rechnungslegungsrecht, hrsg. v. Scherrer, Gerhard / Claussens, Carsten Peter, §§ 238-342e HGB, Kompakt-Kommentar, Köln 2011 (zitiert als: *Verf.*, in Kölner Kommentar, 2011, HGB, § Rn.).

Kofler, Georg, Europäischer Grundrechtsschutz im Steuerrecht, S. 125 – 185, in Lang, Michael (Hrsg.), Europäisches Steuerrecht, DStJG Band 41, Köln 2018 (zitiert als: *Kofler*, in Lang, DStJG 41, 2018, S.).

Kokott, Juliane, Das Steuerrecht der Europäischen Union, München 2018.

Kokott, Juliane / Dobratz, Lars, Der unionsrechtliche allgemeine Gleichheitssatz im Europäischen Steuerrecht, S. 25 – 40, in Schön, Wolfgang / Heber, Caroline (Hrsg.), Grundfragen des europäischen Steuerrechts, Heidelberg 2015 (zitiert als: *Kokott/Dobratz*, in Schön/Heber, Grundfragen des europäischen Steuerrechts, 2015, S.).

Kolvenbach, Paulgerd / Wilhelm, Bernd, EU-Mobilitätsrichtlinie – ein Ausblick auf mögliche Änderungen, Betriebs-Berater 2014, S. 2426 – 2430.

Kraft, Gerhard, Unionsrecht als Forschungsgegenstand der Betriebswirtschaftlichen Steuerlehre – Illustriert anhand aktuell anhängiger Meilensteinverfahren, Finanz-Rundschau 2017, S. 405 – 411.

Kraus, Stefan, Zum Rückstellungsbegriff des Bilanzrichtlinien-Gesetzes, Steuer und Wirtschaft 1988, S. 133 – 148.

Krause, Rüdiger, Gemeinschaftsrechtlicher Insolvenzschutz für Betriebsrenten und Staatshaftung für fehlerhafte Richtlinienumsetzung, Europäische Zeitschrift für Arbeitsrecht 2008, S. 96 – 104.

Krauß, Sebastian, EU-BEPS – Aktionsplan für eine faire und effiziente Unternehmensbesteuerung in der EU, Internationales Steuerrecht 2016, S. 59 – 65.

Krauß, Sebastian, Richtlinienvorschlag zur Gemeinsamen Körperschaftsteuer-Bemessungsgrundlage vom 25.10.2016, Internationales Steuerrecht 2017, S. 479 – 486.

Krawitz, Norbert / Karthaus, Carolin, Harmonisierte europäische Gewinnermittlung für Zwecke der Körperschaftsbesteuerung, S. 339 – 365, in Freidank, Carl-Christian / Müller, Stefan / Wulf, Inge (Hrsg.), Controlling und Rechnungslegung – Aktuelle Entwicklungen in Wissenschaft und Praxis – Laurenz Lachnit zum 65. Geburtstag, Wiesbaden 2008 (zitiert als: *Krawitz/Karthaus*, in FS Lachnit, 2008, S.).

Krumm, Marcel, Steuerliche Bewertung als Rechtsproblem – eine juristische Untersuchung steuergesetzlicher Bewertungsnormen unter besonderer Berücksichtigung der Verkehrswerte, Köln 2014 (zitiert als: *Krumm*, Steuerliche Bewertung als Rechtsproblem, 2014, S.).

Krzywada, Danuta / Schroeder, Marek, An Analysis of the Differences between IFRS and Polish Accounting Regulations: Evidence from the Financial Statements of Listed Entities on the Warsaw Stock Exchange for the Calendar Years Ending 2001, 2003 and 2004, Accounting in Europe 2007, S. 79 – 107.

Kube, Hanno, Die Schwierigkeiten judikativer Systembildung im Europäischen Ertragssteuerrecht, S. 41 – 62, in Schön, Wolfgang / Heber, Caroline (Hrsg.), Grundfragen des europäischen Steuerrechts, Heidelberg 2015 (zitiert als: *Kube*, in Schön/Heber, Grundfragen des europäischen Steuerrechts, 2015, S.).

Kube, Hanno, EU-Steuern: Zuständigkeit zur Regelung und Erhebung sowie Ausgestaltungsmöglichkeiten, S. 69 – 100, in Lang, Michael (Hrsg.), Europäisches Steuerrecht, DStJG Band 41, Köln 2018 (zitiert als: *Kube*, in Lang, DStJG 41, 2018, S.).

Kube, Hanno, Verfassungsrechtliche Grenzen kumulierter Steuerlasten, Berlin 2020, abrufbar unter https://shop.freiheit.org/download/P2@924/309856/2020_FNF_Gutachten_Gesamtsteuerlast.pdf (zuletzt abgerufen am 1.9.2021).

Kudert, Stephan / Jazromy, Marcin, Finanzierung einer polnischen Kapitalgesellschaft durch ihre deutschen Gesellschafter, Praxis Internationale Steuerberatung 2011, S. 68 – 76.

Küting, Karlheinz / Dürr, Ulrike / Boecker, Corinna, Osteuropa im Übergang auf die internationale Rechnungslegung – Teil I, Internationales Steuerrecht 2005, S. 247 – 252.

Küting, Karlheinz / Keßler, Marco, Bilanzielle Auslagerung von Pensionsverpflichtungen nach HGB und den IFRS durch ein Contractual Trust Arrangement, Der Betrieb 2009, S. 1717 – 1723.

Küting, Karlheinz / Nardmann, Bettina, Pensionsverpflichtungen im Lichte der Bilanzpolitik und Bilanzanalyse, Deutsches Steuerrecht 1993, 1834 – 1840.

Küting, Karlheinz / Weber, Claus-Peter (Hrsg.), Handbuch der Rechnungslegung – Einzelabschluss, Kompakt-Kommentar, 4. Auflage, Stuttgart 1995 (zitiert als: *Verf.*, in Küting/Weber, Handbuch der Rechnungslegung, Band, 4. Aufl. 1995, Kap. Rn.).

Küting, Karlheinz / Weber, Claus-Peter, Handbuch der Rechnungslegung-Einzelabschluss, hrsg. v. Dusemond, Michael / Küting, Peter / Weber, Claus-Peter / Wirth, Johannes, Kommentar zur Bilanzierung und Prüfung, Kommentar, Loseblatt, 5. Auflage, Stuttgart, 32. Lfg. Juni 2021 (zitiert als: *Verf.*, in Küting/Weber, HdR-E, Lfg., § Rn.).

Kuhr, Johannes, Grundsätze Europäischer Unternehmensbesteuerung, Wiesbaden 2013.

Kuiper, Willem C., EC Commission proposes a directive on the harmonisation of rules for the determination of taxable profits of enterprises, European Taxation 1988, S. 319 – 329.

Kunisch, Severin Gotthard, Dynamisierung ruhender Anwartschaften der betrieblichen Altersversorgung, Karlsruhe 2018 (zitiert als: *Kunisch*, Dynamisierung ruhender Anwartschaften, 2018, S.).

Kußmaul, Heinz / Kihm, Axel, Die Bewertung von Pensionsrückstellungen in Deutschland, Österreich und Luxemburg sowie nach IAS und US-GAAP, S. 123 – 155, in Küting, Karlheinz / Langenbucher, Günther (Hrsg.), Internationale Rechnungslegung – Festschrift für Professor Dr. Claus-Peter Weber zum 60. Geburtstag, Stuttgart 1999 (zitiert als: *Kußmaul/Kihm*, in FS Weber, 1999, S.).

Kußmaul, Heinz / Meyering, Stephan / Ruiner, Christoph / Jegen, Björn, Die Gründung einer Kapitalgesellschaft in Polen sowie deren Gewinnermittlung unter steuerlichen Gesichtspunkten, GmbH-Rundschau 2012, S. 948 – 953 (zitiert als: *Kußmaul et al.*).

Kußmaul, Heinz / Niehren, Christoph, Die Gemeinsame Konsolidierte Körperschaftsteuer-Bemessungsgrundlage in der Europäischen Union, Der Steuerberater 2011, S. 344 – 350.

Kußmaul, Heinz / Niehren, Christoph / Pfeifer, Gregor, CCCTB – Illusion der Wirklichkeit? Ein internationales Modell ruft (inter)nationale Reaktionen hervor, Steuer und Wirtschaft 2010, S. 177 – 184.

Kußmaul, Heinz / Niehren, Christoph / Pfeifer, Gregor, Zur angestrebten Reform der Gruppenbesteuerung durch die CCCTB unter Berücksichtigung der deutschen Organschaft, Die Unternehmensbesteuerung 2010, S. 266 – 274.

Kußmaul, Heinz / Schwinger, Reiner, Pension Mathematics in Acturial Science, S. 49 – 61, in Scherer, Bernd (Hrsg.), Asset and Liability Management Tools – A Handbook for Best Practice, London 2003 (zitiert als: *Kußmaul/Schwinger*, in Scherer, Asset and Liability Management Tools, 2003, S.).

Kvist, Jon, Taxation of Pensions in the EC – a national overview, Boston 1992 (zitiert als: *Kvist*, Taxation, 1992, S.).

Laage, Gudrun von der / Reusch, Susen, Deutsches Bilanzrecht und IFRS: Gewinnermittlung, Gewinnverwendung im Sinne von Ausschüttungsbemessung und Besteuerung, Neue Zeitschrift für Gesellschaftsrecht 2009, S. 245 – 250.

Lamer, Elodie, CCCTB Best Tool Against Tax Uncertainty, EU Commission Says, Tax Notes International 2017, S. 210 – 211.

Lamer, Elodie, EU to Isolate Controversial Elements of CCTB Proposal, Tax Notes International 2018, S. 402 – 403.

Lamon, Hugues / van Bavel, Alexis / Blockerye, Thierry, Aspects fiscaux de la comptabilité et technique de déclaration fiscale, Kompakt-Kommentar, Brüssel 2013 (zitiert als: *Lamon/van Bavel/Blockerye*, Aspects fiscaux de la comptabilité et technique de déclaration fiscale, 2013, Rn.).

Lamotte, Julien, New EU Tax Challenges and Opportunities in a (C)CCTB World: Overview of the EU Commission Proposal for a Draft Directive for a Common Consolidated Corporate Tax Base, European Taxation 2011, S. 271 – 279.

Lang, Joachim, Reform der Unternehmensbesteuerung auf dem Weg zum europäischen Binnenmarkt und zur deutschen Einheit, Steuer und Wirtschaft 1990, S. 107 – 129.

Lang, Joachim / Englisch, Joachim, A European Legal Tax Order Based on Ability to Pay, S. 261 – 339, in Amatucci, Andrea (Hrsg.), International Tax Law, 2. Auflage, Alphen aan den Rijn 2012 (zitiert als: *Lang/Englisch*, in Amatucci, International Tax Law, 2012, S.).

Langohr-Plato, Uwe, Betriebliche Altersversorgung, 7. Auflage, Bonn 2016.

Laning, Ann, Verslaggeving over pensioenen: IAS19/RJ271 beoordeeld, Maandblad voor Accountancy en Bedrijfseconomie 2006, S. 286 – 293.

Larenz, Lenz / Canaris, Claus-Wilhelm, Methodenlehre der Rechtswissenschaft, 3. Auflage, Berlin u.a. 1995 (zitiert als: *Larenz/Canaris*, Methodenlehre, 1995, S.).

Latzel, Clemens, Die Anwendungsbereiche des Unionsrechts, Europäische Zeitschrift für Wirtschaftsrecht 2015, S. 658 – 664.

Lazear, Edward P., Why Is There Mandatory Retirement?, Journal of Political Economy 1979, S. 1261 – 1284.

Lebrun, Benoît, Les engagements de retraite: les règles comptables françaises comparées aux normes IFRS, Revue Française de Comptabilité 2013, Heft 469, S. 52 – 54.

Leffson, Ulrich, Die Grundsätze ordnungsmäßiger Buchführung, Düsseldorf 1987 (zitiert als: *Leffson*, GoB, 1987, S.).

Lehner, Moris, Wirtschaftliche Betrachtungsweise und Besteuerung nach der wirtschaftlichen Leistungsfähigkeit – Zur Möglichkeit einer teleologischen Auslegung der Fiskalzwecknorm, S. 237 – 249, in Lang, Joachim (Hrsg.), Die Steuerrechtsordnung in der Diskussion - Festschrift für Klaus Tipke zum 70. Geburtstag, Köln 1995 (zitiert als: *Lehner*, in FS Tipke, 1995, S.).

Lehner, Moris, Begrenzung der nationalen Besteuerungsgewalt durch die Grundfreiheiten und Diskriminierungsverbote des EG-Vertrags, S. 263 – 285, in Pelka, Jürgen (Hrsg.), Europa- und verfassungsrechtliche Grenzen der Unternehmensbesteuerung, DStJG Band 23, Köln 2000 (zitiert als: *Lehner*, in Pelka, DStJG 23, 2000, S.).

Lehner, Moris, Die Bedeutung der Grundrechte-Charta der Europäischen Union für das Internationale Steuerrecht der Mitgliedstaaten, Internationales Steuerrecht 2016, S. 265 – 272.

Le Manh, Anne, The Role and Current Status of IFRS in the Completion of National Accounting Rules – Evidence from France, Accounting in Europe 2017, S. 94 – 101.

Lenaerts, Koen, 'United in Diversity' – also in Fiscalibus?, S. 617 – 634, in Hinnekens, Luc / Hinnekens, Philippe (Hrsg.), A Vision of Taxes within and outside European Borders – Festschrift in honor of Prof. Dr. Frans Vanistendael, Alphen aan den Rijn 2008 (zitiert als: *Lenaerts*, in FS (Frans) Vanistendael, 2008, S.).

Lenaerts, Koen / Gutiérrez-Fons, José A., To Say What the Law of the EU Is: methods of interpretation and the European Court of Justice, EUI Working Papers AEL2013/9, 2013 (zitiert als: *Lenaerts/Gutiérrez-Fons*, To Say What the Law of the EU Is, EUI Working Papers AEL2013/9, 2013, S.).

Lenz, Carl Otto / Borchardt, Klaus-Dieter (Hrsg.), EU-Verträge Kommentar – EUV – AEUV – GRCh, Kompakt-Kommentar, 6. Auflage, Köln, Wien 2012 (zitiert als: *Verf.*, in Lenz/Borchardt, EU-Verträge, 6. Aufl. 2012, Gesetz, Art. Rn.).

Lenz, Martin / Rautenstrauch, Gabriele, Der Richtlinienentwurf zur Gemeinsamen konsolidierten KSt-Bemessungsgrundlage (GKKB), Der Betrieb 2011, S. 726 – 731.

Lenz, Thomas, Grundsätze steuerlicher Gewinnermittlung unter dem Einfluss der IAS /IFRS, Frankfurt am Main u.a. 2008 (zitiert als: *Lenz*, Grundsätze steuerlicher Gewinnermittlung, S.).

Leśko, Dariusz, Polish financial reporting principles in transition, Baltic Journal of Management 2007, S. 55 – 66.

Leurs, Olaf, Pensioenverpflichtingen in de winstsfeer, Weekblad voor fiscaal recht 2005, S. 471 – 477.

Leyen, Ursula von der, A Union that strives for more: My Agenda for Europe – Political Guidelines for the next European Commission 2019-2024, o.O. 2019, abrufbar unter https://op.europa.eu/en/publication-detail/-/publication/43a17056-ebf1-11e9-9c4e-01aa75ed71a1 (zuletzt abgerufen am 1.9.2021) (zitiert als: *von der Leyen*, A Union that strives for more: My Agenda for Europe, 2019, S.).

Lindgren, Claes-Göran, Pension i anställing – handbok, Stockholm 2012 (zitiert als: *Lindgren*, Pension i anställing, 2012, S.).

Lindquist, Gabriela / Wadensjö, Eskil, Sweden: A Viable Public-Private Pension System, S. 240 – 261, in Ebbinghaus, Bernhard (Hrsg.), The Varieties of Pension Governance, Oxford 2011 (zitiert als: *Lindquist/Wadensjö*, in Ebbinghaus, The varieties of pension governance, 2011, S.).

Littmann, Eberhard / Bitz, Horst / Pust, Hartmut (Hrsg.), Das Einkommensteuerrecht, Kommentar, Loseblatt, Stuttgart, 151. Lfg. Juni 2021 (zitiert als: *Verf.*, in Littmann/Bitz/Pust, EStG, Lfg., § Rn.).

LoCicero, Joseph A., The Future of Pension Provision, S. 125 – 140, in Andresen, Boy-Jürgen / Förster, Wolfang / Doetsch, Peter (Hrsg.), Betriebliche Altersversorgung in Deutschland im Zeichen der Globalisierung – Festschrift für Norbert Rößler zum 60. Geburtstag, Köln 2000 (zitiert als: *LoCicero*, in FS Rößler, 2000, S.).

Löbbecke, Fabian von, Nicht-versicherungsförmige Auslagerung von Pensionszusagen auf einen Pensionsfonds – Die Yeti-Nachschusspflicht, Betriebliche Altersversorgung 2009, S. 397 – 399.

Lösel, Christian, Betriebliche Altersversorgung durch Entgeltumwandlung – steuerliche Auswirkungen einer Arbeitnehmerentsendung in die USA, Hamburg 2004 (zitiert als: *Lösel*, Entgeltumwandlung, 2004, S.).

Loli, Giorgio / Wilcke, Erdmann, Italy – Individual Accounts, S. 1595 – 1659, in Ordelheide, Dieter / KPMG (Hrsg.), Transnational Accounting – Volume 2, 2. Auflage, New York 2001 (zitiert als: *Loli/Wilcke*, in Ordelheide/KPMG, Transnational Accounting, 2001, S.).

Longerstaey, Philippe, Bilan, S. 260 – 274, in Dendauw, Catherine / Dupont, Thierry / Etienne, Stéphanie / Ghysels, Raymond / Longerstaey, Philippe / Michel, Pierre-Armand / Niessen, Wilfried / Vincke, Jean Pierre (Hrsg.), Le nouveau droit comptable belge – Les surprise de la transposition de la Directive 2013/34/UE, Waterloo 2016 (zitiert als: *Longerstaey*, in Dendauw et al., Le nouveau droit comptable belge, 2016, S.).

López Rodríguez, Juan, Armonización de las base imponible común y consolidada del impuesto sociedadas (I): Objeto, caracteristicas, ámbito y principios de la propuesta de la comisión, Revista de contabilidad y tributación 2011, Heft 345, S. 33 – 70.

Loprevite, Salvatore, I cosi del personale dipendente e il „trattamento di fine rapporto" – La valutazione e la rappresentazione in bilancio tra prospettiva contabile nazionale e disposizioni del principio IAS 19, Mailand 2008 (zitiert als: *Loprevite*, I cosi del personale dipendente e il „trattamento di fine rapporto", 2008, S.).

Loyer, Sylvie (Hrsg.), Mémento pratique Fiscal 21, Levallois-Perret 2021 (zitiert als: *Loyer* (Hrsg.), Fiscal 21, 2021, Rn.).

Lubbers, Allard, Goed koopmansgebruik – Een onderzoek naar de rol van wetgever en rechter bij de introductie en ontwikkeling van goed koopmansgebruik, Amersfoort 2005 (zitiert als: *Lubbers*, Goed koopmansgebruik, 2005, S.).

Lucius, Friedemann / Veit, Annekatrin, Bilanzierung von Altersversorgungsverpflichtungen in der Handelsbilanz nach IDW ERS HFA 30, Betriebs-Berater 2010, S. 235 – 239.

Lüdenbach, Norbert / Hoffmann, Wolf-Dieter / Freiberg, Jens (Hrsg.), Haufe IFRS-Kommentar, Kompakt-Kommentar, 19. Auflage, Freiburg im Breisgau 2021 (zitiert als: *Lüdenbach/Hoffmann/Freiberg*, IFRS-Kommentar, 19. Aufl. 2021, Abschnitt(§) Rn.).

Lüttringhaus, Jan D., Neue Governance- und Aufsichtsregeln für die europäische Versicherungswirtschaft nach Solvency II, Europäische Zeitschrift für Wirtschaftsrecht 2011, S. 822 – 860.

Lutter, Marcus, Die Auslegung angeglichenen Rechts, Juristen Zeitung 1992, S. 593 – 607.

Lutter, Marcus / Bayer, Walter / Schmidt, Jessica, Europäisches Unternehmens- und Kapitalmarktrecht, Berlin u.a. 2018 (zitiert als: *Lutter/Bayer/Schmidt*, Europäisches Unternehmens- und Kapitalmarktrecht, 2018, Rn.).

Luttermann, Claus, Juristische Übersetzung als Rechtspolitik im Europa der Sprachen – Eine wirtschaftsrechtlich-linguistische Betrachtung, Europäische Zeitschrift für Wirtschaftsrecht 1998, S. 151 – 157.

Luttermann, Claus, Der EuGH über Pauschalrückstellung für potentielle Gewährleistungsverbindlichkeiten, Neue Zeitschrift für Gesellschaftsrecht 1999, S. 1039 – 1040.

Luttermann, Lucas / Wiese-Ptak, Paulina, Polnisches Bilanzrecht und die Europäische Bilanzrichtlinie (2013/34/EU), Recht der internationalen Wirtschaft 2014, S. 556 – 562.

Luttermann, Lucas / Wiese-Ptak, Paulina, Europäisches und polnisches Bilanzrecht: Grundlagen, System und Praxis nach der Richtlinie 2013/34/EU, Osteuropa-Recht 2015, S. 461 – 473.

Magrini, Paolo, Italienisches Gesellschaftsrecht – das neue Recht und seine erweiterten Aufbau- und Finanzierungsformen, München 2004, (zitiert als: *Magrini*, Italienisches Gesellschaftsrecht, 2004, S.).

Maguire, Tom, The Taxation of Companies 2021, Dublin 2021 (zitiert als: *Maguire*, Taxation of Companies, 2021, Rn.).

Maier, Benjamin, Grundrechtsschutz bei der Durchführung von Richtlinien – Eine Analyse im Spannungsfeld von Grundrechten der Europäischen Union, nationalen Grundrechten und EMRK-Rechten, Baden-Baden 2013 (zitiert als: *Maier*, Grundrechtsschutz bei der Durchführung von Richtlinien, 2013, S.).

Maiterth, Ralf, Wettbewerbsneutralität der Besteuerung, Bielefeld 2001.

Malzahn, Marie-Katharina, Rechtsformneutralität als verfassungsrechtlicher und unionsrechtlicher Maßstab der Unternehmensbesteuerung, Hamburg 2015 (zitiert als: *Malzahn*, Rechtsformneutralität, 2015, S.).

Mamut, Marie-Ann, Auf dem Weg zur Common Consolidated Corporate Tax Base (CCCTB), Steuer und Wirtschaft International 2006, S. 425 – 429.

Marquardsen, Maria, Einstimmigkeit in Steuerfragen – Reformbedarf?, ifst-Schrift 534, Berlin 2020 (zitiert als: *Marquardsen*, ifst-Schrift 534, 2020, S.).

Martinez, Francisco / Zorio, Ana, Spain, S. 16.01 – 16.71, in Alexander, David / Archer, Simon (Hrsg.), European Accounting Guide, 5. Auflage, New York 2003 (zitiert als: *Martinez/Zorio*, in Alexander/Archer, European Accounting Guide, 2003, S.).

Martínez Poza, Alicia, Protecting occupational pensions and unemployment benefits in Spain: a weak Occupational Welfare system, S. 193 – 213, in Natali, David / Pavolini, Emmanuele / Vanhercke, Bart (Hrsg.), Occupational Welfare in Europe - risks, opportunities and social partner involvement, Brüssel 2018 (zitiert als: *Martínez Poza*, in Natali/Pavolini/Vanhercke, Occupational Welfare in Europe, S.).

Marton, Jan, The Role and Current Status of IFRS in the Completion of National Accounting Rules – Evidence from Sweden, Accounting in Europe 2017, S. 207 – 216.

Marx, Franz Jürgen, Aktuelle Entwicklungen im Steuerbilanzrecht nach der Unternehmensteuerreform, Unternehmensteuern und Bilanzen 2007, S. 879 – 887.

Marx, Franz Jürgen, Die Gewinnermittlungskonzeption der GKKB nach dem Richtlinienentwurf der EU-Kommission, Deutsche Steuerzeitung 2011, S. 547 – 555.

May, Gerhard / Querner, Immo / Schmitz, Udo, Entwicklung von Zinskurven für Zwecke der Bilanzierung nach IFRS/US-GAAP, Der Betrieb 2005, S. 1229 – 1237.

Mayr, Gunter, Rückstellungen in der Handels- und Steuerbilanz, Wien 2004 (zitiert als: *Mayr*, Rückstellungen, 2004, S.).

Mayr, Gunter, CCCTB: Der steuerpflichtige Unternehmensgewinn – gemeinsame Strukturelemente, S. 85 – 93, in Schön, Wolfgang / Schreiber, Ulrich / Spengel, Christoph (Hrsg.), A common consolidated corporate tax base for Europe – eine einheitliche Körperschaftsteuerbemessungsgrundlage für Europa, Berlin 2008 (zitiert als: *Mayr*, in Schön/Schreiber/Spengel, A CCCTB for Europe, 2008, S.).

Mayr, Gunter, CCCTB: eine realistische Betrachtung, Steuer und Wirtschaft International 2008, S. 288 – 290.

Mayr, Gunter, Zukunftskonzepte der Einkünfteermittlung: BilMoG, Maßgeblichkeitsgrundsatz und CCCTB, S. 327 – 352, in Hey, Johanna (Hrsg.), Einkünfteermittlung, DStJG Band 34, Köln 2011 (zitiert als: *Mayr*, in Hey, DStJG 34, 2011, S.).

McGill, Dan / Brown, Kyle / Haley, John / Schieber, Sylvester / Warshawsky, Mark, Fundamentals of Private Pensions, 9. Auflage, Oxford 2010 (zitiert als: *McGill et al.*, Private Pensions, 2010, S.).

Meichssner, Claus, Die Besteuerung der Kapitalgesellschaftsgewinne im internationalen Vergleich und Wege zu einer Verbesserung dieser Besteuerung, Köln 1982 (zitiert als: *Meichssner*, Die Besteuerung der Kapitalgesellschaftsgewinne, 1982, S.).

Meier, Karin / Recktenwald, Stefan, Betriebswirtschaft der betrieblichen Altersversorgung – Ein Handbuch für die Praxis, München 2006 (zitiert als: *Meier/Recktenwald*, Betriebswirtschaft der betrieblichen Altersversorgung, 2006, S.).

Meier, Karin / Recktenwald, Stefan, Finanzierungsstrategien für Verpflichtungen zur betrieblichen Altersversorgung, Betriebs-Berater 2007, S. 708 – 713.

Melan, Nevada, § 6a-Pensionsrückstellung: Die Bruttogesamtkapitalrendite als zutreffender Typisierungsmaßstab für die Abzinsung, Deutsches Steuerrecht 2018, S. 1512 – 1517.

Melan, Nevada, Vom Teppichhandel zur europäischen Geldpolitik: Zweck, Rechtfertigung und Reichweite von § 6 Abs. 1 Nr. 3 S. 1 EStG, Deutsches Steuerrecht 2019, S. 1319 – 1325.

Mellis, Guiseppe, Interpretazione nel diritto tributario, Padua 2003.

Mennel, Annemarie / Förster, Jutta (Hrsg.), Steuern in Europa, Amerika und Asien, Kommentar, Loseblatt, Herne, 126. Lfg. 2021 (zitiert als: *Verf.*, in Mennel/Förster, Steuern in Europa, Lfg., Land Rn.).

Merkt, Hanno, Unternehmenspublizität – Offenlegung von Unternehmensdaten als Korrelat der Marktteilnahme, Tübingen 2001 (zitiert als: *Merkt*, Unternehmenspublizität, 2001, S.).

Merkt, Hanno / Probst, Arno / Fink, Christian (Hrsg.), Rechnungslegung nach HGB und IFRS – Themensystematischer Kommentar mit synoptischen Darstellungen, Kompakt-Kommentar, Stuttgart 2017 (zitiert als: *Verf.*, in Merkt/Probst/Fink, Rechnungslegung nach HGB und IFRS, 2017, Kap. Rn.).

Mertens, Stefaan, De Common Consolidated Corporate Tax Base: een revolutie inzake vennootschapsbelasting?, Algemeen *Fiscaal* Tijdschrift 2015, S. 33 – 59.

Meyering, Stephan / Gröne, Matthias, Die GoB als verkanntes Problem bei einer Aufgabe der Maßgeblichkeit – Kritische Analyse der Konsequenzen der Aufgabe für die deutsche Steuer- und Handelsbilanz, Steuer und Wirtschaft 2018, S. 28 – 41.

Milevsky, Moshe A., The Calculus of Retirement Income – Financial Models for Pension Annuities and Life Insurance, Cambridge u.a. 2006 (zitiert als: *Milevsky*, Retirement Income, 2006, S.).

Millauer, Horst, Rechtsgrundsätze der Gruppenversicherung, 2. Auflage, Karlsruhe 1966.

Mittermaier, Christoph / Böhme, Timo, Auslagerung von Pensionsverpflichtungen im Rahmen eines CTA: Bilanzverkürzung unter Verwendung alternativer Vermögenswerte, Betriebs-Berater 2006, S. 203 – 207.

Mock, Oliver, European Harmonization of National Tax Accounting Rules – a conceptual and empirical analysis with a focus on the German setting, Lüneburg 2019, abrufbar unter https://pub-data.leuphana.de/frontdoor/deliver/index/docId/947/file/Dissertation_Oliver_Mock.pdf (zuletzt abgerufen am 1.9.2021) (zitiert als: *Mock*, European Harmonization of National Tax Accounting Rules, 2019, S.).

Mock, Oliver, Proposal for a Common Corporate Tax Base (CCTB): The Case for Foundational Principles, European Taxation 2019, S. 209 – 218.

Moes, Christoph, Die Steuerfreiheit des Existenzminimums vor dem Bundesverfassungsgericht - eine ökonomische, steuersystematische und grundrechtsdogmatische Kritik des subjektiven Nettoprinzips, Baden-Baden 2011 (zitiert als: *Moes*, Die Steuerfreiheit des Existenzminimums vor dem Bundesverfassungsgericht, 2011, S.).

Mösbauer, Hans Heinz, Das Steuerrecht – Auf der Suche nach dem System, Deutsches Steuerrecht 1975, S. 677 – 688.

Mössner, Hans-Jörg, Generalbericht, S. 21 – 72, in International Fiscal Association (Hrsg.), Cahiers de Droit Fiscal International – International tax aspects of deferred remunerations, Volume LXXXVb, Den Haag u.a. 2000 (zitiert als: *Mössner*, in International Fiscal Association, International tax aspects of deferred remunerations, 2000, S.)

Mössner, Jörg Manfred, Prinzipien im Steuerrecht, S. 83 – 99, in Tipke, Klaus / Seer, Roman / Hey, Johanna / Englisch, Joachim (Hrsg.), Festschrift für Joachim Lang – Gestaltung der Steuerrechtsordnung, Köln 2010 (zitiert als: *Mössner*, in FS Lang, 2010, S.).

Mora, Arcelia, The Role and the Current Status of IFRS in the Completion of National Accounting Rules – Evidence from Spain, Accounting in Europe 2017, S. 199 – 206.

Mors, Matthias / Rautenstrauch, Gabriele, Die gemeinsame konsolidierte Körperschaftsteuer-Bemessungsgrundlage (GKKB) als harmonisiertes europäisches Körperschaftsteuerrecht der Zukunft?, Die Unternehmensbesteuerung 2008, S. 97 – 104.

Morvan, Marie-Jeanne, Code comptable 2018 – comptes sociaux (PCG, Règl. ANC n°2014-03) – comptes consolidés (Règl. CRC n°99-02), Levallois-Perret 2018 (zitiert als: *Morvan*, Code comptable, 2018, S.).

Morvan, Marie-Jeanne / Dos Santos, Magali, Mémento pratique Comptable 21, Levallois-Perret 2020 (*Morvan/Dos Santos*, Comptable 21, 2020, Rn.).

Moschetti, Francesco, Die Steuergerechtigkeit der italienischen Verfassung als Grundlage der sich entwickelnden Rechtsordnung der Europäischen Union, S. 1079 – 1098, in Tipke, Klaus / Seer, Roman / Hey, Johanna / Englisch, Joachim (Hrsg.), Festschrift für Joachim Lang – Gestaltung der Steuerrechtsordnung, Köln 2010 (zitiert als: *Moschetti*, in FS Lang, 2010, S.).

Mosel, Raoul / Peters, Karoline, Die neue EU-Bilanzrichtlinie: Stärkung des Vertrauens in Jahres- und Konzernabschlüsse?, Gesellschafts- und Wirtschaftsrecht 2014, S. 97 – 100.

Moxter, Adolf, Die Jahresabschlussaufgaben nach der EG-Richtlinie: Zur Auslegung von Art. 2 EG-Bilanzrichtlinie, Die Aktiengesellschaft 1979, S. 141 – 146.

Moxter, Adolf, Fremdkapitalbewertung nach neuem Bilanzrecht, Die Wirtschaftsprüfung 1984, S. 397 – 408.

Moxter, Adolf, Das System der handelsrechtlichen Grundsätze ordnungsmäßiger Buchführung, S. 17 – 28, in Gross, Gerhard (Hrsg.), Der Wirtschaftsprüfer im Schnittpunkt nationaler und internationaler Entwicklungen – Festschrift zum 60. Geburtstag von Prof. Dr. Klaus v. Wysocki, Düsseldorf 1985 (zitiert als: *Moxter*, in FS Wysocki, 1985, S.).

Moxter, Adolf, Zur wirtschaftlichen Betrachtungsweise im Bilanzrecht, Steuer und Wirtschaft 1989, S. 232 – 241.

Moxter, Adolf, Zum Verhältnis von handelsrechtlichen Grundsätzen ordnungsmäßiger Bilanzierung und True-and-fair-view-Gebot bei Kapitalgesellschaften, S. 419 – 429, in Förschle, Gerhart / Kaiser, Klaus / Moxter, Adolf (Hrsg.), Rechenschaftslegung im Wandel – Festschrift für Wolfgang Dieter Budde, München 1995 (zitiert als: *Moxter*, in FS Budde, 1995, S.).

Mühlbauer, Martina / Müller, Stefan, Fitness-Check der EU-Kommission zur öffentlichen Berichterstattung von Unternehmen – Stand der Harmonisierung der Rechnungslegung, Der Betrieb 2018, S. 1482 – 1487.

Mühlberger, Melanie, Anforderungen der EU an Pensionsfonds auf dem Prüfstand, Betriebliche Altersversorgung 2014, S. 334 – 338.

Mühlberger, Melanie / Schwinger, Reiner, Betriebliche Altersversorgung und sonstige Leistungen an Arbeitnehmer nach IFRS – Bilanzierung und Bewertung von Employee Benefits, 2. Auflage, München 2011 (zitiert als: *Mühlberger/Schwinger*, Betriebliche Altersversorgung nach IFRS, 2011, S.).

Müller, Eberhard, Rechnungslegung in Spanien nach Übernahme der EG-Richtlinien, Der Betrieb 1990, S. 1625 – 1631.

Müller, Jürgen, Das Stetigkeitsprinzip im neuen Bilanzrecht, Wiesbaden 1989 (zitiert als: *Müller*, Stetigkeitsprinzip, 1989, S.).

Müller, Katja, Verwirklichung von Gerechtigkeit und Entscheidungsneutralität in den Einkommen- und Körperschaftsteuersystemen der EU-Mitgliedstaaten – eine Analyse unter Berücksichtigung des Einkommens und des Konsums als alternative Anknüpfungspunkte der Besteuerung, Lohmar u.a. 2001 (zitiert als: *Müller*, Körperschaftsteuersysteme, 2001, S.).

Müller, Welf, Zur Rangordnung der in § 252 Abs. 1 Nr. 1 bis 6 HGB kodifizierten allgemeinen Bewertungsgrundsätze, S. 397 – 410, in Havermann, Hans (Hrsg.), Bilanz- und Konzernrecht – Festschrift zum 65. Geburtstag von Dr. Dr. h. c. Reinhard Goerdeler, Düsseldorf 1987 (zitiert als: *Müller*, in FS Goerdeler, 1987, S.).

Müller-Gatermann, Gert / Möhlenbrock, Rolf / Fehling, Daniel, Wege zu mehr Konvergenz in der Unternehmensbesteuerung in der EU – Eine Bestandsaufnahme zu wesentlichen Aspekten des GKKB-Richtlinienentwurfs, Internationale Steuer-Rundschau 2012, S. 17 – 23.

Münchener Kommentar zum Bilanzrecht Band 1, hrsg. v. Hennrichs, Joachim / Kleindiek, Detlef / Watrin, Christoph, Band 1 – International Financial Reporting Standards, Kommentar, Loseblatt, München, 5. Lfg. September 2014 (zitiert als: *Verf.*, in MüKoBilR, Band 1, Lfg., Abschnitt/Standard Rn.).

Münchener Kommentar zum Bilanzrecht, Band 2, hrsg. v. Hennrichs, Joachim / Kleindiek, Detlef / Watrin, Christoph, Band 2 – Handelsgesetzbuch §§ 238-342e HGB, Kompakt-Kommentar, München 2013 (zitiert als: *Verf.*, in MüKoBilR, Band 2, 2013, § Rn.).

Münchener Kommentar zum Handelsgesetzbuch, hrsg. v. *Schmidt, Karsten / Ebke, Werner*, Band 4 – Drittes Buch. Handelsbücher §§ 238-342e HGB, Kompakt-Kommentar, 4. Auflage, München 2020 (zitiert als: *Verf.*, in MüKoHGB, 4. Aufl. 2020, § Rn.).

Münchener Kommentar zum Versicherungsvertragsgesetz, hrsg. v. Langheid, Theo / Wandt, Manfred, Band III – Nebengesetze – Systematische Darstellung, Kompakt-Kommentar, 2. Auflage, München 2017 (zitiert als: *Verf.*, in MüKoVVG, Band III, 2. Aufl. 2017, Teil Rn.).

Murphy, Ailbhe / Regan, Maeve (Hrsg.), Employment Law, 2. Auflage, Dublin 2017 (zitiert als: *Verf.*, in Murphy/Regan, Employment Law, 2017, Kap. Rn.).

Musil, Andreas / Leibohm, Thomas, Die Forderung nach Entscheidungsneutralität der Besteuerung als Rechtsproblem, Finanz-Rundschau 2008, S. 807 – 814.

Musil, Andreas / Weber-Grellet, Heinrich (Hrsg.), Europäisches Steuerrecht, Kompakt-Kommentar, München 2019 (zitiert als: *Verf.*, in Musil/Weber-Grellet, Europäisches Steuerrecht, 2019, Abschnitt/Art. Rn.).

Naczyk, Marek / Palier, Bruno, France: Promoting Funded Pensions in Bismarckian Corporatism?, S. 89 – 117, in Ebbinghaus, Bernhard (Hrsg.), The Varieties of Pension Governance, Oxford 2011 (zitiert als: *Naczyk/Palier*, in Ebbinghaus, The Varieties of Pension Governance, 2011, S.).

Najderek, Anne, Harmonisierung des europäischen Bilanzrechts – Problembestimmung und konzeptionelle Würdigung, Wiesbaden 2009 (zitiert als: *Najderek*, Harmonisierung des europäischen Bilanzrechts, 2009, S.).

Napier, Christopher J., The logic of pension accounting, Accounting and Business Research 2009, S. 231 – 249.

Nave Pineda, Juan M., Contabilización e imputación de los deficits en la provision para pensiones y obligaciones similares, Técnica Contable 1992, S. 457 – 470.

Neale, Thomas, CCCTB: How far have we got and what are the next steps?, S. 37 – 45, in Lang, Michael / Pistone, Pasquale / Schuch, Josef / Staringer, Claus (Hrsg.), Common Consolidated Corporate Tax Base, Wien 2008 (zitiert als: *Neale*, in Lang et al., Common Consolidated Corporate Tax Base, 2008, S.).

Neidle, Thomas, The relaunched common consolidated corporate tax base, Tax Journal 2016, Heft Nr. 1130, abrufbar unter https://www.taxjournal.com/articles/relaunched-common-consolidated-corporate-tax-base-03112016 (zuletzt abgerufen am 1.9.2021).

Neuburger, Astrid / Großmann, Martin, Pensionsfonds-Produkte mit Nachschusspflicht – Ein Vergleich der Rahmenbedingungen in Deutschland und Liechtenstein, Versicherungswirtschaft 2007, S. 1253 – 1255.

Neuburger, Edgar, Pensionsversicherungsmathematik, S. 30 – 98, in Neuburger, Edgar (Hrsg.), Mathematik und Technik betrieblicher Pensionszusagen, Karlsruhe 1997 (zitiert als: *Neuburger*, in Neuburger, Betriebliche Pensionszusagen, 1997, S.).

Neuhaus, Stefan, Auslagerung betrieblicher Pensionszusagen – Eine ökonomische Analyse der Motive und Durchführungsformen, Frankfurt am Main 2009 (zitiert als: *Neuhaus*, Auslagerung betrieblicher Pensionszusagen, 2009, S.).

Neumark, Fritz, Grundsätze gerechter und ökonomisch rationaler Steuerpolitik, Tübingen 1972.

Niehues, Michael, EU-Rechnungslegungsstrategie und Gläubigerschutz, Die Wirtschaftsprüfung 2001, S. 1209 – 1222.

Niehus, Rudolf, Der EU-Vorschlag für eine "Modernisierung" der Bilanzrichtlinien – Überblick und erste Wertung, Der Betrieb 2002, S. 1385 – 1390.

Nilsson Stellan, Redovisningens normer och normbildare – En nationell och internationell översikt, 5. Auflage, Lund 2014 (zitiert als: *Nilsson*, Redovisningens normer och normbildare, 2014, S.).

Nobes, Christopher, A Conceptual Framework for the Taxable Income of Businesses, and How to Apply it under IFRS, London 2004.

Nobes, Christopher, Accounting Classification in the IFRS Era, Australian Accounting Review 2008, S. 191 – 198.

Nobes, Christopher / Parker, Robert, Comparative International Accounting, 13. Auflage, Essex 2016.

Norberg, Claes, Hur skulle utvecklingen av redovisningen av finansiella instrument kunna nyttiggöras vid beskattningen?, Skattenytt 2009, S. 127 – 138.

OECD (Hrsg.), Maintaining Prosperity In An Ageing Society: the OECD study on the policy implications of ageing, Working Paper AWP 6.1, 1998 (zitiert als: *OECD* (Hrsg.), Maintaining Prosperity, Working Paper AWP 6.1, 1998, S.).

OECD (Hrsg.), Private Pension Systems: Regulatory Policies, Working Paper AWP 2.2, 1998 (zitiert als: *OECD* (Hrsg.), Private Pension Systems, Working Paper AWP 2.2, 1998, S.).

OECD (Hrsg.), Private Pensions – OECD Classification and Glossary, Paris 2005, abrufbar unter https://www.oecd.org/daf/fin/private-pensions/38356329.pdf (zuletzt abgerufen am 1.9.2021) (zitiert als: *OECD* (Hrsg.), Private Pensions, 2005, S.).

OECD (Hrsg.), OECD Pensions Outlook, Paris 2016, abrufbar unter https://www.oecd-ilibrary.org/docserver/pens_outlook-2016-en.pdf?expires=1624184516&id=id&accname=ocid43023316&checksum=E607634C84B1CE0F736BC77AB8EE0D04 (zuletzt abgerufen am 20.6.2021).

OECD (Hrsg.), Country profiles – France, Paris 2017, abrufbar unter https://www.oecd.org/els/public-pensions/PAG2017-country-profile-France.pdf (zuletzt abgerufen am 1.9.2021).

OECD (Hrsg.), Pensions at a Glance: OECD and G20 indicators, Paris 2019, abrufbar unter https://www.oecd-ilibrary.org/docserver/b6d3dcfc-en.pdf?expires=1623256189&id=id&accname=guest&checksum=4D1B43469787693A877AAE0FC3F357FD (zuletzt abgerufen am 1.9.2021) (zitiert als: *OECD* (Hrsg.), Pensions at a Glance, 2019, S.).

Oertel, Eva, Bestimmtheit im Europäischen und internationalen Steuerrecht – Ansätze zur Klärung offener Fragen und Erhöhung der Rechtssicherheit, Steuer und Wirtschaft 2019, S. 303 – 310.

Oestreicher, Andreas, Zukunft des Steuerbilanzrechts aus deutscher Sicht, Die Wirtschaftsprüfung 2007, S. 572 – 582.

Oestreicher, Andreas / Spengel, Christoph, Maßgeblichkeit der International Accounting Standards für die steuerliche Gewinnermittlung, Baden-Baden 1999 (zitiert als: *Oestreicher/Spengel*, Maßgeblichkeit, 1999, S.).

Oestreicher, Andreas / Spengel, Christoph, Anwendung von IAS in der EU – Zukunft des Maßgeblichkeitsprinzips und Steuerbelastung, Recht der internationalen Wirtschaft 2001, S. 889 – 902.

Oestreicher, Andreas / Spengel, Christoph, Tax Harmonization in Europe: The Determination of Corporate Taxable Income in the Member States, European Taxation 2007, S. 439 – 451.

Oetker, Hartmut / Preis, Ulrich (Hrsg.), Europäisches Arbeits- und Sozialrecht – Rechtsvorschriften, Systematische Darstellungen, Entscheidungssammlung, Kommentar, Loseblatt, Heidelberg, 218. Lfg. Juni 2021 (zitiert als: *Verf.*, in Oetker/Preis, EAS, Lfg., Abschnitt Rn.).

Ohlendorf, Lutz, Grundrechte als Maßstab des Steuerrechts in der Europäischen Union, Tübingen 2015 (zitiert als: *Ohlendorf*, Grundrechte als Maßstab des Steuerrechts, 2015, S.).

Omeñaca García, Jesús, Guía práctica de adaptación del PGC 1990 al Nuevo plan general de contabilidad y al PGC Pymes, 2. Auflage, Barcelona 2008 (zitiert als: *Omeñaca García*, Guía práctica de adaptación, 2008, S.).

Omeñaca García, Jesus, Contabilidad General, 13. Auflage, Barcelona 2017.

Omeñaca García, Jesus, Plan General de Contabilidad y PGC de Pymes – Commentados, 8. Auflage, Baeclona 2017 (zitiert als: *Omeñaca García*, PGC 2017, S.).

Oosenbrug, Alfred, Nieuwe richtlijn pensioenverslaggeving, Pensioen Magazine 2009, S. 14 – 19.

Ordelheide, Dieter / Hartle, Joachim, Rechnungslegung und Gewinnermittlung von Kapitalgesellschaften nach dem Bilanzrichtlinien-Gesetz (I), GmbH-Rundschau 1986, S. 9 – 42.

Oreschnik, Bernhard, Verhältnismäßigkeit und Kontrolldichte – Eine Analyse der Rechtsprechung des EuGH zu den Grundrechten und Grundfreiheiten, Wiesbaden 2019 (zitiert als: *Oreschnik*, Verhältnismäßigkeit und Kontrolldichte, 2019, S.).

Orth, Annette, Der Einfluss unterschiedlicher Formen von Alterssicherungssystemen auf das Kapitalmarktaufkommen – eine empirische Analyse der Daten und Institutionen ausgewählter OECD-Staaten, Frankfurt am Main u.a. 2000 (zitiert als: *Orth*, Der Einfluß unterschiedlicher Formen, 2000, S.).

Orthmann, Sebastian, Betriebliche Altersversorgung im Jahresabschluss nach HGB, US-GAAP und IAS – Eine Betrachtung unter besonderer Berücksichtigung der Verknüpfung von Aktiv- und Passivseite, Berlin 2003 (zitiert als: *Orthmann*, Betriebliche Altersversorgung, 2003, S.).

Osterloh, Lerke, Besteuerungsneutralität – ökonomische und verfassungsrechtliche Aspekte, S. 875 – 888, in Osterloh, Lerke (Hrsg.), Staat, Wirtschaft, Finanzverfassung - Festschrift für Peter Selmer zum 70. Geburtstag, Berlin 2004 (zitiert als: *Osterloh*, in FS Selmer, 2004, S.).

Osterloh-Konrad, Christine, § 5 Das Verhältnis zwischen handelsrechtlicher und steuerrechtlicher Rechnungslegung in Frankreich, S. 365 – 441, in Schön, Wolfgang (Hrsg.), Steuerliche Maßgeblichkeit in Deutschland und Europa, Köln 2005 (zitiert als: *Osterloh-Konrad*, in Schön, Maßgeblichkeit, 2005, S.).

Otte, Hans-Heinrich, Harmonisierte Europäische Rechnungslegung, Schmalenbachs Zeitschrift für betriebswirtschaftliche Forschung 1990, S. 505 – 525.

o.V., Die Schlußfolgerungen und Empfehlungen des Ruding-Ausschusses, Der Betrieb 1992, Beilage Nr. 5 zu Heft 16, S. 1 – 15.

Pagels, Karsten, Die bilanzsteuerlichen Pensionsrückstellungen deutscher Unternehmen in Zeiten niedriger Zinsen und einer möglichen G(K)KB, Finanz-Rundschau 2018, S. 114 – 118.

Palm, Anders, Att säkra direktpension med kreditförsäkring, Balans 2001, S. 36 – 39.

Palm, Anders, Övergång av ansvar för utfäst pension jämte vissa tryggandefrågor, Skattenyt 2004, S. 619 – 627.

Pannen, Michael, Meßtheoretische Grundprobleme des Maßgeblichkeitsprinzips, Lohmar, Köln 2000.

Passarelli, Guiseppe Santoro, Trattamento di fine rapport e previdenza complementare, Argomenti di diritto del lavoro 2000, S. 93 – 106.

Pattek, Guido, Vereinheitlichung der körperschaftsteuerlichen Bemessungsgrundlage in der EU, S. 229 – 246, in Winkeljohan, Norbert / Bareis, Peter / Hinz, Michael / Volk, Gerrit (Hrsg.), Rechnungslegung, Eigenkapital und Besteuerung – Entwicklungstendenzen – Festschrift für Dieter Schneeloch zum 65. Geburtstag (zitiert als: *Pattek*, in FS Schneeloch, 2007, S.).

Pavolini, Emmanuele / Arlotti, Marco / Ascoli, Ugo / Leonardi, Salvo / Raitano, Michele, The challenge of Occupational Welfare in Italy: between risks and opportunities, S. 173 – 192, in Natali, David / Pavolini, Emmanuele / Vanhercke, Bart (Hrsg.), Occupational Welfare in Europe – risks, opportunities and social partner involvement, Brüssel 2018 (zitiert als: *Pavolini et al.*, in Natali/Pavolini/Vanhercke, Occupational Welfare in Europe, 2018, S.).

Peeters, Stevens, Current Highlights Concerning CCCTB: A Report about the Fifth Frans Vanistendael Lecture Held in Leuven on 2 March 2012, EC Tax Review 2012, S. 225 – 228.

Pellens, Bernhard / Fülbier, Rolf / Gassen, Joachim / Sellhorn, Thorsten, Internationale Rechnungslegung – IFRS 1 bis 13, IAS 1 bis 41, IFRIC-Interpretationen, Standardentwürfe, 11. Auflage, Stuttgart 2021 (zitiert als: *Pellens et al.*, Internationale Rechnungslegung, 2021, S.).

Pellens, Bernhard / Fülbier, Rolf / Sellhorn, Thorsten, Bilanzierung leistungsorientierter Pensionspläne bei deutschen und US-amerikanischen Unternehmen – Vorschlag und Simulation einer Weiterentwicklung von SFAS 87, Die Betriebswirtschaft 2004, S. 133 – 153.

Persiani, Mattia, Aspettative e diritti nella previdenza pubblica e private, Argomenti di diritto del lavoro 1998, S. 311 – 368.

Persiani, Mattia, La previdenza complementare, 2. Auflage, Mailand 2010.

Petelczyc, Janina, Tworzenie pracowniczych programów emerytalnych w Polsce – zachęty i bariery, Ubezpieczenia Społeczne. Teoria i praktyka 2017, S. 74 – 94.

Petersen, Jochen, Rechnungslegung für Pensionsverpflichtungen nach HGB, US-GAAP und IAS, Düsseldorf 2002 (zitiert als: *Petersen*, Rechnungslegung für Pensionsverpflichtungen, 2002, S.).

Petersen, Karl / Zwirner, Christian (Hrsg.), Systematischer Praxiskommentar Bilanzrecht – Rechnungslegung - Offenlegung, Kompakt-Kommentar, 4. Auflage, Köln 2020 (zitiert als: *Verf.*, in Petersen/Zwirner, Praxiskommentar Bilanzrecht, 4. Aufl. 2020, § Rn.).

Petric, Elisabeth, Betriebspension – Der Wechsel von einer leistungsorientierten Direktzusage auf ein beitragsorientiertes Pensionskassensystem, Wien 2016 (zitiert als: *Petric*, Betriebspension, 2016, S.).

Petutschnig, Matthias, Neuer Anlauf zur Common Consolidated Corporate Tax Base, Österreichische Steuerzeitung 2011, S. 325 – 333.

Petutschnig, Matthias, C(C)CTB 2.0 – Der neue Richtlinien-Vorschlag der EU-Kommission zur Harmonisierung der Körperschaftsteuer, Zeitschrift für Recht und Rechnungswesen 2017, S. 273 – 283.

Pierce, Aileen, The relationship between accounting and taxation in the Republic of Ireland, European Accounting 1996, Supplement, S. 951 – 962.

Pipkorn, Jörn, Zur Entwicklung des Europäischen Gesellschafts- und Unternehmensrechts Zeitschrift für das gesamte Handelsrecht und Wirtschaftsrecht 1972, S. 499 – 516.

Pîrvu, Daniela, Corporate Income Tax Harmonization in the European Union, Hampshire, New York 2012.

Pisoke, Marc, Ungewisse Verbindlichkeiten in der internationalen Rechnungslegung – Zur zweckadäquaten Passivierung und Bewertung, Wiesbaden 2004 (zitiert als: *Pisoke*, Ungewisse Verbindlichkeiten, 2004, S.).

Pistone. Pasquale / Szudoczky, Rita, Coordination of Tax Laws and Tax Policies in the EU, S. 35 – 60, in Lang, Michael / Pistone, Pasquale / Schuch, Josef / Staringer, Claus (Hrsg.), Introduction to European Tax Law on Direct Taxation, 5. Auflage, Wien 2018 (zitiert als: *Pistone/Szudoczky*, in Lang et al., European Tax Law on Direct Taxation, 2018, S.).

Planert, Susanne, Bilanzierung von Pensionsverpflichtungen – Kritische Analyse von HGB, US-GAAP und IAS/IFRS, Frankfurt am Main 2005 (zitiert als: *Planert*, Bilanzierung von Pensionsverpflichtungen, 2005, S.).

Pöschke, Moritz / Kitzig, Florian, Anmerkung zu *EuGH* v. 23.4.2020, C-640/18, Wertpapier-Mitteilung 2020, S. 473 – 477.

Poplutz, Christoph, Nationale und internationale Gruppenversicherung in Europa – zur betrieblichen Altersversorgung multinationaler Unternehmen, Wiesbaden 2002 (zitiert als: *Poplutz*, Gruppenversicherung in Europa, 2002, S.).

Portner, Rosemarie, Steuerrechtliche Aspekte der betrieblichen Altersversorgung bei international mobilen Arbeitnehmern, Betriebs-Berater 2012, S. 351 – 356.

Prinz, Ulrich, Arten der Einkünfteermittlung – Bestandsaufnahmeund Kritik – Betriebsvermögensvergleich, S. 135 – 184, in Hey, Johanna (Hrsg.), Einkünfteermittlung, DStJG Band 34, Köln 2011 (zitiert als: *Prinz*, in Hey, DStJG 34, 2011, S.).

Prinz, Ulrich, Das europäische GKKB-Projekt – eine Einschätzung aus Beratersicht, Unternehmensteuern und Bilanzen 2011, S. 461 – 463.

Prinz, Ulrich, Gedanken zum Bilanzrecht: Kristallationspunkt rechtlicher und wirtschaftlicher Betrachtung, S. 351 – 370, in Fischer, Michael / Geck, Reinhard / Haarmann, Wilhelm (Hrsg.), Zivilrechtliches Ordnungsgefüge und Steuerrecht – Festschrift für Georg Crezelius zum 70. Geburtstag, Köln 2018 (zitiert als: *Prinz*, in FS Crezelius, 2018, S.).

Prinz, Ulrich, Entwicklungen und aktuelle Tendenzen bei der Maßgeblichkeit – Fluch und Segen zugleich?, Unternehmensteuern und Bilanzen 2019, S. 1 – 8.

Prinz, Ulrich, Der Europäische Grundsatz der Bilanzwahrheit - Gedanken zu EuGH vom 23.04.2020 in der Rechtssache Wagram Invest SA, Der Betrieb 2020, S. 1424 - 1426.

Puri, Paolo, Destinazione previdenziale e prelievo tributario – Dalla parafiscalità alla fiscalizzazione del sistema previdenziale, Mailand 2005 (zitiert als: *Puri*, Destinazione previdenziale e prelievo tributario, 2005, S.).

Putzolu, Giovanna Volpe, Iscrizione in bilancio dei fondi di quiescenza del personale, S. 230 – 235, in Castellano, Gaetano (Hrsg.), Riserve e fondi nel bilancio d'esercizio, Mailand 1986 (zitiert als: *Putzolu*, in Castellano, Riserve e fondi nel bilancio d'esercizio, 1986, S.).

PwC (Hrsg.), Similarities and differences – A comparison of IFRS, US GAAP and Belgian GAAP, o.O. 2016 (zitiert als: *PwC* (Hrsg.), Similarities and differences, 2016, S.).

PwC (Hrsg.), Bilancio: uno sguardo al futuro – Principali differenze ed analogie tra i principi contabili OIC e gli IFRS, o.O. 2019 (zitiert als: *PwC* (Hrsg.), Bilancio: uno sguardo al futuro, 2019, S.).

Quagli, Alberto (Hrsg.), Bilancio e principi contabili, Mailand 2020.

Quirici, Maria Christina, La previdenza complementare in Italia – Evoluzione normativa ed esemplificazioni pratiche, Mailand 2016 (zitiert als: *Quirici*, La previdenza complementare in Italia, 2016, S.).

Rasmont, Isabelle / Renard, Régis, Aspects comptable, S. 325 – 366, in Thiry, Anne (Hrsg.), Les pensions complémentaires en pratique, 2. Auflage, Lüttich 2020 (zitiert als: *Rasmont/Renard*, in Thiry, Les pensions complémentaires en pratique, 2020, S.).

Rautenstrauch, Gabriele, Die gemeinsame konsolidierte KSt-Bemessungsgrundlage (GKKB) als Vorbild für ein eigenständiges Bilanzsteuerrecht in Deutschland?, Finanz-Rundschau 2009, S. 114 – 117.

Reich-Rohrwig, Johannes, EU-Gesellschaftsrechtsänderungsgesetz, Wien 1996.

Reif, Christian, Reform der Besteuerung des Einkommens – Notwendigkeit, Anforderungen und Möglichkeiten, Wiesbaden 2005 (zitiert als: *Reif*, Reform der Besteuerung des Einkommens, 2005, S.).

Reimers, Herbert, *Het toetsingskader voor de jaarrekening*, Maandblad voor accountancy en bedrijfseconomie 2006, S. 470 – 476.

Remien, Oliver, Vorlagepflicht bei Auslegung unbestimmter Rechtsbegriffe, Rabels Zeitschrift für ausländisches und internationales Privatrecht 2002, S. 503 – 530.

Reimsbach, Daniel, Weighted Average Return on Assets – WARA, Controlling 2011, S. 399 – 400.

Reiner, Michael, Strukturfragen zum Zusammenspiel von Aufsichts- und Arbeitsrecht im europäischen Pensionsfondsgeschäft gemäß IORP II, S. 193 – 216, in Krömer, Daniela / Mitschka, Miriam / Niksova, Diana / Pfalz, Thomas (Hrsg.), Arbeitsrecht und Arbeitswelt im europäischen Wandel, Dokumentation der 6. Assistententagung im Arbeitsrecht vom 14.-16.07.2016, Baden-Baden 2016 (zitiert als: *Reiner*, in Krömer et al., Arbeitsrecht und Arbeitswelt im europäischen Wandel, 2016, S.).

Revenue Commissioners (Hrsg.), Tax and Duty Manual Part 04-05-03a – Computation of Case I and II profits or gains of a company, o.O. 2020, abrufbar unter https://www.revenue.ie/en/tax-professionals/tdm/income-tax-capital-gains-tax-corporation-tax/part-04/04-05-03a.pdf (zuletzt abgerufen am 1.9.2021) (zitiert als: *Revenue Commissioners* (Hrsg.), Tax and Duty Manual Part 04-05-03a, S.).

Revenue Commissioners (Hrsg.), Tax and Duty Manual Part 04-05-06 – Taxation of Provisions and Accruals, o.O. 2020, abrufbar unter https://www.revenue.ie/en/tax-professionals/tdm/income-tax-capital-gains-tax-corporation-tax/part-04/04-05-06.pdf (zuletzt abgerufen am 1.9.2021) (zitiert als: *Revenue Commissioners* (Hrsg.), Tax and Duty Manual Part 04-05-06, 2020, S.).

Rhein, Thomas, Ist Europa auf dem Weg zum „Turbo-Arbeitsmarkt"? – Beschäftigungsdynamik im internationalen Vergleich, IAB-Kurzbericht 2010, Heft 19, S. 1 – 6.

Rhiel, Raimund / Hirsch, Otto / Veit, Annekatrin, Bilanzierung von Rückdeckungsversicherungen für Pensionsverpflichtungen in Handels- und Steuerbilanz, Unternehmensteuern und Bilanzen 2007, S. 333 – 339.

Rhiel, Raimund / Veit, Annekatrin, Auswirkungen des geplanten Gesetzes zur Modernisierung des Bilanzrechts (BilMoG) auf Pensionsverpflichtungen, Der Betrieb 2008, S. 193 – 196.

Rhiel, Raimund / Veit, Annekatrin, Auswirkungen des Gesetzes zur Modernisierung des Bilanzrechts (BilMoG) auf Pensionsverpflichtungen – Update: Änderungen des Regierungsentwurfs gegenüber dem Referentenentwurf, Der Betrieb 2008, S. 1509 – 1514.

Rhiel, Raimund / Veit, Annekatrin, Auswirkungen des BilMoG bei der Bilanzierung von Pensionsrückstellungen – Annäherung an die internationalen Rechnungslegungsstandards, Internationale Rechnungslegung 2009, S. 167 – 171.

Richter, Cornalia, § 6 Das Verhältnis zwischen handelsrechtlicher und steuerrechtlicher Rechnungslegung in Österreich, S. 443 – 511, in Schön, Wolfgang (Hrsg.), Steuerliche Maßgeblichkeit in Deutschland und Europa, Köln 2005 (zitiert, *Richter*, in Schön, Maßgeblichkeit, 2005, S.).

Richter, Cornelia, Die Besteuerung grenzüberschreitender Altersversorgung in der EU, Köln 2012 (zitiert als: *Richter*, Altersversorgung in der EU, 2010, S.).

Richter, Gerd, Der Wertansatz von Pensionsverpflichtungen nach dem Bilanzrichtlinien-Gesetz, Betriebs-Berater 1986, S. 2162 – 2166.

Richter, Gerd, Bewertung von Versorgungsverpflichtungen aus Unterstützungskassenzusagen, Betriebs-Berater 1987, S. 1432 – 1435.

Riesenhuber, Karl (Hrsg.), Europäische Methodenlehre – Handbuch für Ausbildung und Praxis, 4. Auflage, Berlin 2021 (zitiert als: *Riesenhuber*, in Riesenhuber, Handbuch Europäische Methodenlehre, 4. Aufl. 2021, § Rn.).

Rodriguez Relea, Francisco Javier, Fiscalidad práctica 2018 – impuesto sobre sociedades, Cizur Menor 2018 (zitiert als: *Rodriguez Relea*, Fiscalidad Práctica, 2018, S.).

Rödder, Thomas, Einführung einer neuen Gruppenbesteuerung an Stelle der Organschaft, Die Unternehmensbesteuerung 2011, S. 473 – 490.

Röder, Erik, Das System der Verlustverrechnung im deutschen Steuerrecht – Verfassungsrechtliche Vorgaben und Ausgestaltung de lege ferenda, Köln 2010 (zitiert als: *Röder*, Das System der Verlustverrechnung, 2010, S.).

Röder, Erik, Proposal for an enhanced CCTB as alternative to a CCCTB with formulary apportionment, World Tax Journal 2012, S. 125 – 150.

Röhle, Christian, Überblick über die Regulierungsvorhaben auf europäischer Ebene, Betriebliche Altersversorgung 2014, S. 629 – 634.

Rößler, Nicolas, New Deal in der betrieblichen Altersversorgung – Wesentliche arbeits- und aufsichtsrechtliche Inhalte des Regierungsentwurfs eines Betriebsrentenstärkungsgesetzes, Der Betrieb 2017, S. 367 – 373.

Rößler, Norbert / Dernberger, Matthias / Schmandt, Ernst, Aufspaltung des Versorgungsaufwands bei Pensionsrückstellungen – Informationsvorteile des versicherungsmathematischen Aufspaltungskonzepts, Der Betrieb 1996, S. 1785 – 1790.

Rößler, Norbert / Doetsch, Peter / Heger, Heinz-Josef, Auslagerung von Pensionsverpflichtungen im Rahmen einer Bilanzierung gemäß SFAS bzw. IAS, Betriebs-Berater 1999, S. 2498 – 2504.

Rößler, Norbert / Schmandt, Ernst Martin, Auslagerung der Pensionsrückstellungen auf Pensionsfonds – eine Chance für Kapitalmarkt oder betriebliche Altersversorgung?, Deutsches Steuerrecht 1997, S. 1057 – 1060.

Rogall, Matthias / Spengel, Christoph, Abzinsung von Rückstellungen in der Steuerbilanz, Betriebs-Berater 2000, S. 1234 – 1241.

Rohatschek, Roman, Sonderfragen der Bilanzierung, 6. Auflage, Wien 2019.

Rolfs, Christian, Die betriebliche Altersversorgung im Recht der Europäischen Union, Europäische Zeitschrift für Arbeitsrecht 2018, S. 283 – 303.

Rose, Manfred, Zinsbereinigte EU-Körperschaftsteuer – Kritische Würdigung eines innovativen Vorschlags der EU-Kommission zur Gemeinsamen Körperschaftsteuer-Bemessungsgrundlage, Steuer und Wirtschaft 2017, S. 217 – 233.

Rossmanith, Jonas / Schwald, Roland, Rechnungslegungsvorschriften in Europa – ein Vergleich zwischen spanischen und deutschen Vorschriften, Internationales Steuerrecht 2006, S. 248 – 252.

Rundfelt, Rolf, Schweden - Individual Accounts, S. 2345 – 2416, in Ordelheide, Dieter / KPMG (Hrsg.), Transnational Accounting – Volume 3, 2. Auflage, New York 2001 (zitiert als: *Rundfelt*, in Ordelheide/KPMG, Transnational Accounting, 2001, S.).

Russo, Ronald, The precious relationship between IAS/IFRS and CCCTB with respect to different categories of assets and accrual, S. 363 – 384, in Lang, Michael / Pistone, Pasquale / Schuch, Josef / Staringer, Claus (Hrsg.), Common Consolidated Corporate Tax Base, Wien 2008 (zitiert als: *Russo*, in Lang et al., Common Consolidated Corporate Tax Base, 2008, S.).

Russo, Ronald, CCCTB: General Principles and Characteristics, S. 67 – 77, in Weber, Dennis (Hrsg.), CCCTB – Selected Issues, Alphen aan den Rijn 2012 (zitiert als: *Russo*, in Weber, CCCTB – Selected Issues, 2012, S.).

Russo, Ronald, Principles and Characteristics of CCTB after the Relaunch, S. 11 – 16, in Weber, Dennis / van de Streek, Jan (Hrsg.), The EU Common Consolidated Corporate Tax Base – Critical Analysis, Alphen aan den Rijn 2018 (zitiert als: *Russo*, in Weber/van de Streek, EU CCCTB, 2018, S.).

Sahner, Friedhelm, Die Bilanzierung des Fremdkapitals einschließlich der Rückstellungen, Zeitschrift für Betriebswirtschaft 1988, Ergänzungsheft 1, S. 167 – 190.

Salens, Philippe / Taghon, Chris, Aangifte vennootschapsbelasting 2007, Antwerpen, Apeldoorn 2007.

Sasse, Diana, Rückstellungen in Spanien – Rückstellungen im deutschen und spansichen recht und die Internationalisierung der Rechnugnselgung, Konstanz 2001 (zitiert als: *Sasse*, Rückstellungen in Spanien, 2001, S.).

Savioli, Guiseppe (Hrsg.), Il bilancio d'esercizio secondo i principi contabili nazionali – aggiornato con il D. lgs. n. 139/2015 ed i nuovi OIC dicembre 2016, Mailand 2017 (zitiert als: *Verf.*, in Savioli, Il bilancio di esercizio secondo i principi contabili nazionali, 2017, S.).

Schäfer, Marcus / Wojtysiak, Christian, Pensionsfonds als Instrument zur innovativen Ausgestaltung von Versorgungswerken im Rahmen der betrieblichen Altersversorgung, Finanz-Betrieb 2002, S. 349 – 360.

Schäfferling, Klaus-Dieter, Die Risikoabdeckung von Pensionszusagen durch Rückdeckungsversicherungen, S. 137 – 148, in Neuburger, Edgar (Hrsg.), Mathematik und Technik betrieblicher Pensionszusagen, Karlsruhe 1997 (zitiert als: *Schäfferling*, in Neuburger, Betriebliche Pensionszusagen, 1997, S.).

Schätzlein, Uwe, Welche Gesamtkapitalrendite ist heutzutage nötig, um Pensionsdirektzusagen „kostenlos" erteilen zu können?, Corporate Finance 2021, S. 8 – 14.

Schanz, Deborah / Schanz, Sebastian, Maßgeblichkeit der Handelsbilanz für die Steuerbilanz in Europa und in den USA, Steuer und Wirtschaft 2009, S. 311 – 322.

Schaumburg, Harald (Hrsg.), Internationales Steuerrecht, Handbuch, 4. Auflage, Köln 2017 (zitiert als: *Verf.*, in Schaumburg, Internationales Steuerrecht, 4. Aufl. 2017, Kap. Rn.).

Schaumburg, Harald / Englisch, Joachim (Hrsg.), Europäisches Steuerrecht, Handbuch, 2. Auflage, Köln 2020 (zitiert als: *Verf.*, in Schaumburg/Englisch, Europäisches Steuerrecht, 2. Aufl. 2020, Kap. Rn.).

Schaumburg, Heide / Schaumburg, Harald, Steuerliche Leistungsfähigkeit und europäische Grundfreiheiten im Internationalen Steuerrecht, Steuer und Wirtschaft 2005, S. 306 – 316.

Scheffler, Wolfram, *Einfluß der betrieblichen Altersversorgung* auf die Jahresabschlußanalyse, Die Wirtschaftsprüfung 1993, S. *461* – 472.

Scheffler, Wolfram / Kölbl, Susanne, Besteuerung der betrieblichen Altersversorgung auf Ebene des Arbeitnehmers im internationalen Kontext, Internationales Steuerrecht 2007, S. 113 – 120.

Scheffler, Wolfram / Köstler, Melanie, Harmonisierung der steuerlichen Gewinnermittlung: Kompromissvorschlag zur G(K)KB führt zur Annäherung an das deutsche Steuerrecht (Teil I & II), Deutsches Steuerrecht 2013, S. 2190 – 2194 & 2235 – 2240.

Scheffler, Wolfram / Köstler, Melanie, Vorteile einer GKB/GUB außerhalb der Gewinnermittlung – Eine Analyse aus Sicht des deutschen Steuerrechts, Discussion Paper Nr. 14-046, 2014, abrufbar unter https://ftp.zew.de/pub/zew-docs /dp/dp14046.pdf (zuletzt abgerufen am 1.9.2021) (zitiert als: *Scheffler/Köstler*, Vorteile einer GKB / GUB außerhalb der Gewinnermittlung, Discussion Paper Nr. 14-046, 2014, S.).

Scheffler, Wolfram / Köstler, Melanie, Richtlinie über eine Gemeinsame Körperschaftsteuer- Bemessungsgrundlage – mehr als eine Harmonisierung der steuerlichen Gewinnermittlung, ifst-Schrift 518, Berlin 2017 (zitiert als: *Scheffler/Köstler*, ifst-Schrift 518, 2017, S.).

Scheffler, Wolfram / Krebs, Claudia, Richtlinienvorschlag zur CCCTB: Bestimmung der Steuerbemessungsgrundlage im Vergleich mit der Steuerbilanz nach EStG, Deutsches Steuerrecht 2011, Beihefter zu Heft 22, S. 13 – 28.

Schenke, Ralf P., Kritik der steuerrechtlichen Methodenlehre, Steuer und Wirtschaft 2008, S. 206 – 215.

Schiffel, Simon, Implizite Ausfallwahrscheinlichkeiten von Unternehmensanleihen – eine empirische Analyse in unterschiedlichen Währungen auf Basis von Zinsstrukturkurven, Wiesbaden 2009 (zitiert als: *Schiffel*, Implizite Ausfallwahrscheinlichkeiten von Unternehmensanleihen, 2009, S.).

Schmid, Nils, Swedish Legal National Report, S. 163 – 190, in Påhlson, Robert (Hrsg.), Yearbook for Nordic Tax Research – Taxation of Pensions, Kopenhagen 2007 (zitiert als: *Schmid*, in Påhlson, Yearbook for Nordic Tax Research, 2007, S.).

Schmidt, Matthias / Siegel, Daniel, Konzeption der Abzinsung von Pensionsrückstellungen, Die Wirtschaftsprüfung 2016, S. 75 – 78.

Schmiel, Ute, Rechtsformneutralität als Leitlinie für eine Neukonzeption der Unternehmensbesteuerung?, Betriebswirtschaftliche Forschung und Praxis, 2006, S. 246 – 261.

Schmiel, Ute, Zur Problematik einer theoretisch fundierten steuerlichen Gewinnermittlung, Ilmenau 2007 (zitiert als: *Schmiel*, Gewinnermittlung, 2007, S.).

Schmitter, Miriam, Besteuerungsoptionen der betrieblichen Altersversorgung – Freiwillige betriebliche Zusatzversorgung durch steuerliche Anreize?, Frankfurt am Main 2001 (zitiert als: *Schmitter*, Besteuerungsoptionen, 2001, S.).

Schneider, Dieter, Steuerbilanzen – Rechnungslegung als Messung steuerlicher Leistungsfähigkeit, Wiesbaden 1978 (zitiert als: *Schneider*, Steuerbilanzen, 1978, S.).

Schneider, Dieter, Reform der Unternehmensbesteuerung aus betriebswirtschaftlicher Sicht, Steuer und Wirtschaft 1989, S. 328 – 339.

Schneider, Dieter, Investition, Finanzierung und Besteuerung, 7. Auflage, Wiesbaden 1992.

Schneider, Dieter, Steuerlast und Steuerwirkung – Einführung in die steuerliche Betriebswirtschaftslehre, München 2002 (zitiert als: *Schneider*, Steuerlast und Steuerwirkung, 2002, S.).

Schneider, Edelfried, Bilanztheoretische Probleme der vierten EG-Richtlinie, Bonn 1980 (zitiert als: *Schneider*, Bilanztheoretische Probleme, 1980, S.).

Schön, Wolfgang, Die Auslegung europäischen Steuerrechts – das harmonisierte Steuerrecht zwischen nationalem Zivilrecht und europäischem Gemeinschaftsrecht, Köln 1993 (zitiert als: *Schön*, Auslegung des europäischen Steuerrechts, 1993, S.).

Schön, Wolfgang, Gesellschafter-, Gläubiger- und Anlegerschutz im Europäischen Bilanzrecht, Zeitschrift für Unternehmens- und Gesellschaftsrecht 2000, S. 706 – 742.

Schön, Wolfgang, The European Commission's Report on Company Taxation: A Magic Formula for European Taxation?, European Taxation 2002, S. 276 – 286.

Schön, Wolfgang, International Accounting Standards – A "Starting Point" for a Common European Tax Base?, European Taxation 2004, S. 426 – 440.

Schön, Wolfgang, Kompetenzen der Gerichte zur Auslegung von IAS/IFRS, Betriebs-Berater 2004, S. 763 – 768.

Schön, Wolfgang, § 1 Zukunft für das Maßgeblichkeitsprinzip, S. 1 – 146, in Schön, Wolfgang (Hrsg.), Steuerliche Maßgeblichkeit in Deutschland und Europa, Köln 2005 (zitiert als: *Schön*, in Schön, Maßgeblichkeit, 2005, S.).

Schön, Wolfgang, Perspektiven der Konzernbesteuerung, Zeitschrift für das gesamte Handelsrecht und Wirtschaftsrecht 2007, S. 409 – 445.

Schön, Wolfgang, Perspektiven der Konzernbesteuerung, S. 49 – 84, in Schön, Wolfgang / Schreiber, Ulrich / Spengel, Christoph (Hrsg.), A common consolidated corporate tax base for Europe – eine einheitliche Körperschaftsteuerbemessungsgrundlage für Europa, Berlin 2008 (zitiert als: *Schön*, in Schön/Schreiber/Spengel, A CCCTB for Europe, 2008, S.).

Schön, Wolfgang, International Tax Coordination for a Second-Best World (Part I), World Tax Journal 2009, S. 67 – 114.

Schön, Wolfgang, Legalität, Gestaltungsfreiheit und Belastungsgleichheit als Grundlage des Steuerrechts, S. 29 – 63, in Hüttemann, Rainer (Hrsg.), Gestaltungsfreiheit und Gestaltungsmissbrauch im Steuerrecht, DStJG Band 33, Köln 2010 (zitiert als: *Schön*, in Hüttemann, DStJG 33, 2010, S.).

Scholtissek, Wolfgang, Überblick über die Rechnungslegung der Companies in der Republik Ireland nach dem Companies (Amendment) Act 1986, Recht der Internationalen Wirtschaft 1987, S. 437 – 444.

Scholtissek, Wolfgang, Die Rechnungslegungsvorschriften in Belgien, Recht der Internationalen Wirtschaft 1993, S. 582 – 584.

Scholz, Stephan, Besteuerung der betrieblichen Altersversorgung in Europa – Internationale Steuerwirkungen - europarechtliche Analyse - Reformüberlegungen, Wiesbaden 2006 (zitiert als: *Scholz*, Besteuerung der betrieblichen Altersversorgung, 2006, S.).

Schoonderbeek, Wim, Ondernemingskamer en Richtlijnen voor de jaarverslaggeving: een doorbraak?, Maandblad voor accountancy en bedrijfseconomie *2004, S. 420 – 426.*

Schrammel, Walter, Die Übertragung von Anwartschaften aus Direktzusagen auf eine Pensionskasse, Zeitschrift für Arbeits- und Sozialrecht 2006, S. 52 – 60.

Schreiber, Ulrich, Rechnungslegung im Einzelabschluss nach internationalen Grundsätzen?, S. 897 – 912, in Kleineidam, Hans-Jochen (Hrsg.), Unternehmenspolitik und internationale Besteuerung – Festschrift für Lutz Fischer zum 60. Geburtstag, Berlin 1999 (zitiert als: *Schreiber*, in FS Fischer, 1999, S.).

Schreiber, Ulrich, Gewinnermittlung und Besteuerung der Einkommen, Steuer und Wirtschaft 2002, S. 105 – 115.

Schreiber, Ulrich, Besteuerung der Unternehmen – eine Einführung in Steuerrecht und Steuerwirkung, 4. Auflage, Wiesbaden 2017 (zitiert als: *Schreiber*, Besteuerung der Unternehmen, 2017, S.).

Schreiber, Ulrich, Das Steuerrecht der Unternehmen aus ökonomischer Sicht - Neutralität der Besteuerung und Steuerwettbewerb, S. 213 – 243, in Droege, Michael / Seilert, Christian (Hrsg.), Eigenständigkeit des Steuerrechts, Tübingen 2019 (zitiert als: *Schreiber*, in Droege/Seilert, Eigenständigkeit des Steuerrechts, 2019, S.).

Schreiber, Ulrich / Ruf, Martin, Reform der Unternehmensbesteuerung: ökonomische Auswirkungen bei Unternehmen mit inländischer Geschäftstätigkeit, Betriebs-Berater 2007, S. 1099 – 1105.

Schruff, Lothar, Bilanzierung von Pensionsverpflichtungen nach deutschem Recht und internationalen Standards, WPK-Mitteilungen 1997, Sonderheft Juni, S. 68 – 81.

Schulenburg, Matthias von der / Lohse, Ute, Versicherungsökonomik – Ein Leitfaden für Studium und Praxis, Karlsruhe 2014 (zitiert als: von der Schulenburg/Lohse, Versicherungsökonomik, 2014, S.).

Schulte, Muriel, Systemdenken im deutschen und französischen Handelsbilanzrecht – Ein systemtheoretischer Beitrag zur internationalen Rechnungslegung, Wiesbaden 2010 (zitiert als: *Schulte*, Systemdenken, 2010, S.).

Schulz, Sebastian, Harmonisierung der steuerlichen Gewinnermittlung in der Europäischen Union, Lohmar, Köln 2012 (zitiert als: *Schulz*, Harmonisierung, 2012, S.).

Schulze, Reiner / Janssen, André / Kadelbach, Stefan (Hrsg.), Europarecht – Handbuch für die deutsche Rechtspraxis, Kompakt-Kommentar, 4. Auflage, Baden-Baden 2020 (zitiert als: *Verf.*, in Schulze/Janssen/Kadelbach, Europarecht, 4. Aufl. 2020, § Rn.).

Schulze-Osterloh, Joachim, Der Ausweis von Aufwendungen nach dem Realisations- und dem Imparitätsprinzip, S. 653 – 670, in Moxter, Adolf / Müller, Hans-Peter / Windmöller, Rolf / Wysocki, Klaus v. (Hrsg.), Rechnungslegung – Entwicklungen bei der Bilanzierung und Prüfung von Kapitalgesellschaften – Festschrift zum 65. Geburtstag von Professor Dr. Dr. h.c. Karl-Heinz Forster, Düsseldorf 1992 (zitiert als: *Schulze-Osterloh*, in FS Forster, 1992, S.).

Schulze-Osterloh, Joachim, Vorabentscheidungen des Europäischen Gerichtshofs zum Handelsbilanzrecht – zugleich Besprechung der Entscheidung BGH ZIP 1994, 1259, Zeitschrift für Unternehmens- und Gesellschaftsrecht 1995, S. 170 – 189.

Schulze-Osterloh, Joachim, Harmonisierung der Rechnungslegung und Kapitalschutz, S. 121 – 134, in Schruff, Lothar (Hrsg.), Bilanzrecht unter dem Einfluß internationaler Reformzwänge – Bericht über die Göttinger Bilanztage "10 Jahre BiRiLiG: Bilanzrecht vor Neuen Reformzwängen" am 7. und 8. Dezember 1995, Düsseldorf 1996 (zitiert als: *Schulze-Osterloh*, in Schruff, Bilanzrecht unter dem Einfluß internationaler Reformzwänge, 1996, S.).

Schuurmann, Ben, Pensioen in de loonsfeer, 8. Auflage, Deventer 2019.

Schwark, Eberhard / Zimmer, Daniel (Hrsg.), Kapitalmarktrechts-Kommentar, Kompakt-Kommentar, 5. Auflage, München 2020 (zitiert als: *Verf.*, in Schwark/Zimmer, Kapitalmarktrechts-Kommentar, 5. Aufl. 2020, Gesetz, § Rn.).

Schwark, Peter, Betriebliche Altersversorgung im Spannungsfeld von Portabilität und Verfallbarkeit, Baden-Baden 2007 (zitiert als: *Schwark*, Betriebliche Altersversorgung im Spannungsfeld, 2007, S.).

Schwarz, Sandra, Altersvorsorgebesteuerung in Deutschland, USA und Europa – Eine ökonomische und steuerrechtliche Analyse, Wiesbaden 2004 (zitiert als: *Schwarz*, Altersvorsorgebesteuerung in Deutschland, USA und Europa, 2004, S.).

Schwarze, EU-Kommentar, hrsg. v. Becker, Ulrich / Hatje, Armin / Schoo, Johann / Schwarze, Jürgen, Kompakt-Kommentar, 4. Auflage, Baden-Baden 2019 (zitiert als: *Verf.*, in Schwarze, EU-Kommentar, 4. Aufl. 2019, Gesetz, Art. Rn.).

Schwind, Joachim, Portabilitätsrichtlinie – Stand der Diskussion, Betriebliche Altersversorgung 2006, S. 447 – 450.

Schwinger, Reiner, Einkommens- und konsumorientierte Steuersysteme – Wirkungen auf Investition, Finanzierung und Rechnungslegung, Heidelberg 1992 (zitiert als: *Schwinger*, Steuersysteme, 1992, S.).

Schwinger, Reiner, Betriebliche Altersversorgung und Kapitalmarkt – eine Anmerkung zur aktuellen Diskussion über Pensionsfonds, S. 163 – 185, in Wagner, Franz F. (Hrsg.), Steuerberatung im Spannungsfeld von Betriebswirtschaft und Recht – Festschrift zum 75. Geburtstag von Professor Dr. Heinz Stehle, Stuttgart u.a. 1997 (zitiert als: *Schwinger*, in FS Stehlen, 1997, S.).

Schwinger, Reiner / Stöckler, Manfred, Betriebliche Altersversorgung: Aktuelle Bewertungsfragen und notwendige Modernisierung, Deutsches Steuerrecht 2013, S. 2306 – 2311.

Seer, Roman, § 8 Europäisierung des Steuerverfahrensrechts – Wege zu einem Steuerverwaltungsraum, S. 191 – 219, in Reimer, Ekkehart / Kube, Hanno (Hrsg.), Europäisches Finanzrecht: Stand - Methoden - Perspektiven, Heidelberger Beiträge zum Finanz- und Steuerrecht, Band 6, Heidelberg 2017 (zitiert als: *Seer*, in Reimer/Kube, Heidelberger Beiträge zum Finanz- und Steuerrecht, Band 6, 2017, S.).

Sellhorn, Thorsten, Pensionsverpflichtungen in der Rechnungslegung – Abbildung der betrieblichen Altersvorsorge nach IFRS, HGB und US-GAAP, Düsseldorf 2007, abrufbar unter https://www.boeckler.de/pdf/mbf_pensionsverpflichtungen_im_ja.pdf (zuletzt abgerufen am 1.9.2021) (zitiert als: *Sellhorn*, Pensionsverpflichtungen in der Rechnungslegung, 2007, S.).

Selling, Heinz-Jürgen, Die Umsetzung der EG-Bilanz- und Konzernabschlußrichtlinie in Spanien, Recht der internationalen Wirtschaft 1989, S. 965 – 983.

Serlooten, Patrick / Debat, Oliver, Droit fiscal des affaires, Kompakt-Kommentar, 20. Auflage, Paris 2021 (zitiert als: *Serlooten/Debat*, Droit fiscal des affaires, 2021, Rn.).

Service Public Fédéral Finances (Hrsg.), Mémento Fiscal Nr. 31 – Administration Générale – Expertise et Support stratégiques, Brüssel 2019, abrufbar unter https://finances.belgium.be/sites/default/files/Statistieken_SD/FM_MF_TS_StM/MF2019_V01_complet.pdf (zuletzt abgerufen am 1.9.2021) (zitiert als: *Service Public Fédéral Finances* (Hrsg.), Mémento Fiscal, 2019, S.).

Seyfriedt, Thilo, Rechnungslegung über betriebsinterne Pensionsfonds in Deutschland nach US-GAAP – Eine Untersuchung von Contractual Trust Arrangement unter Einschluss angrenzender rechnungslegungsrelevanter Rechtsgebiete, Aachen 2003 (zitiert als: *Seyfriedt*, Rechnungslegung über betriebsinterne Pensionsfonds, 2003, S.).

Siebenlist, Georg Philipp, Der Ansatz von Pensionsrückstellungen für mittelbare Pensionsverpflichtungen in Handels- und Steuerbilanz, Finanz-Rundschau 2019, S. 1123 – 1130.

Siegel, Theodor, System der Einkommensteuer und Rechtsformneutralität, S. 193 – 208, in Dirrigl, Hans / Wellisch, Dietmar / Wenger, Ekkehard (Hrsg.), Steuern, Rechnungslegung und Kapitalmarkt – Festschrift für Franz W. Wagner, Wiesbaden 2004 (zitiert als: *Siegel*, in FS Wagner, 2004, S.).

Siegel, Theodor, Leistungsfähigkeitsprinzip und steuerliche Gewinnermittlung, S. 301 – 331, in Schmiel, Ute / Breithecker, Volker (Hrsg.), Steuerliche Gewinnermittlung nach dem Bilanzrechtsmodernisierungsgesetz, Berlin 2008 (zitiert als: *Siegel*, in Schmiel/Breithecker, Steuerliche Gewinnermittlung, 2008, S.).

Siegel, Theodor, „Angeschaffte" Drohverlustrückstellungen und Steuerpause, Finanz-Rundschau 2011, S. 781 – 789.

Sigloch, Jochen, Ein Valet dem Maßgeblichkeitsprinzip?, Betriebswirtschaftliche Forschung und Praxis 2000, S. 157 – 182.

Sigloch, Jochen, Rechnungslegung – Jahresabschluss nach Handels- und Steuerrecht und internationalen Standards, 8. Auflage, Bayreuth 2011 (zitiert als: *Sigloch*, Rechnungslegung, 2011, S.).

Sostero, Ugo / Santesso, Erasmo, I principi contabili per il bilancio d'esercizio – Analisi e interpretazione delle norme civilistiche, 2. Auflage, Mailand 2018 (zitiert als: *Sostero/Santesso*, I principi contabili, 2018, S.).

Sottoriva, Claudio, La redazione del bilancio di esercizio secondo il D.lgs. 139/2015 e secondo i principi contabili nazionali, 2. Auflage, Mailand 2018 (zitiert als: *Sottoriva*, La redazione del bilancio, 2018, S.).

Spengel, Christoph, Europäische Steuerbelastungsvergleiche – Deutschland - Frankreich - Großbritannien, Düsseldorf 1995 (zitiert als: *Spengel*, Steuerbelastungsvergleiche, 1995, S.).

Spengel, Christoph, International Accounting Standards und Unternehmensbesteuerung in der Europäischen Union (Teil I), Internationales Steuerrecht 2003, S. 29 – 36.

Spengel, Christoph, IFRS als Ausgangspunkt der steuerlichen Gewinnermittlung in der Europäischen Union – Steuerbelastungskonsequenzen im Länder- und Branchenvergleich, Der Betrieb 2006, S. 681 – 687.

Spengel, Christoph, Concept and Necessity of a Common Tax Base – an academic introduction, S. 1 – 47, in Schön, Wolfgang / Schreiber, Ulrich / Spengel, Christoph (Hrsg.), A common consolidated corporate tax base for Europe – eine einheitliche Körperschaftsteuerbemessungsgrundlage für Europa, Berlin 2008 (zitiert als: *Spengel*, in Schön/Schreiber/Spengel, A CCCTB for Europe, 2008, S.).

Spengel, Christoph / Bräutigam, Rainer / Dutt, Verena / Fischer, Leonie / Stutzenberger, Kathrin, The Impact of the CCTB on the Effective Tax Burden of Corporations: results from the Tax Analyzer Model, working paper Nr. 75 – 2019, 2019, abrufbar unter https://ec.europa.eu/taxation_customs/sites/default/files/taxation_paper_75.pdf (abgerufen am 24.2.2021) (zitiert als: *Spengel et al.*, The Impact of the CCTB on the Effective Tax Burden of Corporations, working paper Nr. 75, 2019, S.).

Spengel, Christoph / Malke, Christiane, Comprehensive Tax Base or Residual Reference to GAAP or Domestic Tax Law, S. 63 – 92, in Lang, Michael / Pistone, Pasquale / Schuch, Josef / Staringer, Claus (Hrsg.), Common Consolidated Corporate Tax Base, Wien 2008 (zitiert als: *Spengel/Malke*, in Lang et al., Common Consolidated Corporate Tax Base, 2008, S.).

Spengel, Christoph / Oestreicher, Tax Harmonisation in Europe – The Determination of Corporate Taxable Income in the EU Member States, European Taxation 2007, S. 437 – 451.

Spengel, Christoph / Oestreicher, Andreas, Gemeinsame (konsolidierte) Körperschaftsteuerbemessungsgrundlage in der EU und Umsetzungsfragen, Deutsches Steuerrecht 2009, S. 773 – 781.

Spengel, Christoph / Ortmann-Babel, Martina / Zinn, Benedikt / Matenaer, Sebastian, A Common Corporate Tax Base for Europe: An Impact Assessment of the Draft Council Directive on a CC(C)TB, World Tax Journal 2012, S. 185 – 221.

Spengel, Christoph / Ortmann-Babel, Martina / Zinn, Benedikt / Matenaer, Sebastian, Gemeinsame Konsolidierte KSt-Bemessungsgrundlage (GK(K)B) und steuerliche Gewinnermittlung in den EU-Mitgliedstaaten der Schweiz und den USA – Eine vergleichende und quantitative Analyse, Der Betrieb 2013, Beilage Nr. 2 zu Heft 8, S. 1 – 16 (zitiert als: *Spengel et al.*).

Spengel, Christoph / Schmidt, Frank, Betriebliche Altersversorgung, Besteuerung und Kapitalmarkt – Ein Vergleich der Verhältnisse in Deutschland, Frankreich, Großbritannien, den Niederlanden und den USA, Baden-Baden 1997 (zitiert als: *Spengel/Schmidt*, Betriebliche Altersversorgung, 1997, S.).

Spengel, Christoph / Stutzenberger, Kathrin, Widersprüche zwischen Anti-Tax Avoidance Directive (ATAD), länderbezogenem Berichtswesen (CbCR) und Wiederauflage einer Gemeinsamen (Konsolidierten) Körperschaftsteuer-Bemessungsgrundlage (GK(K)B), Internationales Steuerrecht 2018, S. 37 – 44.

Spengel, Christoph / Stutzenberger, Kathrin, Wiederauflage des GKB-Richtlinienentwurfs – Steuerbelastungswirkungen und Folgenabschätzungen, Steuer und Wirtschaft 2019, S. 267 – 279.

Spengel, Christoph / Wendt, Carsten, Europäische Harmonisierung der körperschaftsteuerlichen Bemessungsgrundlagen, Steuer und Wirtschaft 2007, S. 297 – 307.

Spengel, Christoph / Zöllkau, Jörg, Common Corporate Tax Base (CC(C)TB) and determination of taxable income: an international comparison, Berlin 2021 (zitiert als: *Spengel/Zöllkau*, Common Corporate Tax Base, 2012, S.).

Stählin, Walo / Heidemann, Frauke, Grundzüge einer neuen EU-Konzernbesteuerung – Kommission schlägt Richtlinie vor – Handlungsbedarf für Schweizer Unternehmen?, Schweizer Treuhänder 2011, S. 505 – 512.

Starink, Bastiaan, Fiscale behandeling van herstelbetalingen aan een pensioenfonds, Weekblad voor fiscaal recht 2010, S. 444 – 452.

Statens offentliga utredningar (Hrsg.), Tjänstepension – tryggandelagen och skattereglerna – Slutbetänkande av Tjänstepensionsbeskattningsutredningen, Stockholm 2015, abrufbar unter https://data.riksdagen.se/fil/1D43F4AB-9210-40CE-AC2D-44CF3809F707 (abegrufen am 17.6.2021) (zitiert als: *Statens offentliga utredningar* (Hrsg.), Tjänstepension – tryggandelagen och skattereglerna, 2015, S.).

Statista (Hrsg.), Average market risk premium (MRP) for selected countries in Europe 2020, o.O. 2021, abrufbar unter https://www.statista.com/statistics/664786/average-market-risk-premium-selected-countries-europe/ (zuletzt abgerufen am 1.9.2021).

Statistisches Bundesamt (Hrsg.), Arbeitsmarkt auf einen Blick – Deutschland und Europa, Wiesbaden 2018, abrufbar unter https://www.destatis.de/Europa/DE/Publikationen/Bevoelkerung-Arbeit-Soziales/Arbeitsmarkt/broeschuere-arbeitsmark-blick-0010022189004.pdf?__blob=publicationFile (zuletzt abgerufen am 1.9.2021) (zitiert als: *Statistisches Bundesamt* (Hrsg.), Arbeitsmarkt auf einen Blick, 2018, S.).

Staub, Herman (Begr.) / *Canaris, Claus-Wilhelm / Habersack, Mathias / Schäfer, Carsten* (Hrsg.), Handelsgesetzbuch Großkommentar – Band 5 §§ 238-289a, Kompakt-Kommentar, 5. Auflage, Berlin u.a. 2014 (zitiert als: *Verf.*, in Staub, Großkommentar HGB, 5. Aufl. 2014, § Rn.).

Steinmeyer, Heinz-Dietrich, Betriebliche Altersversorgung und Arbeitsverhältnis – das betriebliche Ruhegeld als Leistung im arbeitsvertraglichen Austauschverhältnis, München 1991 (zitiert als: *Steinmeyer*, Betriebliche Altersversorgung, 1991, S.).

Steinmeyer, Heinz-Dietrich, Die Gehaltsumwandlungsversicherung als betriebliche Altersversorgung, Betriebs-Berater 1992, S. 1553 – 1559.

Steinmeyer, Heinz-Dietrich, Die Austauschbarkeit arbeitsrechtlicher und sozialrechtlicher Gestaltungsformen und das Europäische Gemeinschaftsrecht – Eine Analyse der Entscheidung des Europäischen Gerichtshofs im sog. Paletta-Fall, S. 1165 – 1181, in Meinhard, Heinze / Söllner, Alfred (Hrsg.), Arbeitsrecht in der Bewährung – Festschrift für Otto Rudolf Kissel zum 65. Geburtstag, München 1994 (zitiert als: *Steinmeyer*, in FS Kissel, 1994, S.).

Steinmeyer, Heinz-Dietrich, Die Richtlinie 98/49/EG zur Wahrung ergänzender Rentenansprüche, Europäische Zeitschrift für Wirtschaftsrecht 1999, S. 645 – 650.

Stevens, Leo, Pensioen in de winstsfeer, 5. Auflage, Deventer 2010.

Stier, Matthias, Der Einfluss des EuGH auf die ökonomische Effizienz der ertragsteuerlichen Behandlung grenzüberschreitender Investitionen, Würzburg 2020 (zitiert als: *Stier*, Der Einfluss des EuGH auf die ökonomische Effizienz, 2020, S.).

Stöber, Michael, Zur Zukunft der Zinsschranke, S. 121 – 157, in Schön, Wolfgang / Sternberg, Christian (Hrsg.), Zukunftsfragen des deutschen Steuerrechts III, Berlin 2017 (zitiert als: *Stöber*, in Schön/Sternberg, Zukunftsfragen des deutschen Steuerrechts III, 2017, S.).

Strampelli, Giovanni / Passador, Maria Luca, The Unfinished Harmonization of the Accounting Law in the EU, S. 3 – 19, in Grandinetti, Mario (Hrsg.), Corporate Tax Base in the Light of the IAS/IFRS and EU Directive 2013/34 – A Comparative Approach, Alphen aan den Rijn 2016 (zitiert als: *Strampelli/Passador*, in Grandinetti, Corporate Tax Base, 2016, S.).

Streim, Hannes, Die Generalnorm des § 264 Abs. 2 HGB – Eine kritische Analyse, S. 391 – 406, in Ballwieser, Wolfgang / Böcking, Hans-Joachim / Drukarczyk, Jochen / Schmidt, Reinhard (Hrsg.), Bilanzrecht und Kapitalmarkt – Festschrift zum 65. Geburtstag von Professor Dr. Dr. h.c. Dr. h.c. Adolf Moxter, Düsseldorf 1994 (zitiert als: *Streim*, in FS Moxter, 1994, S.).

Streinz, Rudolf (Hrsg.), EUV/AEUV, Kompakt-Kommentar, 3. Auflage, München 2018 (zitiert als: *Verf.*, in Streinz, EUV/AEUV, 3. Aufl. 2018, Gesetz, Art. Rn.).

Streißelberger, Simone, Besteuerung der betrieblichen Altersversorgung im internationalen Vergleich, Lohmar, Köln 2012 (zitiert als: *Streißelberger*, Besteuerung der betrieblichen Altersversorgung, 2012, S.).

Strobl, Elisabeth, Matching Principle und deutsches Bilanzrecht, S. 407 – 432, in Ballwieser, Wolfgang / Böcking, Hans-Joachim / Drukarczyk, Jochen / Schmidt, Reinhard (Hrsg.), Bilanzrecht und Kapitalmarkt – Festschrift zum 65. Geburtstag von Professor Dr. Dr. h.c. Dr. h.c. Adolf Moxter, Düsseldorf 1994 (zitiert als: *Strobl*, in FS Moxter, 1994, S.).

Sultana, Ahmad, Unterstützungskassen im Konzernabschluss – Möglichkeiten und Grenzen bei der Abbildung nach HGB, Wiesbaden 2018 (zitiert als: *Sultana*, Unterstützungskassen, 2018, S.).

Svensson, Lars, Estimating and Interpreting Forward Interest Rates: Sweden 1992 – 1994, IMF Working Paper No. 1994/114, 1994, abrufbar unter https://ssrn.com/abstract=883856 (zuletzt abgerufen am 1.9.2021) (zitiert als: *Svensson*, Estimating and Interpreting Forward Interest Rates, IMF Working Paper No. 1994/114, 1994).

Szafran, David, Quelques incidences en droit des sociétés de l'application des normes comptables internationales IAS/IFRS, Tjidschrift Voor Belgisch Handelsrecht/Revue de Droit Commercial Belge 2006, S. 379 – 403.

Szczepański, Marek, Nature and objectices of occupational pension schemes, S. 9 – 46, in Szczepański, Marek / Brzęczek, Tomasz (Hrsg.), Occupational Pension Schemes and the global financial crises – Poland and the world, Posen 2013 (zitiert als: *Szczepański*, in Szczepański/Brzęczek, Occupational Pension Schemes, 2013, S.).

Szudoczky, Rita, The relationship between primary, secondary and national law, S. 93 – 118, in Panayi, Christiana / Haslehner, Werner / Traversa, Edoardo (Hrsg.), Research Handbook on European Union Taxation Law, Cheltenham 2020 (zitiert als: *Szudoczky*, in Panayi/Haslehner/Traversa, European Union Taxation Law, 2020, S.).

Teetzmann, Constantin, Grundrechtsbindung des Unionsgesetzgebers und Umsetzungsspielräume, Europarecht 2016, S. 90 – 104.

ter Hoeven, Ralph, Inhoud, gevolgen en toepassing van nieuwe pensioenverslaggevingsregels in Nederland, Maandblad voor Accountancy en Bedrijfseconomie 2011, S. 621 – 637.

ter Hoeven, Ralph / Laning, Anne, Het echec van IAS 19 in Nederland verklaard – Een conceptuele en empirische duiding aan de hand van de 'shared risk'-pensioenregelingen, Maandblad voor Accountancy en Bedrijfseconomie 2010, S. 649 – 657.

Thaut, Michael, Direktzusage und Pensionsfonds – ein Vorteilhaftigkeitsvergleich für leistungsabhängige und beitragsorientierte Systeme und die Umstellung der Direktzusage auf den Pensionsfonds, Wiesbaden 2007 (zitiert als: *Thaut*, Direktzusage und Pensionsfonds, 2007, S.).

Thiele, Stefan / Keitz, Isabel von / Brücks, Michael (Hrsg.), Internationales Bilanzrecht, Kommentar, Loseblatt, Bonn, 50. Lfg. April 2021 (zitiert als: *Verf.*, in Thiele/von Keitz/Brücks, Int. Bilanzrecht, Lfg., Abschnitt/Standard Rn.).

Thiemann, Christian, Verluste im Steuerrecht – Verfassungs- und unionsrechtliche Bedingungen legislativer Gestaltung, Tübingen 2020 (zitiert als: *Thiemann*, Verluste im Steuerrecht, 2020, S.).

Thierer, Andreas, Kongruente Rückdeckung von Pensionszusagen durch Versicherungsprodukte, Zeitschrift für die gesamte Versicherungswissenschaft 2008, Supplement 1, S. 135 – 139.

Thierer, Andreas, Handelsrechtliche Bilanzierung von Rückdeckungsversicherungen beim Arbeitgeber, Der Betrieb 2011, S. 189 – 195.

Thierer, Andreas, Rückdeckungsversicherung für Direktzusagen, Ulm 2012.

Thierer, Andreas / Zwiesler, Hans-Joachim, Bilanzierung von Pensionsrückstellungen – Gestaltungsspielräume beim Übergang von HGB zu IAS 19, Betriebliche Altersversorgung 2006, S. 27 – 34.

Thörmer, Falk, Ein Plädoyer für die weitere Harmonisierung der direkten Steuern in der EU und entsprechende Vorschläge, Deutsches Steuerrecht 2020, S. 527 – 534.

Thoms-Meyer, Dirk, Grundsätze ordnungsmäßiger Bilanzierung von Pensionsrückstellungen – unter Berücksichtigung von SFAS 87 und SFAS 106, Düsseldorf 1996 (zitiert als: *Thoms-Meyer*, Grundsätze ordnungsmäßiger Bilanzierung, 1995, S.)

Thüsing, Gregor / Granetzny, Thomas, Herabsetzung von Pensionskassenleistungen und Einstandspflicht des Arbeitgebers, Betriebliche Altersversorgung 2010, S. 509 – 512.

Thurmayr, Georg, Vorsichtsprinzip und Pensionsrückstellungen, Wiesbaden 1992.

Thurnes, Georg / Vavra, Rainer, Betriebliche Altersversorgung im internationalen Jahresabschluss – Bewertungsannahmen zum 31. 12. 2008, Der Betrieb 2008, S. 2719 – 2723.

Thuronyi, Victor / Brooks, Kim / Kolozs, Borbala, Comparative Tax Law, 2. Auflage, Alphen aan den Rijn 2016.

Tieghi, Marco, L'evoluzione del quadro normativo, S. 15 – 38, in Tieghi, Marco / del Sordo, Carlotta (Hrsg.), Il bilancio di esercizio – un'analisi critica dopo le modifiche introdotte dal D. Lgs. 139/2015 e la revisione dei principi contabili OIC, Mailand 2018 (zitiert als: *Tieghi*, Tieghi/del Sordo, Il bilancio di esercizio, 2018, S.).

Timmermanns, Christian, Die europäische Rechtsangleichung im Gesellschaftsrecht, Rabels Zeitschrift für ausländisches und internationales Privatrecht 1984, S. 1 – 44.

Tipke, Klaus, Steuerrechtswissenschaft und Steuerrechtsprechung, Deutsche Steuer-Zeitung 1975, S. 406 – 409.

Tipke, Klaus, Steuerrechtsordnung – Band I, 2. Auflage, Köln 2000.

Tipke, Klaus, Steuergerechtigkeit unter besonderer Berücksichtigung des Folgerichtigkeitsgebots, Steuer und Wirtschaft 2007, S. 201 – 220.

Tipke, Klaus, Steuerrechtsordnung – Band III, 2. Auflage, Köln 2012.

Tipke, Klaus (Begr.) / *Lang, Joachim* (Hrsg.), Steuerrecht, Handbuch, 24. Auflage, Köln 2020 (zitiert als: *Verf.*, in Tipke/Lang, Steuerrecht, 24. Aufl. 2020, § Rn.).

Titz, Elisabeth, Das Bilanzsteuerrecht in Gegenwart und Zukunft, Wien 2013.

Trägner, Gustav, Pensionsrückstellungen, Betriebsrentengesetz aus betriebswirtschaftlicher, arbeits-, handels- und steuerrechtlicher Sicht – Leitfaden mit Tabellen, 3. Auflage, Herne u.a. 1977 (zitiert als: *Trägner*, Pensionsrückstellungen, 1977, S.).

Traversa, Edoardo / Peeters, Steven, Accounting and Taxation: Belgium, S. 67 – 83, in Grandinetti, Mario (Hrsg.), Corporate Tax Base in the Light of the IAS/IFRS and EU Directive 2013/34 – A Comparative Approach, Alphen aan den Rijn 2016 (zitiert als: *Traversa/Peeters*, in Grandinetti, Corporate Tax Base, 2016, S.).

Treisch, Corinna, Europataugliche Ausgestaltung der Unternehmensbesteuerung – Anforderungen, Probleme und Lösungsmöglichkeiten, Wiesbaden 2004 (zitiert als: *Treisch*, Europataugliche Ausgestaltung der Unternehmensbesteuerung, 2004, S.).

Tridimas, Takis, The General Principles of EU Law, 2. Auflage, Oxford 2006.

Tursi, Armando, L'organizzazione dei fondi pensione in forma associativa: profili problematici, Rivista giuridica del lavoro e della previdenza sociale 1998, S. 461 – 482.

Tursi, Armando, Contrattazione collettiva e previdenza complementare, Rivista italiana di diritto lavoro 2000, S. 269 – 301.

Uckermann, Sebastian / Fuhrmanns, Achim / Ostermayer, Franz / Doetsch, Peter (Hrsg.), Das Recht der betrieblichen Altersversorgung, Kompakt-Kommentar, Freiburg im Breisgau 2014 (zitiert als: *Verf.*, in Uckermann et al., Das Recht der betrieblichen Altersversorgung, 2014, Kap. Rn.).

Ulber, Daniel, Grenzen der Rechtfertigung von Ungleichbehandlungen wegen des Alters, Europäische Zeitschrift für Arbeitsrecht 2014, S. 202 – 216.

Url, Thomas, Die Rolle von Lebensversicherungen in der betrieblichen Altersversorgung, Wien 2012, abrufbar unter https://www.wifo.ac.at/jart/prj3/wifo/resources/person_dokument/person_dokument.jart?publikationsid=45558&mime_type=application/pdf (zuletzt abgerufen am 1.9.2021).

Url, Thomas, Altersvorsorgesysteme in Europa, Wien 2015, abrufbar unter https://www.wifo.ac.at/jart/prj3/wifo/resources/person_dokument/person_dokument.jart?publikationsid=57913&mime_type=application/pdf (zuletzt abgerufen am 1.9.2021).

Valta, Matthias / Gerbracht, Jochen, Perspektiven eines Europäischen Leistungsfähigkeitsprinzips am Beispiel der Zinsschranke, Steuer und Wirtschaft 2019, S. 118 – 129.

van Damme, An / Somviele, Isabelle, Externalisatie van het aanvullend pensioen: hoe beschermd zijn uw pensioenrechten in tijden van crisis?, Oriëntatie 2009, S. 173 – 188.

van den Dool, Ruud, Winstbepalingsaspecten van uitfasering pensioen in eigen beheer, Maandblad voor Accountancy en Bedrijfseconomie 2017, S. 194 – 201.

van den Eeckhaut, Renaat, Belgium: Supplementary pensions in Belgium: the new system, European Taxation 2005, S. 243 – 252.

van der Zanden, Peter, noot bij OK-arrest Reed Elsevier, Jurisprudentie Onderneming & Recht 2004, S. 52 – 54.

van de Streek, Jan, Some Introductory Remarks on the Relaunched CCTB/CCCTB Proposals from a Policy Perspective, S. 1 – 9, in Weber, Dennis / van de Streek, Jan (Hrsg.), The EU Common Consolidated Corporate Tax Base – Critical Analysis, Alphen aan den Rijn 2017 (zitiert als: *van de Streek*, in Weber/van de Streek, EU CCCTB, 2018, S.).

van de Streek, Jan, A Common (Consolidated) Corporate Tax Base (CC(C)TB), S. 429 – 484, in Terra, Ben (Begr.) / Wattèl, Peter / Marres, Otto / Vermeulen, Hein (Hrsg.), European Tax Law – Volume I General topics and direct taxation, 2. Auflage, Deventer 2019 (zitiert als: *van de Streek*, in Terra/Wattel, European Tax Law, Band I, 2019, S.).

van Diggelen, J. J. M., Pensioen van een directeur-grootaandeelhouder van een besloten NV, Weekblad voor fiscaal recht 1959, S. 57 – 61.

van Dyck, Jan, Relancewet: een 'moeras' aan fiscal en andere bepalingen, Fiscoloog 2017, Heft 1540, S. 2 – 14.

van Eesbeeck, Paul / Vereycken, Luc, Lijkrede voor en de onderhandse pensioenovereenkomst, Fiscologue 2012, Heft 1300, S. 1 – 5.

van Ginneken; Marnix / Olaerts, Mieke / de Vries, Paul P. / Wezemann, Jan Bernd / Zaman, Niek (Hrsg.), Sdu Commentaar Ondernemingsrecht, Kompakt-Kommentar, Den Haag 2018 (zitiert als: *Verf.*, in van Ginneken et al., Commentaar Ondernemingsrecht, 2018, Art. Abschnitt).

van Hulle, Karel, Das Europäische Bilanzrecht – Entwicklungen und Herausforderungen, Bonn 1994 (zitiert als: *van Hulle*, Das Europäische Bilanzrecht, 1994, S.).

van Hulle, Karel, Tendenzen bei der Koordinierung der Rechnungslegung in der EU, S. 39 – 54, in IDW (Hrsg.), Neuorientierung der Rechnungslegung, Düsseldorf 1995 (zitiert als: *van Hulle*, in IDW, Neuorientierung der Rechnungslegung, 1995, S.).

van Hulle, Karel, „True and Fair View“, im Sinne der 4. Richtlinie, S. 313 – 326, in Förschle, Gerhart / Kaiser, Klaus / Moxter, Adolf (Hrsg.), Rechenschaftslegung im Wandel – Festschrift für Wolfgang Dieter Budde, München 1995 (zitiert als: *van Hulle*, in FS Budde, 1995, S.).

van Hulle, Karel, Die Reform des europäischen Bilanzrechts: Stand, Ziele und Perspektiven, Zeitschrift für Unternehmens- und Gesellschaftsrecht 2000, S. 537 – 449.

van Hulle, Karel / van der Tas, Leon, European Union – Individual Accounts, S. 772 – 887, in Ordelheide, Dieter / KPMG (Hrsg.), Transnational Accounting – Volume 1, 2. Auflage, New York 2001 (zitiert als: *van Hulle/van der Tas*, in Ordelheide/KPMG, Transnational Accounting, 2001, S.).

Vanistendael, Frans, Ability to Pay in European Community Law, EC Tac Review 2014, S. 121 – 134.

van Keirsbilck, Marnix, Anmerkung zu *Cour d'appel d'Anvers/Hof van Beroep Antwerpen* v. 28.3.2006 – Voorzieningen voor toekomstig te betalen premies voor een groepsverzekering afgesloten in het kader van een aanvullend pensioenplan – Gebruik van de Amerikaanse boekhoudnorm FAS 87, Algemeen Fiscaal Tijdschrift 2006, S. 80 – 90.

van Meerten, Hans, EU Pension Law, Amsterdam 2019.

van Raad, Kees, Unternehmensbesteuerung in den Niederlanden, S. 5 – 36, in Lang, Joachim (Hrsg.), Unternehmensbesteuerung in EU-Staaten, DStJG Band 17, Köln 1994 (zitiert als: *van Raad*, in Lang, DStJG 17, 1994, S.).

Vascega, Marius / van Thiel, Servaas, The CCCTB Proposal: The Next Step towards Corporate Tax Harmonization in the European Union?, European Taxation 2011, S. 374 – 382.

Velte, Patrick, Die neue EU-Bilanzrichtlinie – Wesentliche Änderungen der europäischen Rechnungslegung im Einzelabschluss und Einfluss auf das deutsche Handelsrecht, GmbH-Rundschau 2013, S. 1125 – 1130.

Velte, Patrick, Entwicklungslinien des Stetigkeitsprinzips in der handels- und steuerrechtlichen Rechnungslegung, Steuer und Wirtschaft 2014, S. 240 – 257.

Velte, Patrick, Diskontierungsmodelle bei langfristigen Rückstellungen im deutschen und österreichischen Bilanz- und Steuerrecht – Ein Plädoyer für eine Stärkung des Maßgeblichkeitsprinzips bei der nationalen Umsetzung der Richtlinie 2013/34/EU, Die Unternehmensbesteuerung 2015, S. 1 – 8.

Velte, Peter / Haaker, Andreas, Entwicklung der Zeitwertbilanzierung im Handels- und Steuerrecht – Anmerkungen zur Bewertung von Finanzinstrumenten des Handelsbestands zum beizulegenden Zeitwert bei Kredit- und Finanzdienstleistungsinstituten, Steuer und Wirtschaft 2012, S. 56 – 70.

Velte, Patrick / Mock, Oliver, Experteninterviews zur europäischen Reform der steuerlichen Gewinnermittlung (Teil I & II), Finanz-Rundschau 2017, S. 1081 – 1091 & S. 1125 – 1135.

Velte, Patrick / Mock, Oliver, EU-Richtlinienvorschlag über eine Gemeinsame Körperschaftsteuer-Bemessungsgrundlage (GKB) vom 25.10.2016, Steuer und Wirtschaft 2017, S. 126 – 144.

Vermeulen, Hein / Blaauw, Marlien, The Tax Treatment of Directly Held Real Estate under the Proposed CCCTB Directive, European Taxation 2012, S. 533 – 544.

Verse, Dirk / Wiersch, Rachid René, Die Entwicklung des europäischen Gesellschaftsrechts im Jahr 2013, Europäische Zeitschrift für Wirtschaftsrechts 2014, S. 375 – 382.

Vogel, Frank, Die Rechnungslegungsvorschriften des HGB für Kapitalgesellschaften und die 4. EG-Richtlinie (Bilanzrichtlinie), Berlin 1993 (zitiert als: *Vogel*, Rechnungslegungsvorschriften, 1993, S.).

Vogel, Klaus, Perfektionismus im Steuerrecht, Steuer und Wirtschaft 1980, S. 206 – 212.

Wackerbarth, Ulrich, Entgelt für Betriebstreue, Köln 1996.

Wagenerhofer, Alfred, Internationale Rechnungslegungsstandards IAS/IFRS – Grundlagen und Grundsätze; Bilanzierung, Bewertung und Angaben; Umstellung und Analyse, 7. Auflage, München 2015 (zitiert als: *Wagenhofer*, Internationale Rechnungslegungsstandards, 2015, S.).

Wagenhofer, Alfred, Bilanzierung und Bilanzanalyse – Eine Einführung, 14. Auflage, Wien 2019 (zitiert als: *Wagenhofer*, Bilanzierung und Bilanzanalyse, 2019, S.).

Wagner, Franz W., Kann es eine Beseitigung aller steuerlichen Ausnahmen geben, wenn es keine Regel gibt?, Deutsches Steuerrecht 1997, S. 517 – 521.

Wagner, Franz W., Kann die Reform von Rechnungslegung und Steuersystem leisten, was die Finanzmärkte fordern?, S. 51 – 73, in Becker, Manfred (Hrsg.), Unternehmen im Wandel und Umbruch – Transformation, Evolution und Neugestaltung privater und öffentlicher Institutionen, Stuttgart 1998 (zitiert als: *Wagner*, in Becker, Unternehmen im Wandel und Umbruch, 1998, S.).

Wagner, Franz W., Welche Kriterien sollten die Neuordnung der steuerlichen Gewinnermittlung bestimmen?, Betriebs-Berater 2002, S. 1885 – 1892.

Wagner, Franz W., Die real existierende Einkommensteuer ist eine konsumorientierte Besteuerung, S. 369 – 390, in Ahlheim, Michael / Wiegard, Heinz-Dieter (Hrsg.), Steuerpolitik – Von der Theorie zur Praxis – Festschrift für Manfred Rose, Berlin u.a. 2003 (zitiert als: *Wagner*, in FS Rose, 2003, S.).

Wagner, Franz W., Steuervereinfachung und Entscheidungsneutralität - konkurrierende oder komplementäre Leitbilder für Steuerreformen?, Steuer und Wirtschaft 2005, S. 93 – 108.

Wagner, Franz W., Vereinfachung der Besteuerung versus Komplexität der Rechnungslegung, Betriebswirtschaftliche Forschung und Praxis 2005, S. 528 – 545.

Wagner, Franz W., Was bedeutet und wozu dient Rechtsformneutralität der Unternehmensbesteuerung?, Steuer und Wirtschaft 2006, S. 101 – 114.

Wagner, Matthias, Rückstellungen in der Handels- und Steuerbilanz in den Staaten der Europäischen Union, Aachen 2003 (zitiert als: *Wagner*, Rückstellungen in der Handels- und Steuerbilanz, 2003, S.).

Wagschal, Uwe, Steuerpolitik als Sozialpolitik, S. 807 – 830, in Obinger, Herbert / Schmidt, Manfred (Hrsg.), Handbuch Sozialpolitik, Wiesbaden 2019 (zitiert als: *Wagschal*, in Obinger/Schmidt, Handbuch Sozialpolitik, 2019, S.).

Wahle, Corinna, Der allgemeine Gleichheitssatz in der Europäischen Union – neuere Entwicklungen und Perspektiven unter Berücksichtigung der Europäischen Menschenrechtskonvention -EMRK- sowie der Rechtsordnungen Deutschlands, Frankreichs und Großbritanniens, Osnabrück 2002 (zitiert als: *Wahle*, Der allgemeine Gleichheitsgrundsatz, 2002, S.).

Wala, Thomas, Die Zukunft des Maßgeblichkeitsprinzips gemäß § 5 Abs. 1 öEStG vor dem Hintergrund einer internationalen Harmonisierung der Rechnungslegung, Wien 1998, (zitiert als: *Wala*, Die Zukunft des Maßgeblichkeitsprinzips, 1998, S.).

Walb, Ernst, Die Erfolgsrechnung privater und öffentlicher Betriebe – Eine Grundlegung, Berlin 1926.

Walddörfer, Mark / Wilhelm, Bernd, EU-Mobilitäts-Richtlinie: Leitlinien und Handlungsbedarf, Der Betrieb 2016, S. 1935 – 1940.

Waldhoff, Christian, Vertrauensschutz im Steuerrechtsverhältnis, S. 129 – 160, in Pezzer, Hans-Jürgen (Hrsg.), Vertrauensschutz im Steuerrecht, DStJG Band 27, Köln 2004 (zitiert als: Waldhoff, in Pezzer, DStJG 27, 2004, S.).

Walterskirchen, Ewald, Die Fluktuation der Arbeitskräfte, Empirica 1974, S. 5 – 32.

Walz, Rainer, Empfiehlt sich eine rechtsformunabhängige Besteuerung der Unternehmen?, München 1980.

Walzer, Klaus, Steuergerechtigkeit – Eine entscheidungstheoretische Interpretation, Berlin 1987 (zitiert als: *Walzer*, Steuergerechtigkeit, 1987, S.).

Wartenburger, Lucas, § 9 Die IAS als Basis steuerlicher Rechnungslegung – Diskussion in anderen Mitgliedstaaten, S. 697 – 726, in Schön, Wolfgang (Hrsg.), Steuerliche Maßgeblichkeit in Deutschland und Europa, Köln 2005 (zitiert als: *Wartenburger*, in Schön, Maßgeblichkeit, 2005, S.).

Weber-Grellet, Heinrich, Bestand und Reform des Bilanzsteuerrechts, Deutsches Steuerrecht 1998, S. 1343 – 1349.

Weber-Grellet, Heinrich, Fairneß, Aufklärung und Transparenz – Wege zu einer leistungsgerechten Besteuerung, Steuer und Wirtschaft 1999, S. 311 – 320.

Weber-Grellet, Heinrich, Entwicklungstendenzen und Zukunftsperspektiven des Maßgeblichkeitsgrundsatzes, Der Betrieb 2016, S. 1279 – 1284.

Weber-Grellet, Heinrich, Europäisches Steuerrecht, 2. Auflage, München 2016.

Weckerle, Thomas, Zum Abzinsungszinssatz des § 6a Abs. 3 Satz 3 EStG, Der Betrieb 2017, S. 1284 – 1289.

Weerepas, Marjon, Taxation of pensions in Europe: a summary of the report of the Committee on International Pensions, EC Tax Review 2000, S. 172 – 187.

Weigel, Jan, Körperschaftsteuerrechtliche Rahmenbedingungen wirtschaftlicher Betätigungen in Polen, Internationales Steuerrecht 2003, S. 87 – 94.

Wellisch, Dietmar / Lenz, Sven-Oliver / Thiele, Kerstin / Gahl, Rasmus, Besteuerung der Altersvorsorge: ein internationaler Vergleich, Baden-Baden 2008 (zitiert als: *Wellisch et al.*, Besteuerung der Altersversorgung, 2008, S.).

Wellisch, Dietmar / Schwinger, Reiner, Einzelbewertung oder korrespondierende Bewertung: Die Bilanzierung von Pensionszusagen mit Asset Funding, S. 245 – 263, in Dirrigl, Hans / Wellisch, Dietmar / Wenger, Ekkehard (Hrsg.), Steuern, Rechnungslegung und Kapitalmarkt – Festschrift für Franz W. Wagner zum 60. Geburtstag, Wiesbaden 2004 (zitiert als: *Wellisch/Schwinger*, in FS Wagner, 2004, S.).

Wendt, Michael, Prinzipien der Verlustberücksichtigung, S. 41 – 80, in von Groll, Rüdiger, Verluste im Steuerrecht, DStJG Band 28, Köln 2005 (zitiert als: *Wendt*, in von Groll, DStJG 28, 2005, S.).

Wengerofsky, Tim, Die neue Stetigkeitsforderung des Art. 6 Abs. 1 Buchst. b der EU-Bilanzrichtlinie 2013/34/EU – Implikationen und Konsequenzen für das deutsche Handelsbilanzrecht, Unternehmensteuern und Bilanzen 2015, S. 172 – 176.

Wesselmann, Jutta, Betriebliche Altersversorgung in der Republik Italien und der Bundesrepublik Deutschland – eine rechtsvergleichende Darstellung, Münster 2007 (zitiert als: *Wesselmann*, Betriebliche Altersversorgung in der Republik Italien und der Bundesrepublik Deutschland, 2007, S.).

Wichmann, Gerd, Die Rückdeckungsversicherung im handelsrechtlichen Jahresabschluß, Betriebs-Berater 1989, S. 1228 – 1234.

Wichmann, Gerd, Rückdeckungsversicherungsprämien im Jahresabschluß, Der Betrieb 1992, S. 2205 – 2206.

Wiesner, Werner / Grabner, Roland / Knechtl, Markus / Wanke, Rudolf (Hrsg.), Einkommensteuergesetz, Kommentar, Loseblatt, Wien, 34. Lfg. Januar 2021 (zitiert als: *Verf.*, in Wiesner et al., öEStG, Lfg., § Rn.).

Wildmann, Lothar, Wirtschaftspolitik – Module der Volkswirtschafslehre Band III, 3. Auflage, Berlin u.a. 2016. (zitiert als: *Wildmann*, Wirtschaftspolitik, 2016, S.).

Wilhelm, Mario, Die gemeinsame konsolidierte Körperschaftsteuerbemessungsgrundlage (GKKB) – Was bleibt von der Verrechnungspreispraxis, Aachen 2019 (zitiert als: *Wilhelm*, GKKB, 2019, S.).

Willis Towers Watson (Hrsg.), Pension Risk Management und Anlage von Pensionsvermögen, o.O. 2019.

Winnefeld, Robert, Bilanz-Handbuch – Handels- und Steuerbilanz, rechtsformspezifisches Bilanzrecht, Bilanzielle Sonderfragen, Sonderbilanzen, IAS/IFRS-Rechnungslegung, 5. Auflage, München 2015 (zitiert als: *Winnefeld*, Bilanz-Handbuch, 5. Aufl. 2015, Kap. Rn.).

Wissel, Harald, Einkünfteerzielungsabsicht und Einkommensbegriff, Hamburg 1997.

Wissenschaftlicher Beirat beim Bundesministerium der Finanzen, Gutachten – Einheitliche Bemessungsgrundlage der Körperschaftsteuer in der Europäischen Union, 2007, abrufbar unter https://www.bundesfinanzministerium.de/Content/DE/Standardartikel/Ministerium/Geschaeftsbereich/Wissenschaftlicher_Beirat/Gutachten_und_Stellungnahmen/Ausgewaehlte_Texte/0703231a3003.pdf?__blob=publicationFile&v=3 (zuletzt abgerufen am 1.9.2021).

Wöhe, Günter / Döring, Ulrich / Brösel, Gerrit, Einführung in die allgemeine Betriebswirtschaftslehre, 27. Aulfage, München 2020.

Woerner, Lothar, Zeitpunkt der Passivierung von Schulden und Verbindlichkeitsrückstellungen – Problematik der „wirtschaftlichen Verursachung", S. 483 – 506, in Ballwieser, Wolfgang / Böcking, Hans-Joachim / Drukarczyk, Jochen / Schmidt, Reinhard (Hrsg.), Bilanzrecht und Kapitalmarkt – Festschrift zum 65. Geburtstag von Professor Dr. Dr. h.c. Dr. h.c. Adolf Moxter, Düsseldorf 1994 (zitiert als: *Woerner*, in FS Moxter, 1994, S.).

Wöss, Josef, Neue EU-Richtlinie über Erwerb und Wahrung von Betriebspensionsanwartschaften, Das Recht der Arbeit 2014, S. 459 – 460.

Wolfersdorff, Janine v., Steuerbilanzielle Gewinnermittlung – Stand und Entwicklungsperspektiven aus deutscher und europäischer Sicht, Lohmar, Köln 2014 (zitiert als: *Wolfersdorff*, Steuerbilanzielle Gewinnermittlung, 2014, S.).

Wollgarten, Withold, Besonderheiten der Ertragsbesteuerung und Entwicklung von Steuerbilanzen bei Personengesellschaften in Polen – Ist die Entwicklung von Steuerbilanzen nach deutschem Vorbild für die Praxis unausweichlich?, Hamburg 2011 (zitiert als: *Wollgarten*, Besonderheiten der Ertragsbesteuerung, 2011, S.).

Wolz, Matthias, Die Bilanzierung von Pensionsverpflichtung nach HGB versus US-GAAP/IAS 19 – Ist die deutsche Rechnungslegung besser als ihr Ruf?, Schmalenbachs Zeitschrift für betriebswirtschaftliche Forschung 2000, S. 1371 – 1390.

Wulf, Inge, Referentenentwurf eines Bilanzrichtlinie-Umsetzungsgesetzes (BilRUG) – Auswirkungen der Richtlinie 2013/34/EU auf den handelsrechtlichen Einzelabschluss, Deutsche Steuerzeitung 2014, S. 635 – 647.

Wyckaert, Marieke, Het vennootschaps- en fiscaal recht: een gedwongen huwelijk of natuurlijke bondgenoten?, S. 567 – 572, in Cousy, Herman / Devroe, Wouter / Geens, Koen / Stuyck, Jules / Tilleman, Bernard / Van Orshoven, Paul (Hrsg.), Liber Amicorum Frans Vanistendael – Festschtrift, Herentals 2007 (zitiert als: *Wyckaert*, in FS (Frans) Vanistendael, 2007, S.).

Wysocki, Klaus v., Anpassung der handelsrechtlichen Rechnungslegungsvorschriften in Deutschland an die 4. EG-Richtlinie; Anforderungen und Erwartungen aus der Sicht eines Hochschullehrers, Betriebswirtschaftliche Forschung und Praxis 1979, S. 62 – 78.

Wysocki, Klaus v., Pensionsrückstellungen im handelsrechtlichen Jahresabschluß, Betriebliche Altersversorgung 1988, S. 237 – 243.

Wysocki, Klaus v., Sozialverpflichtungen in der Bilanz, S. 103 – 125, in IDW (Hrsg.), Risiken erkennen, Risiken bewältigen – Eine Aufgabe für Unternehmen, Berater und Prüfer, Düsseldorf 1989 (zitiert als: *Wysocki*, in IDW, Risiken erkennen, Risiken bewältigen, 1989, S.).

Yermo, Juan, Revised taxonomy for pension plans, pension funds and pension entities, o.O. 2002, abrufbar unter https://www.oecd.org/finance/private-pensions/2488707.pdf (zuletzt abgerufen am 1.9.2021) (zitiert als: *Yermo*, OECD Revised Taxonomy for Pensions, 2002, S.).

Zajicek, Stephanie Alexandra, Körperschaftsteuersysteme in der Europäischen Union – Möglichkeiten und Grenzen einer Harmonisierung, Baden-Baden 2017 (zitiert als: *Zajicek*, Körperschaftsteuersysteme in der Europäischen Union, 2017, S.).

Zeyer, Fedor, Diskussionsstand zur Ermittlung des Diskontierungszinses nach IAS 19, Zeitschrift für Internationale Rechnungslegung 2013, S. 10 – 12.

Zimmermann, Jochen, Erfassung, Modellierung und Steuerung zufallsabhängiger Risiken – Eine Darstellung anhand der Bilanzierung betrieblicher Altersversorge, Zeitschrift für Controlling 2004, Sonderheft 3, S. 98 – 107.

Zimmermann, Jochen / Zülch, Henning / Knigge, Philipp / Teuteberg, Torben, Prinzipien für einen Ausweis von Zahlungsströmen betrieblicher Altersversorgung in der IFRS-Kapitalflussrechnung, Der Betrieb 2012, S. 2469 – 2475 (zitiert als: *Zimmermann et al.*).

Zirkl, Cornelia, Die Neutralität der Umsatzsteuer als europäisches Besteuerungsprinzip – Inhalt, Herleitung und der Umgang mit Neutralitätsverletzungen, Frankfurt am Main u.a. 2015 (zitiert als: *Zirkl*, Die Neutralität, 2015, S.).

Zorn, Nikolaus, Tendenzen des VwGH zum Maßgeblichkeitsprinzip, S. 179 – 198, in Bertl, Romuald / Egger, Anton / Gassner, Wolfgang / Lang, Michael / Nowotny, Christian (Hrsg.), Die Maßgeblichkeit der handelsrechtlichen Gewinnermittlung für das Steuerrecht – Gestaltungsmöglichkeiten in der Praxis, Wien 2003 (zitiert als: *Zorn*, in Bertl et al., Die Maßgeblichkeit der handelsrechtlichen Gewinnermittlung für das Steuerrecht, 2003, S.).

Zülch, Henning / Hoffmann, Sebastian / Salewski, Salewski, Marcus, Das Bilanzrechtsmodernisierungsgesetz (BilMoG) – Auswirkungen auf die betriebliche Altersversorgung aus Sicht der Wissenschaft, Betriebliche Altersversorgung 2010, S. 328 – 334.

Zweigert, Konrad / Kötz, Hein, Einführung in die Rechtvergleichung – auf dem Gebiete des Privatrechts, 3. Auflage, Tübingen 1996 (zitiert als: *Zweigert/Kötz*, Einführung in die Rechtvergleichung, 1996. S.).

Zwirner, Christian, Neue Rechnungslegungsvorschriften ab 2016 – EU-Rechnungslegungsrichtlinie: Zusammenfassung und Überarbeitung der Bilanz- und Konzernbilanzrichtlinie, Deutsches Steuerrecht 2014, S. 439 – 445.

Zwirner, Christian / Froschhammer, Matthias, Geplante Reform der EU-Bilanz- und Konzernbilanzrichtlinie sowie Inkrafttreten der Micro-Richtlinie: Erste Praxishinweise, Zeitschrift für Bilanzierung, Rechnungswesen und Controlling 2012, S. 264 – 268.

Kolibri 360 GmbH
Ferdinand-Jühlke-Straße 7
99095 Erfurt, Deutschland
produktsicherheit@kolibri360.de